# JAMES A. MICHENER

## Die Welt ist mein Zuhause

Aus dem Amerikanischen von
Till R. Lohmeyer

BASTEI·LÜBBE·TASCHENBUCH
Band 12 700

Titel der amerikanischen Originalausgabe:
*The World Is My Home: A Memoir*
Copyright © 1992 by James A. Michener
Copyright © 1995 für die deutschsprachige Ausgabe
Gustav Lübbe Verlag GmbH, Bergisch Gladbach
Lizenzausgabe: Bastei Verlag Gustav H. Lübbe GmbH & Co., Bergisch Gladbach
Printed in Germany, September 1997
Einbandgestaltung: Gisela Kullowatz
Titelbild: Bavaria, München
Kapiteleinstiege und Karten:
Achim Kiel AGD/BDG PENCIL CORPORATE ART, Braunschweig,
unter Mitwirkung von Axel Bertram, Berlin
Satz: Kremerdruck GmbH, Lindlar
Druck und Bindung: Ebner Ulm
ISBN 3-404-12700-5

Der Preis dieses Bandes versteht sich einschließlich
der gesetzlichen Mehrwertsteuer.

INHALT

Vorwort  7

Kapitel I:  Reisen  13
Kapitel II:  Meuterei  62
Kapitel III:  Dienst im Pazifik  87
Kapitel IV:  Laster  187
Kapitel V:  Menschen  223
Kapitel VI:  Politik  261
Kapitel VII:  Ideen, Ideologien  351
Kapitel VIII:  Schreiben  397
Kapitel IX:  Geistiges Rüstzeug  451
Kapitel X:  Trios  495
Kapitel XI:  Bestseller  549
Kapitel XII:  Gesundheit  605
Kapitel XIII:  Wohlstand  653
Kapitel XIV:  Bedeutungen  713

Abbildungen  773
Personen- und Titelregister  792

## Vorbemerkung

James A. Michener ist einer der wenigen Autoren,
die auch im Computer-Zeitalter
noch ihre gute alte Schreibmaschine benutzen.
Daher sind auch alle Texte auf den
Kapitelaufmachern auf einer alten Typenhebelmaschine
getippt worden.
Das Standard-Schriftbild dieser Geräte
hat sich seit über hundert Jahren kaum verändert.

Dies wird eine merkwürdige Autobiographie, denn ich werde die ersten sieben Kapitel so erzählen, als hätte ich noch nie ein Buch geschrieben, und die letzten so, als ob ich sonst nichts anderes getan hätte.

Ich teile das Material aus zwei Gründen auf diese Weise auf: Zum einen möchte ich, daß der Leser detailgenau nachvollziehen kann, wie aus einem ganz normalen Menschen ein Schriftsteller wird. Zum zweiten möchte ich die komplizierten und widersprüchlichen Umstände aufzeigen, die es ihm ermöglichen, Schriftsteller zu bleiben.

Was mich dazu veranlaßt, dieses Projekt in Angriff zu nehmen, ist ein mittlerweile achtzig Jahre zurückliegendes Erlebnis, von dem ich so beeindruckt war, daß ich es nie vergessen habe. Ich war damals ein kleiner, fünfjähriger Bub und lebte auf dem Land. Der Farmer am Ende unserer Straße besaß einen alten, kränkelnden Apfelbaum, der einst überreich Früchte getragen, inzwischen jedoch alle Kraft verloren hatte und praktisch überhaupt nicht mehr trug. Eines Tages – ich erinnere mich noch, daß es im Vorfrühling war – hämmerte der Farmer acht lange, rostige Nägel in den Stamm, vier davon an vier verschiedenen Seiten in Bodennähe und die vier anderen weiter oben, ebenfalls in gleichmäßigen Abständen rundherum.

Im Herbst geschah ein Wunder. Mit neu entfachtem Lebenswillen lieferte der müde, alte Baum eine Rekordernte saftiger roter Äpfel, die größer und schmackhafter waren denn je zuvor. Als ich den Farmer fragte, wie dies möglich war, erklärte er mir: »Die rostigen Nägel haben ihn aufgeschreckt und an seinen Job erinnert. Er soll ja Äpfel tragen.«

»Warum rostige Nägel?«

»So konnte er die Mineralien leichter aufnehmen.«

»Und warum acht?«

»Wenn du jemandem was klarmachen willst, mußt du laut genug reden.«

»Klappt das nächstes Jahr auch wieder?«
»Ein ordentlicher Schock reicht für ungefähr zehn Jahre.«
»Und dann? Schlagen Sie dann noch mal Nägel hinein?«
»In zehn Jahren gibt es mich und den Baum vielleicht schon gar nicht mehr.«

Überprüfen konnte ich seine Voraussage nicht, denn wir zogen vor Ablauf der zehn Jahre aus jener Straße fort.

In den achtziger Jahren – ich war inzwischen fast achtzig – ließ ich mir ein paar ziemlich große rostige Nägel in den eigenen Stamm hämmern: Ich unterzog mich einer fünffachen Bypass-Operation, ließ mir ein neues Hüftgelenk einsetzen und mein Gebiß reparieren – und beschloß danach, wie ein ordentlicher Apfelbaum, noch einmal Früchte zu tragen. Doch bevor ich all meine Kräfte auf diese Aufgabe konzentrierte, brauchte ich sowohl eine logische Rechtfertigung als auch eine Art Leitfaden für die anstrengende Arbeit, die vor mir lag.

Und wie so oft in meinem Leben fand ich die notwendige intellektuelle und emotionale Orientierung nicht in der Bibel, in die ich regelmäßig hineinschaute, sondern in den großen Werken der englischen Lyrik, mit denen ich aufgewachsen war und von denen ich viele auswendig gelernt hatte. Besonders beeindruckten mich die bedeutungsschweren Anfangszeilen jenes herrlichen Sonetts, das der junge John Keats niedergeschrieben hatte, als ihn einmal – zu Recht, wie sich herausstellen sollte, denn er starb mit sechsundzwanzig Jahren – die Vorahnung eines frühen Todes überkam:

*Befällt mich Angst, ich hörte auf zu sein,*
*Eh mir im Hirn Nachlese hielt mein Stift,*
*Eh hochgehäufte Bücher fassen ein*
*Wie Speicher mein voll-reifes Korn in Schrift*
*…* [*]

---

[*] John Keats: *Befällt mich Angst …*, in: *Gedichte*, übertragen von Alexander von Bernus, Heidelberg 1958; S. 60.

Diese Zeilen entsprachen genau meinen Empfindungen. Gab es doch eine solche Fülle anregender Themen, über die ich gerne noch geschrieben hätte. Auch mir schwirrte der Kopf vor Ideen. Aber ich war fast achtzig Jahre alt. Vieles von dem, was ich noch gerne getan hätte, würde zwangsläufig unvollendet bleiben. Da mich die Arbeit an einem umfangreichen Buch ungefähr drei Jahre kostet, wären für die dreißig Themen, die mir noch vorschwebten, neunzig Jahre erforderlich gewesen. Am Ende hätte ich dann das gesegnete Alter von einhundertundsiebzig Jahren erreicht – und mir war beim besten Willen kein Schriftsteller bekannt, der so lange produktiv gewesen ist, nicht einmal unter den zähen Urvätern im Alten Testament.

Ich kannte meine Ziele, wußte aber nicht, wie viele ich noch in die Tat umsetzen konnte. Doch glücklicherweise hatte ich als Teenager jene kraftvollen Zeilen auswendig gelernt, die John Milton geschrieben hatte, als er um die Lebensmitte herum erblindete. Wohl tausendmal hatte ich sie mir vorgesprochen, und nun kamen sie mir auf einmal wieder in den Sinn und verliehen mir jene Art von Kraft, die auch Milton gefunden hatte:

> *Bedenk' ich, eh' noch halb verzehrt mein Leben,*
> *Erlosch mein Licht in dieser dunklen Welt,*
> *Wie nutzlos ein Talent zu teil mir fällt,*
> *Nicht zum Vergraben mir von Gott gegeben,*
> *Gilt doch dem Dienst des Schöpfers all mein Streben,*
> *Damit die Rechenschaft ihm einst gefällt;*
> *…*\*

Diese klangvolle Herausforderung, diese Entschlossenheit, aufrichtig Rechenschaft abzulegen, hat das Ziel meiner schriftstellerischen Arbeit immer bestimmt. Ich habe es so sehr verinnerlicht, daß es zur ständigen Richtschnur wurde. Als die

---

\* John Milton: *Auf seine Blindheit*, übersetzt von Immanuel Schmidt, in: *Poetische Werke*, Leipzig 1909; S. 220.

Nationalgarde an der Kent State Universität vier Studenten erschoß, bemühte ich mich, einen unvoreingenommenen Bericht über diese tragischen Ereignisse zu schreiben. In Südafrika ging es mir um ein ehrliches Bild der rassistischen Ungerechtigkeiten, in Israel um das tödliche Duell zwischen den Religionen, in Ungarn um die ungeschminkte Wahrheit der Erhebung von 1956 und in Polen um eine sachliche Darstellung des langen Überlebenskampfes dieser Nation.

Jede Erklärung für meine fruchtbare Schaffensphase in den vergangenen vier Jahren beruht also auf dem Grundsatz von Keats – für mich ein begnadeter Freund, der über seine Zukunft nachdenkt – und auf der strengen Ermahnung Miltons. In ihm sehe ich einen Mentor, der mich auffordert, »einen wahren Bericht« zu schreiben. Viel von dem, was ich erzählen werde, wird unwahrscheinlich, ja grotesk klingen, doch es entspricht alles der Wahrheit. Am ehesten kann man es wohl eine zögernde *apologia pro vita mea* nennen – und ich hoffe, daß es auch so aufgenommen wird.

In den Jahren zwischen 1986 und 1991 schrieb ich insgesamt elf Bücher und veröffentlichte deren sieben, darunter zwei sehr lange. Die vier restlichen haben die dritte Überarbeitung hinter sich und stehen ebenfalls kurz vor der Veröffentlichung. Es war eine fast unanständige Demonstration von schierem Fleiß, und doch arbeitete ich langsam und gründlich, saß jeden Vormittag an der Schreibmaschine und verbrachte die Nachmittage mit Recherchen oder in stiller Reflexion.

Daß sich die Manuskripte stauten, war nicht allein meine Schuld und entsprang gewiß nicht meiner Absicht. Meine langjährige, vertraute Lektorin in New York hatte mit gesundheitlichen Problemen zu kämpfen, wodurch es zu Verzögerungen bei der Bearbeitung eines meiner langen Bücher kam. Ungewißheiten in der Verlagsbranche sorgten für weiteren Verzug, und daß ich mir manchmal selbst nicht darüber im klaren war, was ich als nächstes tun sollte, kam noch hinzu. Doch an der

Tatsache, daß ich dieses erstaunliche Arbeitspensum bewältigte, gibt es nichts zu rütteln. Die Manuskripte liegen vor, und dieses hier war das hartnäckigste. Ich schrieb es in drei verschiedenen Büros in drei verschiedenen Staaten und mit drei verschiedenen Schreibmaschinen, unterstützt von drei verschiedenen Sekretärinnen und ihren Textverarbeitungsprogrammen, sowie drei neuen, engagierten Lektorinnen und Lektoren. Es ist ein Buch, das mich geradezu drängte, geschrieben zu werden.

Eine quälende Frage bleibt. Hat der alte Apfelbaum nur deshalb noch einmal Früchte getragen, weil ihn der Schock der rostigen Nägel an den Tod erinnerte? Arbeitete ich also deshalb so intensiv, weil ich alt war und den Zeitpunkt herannahen fühlte, da ich nicht mehr würde arbeiten können? Fürchtete ich – wie der sechsundzwanzigjährige Keats – den Tod, das Ende aller Arbeit?

Ich glaube nicht. Ich schreibe mit fünfundachtzig Jahren immer noch aus den gleichen Motiven, die mich schon mit fünfundvierzig zum Schreiben bewegten: Ich kam auf die Welt mit dem leidenschaftlichen Bedürfnis zu kommunizieren, Erfahrungen umzusetzen und Geschichten zu erzählen, in denen Erlebnisse, die auch dem Leser hätten widerfahren können, dramatisiert werden. Ich war der Mann der Vorzeit, der abends am Lagerfeuer die Jäger mit phantasievollen Schilderungen ihrer Heldentaten ergötzte. Ein Apfelbaum soll Äpfel hervorbringen, ein Geschichtenerzähler Geschichten erzählen. Ich habe mich bemüht, meine Pflicht zu erfüllen.

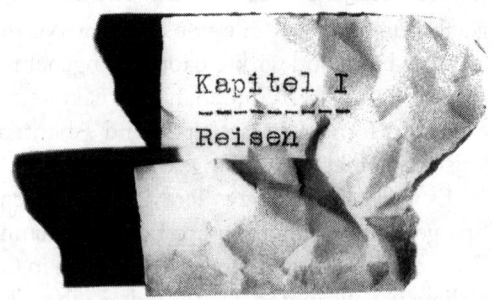

Kapitel I

Reisen

Zu meinen frühesten Erinnerungen gehört die Straße, die an unserem Haus in Doylestown, einer kleinen Gemeinde in Pennsylvania, vorüberführte. An dieser Straße gab es etwas, das mich sehr beeindruckte: Im Osten endete sie ungefähr eine halbe Meile von meinem Wohnort entfernt abrupt an einer Farm und wirkte dadurch angenehm begrenzt und überschaubar; im Westen jedoch erstreckte sie sich schier ins Unendliche, ferne Landschaften und Abenteuer verheißend, die jenseits meiner Vorstellungskraft lagen.

Es war eine Straße voller Magie. Auf dem Heimweg von der Spargelernte – ich arbeitete bei dem Mann, dem die Farm am Ende der Straße gehörte – sah ich mich in Gedanken oft weiterziehen, vorbei an dem Haus, in dem ich wohnte, sah mich in die Dämmerung hineinwandern, all jenen Wundern entgegen, die mich nach glaubhafter Versicherung meiner Geographiebücher weit draußen im Westen erwarteten.

In meiner Vorstellung reiste ich immer allein, erlebte ein großes Abenteuer nach dem anderen und wurde dieser Gedankenspielereien nie überdrüssig. Zu Hause beugte ich mich dann im Schein der Kerosinlampen, die ich jeden Abend, bevor sie angezündet wurden, säubern und füllen mußte, über meine Landkarten und versuchte, anhand der kleinen Bilder von Iowa und Colorado Visionen davon heraufzubeschwören, wie es an jenen fernen Orten tatsächlich aussehen mochte. Auf den unbeschrifteten Karten, mit denen man in der Schule unser Wissen überprüfte, wußte ich schon mit acht oder neun Jahren alle Staaten zu erkennen. Der charakteristische Umriß von Nevada – geometrisch gesehen unser schönster Staat – war mir ebenso vertraut wie die klassisch rechteckigen Dimensionen unseres heimatlichen Pennsylvania. Ich beurteilte die Einzelstaaten ausschließlich nach ihren Formen auf der Landkarte. Wie man auf einen Staat mit so zerrissenen Konturen wie Michigan oder gar Virginia stolz sein konnte, war mir damals vollkommen unbegreiflich.

In unserer Gemeinde gab es einen netten Jungen namens Ted Johnson, der uns einige Sorgen machte. Ted – ungefähr so alt wie ich und ebenfalls Waise – hatte aufgrund eines Geburtsfehlers oder eines anderen nicht näher bezeichneten Defekts in der Schule größte Schwierigkeiten im Rechnen und Lesen. Dabei war er, wie jeder, der ihn kannte, bestätigte, ein ausgesprochen liebenswerter Bursche, der sich immer irgendwie durchwurstelte. Stets etwas ziellos, verblüffte er uns andererseits immer wieder mit Geistesblitzen, die von einem wachen Verstand und Fähigkeiten zeugten, die uns selber fehlten – sei es, daß er die Vögel singen hörte, bevor wir deren Stimmen vernahmen, sei es, daß er uns bei vertrauten Dingen auf bestimmte Aspekte hinwies, die wir bis dato übersehen hatten. Da wir beide elternlos waren, spannte man uns oft zusammen, weshalb ich ihn mit der Zeit besser kennenlernte als die meisten anderen. Als Spielkameraden unternahmen wir viele Dinge gemeinsam.

Ted verdankte ich – mit zehn oder elf Jahren – meinen ersten bezahlten Job auf den Blumenfeldern der großen Burpee Seed Company im Westen unseres Städtchens. Einen nachhaltigen Eindruck auf mich hinterließ jedoch ein anderer seiner Vorschläge.

Wir waren damals dreizehn, dem Kindesalter also kaum entwachsen, gehörten aber – und dies galt vor allem für Ted – zu den Kräftigeren in der Klasse, so daß wir von Leuten, die uns nicht kannten, leicht für älter gehalten wurden. An einem Sommertag überraschte mich Ted mit der Bemerkung: »Nicht viel los hier in Doylestown. Warum sehen wir uns nicht mal in New York um?« Ich hielt das für eine ganz vernünftige Idee – und schon machten wir uns auf den Weg. Die erste große Reise meines Lebens hatte begonnen.

Obwohl weder Ted noch ich bei Antritt der hundertzwanzig Kilometer weiten Reise nach New York City auch nur fünfundzwanzig Cent in der Tasche hatten, plagte uns nicht der geringste Zweifel am Gelingen unseres Vorhabens. Später bereiste ich mit noch dürftigeren Mitteln große Teile der Vereinigten

Staaten. Es waren Jahre der Unschuld – für Ted, für mich und für die ganze Nation.

Die Autopreise waren damals gerade so weit gefallen, daß auch einfache Familien sich einen Wagen leisten konnten – und wenn sie erst einmal einen hatten, dann wollten sie ihn auch möglichst oft benutzen. Gerne nahmen sie abenteuerlustige Anhalter mit, unterhielten sich mit ihnen und luden sie, wenn sie die Burschen interessant fanden, durchaus auch einmal zum Essen ein. Ein unternehmungslustiger Junge konnte in jenen unkomplizierteren Jahren überallhin gelangen, ohne fürchten zu müssen, von Kriminellen bedroht oder von Sittenstrolchen belästigt zu werden.

Auch die abendliche Quartiersuche war kein Problem. Der jugendliche Anhalter brauchte sich in den meisten Städten lediglich bei der örtlichen Polizeiwache zu melden und durfte dann im Gefängnis übernachten. Manche Beamte spendierten morgens vor der Weiterreise sogar ein Frühstück. Es kam auch vor, daß man von den Autofahrern, die einen mitgenommen hatten, zum Übernachten eingeladen wurde, und im Notfall fand sich allemal eine Scheune oder ein leerstehendes Gebäude. Da ich einen großen Teil meiner Anhaltertouren in einem Alter zurücklegte, in dem ich mich noch nicht zu rasieren brauchte, war auch die Morgentoilette kein Problem. Gleich nach Sonnenaufgang war ich schon wieder unterwegs. Jene frühen Tramperjahre waren eine Zeit des Staunens und der Verzauberung. Sie gehörten zu den schönsten Jahren, die mir vergönnt sein sollten, und wenn sich damals meine Grundeinstellung formte – nämlich andere Menschen weitgehend so zu nehmen, wie sie sind –, dann deshalb, weil ich meine ersten Reisen in Begleitung eines ein wenig beschränkten Jungen voller Mut, Optimismus und bester Absichten unternahm. Es war vor allem seiner freundlichen Art im Umgang mit fremden Menschen zu verdanken, daß ich immer wieder amerikanische Bürger aller Gesellschaftsschichten traf, die mir nicht nur ihre Wagentür öffneten, sondern auch ihr Herz und oftmals auch ihr Heim.

Problemlos erreichten wir bei jenem ersten Ausflug New York, und auch unsere Reisekasse blieb unangetastet, denn ein Lastwagenfahrer ließ uns auf der Fähre von New Jersey in die Stadt kostenlos in seinem Truck mitreisen. In New York gefiel es uns großartig. Wir schnorrten Essensreste an den Hintereingängen der Restaurants und sahen mit großen Augen viele wundersame Dinge, die wir nicht begriffen und deren historische Bedeutung wir nicht zu würdigen vermochten. In der Schule hatten wir gelernt, der Times Square sei die Stadtmitte. Also fragten wir uns durch und bestaunten unterwegs die hohen Gebäude. Gerne würde ich jetzt berichten, daß ich mich bei jenem ersten Besuch in der Stadt auch mit der Zweiundvierzigsten Straße bekannt machte, der phantastischsten Straße Amerikas. Dort befanden sich drei Einrichtungen, die von entscheidender Bedeutung für meine künftige Ausbildung sein sollten – die New Yorker Bibliothek, Gray's Apotheke gleich um die Ecke am Broadway und jene endlose Kette billiger Kinos zwischen Siebter und Achter Avenue, in denen die damals populären Filme gezeigt wurden. Ohne die Zweiundvierzigste Straße und das, was sie mir mitgab, wäre möglicherweise ein ziemlich gefühl- und verständnisloser Trottel aus mir geworden.

Bei meiner ersten Bekanntschaft mit jener Straße erkannte ich freilich noch nicht, was in ihr steckte, ja, ich kann mich nicht einmal daran erinnern, überhaupt dort gewesen zu sein. Nach zwei herrlichen Tagen in New York traten Ted und ich den Heimweg an – noch immer mit ein paar Cents in den Taschen und auf unseren Mienen jenes einnehmende Lächeln, das die Besitzer neuer Automobile zum Anhalten ermunterte. Sie brachten uns wieder der Heimat näher, und nicht selten gab es einen Hotdog oder eine Limonade gratis dazu.

So begeistert waren Ted und ich von unserem ersten erfolgreichen Trip, daß wir nach ein paar langweiligen Wochen zu Hause neuerlich ausflogen. Unser Ziel war Florida, und diesmal hatten wir ein bißchen mehr Geld dabei. Rückblickend betrachtet, war diese Reise unsere schönste, führte sie uns doch durch geschichtsträchtige Staaten mit romantischen Namen wie Virginia mit seinen Schlachtfeldern und Georgia mit seinen Baumwollfeldern. Auch diesmal begegneten wir allenthalben nur freundlichen, hilfsbereiten Menschen und übernachteten mehrere Male in schönen Häusern, deren Besitzer das Schlagwort von der »Gastlichkeit des Südens« mit neuer Bedeutung erfüllten.

Die Straßen, über die wir reisten, waren weitgehend noch ungeteert, selbst zwischen den größeren Städten. Wir sahen große Teile des ländlich geprägten Südens, schauderten hie und da beim Anblick alter Sklavenhütten und fanden abends Unterschlupf in der Nähe von Baumwollentkernungsmaschinen. Beide führten wir einen kleinen Leinensack mit, in den wir unsere Reiseutensilien hineingestopft hatten; in meinem befanden sich unter anderem eine Zahnbürste, ein Stück Seife, das ich sowohl zum Händewaschen als auch zum Zähneputzen benutzte, sowie ein paar Klamotten zum Wechseln, in die ich schlüpfte, wenn wir abends in irgendeinem Gefängnis unsere schmutzige Wäsche wuschen.

Der Süden präsentierte sich uns von seiner vorteilhaftesten Seite. Vor allem in den beiden Carolinas erlebten wir an mehreren Orten einen geradezu märchenhaften Empfang. Ich erinnere mich noch an ein schönes Anwesen westlich von Charleston, dessen baumgesäumte Zufahrt gleichsam das Wort »Willkommen« verkörperte. Es mag Ihnen dies alles ein wenig unglaubwürdig vorkommen, aber Sie dürfen nicht vergessen, daß in jenen Tagen – 1920 oder vielleicht 1921 – nur wenige Jungen unseres Alters so reisten wie wir. Unsere Jugend und unser Wagemut fesselten die Menschen. Nach dem Abendessen hielten sie uns wach, damit wir ihnen ausführlich von unseren Abenteuern erzählen konnten. In all meinen Tramperjahren gab es keine einzige Situation, in der ich mich bedroht gefühlt hätte, ja, ich kann mich nicht einmal entsinnen, daß mir je ein Gefallen, um den ich bat, nur unwillig gewährt worden wäre. Mit einigen

Menschen, die mir unterwegs begegnet waren, wechselte ich nach meiner Rückkehr sogar Briefe, denn ich entsann mich, wie freundlich und zuvorkommend sie gewesen waren, und dachte mir, es wäre schön, die Bekanntschaft zu vertiefen.

Bis nach Florida schafften wir es beim erstenmal nicht. In einem Städtchen in Georgia sah uns der Polizist, den wir um ein Nachtlager im Gefängnis baten, kritisch an: »Wie alt seid ihr, Jungs?« Ted antwortete, wir wären sechzehn. »Wissen eure Angehörigen, wo ihr euch herumtreibt? Woher kommt ihr, habt ihr gesagt?« Als Ted »Philadelphia« sagte, schnaubte der Polizist verächtlich und fragte: »Wieviel Geld habt ihr dabei, Burschen? Los, auf den Tisch damit, alles!«

Als er unserer kärglichen Barschaft ansichtig wurde, rief er seinen Vorgesetzten, der noch bärbeißiger war als er. »Was bildet ihr jungen Kerle euch eigentlich ein?« Als Ted ihm erklärte, daß wir auf dem Weg nach Florida seien, belferte er: »Aber nicht durch diesen Staat hier!« Nicht, daß er uns eine Zelle zum Übernachten angeboten hätte: Er scheuchte uns in eine hinein und sperrte hinter uns die Tür ab. Es war eine traurige Nacht.

Am Morgen ließ uns der Polizist, mit dem wir zuerst gesprochen hatten, wieder heraus, stellte uns ein paar Pfannkuchen und ein heißes Getränk auf den Tisch und sagte, daß wir auf der Stelle nach Philadelphia zurückkehren müßten. Ehe wir uns aus dem Staub machen konnten, hatte er schon eine Mitfahrgelegenheit gen Norden organisiert. Ein befreundeter Lkw-Fahrer würde uns bis zur Grenze Virginias bringen und dort einem Kollegen übergeben, mit dem wir bis nach Richmond kämen. Als wir uns bei dem Polizisten für seine Fürsorge bedankten, gab er dem Lkw-Fahrer fünfzig Cent und trug ihm auf, uns unterwegs zu verpflegen. So nahmen wir Abschied von Georgia.

Ich habe noch oft an diese beiden Polizisten denken müssen und ihnen ihre vernünftige Handlungsweise hoch angerechnet. Sie machten uns klar, welche Gefahren draußen auf der Straße auf uns lauerten und welche Sorgen mittellose Jugendliche, die auf den Highways des Landes herumvagabundierten, der Polizei bereiteten. Die Nacht in der verschlossenen Zelle hatte zudem einen heilsamen Effekt, bewegte sie mich doch zu dem Schwur, niemals in meinem Leben wieder jemandem Anlaß zu geben, mich auch nur einen einzigen Tag lang hinter Gitter zu bringen. Ich habe mich zeitlebens an dieses Kindheitsgelübde gehalten. Obwohl ich seither viele Gefängnisse gesehen habe, vermied ich erfolgreich jede weitere Inhaftierung.

Trotz des Denkzettels, den man uns verpaßt hatte, kamen Ted und ich noch im selben Jahr zu dem Schluß, daß wir uns, nachdem wir Florida nun eben nur beinahe kennengelernt hatten, unbedingt Kanada ansehen sollten. Also machten wir uns, finanziell ebenso dürftig ausgestattet wie beim letztenmal, auf den Weg. Als wir wieder durch New York kamen, begrüßten wir die Stadt wie eine alte Bekannte. Es folgte die aufregende Küstenstraße durch die schon damals nahtlos ineinander übergehenden Städte New York, New Haven, Providence und Boston – eine mitreißende Erfahrung und die Einführung in ein völlig neues Verständnis vom Leben in Amerika. Die Vorstellung von einer Stadt ohne Ende faszinierte mich. Die häßlichen Seiten sah ich damals nicht, weder die Müllplätze voller Autowracks und ausrangierter Sofas noch die Wohngebiete der Ärmsten und Armen; ich sah nur die grenzenlose Vitalität jener Region, die Hunderte und Aberhunderte von kleinen Läden und Fabriken und die Lastwagen, die deren Produkte abholten und zu den wartenden Güterzügen brachten. Ich sah die Macht Amerikas, die enorme Kraft, die aus dem Willen resultierte, Waren herzustellen und diese von einem Ort zum anderen zu transportieren. Ich sah, wie Reichtum entstand, und hörte die Herausforderung, die mir entgegenschallte: »Mach mit! Stell etwas Brauchbares her und verbreite es im ganzen Land!«

Schon wenig später sollte ich die riesigen Industrieanlagen von Detroit kennenlernen, doch riefen sie in mir längst nicht die gleiche innere Erregung hervor wie die kleinen Fabriken an der Fernstraße zwischen New York und Boston. Das mochte daran liegen, daß mich, als Kopf und Wahrnehmung noch klarer, leichter zu beeindrucken oder einfach aufnahmefähiger waren, gerade die Energie dieser kleineren Unternehmungen faszinierte. Doch kam noch etwas anderes hinzu: Auch in meinem späteren Leben machte ich Erfahrungen von denkbar größter Bedeutung für mich offenbar immer in dem Augenblick, da ich ihrer am dringendsten bedurfte oder besonders empfänglich für sie war. Dies passierte mir immer und immer wieder, so daß ich mich im Laufe der Zeit mit einer ganzen Reihe unterschiedlichster Gebiete intensiv auseinandersetzte.

Im nachhinein glaube ich allerdings, daß diese Erfahrungen schon in mir und gewissermaßen abrufbar gewesen sein müssen und daß ich lediglich zu naiv war, ihre Bedeutung zu erkennen, bevor die Zeit für mich reif war. Ein kluger Freund, der mich in jenen prägenden Jahren – also etwa im Alter zwischen zwölf und zweiundzwanzig – gut kannte, beschrieb mich als »einfältig und glücklich«, was durchaus zutreffend gewesen sein mag, denn ich war tatsächlich ein glücklicher Krieger, der ahnungslos durch ein Minenfeld nach dem anderen stolperte. Zufrieden mit mir und meiner Welt, kam ich stets mit heiler Haut davon, allzeit bereit, mich guten Mutes ins nächste Scharmützel zu stürzen.

Unser Fehlschlag mit Florida wiederholte sich beinahe mit Kanada. Wir mußten erkennen, daß der Staat Maine viel größer war, als wir ihn uns vorgestellt hatten, und darüber hinaus nur über sehr wenige frischgebackene – und obendrein recht vorsichtige – Autobesitzer verfügte. Wir kamen daher nur quälend langsam voran. Doch schließlich erreichten wir die Grenze, überschritten sie und konnten stolz verkünden: »Wir sind in Kanada!« Dann drehten wir um und kehrten wieder nach Hause zurück.

Ich machte mir über das Scheitern unserer ursprünglichen Pläne keine weiteren Gedanken, denn unser Streifzug durch die Region New York – Boston hatte einen ungewöhnlich nachhaltigen Eindruck hinterlassen.

In Detroit lebte eine unverheiratete Tante von mir, die sich durch besondere Klugheit auszeichnete und als Volksschullehrerin eine vielbeachtete Karriere gemacht hatte. Als immer mehr Schüler schwarzer Hautfarbe in die Detroiter Schulen drängten, hatten sensible und ängstliche weiße Lehrkräfte – darunter vor allem viele Frauen – den Dienst quittiert. Tante Laura dagegen stürzte sich mit Verve in ihre Aufgabe und heuerte bei einer der unruhigsten Schulen der Stadt an. Sie wurde zu einer vehementen Fürsprecherin der schwarzen Schüler und ihrer Probleme, und ihre hervorragende Arbeit fand landesweit Anerkennung. Jahre später – sie war inzwischen im Ruhestand – saß sie bei uns in Doylestown auf der Veranda, als ein Schüler einer Armeeschule in Maryland vorbeikam und ihr erzählte, wie jene Lehranstalt infolge schwacher Führung durch das Direktorat praktisch unregierbar geworden war; offenbar gehörten Raufereien und Krawalle zur Tagesordnung. Nachdem sie sich das Elend angehört hatte, sagte Tante Laura: »Ich könnte dort innerhalb einer Woche für Ordnung sorgen.« Der junge Mann berichtete der Schulverwaltung von Tante Lauras Behauptung. »Das wollen wir doch mal sehen!« lautete die abschätzige Antwort. Der langen Rede kurzer Sinn: Im Alter von einundsiebzig Jahren übernahm Tante Laura den Posten der Direktorin, und innerhalb einer Woche waren die Schüler gebändigt. Tante Laura ließ sich von niemandem auf der Nase herumtanzen.

Ich war dreizehn oder vierzehn Jahre alt, als sie mich einlud, die Sommerferien bei ihr in Detroit zu verbringen. Mit weniger als einem Dollar in der Tasche und einem großen Rucksack auf dem Rücken trampte ich also nach Michigan. Die Fahrt ging zügiger vonstatten als die Ausflüge mit Ted Johnson, wurde ich doch als Alleinreisender schneller mitgenommen. Die reizvollen Straßen durch das Hügelland von Pennsylvania begeisterten mich ebenso sehr wie die Städte Cleveland und Toledo, die ich auf dieser Fahrt kennenlernte.

Detroit war ein faszinierendes Erlebnis, vor allem dank der kundigen Führung Tante Lauras. Zu meiner Verblüffung lag die kanadische Grenze nicht nördlich, sondern südlich der Stadt. Zum zweitenmal wagte ich mich ungefähr fünf Meter in unser Nachbarland vor. Ich besichtigte die großen Automobilfabriken und fuhr hinaus nach Ann Arbor, um mir den Campus der Universität von Michigan anzuschauen. Nie zuvor hatte ich eine solche Stätte höherer Bildung gesehen. Ich trampte hierhin und dorthin und lernte auf diese Weise den Staat Michigan recht gut kennen. Das große Ereignis dieses Sommers war jedoch ein längerer Ausflug nach Iowa. Wieder hatte ich für die Hin- und Rückfahrt nicht einmal einen Dollar in der Tasche.

Ein bestimmtes Ziel hatte ich eigentlich nicht. Ich ließ mich treiben, einzig und allein beflügelt von einer unbestimmten Neugier auf den Westen. Um Chicago machte ich einen Bogen, doch dann traf ich in Begleitung einer Familie, die sich auf dem Weg nach Südwesten befand, auf einen Highway, der viele Jahre später, 1936, große Bedeutung für mich erlangen sollte. Unsere großen überregionalen Fernstraßen waren damals, wenn ich mich recht entsinne, noch nicht durchnumeriert. Die besagte erhielt später jedoch die Nummer 34. Ich sollte auf dieser Straße noch viele Stunden verbringen, und dort, wo sie endete, sogar ganze fünf Jahre leben. Damals war es Liebe auf den ersten Blick. Über weite Strecken hinweg wirbelte man noch große Staubwolken auf, und nur einige Abschnitte waren mit rötlichen Ziegelsteinen gepflastert. Der Highway erklomm kleine Berge, durchmaß die Täler, schoß pfeilgerade durch verschlafene Städtchen und erschloß mir, bevor ihn die Badlands und die Rocky Mountains vereinnahmten, zum erstenmal die weite, offene Majestät des Westens. Es war eine echte Entdeckungsreise mit großartigen Panoramen – zwar nirgends so spektakulär wie jene ehrfurchtgebietenden Landschaften des Südwestens mit ihren zerklüfteten Bergen und tiefen Canyons, die einzigartige Ausblicke bieten und einen im Innersten berühren, dafür aber geprägt von stiller Größe und Kraft. Jahrelang, auch als ich die

Staaten bereits wesentlich besser kannte, rangierte Iowa ganz oben in der Rangliste meiner Gunst – ein Urteil, dem ich eigentlich nie ganz abschwor, obwohl sich später unter dem Eindruck detaillierterer Informationen und Erfahrungen Oregon an die Spitze setzte.

Wenn ein Junge im Kindesalter solche abenteuerlichen Touren unternimmt, stellen sich natürlich zwei Fragen. Die erste lautet: Was veranlaßte meine Eltern, die mich sehr liebten und ansonsten sehr auf mich achtgaben, mir diese Reisen zu gestatten? Dazu muß man wissen – und ich werde später darauf noch eingehen –, daß ich aus einem verarmten und in mancher Hinsicht arg zerrütteten Elternhaus stammte. Von mir aus bestand daher keinerlei Neigung, die Ferien daheim zu verbringen. Nach meinem ersten Sommerjob bei Burpee's war dies auch nie wieder der Fall. Wenn das Frühjahr zu Ende ging, war ich unweigerlich unterwegs – entweder ich arbeitete irgendwo, oder ich trampte. Meine Mutter hatte ganz andere Sorgen, als mich daheim zu halten. Sie hatte mir eine solide Grundlage verschafft, indem sie mich zwischen Recht und Unrecht, zwischen echten und falschen Freunden und zwischen konstruktivem und destruktivem Verhalten zu unterscheiden gelehrt und mir überdies die Freude am Lernen beigebracht hatte; mehr, so mag sie gedacht haben, kann ich nicht tun, nun muß der Junge auf seinen eigenen Füßen stehen. Auch wußte sie, daß ich in vieler Hinsicht viel reifer war, als ich aussah, und im Grunde ein vernünftiger, konservativer Knabe war, der sich nicht so ohne weiteres vom rechten Wege abbringen lassen würde.

Ich bin sicher, daß sie sich während meiner Abwesenheiten ständig Sorgen um mein Wohlergehen machte, und ich weiß, wie sehr es sie betrübte, daß sie mir bei Reiseantritt nie auch nur eine Handvoll Kleingeld zustecken konnte. Aber das war uns beiden jedesmal von vornherein klar. Sowohl sie als auch Tante Laura hätten alles für mich getan, doch ihre Möglichkeiten dazu waren beschränkt. Auch sagte ich beim Aufbruch nie zu ihnen »Ich trampe jetzt nach Kanada« oder »Ich fahre nach

Iowa«. Zu meiner Schande muß ich gestehen, daß ich einfach losreiste. War ich dann unterwegs, bemühte ich mich immerhin, mittels Postkarten den Kontakt aufrechtzuerhalten. Und da ich nach den ersten drei Ausflügen mit Ted Johnson stets allein reiste, war ich mein eigener Pilot, mein eigener Ratgeber und konnte weitgehend das tun und lassen, was ich wollte. Ich war frei.

Die zweite Frage lautet: Was trieb mich dazu, mein Zuhause oder Tante Lauras bequemes Domizil in Detroit zu verlassen? Mein Leben in Doylestown war bisweilen recht trist, denn ich besaß nichts von dem, was für meine Altersgenossen damals typisch war – weder die richtige Kleidung noch die richtigen Spielsachen noch sonst irgend etwas. Alles, was ich hatte, war die Musik, meine Kunstpostkartensammlung, an die ich mich noch heute gut erinnere, und die unendlich vielen Bücher aus der Leihbücherei, und von alldem konnte ich das, worauf es ankam, in meinem Kopf mit auf die Reise nehmen, ohne meinen Rucksack zusätzlich zu belasten. Ein Tramper muß oft lange an vielversprechenden Kreuzungen warten, und oft marschiert er auch eine ganze Weile die Straße entlang, ehe ihn jemand mitnimmt. Ich vertrieb mir bei solchen Gelegenheiten die Zeit damit, daß ich Carusos Arien sang, zahllose Gedichte aufsagte, die ich auswendig gelernt hatte, oder daß ich mir die jüngsten Neuerwerbungen meiner Kunstpostkartensammlung ins Gedächtnis rief. In mancher Beziehung war ich der ärmste junge Mann auf der Straße, in anderer Hinsicht aber der reichste. Und immer freute es mich, neue Menschen kennenzulernen, neue Geschichten zu hören und neue Landschaften zu sehen.

War es vielleicht eine psychische Störung, die mich damals und später unentwegt zu neuen Reisen anspornte? War es eine Art Geisteskrankheit, eine Mangelerscheinung, weil dem Körper ein wichtiges Vitamin vorenthalten worden war? Oder war es schlichtweg die fixe Idee eines rastlosen jungen Mannes? Ich war nie scharfsinnig genug, die Ursachen genau zu analysieren, bezweifle aber doch sehr, daß es sich tatsächlich um einen tiefsitzenden seelischen Defekt handelte. Wie ich schon sagte, war es zu Hause manchmal ziemlich langweilig, und ich besaß nichts, was mein Interesse über einen längeren Zeitraum hinweg zu fesseln vermochte. So bleibt als einfachste Erklärung die geheimnisvolle Straße vor unserem Haus, die im Osten als Sackgasse endete und im Westen unbekannten Welten entgegenstrebte. Sobald ich mir dieser Tatsache bewußt war, stand für mich fest, daß ich das Unbekannte erforschen wollte.

Auch während meiner High-School- und College-Jahre trampte ich kreuz und quer durchs Land. In der High-School hatte ich einen Freund, den ich sehr schätzte, einen Pfarrerssohn namens Lindsay Johnson. Als er aufs Elon College, eine kleine kirchliche Bildungsanstalt in North Carolina, wechselte, trampte ich zu ihm. Eines Morgens im Frühjahr kam er in die Poststelle des Colleges, um seine Briefe abzuholen – und ich wartete schon auf ihn. Eine junge Frau, die ich sehr gern hatte, ging in Indiana zur Schule – also machte ich mich auf den Weg und besuchte sie. Manche Orte besichtigte ich auch nur ihrer Sehenswürdigkeiten wegen. Die zwanziger Jahre neigten sich ihrem Ende zu, und sowohl die Zahl der Autobesitzer als auch die der jungen Anhalter hatte enorm zugenommen. Gelegentlich reiste ich nun mit älteren Trampern zusammen, was bisweilen nicht ganz ungefährlich war. So überredete mich einmal eine Gruppe Gleichgesinnter zu einem Eisenbahntrip, der uns fast bis an die Rocky Mountains führte. Wir reisten in leeren Güterwagen und auf den Fahrgestellen darunter. Ich kam ein gutes Stück voran, doch dann hatten wir in der Nähe von Cheyenne eine unangenehme Begegnung mit der Bahnpolizei. Ich bekam einen furchtbaren Schreck und trampte zurück, wobei ich mich brav an das mir vertraute Fernstraßennetz hielt. Auf Experimente mit der Eisenbahn ließ ich mich nie wieder ein.

Im Jahre 1931 – ich unterrichtete an einer Privatschule – war es, als habe eine fremde Macht mein Verhalten studiert und beschlossen: »Der ist zum Reisen prädestiniert!« Ich erhielt eine kleine Geldsumme, die mir bei sparsamem Wirtschaften – und das hatte ich ja gelernt – einen zweijährigen Studien- und Reiseaufenthalt in Europa ermöglichte. Im Monat vor meiner Abreise aus New York lernte ich die Fahrpläne der wichtigsten Schiffs- und Zugverbindungen Europas praktisch auswendig. Kaum hatte ich in Schottland wieder festen Boden unter den Füßen, rechnete ich mir aus, wie sich aus meinen äußerst beschränkten Reisemitteln das meiste herausschlagen ließ. Mit der kundigen Hilfe schottischer Kommilitonen bekam ich die finanziellen Probleme in den Griff, so daß ich mir fast das moderne Äquivalent der berühmten »Grand Tour« leisten konnte, die zu absolvieren im achtzehnten Jahrhundert von jedem jungen Mann respektabler Herkunft erwartet wurde. Aus Gründen, an die ich mich heute nicht mehr erinnern kann, entgingen mir die deutschen Städte. Aber ich lernte Paris, Rom, Florenz, Venedig, Ferrara, Madrid, Brüssel, Antwerpen und Amsterdam kennen, wobei die Aufenthalte in Rom und Brüssel von entscheidender politischer Bedeutung für mich waren (ich komme darauf noch zurück). Nicht minder wichtig – wenn auch radikal anders – waren drei weniger spektakuläre Reisen, die mir durch meine schottischen Freunde ermöglicht wurden.

Die erste Tour war eine Wanderung durch Schottland. Im Grunde waren es deren zwei: Die erste, ungefähr einhundertsiebzig Kilometer lang, führte von St. Andrews nach Oban. Auf der zweiten wanderte ich von Inverness nach Fort William. Die knapp einhundert Kilometer lange Strecke führte durch die grandiose Landschaft der Lochs. Schottland zu Fuß – diese bedächtige und etwas schwerfällige Fortbewegungsart erschließt einem die Pracht der zwischen braunen Hügeln eingebetteten Lochs mit all ihren Reizen; die Heide zeigt sich in all ihrer Schönheit, und hügelauf, hügelab entfaltet sich vor dem Auge des Wanderers die Landschaft in ihrer ganzen, großartigen Majestät. Auf meinen Wanderungen, die abends durch Gespräche in den örtlichen Pubs und tagsüber durch Plaudereien mit Schäfern an den Gattern ihrer Pferche unterbrochen wurden, lernte ich die Schotten kennen: ein ruhiges, selbstbeherrschtes, in bewundernswerter Weise an sein strenges und doch so prächtiges

Land angepaßtes Volk. Sie begegneten mir mit großer Liebenswürdigkeit im Gespräch und waren, obwohl die meisten von ihnen kaum mehr Geld in der Tasche hatten als ich, von sehr zuvorkommender Gastfreundschaft.

Auf meinen ziellosen Streifzügen lernte ich ein Gedicht kennen, das mir im Studium entgangen war. Matthew Arnolds *The Scholar Gipsy* faszinierte mich auf Anhieb, da ich es auf meine eigene Situation beziehen konnte. Ich fand in den schön gesetzten Zeilen, die voll im Einklang mit meiner eigenen Weltsicht stehen, eine Passage, in der ich ein Porträt meiner selbst erkannte:

> *Kommt und vernehmt die oft vernomm'ne Sage,*
> *von jenem armen Oxforder Scholar,*
> *ein junger Mann voll Witz und Einfallsgabe,*
> *der des Karrierestrebens überdrüssig war.*
> *An einem Sommermorgen geht er fort,*
> *den Freunden nur ein kurzes Abschiedswort,*
> *und sucht bei den Zigeunern neues Glück,*
> *der wilden Bruderschaft ein neuer Vagabund.*
> *»Ein Tunichtgut!«, so geht's von Mund zu Mund.*
> *Nach Oxford kehrt er nimmermehr zurück.*\*

Die Zeilen packten mich. Es war wie eine Vorahnung jener wilden, phantastischen Zeit in Afghanistan, wo ich mit den Kotschi-Nomaden umherziehen und ein begeistertes Buch über sie schreiben sollte; es war, als ahnte ich schon, daß mich meine Sehnsucht, die Welt zu durchstreifen, nie wieder loslassen würde.

Die zweite Tour, die ich auf Empfehlung meiner schottischen Freunde unternahm, war eine der schönsten in meinem ganzen Leben. »James«, sagten sie, »fahr nach Oban, schnapp dir einen Mac-Brayne-Dampfer. Dann laß dich von ihm über den Minch,

---

\* Aus dem Englischen vom Übersetzer. Matthew Arnold: *The Scholar Gipsy*, in: *A Book of English Poetry*, herausgegeben von G. B. Harrison, London 1983.

das stürmischste Gewässer Europas, schippern und auf der kleinen Insel Barra absetzen.«

»Warum ausgerechnet Barra?«

»Als Knox und seine Protestanten ganz Schottland zu ihrem strengen Glauben bekehrt hatten, fürchteten sie sich vor der stürmischen Überfahrt nach Barra. Die Insel blieb daher katholisch, ein hübsches Fleckchen zum Singen.«

Der Minch war noch rauher, als sie mir prophezeit hatten (das ist er immer). Und Barra erwies sich als ein so großartiges »Fleckchen zum Singen«, daß ich gleich drei Monate dort verbrachte und später noch einmal einen halben Sommer. An dieser Stelle genügt es zu sagen, daß Barra eine kleine Insel der Äußeren Hebriden weit draußen im sturmgepeitschten Atlantik ist. Die Einwohner – Katholiken – gehörten damals zu den ärmsten Menschen in Europa. Mitten in der Bucht liegt eines der romantischsten Schlösser Großbritanniens – damals fast eine Ruine, heute ein schönes Denkmal, das von einem umsichtigen Klanchef aus Barra restauriert wurde. Barra kennenzulernen, war immer ein Privileg; es zu einer Zeit kennenlernen zu dürfen, als es noch so aussah wie im Mittelalter, erschien mir wie eine Expedition in eine nebelhafte Vergangenheit.

Die dritte Empfehlung meiner schottischen Freunde gehörte zu jenen glücklichen Schicksalsfügungen, die so gelegen kommen, daß sie einem im nachhinein immer ganz unwirklich erscheinen. »Jim«, sagten sie, »das Umherstromern gefällt dir offenbar. Hast du dir eigentlich schon einmal die Angebote der Reedereien in Glasgow angesehen?«

»Wie sehen die denn aus?«

»Als wären sie dir auf den Leib geschneidert. Die Reedereien freuen sich, junge Burschen wie dich anheuern zu können. Du mußt gar kein ausgebildeter Seemann mit Patent und allem Drum und Dran sein. Du schreibst einfach an eines ihrer Büros, erklärst ihnen, daß du gesund und munter bist, und legst ein polizeiliches Führungszeugnis bei. Das reicht.«

»Und was kommt dann?«

»Die Reederei überprüft deine Angaben. Wenn ihnen dein Brief gefällt und sie herausgefunden haben, daß du tatsächlich ein zuverlässiger Kerl bist, laden sie dich zu einem Vorstellungstermin nach Glasgow ein, und wenn du dann dort bist... Aber laß dir die Einzelheiten am besten von Jock erzählen, er hat das alles schon mal durchgemacht. Wie dem auch sei, auf jeden Fall heuern sie dich als eine Art Matrose ehrenhalber an. Du bist dann Vollmitglied der Britischen Handelsmarine. Zehn Minuten später gehst du an Bord eines Frachtschiffs mit Kurs aufs Mittelmeer – es sei denn, die Reederei sitzt in Edinburgh, dann geht's natürlich von Leith aus in die Ostsee.«

»Habe ich an Bord irgendwelche Pflichten?«

»Das Tolle an der Sache ist, daß du in jedem Hafen, den das Schiff anläuft, sofort Landgang hast. Du kannst also zum Beispiel in Livorno von Bord gehen und zehn Tage später in Messina auf Sizilien wieder einsteigen. Auf See hast du allerdings bestimmte Pflichten zu erfüllen, das stimmt. Du bekommst die regierungsamtlichen Berichte mit den Änderungen der Leuchtfeuerzeiten, neuen Wrackwarnungen und dergleichen und überträgst sie auf die Schiffskarten. Dabei lernst du natürlich ungeheuer viel über das Mittelmeer, sofern dein Schiff tatsächlich dorthin unterwegs ist.«

»Muß ich bezahlen, oder werde ich bezahlt?«

»Es gibt eine Einheitsheuer für derartige Jobs: Du bekommst einen Shilling pro Monat, Unterkunft und Verpflegung sind frei.«

»Und warum machen die das? Klingt ja sehr vorteilhaft.«

»Sie wollen jungen Schotten die Chance geben, die Seefahrt kennenzulernen.«

»Aber kommen dann Amerikaner überhaupt in Frage?«

»Schreib einfach hin und wart's ab.«

Ich schrieb in der Tat hin – und erfuhr von den Direktoren der Bruce Line in Glasgow, daß sie zwar noch nie einen Yankee an Bord eines ihrer Schiffe gehabt hätten, aber gerne ihr Glück mit mir versuchen wollten. Drei Tage später hatte ich meine

Papiere, gehörte – ehrenhalber – der Britischen Handelsmarine an und befand mich an Bord eines Schiffes der Bruce Line, dessen Ziel die historischen Häfen des Mittelmeers waren.

Die Reederei besaß sieben oder acht Schiffe, die alle einen spanischen Namen trugen, der mit dem Buchstaben *A* begann und endete – *Almeira*, zum Beispiel, oder *Almenada*. Ich fuhr auf dem kleinsten Schiff der Flotte, der *Alcira*, unter dem Kommando von Kapitän Reid, einem kleinen, zähen Kämpfertypen. Sein Erster Maat war Mr. Macintosh, ein grauhaariger Veteran kurz vor dem Ende seiner Laufbahn, zu dessen Aufgaben es zählte, mich in meine Pflichten einzuführen. Ich war damals vierundzwanzig Jahre alt und sehr darauf erpicht, die Britische Handelsmarine und alles, was dazugehörte, kennenzulernen. Macintosh muß wohl gespürt haben, daß ich einer der letzten jungen Männer war, die ihm in die Hände fielen, denn er gab sich besondere Mühe mit mir. Er brachte mir bei, wie man den Standort bestimmt, zeigte mir, wie man mit dem so wichtigen Chronometer umgeht und wie man die Dokumente zu lesen hatte, mit denen wir arbeiten mußten. Er und Reid freuten sich über den Amerikaner an Bord, und als der zweite Tag zur Neige ging, waren wir schon gut aufeinander eingespielt. Es wurde eine der erfreulichsten und lehrreichsten Kreuzfahrten meines Lebens. Für mich gab es keinen Kapitän Bligh und keine furchterregenden Gestalten wie in den Büchern Joseph Conrads, sondern nur die Gemeinschaft mit zwei älteren Männern, die froh waren, einen lernbegierigen jungen Ausländer dabei zu haben, der bereit war, seinen eigenen Beitrag zum Gelingen der Fahrt zu leisten.

Später erfuhr ich, daß unter Reids Kommando die *Alcira* und zwei andere Schiffe der Bruce Line während des Zweiten Weltkriegs versenkt wurden. Dem Kapitän war es jedesmal gelungen, sich schwimmend in Sicherheit zu bringen und ein neues Kommando zu ergattern. Gegen Ende des Krieges, so vertraute mir mein Informant eines Abends in Valencia an, »steuerte dieser kleine Hurensohn sein Schiff quer durch ein Nest deutscher U-Boote und provozierte sie geradezu, ihn abzuschießen.« Ich glaubte ihm jedes Wort, denn Reid war eine kleine Kraftmaschine, die sich mit Wonne jeder neuen Herausforderung stellte.

Die *Alcira* war ein beachtlich starkes, solide gebautes Schiff holländischer Herkunft. Sein Bug war so stumpf, daß die Maschinen es beinahe durch die Wellen schieben mußten. Wir machten ungefähr vier Knoten, also an die sechsundneunzig Seemeilen pro Tag. Bei starkem Westwind vor Kap Finisterre an der spanischen Küste traten wir einmal allerdings einen ganzen Tag lang fast auf der Stelle. Stets in Sichtweite der dräuenden Klippen, waren wir so gut wie bewegungsunfähig. Doch dann ließ der Wind nach. Wir setzten unsere Fahrt fort und umrundeten Sagres, von wo aus Heinrich der Seefahrer einst seine portugiesischen Abenteurer ausgeschickt hatte, die Küsten Afrikas und die Meere der südlichen Halbkugel zu erkunden.

Vor Gibraltar kam unser kleines Schiff der Küste so nahe, daß wir die Befestigungsmauern sehen konnten, dann erreichten wir endlich das Mittelmeer. Unter einem strahlenden Himmel durchkreuzten wir die noble See, an deren Gestade es so viele Relikte der europäischen und der afrikanischen Geschichte gibt.

Beim Ablegen in Glasgow türmte sich auf jedem verfügbaren Fleckchen unseres Decks Teerkohle aus schottischen Bergwerken. Auch die Frachträume waren randvoll. Unsere Strategie bestand darin, die Maschinen während des ersten Teils der Fahrt mit der lose auf dem Deck gelagerten Kohle zu füttern, so daß von der gebunkerten Ladung so viel wie möglich in Italien verkauft werden konnte. Die Decks, aber auch der Rest des Schiffes, waren in den ersten Tagen der Reise entsprechend schmutzig gewesen. Inzwischen jedoch waren sie freigeschaufelt, und die Matrosen spritzten die *Alcira* mit Wasser ab, so daß sie wieder ganz manierlich aussah. Welchen italienischen Hafen wir zuerst anlaufen würden, stand dabei noch gar nicht fest. Die Reederei in Glasgow beobachtete jedoch die Märkte sorgfältig und würde uns rechtzeitig mitteilen, wo die Kohle mit größtmöglichem Profit verkauft werden könnte.

Das Telegramm, das uns schließlich erreichte, enthielt eine so aufregende Botschaft, daß ich um ein Haar geglaubt hätte, es sei einzig und allein geschickt worden, um mich glücklich zu machen. Man wies uns an, Kurs auf Civitavecchia zu nehmen, einen alten Hafen ganz in der Nähe Roms. Und warum war das so aufregend? Weil der französische Schriftsteller Stendhal (der eigentlich Marie Henri Beyle hieß) zu meinen Idolen zählte. Aber was hatte Stendhal mit Civitavecchia zu tun?

Es gibt unter den großen Schriftstellern kaum einen, der sich sein Leben so schwer gemacht hat wie er. Stendhal war ein Mann der tausend Katastrophen. Alles, was er anpackte, ging schief – vor allem seine Bemühungen um attraktive Frauen als Ehe- oder Bettgefährtinnen. Die ständigen Debakel, die ihn mitunter der Lächerlichkeit preisgaben, hätten einen geringeren Mann als ihn in den Selbstmord treiben können. Er fand schließlich eine nicht sehr attraktive Dame und zog sich bei diesem einzigen Abenteuer mit einer Frau eine üble Geschlechtskrankheit zu, die er zeit seines qualvollen Lebens nicht mehr loswurde.

Aber er konnte schreiben. Zwei seiner schwer erarbeiteten analytischen Romane – *Rot und Schwarz* und *Die Kartause von Parma* – gehören mit zum Besten, was die Weltliteratur zu bieten hat. Doch selbst mit diesen Meisterwerken blieb ihm die öffentliche Anerkennung versagt, ja, sein Einkommen war so niedrig, daß es kaum fürs Leben reichte. Er konnte von Glück reden, daß er schließlich in dem verschlafenen Hafenstädtchen Civitavecchia als Diplomat eine Art Versorgungsposten bekam. Und nun sollte ich ausgerechnet in jener Stadt zum erstenmal meinen Fuß auf das europäische Festland setzen, in der Stendhal so viele Jahre gelebt und gearbeitet hatte. Welch ein Entrée für einen Reisenden mit meinen Interessen!

Unser Schiff traf in der Abenddämmerung ein und konnte daher nicht mehr am Pier festmachen. Es ankerte also in kurzer Entfernung vom Kai und war mit diesem nur durch zwei an Pollern festgemachten Trossen verbunden. Ich hatte daher keine

Chance, an Land zu gehen und Stendhals Haus aufzusuchen. Macintosh, dem Ersten Maat, blieb meine Enttäuschung nicht verborgen. Es mag sein, daß er an seine eigene erste Begegnung mit dem europäischen Festland dachte, als er leise zu mir sagte: »Ein Mann mit guten Nerven könnte sich wie ein Affe an diesen beiden Trossen entlanghangeln. Sie sind straff genug, um nicht zu stark durchzuhängen, das sehen Sie ja selbst.« Er half mir beim Überklettern der Reling. Ich packte die beiden Taue, eines mit jeder Hand, und plazierte meine Beine dergestalt auf die Trossen, daß ich von ihnen gehalten wurde. In dieser nicht gerade sehr würdevollen Stellung rutschte ich an Land; die »Gefahrenstrecke« betrug vielleicht dreizehn, vierzehn Meter. Ich ließ die schwankenden Trossen los und landete mit dem Hinterteil voran in Civitavecchia. Als ich aufsah, erblickte ich das Dach der steinernen Festung, auf die mich mein Baedeker bereits aufmerksam gemacht hatte: Michelangelo hatte diese Zitadelle einst zum Schutz der römischen Schatzschiffe errichtet, die hier ihre Ladung löschten. Ich war also erst ein paar Augenblicke an Land, da hießen mich schon Michelangelo und Stendhal willkommen! Mit weit ausgebreiteten Armen imitierte ich Edmond Dantes in *Der Graf von Monte Christo*, der beim Betreten seiner Schatzinsel ausruft: »Die Welt ist mein!« Meine Worte waren: »Europa, ich grüße dich!«

Ich traf einen Ortsansässigen, der Englisch sprach und mich bereitwillig zum Hause Stendhals führte. Er hatte, wie ich glaube, Verständnis für die stille Reverenz, die ich dem großen Franzosen erwies – jenem Mann, der einmal als einer der »großen ewigen Verlierer dieser Welt« bezeichnet worden ist. Als ich zehn Tage später in Palermo wieder an Bord der *Alcira* ging, war ich froh und dankbar, daß mir ein erster, zwar nur kurzer, dafür aber sehr anregender Eindruck von Italien vergönnt gewesen war. Ermöglicht hatten mir ihn jene Freunde, denen ich den Hinweis auf die Großzügigkeit der schottischen Reedereien zu verdanken hatte.

Nach meiner Rückkehr in die Vereinigten Staaten setzte ich

meine Reisen per Autostop fort. Ich trampte durchs ganze Land – mit Ausnahme von North Dakota, das ich in all den Jahren nie erreichte. Mit der Zeit eignete ich mir eine gewisse Grundkenntnis der verschiedenen Regionen unseres Landes an. Namentlich was den Nordwesten betraf, blieb sie aber noch sehr oberflächlich, und zwei Gebiete, in denen ich mich später sehr engagieren sollte, schloß sie überhaupt noch nicht ein: Hawaii und Alaska.

Als nach dem Zweiten Weltkrieg der Friede begann, stolperte ich von einer Beschäftigung in die andere, und jede führte mich in einen anderen Erdteil. Als die Regierung mich Jahre später in eine Kommission aufnehmen wollte, die sich auch mit überseeischen Fragen beschäftigte, ging aus dem Material über mich, das dem Senat vor meiner Bestätigung vorgelegt werden mußte, hervor, daß ich in einhundertunddrei verschiedenen souveränen Staaten gearbeitet hatte, darunter einigen extrem kleinen und unbedeutenden.

Das Reisen in jenen Jahren war faszinierend. Dank meiner Tätigkeit war ich eine Art Asien-Experte geworden. In jenen aufregenden Zeiten, in denen ich in allen Teilen dieses Kontinents aktiv war, hatte ich jeweils in einem Hotel in Tokio, Hongkong, Singapur und Bangkok eine Reiseschreibmaschine und einen Koffer voller Reisekleidung stehen. Erreichte mich dann der dringende Anruf, so schnell wie möglich an diesem oder jenem Fleck in Asien zu erscheinen, begab ich mich einfach zum Flughafen, nahm eine Maschine in eine der genannten Städte, schnappte mir dort mein Gepäck und setzte die Reise fort. Ich schätze, daß ich in jenen Jahren mindestens zehn Olivetti-Schreibmaschinen verschenkt habe, die ich zuvor ohne die geringste Chance, sie beim raschen Verlassen des Landes wieder mitnehmen zu können, nach Burma, Afghanistan oder sonstwohin eingeführt hatte. Einige der Maschinen waren mir von den Behörden und Organisationen, in deren Auftrag ich arbeitete, zur Verfügung gestellt worden, doch mindestens ebenso viele hatte ich selbst gekauft. Der Verlust fiel bei mir unter die Betriebskosten. In den Staaten habe ich ein weiteres Dutzend verloren, und was die Koffer mit Arbeitskleidung betrifft, so mußte ich im Laufe der Zeit wohl an die zwanzig zurücklassen. Übermäßig traurig darüber war ich allerdings nie.

Zu den großen Freuden meines Lebens gehört die Tatsache, daß ich ins Zeitalter des Fliegens hineingeboren wurde. Ich fliege gern, flog besonders viel während meiner Zeit in der Navy und bin auch später praktisch mit allem, was Flügel hat, in die Luft gegangen. Kurz nach meinem fünfundsiebzigsten Geburtstag – ich arbeitete gerade in Kalifornien – fragten mich Leute von der Air Force: »Sind Sie denn auch schon einmal in einem Segelflugzeug geflogen?« Ich verneinte, worauf sie riefen: »Also, dann los!« Sie brachten mich zu einem Segelflugplatz hoch oben in den Bergen unweit des Luftwaffenstützpunkts Edwards, wo wir damals tätig waren, und binnen Minuten hing ich, gezogen von einem Schleppflugzeug, in der Luft. Irgend etwas ging schief. Das Schleppflugzeug brach weg, und wir torkelten in engen Spiralen auf die Erde zurück. In letzter Minute fing mein Pilot das Flugzeug ab, so daß es zu einer sauberen, weichen Landung kam.

»Sie dürfen sich das Segelfliegen durch so ein Mißgeschick nicht vermiesen lassen«, wurde mir gesagt, und ein paar Minuten später erhoben wir uns neuerlich in die Lüfte. Diesmal ging es hoch hinauf, und wir erwischten Aufwinde, die mir einen ungefähr einstündigen schönen Flug bescherten – still, ohne Turbulenzen, majestätisch.

Als meine Regierung einmal unseren westlichen Verbündeten stecken wollte, daß wir tatsächlich über einige Geheimwaffen zu ihrer Verteidigung verfügten, und zu diesem Zweck jemanden suchte, der einen »enthüllenden« Artikel schrieb, fiel die Wahl auf mich. Es ging um die bislang geheimgehaltene Staffel von B-52-Bombern auf dem Luftwaffenstützpunkt Limestone im äußersten Norden von Maine. Um mich mit dem Flugzeug vertraut zu machen, unterzog ich mich einem Schnellkurs als Bombenschütze in einer B-52-Staffel, die geheime Angriffe auf die Sowjetunion simulierte. Ich erfuhr, welche militärischen Maßnahmen im Falle eines Angriffs auf die Vereinigten Staaten und eines daraus resultierenden Gegenschlags ergriffen werden sollten. Ich hatte mich bereits intensiv mit Sibirien befaßt, und als uns nun im Manöver einige der Ziele in Rußland genannt und Flüge dorthin simuliert wurden, verstand ich, worauf unsere Strategie hinauslief.

Später flog ich tatsächlich einmal einen der mächtigen B-47-Bomber in einer Höhe von über fünfzehntausend Metern über zwei Drittel der Vereinigten Staaten. Wenn ich sage »flog«, so meine ich das durchaus wörtlich, allerdings mit einer Einschränkung: Beim Start saß ich im Sitz des Kopiloten, und der Kapitän war am Steuer. Doch als das Flugzeug sicher in der Luft war, übernahm ich das Ruder, denn die Air Force hielt es für wichtig, daß der Autor des Berichts am eigenen Leibe erfuhr, wie es ist, ein Flugzeug dieser Größe und Geschwindigkeit zu fliegen. Ich beschleunigte, verlangsamte, flog Kurven, variierte Schräglagen und Höhen und spürte, wie die Maschine auf meine Steuerung reagierte.

Da mein Faible für diesen Berufsstand in Pilotenkreisen bekannt war, haben mich zahlreiche Fluggesellschaften gebeten, bei ihnen als Kopilot mitzufliegen, vor allem über den Pazifik. Und bei fünf oder sechs Gelegenheiten saß ich tatsächlich auf dem Pilotensitz und probierte die Möglichkeiten des Autopiloten aus. Bei all diesen Flügen befand ich mich auf der einen oder anderen offiziellen Mission. Ließen mich jedoch ausländische Fluggesellschaften im Cockpit mitfliegen, hatte mein offizieller Auftrag nie mit den entsprechenden Ländern zu tun.

Daß ich noch immer gerne fliege und noch vor nicht allzulanger Zeit – ich ging bereits auf die Achtzig zu – als Kopilot die entlegensten Inseln der Aleuten ansteuerte, mag ein wenig überraschen, wenn man berücksichtigt, daß ich in drei schwere Flugunfälle verwickelt war, bei denen die Maschinen jeweils vollkommen zerstört wurden. Meine Liebe zum Fliegen konnten diese Unfälle nicht beeinträchtigen, und ich habe kein einziges Mal gezögert, mich sofort wieder in ein Flugzeug zu setzen.

Der erste Unfall ereignete sich auf Manus Island. Unser Doppeldecker-Flugboot landete im großen Hafenbecken und setzte seinen Weg ohne Unterbrechung bis zum Meeresboden fort. Es gab Tote, aber diejenigen Passagiere, die – wie ich – im Oberdeck saßen, kamen davon.

Der zweite Unfall war unter anderem wegen seiner Folgen bemerkenswert. Wir befanden uns im Anflug auf eine damals recht gefährliche Landepiste auf Amerikanisch Samoa. Piloten, die während des Krieges dort zu landen hatten, werden sich daran erinnern, daß sie, von der See her kommend, die kurze Landebahn in gerader Linie überfliegen, vor dem Berg an deren Ende eine Rechtskurve machen und schließlich genau entgegen der ursprünglichen Anflugrichtung aufsetzen mußten. Man sprach damals, glaube ich, von einer »glatten One-Eighty«, da die Piloten gezwungen waren, unter höchsten Anforderungen in puncto Timing und Höhenkontrolle, eine volle 180-Grad-Kehre zu fliegen.

Ich saß angegurtet auf einem niedrigen Behelfssitz, der in der Mitte einer sich über die gesamte Länge des Innenraums erstreckenden Aluminiumbank eingelassen war. Mein Blick war also quer zur Flugrichtung nach innen gerichtet. Mir schräg gegenüber saß ein Oberstleutnant der Air Force. Während der scharfen Kurve vor der Landung sagte ich vor mich hin: »Auweh, dieser Flugplatz ist die Hölle. Die Maschine schiebt. Zuviel Scherkraft auf dem linken Rad.« War bei der Landung die seitliche Abdrift zu stark, bestand die Gefahr, daß im Augenblick der Bodenberührung das Fahrwerk einknickte.

Ich erinnere mich, daß ich den Colonel fragend – aber nicht so, als befürchtete ich ernste Schwierigkeiten – ansah und meine Augenbrauen hochzog, als wollte ich sagen: »Zuviel Scherkraft, nicht wahr?« Er nickte mir, vollkommen gefaßt, zu und ließ dabei seinen rechten Zeigefinger kreisen, was soviel zu sagen hatte wie: »Ja, wir kippen um.« Einen Augenblick später setzte die DC-3 mit einem dumpfen Schlag auf der Landebahn auf, und das linke Fahrwerk knickte erwartungsgemäß ein. Im heillosen Durcheinander aus umherfliegenden Leibern und Ausrüstungsgegenständen wurde ich auf den Colonel geschleudert. Es dauerte eine Weile, bis wir uns voneinander befreit hatten, den anderen helfen und aus dem Wrack springen konnten, ehe sich – womit jederzeit zu rechnen war – der Treibstoff entzündete.

Menschenleben forderte die Bruchlandung keine. Nach der Räumung der Unfallstelle holten sich der Colonel und ich diverse geborgene Habseligkeiten ab und gingen zu Fuß zum Offiziersclub von Pago Pago. Ohne daß wir darüber ein Wort verloren, waren wir doch beide still zufrieden mit unserer Besonnenheit in einer Streßsituation; waren stolz darauf, wie vernünftig wir – im Gegensatz zu einigen jüngeren Männern an Bord – in einer Notlage gehandelt hatten. Wir wuschen uns und aßen gut zu Abend. Dann rief den Colonel wieder die Pflicht. Ich hing noch ein bißchen herum, trank noch zwei Cokes und machte mich auf den Rückweg ins Quartier. Es war inzwischen dunkel geworden.

Ein Arbeitstrupp hatte beim Verlegen einer Leitung vergessen, ein Loch abzudecken. Ich fiel hinein und schlug heftig auf dem Boden auf. Es geschah alles so plötzlich, in tiefster Dunkelheit und auf gänzlich unvertrautem Gelände, daß mir die geballte nervliche Belastung, die sich infolge der Bruchlandung sowie einer Reihe kurz vorher an der Front im Norden überstandener Gefahrensituationen aufgebaut hatte, jegliche Kraft nahm. Ich konnte nicht einmal mehr um Hilfe rufen. Da steckte ich in einem Graben von schätzungsweise zweieinhalb Meter Tiefe und war nur noch ein hilfloses Bündel Mensch. Schließlich kam jemand aus dem Club vorbei und alarmierte andere, die mich herausholten.

Man brachte mich ins Stützpunktlazarett, verabreichte mir

ein Beruhigungsmittel und ließ mich am nächsten Morgen erst einmal ausschlafen. Dann führten mich die Sanitäter, die mich gerettet hatten, hinaus zu dem Graben, an dem ich verunglückt war. Zu meinem großen Erstaunen war er kaum tiefer als einen halben Meter. »Der Captain, der Sie fand, wäre um ein Haar auf Sie draufgetreten, so weit ragte Ihr Hintern aus dem Loch.«

Die Inspektion des halbmetertiefen Grabens war ernüchternd. Bis dahin hatte ich mir eingebildet, gegen Anfälle von Kriegsmüdigkeit, nervöser Erschöpfung und Rückenschmerzen gefeit zu sein – Erscheinungen, die ich bislang für Symptome von Drückebergerei gehalten hatte. Es war eine demütigende Erfahrung. Immerhin wußte ich jetzt, daß ich in Krisen wie ein Held agieren konnte, in anderen Situationen aber so hilflos war wie ein verschüchtertes Kind.

Das dritte Flugzeugunglück unterschied sich grundlegend von den bereits geschilderten. Es geschah im Jahre 1957 auf einem militärischen Routineflug von Guam nach Tokio. Unsere Maschine war das verläßlichste aller Flugzeuge, die alte DC-3 oder »Dakota«, deren militärische Version auch als C-47 bekannt war. Weit draußen über dem Pazifik begannen plötzlich die Motoren zu stottern. Entweder war uns der Treibstoff ausgegangen, oder der vorhandene war durch Kondenswasser verunreinigt. Auf jeden Fall blieb uns nichts anderes übrig, als eine Notlandung auf hoher See zu riskieren. Wir waren entsprechend vorgewarnt und wußten, was uns bevorstand. Ich kann mich noch lebhaft an die letzten Minuten erinnern. Nein, es war nicht so, daß in Sekundenschnelle mein bisheriges Leben vor mir ablief, und ich fing auch nicht an zu beten. Die folgenden Gedanken beherrschten mich: So hoch wie die Wellen da draußen sind, wird es ganz schön krachen. Du fliegst rückwärts, in deiner Lieblingsposition; dein Kopf lehnt an der Trennwand, um den Aufprall zu absorbieren. Hoffentlich hat der Pilot sein Handbuch gelesen und kann sich noch an das Kapitel über Notwasserungen auf See erinnern. Und hoffentlich benimmst du dich anständig, schließlich bist du der Älteste an Bord...

Durch meine Tätigkeit in der Luftfahrt und meine reiche Flugerfahrung in Maschinen aller Art war ich zu jenem Zeitpunkt bereits fest davon überzeugt, daß es für jede Situation eine Handlungsweise gibt, die maximale Überlebenschancen bietet. Die Notwasserung auf dem offenen Meer mußte doch bis auf den letzten Quadratzentimeter einer Welle und bis in die letzten technischen Gegebenheiten des jeweiligen Flugzeugtyps analysiert sein. Fahrwerk ausfahren oder nicht? Anstellwinkel steil oder flach? Mit den Wellen oder in einem Winkel zu ihnen? Ich kannte keine der Antworten, aber ich wußte, daß es sie gab, und hoffte, daß unser Pilot mit ihnen vertraut war.

Er machte eine perfekte Landung in eine riesige Welle hinein, die unsere DC-3 sofort und endgültig zum Stillstand brachte. Der Boden der Maschine wurde beim Aufprall größtenteils fortgerissen. Und dann geschah das Wunder. Das prächtige alte Flugzeug ging, obwohl es fast in Stücke gerissen war, nicht sofort unter, sondern schwamm noch drei Minuten auf der Wasseroberfläche. Es gibt viel zu tun in einem solchen Augenblick, wenn Menschenleben auf dem Spiel stehen, und es ist verblüffend, wie lang drei Minuten in einer solchen Situation sein können. Ein kleines Team gut trainierter Männer und Frauen kann innerhalb von drei Minuten ein kleines Restaurant leerräumen. Wir waren dreizehn Passagiere an Bord, und jeder von uns wußte im Augenblick der Notlandung genau, was er zu tun hatte. Einer riß die große Hecktür auf. Der Sergeant warf das große Rettungsschlauchboot hinaus und betätigte den Aufblasmechanismus. Ein dritter trieb die elf Passagiere zusammen und sorgte dafür, daß sie sich in geordneter Reihenfolge zum Ausstieg begaben. Die Crew entkam, wie ich mit einem Blick in die Pilotenkanzel feststellte, durch eine separate Luke. Der Sergeant und ich waren die letzten, die das Wrack verließen.

An der Tür schoß mir noch der Gedanke an meine Notizen und Papiere durch den Kopf, die nun zum Untergang verurteilt waren. Dann lag ich im Wasser. Ich war nicht weit vom Flugzeug entfernt, als es geräuschlos sank. Getragen von meiner Rettungsweste – sie funktionierte anstandslos –, wurde mir bewußt, mit welch bewundernswerter Präzision wir reagiert hatten. Doch dann blamierte ich mich furchtbar: Als es mir endlich gelungen war, das inzwischen schon ein wenig abgetriebene Schlauchboot zu erreichen, war ich nicht imstande, hineinzuklettern. Die abgerundeten Gummiwände des Boots waren so hoch und schlüpfrig, daß es mir einfach nicht gelang, mich hineinzuziehen.

»Herrgott noch mal, Alter, jetzt komm rein!« rief jemand, und ich mußte zurückrufen: »Ich finde nirgends Halt!«

»Schwing deinen Arsch über die Seite, los!« Da ich ein beachtlich breites Hinterteil habe, war das leichter gesagt als getan. Ein Soldat verlor schließlich die Geduld, sprang ins Wasser und half mir; er gab mir einen solchen Stoß von hinten, daß ich praktisch ins Rettungsfloß hineinflog und ein großes Kuddelmuddel anrichtete, als ich auf den anderen landete.

Unser umsichtiger Pilot hatte vor der Notwasserung S.O.S. gefunkt. Sein »Mayday, Mayday!« (vom französischen *Venez m'aider* = Kommt und helft mir!) war so stark gewesen, daß es in mehreren weit auseinanderliegenden Funkstationen im Pazifikraum registriert wurde. Das Hauptquartier konnte die Hilferufe per Kreuzpeilung ziemlich genau lokalisieren. Ein japanisches Fischerboot, das sich nahe der Unfallstelle befand, hörte unseren Notruf zwar nicht, wurde jedoch von Land aus auf uns aufmerksam gemacht. Es nahm sofort Kurs auf uns, und so wurden wir gerettet.

Flugpassagieren, die sich mit einer Notwasserung auf See konfrontiert sehen, kann ich folgendes versichern: Wenn Ihr Pilot die entsprechenden Instruktionen gelesen hat, haben Sie gute Überlebenschancen. Die kleinen gelben Rettungswesten, die Ihr Flugzeug mit sich führt, sind verblüffend effektiv. Ziehen Sie sich soviel Kleidung über wie möglich, und denken Sie vor allem an eine Kopfbedeckung gegen Sonnenbrand. Es wird nicht leicht sein, ins Schlauchboot zu kommen, und wenn Sie es geschafft haben und in Sicherheit sind, werden Sie wahrscheinlich furchtbar seekrank. Das Boot – und mit ihm Ihr Magen – bewegt sich nämlich in jeder Richtung: vorwärts und rückwärts, von links nach rechts und von oben nach unten, und das alles gleichzeitig. Das Wichtigste ist jedoch, daß an die fünfzig Funkstationen Ihren Notruf gehört haben werden. Die Peilungen werden sich kreuzen, so daß sich Ihre Position mit annähernder Genauigkeit orten läßt.

Heutzutage höre ich beim Antritt einer Flugreise, die über einen Ozean führt, immer aufmerksam zu, wenn die Stewardeß den Gebrauch der Rettungswesten erklärt, und oftmals denke ich dabei: Du bist vermutlich der einzige Mensch an Bord, der schon einmal mitten im Ozean auf diese Weste angewiesen war. Ich erinnere mich, wie froh ich damals war, daß sie einwandfrei funktionierte, denn ohne Weste hätte ich es gar nicht bis zum Rettungsboot geschafft. Schon bald nach unserer Rettung befand ich mich bereits an Bord einer anderen DC-3 und setzte meine Reise nach Tokio fort.

Meine engste Begegnung mit dem Tod fand in einem Hotel in Saigon statt. Ich saß im obersten Stockwerk fest, als es in den unteren Etagen zu schweren Unruhen kam. Einige in der Gegend angesiedelte Inder waren über die miserable Art und Weise, wie man in der Öffentlichkeit mit ihnen umging, derart in Rage geraten, daß sie das Hotel stürmten und anfingen, die Gäste aus den Fenstern zu werfen. Mit Entsetzen beobachtete ich, wie sie mehrere Menschen in den Zimmern unter mir in den Tod stürzten. Dann hörte ich, wie sie mein Stockwerk stürmten. Drei Zimmer vor dem meinen packten sie sich einen dicken indischen Kaufmann, der in Saigon auf Besuch war; ich hörte seinen Todesschrei. Schließlich erreichten sie meine Tür und traten sie ein. Aus Gründen, die ich später nie zu erklären vermochte, ergriff ich meine Olivetti-Reiseschreibmaschine, hielt sie schützend vor mich und rief den auf mich zukommenden Männern entgegen: »Presse! Presse!« Sie waren so verdutzt, daß sie bloß nickten und sich wieder entfernten.

Wenn ich auf mein langes Leben als Weltreisender zurückblicke, fallen mir auf ein paar oft gestellte Fragen spontan folgende Antworten ein:

»Was war der schönste Ort, den Sie je besucht haben?« Bora Bora. – »Die lohnendste Stadt?« Ein Kopf-an-Kopf-Rennen zwischen Rom und London. – »Die interessantesten Ruinen aus dem Altertum?« Karnak und die Tempel am Nil. – »Und die romantischsten?« Angkor Wat in Kambodscha, wie es einmal war. – »Der spirituellste Ort?« Kyoto in Japan. – »Das beeindruckendste Gebäude?« Der Escorial König Philipps II. in der Nähe von Madrid. – »Die beste Küche?« Chinesisch. – »Der beste Sekt?« Asti Spumante. – »Der beste Wein?« Châteauneuf-du-Pape. – »Der beste Rosé?« Ich bitte Sie! Kein Kommentar, nicht in anständiger Gesellschaft. – »Das beste Kunstmuseum?« Die Frage bereitet mir Kopfzerbrechen, denn jedes ist auf seine Art hervorragend: der Prado in Madrid, die Uffizien in Florenz, die National Gallery in London, die National Gallery of Art in Washington. – »Das beste kleine Museum?« Das Frick in New York. – »Der beste Konzertsaal?« Die Philadelphia Academy of Music.

Während eines Besuches in Aruba fiel mir ein Mann auf, der sich immer etwas abseits von seiner Reisegruppe hielt. Eines Tages fragte ich ihn: »Was führt Sie denn hierher?« Er antwortete, daß er seinen Lebensunterhalt damit verdiene, die Prämienreisen verschiedener großer Firmen zu organisieren: »Sehen Sie, da verkauft jemand achtzehn Kühlschränke mehr als sein Kollege, und schon hat er sich einen bezahlten Urlaub verdient. Ich arrangiere das hier für ein paar Dutzend Firmen – die haben den Kram vom Hals, und ich verdiene ganz ordentlich.«

Er zeigte mir die Antworten auf einen Fragebogen, den er an zehntausend frühere Prämienempfänger verschickt hatte. Die Fragen à la »Wie hat es Ihnen in Ägypten gefallen?« und »War das Essen im Hotel sehr gut – gut – ordentlich – schlecht?« interessierten mich nicht besonders, mit Ausnahme der letzten, die der Mann, wie er mir sagte, aus einer späten Eingebung heraus noch hinzugefügt hatte: »Wohin möchten Sie als nächstes reisen?« Die überwältigende Mehrheit hatte geantwortet: »Irgendwohin.« Würden Sie mir heute abend diese Frage stellen, erhielten Sie die gleiche Antwort.

Einige Fragen erfordern ausführlichere Antworten. »Die tollste Autofahrt, die Sie je unternommen haben?« — In einer bitterkalten Winternacht versuchten wir, auf dem Flugplatz von Tromsø, weit oberhalb des Polarkreises, zu landen, doch war die Landebahn wegen eines heftigen Schneesturms gesperrt. Statt dessen landeten wir ungefähr achtzig Kilometer weiter auf der kleinen militärischen Notfallpiste in Bardu. Tageslicht spielte keine Rolle, da wir uns ohnehin im Lande der ewigen Nacht befanden. Wir nahmen uns ein Taxi und machten uns auf den Weg nach Tromsø. Der Fahrer war ein leidenschaftlicher Sänger und jodelte uns die ganze Strecke über irgendwelche Volkslieder vor. Wir hockten unterdessen auf dem Rücksitz und klammerten uns verzweifelt an alles, was sich auch nur im entferntesten zum Festhalten eignete. Die Straße war durch riesige Schneewehen gefräst, die sich beiderseits zu hohen Wällen auftürmten. Der Fahrer machte sich ein Vergnügen daraus, die Kurven mit halsbrecherischer Geschwindigkeit anzufahren, in die Schneemauer zu krachen und das zurückprallende Fahrzeug in die gewünschte Richtung lenken. Auf meine Frage, was denn geschehen würde, wenn ihm ein anderer Verrückter entgegenkäme, erwiderte er: »Bei dem Schnee würde ich in der Kurve die Reflexion des Scheinwerferlichts erkennen und entsprechend langsamer fahren.« Später erschien am Himmel der abnehmende Mond. Wir stimmten in den Gesang des Fahrers ein und erreichten Tromsø unversehrt. Es war eine Fahrt, die ich nie vergessen, aber auch nie wiederholen möchte.

»Das beste Dinner?« — Fraglos die *rijstafel* mit achtzehn Boys im alten Hôtel des Indes auf Java. Sie sitzen in einem Palmengarten, und ein Gamelan-Orchester mit elf Instrumenten spielt himmlische Musik. Ein Ober stellt vor Ihnen einen großen Teller auf den Tisch, der nichts enthält außer einer ordentlichen Portion weißen Reises. Doch dann treten hinter den Gamelan-Spielern achtzehn barfüßige junge Männer mit bunten javanischen Turbanen hervor, von denen jeder zwei exotische Gerichte oder Beilagen mit sich führt, eines in jeder Hand: Fisch, Huhn, Saté in Erdnußsoße, Ananas, Orange, sechs oder sieben erlesene Früchte, Currys, Soßen, geriebene Kokosnuß, gebratene Eier, geröstete Zwiebeln und diverse Gewürze, die ich nie genau identifizieren konnte. Da jeder Mann zwei Gerichte bringt, bekommen Sie insgesamt sechsunddreißig verschiedene Speisen. Während des gemütlichen Mahls wird der Reisteller zweimal aufgefüllt, und auch die jungen Männer kehren mit weiteren Delikatessen zurück, so daß man gewiß nicht darben muß. Der Trick dabei besteht natürlich darin, sich am Anfang zurückzuhalten und den lukullischen Schmaus so weit wie irgend möglich in die Länge zu ziehen.

Mein zweitbestes Essen war ein spätabendlicher Imbiß im Madrider Ritz. Ich hatte – meiner Gewohnheit entsprechend – auf das Frühstück verzichtet, sodann das Mittagessen ausgelassen, weil ich in Rom meinen Flug nicht versäumen wollte, und auch nichts zum Abendessen bekommen, denn die Fluggesellschaft hatte die Bordverpflegung vergessen. Als wir ins Hotel kamen, war es bereits so spät, daß das Restaurant geschlossen hatte. Also schlich ich bei nachtschlafener Zeit durch die Straßen der Umgebung, bis es mir gelang, eine Flasche Rotwein, ein ausgezeichnetes, knuspriges Brot, eine Scheibe Hartkäse und zwei kleine Dosen aufzutreiben – die eine mit norwegischen Sardinen, die andere mit gesalzenen Anchovis. Um Mitternacht genossen meine Frau und ich eine der schmackhaftesten Mahlzeiten, an die wir uns erinnern können. Wir kommen immer wieder darauf zurück, wenn wir die erfreulichen Überraschungen unseres Reiselebens Revue passieren lassen.

»Hatten Sie je gesundheitliche Probleme?« – Ich folgte stets derselben Prozedur: Halte dich streng an die Anweisungen deines Arztes, und vergiß nicht die nötigen Impfungen. Abgesehen davon habe ich unterwegs alles gegessen und genauso gelebt wie sonst auch. Früher waren vor Überseereisen so viele Impfungen erforderlich, daß mir ein Arzt beim Eintragen des vorläufig letzten Quantums in den stets mitzuführenden gelben Impfpaß sagte: »Sie sind ja ein menschliches Nadelkissen!« Immerhin blieb ich auf diese Weise von schlimmeren Krankheiten jeglicher Art verschont. Die einzige Ausnahme war eine schauerliche Malaria-Infektion, die mir fünfzig Jahre lang zu schaffen gemacht hat. Natürlich bekomme ich, wahrscheinlich wegen des ungewohnten Wassers, in den ersten Tagen fast jeder größeren Reise eine heftige Gastritis. Sie dauert aber nie länger als einen Tag, und ich sehe darin mittlerweile eine willkommene innere Reinigung.

»Gibt es unter den vielen Orten, an denen Sie gewesen sind, einen, an den Sie nicht zurückkehren wollen?« – Kalkutta. Die Armut dort, der Tod auf den Straßen, die unglaublichen Lebensbedingungen waren zuviel für mich – und ich habe ansonsten ein ziemlich dickes Fell. Einmal standen nicht weniger als dreißig Leute Schlange und warteten auf ein Trinkgeld, als ich mein Hotel verließ. Die meisten von ihnen hatte ich nie zuvor gesehen. Ich sah mir die Gesichter genau an, gab den acht oder neun Personen, die mir in der einen oder anderen Weise ein wenig behilflich gewesen waren, ein großzügiges Trinkgeld und bestieg den wartenden Bus, der mich zum Flugzeug bringen sollte – fort, nur fort aus dieser furchtbaren Stadt. Die Männer, die nichts bekommen hatten, liefen noch bis zur nächsten Kreuzung hinter dem Bus her und beschimpften und verfluchten mich auf das übelste. Als ich einen Engländer fragte, woher dieses feindselige Verhalten komme, fragte er zurück: »Haben Sie ihnen denn kein Trinkgeld gegeben?« Ich erklärte ihm, daß ich alle, die mir nach meiner Erinnerung zu Diensten gewesen waren, sogar recht großzügig bedacht hatte. Worauf der Engländer, fast wie unter Schmerzen, ausrief: »Oh, Mr. Michener, da haben Sie einen grauenhaften Fehler gemacht! Sie hätten jedem einzelnen mindestens zehn Cent geben sollen.« Nüchtern setzte er dann hinzu: »Und zwar deshalb, weil zehn amerikanische Cent tatsächlich den Unterschied zwischen Leben und Tod bedeuten können.« Noch heute kann ich die Wutschreie jener gequälten Männer aus Kalkutta hören, die von mir kein Trinkgeld erhalten hatten.

»In welchem Ihrer Erlebnisse kommt das eigentliche Wesen des Reisens am besten zum Ausdruck?« – Um vier Uhr morgens auf einem kleinen Schiff auf dem Ozean, am besten irgendwo im südlichen Pazifik. Wissen, daß man auf geradem Kurs eine Tropeninsel ansteuert, und sehen, wie das Licht der noch unsichtbaren Sonne allmählich den östlichen Himmel durchdringt. Und dann in einer Weltgegend, wo die Sonne wegen der Erdkrümmung am nahen Äquator unglaublich schnell auf- und untergeht, erleben, wie sie gleichsam explodiert, ein rotes Strahlenfeuerwerk, so gewaltig, daß es die ganze Welt verschlingen könnte. Die Insel erspähen, die man gesucht hat, in vagen Umrissen noch, die höchste Erhebung jedoch bereits vom Sonnenlicht entflammt. Und dann beobachten, wie sie langsam und zauberhaft aus dem Meer steigt und schließlich zu ihrer vollen Größe heranwächst, den Menschen ein Heim, den Vögeln eine Rast.

Zu den besonderen Werten des Reisens und den Motiven für unsere Fahrten in die Ferne gehört auch die Tatsache, daß wir die bekannten Dinge, mit denen wir von Kindesbeinen an vertraut sind, noch intensiver zu schätzen lernen. Auf einer Bootsfahrt über den Gardasee stand ich an der Reling, als sich ein gebildeter Engländer – ich glaube, es war ein Professor aus Oxford – zu mir gesellte und sagte: »Dieser schöne Fleck dort hinten am Ende der Landzunge heißt heute Sirmione. Es ist das berühmte Sirmio des Catull, der nach Erledigung seiner Pflichten im fernen Rom immer hierher eilte. Über seine Reisen nach Sirmio schrieb er ein entzückendes Gedicht. Es lautet folgendermaßen:

*Kein schönres Glück gibt's auf der Welt, als sorglos und*
*Der Fremde müd die Lasten alle abstreifen,*

*Zum eignen Herde endlich nun nach Haus kommen
Und im ersehnten Bette wieder ruhn dürfen!*\*

Das Gedicht gab meine eigenen Ansichten über das Reisen so präzise wieder, daß ich meinen Gesprächspartner bat, mir die Zeilen aufzuschreiben, was er dann auch tat. In den sechzig Jahren, die seither vergangen sind, habe ich das Gedicht so oft rezitiert, daß ich es inzwischen schon fast für mein eigenes halte.

»Ihre schönste Flugreise?« – Ein Kopf-an-Kopf Rennen zwischen zwei unvergleichlichen Erlebnissen. Einmal flog ich an einem klaren, frostigen Wintertag – das Hochland war schneebedeckt – bei perfekten Sichtverhältnissen den gesamten Himalaya von Westen nach Osten ab, Stunde um Stunde, über den geradezu feindselig wirkenden Nanga Parbat und den Annapurna, über die nicht ganz so hohen Berge Kaschmirs, die Gebirgsketten, hinter denen sich Tibet verbirgt, über den mächtigen K-2 und dann auch den Mt. Everest selbst, den Giganten im sonnengleißenden Schnee. Und da waren die Flüsse, die sich wie Ketten aus funkelnden Diamanten schmückend um die Berge legten: Jhelum, Chenab, Sutlej – magische Namen von Wassern, die sich in Pakistan mit dem Indus verbinden; dann der dichtbesiedelte Ganges, das unglaubliche Netz des Brahmaputra, des unbekanntesten unter den großen Strömen dieser Erde. Sogar vom weitverästelten Mekong erhaschte ich einen Blick. Es war ein Tag reinster Herrlichkeit. Nie zuvor hatte sich mir Asien in einer derartigen Demonstration urwüchsiger Kraft präsentiert: diese gewaltigen Berge, diese Flüsse, deren Fluten große Teile des Kontinents verwüsten konnten... Doch manchmal ist die perfekte Perle erregender als eine Handvoll Diamanten, und so waren meine vielen Alaska-Flüge auf der Strecke von Anchorage nach Juneau nicht weniger eindrucksvoll. Hier fliegt man an riesigen Bergen entlang, die nicht, wie der Himalaya, aus einem hochgelegenen Tafelland emporragen, sondern direkt aus

---

\* Catull, Gedichte, übersetzt von Werner Eisenhut, 6. Aufl., München 1968; S. 43.

dem Meer. Hier sieht man die Wildheit der Natur, die geheimnisvollen Gletscher, die in Dunkelheit aufsteigen und in Stille vergehen. Nie erreichen sie die See, und selbst dem Auge der Menschen bleiben sie verborgen, es sei denn, er blickt vom Flugzeug aus auf sie herab.

»Welches Land hat sich Ihnen am meisten eingeprägt?« – Zweifellos Afghanistan, und ich glaube, daß die meisten Ausländer, die in den Nachkriegsjahren zwischen 1945 und 1960 dort arbeiteten, dasselbe sagen würden. Denn in jener Zeit erlebten die winzigen europäischen und amerikanischen Gemeinden, die damals in Kabul ansässig waren oder am Bau des riesigen Staudamms am Helmand-Fluß mitwirkten, eine Zivilisation, wie sie damals auf der Welt wohl einzigartig war. In der großen Landeshauptstadt gab es weder ein Hotel noch ein öffentliches Restaurant, in dem ein Europäer regelmäßig einkehren konnte – oder einkehren wollte. Es gab weder Zeitung noch Radio, weder Kino noch irgendwelche lokalen Festlichkeiten, bei denen seine Anwesenheit erwünscht gewesen wäre. Für die meisten von uns war es das primitivste Leben, das wir je kennengelernt hatten. Wir machten aus der Not eine Tugend und verschafften uns Unterhaltung, indem wir uns sieben Tage in der Woche reihum zum Mittag- und zum Abendessen einluden. Man aß niemals allein und man ging niemals aus, es sei denn, man besuchte Freunde. Freitagabends trafen wir uns und lasen Theaterstücke nach Skripten, die die Sekretärinnen verschiedener Botschaften mit mehreren Durchschlägen abgeschrieben hatten. Wir veranstalteten Picknicks in den herrlichen Bergen der Umgebung. Wir machten Ausflüge zu den riesigen, aus einer Felswand gehauenen Buddhastatuen von Bamian, einer der großen Sehenswürdigkeiten Asiens. Und ich schloß mich einer Karawane durch die große Wüste Dascht-i-Margo an, mit der ich nach Herat gelangte; dort lernte ich einen Teppichhändler kennen, auf den ich noch einmal zurückkommen werde. Hoch im Norden organisierte ich eine weitere Karawane, um die Ruinen des alten Balkh zu besichtigen. Dort war im Jahre 328 v. Chr. Alexander der

Große der schönen Afghanin Roxana begegnet, hatte sie geheiratet und sie zur Königin der damals bekannten Welt gemacht. Afghanistan – urtümlich und mörderisch – ist eine Ecke der Welt, die jeder liebte, der sie in jenen Jahren kennenlernte.

»Woran denken Sie am liebsten zurück?« – Mit größter Sympathie und Wehmut fallen mir jene Tage ein, an denen ich als junger Mann nach einer anstrengenden Dienstreise in irgendeinem armen asiatischen Land aus dem Flugzeug stieg, eines jener Hotels aufsuchte, in denen ich Stammgast war – das Peninsula in Hongkong, das Raffles in Singapur, das Oriental in Bangkok oder das weitläufige Hôtel des Indes in Djakarta –, und dort in der Lobby Kollegen aus aller Welt begegnete. Leute, die einander nicht kannten, setzten sich zusammen, erzählten sich ihre Geschichten, hörten einfach zu oder verabredeten sich zu gemeinsamen Ausflügen. Ich spürte dann wieder den Puls Asiens schlagen und staunte einmal mehr über das Leben, das zu führen mir vergönnt war. Angeberei war im übrigen verpönt. Im Club der Auslandskorrespondenten in Tokio, unserem Hauptquartier, hingen drei Helme an der Wand. Fing jemand an sich großzutun, erhob sich ein anderer unauffällig, setzte sich einen der Helme auf den Kopf und sagte: »Los, erzählen Sie uns vom feindlichen Feuer!« Der Angeber hielt sofort den Mund. Nach einer langen Reise mitten ins Herz Asiens begann ich einmal gedankenlos: »Als ich kürzlich über den Khaiber-Paß kam...« Da setzen meine Zuhörer nicht nur ihre Helme auf, sondern stöhnten auch noch vernehmlich.

»Übte irgendeine Ihrer Reisen einen unerwarteten Einfluß auf Sie aus?« – Ich war von Anfang an ein leicht zu beeindruckender Mensch, und ich glaube, ich ging auf Reisen, um verändert zu werden. Insofern bewirkten alle Reisen Veränderungen – ob zum Guten oder zum Schlechten, stehe ich nicht an zu beurteilen. Ich glaube allerdings, daß jenes Streben nach Freiheit, neuen Ausblicken, Erfahrungen und Freundschaften, das mich zeitlebens nicht mehr verlassen sollte, durch die Streifzüge in meiner Jugend vorgeprägt wurde. Es gab aber auch eine ganz bestimmte Reise, die mich mehr beeinflußte, als ich damals ahnte. Es war jene abenteuerliche Fahrt von Schottland über den Minch zu den Äußeren Hebriden und meine Bekanntschaft mit einem keltischen Wunderland.

Die berühmten Inseln beginnen im Norden mit dem recht großen Eiland Lewis, auf dessen südlichem Teil, Harris, der hochgeschätzte Tweed gewebt wird. Es folgt ein stattliches Trio: North Uist, South Uist und zwischen ihnen Benbecula. Das kleine Eriksay, bekannt durch seine schöne Musik, schließt sich an, und zum Schluß kommt Barra mit einer ganzen Kette unbewohnter Felseninseln, die weit hinausreichen bis zum großen Leuchtturm am äußersten Ende.

Die Zeit hatte diese abgelegenen Inseln vergessen. Die Menschen lebten in kleinen Steinhäusern mit Reetdächern, trugen dunkle, schwere Kleider aus selbstgewebten Stoffen, sprachen überwiegend ein klangvolles Gälisch und lebten von dem, was sie sich aus dem Meer holten, sowie von importiertem Getreide. Da sie auf ihren offenen Feuerstellen keine Kohle, sondern Torf verbrannten, haftete allem und jedem ein sauberer, rauchiger Geruch an, als sei er, sie oder es soeben mit einem Desinfektionsmittel bedampft worden. Sie waren ein kerniges Völkchen, nicht besonders groß gewachsen, nicht besonders freundlich und darüber hinaus von geradezu teuflischer Verschlagenheit, was unter anderem dazu führte, daß sie sich über einen Fremden in ihrer Mitte auf Gälisch lustig machen konnten, während sie ihn gleichzeitig fast wohlwollend ansahen. Akzeptierten sie ihn dagegen, so geschah dies mit großer Wärme. Dann luden sie ihn während der langen Winternächte zu ihren *ceilidhs* ein. Ein *ceilidh* (ausgesprochen: »ki-li«) ist eine formlose Zusammenkunft von Sängern und Geschichtenerzählern. Während draußen die Stürme heulen, die der Nordatlantik über das Land bläst, trifft man sich in irgendeiner Küche vor dem Torffeuer und verbringt gemeinsam die Nacht. Erhebt dann ein begabter Solist nach dem anderen – egal ob Mann oder Frau – die Stimme und trägt seine Lieblingslieder vor, so kann sich eine unvergleichliche, harmonische Gemütlichkeit entwickeln. Die Volkslieder der Hebriden sind Weisen von großer emotionaler Kraft und geisterhafter Schönheit. Die meisten von ihnen lernte ich während meines Inselaufenthalts auswendig. Es war ein künstlerischer Schatz, der nie verblaßte.

Das Erstaunlichste aber an den Hebriden war die Insel Benbecula: Bei Flut eine echte Insel und durch beachtliche Wellen von den Nachbarinseln getrennt, war sie bei Ebbe durch breite, gut befahrbare Dämme mit den beiden Uists verbunden. Fuhrwerke und Autos konnten also ohne weiteres zwischen den Inseln hin- und herfahren, und es gab auch viele Menschen, die zu Fuß auf die Nachbarinseln gingen, um dort Freunde zu besuchen. Die Hauptfrage auf Benbecula war stets: »Wann kommt die nächste Flut?« Besucher, die trockenen Fußes auf die Nachbarinseln zurückkehren wollten, waren gut beraten, sich den Tidenkalender genau anzusehen. Jahr für Jahr kam es vor, daß der eine oder andere unvorsichtige oder angeheiterte Fußgänger zu spät aufbrach und von den mit unversöhnlicher Macht heranrollenden Flutwellen in den Tod gerissen wurde.

Wenn ich an meine Reisen zurückdenke, fallen mir zwei besonders spannungsgeladene Fußmärsche ein: Der eine führte mich von Quetta in Pakistan nach Kandahar in Afghanistan, ohne daß ich für eines der beiden Länder ein gültiges Visum besessen hätte. Der zweite war eine Nachtwanderung von North Uist nach Benbecula. Der Mond schien hell über dem Atlantik, der begierig darauf wartete, die sandige Piste, die ich entlangschritt, zurückzuerobern. In weiter Entfernung leuchtete ein einsames Licht und markierte den Weg ans sichere Ufer von Benbecula.

Jener Winter auf den Hebriden war für mich von enormer Bedeutung. Auf Barra lernte ich jeden einzelnen Inselbewohner persönlich kennen. Tag für Tag wanderte ich über die Insel, mal hierhin, mal dorthin, und unterbrach meinen Weg überall, wo eines der niedrigen, geduckten Steinhäuser mir einladend vorkam. Ich besuchte die Bewohner, trank mit ihnen Tee, übernachtete auch mal bei ihnen, oder wir sangen gemeinsam ein paar alte Lieder. Oder ich ging hinaus zu den Torfstechern und half ihnen, diesen erstaunlichen Brennstoff zu fördern und aufzubereiten. An Ort und Stelle im Moor noch ein nässetriefendes, kompaktes Konglomerat aus Wurzelgeflecht und abgestorbenen Pflanzenteilen, erwies sich der an der Sonne getrocknete Torf im Herd als Wärmespender von bewundernswert langer Brenndauer.

Alles, was ich auf jener sturmumtosten Atlantikinsel tat, bereicherte mein Wissen über das Leben ihrer Bewohner. Schon damals, während dieses abenteuerlichen Aufenthalts, spürte ich, daß ich etwas ganz Besonderes erlebte. Das einfache Leben, an dem ich dort teilhatte, zwang mich, all meine bisherigen Wertvorstellungen zu überdenken und meinen Geist von fixierten, eingefahrenen Denk- und Verhaltensweisen zu befreien.

Es war dort draußen auf den Hebriden, daß ich zur Bezeichnung der Veränderung, die mit mir vorgegangen war, ein neues Wort erfand: den *Nesomaniker*. Es bedeutet soviel wie der »Inselbesessene« (von griechisch *nesos* = Insel). Ich bin vielleicht der einzige Mensch auf der Welt, der sowohl auf den alten Hebriden im Nordatlantik als auch auf den neuen Hebriden im Pazifik in engem Kontakt mit der dortigen Bevölkerung gelebt hat; wahrscheinlich auch der einzige, der jemals Ostern auf der Weihnachtsinsel und Weihnachten auf der Osterinsel verbrachte. Ich wurde so »nesomanisch«, daß ich mich intensiv mit den Hawaii-Inseln und anderen Teilen Polynesiens, mit den melanesischen Inseln, den Aleuten unweit des Polarkreises und der wunderschönen karibischen Inselwelt befaßte. Ich war auf Inseln eingestimmt, kannte aus erster Hand das Leben auf jenen einsamen Atollen und sturmgepeitschten Eilanden, die Joseph Conrad, Pierre Loti, Somerset Maugham, Alec Waugh, Jack London und Robert Louis Stevenson so geliebt hatten. Wenn ich in Großstädten, fernab von der Natur, zu tun hatte, konnte die Nesomanie bisweilen zur Krankheit werden.

Ich glaube, es kam daher, daß man auf Inseln sowohl die Zeit als auch die Neigung hat, mit den Sternen, den Bäumen und den Wellen zu kommunizieren, die an die Küste spülen. Man lebt dort intensiver.

»Auf welcher Ihrer Reisen haben Sie Unschönes oder Bedauerliches erlebt?« – In Schottland lebte und studierte ich in St. Andrews, einer der entzückendsten Kleinstädte Europas. Hoch über der Nordsee gelegen und seit Jahrhunderten mit einer traumhaften Kathedralenruine geschmückt, reich an schmalen Gassen und alten Torbögen, mit einer Stadtmauer und voller phantastischer Ausblicke über das Meer im Osten und das hügelige Land im Westen und Süden, hat sich St. Andrews das Lob des schottischen Gelehrten Andrew Lang gewiß verdient, von dem aus seiner Studentenzeit folgender Ausruf überliefert ist:

*St. Andrews an der Nordsee ist*
*eine verwunschne Stadt für mich.*

Auch ich verfiel dem Reiz dieses Städtchens. Nach einiger Zeit erfuhr ich, daß unsere Universität in der zwanzig Kilometer entfernten Stadt Dundee jenseits des Firth of Tay noch eine Art Ableger besaß, nämlich die Medizinische Hochschule. Die jungen Schotten, die mir davon erzählten, warnten mich: »Dundee ist eine verdreckte Industriestadt«, sagten sie. »Gefällt dir bestimmt nicht. Und die Medizinische Hochschule sollte am besten geschlossen werden. Steckt voller amerikanischer Juden!« Das klang in meinen Ohren so unwahrscheinlich, daß ich eines Tages selbst nach Dundee fuhr und die Medizinische Hochschule aufsuchte; schließlich war sie ein Teil der Universität, an der ich studierte. Es stimmte, was meine schottischen Kommilitonen gesagt hatten: Dundee war eine kleinere Version von Glasgow – genauso heruntergekommen, aber ohne dessen

Charme.* Ich fand auch die besagte Medizinische Hochschule, und dort studierten tatsächlich viele amerikanische Juden – gutaussehende, hochintelligente junge Männer in den Zwanzigern. Sie saßen über ihren Lehrbüchern und büffelten. Nur selten kam einer von ihnen über den Firth of Tay und ließ sich im schöneren Teil der Universität blicken.

Manchmal gewinnen junge Menschen auf Auslandsreisen eine neue Perspektive von ihrem Heimatland. An der Medizinischen Hochschule von Dundee wurde ich auf einen amerikanischen Skandal aufmerksam, der mich damals erschütterte und mich noch heute quält. Nennen wir den jungen Mann Isidor Cohen. Er stammt, sagen wir, aus Brooklyn und spricht hier stellvertretend für Tausende von Altersgenossen, die in jener Zeit die vier medizinischen Fakultäten Schottlands bevölkerten – Edinburgh, Glasgow, St. Andrews und Aberdeen. »Ja, es stimmt«, sagte er zu mir, »alle Studenten in diesem Institut sind Juden. Wir hatten hervorragende Schulabschlüsse und wollten Ärzte werden. Unsere Väter oder Onkel waren bereits Ärzte, und für uns gab es eigentlich nie ein anderes Berufsziel, vorausgesetzt, die Noten blieben so gut, wie sie waren. Doch als wir uns an amerikanischen Hochschulen einschreiben wollten, wurden wir nirgends angenommen. Keine einzige Universität wollte uns haben, nicht einmal diejenigen, deren medizinische Fakultäten eher als kümmerlich gelten. Wir waren Juden, und man verbot uns, Medizin zu studieren. O ja, zwei oder drei jüdische Studenten durften sich immatrikulieren, vor allem, wenn deren Eltern sich mit großen Bargeldbeträgen spendabel gezeigt hatten. Doch für Tausende von uns gab es nirgendwo eine Chance. Dann kam, so um 1925, das Gerücht auf, daß die Medizinischen Hochschulen in Schottland, die zu den strengsten ihrer Art in der ganzen Welt gehören, Studenten bräuchten und nichts ge-

---

* Später lobte ich Dundee in meinen Büchern. Dort wird die beste Orangenmarmelade hergestellt. Im übrigen gehören Kaufleuten aus Dundee zahlreiche große Rinderfarmen in Texas. Wenn John Wayne um die Erhaltung seiner Ranch in Texas kämpft, sitzt sein Boß in einem Büro in Dundee und trifft seine Anordnungen.

gen Juden einzuwenden hätten. Als sich dann auch noch die Weltwirtschaftskrise bemerkbar machte, flehten sie uns geradezu an, nach Schottland zu kommen – und da sind wir nun.« Dutzende von ihnen habe ich in den Jahren 1931 und 1932 kennengelernt – daheim verfemt, in Schottland willkommen. Jahrelang hatten ihre Eltern Steuern gezahlt und sich als gute Bürger bewährt, doch ihren Söhnen wurde die Gleichberechtigung in der Ausbildung versagt. Es war eine bodenloser Skandal, der mich mit Abscheu erfüllte.

In späteren Jahren versuchte ich auf meinen Reisen herauszufinden, was aus den jungen Leuten geworden war, die damals in Schottland Zuflucht gesucht hatten. Ich fand unter ihnen renommierte Ärzte und Wissenschaftler, Dekane von Medizinischen Hochschulen, Chefchirurgen in großen Krankenhäusern und Professoren, die eine neue Generation amerikanischer Ärzte unterrichteten. Ohne die Beiträge jener in Schottland ausgebildeten jüdischen Mediziner wäre unser Gesundheitssystem in noch schlimmerer Verfassung, als es ohnehin schon ist.

Was habe ich auf meinen Reisen gelernt? – In allen Ländern, die ich besuchte, begegneten mir Menschen, die sehnsuchtsvoll von Amerika und seinen unbegrenzten Möglichkeiten träumten. Mir war also durchaus bewußt, welche Chancen unser Land bietet. Aber ich kannte eben auch diese brillanten Juden, die bereits Amerikaner waren und denen man jene Chancen versagt hatte. Weil mir in Dundee klargeworden war, welch himmelschreiendes Unrecht es ist, Minderheiten eine Ausbildung vorzuenthalten, die ihnen in einem Lande wie dem unseren zusteht, habe ich mich in allen Hochschulen, an denen ich tätig war, vehement für die Aufnahme und Integration von Schwarzen, Hispano-Amerikanern und Studenten orientalischer Herkunft eingesetzt.

Ich war immer davon ausgegangen, daß sich meine Reiselust mit zunehmendem Alter legen würde. Dies war jedoch nicht der

Fall. In meinem zweiundachtzigsten Lebensjahr – und gequält von gesundheitlichen Problemen, die mich beinahe lahmlegten – unternahm ich die folgenden Touren: eine Seereise in einem kleinen Schiff rund um Südamerika (auf den Spuren eines Piraten, der in den sechziger Jahren des siebzehnten Jahrhunderts die gleiche Strecke zurückgelegt hatte); drei Reisen durch das gesamte Karibische Becken einschließlich seiner Inselwelt; einen längeren Besuch in der zauberhaften Stadt Cartagena, deren berühmte Stadtmauer es mir angetan hatte; einen Ausflug nach London in meiner Eigenschaft als Ehren-Maskottchen des Football-Teams der Miami Dolphins, das einen Schaukampf gegen die San Francisco Forty-niners austrug; eine gefühlsträchtige Reise nach Warschau, wo ich mich mit Autoren traf, die ich zwanzig Jahre zuvor kennengelernt hatte; einen Flug nach Japan, wo ich das Ensemble eines Mädchentheaters wiedersah, über das ich Jahrzehnte zuvor einen Roman (*Sayonara*) geschrieben hatte, der auch mit einigem Erfolg verfilmt worden war; einen nostalgischen Segeltörn in einem kleinen Boot nach Tahiti und zu den Marquesa-Inseln Gauguins – sowie eine zutiefst bewegende Audienz beim Papst in Rom, der mir bereits aus seiner Zeit als Kardinal und Erzbischof von Krakau bekannt war.

Es gab eine Reihe verlockender Einladungen von ausländischen Regierungen, die ich jedoch aus dem einen oder anderen Grund ablehnen mußte. Die Chinesen baten mich, nach China überzusiedeln und über die jüngste Geschichte des Landes zu schreiben; Rußland lud mich zu einem hochkarätig besetzten Weltraum-Symposium ein; Korea, dessen Berge ich während des Koreakriegs bestiegen hatte, fragte an, ob ich mir nicht ansehen wolle, welche Veränderungen sich inzwischen im Lande vollzogen hätten; und die Türkei schlug vor, ich solle über die dort lebenden sephardischen Juden berichten. Auch verschiedene Organisationen machten verlockende Angebote: Ich sollte nach Neuseeland fliegen, um an einer Inszenierung von *South Pacific* mitzuwirken, in Australien den Outback, den australischen Busch kennenlernen, in Afghanistan Kriegslager besichtigen und in Buenos Aires an einer kulturpolitschen Veranstaltung teilnehmen. Außerdem hatte unsere Regierung im Zusammenhang mit Kommissionen, für die ich in München, Portugal und Israel tätig gewesen war, drei Konferenzen angesetzt.

Ich erwähne diese vielen Reiseangebote nicht, um meine Wichtigkeit herauszustreichen. Hervorheben möchte ich jedoch, daß sie alle eines bezeugen: Wer Verständnis für die Länder zeigt, die er besucht, und sich mit ihnen zu identifizieren weiß, wird dort immer ein gerngesehener Gast sein, und je älter er wird, desto mehr wird er die freundschaftlichen Verbindungen zu schätzen wissen.

Mein heißer Wunsch wäre es, jede Einladung, die mir auf den Schreibtisch flattert, mit einem »Ja, ich komme!« quittieren zu können, denn ich folge den Spuren des Odysseus, dessen Ruf zur Tat, so wie ihn Tennyson besungen hat, ich mir schon vor langer Zeit eingeprägt und auf manchem beschwerlichen Marsch durch ferne Täler und Schluchten rezitiert habe:

> ... Auf, Freunde, kommt,
> Noch ist es Zeit, die neue Welt zu suchen.
> Stoßt ab, und, euch in Ordnung setzend, schlagt
> Die tönenden Furchen; denn ich bin gewillt,
> Der Sonne Bad und alle Westgestirne
> Zu übersegeln, bis der Tod mich ruft.
> Vielleicht, daß uns die Fluth hinunterschlingt;
> Vielleicht, daß wir die sel'gen Inseln sehn,
> Und unser Freund Achilles dort uns grüßt.*

Ich habe die Welt kennen- und lieben gelernt und würde gerne noch einmal ihre abgelegensten Flecken erkunden. Doch früher oder später ist der Sand im Stundenglas durchgelaufen, und selbst das Schiff des Odysseus muß sich einen Hafen suchen.

* Alfred Tennyson, Ulysses, in: Ausgewählte Dichtungen, übersetzt von Alfred Strodtmann, Hildburghausen 1867; S. 92.

Kapitel II

Meuterei

Der Stille Ozean spielt eine sehr dominierende Rolle in meinem Leben und in meinem schriftstellerischen Werk, und so fällt mir die Schilderung, wie es zu dieser Affinität kam, besonders leicht. Ich entdeckte jene Weltgegend spät, erst um die Mitte des Zweiten Weltkriegs, als ich als Navy-Leutnant ins Kampfgebiet bei den Salomonen nordwestlich der Hauptinsel Guadalcanal versetzt wurde.

Als Quäker war ich eigentlich vom Militärdienst befreit, doch hatte ich es abgelehnt, mich unter Berufung auf meine Religion vor dem Konflikt zu drücken. Als Geschichtsprofessor am College wußte ich nur zu gut um die Gefahren, die der menschlichen Zivilisation durch Hitler und Japan drohten, und meldete mich deshalb freiwillig.

Zusammen mit einer großen Gruppe anderer Zivilisten, die man ebenfalls in Navy-Uniformen gesteckt hatte, expedierte man mich auf einem arg ramponierten Truppentransporter der *Cape*-Klasse in den Pazifik. Das Schiff war einer der jämmerlichsten Kähne, die noch im Dienst standen, und trug folgerichtig auch einen der traurigsten Namen: *Cape Horn* – nach der trostlosen, menschenfeindlichen Felsklippe an der Südspitze Südamerikas, dem Schrecken aller Seeleute.

Als Leutnant, der vor kurzem noch einfacher Soldat gewesen war, hatte man mich in einem improvisierten Deckquartier untergebracht. Ich teilte es mit zwei anderen Möchtegern-Offizieren, die erst kürzlich die Zivilkleidung mit der Uniform vertauscht hatten. Bill Collins war ein hochgewachsener, langgliedriger Anlageberater von der Merrill-Lynch-Niederlassung in Los Angeles, der uns gleich zu Beginn unmißverständlich zu verstehen gab, daß er den Krieg möglichst kurz und schmerzlos hinter sich bringen wolle. Er hatte sechs Flaschen *Southern Comfort* an Bord geschmuggelt und teilte sie mit seinen Kumpanen wie ein Falschspieler auf einem Mississippi-Raddampfer, der seine Opfer einlullen möchte, bevor er sie übers Ohr haut. Er war ein umgänglicher, witziger Bursche mit einer lässigen, etwas schleppenden Redeweise, dem jeder Respekt für militärische Gebräuche abging. Seine Geschichten waren niemals uninteressant oder unnötig ausgewalzt.

Dritter im Bunde war ein Geschäftsmann aus Detroit, Jay Hammen, ein kleiner, nervöser Kerl, dem immer sehr daran gelegen war, es allen recht zu machen, und der bei unangenehmen Aufgaben freiwillig mehr tat, als von ihm verlangt wurde. Von seiner Lebenseinstellung her war er ernster, vernünftiger und stiller als Collins. Ich mochte sie beide – habe aber nie erfahren, was sie von mir hielten.

Da Geleitschutzschiffe wie Zerstörer und Kreuzer rar waren, wurde die *Cape Horn* mutterseelenallein über den Pazifik geschickt (man bezeichnete diesen Zustand mit bemerkenswerter Akkuratesse als »nacktärschig«). Wir waren äußerst langsam, ein unbeholfenes Schiff, das im Ernstfall zu keinerlei Ausweichmanövern imstande gewesen wäre. Unser einziger Schutz war ein kleines, schlecht bemanntes und ohnehin völlig unzureichendes Buggeschütz. Für jedes japanische U-Boot, das es darauf angelegt hätte, wären wir leichte Beute gewesen.

Diesem Schicksal suchten wir durch zwei taktische Finessen zu entkommen. Ab und zu änderten wir ohne jeden ersichtlichen Grund total den Kurs und fuhren eine Weile lang in eine völlig andere Richtung. Diese Prozedur wurde manchmal sogar schon nach einer halben Stunde wiederholt. Und jeden Abend, sobald die Dämmerung in die schwarze Nacht übergegangen war, warfen wir sämtlichen Abfall, der sich in den letzten vierundzwanzig Stunden angesammelt hatte, auf einmal über Bord. Über das Megaphon erklärte ein Schiffsoffizier, warum: »Wir schmeißen das alles auf einmal raus, damit das Japsen-U-Boot, das den Dreck morgen früh vielleicht findet, nicht weiß, in welcher Richtung wir unterwegs sind. Wenn wir einen ganzen Schwanz von Müll hinter uns herziehen, braucht man uns nur zu folgen. Und wenn's geht, tun wir's gleich nach Einbruch der Nacht, damit wir am nächsten Morgen schon möglichst weit fort sind.«

Er hielt uns über sein Megaphon permanent auf Trab, so daß der häufigste Befehl auf unserer langen, öden Reise nach Westen sein strenges »Aufgepaßt!« war, das uns zehn- bis fünfzehnmal am Tag in den Ohren dröhnte. Ich erinnere mich noch lebhaft an zwei seiner ersten Weisungen: »Damit wir keine Spur im Kielwasser hinterlassen, werden Sie tags oder nachts nichts – ich wiederhole: *nichts* - über Bord werfen. Tun Sie's doch und werden dabei erwischt, geht's bei Wasser und Brot in den Bunker. Und wenn's so aussieht, als wollten Sie absichtlich eine Spur legen, werden Sie erschossen.« Eine weitere Warnung lautete: »Die meisten von Ihnen waren noch nie auf einem Schiff. Setzen Sie sich nie – ich wiederhole: *nie* – auf die Reling und hampeln Sie in deren Nähe nicht herum. Lassen Sie sich eines gesagt sein: Unser Kapitän hat Order, auf Kurs zu bleiben und nicht zu stoppen, wenn jemand über Bord geht. Ein japanisches U-Boot könnte uns hochgehen lassen. Ich wiederhole: Wir werden weder stoppen noch beidrehen, um Sie wieder aufzufischen.«

Ein Unglücksrabe, der uns dreien in unserem Behelfsquartier als arges Großmaul aufgefallen war, setzte sich dann eines Tages doch auf die Reling und fiel prompt ins Wasser. Das Schiff setzte, wie angekündigt, seinen Weg fort, und die Schreie des armen Teufels wurden leiser und leiser. Da spürten wir, daß uns der Krieg eingeholt hatte und seine klammen Finger nach uns ausstreckte.

Die folgenden Beschreibungen von Menschen an Bord der *Cape Horn* klingen so grotesk, daß ich hoffe, irgend jemand, der damals an der Meuterei beteiligt war, wird sich melden und meine Aussagen bestätigen; geschieht dies nicht, so kann ich nur versichern, daß alles, was ich im folgenden berichte, nüchterne Wahrheit ist. Wenn überhaupt, habe ich eher untertrieben, und erfunden sind nur die Namen.

Unser Schiff stand unter dem Kommando von Kapitän Bossard, einem schon älteren Mann, der, soweit wir wußten, viele Jahre in der Handelsmarine gedient hatte. Ich kann mich hier nur sehr ungenau ausdrücken, da Bossard während der gesamten Fahrt, die ungefähr einen Monat dauerte, von niemandem von uns gesehen oder gehört wurde. Niemand von uns hatte auch nur den geringsten Kontakt zu ihm. Er blieb die gesamte Fahrt über in seiner Kapitänskajüte. Gerüchten zufolge war er unentwegt betrunken, doch kann ich dafür meine Hand nicht ins Feuer legen.

Wenn ich jetzt sage, daß der für uns zuständige Armeeoberst praktisch auch Kapitän war, kommt mir das lächerlich vor, aber genau so verhielt es sich. Einmal sahen wir ihn – und das war auch das einzige Mal, daß wir von ihm etwas hörten: sechs oder sieben Regeln über das Verhalten an Bord in unartikulierten Sätzen. Der Verdacht, daß er und der Kapitän gemeinsam tranken, paßte nur zu gut zu den Gerüchten, die an Bord kursierten.

Nach und nach bekamen wir heraus, daß die *Cape Horn* – stets mit denselben Offizieren und derselben Crew – schon oft auf diese Weise über den Pazifik geschippert war. »Einen Monat hin, einen Monat zurück, das macht sechs todlangweilige Hin- und Rückfahrten pro Jahr.« Nein, ein glückliches Schiff war die *Cape Horn* sicher nicht, und Bill Collins prophezeite: »In einem solchen Chaos kann alles passieren.«

Der Leser sollte wissen, daß ich eine schöne Zeit in der britischen Handelsmarine verbracht hatte und daher natürlich auch Mitglied der Seeleutegewerkschaft gewesen war. Auch als Dozent hatte ich die Gewerkschaftsbewegung immer positiv dargestellt, war mir doch die Bedeutung der Arbeiterorganisationen im Amerika der frühen dreißiger Jahre durchaus bewußt. Doch nun sah ich mich unvermittelt mit einer ihrer weniger schönen Seiten konfrontiert.

Wir sahen zwar nichts von unseren beiden Kommandanten, aber mehr als genug von ihrer unfreundlichen Mannschaft, die in einer großen, improvisierten Deckkabine uns gegenüber untergebracht war. Es war eine übellaunige Bande, die ursprünglich auf Handelsschiffen gedient und schon vor Kriegsbeginn viele Jahre auf See zugebracht hatte. Daß ihnen auf einmal Landratten wie wir in die Quere kamen und dumme Fragen stellten, ödete sie maßlos an. Ich habe sie als ungepflegte, verdreckte und unaufrichtige Kerle in Erinnerung. Sie zu mögen, war nicht einfach. Ich mochte sie jedenfalls nicht, und soviel ich weiß, ging es allen anderen Offizieren und Rekruten, mit denen wir zusammenarbeiteten, genauso.

Die Gründe für unser Mißbehagen waren allgegenwärtig und lagen auf der Hand. Vier von ihnen ärgern mich noch heute, wenn ich daran denke. Da Transportschiffe wie die *Cape Horn* manchmal – wenn auch nur sehr selten – in schwer umkämpfte Seegebiete fahren mußten, erhielten diese zivilen Matrosen extrem hohe Risikozuschläge, die sich, wie man uns sagte, auf bis zu achthundertfünfzig Dollar im Monat beliefen. Wir einfachen Rekruten dagegen, die dem gleichen Risiko ausgesetzt waren, aber den Fahneneid geleistet hatten, bekamen nur einundzwanzig Dollar. Diese unerhörte Diskrepanz ließ sich einfach nicht ignorieren. »Meldest du dich freiwillig, um für dein Land zu kämpfen, bekommst du einundzwanzig. Drückst du dich vor der Einberufung und heuerst auf einem Schiff an, bekommst du elfhundertfünfzig.« Der letztgenannte Betrag, ein belegter Einzelfall, wurde zur üblichen Vergleichszahl – wenn auch vielleicht nicht ganz zu Recht, da er möglicherweise durch anderweitige Zuschläge aufgeblasen war. Doch daß der krasse Unterschied ein Schlag ins Gesicht des Patriotismus war, konnte niemand abstreiten.

Die nächsten beiden Diskrepanzen waren besonders eklatant, weil wir sie jeden Tag aufs neue vorgeführt bekamen – vor allem wir drei, deren Quartier dem der Zivilmatrosen gleich gegenüberlag. Sie hatten ihre eigene Messe und ihre eigenen Köche und reichhaltige Verpflegung bester Qualität. Das entsprach den Forderungen ihrer Gewerkschaft, deren strikte Einhaltung von einem Crewmitglied überwacht wurde. Fielen seine Berichte über das Essen negativ aus, standen der Reederei

Schwierigkeiten ins Haus. Mit dem unglaublichen Fraß hingegen, den man uns vorsetzte, hätten die Farmer in Iowa allenfalls ihre Schweine gefüttert. Ich war nie besonders anspruchsvoll, was meine Ernährung betraf, und Freunde haben mich als einen Menschen bezeichnet, der »stets Gourmand und nie Gourmet« gewesen ist. Aber selbst für mich war das Essen auf dem Schiff völlig inakzeptabel. Es gab Mahlzeiten, bei denen nicht einmal das matschige Brot genießbar war. Collins und Hammen, die pingeliger waren als ich, weigerten sich, überhaupt noch zu den Mahlzeiten anzutreten; sie sahen darin eine Demütigung, die sie sich nicht bieten lassen wollten. Sie blieben statt dessen im Quartier und tranken *Southern Comfort*.

Da teilten sich nun überbezahlte zivile Matrosen und wir unterbezahlten Kriegsfreiwilligen ein und dasselbe Deck. Wir löffelten unseren Schweinefraß, und sie ernährten sich von Steaks, Koteletts und frischem Gemüse. Und nicht genug damit: Sie aßen im Mannschaftsquartier, in das wir, wenn wir wollten, jederzeit hineinschauen konnten. Aber ob wir ihnen nun beim Essen zusahen oder nicht – der verlockende Duft ihrer Speisen verfolgte uns ohnedies überallhin.

Während Collins und Hammen die Sache mit der Verpflegung noch mehr oder weniger ungerührt hinnahmen, empörte sie eine andere schreiende Ungerechtigkeit um so mehr. Da wir so viele waren und die Wassertanks der *Cape Horn* nur über eine beschränkte Kapazität verfügten, war nicht nur das Duschen verboten – eine Möglichkeit, Seewasser in die Leitungen zu pumpen, gab es nicht –, sondern es bestanden sogar Engpässe bei der Trinkwasserversorgung. An manchen Tagen bekamen wir so wenig zu trinken, daß wir ständig Durst hatten. Ich hatte dafür Verständnis – es herrschten nun einmal Kriegsbedingungen –, und es war ja auch nicht so, daß wir vom Verdursten bedroht gewesen wären. Wer lange genug anstand, bekam schon etwas zu trinken, und zu den Mahlzeiten gab es Kaffee.

Nun kam allerdings eine weitere Regel zum Tragen, mit der die Gewerkschaft ihre Mitglieder schützte: Jeder zivile Matrose hatte einen verbrieften Anspruch auf soundso viele Süßwasserduschen pro Woche. Für uns bedeutete dies eine neuerliche Demütigung: Während wir nach Trinkwasser lechzten, tobten sich die Matrosen jenseits des Ganges unter der Dusche aus – und das ausgiebigst. Es war so unerhört, daß mir noch heute die Galle hochkommt, wenn ich daran denke.

Was uns jedoch am meisten erboste, war die Tatsache, daß man uns Militärs zu höchster Vorsicht im Umgang mit Lichtquellen aller Art verdonnert hatte, damit uns ja kein U-Boot auf Beutefahrt entdeckte. Selbst der Gebrauch von Feuerzeugen war in der Dunkelheit untersagt. Doch für die zivilen Seeleute schienen diese Anordnungen nicht zu gelten. Sie rauchten nach Herzenslust, verdunkelten ihre Bullaugen nur sehr nachlässig und sorgten auf diese Weise dafür, daß wir für jeden Japaner selbst aus größerer Entfernung leicht zu erkennen gewesen wären. Oft stand sogar die große Tür vom Quartier gegenüber weit offen, so daß ein breiter Lichtschein das ganze Deck erhellte.

»Bitte sie doch, die Tür zuzumachen«, rief Collins mir einmal zu, als ich gerade unser Quartier betreten wollte. Ich überquerte das Deck und rief in freundlichem Ton: »Seid so gut, Jungs, und achtet ein bißchen auf das Licht...« Es waren die ersten Worte, die ich je an einen der zivilen Matrosen gerichtet hatte – ein unangenehmes Erlebnis, denn einer von ihnen brüllte mich an: »Kümmer dich um deinen eigenen Mist, du Pfadfinder!« Aber immerhin – er schlug die Tür zu.

Ich muß an dieser Stelle kurz erläutern, warum mich die Sache mit dem Licht so aufregte. Ich hatte eine Zeitlang an einer schottischen Universität studiert und während der Semesterferien auf einem britischen Frachter gearbeitet, der Kohle in den Mittelmeerraum transportierte und mit Orangen für die Marmeladeherstellung nach Schottland zurückkehrte. Versehen mit Papieren, die mich als eine Art »Ehrenmitglied« der britischen Handelsmarine auswiesen und mir für die jeweils neunwöchige Reise einen Shilling Lohn garantierten, hatte ich einiges über die Seefahrt gelernt. So sehr hatte ich mich in meine Aufgabe hineingekniet, daß ich mich in Fragen der Navigation wahrscheinlich besser auskannte als die meisten zivilen Matrosen an Bord der *Cape Horn*.

Nun war ich in den Jahren, als England bereits Krieg führte, Amerika aber noch nicht, von früheren Bordkameraden brieflich über ihre Kriegserlebnisse auf dem laufenden gehalten worden: »Unser Schiff ging bei einem U-Boot-Angriff vor der maltesischen Küste verloren.« Oder: »Unserem Kapitän Reid wurden drei Schiffe unter den Füßen weggeschossen, aber er kam jedesmal mit dem Leben davon. Jetzt bekommt er eine Medaille.« Oder: »Viele von unseren Jungs sind mit untergegangen. Die deutschen U-Boote sind fürchterlich.« Durch diese Briefe war mir also schmerzlich bewußt, was ein Seekrieg bedeutete.

Es kam noch hinzu, daß ich vor meiner Abkommandierung in den Pazifik streng vertrauliche Berichte von den verschiedensten Kriegsschauplätzen in meiner Obhut gehabt hatte. Es ging darin u. a. um Bombenangriffe unserer Luftwaffe auf Ziele in Europa – zum Beispiel auf die Ölfelder von Ploiesti in Rumänien und die Fabrikationsstätten von schwerem Wasser in Peenemünde auf der deutschen Insel Usedom. Auch über die Einzelheiten unserer Schlachten in der Korallensee und bei den Midway-Inseln war ich informiert. Ich kannte die Greuel des Krieges besser als die meisten anderen und nahm den Konflikt deshalb auch ernster. Ich wußte, wie viele britische und amerikanische Schiffe den deutschen und japanischen U-Booten zum Opfer gefallen waren. Die Sturheit, mit der sich die Seeleute auf der anderen Deckseite anfangs weigerten, ihre Tür abzudunkeln, regte mich daher furchtbar auf, und als sie sich endlich dazu bequemten, konnte mich das auch nicht mehr umstimmen. Für mich war das der Punkt, an dem mir ernsthafte Vorbehalte kamen.

In dem dunklen, trübsinnigen Verlies, das uns als Speisedeck diente und in dem sich dreimal täglich Hunderte von ungewaschenen Seesoldaten versammelten, um zu sehen, welchen Abfall man ihnen diesmal vorsetzte, war mir aus Gründen, die ich nicht hätte erklären können, ein Leutnant aufgefallen, der nur wenig jünger war als ich (mit sechsunddreißig Jahren gehörte ich zu den ältesten Zivilpersonen, die während des Zweiten Weltkriegs eingezogen wurden). Der Mann – er sah genauso aus wie Oberstleutnant Oliver North – schien bei allem, was er tat, die Aufmerksamkeit der anderen auf sich zu ziehen. Ich lernte ihn kennen – und geriet vollständig in seinen Bann.

Ich kannte ihn lediglich als »Richmond«, dem Namen seiner Heimatstadt. Er war dort, glaube ich, Chef einer Baufirma gewesen und von daher gewöhnt, Befehle zu erteilen, denen Folge geleistet wurde. An das Leben in der Navy, das ihm offenbar gefiel, paßte er sich rasch an. Er legte bei sich selbst und anderen großen Wert auf Haltung und Disziplin. Als es in den ersten Tagen vor den Trinkwasser-Ausgabestellen zu Drängeleien kam, übernahm er das Kommando: »*All right*, Männer. Stellt euch ordentlich in einer Reihe auf. Fangt an der Tür dort an. Sie, Leutnant J. G., beziehen Stellung an der Tür und lassen erst wieder Leute rein, wenn die, die jetzt drin sind, den Raum verlassen haben.« Richmonds Auftreten beeindruckte mich ebenso wie sein offenkundiges Bestreben, alle Aktivitäten, an denen er möglicherweise beteiligt sein würde, in geordneten Bahnen ablaufen zu lassen.

Die ersten Worte, die er zu mir sagte – ich hätte es nicht gewagt, ihn zu anzusprechen –, waren denkwürdig: »Sagen Sie, Leutnant, wer, zum Teufel, kommandiert eigentlich diesen Kahn?« Auf meine Antwort, daß es Gerüchten zufolge sowohl einen Kapitän als auch einen militärischen Kommandanten gebe, daß beide jedoch, wie es hieß, in der Kapitänskajüte hockten und ständig betrunken seien, brummte er: »Das kann ich mir vorstellen!«

Als wir wenig später einmal beim Essen saßen, fragte er

mich: »Sagen Sie, Leutnant, ist dieser Fraß wirklich so scheußlich, wie ich mir das einbilde?«

»Nein«, erwiderte ich, »er ist noch scheußlicher.« Wir zählten kurz auf, was man uns bisher vorgesetzt hatte, und Richmond erwähnte einige besondere Unverzeihlichkeiten: »Da hackt man etwas, was bei richtiger Behandlung einen ganz ordentlichen Speck abgeben könnte, in dicke, fette Würfel, die aussehen, als wären sie mit dem Bajonett geschnitten, und tischt uns das dann auf. Eine Unverschämtheit. Der Kaffee muß heiß sein – es besteht nicht der geringste Grund, ihn kalt zu servieren. Die Pfannkuchen sollten sie mich machen lassen, dann sind sie wenigstens genießbar. Und bei dem unidentifizierbaren Schlabberzeug, das uns als Eintopf verkauft wird, frage ich mich ernsthaft, wie sie es zustande bringen.«

Am Abend nach seinem ersten Ausbruch, bei dem noch viele andere Mißstände zur Sprache kamen, bedankte er sich bei Bill Collins für den Schluck *Southern Comfort*, den dieser ihm spendiert hatte, und setzte sich zum Essen an unseren Tisch. Zufällig wurde an jenem Abend der bis dahin schlimmste Fraß überhaupt serviert. Niemand konnte sagen, um was es sich handelte. Hier und da ließen sich ein paar Fleischfetzen im ranzigen Fett erkennen, und es gab wohl auch ein paar zermatschte Kartoffeln – alles andere blieb der Spekulation überlassen. Außer dem ohne Salz gebackenen und völlig geschmacklosen Brot brachte keiner von uns auch nur einen Bissen herunter.

Hungrig und aufgebracht wie alle anderen auch, standen wir vier vom Tisch auf und verließen die Messe. Der eigentliche Tiefschlag erfolgte aber erst, als wir an Deck kamen und uns aus dem Quartier der zivilen Seeleute der Duft von ordentlich gegrilltem Steak und frisch aufgebrühtem Kaffee in die Nasen stieg. Dazu stand die Tür sperrangelweit offen, und ein strahlender Lichtschein flutete über das Meer.

Richmond war so wütend, daß er seinen Revolver zog, sich geräuschvoll Eintritt in das Quartier verschaffte und brüllte: »Verdunkelt sofort die Tür, oder ich zerschieße euch die

Lampe!« Die Matrosen erkannten, daß er es bitterernst meinte, und gehorchten.

Dieser Spontanentschluß war der Auftakt zu einem Job, den Richmond und ich gemeinsam auf uns nahmen: Wir inspizierten das Schiff von oben bis unten. Bill Collins und Jay Hammen überlegten sich unterdessen, was man uns Männern von der Navy inzwischen schon alles zugemutet hatte. Die Beschwerdeliste war lang und brachte die Sache auf den Punkt. Es handelte sich ausnahmslos um Verstöße, die jeder gute Kapitän und jeder Truppenkommandeur sofort abstellen würde. Richmond und ich durchsuchten die *Cape Horn* bis in den letzten Winkel. Richmond hakte Punkt für Punkt ab: »In dieser Kabine sitzt ein Kapitän, aber niemand bekommt ihn zu Gesicht. Wir unterstehen einem Armeeobersten, der ebenfalls unsichtbar bleibt. Möglich, daß die beiden permanent betrunken sind. Unten befinden sich vier verschlossene Kühlkammern, die offenbar Lebensmittel enthalten. So verfault können die noch nicht sein.« Dann hatte er eine zündende Idee: »Sehen wir doch mal nach, was mit den guten Lebensmitteln geschieht, sobald sie in die Kombüse kommen...« Er rückte seinen .45er in eine gut sichtbare Position (der meine blieb noch sorgfältig verborgen), und gemeinsam suchten wir jenen Ort auf, an dem die Köche ihre unsittlichen Taten begingen. Wir fanden ein Chaos vor. Es herrschte heillose Unordnung, und alles war verdreckt. Richmond platzte der Kragen: »Wie können Navy-Köche, die auch nur einen Funken Selbstachtung haben, solche Zustände einreißen lassen?« schrie er.

Diese Frage »öffnete«, um es mit einem damals sehr beliebten Ausdruck zu sagen, »eine ganz neue Würmerbüchse«, denn der Chefkoch, ein fetter, schmieriger Typ, dem diese Rolle auf den Leib geschneidert zu sein schien, erzählte uns Erstaunliches: »Nix Navy. Wir gehören zum Schiff, immer schon.«

Richmond senkte die Stimme und verzichtete auf seine provozierende Arroganz: »Moment, verstehe ich das richtig? Die Reederei hat Sie angeheuert, nicht die Navy?«

»Stimmt.«

»Aber wer kauft den Proviant ein, der in den Kühlkammern liegt? Wer bezahlt ihn?«

»Was soll die Fragerei? Wer, zum Teufel, sind Sie überhaupt?« Richmonds Frage war so naheliegend, daß ich schon damit rechnete, der Koch würde sich weigern, sie zu beantworten. Aber Richmond wußte, wie er ihn zum Reden bringen konnte. »Ein Offizier der U.S. Navy, der wissen will, was hier gespielt wird.« Sein Ton war so bedrohlich, daß die Köche Habachtstellung einnahmen.

»*Okay* – wer kauft den Proviant?«

»Wir.«

»Also die Schiffsoffiziere?«

»Nein, wir. Er und ich. Wir kennen die Lieferanten.«

»Das hab' ich mir gedacht«, sagte Richmond. Da er mir gegenüber zuvor keinerlei Vermutung geäußert hatte, mußte ihm eine spontane Eingebung gekommen sein. »Ich möchte die Kühlkammern inspizieren«, fügte er hinzu. »Und zwar sofort!«

»Das können Sie nicht, egal wer Sie sind. Eigentum der Reederei. Unser Eigentum.«

Ohne seine Stimme zu heben, legte Richmond seinen .45er auf den Hackblock, die rechte Hand in unmittelbarer Griffnähe. »Das Ding hier sagt klar und deutlich: ›Öffnen Sie die Kühlfächer!‹« Der drohende Ton sprach für sich. Die Köche taten, wie ihnen geheißen. Richmond war umsichtig genug, mich mit der Waffe in der Hand *vor* den Türen zu postieren. »Wir wollen ja nicht da drinnen eingesperrt werden.«

»Das müssen Sie sich selbst ansehen, Professor«, sagte er, als er seine Inspektion abgeschlossen hatte, und übernahm meine Wachposition. Ich ging hinein – und bekam einen Schock: Da hingen prächtige, große Fleischstücke, die kleineren Fächer waren gut gefüllt mit Hähnchen und Koteletts, und auf den Regalen stapelte sich frisches, festes Gemüse.

Als ich wieder herauskam, sagte ich: »Das reicht aus, um alle Mann an Bord so zu ernähren, wie es sich gehört.«

Die Köche, inzwischen sichtlich beunruhigt, protestierten: »Nein, nein, das geht nicht! Das ist für die Crew. Gewerkschaftliche Vorschrift.«

»Wirklich *alles*?« fragte Richmond. So, wie er das zweite Wort betonte, mußte den Köchen unmißverständlich klar sein, daß er nicht bereit war, sich weitere Lügen bieten zu lassen. Sie bequemten sich zu einer faulen Ausrede. Ja, ein großer Teil der Vorräte sei in der Tat für die Navy bestimmt, werde aber für den Notfall zurückgehalten. »Für welchen Notfall?« hakte Richmond nach. Worauf der Chefkoch erwiderte: »Einen Notfall eben. Irgendeinen.«

Richmond sah die Köche der Reihe nach streng an und sagte: »Wir kommen wieder.« Er ließ keinen Zweifel daran, daß er zu seinem Wort stehen würde.

In einer stillen Ecke des Schiffes besprachen wir unser weiteres Vorgehen. »Was nun?« fragte Richmond. Wir erörterten dies und das, und ich gab zu bedenken: »Nach allem, was ich über Schiffe auf See gelesen habe – ganz zu schweigen von den Navy-Bestimmungen –, kann es ganz schön gefährlich werden, wenn man aufmuckt. Von wegen Meuterei und so. Die Vorschriften sind da sehr streng.«

»Aber ist die Sache nicht glasklar, Professor? Unsere Regierung bezahlt dafür, daß wir mit diesem Schiff unter halbwegs anständigen Bedingungen zum Einsatzort transportiert werden. Und irgend jemand kassiert das Geld und steckt es in die eigene Tasche...«

»An diesen Gewerkschaftsvereinbarungen über die Verpflegung der Crew läßt sich nichts deuteln. Die gibt es.«

Das ärgerte ihn. »Verdammt noch mal, der Proviant da unten reicht für eine ganze Armee. Wir könnten alle das gleiche Essen bekommen.«

Richmond wollte sich um das Trinkwasserproblem kümmern und schlug mir vor, unterdessen eine Liste mit allen Punkten zusammenzustellen, in denen die Navy übervorteilt wurde. Doch als ich in meine winzige Kabine zurückkehrte, mußte ich feststellen, daß Collins und Hammen inzwischen beschlossen hatten, sich nicht an einem formellen Protest zu beteiligen, da schlichtweg unabsehbar war, was dabei herauskommen würde. Vor allem Collins riet mir von jedem weiteren Engagement in dieser Richtung ab.

Ich befand mich in einer schwierigen Lage, denn ich war mir durchaus der Tatsache bewußt, daß auf einem Schiff jedweder Versuch der Gruppenbildung von Untergebenen mit dem Ziel, Beschwerden gegen den Kapitän zu sammeln, als Meuterei interpretiert wird, selbst wenn die Unfähigkeit des Schiffsführers völlig außer Frage steht. Geschah so etwas an Bord eines Navy-Schiffes, und steckten noch dazu Rekruten dahinter, so kam es fast automatisch zum Kriegsgerichtsverfahren, das mit hoher Wahrscheinlichkeit in einem Schuldspruch mit bösen Konsequenzen endete. Gewiß, wenn ein Kapitän Amok lief und den Verstand verlor, waren seine Untergebenen verpflichtet, das Kommando zu übernehmen. Selbst darin sah man dann noch einen gefährlichen Präzedenzfall. Eine Untersuchungskommission – oder eben doch ein Kriegsgerichtsverfahren – mußte bestätigen, daß durch unerträgliche Zustände an Bord die Sicherheit des Schiffes – nicht etwa die der Besatzung! – bedroht war.

Richmond und ich steuerten also einen gefährlichen Kurs. Der kritische Moment für ihn war in dem Augenblick eingetreten, als er in der Kombüse den Revolver gezogen hatte. Für mich mußte er kommen, wenn ich das Beschwerdeschreiben verfaßte, und es war denkbar, daß ich in noch größere Gefahr geriet als er. Der einzige Beweis gegen ihn waren die Aussagen von ein paar Köchen, die möglicherweise die Navy bestohlen hatten, während in meinem Fall ein schriftliches Dokument als klarer Schuldbeweis vorliegen würde.

Ich wußte also, daß ich in einen tückischen Sog zu geraten drohte, und stand kurz davor, einen Rückzieher zu machen, als Richmond zu mir sagte: »Hören Sie, Prof, es gibt nur eine Erklärung in dieser verrückten Geschichte: Irgend jemand an Bord dieses Schiffes klaut einen Teil der Vorräte und verscherbelt das Diebesgut irgendwo an Land. Und wenn man bedenkt, was uns in der Messe alles vorenthalten wird, muß er damit ein Schweinegeld verdienen.«

Das gab den Ausschlag. Wenn das stimmte und tatsächlich irgend jemand nicht nur unsere Regierung und meine Navy, sondern auch Rekruten wie mich und meinesgleichen bestahl, dann wollte ich nicht schweigen. Als ob es nicht schon reichte, daß man uns in die Kriegsgebiete des Pazifiks verfrachtete. Ich suchte mir ein ruhiges Fleckchen und entwarf eine Resolution, in der ich ungefähr ein Dutzend Einzelbeschwerden aufführte, die Richmond und ich belegen konnten. Doch als ich ihm das Papier zeigte, brach er in schallendes Gelächter aus. »Sehen Sie sich doch mal Ihren Punkt Sieben an! Da beschweren Sie sich darüber, daß das Essen ungenießbar ist.«

»Na und? Das ist es doch! Haben Sie doch selbst lautstark verkündet!«

»Aber unter Punkt Elf steht: ›Die Portionen sind zu klein.‹«

Ich sah mir mein Papier noch einmal an und kam schließlich auf eine mir logisch erscheinende Formulierung: »Für den Durchschnittssoldaten ist das Essen ungenießbar. Aber für die Kerle, die es vor lauter Hunger trotzdem verzehren, reicht es nicht aus.« Doch Richmond war noch immer nicht überzeugt, weshalb ich mit seiner Hilfe das Papier erneut umschrieb. Als ich nach Kriegsende meine Unterlagen archivierte, fiel mir die Originalliste in die Hände. Es gibt sie nach wie vor. Sie belegt, daß ich damals kurz vor einem Verstoß gegen das Militärstrafrecht stand.

Daß daraus nichts wurde, hatte einen höchst lächerlichen Grund: Als Richmond und ich unsere Schäflein um uns versammelt hatten und die förmliche Beschwerde ins Reine geschrieben war, marschierten wir zu den Kabinen von Kapitän und Truppenkommandant. Aber unsere Vorgesetzten fertigten uns in äußerst wirkungsvoller Weise ab: Sie weigerten sich schlicht und einfach, uns zu empfangen, ja, sie öffneten nicht einmal die

Türen, um uns fortzuschicken! Wir standen eine Zeitlang mit dummen Gesichtern da; dann trollten wir uns und legten uns nie wieder mit den Burschen an.

Aber wütend waren wir trotzdem. Ich kann zwar nicht für Richmond sprechen, doch was er damals empfand, weiß ich genau: »Wenn die wollen, daß wir das Schiff nach eigenem Gusto führen, dann tun wir's eben, verdammt noch mal.« Und dann stapfte ich hinter Richmond her in die Kombüse, befahl den Köchen zum zweitenmal, die Kühlkammertüren zu öffnen und bezog wieder meinen Wachposten. Richmond brachte ordentliche Mengen an Fleisch und Gemüse heraus, auch Mehl für Pfannkuchen und Gebäck. Dann wiesen wir die Köche an, den Soldaten ein ebenso gutes Abendessen zu kochen wie den zivilen Seeleuten. Außerdem gaben wir mehrere Wassertanks zur Benutzung frei. Bis zum Ende der Fahrt sorgten wir nun für anständige Verpflegung, verzichteten aber auf jeden Wirbel und dramatische Aktionen.

Ich habe mich später oft gefragt, warum uns unsere beiden Kommandanten damals ungeschoren davonkommen ließen. Mir sind mehrere Erklärungen dafür eingefallen: Die beiden Männer waren schon so oft auf dieser Route gefahren, daß sie ihre Gefahren nicht mehr überschätzten. Die Japaner hatten nicht so viele U-Boote, als daß sie es sich hätten leisten können, sie in diesen Gewässern und gegen so unbedeutende Ziele wie unseren alten Seelenverkäufer einzusetzen. Nervöse Neulinge wie Richmond und ich mochten Verstöße gegen die in Kriegsgebieten geltenden Verdunkelungsvorschriften ernst nehmen – alte Haudegen wie die Besatzungsmitglieder der *Cape Horn* sahen dazu keine Veranlassung mehr. Den beiden Kommandanten war sicher nicht entgangen, daß Richmond mit Waffengewalt die Öffnung der Kühlkammern erzwungen hatte und daß ich Schmiere stand, als er die Vorräte loseiste. Doch weil wir den Mund hielten und auf offenen Protest verzichteten, unternahmen sie auch nichts gegen uns. Uns festnehmen und vors Kriegsgericht stellen zu lassen, wäre für sie mit monatelangen Scherereien und der Aufdeckung ihrer Mißwirtschaft an Bord verbunden gewesen. Da war es schon besser, die Dinge auf sich beruhen zu lassen. Die Überfahrt näherte sich ihrem Ende, und danach waren sie die beiden Unruhestifter ohnehin los. Wir waren nicht mehr als harmloses Ungeziefer, das mit der nächsten Bö hinweggepustet werden würde.

Auch mein Urteil über die zivilen Seeleute wurde im Laufe der Zeit etwas nachsichtiger. Sie waren knallharte Profis, die aufgrund der Erfordernisse des Krieges gezwungen waren, sich mit einer Ladung aufgeregter Amateure herumzuschlagen. Ihre Hauptaufgabe sahen sie in der Wahrung ihrer eigenen Interessen: hohe Löhne, gute Verpflegung, heiße Duschen. Rückblickend ist mir klar, daß sie über Richmond und mich herzlich gelacht haben müssen. Später, wenn ich Ihnen erzähle, welche militärische Aufgabe Richmond an den Invasionsstränden zufiel, werden Sie sehen, daß er die Dinge nicht auf die leichte Schulter nahm. Auch mir standen einige kritische Aufträge und schwierige Urteile über andere Menschen bevor, die Ihnen ebenso wie mehrere lebensbedrohende Situationen, in die ich geriet, zeigen werden, daß ich meine Pflichten ernst nahm. Richmond und ich hatten erkannt, daß auf dem Schiff viele Dinge nicht in Ordnung waren, und uns um Abhilfe bemüht. Doch der heftige Zorn auf die Männer von der Seeleutegewerkschaft, der mich damals beseelte, hat sich inzwischen gelegt. Sie sahen das Leben eben anders.


Gegen Ende unserer Zickzackfahrt setzten sich Richmond und ich ein letztes Mal zusammen, um über die Bedingungen an Bord der *Cape Horn* zu diskutieren. »Was tun wir wegen des Geldes, das durch den Betrug verlorengeht?« fragte ich. »Wegen des Geldes?« wiederholte er. »Das kümmert uns jetzt nicht mehr. Es kam auf die Verpflegung an. Das Geld? Ich habe mal als Detektiv in einem Laden gearbeitet, wo ich den Angestellten auf die Finger schauen sollte. Geld wird gemacht, um geklaut zu werden, dachte ich damals – vor allem Banknoten in großen Summen. Von den Bossen.«

Doch dann kam er auf Dinge zu sprechen, die ihm wichtiger waren: »Sagen Sie, Prof, was können Leute mit Ihrem Hintergrund in der Navy eigentlich tun?«

»Ich soll sämtliche Fliegereinheiten der Navy besuchen und darauf achten, daß überall die erforderlichen Handbücher für die Benutzung und Wartung der Flugzeuge parat liegen. Das gilt vor allem für die Maschinen an Bord unserer Flugzeugträger.«

»Papierkrieger, was?«

»Ich habe auch an geheimen Berichten gearbeitet, die unsere Piloten über die Belastungsgrenzen ihrer Maschinen informieren sollen. Wie schnell und wie tief sie zum Beispiel runtergehen dürfen, ohne daß ihnen die Tragflächen abbrechen.«

»Sicher ganz nützlich, nehme ich an.«

»Sehr wichtig sind auch die Berichte über die Fähigkeiten der japanischen Flugzeuge. Wir wiederholen darin immer wieder einen Grundsatz: ›Wenn ihr allein auf eine Jap Zero stoßt, dreht sofort ab und verschwindet, so schnell ihr könnt. Ihr seid dann nämlich unterlegen. Eine Jap Zero kann auf dem Punkt wenden und wird euch immer abschießen.‹ Im Nahkampf sind diese japanischen Maschinen absolut tödlich.«

»Und wieso läuft es trotzdem so gut für uns?« fragte Richmond.

Ich erzählte ihm von anderen Papieren, die ich besaß: »Wenn's da oben zwei zu zwei heißt, gewinnen immer wir. Wir decken uns gegenseitig. Und weil unsere Maschinen so groß sind, können wir Piloten und Treibstofftanks mit Panzerplatten schützen. Die leichteren japanischen Stukas sind zwar wendiger, verfügen aber nicht über diese zusätzlichen Schutzvorrichtungen. Dank unserer überlegenen Strategie erwischen wir sie dann früher oder später doch.«

Richmonds Blick verriet Anerkennung. »Soll das heißen, daß Sie den Grips haben, solche Studien durchzuführen?« fragte er.

»Quatsch«, erwiderte ich. »Die Studien stammen von hochkarätigen Wissenschaftlern. Ich verteile nur das Papier.«

Besonders interessierten ihn meine drei Nebenjobs: »Wir geben ein Vermögen aus, um unseren Piloten drei Dinge klarzumachen: Lauft nicht in Propeller, die sich so schnell drehen, daß ihr sie nicht sehen könnt. Fahrt die Räder aus, bevor ihr landet. Und wenn ihr beim Start ein Triebwerk verliert, haltet voll drauf und versucht ja nicht, auf die Landebahn oder den Träger zurückzukehren. Das geht jedesmal schief. Das Drehmoment läßt euch nach Backbord ausscheren.«

»Gibt es wegen so was Verluste?«

»Dutzende. Die hellsten Köpfe von ganz Amerika. Marschieren in Propeller rein – Hackfleisch. Landen, ohne die Räder ausgefahren zu haben, und verbrennen. Versuchen, ohne Saft auf den Stützpunkt zurückzukommen, und sind geliefert.«

Ich hatte genug geredet. Als ich ihn danach fragte, für welchen Posten er vorgesehen war, erzählte er mir von einer militärischen Aufgabe, von der ich bis dato keine Ahnung gehabt hatte.

»*Beachmaster*«, sagte er. »Davon gibt es nur ganz wenige.«

»Was ist das für ein Job?«

»Bei einem Landungsmanöver von See her ist der zuständige Admiral Befehlshaber, solange die Truppen noch an Bord sind. An Land übernimmt dann der General das Kommando. Bei allen größeren Landungsoperationen gibt es, wie wir inzwischen wissen, einen kritischen Punkt, und zwar dann, wenn sich am Strand plötzlich alles drängt und auftürmt: Soldaten, mobile Geschütze, Versorgungsgüter – der ganze Kram eben, der zur modernen Kriegsführung dazugehört. Überläßt man das dem Zufall, bekommt man das totale Chaos. In diesen entscheidenden Minuten, in denen der Admiral nichts mehr und der General noch nichts zu sagen haben, übernimmt der Beachmaster das Kommando. Er kennt die Planungen, weiß aber auch, daß im ersten Ansturm furchtbar viel schiefgehen kann. Mit seinem Megaphon und seinen guten Nerven sorgt er für Ordnung.«

Richmond beschrieb einen Strand im Augenblick der Invasion: Über die Köpfe der Soldaten donnert das Sperrfeuer der schweren Schiffsgeschütze. Heckenschützenfeuer japanischer Himmelfahrtskommandos empfängt die Amerikaner, die gerade durch die Brandung waten. Die unglaubliche Verwirrung, die bei einer verkorksten Landung entsteht, kann alles zunichte machen.

Ich konnte mir Richmond gut vorstellen – mittendrin, die .45er in der Hand, den Verkehr regelnd und dem Chaos erfolgreich die Stirn bietend…

»Klingt ganz schön gefährlich. Wenn Sie von den Japsen nicht erwischt werden, dann wahrscheinlich von unseren eigenen Obersten, weil die den Eindruck haben, von Ihnen herumkommandiert zu werden.«

»Nein! Jeder Offizier ist vorgewarnt: In den ersten Minuten der Landung hat der Beachmaster das Sagen.«

»Ob sie's glauben werden?«

»Wenn ich ihnen das sage, ja.« Er ließ keinen Zweifel daran, daß er das, was er sagte, auch meinte. »Beachmaster, die die Nerven verlieren, halten nicht lange durch. Ihnen passiert allzu leicht etwas. Die zähen Burschen, die wissen, was sie tun, lassen nie zu, daß ihnen die Kontrolle entgleitet.« Er hielt inne und sah in die tropische Nacht hinaus. Dann fügte er hinzu: »*Meinen* Strand nimmt mir keiner weg. Keiner.«

Ich habe Richmond nach der Landung auf Guadalcanal nicht mehr gesehen und auch nie wieder etwas von ihm oder über ihn gehört. Oft habe ich mich gefragt, an welchem verstopften Tropenstrand er die amerikanischen Truppen an Land führte und inmitten des großen Chaos für Ordnung sorgte. Ich habe darum gebetet, daß er zu jenen Beachmastern gehörte, die den Krieg überlebten, und ich kann mir gut vorstellen, daß er tatsächlich mit heiler Haut davongekommen ist, entsprach dies doch, als er seinen gefährlichen Dienst antrat, mit Sicherheit seiner ureigensten Intention.

Die Pazifiküberquerung auf der *Cape Horn* endete für Bill Collins, Jay Hammen und mich auf so unglaubliche Weise, daß ich hoffe, einer meiner damaligen Kameraden lebt noch und kann bezeugen, was ich jetzt berichte. Die Ereignisse jener letzten Nacht veränderten mein Leben.

Wir ankerten schließlich vor der Südspitze von Espiritu Santo, der großen, unwirtlichen Insel südöstlich von Guadalcanal, und wie es der Zufall wollte, verbrachte ich meine erste Nacht im Südpazifik nicht weit von der Verladestelle der Kopraplantage des Franzosen Aubert Ratard, den ich in den langen Monaten, die vor mir lagen, noch gut kennenlernen sollte. Unter seinen tonkinesischen Arbeiterinnen befand sich eine harte, revolutionär gesinnte Frau mit dem ungewöhnlichen Namen Bloody Mary. In späteren Jahren dachte ich oft: »Sie muß in jener Nacht in ihrer Hütte gewesen sein und zur *Cape Horn* hinübergestarrt haben, während ich vom Schiff aus durch die Nacht in ihre Richtung spähte. Es wäre eine spirituelle Begegnung gewesen, die phantastische Früchte trug.«

Unsere lange Reise war vorüber. Da keiner von uns je den Kapitän oder den Truppenkommandeur gesehen hatte, schlenderten Collins, Hammen und ich zu deren Kabinen, um uns, frech, wie wir waren, wenigstens von ihnen zu verabschieden. Wir waren einfach neugierig, was das für Männer waren, die es einer Gruppe frischgebackener Rekruten gestattet hatten, ihnen ihr Schiff wegzunehmen, und sich noch nicht einmal darüber beschweren. Doch selbst dieser letzte Besuch hielt eine Enttäuschung für uns bereit, denn die Offiziere zeigten sich nicht, und es war uns unmöglich, sie ausfindig zu machen.

Collins widerte dieses unprofessionelle Benehmen dermaßen an, daß er sich gewaltsam Eintritt ins Kapitänsbüro verschaffte. Dort machten wir es uns bequem und ließen noch einmal die Geschehnisse der langen, ermüdenden Reise Revue passieren. Ich erzählte gerade, wie Richmond mit den Köchen umgesprungen war, als Collins, der in den Papieren blätterte, die auf dem Schreibtisch des Kapitäns lagen, ein Formular in die

Hände fiel. Ohne viel darüber nachzudenken, sagte er zu mir: »Sie haben in unseren Gesprächen des öfteren erwähnt, daß Sie gerne reisen, Michener. Ich verschaff' Ihnen jetzt die Gelegenheit dazu.«

Auf der Schreibmaschine stellte er mir dann ein ganzes Bündel von Marschbefehlen aus, die mir für sogenannte »Inspektionsreisen« praktisch totale Bewegungsfreiheit in allen südpazifischen Militärbezirken einräumten. Zum Schluß stöberte er einen Stempel auf, der einigermaßen offiziell aussah, hämmerte ihn auf meine neuen Befehle und unterzeichnete mit »Admiral Collins«.

Diese Papiere – später kam auch noch ein Stapel legaler hinzu –, ermöglichten mir den Einstieg in die umfassende Erforschung des südpazifischen Raums. Von Bill autorisiert, besuchte ich so exotische Flecken wie Norfolk Island, wo sich versprengte Meuterer der *Bounty* nach ihrer Flucht von Pitcairn Island niedergelassen hatten, und die wilde Pfingstinsel, auf der sich wagemutige schwarze Männer von den Wipfeln riesiger Bäume stürzten, um kurz vor dem Aufprall von kräftigen Schlingpflanzen abgefangen zu werden, die sie um ihre Knöchel gebunden hatten. Auch die geheimnisumwitterte Kopfjäger-Insel Malakula lernte ich auf diese Weise kennen. In der Anfangszeit nutzte ich Bills Ordern aber vor allem, um jene ominösen Inseln zu bereisen, in deren Umgebung die großen nächtlichen Seeschlachten zwischen einer aggressiven japanischen Streitmacht und einer defensiven U.S.-Navy geschlagen wurden, die sich nach dem Debakel von Pearl Harbour bemühte, die Stellung zu halten. Selten ist von gefälschten Dokumenten so intensiv Gebrauch gemacht worden.


In meinen Dreißigern war ich durchschnittlich groß, durchschnittlich schwer und auch sonst in jeder Hinsicht ein Durchschnittsmensch. Immer wieder begegneten mir in jenen Jahren Männer, die mir sehr ähnlich sahen. Manchmal war die Verwirrung, die daraus entstand, richtig peinlich. Da sagten Freunde zu mir: »Was hast du denn kürzlich in Omaha gemacht? Ich hab' dich dort gesehen.« Gelegentlich traf ich regelrechte Doubles von mir, deren äußere Erscheinung der meinen verblüffend glich. Solche Begegnungen waren unheimlich, sorgten andererseits aber auch dafür, daß ich mir nicht einbildete, etwas Besonderes zu sein.

Ich hatte bis dahin nichts getan, was irgendwie aus dem Rahmen gefallen wäre. Ich hatte – zur steten Zufriedenheit meiner Arbeitgeber – verschiedene Stellungen innegehabt und, soweit ich mich erinnern konnte, niemals Anlaß zur Beschwerde gegeben. Ich zahlte regelmäßig meine Steuern und ging regelmäßig zur Wahl. Anfangs wählte ich republikanisch, weil das in meinem ländlichen Heimatstädtchen in Pennsylvania so üblich war; später, als ich das freiere politische Klima Colorados kennenlernte, gab ich meine Stimme den Demokraten. Als ich auf der *Cape Horn* den Ozean überquerte, ahnte ich noch nicht, daß ich auf eine Scheidung zusteuerte. Meine Frau war, als ich mich zur Navy meldete, zur Armee gegangen. Die lange, durch den Dienst in weit voneinander entfernten Gegenden der Welt bedingte Trennung änderte uns so radikal, daß es keine Gemeinsamkeiten mehr gab, als endlich Friede herrschte. Wir kannten einander kaum noch.

Im allgemeinen erhob ich nur selten meine Stimme; nur in allen wichtigen gesellschaftlichen Fragen neigte ich dazu, mich über Gebühr aufzuregen. Das Ergebnis war, daß mir dreimal die Nase eingeschlagen wurde, weil ich mich unerwünscht irgendwo eingemischt hatte. Ein Freund erklärte das so: »Manchmal ertappt man Jim beim Reden, wo er besser geschwiegen hätte.« Obwohl ich mehrfach in Schlägereien verwickelt war, kann ich mich nicht erinnern, jemals siegreich aus einer hervorgegangen zu sein.

Ging es – wie im Falle der erbärmlichen Bedingungen auf der *Cape Horn* – um grundsätzliche Fragen, so stellte ich mich auf die Hinterfüße und kämpfte weiter, selbst wenn alle anderen längst aufgegeben hatten. Bei solchen Anlässen konnte ich ziemlich verantwortungslos reagieren: Ich wollte dann einfach nicht klein beigeben und weigerte mich sogar, die Nachteile zu sehen, die sich für mich daraus ergaben. Ich kapitulierte nur sehr ungern, doch war dieses Charaktermerkmal, das sich bei zahlreichen Gelegenheiten manifestierte, kein Zeichen moralischer Courage, sondern eher Ausdruck einer tiefverwurzelten Sehnsucht, einen Prozeß, der vielleicht von einem ganz anderen eingeleitet worden war, sinnvoll zu Ende zu bringen. Ich fürchtete mich nicht vor Demütigungen und hatte auch nie etwas dagegen, die Konsequenzen meiner Hartnäckigkeit oder Dummheit zu tragen.

Viele Freunde schafft man sich mit einem solchen Verhalten nicht, und ich hatte auch nie enge Freunde. In Arbeitsgruppen oder Teams wählte man mich eher meiner Stabilität als irgendwelcher brillanten Führungsqualitäten wegen. Ich arbeitete, studierte, reiste und dachte gerne allein, doch wer die Mannschaftsaufstellung bestimmte, erkannte, daß ich auch ein sehr starker Teamspieler sein konnte. Ja, mir gefiel die Kameraderie nach erfolgreich geschlagenen Schlachten und gemeinsam überstandenen Abenteuern, und ich glaube, daß alle, die mit mir zusammenarbeiteten, schon bald merkten, daß ich gerne über gemeinsame Erlebnisse sprach. Ich kehrte in meinen Geschichten nicht die eigenen Heldentaten heraus, sondern konzentrierte mich mehr auf die gemeinsamen Erfahrungen.

Daß mein Erfahrungsschatz auf vielen Gebieten menschlichen Wirkens erheblich größer war als der der meisten anderen Männer meines Alters, war mir bewußt. Ich hatte den Spießrutenlauf von extremer Armut bis zum akademischen Weltreisenden hinter mir, und der war mit harter Arbeit in den verschiedensten Berufen, einem gründlichen geisteswissenschaftlichen Studium und engagierter Lehrtätigkeit verbunden gewesen. Ich hatte acht Universitäten und Colleges besucht und auf fast allen Ebenen von der ersten Schulklasse bis zum Oberseminar in Harvard erfolgreich unterrichtet.

Ein Pedant war ich bei alledem keineswegs. Ich hatte auch in der freien Wirtschaft ähnliche Erfolgserlebnisse zu verzeichnen und war fest dazu entschlossen, nach Beendigung meiner soldatischen Pflichten dort wieder einzusteigen. Ich rechnete nicht damit, bis zu meiner Pensionierung im Alter von fünfundsechzig Jahren oder gar danach noch irgendwelche spektakulären Dinge zu vollbringen.

Ich war, kurz gesagt, ein Durchschnittsamerikaner, dessen Persönlichkeit, intellektuelle Fähigkeiten und Schwächen sich allmählich auf einem bestimmten Niveau einpendelten. Hätten wir bei unserer Meuterei Pech gehabt und wäre ich zu einer langjährigen Gefängnisstrafe verurteilt worden, so hätten davon nur wenige Menschen Notiz genommen. Und die paar, denen es aufgefallen wäre, hätten zu Recht gesagt: »Es ist wirklich ein Jammer. Aber es lief bei ihm wohl von Anfang an darauf hinaus, er hat sich ja nie richtig eingefügt. Nun ja, der Verlust läßt sich verschmerzen.«

Schließlich noch eine Bemerkung über meine finanzielle Situation: Mit vierzig Jahren besaß ich gerade einmal achthundert Dollar an Ersparnissen, und ich sah kaum Chancen, diese Summe nennenswert zu erhöhen. Mein gesamtes persönliches Eigentum aus der Vorkriegszeit war mir gestohlen worden – von verschlagenen Halunken, die sich in den vierziger Jahren in New York City darauf spezialisiert hatten, die Wohnungseinrichtungen von eingezogenen Männern und Frauen aufzukaufen und keinen Penny dafür zu bezahlen – wohl wissend, daß die Eigentümer inzwischen in Uniformen steckten, sich auf weit entfernten Schlachtfeldern aufhielten und keine gerichtliche Verfolgung oder Zahlungserzwingung durchsetzen konnten. Auf diese niederträchtige Art büßte ich unter anderem eine prächtige Möbelgarnitur aus Eichenholz sowie meine Sammlung von achtzehn, wie einen Schatz gehüteten Baedeker-Reiseführern ein – zwei Verluste, die mich noch heute schmerzen. Mit vierzig war ich alles andere als ein Siegertyp und hatte, abgesehen von Publikationen im akademischen Jargon, noch keinerlei schriftstellerische Begabung gezeigt.

Kapitel III
Dienst im Pazifik

Wenn ich gefragt werde, was ich während meiner Dienstzeit bei der Navy im Zweiten Weltkrieg getan habe, stehen mir mehrere Möglichkeiten offen. Hockt eine Veteranentruppe beisammen und verbreitet Lügengeschichten über die eigenen Heldentaten, so kann auch ich ein paar Erlebnisse beisteuern: Berichte über nächtliche Missionen oder Flüge bei Tageslicht durch diese unbeschreibliche, ständig in Veränderung begriffene Front zwischen Guadalcanal und Espiritu Santo, die Flugzeugabstürze, die ich überlebte, und ein paar andere gute Geschichten. Wenn es mir hingegen um Genauigkeit geht, erzähle ich lieber von einer Dienstreise während einer späteren Phase des Krieges.

Admiral William Halsey war von Washington angewiesen worden, eine seltsame Affäre am äußersten Ostrand seines südpazifischen Kommandos zu untersuchen. Er hatte das Problem an seinen geliebten Onkel Billy Calhoun weitergereicht, jenen Admiral, der für den »Zug« (The Train), die lebenswichtige Versorgungsroute von Detroit über San Francisco, Hawaii und Noumea bis zur Front, verantwortlich war. Alle, die wir für Onkel Bill arbeiteten, waren überzeugt, daß er eine wichtige Rolle bei der erfolgreichen Materialschlacht gegen die Japaner spielte, und die Admirale an der Front meinten das auch.

Calhoun ließ mich zu sich kommen und sagte: »Ich habe gehört, daß Sie die Inseln kennen, Michener. Ich möchte, daß Sie einen Abstecher nach Bora Bora unternehmen und feststellen, was dort vorgeht. Wir haben dort große Schwierigkeiten mit den Soldaten.«

Da ich mit solchen Problemen schon einigermaßen vertraut war, erwiderte ich: »Wenn sie lange auf einer Insel sind, denken sie, wir hätten sie vergessen, und wollen nach Hause.«

»Nein«, widersprach Calhoun. »Die Kerle dort wollen eben *nicht* nach Hause, das ist es ja gerade. Jedesmal, wenn wir versuchen, sie heimzuschicken, gibt's furchtbares Theater.«

»Nie gehört, so etwas.«

»Geht uns genauso. Fliegen Sie hin und finden Sie raus, was da vorgeht.«

Ich wurde sogleich an einen seiner Mitarbeiter weitergereicht, Kommodore Richard Glass. Der altehrwürdige Rang eines Kommodore der Navy, der dem eines Brigadegenerals in der Army entsprach, war lange Zeit nicht mehr benutzt worden. Man hatte ihn wieder ausgegraben, um Navy-Offizieren, die sich eine Insel oder einen Kommandoposten mit einem Brigadegeneral der Army, der Marines oder der Alliierten teilen mußten, einen ebenbürtigen Rang verleihen zu können.

Glass war geradezu der Archetyp des idealen Navy-Soldaten: hochgewachsen, schlank, gutaussehend, von ungezwungenem Auftreten und, nach allem, was man hörte, sehr durchsetzungsfähig. Als er von meiner Mission erfuhr, erteilte er mir noch einen Zusatzauftrag. »Es liegen uns verschiedene Berichte vor, wonach sich die Königin von Tonga mehrfach beklagt hat, daß auf ihrer Insel die Dinge ein bißchen außer Kontrolle geraten. Sie will, daß wir ihr beim Aufräumen helfen. Fliegen Sie mal hin und sehen Sie nach dem Rechten.«

Der Stab von Kommodore Glass hatte noch drei weitere Aufträge für mich in petto, so daß mir eine große Tour durch den Osten des pazifischen Kriegsgebiets bevorstand, in dem inzwischen jedoch keine Kampfhandlungen mehr stattfanden. »Als dort Invasionsgefahr bestand, hatten wir keinerlei Probleme«, sagte ein Mitarbeiter des Stabes. »Jetzt, wo sich die Lage entspannt hat, geht es dort drunter und drüber.«

In Samoa – es gehörte damals zu England – machte ein amerikanischer General Schwierigkeiten. Er ließ offenbar ohne Genehmigung der britischen oder unserer eigenen Amtsstellen eine Straße quer über die Insel bauen: »Und die führt, wie's scheint, nirgendwo hin. Unklares Bild. Finden Sie raus, was da los ist.«

Auch in Papeete, der Hauptstadt Tahitis, sorgte ein amerikanischer Beamter für Unruhe. Es gab diverse negative Berichte über ihn. »Aber die klingen so lächerlich, daß wir Sie Ihnen nicht zeigen. Sie sollen Ihre Untersuchungen unbeeinflußt durchführen können. Kümmern Sie sich vor allem um diese Geschichte mit den streng geheimen Codebüchern.«

Der letzte Auftrag hatte rein humanitären Charakter: »Am Strand von Pukapuka, einem abgelegenen Atoll, haust ein amerikanischer Schriftsteller. Kaputter Typ. Mit einer Insulanerin verheiratet und all das – drei Kinder, vielleicht auch fünf oder sechs. Über Funk kam die Nachricht, daß er an der Nadel hängt und im Sterben liegt. Fliegen Sie hin und sehen Sie, was sich machen läßt.«

»Wie heißt der Mann? Vielleicht kenne ich ihn.«

»Robert Dean Frisbie. Seine Bücher sollen angeblich Spitze sein – aber hier hat sie keiner gelesen. Wie dem auch sei, wir können nicht zulassen, daß ein amerikanischer Staatsbürger auf irgend so einem Atoll vor die Hunde geht. Jeder Hurrikan könnte ihn davonblasen.«

Nach der letzten Besprechung dachte ich: Ganz schön viel, was sie da von einem einfachen Leutnant erwarten. Aber Halsey hat recht, und die anderen Offiziere wissen es. Ich kenne die Inseln und kann vielleicht ein bißchen Licht in diese Angelegenheiten bringen ... Was mich besonders reizte, war die Affäre in Bora Bora, wo Rekruten bis an den Rand der Meuterei gingen, weil sie als Helden nach Hause geschickt werden sollten. Das war wirklich eine nähere Untersuchung wert.

Noch interessanter war lediglich ein Fall, von dem ich erfuhr, als mich ein hochrangiger Offizier der Militärgerichtsbarkeit beiseite nahm und mir folgende Informationen gab: »Ich möchte, daß Sie dieses Kriegsgerichtsprotokoll durchlesen, Michener. Machen Sie aber keinerlei Auszüge und vergessen Sie's danach wieder. Hat mit einer unangenehmen Geschichte auf Matareva* zu tun. Wir wollen, daß Sie auf dem Rückflug Station

---

* Matareva ist eine Phantasieinsel. Um die Privatsphäre der Personen zu schützen, die in diese Militärtragödie – eine wahre Begebenheit – verwickelt waren, habe ich einen fiktiven Namen gewählt.

auf der Insel machen und uns dann – *top secret!* – melden, was Ihrer Meinung nach dort passiert ist.« Er überreichte mir einen dicken Ordner mit den Unterlagen eines Kriegsgerichtsverfahrens, das kurz zuvor in Noumea, der Hauptstadt der zu Frankreich gehörenden Insel Neukaledonien, stattgefunden hatte. Dort befand sich Halseys Hauptquartier, obwohl er meistens viel weiter nördlich stationiert war.

Es ging um eine streng geheime Affäre auf einer abgelegenen Insel, von der ich bislang nur hatte flüstern hören. »Was, zum Teufel, war denn da auf Matareva los?« hatten wir einander gefragt, und die einzige Antwort, die einen Sinn ergab, lautete: »Die sind dort alle verrückt geworden.« Jetzt sollte ich es erfahren. Doch als ich die Akte las und die unglaublich furchtbaren Hintergründe des Geschehens erfaßte, wurde mir ganz schwindelig. Daß die eigentlichen Verfahrensprotokolle eine normalere Szenerie vor meinem geistigen Auge heraufbeschworen, war schon eine Erleichterung: Ich sah die fünf Offiziere mit dem spröden Brigadegeneral der Marines als Vorsitzendem hinter einem Tisch und die Gerichtsreporter an ihren Diktiergeräten sitzen. Auch die fast zwei Dutzend Angeklagten konnte ich mir vorstellen – alle jung und schlank, in frischgewaschenen Uniformen, die zu tragen sie als Angeklagte berechtigt waren, weil man nicht wollte, daß sie in ramponierter Kriegerkluft einen allzu armseligen Eindruck machten. Aber es gelang mir nicht, mir auch nur einen einzigen von ihnen vorzustellen, wie er diese Zeugenaussagen, die in den Protokollen nachzulesen waren, vor Gericht machte.

Gebannt las ich weiter. Als die Akte nur noch ein paar Seiten umfaßte, fragte ich mich verwundert: »Wie kann diese Katastrophe auf den letzten sechs Seiten aufgeklärt werden? Es gibt noch hundert offene Fragen, die nach einer Antwort schreien!« Das Ende erwies sich als absolut unvorhersehbar: Der junge General der Marines hatte das Verfahren ohne Rücksprache mit seinen Richterkollegen mit folgenden kühnen Worten beendet: »Der Prozeß ist abgeschlossen. Die zweiundzwanzig Angeklagten werden aus dem Militärdienst entlassen und in der Nacht mit allen verfügbaren Verkehrsmitteln abtransportiert. Und über das, was hier im Gerichtssaal verhandelt wurde, wird strengstes Stillschweigen gewahrt.«

Ich fragte den Offizier, der mir die Akte überlassen hatte, was später geschehen sei, worauf er sagte: »Wie Ihnen aus den Unterlagen bekannt ist, war das einer der schlimmste Fälle, mit denen die Marines je konfrontiert wurden, vielleicht sogar *der* schlimmste. Der Abbruch des Verfahrens durch ihren jungen General war also ein kluger Entschluß, weil er dadurch verhinderte, daß noch viel Schlimmeres ins Protokoll kam.«

»Wie reagierten seine Vorgesetzten, die das Verfahren angeordnet hatten, auf die Entscheidung?«

»Bull Halsey hatte diesen Marines die Hölle heißmachen wollen, und als er erfuhr, daß der junge General sie hatte laufen lassen, war er außer sich vor Wut. Ich war dabei, als er ihn kommen ließ. ›Ich bringe Sie hinter Schloß und Riegel!‹ brüllte er ihn an. ›Sie sind unehrenhaft entlassen und verschwinden von hier!‹ Ohne mit der Wimper zu zucken, stand der junge Kerl stramm und erwiderte: ›Ich wußte, daß Sie wütend sein würden. Ich habe daher die nächste Zeugenaussage aufgeschrieben, die um die Welt gegangen wäre. Hätten Sie *die* wirklich gerne im Protokoll gesehen?‹ Halsey las den Text durch, ohne ein Wort zu sagen, und reichte das Papier dann an mich weiter. Als ich aufsah, führte Bull den General, die Hand auf dessen Schulter, mit langsamen Schritten zur Tür. Dort angekommen, sagte er: ›Hätten Sie den Prozeß weiterlaufen und diese Schweinereien in die Navy-Protokolle aufnehmen lassen, Anderson – ich hätte Ihnen den Arsch aufgerissen.‹ Seither haben wir kein Wort mehr über Matareva gehört. Es sind aber Gerüchte nach Washington durchgesickert, weshalb von dort jetzt ein verschlüsselter Bericht angefordert wurde, nur zur Vervollständigung der Gerichtsakten. Fliegen Sie hin und bringen Sie mir was, das ich weiterleiten kann ... Aber möglichst sauber, bitte.«

Mit dieser Handvoll Aufträge im Gepäck fuhr man mich zum

Flughafen Tontouta, wo ich mich einer knallharten Vierercrew anschloß, die mit ihrer phantastischen DC-3 den gesamten südöstlichen Teil des Kriegsgebiets zwischen Neukaledonien und Tahiti beflogen hatte. Ich war schon oft mit ihnen unterwegs gewesen und hatte volles Vertrauen in ihre Fähigkeit, auch die abgelegensten Inseln zu finden und sicher auf ihnen zu landen. Auch hatte ich allen Grund, der großen DC-3 zu vertrauen, dem Arbeitspferd unter den Flugzeugen. Unter den anderen Maschinen gab es einige, in denen ich mich nicht so sicher fühlte, vor allem nicht in der B-26, die dazu neigte, beim Start abzustürzen, wenn sie nicht richtig austariert war.

Mir war auf dem Flug gen Osten klar, daß ich mich aus der Kriegszone entfernte. Ich hatte jedoch in der unmittelbar zurückliegenden Zeit eine Menge vom Kriegsgeschehen mitbekommen und als Passagier an verschiedenen Bombereinsätzen teilgenommen, so daß ich Anspruch auf eine Erholungspause hatte. Außerdem war ich, wie es der für mich zuständige Offizier im Personalbüro ausdrückte, »der Lochkartengefahr« zum Opfer gefallen. Der Werdegang und die Fähigkeiten aller Offiziere waren auf IBM-Karten eingestanzt. Als sich der elektrische Strahl durch meine und zehntausend andere Karten tastete, kam dabei – unter anderem – wohl heraus, daß ich ein abgeschlossenes Geschichtsstudium vorweisen konnte. Das Personalbüro stellte fest, daß man auf einer abgelegenen Tropeninsel, also genau da, wo man ihn brauchte, über einen gelernten Historiker verfügte. Ergebnis? Nach einer längeren, teilweise recht anstrengenden Dienstzeit nahm ein höflicher Konteradmiral Kontakt zu mir auf und sagte: »Es steht außer Frage, Michener, daß Sie inzwischen genug Punkte gesammelt haben, um das Kriegsgebiet hier zu verlassen und einen guten Posten in den Staaten anzutreten. Aber wir haben da noch einen wichtigen Job, für den Sie der ideale Mann wären. Sie kennen die meisten Inseln besser als jeder andere. Wir brauchen einen gescheiten Historiker mit Sinn für militärische Bewegungen, der damit beginnt, die Geschichte der Navy in diesen Gewässern zu schreiben. Samuel

Eliot Morison aus Harvard wird Ihr Chef sein, und Sie werden das gesamte Kriegsgebiet bereisen. Es bedeutet eine weitere volle Dienstzeit für Sie hier draußen, aber wir alle – Halsey, Morison und der Rest – wären Ihnen sehr dankbar, wenn Sie ja sagen würden.«

Niemand wußte damals, warum ich so schnell zustimmte, aber es gab zwei gute Gründe: Zum einen hatte ich erst kurze Zeit vorher auf dem Luftwaffenstützpunkt Tontouta in Neukaledonien ein einschneidendes Erlebnis gehabt, auf das ich später noch näher eingehen werde. Es hatte in mir den Wunsch erweckt, so viele Orte und Inseln im Südpazifik wie irgend möglich noch einmal besuchen. Außerdem hatte ich inzwischen Grund zu der Annahme, daß meine Ehe vor dem Scheitern stand, und war von daher nicht unbedingt erpicht auf eine baldige Heimkehr. Glücklicherweise ließ ich meine Bereitschaft, noch eine Dienstzeit anzuhängen, nicht sofort erkennen.

Um mir das Angebot zu versüßen, von dem er, wie er selbst eingestand, wußte, daß es nicht ganz den Gepflogenheiten entsprach, äußerte der Admiral Worte von reinem Gold: »Wenn Sie diesen Job annehmen, Leutnant, dann werde ich Ihnen eine permanente Reiseerlaubnis für sämtliche Gebiete unseres Kommandos ausstellen, von denen Sie glauben, daß Sie sie zur Vollendung Ihrer Arbeit aufsuchen müssen.« Und dann fügte er noch etwas hinzu, was jedem Navy-Angehörigen das Herz höherschlagen ließ: »*Fagtrans* und *Per Diem*.« *Fagtrans* bedeutete *First Available Government Transportation*\*; *Per Diem* hieß, daß mir jeder Zahlmeister der Streitkräfte, egal wo, auf Vorlage meiner Papiere sofort und in bar das für meinen Lebensunterhalt erforderliche Geld auszahlen mußte. Mit *Fagtrans* und *Per Diem* in der Tasche konnte ein phantasiebegabter, reiselustiger junger Mann einiges von der Welt sehen.

Ich sagte also ja, und so kam es, daß ich insgesamt fast vier

---

\* soviel wie »Bevorzugte Beförderung mit allen regierungseigenen Transportmitteln«. (Anm. d. Übers.)

Jahre in den Tropen verbrachte, die ersten beiden oft im Kampfgebiet und die letzten beiden im Paradies.

In der Abenddämmerung meines ersten Reisetags erreichten wir Viti Levu, die Hauptinsel der Fidschis. Ich hatte die Insel mehr oder weniger zu meinem Hauptquartier gemacht. Auf der Fahrt vom Flughafen in die Stadt sah ich wieder die grünen Felder und den über der Hauptstadt Suva wachenden Berg, der »Joskes Daumen« heißt, weil er genau wie ein menschlicher Finger geformt ist.

Wie bezaubernd diese Stadt auf uns wirkte, die wir auf Guadalcanal und Bougainville gekämpft hatten – Inseln ohne Komfort und öffentliche Einrichtungen! Hier gab es Straßenbeleuchtung, und es gab Kreuzungen, auf denen mindestens 1,90 m große schwarze Polizisten in Khaki-Shorts, die ein riesiger, aufrechter Kopfschmuck noch gigantischer erscheinen ließ, mit der Grazie von Ballerinas den Verkehr regelten. In den Straßen drängten sich indische Läden und Fidschi-Kunden; hie und da sah man auch Kolonialbriten, die von kleinen Büros in der City aus den Kriegsnachschub organisierten, und Offiziere von englischen Kriegsschiffen, die im Hafen repariert oder überholt wurden. Im Süden, knapp außerhalb der Stadtgrenze, lag ein großes, flaches Sportfeld, auf dem einst Rugby-Matches zwischen Insulanern und Schiffsmannschaften ausgetragen worden waren. Man hatte diese Wettkämpfe einstellen müssen, weil die eingeborenen Spieler so riesig waren und mit solcher Begeisterung zur Sache gingen, daß die Gastmannschaften nicht nur besiegt, sondern regelrecht zerlegt wurden. Inzwischen spielte man dort mit der gleichen wilden Freude Kricket.

Auf dem Hügel, der sich jenseits des Sportfelds erhob, stand das Regierungsgebäude, in dem in jenen Jahren ein aufstrebender Kolonialbeamter residierte, der später Generalgouverneur von Hongkong und ein hochangesehener Mann werden sollte. Er war mit einer Amerikanerin verheiratet. Ich sah die beiden oft vom Government House in die Stadt fahren – eine ständige Erinnerung daran, daß Großbritannien Fidschi und alle ähnlichen

Inseln noch immer beherrschte und in den nächsten hundert Jahren auch weiterhin beherrschen würde. Das jedenfalls bildete ich mir ein, denn wenn der Generalgouverneur in seinem Rolls-Royce vorbeifuhr, fühlte ich mich immer auf merkwürdige Weise geborgen.

Und dann erreichte ich das Ziel aller meiner Reisen auf die Fidschi-Inseln – eines der denkwürdigsten Hotels der Welt. Es war weder majestätisch noch besonders geräumig, doch diente es allen, die auf Touristenschiffen den Pazifik überquert hatten oder neuerdings mit dem Flugzeug eintrafen, als Zufluchtstätte. Es war das Grand Pacific Hotel, das berühmte G. P. H. der Reisebücher, ein klotziges, mehrstöckiges Gebäude mit einem riesigen, zentral gelegenen Speisesaal, in dem lauter kleine, exquisit mit Silber und Porzellan gedeckte Tische standen. Ein Portal auf der gegenüberliegenden Seite führte hinaus auf den Rasen, der sich bis zum Meer hinunter erstreckte.

Das G. P. H. war meine Heimat, wenn ich nicht zu Hause war, es war der Ort, an dem ich hundert Geschichten hörte, die mir in späteren Jahren gute Dienste leisteten, und wo ich die Schrullen und die gewaltige innere Stärke der britischen Kolonialbeamten kennenlernte. Es war auch der Schauplatz einer der großen Liebesgeschichten meines Lebens, und ich war unendlich glücklich, am Beginn meiner neuen Reise wieder in jenem großartigen Hotel logieren zu können.

Die amerikanische Regierung muß das G. P. H. während der Kriegsjahre in irgendeiner Weise heimlich unterstützt haben, denn jeder amerikanische Offizier auf Dienstreise durfte hier, solange er wünschte, für ein britisches Pfund pro Tag logieren, die phantastischen Mahlzeiten eingeschlossen.

Als ich an jenem Abend eincheckte, sah ich mich an der Rezeption einer fröhlichen, ungefähr dreißig Jahre jungen Frau gegenüber, die ich bis dato noch nie gesehen hatte. Auf meine Frage nach ihrem Namen antwortete sie ohne Zögern: »Laura Henslow aus Christchurch in Neuseeland.« Ich war ihr ebenso unbekannt wie sie mir, weshalb ich ihr, um den Sonderpreis zu erhalten, meine Reiseorder vorlegen mußte. Sie ließ sie sogar durch den Hotelmanager auf ihre Echtheit überprüfen, worauf dieser gleich zur Rezeption kam, um mich zu begrüßen. Er versicherte seiner Mitarbeiterin, daß mein Anspruch berechtigt war, und da ich nichts Besseres zu tun hatte und die junge Frau mir so sympathisch war, blieb ich noch eine Weile am Empfang stehen und unterhielt mich mit ihr.

Laura Henslow hatte in zwei neuseeländischen Hotels gearbeitet – einem auf der kalten Süd- und einem auf der warmen Nordinsel. Man hatte sie mit der dringenden Bitte geholt, die Finanzen des G. P. H., das sich durch den kriegsbedingten Reiseverkehr übernommen hatte, in Ordnung zu bringen. Sie war offensichtlich eine sehr clevere Frau – und obendrein unverheiratet, was mich angesichts ihrer Attraktivität sehr verblüffte. »Sie bleiben nicht lange allein«, prophezeite ich ihr, worauf sie antwortete: »Ich hatte meine Chancen, aber ich weiß meine Freiheit zu schätzen.«

Da mein Flugzeug mich wegen anderweitiger Verpflichtungen nicht sofort nach Bora Bora bringen konnte, blieben mir vier oder fünf freie Tage in Suva – und das hieß: täglich drei exzellente Mahlzeiten, am Abend feiner Gin Tonic und gute Gespräche. Am ersten Tag besuchte ich meinen guten Freund Pandit Karmasingh. Ihm gehörte das örtliche Kino, in dem jene wunderbaren, viereinhalbstündigen indischen Filme liefen. Ich hatte Pandit einmal einen kleinen Gefallen erwiesen und war danach von ihm gewissermaßen adoptiert worden. Er führte mich in das Leben der Inder auf den Fidschi-Inseln ein und machte mich durch sein Kino, in dem ich ständig freien Eintritt hatte, mit dem indischen Film bekannt.

Bei diesem Aufenthalt in Suva sah ich mir allerdings nur einen einzigen indischen Streifen an, denn am nächsten Tag wurde ich zu einem bedeutenden gesellschaftlichen Ereignis eingeladen. Zum erstenmal in der Geschichte der Fidschi-Inseln wurde ein Eingeborener zum katholischen Priester ordiniert. Es handelte sich um einen großen, stattlichen jungen Mann mit einem eindrucksvollen Haarschopf und stahlend weißen Zähnen, der in seiner Seminarzeit nicht nur ein hervorragender Sportler, sondern auch ein ausgezeichneter Schüler gewesen war. Seine erfolgreiche Karriere erfreute nicht nur die Katholiken. Auch die Protestanten auf Fidschi waren stolz, zumal dieses Beispiel die jungen Schwarzen ihrer Konfessionen daran erinnerte, daß auch sie den Priesterberuf anstreben konnten, sei es in der Anglikanischen oder der Methodistischen Kirche. Robert Derrick, ein Freund von mir, der einst als protestantischer Missionar auf den Fidschis gearbeitet hatte, nahm mich zur Priesterweihe mit. Dort fiel mir ein Junge auf, der ein Schild mit der Aufschrift HERZLICHEN GLÜCKWUNSCH, VATER BEGA! trug. Derrick wies mich in diesem Zusammenhang auf den Schaden hin, der bisweilen selbst von hochintelligenten Menschen angerichtet werden kann: »Der Name wird *Mbenga* ausgesprochen. Einer der ersten Londoner Missionare – er hielt sich für einen Amateurphilologen – beschloß, die Welt mit dem einzig sinnvollen Buchstabiersystem zu beglücken. Da in der Fidschi-Sprache dem *b* stets ein *m* vorausgeht, sagte er: ›*B* steht also von nun an für *mb*, und da dem *g* immer ein *n* vorausgeht, lesen wir künftig *ng* bei jedem *g*.‹ Auf dem Schild steht also eigentlich MBENGA.«

Es war ein denkwürdiger Gottesdienst. Der Altar war mit Blumen förmlich zugeschüttet, und ein wunderbarer Insulanerchor mit Stimmen wie große Trommeln und Tubas sang voller Majestät. Vater Bega erschien mir der ideale junge Mann zu sein, um jenes Tabu zu brechen, das schwarze Priester bislang verhindert hatte. Alle äußeren Eigenschaften sprachen für ihn, und darüber hinaus besaß er eine tiefe innere Frömmigkeit. Robert Derrick war überzeugt, daß dieser Priester den Fidschi-Inseln alle Ehre machen würde.

Die Zeremonie endete mit der Predigt eines älteren Bischofs, der verkündete, daß sein Bistum den gesamten Südpazifik umfasse und daß er als nächstes seine Kirchen auf Samoa besuchen wolle. Sichtlich bewegt sprach er darüber, wie sehr es ihn freue, der Einführung eines jungen Fidschi-Insulaners in das Priesteramt persönlich beiwohnen zu können: »Möge er der erste von vielen sein, denn er ist ein Symbol dafür, daß die Heilige Kirche in zunehmendem Maße Teil des Lebens auf unseren Inseln ist.« Mir gefiel der Bischof auf Anhieb sehr gut, und ich konnte verstehen, warum seine väterliche Art die Herzen und die Unterstützung der Menschen überall in seiner weit verstreuten Diözese gewonnen hatte.

Als die Feier vorüber war, sah ich, daß sich unter den vielen Menschen, die Vater Bega gratulieren wollten, auch Laura Henslow befand. Doch da vor ihr bereits dreißig oder vierzig Fidschi-Frauen standen, die das gleiche vorhatten, entfernte sie sich unauffällig aus der Schlange. Da wurde der frischgebackene Priester auf sie aufmerksam und gab ihr mit erhobener linker Faust und ausgestrecktem Daumen zu verstehen, daß er sie gesehen hatte. Seine Hand glich in diesem Augenblick Joskes Daumen, dem Wächterfels von Suva, und ich hielt das für ein sehr gutes Omen.

Auf dem Flug nach Samoa wurde die Maschine von stürmischen Winden so gebeutelt, daß ich heilfroh war, als wir schließlich dicht über der Wasseroberfläche eine stabile Luftzone fanden, die uns die Kehre nach Norden und den »Angelhaken-Anflug« auf den bedeutenden U.S.-Stützpunkt Pago Pago (nach Fidschi-Art ausgesprochen: »Pango Pango«) ermöglichte. Ich hatte natürlich *Regen* gelesen, Somerset Maughams beste Short Story, in der das tropische Dorf nahezu perfekt beschrieben wird, und ich denke, daß ich sowohl Sadie Thompson als auch Reverend Davidson gut verstand. Auf jeden Fall fühlte ich mich in Pago zu Hause und begann gleich am ersten Morgen mit der Untersuchung dessen, was auf dem amerikanischen Stützpunkt in Britisch Samoa vorgefallen war. Die Informationen, die ich erhielt, waren aber äußerst spärlich. Ich kam bald dahinter, daß der Kommandeur nicht die Absicht hatte, einem einfachen Leutnant viel Vertrauliches mitzuteilen, und entschloß mich daher, meine Untersuchungen erst wieder in Britisch Samoa selbst, einem neuseeländischen Mandatsgebiet, aufzunehmen.

Jedesmal, wenn ich eine mir unbekannte Insel besuchte, plante ich zwei bis drei Tage für eine Erkundungsreise ein. Diesmal ergab sich die Gelegenheit, in einem Dorf unweit von Pago Pago an einem Treffen der Oberhäuptlinge teilzunehmen, derer es insgesamt – bei einer Bevölkerung von ungefähr zwanzigtausend Menschen – nur neun oder zehn gab. Während ich mir anhörte, was die Sprecher der Häuptlinge zu sagen hatten – sie brachten mit großem Furor die Meinung ihrer Vorgesetzten, die selber nicht das Wort ergriffen, zum Ausdruck –, kostete ich zum erstenmal vom *kava*, jenem dicklichen, extrem faden Insellikör von weißlicher Farbe, der mit einem großen Löffel aus einer riesigen geschnitzten Schale geschöpft und sodann in besondere Trinkgefäße gegossen wurde – kleine Kunstwerke aus geschnitzten und polierten Kokosnußhälften. Ich war sehr begierig darauf, dieses Getränk kennenzulernen, das in so vielen Geschichten über Samoa vorkommt und angeblich eine leicht narkotische Wirkung besitzt. Es war kühl und prickelte angenehm auf Zunge und Gaumen. Doch als ich sah, wie es hergestellt wurde, verflog meine Begeisterung rasch: Ältere Frauen kauten die Wurzeln eines Pfefferstrauchs (*Piper methysticum*), bis ihre Münder voller Speichel waren, und spuckten den Saft dann in die große Schale. Was sich auf diese Weise ansammelte, war unser Drink. Nach der ersten Kostprobe hielt ich mich sehr zurück.

Amerikanisch Samoa enttäuschte mich. Es fehlte ihm an Größe – nicht nur geographisch, es war auch das Verhalten der Insulaner. Sie wirkten verkrampft, und fast schien es, als hätten sie Angst vor sich selbst. Von dem aufgeschlossenen Geist, der für die Eingeborenen Polynesiens angeblich so bezeichnend ist, spürte ich nichts. Ich weiß noch, wie ich zu einem Kameraden in der gemeinsamen Navy-Unterkunft sagte: »Wenn das das berühmte Polynesien sein soll, über das Stevenson und die Franzosen schrieben, dann hat da irgendwer gelogen.« Ich sah nur wenige eindrucksvolle Gestalten, keine schönen Frauen, und die Lebensart hier hätte mich schwerlich verlocken können. Allerdings muß ich hinzufügen: Es war Kriegszeit. Die Hand der U.S.-Navy lastete schwer auf dem Land, und die Insulaner waren nicht glücklich. Ich ging davon aus, daß die Atmosphäre im Frieden, als die Menschen nach ihren eigenen Regeln lebten, wahrscheinlich wesentlich angenehmer gewesen war. Doch das Samoa, das ich damals zu sehen bekam, ist in meiner Erinnerung ein düsterer, kalter und verregneter Ort.

Mein Aufenthalt auf Amerikanisch Samoa ging bald zu Ende. Mir wurde ein kleines Flugzeug zugewiesen, das mich ins etwas weiter westlich gelegene Britisch Samoa bringen sollte. Jede der beiden dazugehörigen Inseln – Upolu und Savaii – war erheblich größer und angeblich viel schöner als die amerikanische Insel. Daß ich im tatsächlich Begriff stand, ins Paradies zu fliegen, war mir nicht bewußt, als ich die Maschine bestieg. Doch als ich kurze Zeit später am äußersten Westrand von Upolu – jener Insel, auf der amerikanische Truppen stationiert waren – abgesetzt wurde, fand ich mich unter hohen Palmen wieder, die eine wunderschöne Küstenlinie säumten. Es war eine großartige Szenerie – und doch nur ein kleiner Ausschnitt von jener Herrlichkeit, die ich in Kürze kennenlernen sollte.

Mein Gepäck wurde gerade entladen, als mich der amerikanische Inselkommandant, der über mein Kommen in Kenntnis gesetzt worden war, begrüßte. Er versicherte mir, daß man mich mit aller Zuvorkommenheit behandeln werde, und verwies auf einen lächelnden samoanischen Chauffeur mit einem Jeep. »Samosila wird dafür sorgen, daß Sie überall hinkommen.« Mit diesen Worten salutierte er, nicht ohne zuvor noch Samosila zu instruieren: »Sorgen Sie dafür, daß er alles bekommt, was er braucht.« Ich war sicher, daß ich mit dem Inselkommandanten gut auskommen würde, und es gab während meines langen Aufenthalts auf der Insel niemals Anlaß, dieses früh gefällte Urteil zu revidieren.

»Wo bin ich untergebracht?« fragte ich Samosila, als ich zu ihm in den Jeep kletterte. »Wir ha'm Navy-Unterkünfte auf dem Stützpunkt. Aber alle meinen, Sie besser wohnen in Apia.« Ich wußte, daß dies die ungefähr vierzig Kilometer weiter östlich gelegene Hauptstadt der Insel war. Der Vorschlag gefiel mir, denn ich wollte den samoanischen Inseln die Chance geben, sich nach der tristen Erfahrung von Pago Pago zu rehabilitieren.

Die nächste Stunde gehörte zu den schönsten meines Lebens. Auf der Fahrt nach Apia über eine mit Korallenschotter befestigte Straße, deren Oberfläche so eben war, wie es die riesigen Schrapper der Navy-Bautrupps bewerkstelligen konnten, erstreckte sich linker Hand die Küste. Hie und da sah man kleine Buchten mit weißem Sandstrand, gesäumt von den höchsten Palmen, die ich je gesehen hatte. Es war eine Fahrt ohne Monotonie, denn wir waren in der Stunde vor Sonnenuntergang unterwegs: Alles war in goldenes Licht getaucht und die Palmwedel zeichneten sich irisierend vor dem tiefblauen Himmel ab. Sogar die Wellen, die keine sechs Meter neben uns ans Land spülten, gaben sich freundlich und ließen die Wut nicht ahnen, in die tropische Stürme sie versetzen konnten.

Doch selbst wenn sich die Natur nicht vorgenommen hätte, uns die Küste in unvergleichlicher Schönheit zu präsentieren – die Fahrt nach Apia wäre auch unvergeßlich gewesen, hätte ich nur die Landseite betrachtet. Da duckten sich inmitten riesiger Kokosnußplantagen kleine Dörfer oder, öfter noch, Ansammlungen von zwei oder drei Gebäuden, die zu den schönsten menschlichen Behausungen gehörten, die mir je begegnet sind. Auf leicht erhöhten Sockeln aus Korallenstein, der so hervorragend zum Bau fester, ebener Fundamente geeignet ist, standen die berühmten samoanischen Fales, deren Namen den Charakter des polynesischen Lebens reflektiert. *Fale* in Samoa, *hale* auf Hawaii, *whare* in Neuseeland – das Wort ist überall das gleiche und wird auch überall fast identisch ausgesprochen, denn das *f* klingt nicht wie *f*, das *h* ist kein echtes *h*, und das *wh* entspricht in der Aussprache keineswegs dem normalen englischen *wh*. Lediglich *l* und *r* bilden einen einzigen unabhängigen Laut, der sich wie ein Seufzer anhört. So schön jedoch das samoanische Fale in den Ohren klingt — das Auge wird noch mehr verwöhnt: Die Dächer sind mit Palmwedeln gedeckt, die miteinander zu erlesenen Mustern verflochten sind, und werden von sieben oder acht riesigen, aufrechten, im Sonnenlicht golden schimmernden Kokospalmenstämmen getragen. Das Fale ist daher eine Art großer Altar auf einem eleganten Sockel. Sein Hauptmerkmal besteht darin, daß es keine Wände besitzt. Die Kokospalmenstämme stehen da wie Säulen oder alte Gottheiten, die sich versammelt haben, um das Wohlverhalten der Sterblichen auf dem Sockel zu kontrollieren.

Das Privatleben wird in der Nacht durch breite, aus Kokosfasern geflochtene Vorhänge geschützt. Wenn man sie am Abend fallen sieht, hat man das Gefühl, ein gesegneter Friede lege sich über das Haus. Eine ununterbrochene Kette samoanischer Fales in der Dämmerung, aufgereiht unter Palmen und nicht in Dörfern zusammengepfercht, bietet ein in seiner Ästhetik kaum zu übertreffendes Bild des Menschseins — und eine herzerwärmende Bestätigung der Tatsache, daß die Menschen eben nicht alle entweder häßlich oder dumm sind. Die Menschen aus früheren Epochen, die diesen Lebensstil erfanden, waren Künstler höchster Vollendung.

Aber meine Schilderung ist bisher nicht ganz korrekt. Was meine erste Fahrt entlang der samoanischen Lagunen zu einem so unvergeßlichen Erlebnis machte, war nicht so sehr die Architektur der Häuser zur Linken, als vielmehr das menschliche Schauspiel zu unserer Rechten. Mit dem Anbruch der Dämmerung kamen Männer und Frauen aus den Fales zum Strand hinunter, legten ihre Sarongs ab und wateten hinaus in die weichen, weißen Brandungswellen, um vor der Nachtruhe ziellos im Wasser herumzuplanschen und einander fröhlich zu bespritzen. Und viele vor mir haben schon gesagt, daß die Samoanerinnen und Samoaner zu den schönsten Menschen auf dieser Welt gehören: Sie sind sehr groß und kräftig gebaut und von eleganter

Haltung; ihre Haut ist goldbraun, das Haar üppig, die Zähne sind von blendendem Weiß, die Augen ausdrucksvoll, die Bewegungen voller Gelassenheit – wahrhaftige Götter aus einer früheren, glücklicheren Zeit.

Meine Pflichten im Südpazifik hatten mir die seltene, ja fast beispiellose Chance geboten, die Menschen dieser entlegenen Weltgegend kennenzulernen. Am Ende meiner Tätigkeit hatte ich neunundvierzig Inseln mit den drei Hauptbevölkerungsgruppen dienstlich besucht. Im Nordwesten liegen die Mikronesischen Inseln (griechisch *mikros* = klein und *nesos* = Insel) mit geschichtsträchtigen Namen wie Guam, Saipan, Palau und Truk. Die Bevölkerung ist stark gemischten Ursprungs und weist unter anderem spanische Elemente auf. Die Menschen sind in der Regel mittelgroß und von hellbrauner Hautfarbe.

Im Südwesten schließen sich die Melanesischen Inseln an (griechisch *melas* = schwarz). Zu ihnen gehören unter anderem die größeren Inseln Guadalcanal, Bougainville und Neukaledonien, die während des Krieges bekannt wurden. Die Menschen hier sind im allgemeinen sehr dunkelhäutig und verteilen sich auf eine Vielzahl weit verstreuter, winziger Inseln. Die großen Fidschi-Inseln an der Ostgrenze Melanesiens unterscheiden sich insofern von den übrigen Inseln, als daß sie meist sehr gutaussehende Menschen hervorgebracht haben.

Zur dritten Gruppe, den Polynesischen Inseln (griechisch *polloi* = viele) im Osten des südpazifischen Raums, gehören so herrliche Flecken wie Tahiti, Rarotonga, Samoa und Hawaii. Die Bevölkerung besteht aus attraktiven Menschen, die u. a. durch die Werke von Paul Gauguin, Pierre Loti und Robert Louis Stevenson berühmt geworden sind. Wenn europäische Schriftsteller die Schönheit der Südseeinsulanerinnen bejubeln, meinen sie stets die Polynesierinnen.

Die Grenze zwischen Melanesien und Polynesien wird durch einen willkürlichen, geographischen Zufall definiert. In seltenem Einklang beschlossen die Geographen dieser Welt im Jahre 1884, daß die internationale Datumsgrenze am wenigsten Verwirrung stiften werde, wenn man sie zwischen Samoa im Osten und Fidschi im Westen quer durch den Stillen Ozean verlaufen ließe. Zwei Minuten nach 23.59 Uhr am Dienstag in Samoa ist es 12.01 in Fidschi – aber nicht am Mittwoch, was eigentlich zu erwarten wäre, sondern am Donnerstag. Der Erdentag beginnt in Fidschi und endet in Samoa, so daß ein Donnerstag in Melanesien in Polynesien immer ein Mittwoch ist.

Ich sollte mit der Zeit alle Völker Polynesiens gut kennenlernen, die eleganten Hawaiianer und Tahitianer ebenso wie die starken neuseeländischen Maori\* – aber mit den majestätischen Gestalten, die ich an jenem ersten Abend auf Samoa im Ozean baden sah, konnte es niemand aufnehmen. Viele Reisejahre mit entsprechenden Vergleichsmöglichkeiten bestätigten dieses frühe Urteil nur. Eine Gruppe von Samoanerinnen und Samoanern gemessenen Schritts die Straße entlanggehen zu sehen, die vom Flughafen nach Apia führte – das war, als beobachtete man die Götter auf dem Olymp oder auf Asgard auf dem Weg zu einer bedeutenden Versammlung.

Der besondere Charme des Panoramas, das sich an jener Küste entfaltete, lag natürlich darin, daß es sich bei jedem zweiten Menschen, der den Wellen entstieg und nichts am Leibe trug als das goldene Licht der Sonne, um junge Frauen von berückender Schönheit und Anmut handelte. Sie tauchten auf, schüttelten das Salzwasser ab und wickelten sich flink und mit einer

---

\* Neuseeland liegt eindeutig westlich der Datumsgrenze und zählt daher strenggenommen nicht zu Polynesien. Seine Inseln wurden jedoch in sehr früher Zeit von abenteuerlustigen Menschen besiedelt, die ursprünglich aus Indien und von der malaiischen Halbinsel stammten und in östlicher Richtung Insel um Insel bis hin nach Tahiti besiedelten. Viel später erreichten sie das nördlich gelegene Hawaii sowie – in einer Art Rückwärtsbewegung – Neuseeland. Die Abkömmlinge dieser Siedler in Neuseeland heißen Maori, waren aber immer Polynesier und sind es auch heute noch.

schwingenden Bewegung, die ich schlichtweg hinreißend fand, in einen buntgemusterten Sarong. Ich hatte mich zuvor oftmals darüber lustig gemacht, daß Hollywood den Gebrauch von Sarongs so überstrapazierte – vor allem bei Schauspielerinnen, die keine Ahnung hatten, wie man mit diesem Kleidungsstück umgeht. Jetzt erkannte ich, daß für den Samoaner und die Samoanerin das Dem-Meer-Entsteigen und Sich-Einhüllen in eine lange Stoffbahn ein Akt der Beherrschung, der Anmut und der Schönheit war.

Die Sonne war längst untergegangen, als Samosila mich vor einer Art Hotel absetzte, das ich in den kommenden Jahren sehr genau kennen- und zusehends schätzen lernen sollte. In jenen ersten Jahren war es ein bescheidenes Haus, obgleich es sich schon im gesamten pazifischen Raum einen wohlverdienten Ruf erworben hatte – vor allem überall dort, wo amerikanische Soldaten hinkamen, die zuvor auf Samoa gedient hatten. Geleitet wurde es von einer großartigen Frau Ende Vierzig, die später, von Schriftstellern mehrerer Nationen besungen, als »Königin der Südsee« bekannt werden sollte. Die samoanische Regierung verewigte sie sogar auf einer Briefmarke, die zur beliebtesten des Landes wurde. Aggie Grey, die Tochter eines schottischen Abenteurers und einer jungen Samoanerin, hatte sich schon vor dem Krieg durch ihre gemütliche Pension in Apia und die entspannten Atmosphäre dort einen Namen gemacht. Der kriegsbedingte Anstieg der Gästezahlen veranlaßte sie zu einer enormen Ausweitung ihres Geschäfts. Eine Hütte nach der anderen entstand in der Umgebung ihres Hauses, so daß mit der Zeit ein weitläufiges Tropenhotel entstand, wie es Somerset Maugham oder Joseph Conrad begeistert hätte.

Wenn ich auch Aggie an jenem ersten Abend nicht sonderlich beeindruckte – sie konnte sich später nie an unsere erste Begegnung erinnern –, so kann kein Zweifel daran bestehen, daß sie einen starken Eindruck bei mir hinterließ. Ich erinnere mich, daß ich mit ihr, ihren Musikern und ihrem Mädchenchor bis zwei Uhr morgens zusammensaß. Aggie war eine große Frau mit schönen Zügen, die sich vortrefflich darauf verstand, zu ihrer eigenen tiefen Singstimme zu tanzen. Der typische samoanische Tanz ist der sogenannte *siva-siva*, der Solotanz eines Mannes oder einer Frau, dem sich – jeder für sich – auch andere Tänzer anschließen können. Die anmutigen Bewegungen werden durch eine Art Hochmut akzentuiert, der sich in der scheinbaren Nichtbeachtung der Umgebung äußerte. Niemand tanzte den *siva-siva* besser als Aggie. Je später die Abende, desto öfter wurde sie gerufen, diesem oder jenem Admiral oder General bei seinen unbeholfenen Bemühungen, ihre Bewegungen nachzumachen, Gesellschaft zu leisten.

Aggie Grey verfügte in dieser Zufluchtsstätte vor dem heißen Krieg über drei Aktivposten: kühles Bier, großartige einheimische Musik und eine Schar liebreizender junger Samoanerinnen, die offenbar aus allen Teilen der Insel zu ihr kamen. Ich besaß damals weder den Rang noch das Geld noch den Mut, mich an derlei nächtlichen Aktivitäten zu beteiligen, doch lernte ich mit der Zeit die Mädchen kennen und staunte über die Ungezwungenheit, mit der sie den zahlreichen amerikanischen Offizieren gegenübertraten, von denen sie umworben wurden. Jahre später sagte ich in einem Interview, das ich anläßlich eines Besuchs in Auckland einer neuseeländischen Zeitung gab, daß ich mich noch immer an die Namen dieser jungen Göttinnen erinnern könne, und zählte auch gleich einige von ihnen auf. Ungefähr ein halbes Dutzend von ihnen lebte mittlerweile in Neuseeland. Sie verständigten sich untereinander und kamen dann gemeinsam in mein Hotel, wo sich schließlich auch noch Aggie, munter und vital wie eh und je, zu uns gesellte. Wir tanzten den *siva-siva*, und die Frauen erzählten mir von den Männern, die sie geheiratet hatten, und wie ihr Leben seit damals verlaufen war: »Wir können uns noch so gut an Sie erinnern! Der Amerikaner, der meistens in einer Ecke saß und alles beobachtete, bis Aggie Sie zum *siva-siva* abholte, und dann sangen Sie: ›Tofa, My Felengi‹,

›Goodbye My Friend‹ und besonders schön ›You Are My Sunshine‹. Es waren wunderbare Nächte! Dann ging der Krieg zu Ende. In Samoa war niemand daran gestorben, und das Leben ging weiter.« Es waren elegante, noch immer große, schlanke und temperamentvolle Frauen.

Ich glaube, daß ich die Hälfte aller guten Kriegsgeschichten in Aggie Greys Hotel hörte, wo ich, sooft sich die Chance ergab, Station machte. Mir gefiel es bei ihr viel besser als in meinem Quartier draußen auf dem amerikanischen Flugplatz. Immer wieder begegneten mir amerikanische Militärangehörige, die unter dem einen oder anderen Vorwand einen Zwischenaufenthalt in Britisch Samoa einlegten. Und wie viele auch kamen und wie hoch ihr Rang auch sein mochte – Aggie schaffte es, daß sich alle bei ihr wie zu Hause fühlten, und so sammelten sich als Gegengaben für ihre Zuvorkommenheit mit der Zeit amerikanische Kühlschränke, Generatoren, Reifen für ihr Auto, Bücher, Konserven und Flaschen an. Die Güter waren von überallher eingeschmuggelt worden. Da Aggie sehr freigebig war, profitierten auch viele andere von diesen Schätzen. Gegen Ende eines Aufenthalts stand ich mit über einhundert Dollar bei ihr in der Kreide, und meine Brieftasche war leer. »Egal«, sagte sie. »Sie haben sowieso nur gegessen, was mir aus PX-Läden mitgebracht worden ist.«

Ich bewunderte Aggie Grey grenzenlos. Sie war eine Frau von enormer Flexibilität. Wäre ihr Leben nicht durch den Krieg, sondern durch ein anderes einschneidendes Ereignis unterbrochen worden, so hätte sie sich darauf ebensogut eingestellt wie auf die Folgen des japanischen Angriffs im Pazifik. Ein feindliches Unterseeboot im Selbstmord-Einsatz schoß einmal zwei Granaten auf Samoa ab, die jedoch keinerlei Schaden anrichteten. Aggies Hotel dagegen gewann von Jahr zu Jahr an Größe und Bedeutung.

Ungefähr gegen Mitte meines ersten Besuchs bei Aggie erfuhr ich zu meiner Bekümmerung, daß die Samoanerin, über die ich Bericht erstatten sollte, Aggies bildhübsche jüngere Schwester war. Um ihretwillen hatte der liebeskranke General unter gewaltigem Kostenaufwand zu Lasten des amerikanischen Steuerzahlers die Straße bauen lassen, die zum Fale seiner Angebeteten am anderen Ende der Insel führte. Als ich in Apia Erkundigungen in dieser Angelegenheit anstellte, traf ich auf eine Mauer des Schweigens, und da ich Angst hatte, Aggie in dieser Frage anzusprechen, blieb mein Aufenthalt in Apia höchst unergiebig. Ja, es ging um Aggies Schwester. Ja, die Straße war tatsächlich gebaut worden. Ja, der General hatte die Insel inzwischen verlassen und stand weiter im Norden an der Front. Ja, die beiden waren sehr nett; alle Leute waren voller Sympathie für sie.

Bei meiner Untersuchung der teuren Straßenbau-Affäre wurde ich jedoch durch eine der merkwürdigsten Episoden des Krieges abgelenkt. Ich werde mich im Folgenden um äußerste Präzision in der Darstellung bemühen, und am Ende werden Sie sich vorstellen können, daß ich es nicht für opportun hielt, darüber zu berichten, solange der Krieg noch andauerte.

Bei meiner Rückkehr auf den Luftwaffenstützpunkt am Westrand der Insel fiel mir auf, daß dort während des Tages fünf oder sechs Dutzend junge amerikanische Soldaten Dienst taten, nach Sonnenuntergang aber nur mehr sechs. Wenn ein japanisches U-Boot zu irgendeinem Zeitpunkt nach sechs Uhr abends auf dieser Seite der Insel auftaucht, dachte ich, könnte eine Handvoll Kommandotruppen nicht nur den Stützpunkt, sondern die gesamte Insel erobern. Als Quasi-Abgesandter von Admiral Halsey mußte ich dagegen etwas unternehmen.

Der kommandierende Offizier war ein Oberstleutnant mittleren Alters, der stolz darauf war, daß auf seinem Stützpunkt alles in bester Ordnung war. »Keine Trunkenheitsdelikte, keine Schlägereien, keine Rangeleien mit Eingeborenen.« Ehe ich ihn über seine Untergebenen – respektive deren Abwesenheit – befragen konnte, sagte er: »Kommen Sie morgen früh um sieben mit mir ans Tor, dann werden Sie schon sehen, was ich damit meine.«

Er weckte mich um 6.30 Uhr, und pünktlich um sieben standen wir am Tor und salutierten drei Lastwagen mit offenen Ladeflächen, mit denen je zwanzig glückliche Rekruten, aus verschiedenen Teilen der Insel kommend, auf dem Stützpunkt eintrafen. Nur wenige von ihnen erwiderten unseren Gruß. In den kommenden elf Stunden – von sieben bis achtzehn Uhr – funktionierte auf der Air Base alles wie am Schnürchen, doch als die Dämmerung hereinbrach, verließen die drei Lastwagen mit ihrer Rekrutenfracht das Gelände, und es blieben wieder nur sechs Soldaten zur Bewachung des Forts zurück.

An meinem zweiten Tag auf dem Stützpunkt sagte ich: »Ich würde morgen abend gerne mitfahren und sehen, was da geschieht.« Als es soweit war, setzte ich mich, da niemand widersprach, in einem der Laster auf den Beifahrersitz – und stellte zu meiner Überraschung und Freude fest, daß der Mann am Steuer niemand anderes war als Samosila, mein eigener Fahrer. Ich brauchte nicht lange, um herauszufinden, was es mit diesen Fahrten auf sich hatte. Schon bald erreichten wir eine Gruppe von drei Fales mit hochgezogenen Seitenvorhängen; die kräftigen Kokospalmenpfosten leuchteten hell im Licht der untergehenden Sonne. Vier Männer sprangen ab und liefen auf die Fales zu, wo sie von reizenden jungen Frauen, barfüßig und in Sarongs gehüllt, begrüßt wurden.

Beim nächsten Halt verloren wir vier weitere Rekruten, und am dritten verabschiedete sich ein junger Oberleutnant und begrüßte sein samoanisches Mädchen mit großem Hallo. Als der Lkw zum letztenmal hielt, war außer dem Fahrer und mir nur noch ein Soldat an Bord. »Wir schlafen heute hier«, sagte Samosila. »Johnson ist Freund von meiner Schwester.« So übernachtete ich zum erstenmal in einem der hübschen samoanischen Fale. Es war blitzsauber und hatte schöne, gewebte Wände, die zur Schlafenszeit heruntergelassen wurden.

Samosilas Schwester war ein nettes Mädchen von ungefähr neunzehn Jahren, vielleicht sogar noch jünger. Sie kannte Johnson seit einem samoanischen Abendessen mit Fisch und Kokosnußmilch, zu dem ihr Bruder den Amerikaner eingeladen hatte.

Inzwischen waren die beiden eng befreundet. Johnson versorgte ihre Familie mit Waren aus PX-Läden und hatte ihr Fale mit Einverständnis der Eltern und gewiß auch Samosilas zu seinem Zuhause gemacht. Erquickt und glücklich kletterte er am nächsten Morgen auf den Lastwagen, und Samosila setzte sich wieder ans Steuer – neben mich, der ich nicht recht wußte, was ich von alldem halten sollte. Diesmal sah man bei jedem Stopp verschlafene Amerikaner von den Fale-Sockeln steigen und auf den Laster zusteuern. Punkt sieben stand unser Gefährt zusammen mit den beiden anderen vor dem Tor des Stützpunkts, und der Arbeitsalltag begann.

Von Samosila erfuhr ich auch, daß eine Familie, deren männliches Oberhaupt ein verhältnismäßig hohes Amt bekleidete, bei meinen diversen Fahrten über die Insel auf mich aufmerksam geworden und zu dem Schluß gekommen war, daß ich als Navy-Leutnant ein verantwortlicher Offizier sein müsse. Ob Samosila mich nicht einmal vorbeibringen könne, damit ich seine Tochter Matua kennenlernen könne, wollte der Vater wissen. Ich stimmte zu und wurde in einem Fale empfangen, das zu den besten und schönsten in Samoa zählte. Und die ungefähr achtzehnjährige Matua war eines der attraktivsten Mädchen auf der Insel, mit der natürlichen Würde einer jungen Königin, die sie eigentlich auch war.

Samosila übermittelte mir eine Botschaft ihres Vaters, die ich nur im Wortlaut wiedergeben kann: »Matua nicht glücklich. Alle Mädchen ha'm gute amerikanische Boys. Viele Mädchen bekommen Babys, kräftige amerikanische Babys. Das ist gut für Samoa und gut für Matua. Aber Matua ganz allein. Wollen Sie nicht bei uns im Fale wohnen?«

Der Vorschlag wurde mit einer Gelassenheit und Würde vorgetragen, als ginge es um die Einladung zu einem förmlichen Bankett. Ich war vollkommen verblüfft. Da eine derartige Einladung in der Tat etwas Besonderes war, verdiente sie eine absolut ehrliche Antwort: »Als Kind hatte ich Mumps – einen dicken Hals. Aus diesem Grund besteht Anlaß zu der Vermutung, daß ich keine Babys zeugen kann.« Man verstand mich, und es herrschte tiefes Schweigen, bis der Vater wieder das Wort ergriff: »Samosila ist Ihr Freund. Er sagt, Sie guter Mann. Baby – egal. Wir hätten gerne einen Amerikaner bei uns – wie die anderen. Sie bleiben.« Und so lernte ich das Leben in einem samoanischen Fale kennen, und wenn ich heute eine so gute Meinung von Samoa und seinen Bewohnern habe, dann deshalb, weil ich eine Zeitlang in einem jener Fales neben der herrlichen, vom Ozean übergischteten Korallenstraße zwischen Apia und dem kleinen Flugfeld lebte.

So sehr hatte ich mich inzwischen selbst kompromittiert, daß ich nicht mehr das geringste Recht besaß, einen liebeskranken General zu kritisieren, der mit amerikanischen Regierungsgeldern eine erstklassige Autostraße von seinem Stationierungsort im Norden bis zum Wohnort von Aggie Greys Schwester im äußersten Süden der Insel hatte errichten lassen. Ich stand dem Problem daher ziemlich beklommen und verwirrt gegenüber. Dennoch machte ich mich an die Arbeit und begann, von Samosila unterstützt, mit den Untersuchungen.

Wir fuhren vom Flughafen in Richtung Apia, als wollten wir wieder zu Aggie Grey zurückkehren, bogen dann jedoch ungefähr auf halber Strecke scharf nach rechts ab. Bald erreichten wir eine schöne, gen Süden führende Straße, die zunächst ein hie und da von Bachtälern unterbrochenes Hügelland durchquerte. Man erkannte sofort, daß die amerikanischen Ingenieure viel Sorgfalt, Ideenreichtum und Geld in das Projekt investiert hatten: Mit leichter Steigung zog sich die Straße durch schwieriges Terrain in die Höhe. Von oben bot sich mir ein Bild voller Gelassenheit und friedlicher Harmonie: halbmondförmig erstreckte sich unter uns eine von einem kleinen Riff geschützte, palmengesäumte Bucht, die wie die künstlerische Vision eines sturmsicheren Hafens anmutete. Am Strand standen in langer Reihe ungefähr ein halbes Dutzend Fales von überdurchschnittlicher Ausstattung, von denen eines über eine Art Anbau im westlichen Stil verfügte. Es war, wie mir gesagt wurde, das Heim von Aggies Schwester. Über den General, der sie dort regelmäßig zu besuchen pflegte, wußte man in den anderen Fales nur Positives zu berichten. Er hatte viele gute Sachen auf diesen Teil der Insel gebracht, der von der britischen Regierung bis dato weitgehend ignoriert worden war. Warum sich Aggies Schwester ausgerechnet in diesen abgelegenen Schlupfwinkel zurückgezogen hatte, konnte ich nie ergründen. Nachdem ich Gelände und Straße einer eingehenden Inspektion unterzogen hatte, entschied ich mich für die folgende Formulierung in meinem Bericht: »*Wären* die Japaner an der Nordseite von Upolu gelandet und *hätten* sie versucht, den Süden zu attackieren, so *wäre* die Straße für die amerikanischen Verteidigung sehr wertvoll gewesen.«

Unterdessen war der katholische Bischof, den ich auf den Fidschi-Inseln kennengelernt hatte, auf Samoa eingetroffen und hielt dort vielbesuchte Gottesdienste. Weil auch viele Gläubige von anderen Inseln nach Apia gekommen waren, war Aggies Hotel bei meiner Rückkehr ausgebucht. Aber die Wirtin besorgte mir eine andere Unterkunft. Ich logierte in einem Fale, das der Familie einer der besten Sängerinnen gehörte, einer jungen, wunderschönen Frau, deren jüngere Schwester in eine Depression verfallen war. Der Besuch des katholischen Bischofs sollte mit einem riesigen Tanzfest unter der Ägide von Aggie und ihren Musikern zu Ende gehen – und sollte es auf Erden je irgend etwas gegeben haben, das junge Samoanerinnen höher schätzen als ein großes Fest, so ist es mir stets ein Geheimnis geblieben.

Nun gab es aber so viele von ihnen, die unbedingt an dem Fest teilnehmen wollten, daß die Tanzfläche vor wehenden Sarongs und sich wiegenden Körpern schier aus den Nähten geplatzt wäre, hätten nicht Aggie und der Bischof in trauter Eintracht ein Ausschlußverfahren von durchschlagender Wirksamkeit ausgeheckt. Sie ließen überall auf Upolu und Savaii verkünden, es würden »zum Ball nur Mädchen zugelassen, von denen bekannt ist, daß sie im europäischen Stil leben«. Die Frage war nun: »Wer ist Europäer?« Engländer und Franzosen gehörten dazu, aber auch weiße Amerikaner. Die Schwierigkeiten begannen bei den zahllosen Samoanerinnen und Samoanern, die sich nicht so leicht einordnen ließen. Die Mädchen, die in Aggies Hotel sangen und tanzten, waren offensichtlich »europäisch«, und das galt auch für die Schreibkräfte in den Läden, die Angestellten auf dem amerikanischen Stützpunkt und die Verkäuferinnen im PX-Laden. Dennoch blieb die Definition unklar, bis der Bischof das Problem mit einem salomonisch-gerechten, leicht durchzusetzenden Urteil löste: »Als europäisch angesehen wird jedes Mädchen, sofern es Schuhe trägt.« Was Wunder, daß der Bischof in seiner Inseldiözese so angesehen und beliebt war!

Es war ein glücklicher Zufall, daß ich auf den Polynesischen Inseln zunächst auf Samoa Station gemacht hatte, erlebte ich doch dort nicht nur den Beginn einer lebenslangen Freundschaft mit Aggie Grey, sondern auch die Einführung in die Freuden des polynesischen Lebens, als da waren: das Singen und Tanzen, die Freude an den Wundern der Natur, das abendliche Beisammensitzen und Spinnen von Seemannsgarn, die Liebe, die großen und kleinen Feste zu jedem nur denkbaren Anlaß, das Akzeptieren des Mitmenschen, so wie er war, und eine herzerfrischende persönliche Wärme und Nähe. Nirgendwo traten diese Eigenschaften deutlicher hervor als auf der nächsten Station meiner Reise – auf Bora Bora, einem zauberhaften, zu Frankreich gehörenden Eiland ungefähr zweihundertfünfzig Kilometer nordwestlich von Tahiti.

Um es ganz einfach zu sagen: Bora Bora ist die schönste Insel der Welt. Geologisch betrachtet, besteht sie aus einer Reihe von konzentrischen Kreisen: zunächst einem nahezu perfekten Korallenriff von ungefähr sechzehn Kilometern Durchmesser, an dessen Außenseiten sich die tiefblauen, aufgewühlten Wogen des Ozeans brechen, während die Lagune innerhalb des Riffs hellgrün und friedfertig ist. Die Insel selbst, ein Meisterwerk in Dunkelgrün, formt einen fast makellosen Kreis, der allerdings hie und da von tiefen Buchten gekerbt ist. Die hohen Palmen, die diese Buchten säumen, wiegen sich in der Brise, welche, wie es scheint, weder Anfang noch Ende hat. Im Zentrum der Insel erhebt sich eine gigantische, dunkle Felssäule, der Basaltkern eines uralten Vulkans, dessen weniger harte Flanken abgebröckelt und erodiert sind. Die drei Bestandteile – das Riff, die Insel, der Vulkan – sind so perfekt und so harmonisch aufeinander abgestimmt, als habe sie ein virtuoser Künstler entworfen. Wer nach einem langen Tagesausflug in einem kleinen Boot nach Bora Bora zurückkehrt und sieht, wie die sinkende Sonne den wuchtigen vulkanischen Turm in strahlendes Gold taucht, der erlebt den Südpazifik von seiner besten, unvergeßlichen Seite.

Die Menschen auf Bora Bora waren in jenen Kriegsjahren genauso attraktiv wie ihre Insel. Sie waren die natürlichsten, die ungehemmtesten Polynesier, und regelmäßig gewannen sie am 14. Juli auf Tahiti den wilden Tanzwettbewerb zur Erinnerung an den Sturm auf die Bastille. Beim Boxturnier unterstützte ich die Kämpfer aus Bora Bora, fühlte ich mich doch im Grunde als einer der ihren. Wir hatten einen starken Boxer in unserem Team, der durchaus Siegeschancen besaß – vorausgesetzt, es gelang uns, ihn unter Kontrolle zu halten und zu verhindern, daß er sinnlos mit den Armen in der Luft herumfuchtelte. Der Trainer erklärte, worum es ging: »Unser Problem besteht darin, daß wir ihn einerseits betrunken machen müssen, damit er tapfer ist. Auf der anderen Seite müssen wir ihn aber auch so nüchtern halten, daß er zumindest noch eine ungefähre Vorstellung von dem hat, was er tut.« Ich mußte in jenen Wochen, in denen ich auf der Insel tätig war, oft an dieses Dilemma denken.

Und tätig war ich. Ich schrieb einen Bericht über die erstaunlichen Ereignisse, die sich Gerüchten zufolge auf Bora Bora zugetragen hatten. Alles hatte an jenem Tag im Jahre 1942 begonnen, als ein kleiner amerikanischer Truppentransporter durch die einzige offene Stelle im Riff geschlüpft war, um auf der Insel ein bewaffnetes Truppenkontingent abzusetzen. Seine Aufgabe bestand darin, Bora Bora zu verteidigen, falls die Japaner, deren

Flotte nach der Katastrophe von Pearl Harbor ungehindert den Pazifik beherrschte, auf die Idee kommen sollten, die Insel zu besetzen. Im Falle einer erfolgreichen japanischen Invasion hätte eine ernste Situation entstehen können; vor allem, da sich viele einflußreiche Bürger in Papeete auf Tahiti, der Hauptstadt Französisch Polynesiens, offen auf die Seite der mit den Nazis kollaborierenden Vichy-Regierung unter der schändlichen Führung des Generals Pétain gestellt hatten. Amerika hatte keinen Hehl daraus gemacht, welche Strategie man im Anfangsstadium des Krieges gegen Japan verfolgte: »Sollen die Vichy-Leute ruhig Tahiti halten. Wir halten Bora Bora und werden sie auf diese Weise neutralisieren.«

Es gab aber auch andere, die von delikaten Verhandlungen berichteten, mit denen verhindert werden sollte, daß die Vichy-Anhänger auf Tahiti die Oberhand behielten. Ich war an diesen Berichten nicht beteiligt, ja nicht einmal zu einer Meinungsäußerung berechtigt; mein Job bestand einzig und allein in der Zusammenzufassung der Ereignisse, die dazu geführt hatten, daß es unter unseren Truppen auf Bora Bora fast zum Aufstand gekommen wäre, als man sie abkommandieren wollte.

Der Flugplatz der Insel war einzigartig: eine lange, wunderschöne Rollbahn, die lang und breit genug war, um einer DC-3 die Landung zu ermöglichen. Die Oberfläche bestand aus glänzend weißen Korallen, die schier das Auge des Betrachters blendeten. Da die Insel selbst zu hügelig war, hatte man die Landebahn weit draußen auf dem Riff errichtet.

Kaum war die Maschine ausgerollt, da wurde ich von zwei Männern begrüßt, die ich seither in bester Erinnerung behalten habe (mein Bericht über sie sollte nicht nur günstig, sondern geradezu begeistert ausfallen). Der erste war ein Leutnant der U. S. Navy, den ich im folgenden Hazzard nennen werde, weil ich ihm in Anbetracht der ungewöhnlichen Dinge, die, wie er wußte, in meinem Bericht stehen würden, einmal versprochen habe, niemals seinen wirklichen Namen zu nennen. Er war ungefähr fünfunddreißig Jahre alt, sah nett aus, aber nicht besonders gut, hatte durch das gute, nicht sehr arbeitsreiche Leben auf der Insel etwas Übergewicht angesetzt, und sein Haupthaar war schütter. Auf seinem großen, runden Gesicht lag der Ausdruck einer fast einfältigen Zufriedenheit. Leutnant Hazzard war ein glücklicher Mensch, und er wünschte, daß auch seine Untergebenen glücklich waren.

Hazzard wurde von einem schlanken, gutaussehenden französischen Beamten begleitet, der ein paar Jahre älter war als er. Monsieur Francis Sanford – sein richtiger Name – gehörte zu den klügsten, vertrauenswürdigsten und sympathischsten Kolonialbeamten, die mir je begegnen sollten. Zum damaligen Zeitpunkt war er nichts weiter als ein ehemaliger Lehrer, den man wegen seiner Englischkenntnisse zum Verbindungsoffizier ernannt hatte. Wie ich bald erfuhr, mochten ihn die Vichy-Parteigänger in Papeete nicht besonders, doch Sanford verstand sich so hervorragend darauf, sowohl Amerikaner wie Franzosen zufriedenzustellen, daß beide Seiten ihn für sich beanspruchten. Da ich noch mehr schmeichelhafte Dinge über Sanford zu erzählen habe, argwöhnt der Leser vielleicht, ein raffinierter politischer Bauernfänger habe mich um den Finger gewickelt. Ich muß daher schon jetzt verraten, was später aus diesem cleveren Schullehrer noch alles wurde: Er avancierte zum politischen Führer Französisch Polynesiens und war in dieser Funktion so erfolgreich, daß er als hochangesehener Senator ins französische Parlament gewählt wurde, wo er sich für eine vernünftige Kolonialpolitik einsetzte. Nach seiner Rückkehr in den Pazifik wurde er Gouverneur von Französisch Polynesien. Sanford war der geborene Siegertyp – und ich bin stolz darauf, sagen zu können, daß ich dies auf den ersten Blick erkannte.

Es war noch keine Woche vergangen, da glaubte ich, sowohl seine aktuelle wie seine langfristige Strategie zu erkennen: Fürs erste ging es ihm darum, die Freundschaft mit den Amerikanern zu erhalten. Er wollte sie jedoch dazu überreden, bei einem künftigen Abzug so viel schweres Gerät wie möglich auf der Insel zurückzulassen. Die von ihnen geschaffene Infrastruktur sollte nach dem Krieg das Inselleben auf eine neue Grundlage stellen. Er verfolgte dieses Ziel mit großem Einfallsreichtum – im Normalfall durch blanken Diebstahl.

Ich saß auf dem Rücksitz eines kleinen Bootes zwischen den beiden wichtigen Männern und flog über das glasklare Wasser der Lagune. Am Spätnachmittag begegnete ich zum erstenmal den rebellischen Soldaten von Bora Bora. Auf den ersten Blick machten sie einen durchaus anständigen Eindruck auf mich: Sie waren alle unter dreißig und körperlich recht gut in Form. Zu mir waren sie höflich, obgleich sie wußten, daß ich ihnen schaden konnte, wenn mir dieses oder jenes nicht gefiel. Es war eine absolut typische Gruppe junger Leute ohne jede Auffälligkeiten; ich konnte keinerlei Anzeichen von Spannung oder Nervosität an ihnen feststellen, und auch von einer übertriebenen Angst vor ihrem Kommandanten konnte keine Rede sein. Als ich in dem mir zugewiesenen Quartier meine Koffer auspackte und die Schreibmaschine ausprobierte, die mir befehlsgemäß bereitgestellt worden war, dachte ich: »Das wird wohl etwas komplizierter als vermutet.« Doch da kam schon der Verwaltungsunteroffizier, den man mir für die Dauer meines Aufenthalts als Bürokraft zur Verfügung gestellt hatte, und führte mich in die Messe. Auch sein Verhalten war völlig unauffällig. Das Essen war gut, aber nicht spektakulär; alles bewegte sich im Rahmen der üblichen Navy-Routine. Ich beobachtete die Männer kritisch, und sie beobachteten mich; ich glaube jedoch nicht, daß mir irgend etwas anderes als allgemeine Verwunderung anzumerken war.

Mein Unteroffizier fragte mich, ob ich den Sieben-Uhr-Film ansehen wolle, das große Tagesereignis auf der Insel, und er ließ durchblicken, daß er selber sehr daran interessiert sei. Um ihn nicht zu enttäuschen, sagte ich ja. Wir begaben uns zu einem nahe gelegenen Gebäude – einer Mischung aus Zelt und Nissenhütte –, wo in ordentlichen Reihen an die neunzig Stühle aufgestellt worden waren. Die Soldaten der Einheit hatten bereits Platz genommen – und zwar so, daß jeder von ihnen einen leeren Stuhl neben sich hatte. Ich konnte mir keinen Reim darauf machen, warum dem so war. In den ersten beiden Reihen saß, wie mir auffiel, überhaupt niemand.

Punkt sieben ertönte ein Hornsignal, man erhob sich, und Leutnant Hazzard, den Blick majestätisch-streng nach vorn gerichtet, marschierte in frischgebügelter Uniform durch den abschüssigen Mittelgang. Kurz bevor er sich setzte, streckte er die Arme aus, worauf auch wir wieder Platz nahmen. Nach einem weiteren Hornsignal geschah das Wunder von Bora Bora. In einer stattlichen Prozession marschierte eine Anzahl Menschen in den Vorführsaal, darunter eine hübsche, ziemlich große Frau von ungefähr dreiundzwanzig Jahren. Sie nahm den gleichen Weg wie zuvor Hazzard, setzte sich aber nicht neben ihn, sondern in ehrfurchtgebietendem Abstand auf den mittleren Stuhl in der zweiten Reihe. Ihre Entourage, bestehend aus ihrer Mutter, einer Tante, einem Onkel und ihrer jüngeren Schwester, nahm auf den Sitzen rechts und links neben ihr Platz. Nachdem sie sich alle niedergelassen hatten, wurden die Türen geöffnet, und eine Schar munterer junger Mädchen strömte herein und besetzte die freien Plätze neben den Soldaten ihrer Wahl. Die noch übriggebliebenen Stühle nahmen zum Schluß einige Dutzend junge Männer ein – möglicherweise die Brüder der Mädchen. Nun konnte die Show beginnen.

Ich werde diese Filmvorführung auf Bora Bora nie vergessen, und Sie werden sehen, daß ich auch allen Grund dazu habe. *Flying Down to Rio* war ein Dolores-Del-Rio-Klamauk mit einer Handlung, die kein Mensch begriff. Den Insulanern machte das aber nichts aus, weil in dem Streifen auch ein Komödiantentrio namens »Die drei Griechen« auftrat, dessen Kindereien genau ihrem Geschmack entsprachen. Sie klatschten auch Beifall, als Hunderte von Chormädchen auf den Tragflächen angeblich fliegender Flugzeuge tanzten. Die Navy-Soldaten fanden es toll, Fred Astaire und Ginger Rogers zum erstenmal gemeinsam tanzen zu sehen; die beiden waren in diesem frühen Film noch keine Weltstars, doch erwies sich ihr Auftritt als Paradeszene und erfüllte den ganzen Vorführsaal mit pulsierender Vitalität.

Bei alldem störte mich nur, daß das Publikum die Gags vorauszuahnen schien und immer schon vorher zu lachen anfing. Nach einer Weile ging mir das so sehr auf die Nerven, daß ich meinen Verwaltungsunteroffizier fragte: »Haben die Leute den Film schon einmal gesehen?« Worauf er antwortete: »Einmal? Ungefähr ein Dutzendmal!« Auch ich sollte ihn ein halbes Dutzendmal sehen – und jedesmal amüsierte ich mich köstlich. Tatsache war, daß es am frühen Abend auf Bora Bora nicht viel anderes zu tun gab. Mir erging es schließlich genauso wie den anderen auch: Ich freute mich auf die bekannten Szenen, weil ich mit der Zeit mitbekam, wie raffiniert die Schauspieler sie aufbauten. »Die drei Griechen« kannten alle Tricks des alten Vaudeville-Theaters und brachten uns damit beim sechstenmal genauso herzlich zum Lachen wie beim erstenmal. Wenn Sie mich heute fragen würden, wie die Liste meiner absoluten Lieblingsfilme aussähe – nun, der Aufnahmetest bestünde in der Frage: Gefiel mir dieser Film oder jener so gut wie damals *Flying Down to Rio*?

Am Ende des Films ertönte wieder das Hornsignal. Leutnant Hazzard erhob sich, schritt mit vorausgerichtetem Blick die schräge Ebene empor, gefolgt von der stolzen jungen Frau und hinter dieser deren Familie. Als sie den Vorführsaal verlassen hatten, durften nach einem weiteren Hornsignal auch die anderen Zuschauer gehen. Gegen neun Uhr abends standen wir wieder in der milden Abendluft, und ich stellte fest, daß auf Bora Bora die gleichen Verhältnisse herrschten wie in Samoa: Fast alle Soldaten verließen den Stützpunkt in Begleitung ihrer lachenden und tuschelnden *vahines*.

Das Wort *vahine* (Frau) tauchte praktisch in allen Informationen auf, die ich in Bora Bora sammelte. Leutnant Hazzards königliche *vahine* hieß Malama und war die Tochter eines Mannes, den man als eine Art Häuptling bezeichnen konnte. Sie übte einen starken, disziplinierenden Einfluß auf die *vahines* niederen Ranges aus, die große Angst vor ihrem Tadel oder auch nur einem strengen Blick von ihr hatten. Die *vahine* meines Unteroffiziers war anfangs etwas empört gewesen, weil er an jenem ersten Abend neben mir anstatt neben ihr sitzen wollte, doch nun begleitete er sie in ihre Palmenhütte, und das besänftigte sie wahrscheinlich.

Ich kann mich nicht mehr erinnern, wie die Tahitianer – und die Menschen auf Bora Bora waren natürlich Tahitianer – ihre Fales nannten. Die Navy-Männer nannten sie Hütten, und es sah so aus, als besäße jeder auf Bora Bora stationierte Soldat seine eigene Hütte. In vielen Fällen waren diese Hütten von den männlichen Verwandten der Freundin erbaut worden; sie waren durchwegs mit der Liaison einverstanden, denn die Amerikaner brachten Lebensmittel und andere Dinge des täglichen Bedarfs mit. Ich inspizierte mehrere dieser Hütten, stets in Gegenwart älterer Familienangehöriger, denen sehr daran gelegen war, daß ich einen guten Eindruck von den Lebensumständen ihrer Töchter gewann. Die kleinen Häuschen waren ebenso sauber wie praktisch: Ein Bett aus Kokosfasermatten, ein Tisch, ein Stuhl, Nägel, an denen der Navy-Mann seine Kleider aufhängen konnte, damit sie am nächsten Tag nicht zerknittert waren – und das war's dann auch schon fast, denn das Leben spielte sich weitgehend unter freiem Himmel oder auf dem Stützpunkt ab. Die Hütte diente allein den nächtlichen Aktivitäten, darunter auch dem Schlaf.

Wie in Samoa hatten nachts sechs oder acht Mann auf dem Stützpunkt Wachdienst, und die Offiziere hatten ihren *vahines* auch dort Unterkünfte eingerichtet. Leutnant Hazzards Freundin Malama überwachte alles in genau der gleichen Weise, wie mir das von den Ehefrauen höherer Navy-Offiziere bekannt war. Es war ein gut geführter Stützpunkt, auf dem ein ungewöhnliches Maß an allgemeiner Zufriedenheit herrschte.

Unterdessen lernte ich Francis Sanford und seine große, elegante Frau Lysa, die einen scharfen Blick für menschliche Torheiten hatte, besser kennen. Er unterschied sich kaum von anderen guten Verwaltungsbeamten im Pazifik, die mit unserer Navy zusammenarbeiteten: Er war stets freundlich, stets auf Ausgleich bedacht, wirkte oftmals Wunder, wenn es darum ging, bestimmte Dinge reibungslos durchzusetzen, und blieb doch bei allem ein knallharter Interessenvertreter seines Heimatlands.

Der Prototyp dieser Art von superintelligenten Administratoren, denen ich mit der Zeit große Bewunderung entgegenbrachte, war ein netter, schlaksiger Oxford-Absolvent, mit dem ich eine Zeitlang zusammenarbeitete. Auf einer kleinen mikronesischen Insel unweit meines Stationierungsorts befand sich ein britischer Stützpunkt, von wo aus sich jener Mann von vier Schwarzen in einem Boot herüberrudern zu lassen pflegte. Wenn er dann umständlich an Land kletterte, sah er immer ziemlich mitgenommen aus: Die Haare waren verstrubbelt, und die Ellenbogen standen so merkwürdig ab, daß unsere Leute ihn *Sprocket* nannten – nach dem Zahnrad, wie es etwa bei Fahrrädern Verwendung findet. »*Here comes Sprocket!*« riefen sie immer, wenn er im Anmarsch war.

Doch während sich unsere Amerikaner über seine unbeholfene Art, seine Schüchternheit und seinen Oxford-Akzent lustig machten, verschob Sprocket einen Haufen wertvoller Güter von unserer großen Insel auf seine kleine. Als ich einmal zu ihm hinüberruderte, um mir ein eigenes Bild zu machen, fand ich ihn in einem regelrechten Warenlager vor, wie ich es selbst in Friedenszeiten selten gesehen hatte. Der Bursche hatte alles: einen Herd, einen Kühlschrank, einen Generator und einen Kompressor sowie stapelweise Konserven. »Sie leben hier wie ein König«, beschwerte ich mich, »und ich da drüben wie ein Bettler.« Worauf er antwortete: »Gewußt, wie.« Als er am nächsten Tag wieder angerudert kam und mit seinem bübischen Lächeln, den ungekämmten Haaren und den ungelenk abgewinkelten Ellbogen an Land ging, dachte ich bei mir, es ist doch verdammt unfair, diesen genialen Manipulator auf eine Bande netter Bauernburschen aus Iowa loszulassen ... An jenem Tag erkundigte er sich beiläufig, ob wir zufällig ein bißchen *petrol* übrig hätten. Unsere Jungs brüllten vor Lachen über den englischen Ausdruck für Benzin – sie waren an *gasoline* gewöhnt –, doch als

Sprocket sich wieder empfahl, nahm er zwei Fässer mit auf seine Insel.

Ich bewunderte ihn, weil er sein ödes Eiland dank seiner Findigkeit in einen bewohnbaren Ort verwandelt hatte. Doch Francis Sanford war mir noch lieber, weil er die Gratwanderung zwischen den Vichy-Leuten in Papeete und den Amerikanern auf Bora Bora so reibungslos beherrschte. Soweit ich es beurteilen konnte, sah er es nicht sehr gern, daß Mädchen von seiner Insel amerikanische Soldaten becircten, doch wenn sie es taten, achtete er darauf, daß sie gut behandelt wurden. Daß ein Katalog des Versandhauses *Sears Roebuck* auf der Insel kursierte, ging, glaube ich, ebenfalls auf seinen Einfall zurück. Die Mädchen blätterten darin herum und suchten sich aus, was ihre Navy-Soldaten dann bestellen konnten. Es dauerte nicht lange, und Sears machte beachtliche Geschäfte auf Bora Bora. Ich erlebte mehrere Male, daß Frachtflugzeuge mit umfangreichen Lieferungen eintrafen, die ausnahmslos von Sears zu stammen schienen.

Sanford und seine Frau achteten streng darauf, daß die Mädchen nicht mißbraucht oder übervorteilt wurden. Männer, die sich schlecht benahmen oder die Rechte der Mädchen grob mißachteten, wurden von Sanford notiert, der Inselkommandantur gemeldet und ohne großes Aufsehen nach Texas oder Minnesota zurückexpediert. Die anderen taten alles, um solche Strafen zu vermeiden. Sanford hielt seine Insel sauber. Sie war eines der ordentlichsten besetzten Gebiete, das ich auf meinen Inspektionsreisen im Pazifik zu Gesicht bekam, und ich zog den Hut vor seiner Klugheit und Durchsetzungsfähigkeit.

Nachdem ich mit meinem Bericht ungefähr zwanzig Seiten gefüllt hatte, bildete ich mir ein, die Situation auf Bora Bora einigermaßen zu durchschauen. Doch erst durch den Fall des Seesoldaten Gosford gelangte ich auf den Grund der Dinge. Gosford stammte aus Alabama, war ein Bauernjunge aus dem »Erdnußgürtel« und hatte die Schule lange vor Abschluß der achten Grundschulklasse verlassen. Er war jetzt um die zwanzig Jahre alt und so verzweifelt, daß er nicht mehr arbeiten konnte.

Leutnant Hazzard hatte mich gebeten, mit ihm zu reden; vielleicht könne ich ihm helfen. Und da saß Gosford nun vor mir und drehte verlegen an seinen Fingern.

»Nun, wo drückt der Schuh?«
»Ich werd' nach Hause geschickt.«
»Haben Sie was ausgefressen?«
»Nein!«

Man hätte es ihm auch nicht zugetraut. »Was dann? Probleme mit einem Mädchen?«

»O nein! Terua und ich ... Wir verstehen uns gut.«
»Und Sie wollen nicht nach Hause?«
»Niemand auf diesem Felsen hier will nach Hause.«
»Was ist also los?«
»Ich *muß* wahrscheinlich nach Hause.«
»Leutnant Hazzard hat mir keine Einzelheiten über Ihren Fall erzählt.«
»Es geht um Mama. Sie besteht darauf.«
»Ist sie krank oder was?«
»Nein. Aber sie hat gehört, daß andere Frontsoldaten nach achtzehn Monaten heimkommen.«
»Wie lange sind Sie schon hier?«
»Zwei Jahre. Keine schlechten Beurteilungen. Nichts liegt gegen mich vor, nicht das Geringste.«
»Und der Haken an der Sache?«
»Mama kennt unseren Senator ... in Washington. Sie hat ihn aufgehetzt ... Eine Schande ist das, meint er ... Daß ein Junge zwei Jahre in feindlichem Territorium ...«
»Hat er in der Sache was unternommen?«
»Er hat der Navy gesagt, daß sie mich nach Hause schicken soll, und zwar ein bißchen dalli! Ich rechne jeden Tag mit dem Marschbefehl.«

Als ich mich erkundigte, erfuhr ich, daß der Marschbefehl schon vorlag. Seesoldat Judson Gosford aus Dothan, Alabama, sollte bei nächster Gelegenheit abgeholt werden. Wie allen Helden in Übersee stand ihm ein längerer Heimaturlaub zu.

Hazzard zeigte mir die Depesche und deutete auf den Befehl. »Entlassen Sie Gosford so schnell wie möglich. Der Senator ist persönlich an dem Fall interessiert.« Da Gosfords »Ausweisung« aus Bora Bora nicht mehr rückgängig zu machen war, kümmerte ich mich um ihn.

Als ich ihn in die Hütte begleitete, in der er seit zwei Jahren mit der Insulanerin Terua lebte, entdeckte ich den Hauptgrund für seinen Kummer. Terua war schwanger. Zu dem üblichen Wunsch aller Amerikaner, möglichst lange in diesem Paradies bleiben zu können, kam bei ihm als zusätzliche Komplikation noch die bevorstehende Vaterschaft hinzu.

Und kompliziert war die Angelegenheit wirklich. Denn als ich Gosford erklärte, ich wolle mich bei der Navy dafür einsetzen, daß man das sogenannte »mitfühlende Verständnis« berücksichtige, was in seinem Fall den Marschbefehl bis nach der Geburt des Kindes aufgeschoben hätte, geriet der junge Mann in helle Aufregung: »Nein, nein, Leutnant Michener!« rief er. »Das würde Mutter umbringen, wenn sie je dahinterkäme... – Benachrichtigungen von der Navy und solche Sachen...«

»Wieso?«

»Sie würde früher oder später herausfinden, daß Terua eine Farbige ist.«

Als ich ihm versicherte, daß man diesen Umstand geheimhalten könne – ich selbst hätte die Benachrichtigungen geschrieben und mir irgendeine andere Ausrede einfallen lassen –, widersprach er heftig: »Der Senator findet garantiert den wahren Grund heraus. Und nachdem er sich schon so eingesetzt hat – wie würde das für ihn aussehen, wenn herauskäme, daß ich nicht nach Hause will, weil ich ein ›Niggerbaby‹ in die Welt gesetzt habe?«

Dieses Dilemma konnte auch ich nicht lösen. Alle Beteiligten an dieser verfahrenen Geschichte schienen das Recht auf ihrer Seite zu haben. Daß sie ihren Sohn wiederhaben wollte, war das gute Recht der Mrs. Gosford daheim in Dothan. Der

Senator war zu der Annahme berechtigt, daß ein junger Mann aus seinem Wahlkreis nach zwei Jahren in der Kampfzone ein verbriefter Kriegsheld mit Anspruch auf Heimaturlaub war. Und daß Terua ihren Liebhaber zumindest bis zur Geburt des Kindes bei sich behalten wollte, war genauso verständlich. Den plausibelsten Grund aber hatte Gosford selbst: Er wollte nicht nach Hause, wollte sein Inselparadies nicht verlassen, da ihm klar war, daß er vermutlich nie wieder etwas Vergleichbares erleben würde.

Ich notierte mir die unterschiedlichen Standpunkte und beriet mich abschließend mit Francis Sanford und Kommandant Hazzard. Wir waren uns darüber einig, daß Seesoldat Gosford sowohl ein idealer Wehrpflichtiger als auch der Quasi-Ehemann der *vahine* Terua war, bei der es sich wiederum um eine beispielhafte Insulanerin aus guter Familie handelte. Eine traurige Ungerechtigkeit wurde begangen, aber wir sahen keinen Ausweg. Hazzard sagte: »Wenn seine Mutter nicht den Senator eingespannt hätte, wäre uns schon irgend etwas eingefallen. Doch wenn der Senator Admiral Halsey unter Beschuß nimmt und Gosford dann noch hier ist, geht's mir an den Kragen, und das kann ich nicht zulassen.« Er hatte wohl das – meiner Meinung nach nicht unberechtigte – Gefühl, daß nicht nur sein Kragen in Gefahr geriete, falls sich höhere Stellen der Navy für die Verhältnisse auf Bora Bora interessieren sollten.

Es wurde also beschlossen, daß Seesoldat Gosford Bora Bora mit dem nächsten Flugzeug verlassen müsse, denn nichts anderes besagte der Befehl »bei nächster Gelegenheit«. Kommandant Hazzard, Terua und ich begleiteten ihn hinaus zur Landebahn, wo es einen tränenreichen Abschied gab. Aus der Hütte, die als Flughafenbüro diente, tauchte Francis Sanford auf und wollte wissen, ob Terua auch ein angemessenes Abschiedsgeschenk erhalten habe; er erfuhr, daß der Mann aus Alabama seinem Mädchen mehr als hundert Dollar zurückließ. Dann kam das Flugzeug, wendete – und schon war Gosford auf dem Weg nach Hause.

Bei unserer Rückkehr vom Riff auf die Insel beobachtete ich Terua aufmerksam und erkannte, was für ein einnehmendes Wesen sie hatte und wie schnell das Lächeln über das eine oder andere freundliche Wort ihre Tränen trocknete. Mir lag sehr daran, daß sie das Geld, das Gosford ihr hinterlassen hatte, nicht verschleuderte. Mit Freude sah ich, daß sie am Pier von Bora Bora bereits von ihrem Vater und ihren beiden Brüdern erwartet wurde. »Sie hat Geld«, sagte ich zu ihnen. »Achten Sie darauf, daß sie sich damit Dinge kauft, die sie tatsächlich braucht.« Die Männer nickten.

Zwei Tage später – ich arbeitete mit meinem Adjutanten im Büro – erhielt ich Besuch von Teruas Vater, der mir einen erstaunlichen Vorschlag unterbreitete: »Offizier Michener, Sie guter Mann. Wir sehen das. Aber ungut, Sie allein leben. Sie so freundlich zu Terua. Es würde uns freuen, wenn Sie bei uns leben würden. Viele nette Mädchen kennen Sie und sehen Sie. Nicht wollen, daß Offizier Michener allein leben.«

Ich hatte keine Ahnung, warum mir diese Einladung zuteil wurde. Doch am nächsten Tag wurde sie noch einmal bekräftigt. Der Vater erschien in Begleitung zweier älterer Freunde: »Offizier Michener, Sie guter Mann. Allen helfen. Aber ungut, Sie allein leben.« Wenn ich mich dazu entschließen würde, mit einer Insulanerin zusammenzuleben, würden sie mir eine Hütte bauen, sagten sie, gleich neben der, in der Gosford und Terua gelebt hatten. Mir wurde jetzt klar, daß Terua mit dem Angebot nichts zu tun hatte; sie konzentrierte sich zur Zeit völlig auf die bevorstehende Geburt ihres Kindes.

Ich schlug das Angebot aus und verzichtete sowohl auf die Hütte als auch auf die dazugehörige Haushälterin, blieb aber auch weiterhin mit Teruas Vater in Kontakt, der mir dieses großzügige, sympathische Angebot gemacht hatte. Ich stimmte ihm zu – es war nicht gut, allein zu leben, und als langfristig auf Bora Bora stationierter Soldat wäre ich auch sicher nicht lange allein geblieben. Aber ich war nun einmal nur ein Offizier auf Inspektionsreise und sollte die Geschichte dieser ungewöhnlichen amerikanischen Besatzung schreiben. Und dafür war es wohl günstiger, wenn ich keine zu engen Bindungen knüpfte. Ich hätte sonst damit rechnen müssen, daß man mir später die gleichen Verfehlungen vorwarf, über die ich eigentlich Bericht erstatten sollte.

Als sich meine Dienstzeit auf Bora Bora dem Ende zuneigte, suchten mich mindestens ein Dutzend Soldaten auf und baten mich, ihre Namen in meinem Bericht nicht zu nennen und niemandem das Geheimnis von Bora Bora zu verraten. »Es läßt sich Außenstehenden so schwer erklären. Sie werden es wahrscheinlich gar nicht verstehen.« Ich versprach, das Geheimnis zu bewahren, nehme aber an, daß sie durch meinen Unteroffizier, der alle meine Notizen abgetippt hatte, längst wußten, daß ich einen ziemlich aufrichtigen Bericht verfaßt, aber keine Namen genannt hatte.

Der Bericht war fertig, die Zeit des Abschieds gekommen. Da machte ich eine verblüffende Entdeckung: Ich war ein Gosford geworden. Ich wollte auf der Insel bleiben und empfand es als ungerecht, daß ich sie verlassen mußte. Ich wollte bis zur Geburt des Kindes bei Terua und ihrer Familie bleiben. Ich wollte zwei- oder dreimal in der Woche *Flying Down to Rio* sehen. Ich wollte die Freundschaft mit Sanford und Hazzard nicht aufgeben. Vor allem aber – ich liebte diese Insel, seinen Vulkan und die großartige Lagune und wollte sie nicht verlieren.

In den langen Jahren, die vor mir lagen, wurde ich oft gefragt: »Michener, Sie haben fast die ganze Welt gesehen. Wo war's am schönsten?« Meine Antwort lautete unabänderlich: »Auf Bora Bora.«


Für mich war es nun an der Zeit, in die Hauptstadt Papeete weiterzureisen und mich dort um die Geschichte mit den geheimen Codebüchern zu kümmern. Begleitet von Sanford und seiner Frau, verließ ich Bora Bora als Passagier der *Hiro*, einem klapprigen alten Dampfer, der zwischen den Inseln hin- und herschipperte. Eigner des Schiffes war ein ungewöhnlicher amerikanischer Abenteurer namens Lew Hirshon. Der Mittvierziger hatte Anfang der dreißiger Jahre als College-Student sein wohlhabendes Elternhaus in Long Island verlassen. Eine Reise um die Welt war sein Ziel gewesen, aber dann war er schon in Tahiti hängengeblieben: »Ich kam vom Schiff, das mich von San Francisco herübergebracht hatte, sah den herrlichen Hafen von Papeete mit den Yachten aus aller Welt Heck voran am Pier, und rief aus: ›Das ist mein Land!‹ Seither habe ich Tahiti nicht mehr verlassen. Ich leite eine große Plantage, pflege Palmen und exportiere Kopra. Mit der *Hiro* – sie heißt nach einem polynesischen Meeresgott – betreibe ich eine kleine Handelsschiffahrt zwischen den Inseln. Mir geht's prächtig.

Schon bald nach meiner Ankunft auf der Insel«, erzählte er mir weiter, »fiel mir auf, wie außergewöhnlich schön die Mädchen hier sind. Ich hatte mit dem alten chinesischen Händler Freundschaft geschlossen, einem wundervollen Mann. Er hieß Tion Ban, und immer wenn ich eine neue Freundin gefunden hatte, ging ich mit ihr an seinem Geschäft vorbei. Dann wackelte er mit dem Kopf, und das hieß: ›Nein, nein! Nicht gut genug für dich!‹ Doch dann lernte ich ein phantastisches Mädchen französisch-polynesischer Herkunft kennen, und als ich sie an seinem Laden vorbeiführte, kam er heraus, ergriff meine Hände und rief: ›Ja, ja! Das ist die Richtige!‹ Und da habe ich sie geheiratet.«

Als Lew in seine Kabine gegangen war, um sich zu waschen, erzählte mir Sanford, daß seine Frau eines der schönsten Geschöpfe des ganzen Archipels gewesen war, eine wahre Göttin. Doch dann war sie gestorben. Lew verliebte sich daraufhin in zwei Schwestern: in die schöne Sängerin Elianne und ihre noch schönere jüngere Schwester, an deren Namen ich mich nicht mehr erinnern kann. Eine Zeitlang stand es auf des Messers Schneide, welche von ihnen er heiraten würde. Als es den Anschein hatte, er wolle die Entscheidung hinauszögern – er war oft mit der *Hiro* unterwegs und besuchte andere Inseln –, da heiratete die jüngere einen Franzosen. Lew hatte sich unterdessen für sie entschieden. Doch als er bei seiner Rückkehr sah, daß sie unter der Haube war, nahm er Elianne. »Und wenn Sie die sehen, dann halten Sie es für unvorstellbar, daß die andere noch hübscher ist.«

Am Vorabend unserer Ankunft in Papeete erkundigte ich mich vorsichtig nach dem Mann, dessen seltsames Verhalten diskret zu untersuchen mein Auftrag war. Mein Reisegefährte berichtete mir, daß Ratchett Kimbrell, ein älterer amerikanischer Beamter mit einer etwas undurchschaubaren Mission, einer der nettesten und beliebtesten Amerikaner war, die es je auf der Insel gegeben habe. Anscheinend bestand seine Aufgabe darin, die Vichy-Elemente auf Tahiti im Auge zu behalten. Zu diesem Zweck führte er ein Haus, das weniger war als eine Botschaft, aber auch mehr als ein bloßes Konsulat. Wegen seiner äußerst heiklen diplomatischen Aufgabe war er besonders strengen Geheimhaltungsvorschriften unterworfen. »Weder Fisch noch Fleisch«, sagte Lew, und Sanford ergänzte: »Aber ein unschätzbarer Aktivposten.« Und dann brachte Lew die Sache auf den Punkt: »Der Mann ist unheimlich schwer einzuschätzen. Ratchett ist mir zwar gut bekannt – aber wirklich kennen tu`ich ihn nicht.«

Als ich am Morgen zum erstenmal den weitgerühmten Hafen von Papeete sah, an dessen Kai ich in den vor mir liegenden Jahren noch so viele Stunden verbringen würde, verschwanden alle Gedanken an mögliche Spitzbuben im Regierungsdienst. Da lagen die Yachten, Heck voraus, nebeneinander und ragten fast in die Stadtmitte hinein. Vom hinteren Bootsende aus konnte man beinahe direkt Quinn's Bar betreten, wo der legendäre amerikanische Pianist Eddie Lund regierte, oder eines der schmuddeligen Hotels, in denen einst so viele abenteuerlustige Schriftsteller und Künstler aus aller Welt logiert hatten. Der Hafen von Papeete an einem windbewegten Morgen kurz vor Sonnenaufgang bot einen herzerfrischenden Anblick: Von den Inseln trafen die Händler ein, die auf dem Weg zum Markt waren, und sie brachten üppige Ernte mit: Fisch aus Moorea, Bananen aus Raiatea, Brotfrüchte von der Presqu'île, der eiförmigen Halbinsel im Osten der Insel, sowie Hühner und Schweine von überallher. An den Hafen kamen auch die jungen Mädchen, die die einlaufenden Boote erkundeten und Seeleute von den wie die *Hiro* bereits am Pier liegenden Schiffen grüßten. Es war eine Parade, die niemals langweilig wurde, immer neu, ein steter Quell der Freude.

Es hieß mit einiger Berechtigung, daß bei der Ankunft einer amerikanischen Yacht mit neun Mann an Bord auf geheimnisvolle Weise innerhalb von fünfzehn Minuten acht hübsche Mädchen am Pier standen. Lief ein kleines Schiff mit vierzig Mann ein, erschienen achtunddreißig Mädchen, und wenn ein französisches Kriegsschiff mit zweitausend Mann an Bord auftauchte, so warteten ihrer neunzehnhundert. Tahiti war ein Seefahrerparadies, aber es war auch eine seriöse, gut regierte französische Kolonie mit guten Restaurants, Telegraphenbüros und zahlreichen Zweigstellen der Banc d'Indochine. Es war einzigartig – halb polynesisch, halb chinesisch, ein Gemisch, das einige der schönsten Menschen Polynesiens hervorbrachte.

Von diesem Hafen aus liefen Boote die vielen kleinen, klingende Namen tragenden Inseln an: die Inseln unter dem Winde, Fakarava, Rangiroa, Pukarua, Mangareva, Pitcairn und Melvilles Marquesas. Ein Reisender mit Phantasie konnte fünf Jahre in diesem Hafen verbringen, sich von einer Insel zur anderen treiben lassen, um dann doch immer wieder nach Tahiti mit all seinen Wundern zurückkehren.

Bei meinem ersten Besuch hatte ich in Sanford und Hirshon zuverlässige Führer, die mich bei der lokalen Prominenz einführten, darunter auch dem kleinen Diplomaten Ratchett Kimbrell. Er hatte ein großes Holzhaus im Zentrum von Papeete gemietet, von dem aus er seine diversen Geschäfte für die amerikanische Regierung erledigte, je nachdem, was gerade anlag. Kimbrell bereitete mir erhebliches Kopfzerbrechen, weil ich nie genau festlegen konnte, wer er war. Als ich mich bemühte, ein wenig Ordnung in die Sache zu bringen, wurde ich noch konfuser, denn Hirshon und Sanford warnten mich: »Auf Tahiti versucht man nicht, alles und jedes unbedingt aufzuklären. Die Vereinigten Staaten haben vier Repräsentanten hier, deren jeweilige Aufgabenbereiche nicht genau definiert sind.« Auf meine Frage, um wen es sich handelte, erhielt ich die überraschende Auskunft: »Da wäre zunächst Herr Richard M. de Lambert, der offizielle Konsul, ein hoch angesehener Gentleman vom Außenministerium. Dann wären da der Mann, für den Sie sich so interessieren, Ratchett Kimbrell, und ein mysteriöser junger Marineoffizier namens McClintock. Und jetzt beehren auch Sie uns noch, und kein Mensch weiß, was Sie nach Tahiti führt.« Als ich Kimbrell unter die Lupe nahm, stellte ich fest, daß seine halbamtliche Position eine Tarnung war – nur wußte ich nicht, was damit verborgen werden sollte. Nach dem, was ich im Hauptquartier über ihn erfahren hatte, war er in Washington in Ungnade gefallen, da er einem norwegischen Skipper ziemlich von oben herab versichert hatte, daß er für die Fahrt nach Honolulu keine zusätzlichen Papiere von ihm benötige, und seine Paßausgabe war eine Schande gewesen.

Kimbrell verwirrte mich, weil ich Quasi-Diplomaten wie ihn bisher nur aus dem Kino kannte, und da sahen sie alle so aus wie Lewis Stone, hatten Gesichtszüge, die wie gemeißelt wirkten, gut gepflegtes weißes Haar und sehr auf Distanz bedachte Umgangsformen. Kimbrell war dagegen ein Schlamper – gut über fünfzig, übergewichtig, mit einem unauffälligen Rundgesicht, das immer unrasiert wirkte, und einem ungekämmten weißen Haarkranz. Außer einem leichten Buckel hatte er einen Kugelbauch und die Angewohnheit, auch tagsüber Schlafzimmerschlappen zu tragen, selbst bei der Büroarbeit.

Ratchett Kimbrell hatte eine junge, einheimische Sekretärin, die ihn bei seiner Tätigkeit unterstützte, und darin lag die Ursache aller Probleme. Er hatte nämlich bei der Wahl seiner Mitarbeiterin mehrere ältere Frauen übergangen, die gut Englisch sprachen, darunter auch die Sekretärin seines Vorgängers, und sich statt dessen eine der größten polynesischen Schönheiten aller Zeiten ausgesucht. Diese enthusiastische Beschreibung ist absolut gerechtfertigt, denn Reri – so ihr Künstlername – war 1931 die strahlende Heldin in Robert Flahertys Filmklassiker *Tabu* gewesen und hatte 1935 auch in dem großen Kassenhit *Die Meuterei auf der Bounty* mit Charles Laughton und Clark Gable mitgewirkt. Während einer Promotion-Tour durch Frankreich war sie, wie es hieß, ständige Begleiterin von Maurice Chevalier und wegen ihres fröhlichen, ungehemmten Wesens der Liebling der Boulevards gewesen. Als ich sie 1944 kennenlernte, hatte sie ein bißchen zugenommen. Sie war etwas jünger als ich, und selten hatte ich ein so strahlendes Antlitz gesehen wie das ihre. Sie war eine grandiose Frau – Anna Chevalier im bürgerlichen Leben, Angehörige der großen Chevalier-Familie mit sieben oder acht jungen Mädchen, die fast so hübsch waren wie sie. Im öffentlichen Leben der Insel war Reri eine feste Größe. Tahiti war stolz auf sie.

Wir mochten uns vom ersten Augenblick an, doch ich wußte, daß sie mindestens zwei willensstarken Männern versprochen war, und sie argwöhnte, ich wäre nach Tahiti gekommen, um ihr ziemlich unkonventionelles Verhalten auszuspionieren. Ich gab ihr daher – ohne es direkt auszusprechen – zu verstehen, daß sie von mir nichts zu befürchten hätte, und sie ließ mich wissen, daß ich herzlich eingeladen sei, in einem der großen Häuser ihrer Familie zu wohnen. »Da fallen Sie kaum auf«, sagte sie, und das stimmte auch, denn in dem großen Holzhaus, in dem ich einquartiert wurde, war ich nur einer von fünfzehn oder sechzehn Bewohnern, und niemand nahm von meinem Kommen und Gehen Notiz.

Da einige von den Dingen, die ich nun zu erzählen habe, sehr ungewöhnlich oder sogar empörend klingen mögen, berichte ich vorher lieber noch von zwei Ereignissen, die für mich richtungweisend waren. Einmal hockte ich in Quinn's Bar und lauschte den Rhythmen, die Eddie Lund seinem Klavier entlockte, als ein Telegramm eintraf. Ein freier Schriftsteller aus

London kündigte an, daß er in Kürze mit einem hochinteressanten Auftrag nach Tahiti kommen würde. Er benötige eine junge Frau, die einen Renault fahren, unter Wasser schwimmen und Kodakfilme entwickeln könne. Wir verbrachten mehrere Tage auf der Suche nach einer Frau, die diesen recht speziellen Anforderungen entsprach und obendrein die Rolle der attraktiven Fremdenführerin übernehmen konnte. Eine Zeitlang sah es so aus, als hätten wir kein Glück, denn mehrere Schönheiten, die in Frage gekommen wären, verstanden nichts vom Entwickeln und konnten daher nicht berücksichtigt werden.

Die Erfüllung des Wunsches wurde zu einer regelrechten Herausforderung – als wäre es für Tahiti im allgemeinen und für die Clique aus Quinn's Bar im besonderen eine Blamage, wenn es uns nicht gelänge, die Richtige zu finden. Schließlich kam einem von uns die rettende Idee: Es würde ihm nicht schwerfallen, meinte er, der ansonsten geeignetsten Kandidatin beizubringen, wie man Kodakfilme entwickelte. Der junge Mann aus London wurde also am Flughafen von einer gutaussehenden jungen Dame empfangen, die einen Renault fahren konnte und bestens darauf vorbereitet war, ihn bei seinem Artikel über die Lebenswelt der polynesischen Korallenriffe mit ein paar hervorragenden, farbigen Unterwasser-Fotografien zu unterstützen. Als der Artikel fertig war, blieb der junge Mann noch ein paar Monate auf Tahiti. »Es wäre reiner Wahnsinn, im Februar nach London zurückzukehren«, sagte er zu uns. Später sah ich das bildhübsche Mädchen, das einen Großteil der Unterwasserarbeit übernommen hatte, am Steuer eines schicken Renault, den er ihr in Anerkennung ihrer Verdienste hinterlassen hatte.

Noch bezeichnender war ein anderes Ereignis während meines ersten Tahiti-Besuchs, in dessen Mittelpunkt ein notorischer Tunichtgut aus Österreich stand. Der Mann, ein faszinierender Typ, behauptete bei seinem Eintreffen auf Tahiti, er wäre ein Baron. Wir alle wußten, daß das nicht stimmte und daß er Wien wahrscheinlich verlassen hatte, weil die Polizei hinter ihm her war. Doch bei Quinn's sagte jemand: »Einen Baron haben wir in Papeete noch nie gehabt. Das wäre doch ganz nett.« Worauf man ihn als denjenigen akzeptierte, als der er sich ausgab. Als ich ihn Jahre später wiedersah, hatte er sich tatsächlich in einen Baron verwandelt und spielte seine Rolle wesentlich überzeugender als einige echte Barone, die ich in Österreich kennengelernt hatte.

In Tahiti konnte man sein, was man sein wollte, und manchmal kam es vor, daß einem jemand, der gestern noch ein Mann war, am nächsten Tag als Frau begegnete und einem damit indirekt zu verstehen gab, daß er – bzw. sie – fortan als Frau zu gelten wünsche, und das wurde dann auch kommentarlos akzeptiert.

Tolerant wie man war, regte es in Papeete niemanden besonders auf, als sich der geheimnisumwitterte Ratchett Kimbrell in seine Sekretärin Reri verliebte (bei Quinn's war man sich unsicher, ob Reri überhaupt Schreibmaschine schreiben konnte; wir entschieden uns für ein wohlwollendes »vielleicht«). Sicherer war, und darüber sprachen wir oft, daß sie auch von einem Fremden heiß umworben wurde, den keiner von uns richtig einzuordnen verstand. Fregattenkapitän Paul McClintock war, soviel stand fest, ein amerikanischer Marineoffizier. Wie es aussah, war er vom Navy-Hauptquartier in Honolulu zeitweilig nach Papeete versetzt worden. Zwischen ihm und mir herrschte Antipathie auf den ersten Blick, denn ich hielt ihn für einen arroganten Snob, während er in mir einen einfachen Leutnant sah, der kaum seiner Aufmerksamkeit würdig war. Ich mußte allerdings zugeben, daß McClintock größer und durchtrainierter war als ich, daß er besser aussah, von seiner ganzen Erscheinung her soldatischer wirkte und darüber hinaus in all seinen Aktivitäten mehr auf Geheimhaltung bedacht war. Es gab einen Zeitpunkt, da ich mich fragte, ob man ihn nicht sogar mit dem Auftrag, mir auf die Finger zu sehen, nach Papeete geschickt hatte.

Was mir furchtbar übel aufstieß, war McClintocks Betragen. Er benahm sich dermaßen daneben, daß wir anderen Uniformträger darunter zu leiden hatten. Er war verliebt in Reri, die er als junger Mann in *Tabu* gesehen hatte, und das Wunder dieser Romanze war ihm zu Kopf gestiegen: Da lebte er auf einmal auf einer der berühmtesten Inseln der Südsee und umwarb eine polynesische Filmschönheit. Ich befand mich natürlich in einer ähnlichen Situation, machte mich aber deswegen nicht lächerlich.

Eine tropische »Viereckgeschichte«: Amerikanischer Fregattenkapitän ist bis über beide Ohren verliebt in wunderschönen polynesischen Filmstar, weiß aber nicht, daß seine Angebetete mit dem älteren Diplomaten schläft. Und ein kleiner Offizier aus dem Stab von Admiral Halsey beobachtet das Treiben der drei neidvoll aus den Kulissen. Ich beneidete Reri um das aufregende Leben, das sie in Paris geführt hatte; ich beneidete Ratchett Kimbrell, weil Reri seine Geliebte war und nicht meine; und ich beneidete McClintock seines guten Aussehens wegen und weil er einer schönen Frau den Hof machte und sich offen dazu bekannte. Ich wollte mir um keinen Preis eingestehen, daß mich diese Affäre in ein trauriges Chaos der Gefühle stürzte; viel fehlte daran allerdings nicht.

Mit böser Schadenfreude beobachtete ich Abend für Abend um elf Uhr aus sicheren Schlupfwinkeln, wie Fregattenkapitän McClintock mit Reri am Arm nach Hause kam. Er kam mit ihr aus dem besten Restaurant von Papeete, in das er sie zu einem erlesenen Dinner mit französischem Champagner eingeladen hatte. Und nun gab er ihr ein keusches Gutenachtküßchen wie ein Schauspieler in einer Dumas- oder Victor-Hugo-Verfilmung; er küßte ihre Hand, sah ihr schmachtend in die Augen und marschierte glühenden Herzens davon. Ich konnte es kaum mitansehen.

Gegenüber dem Hotel, in dem Reri angeblich wohnte – so hatte sie es jedenfalls McClintock weisgemacht –, wartete unterdessen Ratchett Kimbrell zwischen blühendem Gesträuch. Sobald sich der Konsul überzeugt hatte, daß der liebeskranke Offizier seiner Wege gegangen war, schlurfte er in seinen Pantoffeln über den freien Platz, nahm die wartende Reri am Arm und führte sie in sein Schlafzimmer im Konsulat.

Doch mein Problem mit Ratchett und Reri bestand nicht darin, wer nun mit wem schlief oder aus welchen Gründen sich ein wichtiger Navy-Offizier zum Narren halten ließ. Die Sache hatte einen ernsteren Hintergrund. Ratchett, den seine langweilige Routinearbeit auf Tahiti längst anödete, hatte Reri seine streng geheimen Codebücher überlassen. Sie bewahrte sie in einer unverschlossenen Schublade ihres Schreibtischs auf und entschlüsselte mit großem Vergnügen die im Büro eingehenden Nachrichten. Und nicht genug damit: Alle Freundinnen, die zufällig vorbeikamen, wurden von ihr zu dem Spaß eingeladen und durften streng geheimes Material dechiffrieren. Diese Praxis hatte sich schon eine gute Weile vor meiner Ankunft in Papeete eingebürgert. Was in den geheimen Botschaften stand, wußte bald jeder – nicht nur, weil Reri selber gerne plauderte, sondern weil auch einige ihren Freundinnen den Inhalt verschlüsselter Nachrichten in Umlauf brachten.

Ich hielt es für unmöglich, daß man in Washington und im Alliierten-Hauptquartier in Noumea auf Neukaledonien genauer Bescheid wußte – denn anderenfalls hätte man sicher etwas unternommen, um diesem Treiben ein Ende zu bereiten. Dort war offenbar nur bekannt, daß Ratchett nicht imstande war, Schiffe mit ordnungsgemäßen Papieren zu versehen, und daß er seine Dienstgeschäfte generell ziemlich sorglos abwickelte.

Ich wußte nicht, was ich in der Sache mit den Codebüchern tun sollte, denn ich war ja eindeutig nicht der »höchstrangige amerikanische Offizier vor Ort« – ein Begriff von erheblicher militärischer Bedeutung. Fregattenkapitän McClintock war in der Hierarchie wesentlich höher angesiedelt als ich, und es war durchaus möglich, daß auch sein Aufenthalt in Tahiti mit der Kimbrell-Geschichte zu tun hatte. Was mich betraf, so beschloß ich, die Angelegenheit fürs erste anderen zu überlassen; meine Aufgabe hatte ja auch nur darin bestanden, die Fakten zu ermitteln.

Dank der guten Dienste Lew Hirshons lernte ich mit der Zeit zahlreiche interessante Bewohner Tahitis kennen. Doch der Mann, den ich am liebsten kennengelernt hätte, hielt sich während des Krieges nicht auf Tahiti auf, so daß sich mein Wunsch erst bei späteren Besuchen erfüllte. James Norman Hall, der berühmte Koautor der Bounty-Trilogie, war mit Leila Winchester verheiratet, der Tochter eines englischen Schiffskapitäns und einer tahitianischen Prinzessin. Die zwei waren ein großartiges Paar – er würdevoll und zurückhaltend, sie ein ständig sprudelnder Quell komischer Geschichten und unerhörter Gerüchte über das lächerliche Benehmen anderer Paare auf der Insel.

Hall war durch seine Romane und deren hervorragende Verfilmungen berühmt geworden. Die meisten fremden Gäste, die von ihren Kreuzfahrtschiffen aus zu ihm pilgerten, priesen die *Meuterei auf der Bounty*, während mich vor allem der Roman *Hurrikan* und seine Filmversion faszinierte.

Jeder Besucher Tahitis hatte natürlich von dem Gerücht gehört, daß die poetischen Passagen und die Romanfiguren in den gemeinsamen Büchern von Halls Mitarbeiter Charles Nordhoff stammten, während Halls Beitrag sich angeblich auf den Entwurf der Handlung und die langen erzählenden Passagen beschränkte. Doch nachdem ich Hall kennengelernt und bei der Erwähnung bestimmter Filmszenen die Poesie in seinen Augen gesehen hatte, gab ich nichts mehr auf das Gerede. Ich fragte ihn allerdings, nach welchen Kriterien er und sein Partner entschieden hätten, wessen Name an erster Stelle genannt werden sollte, worauf er mir eine lehrreiche Antwort gab: »Es ist immer wirkungsvoller, einen Satz oder einen Ausdruck mit einem kurzen, prägnanten Wort zu beenden. ›Hall und Nordhoff‹ klingt nicht halb so zündend.«

Nordhoff lernte ich nie persönlich kennen, und ich weiß nicht einmal, ob er während meiner diversen Tahiti-Aufenthalte überhaupt auf der Insel lebte. Hall erwähnte ihn außer in jener knappen Bemerkung über die Reihenfolge der Namen nie. Ich nahm an, daß er es einfach satt hatte, mit Besuchern über die verschiedenen Aspekte der Zusammenarbeit mit Nordhoff zu reden.

Doch zurück zu meinem Tahiti-Aufenthalt während des Krieges: Daß ich Hall nicht antraf, tat mir aus einem bestimmten Grund besonders leid. Er war nämlich, wie man mir berichtet hatte, mit dem Schriftsteller Robert Dean Frisbie befreundet und hätte mir wahrscheinlich einige Informationen über ihn geben können. Glücklicherweise konnte Lew Hirshon mir weiterhelfen: »Die Frisbie-Geschichte kennt auf Tahiti jedes Kind«, sagte er. »Junger, vielversprechender Amerikaner, kam ohne einen Penny in der Tasche hierher und wurde seßhaft. Konnte schreiben wie ein Engel, das meint sogar Hall: ›Großes Talent. Weiß viel mehr über die Inseln, als ich je wissen werde. Aber er macht sich selbst kaputt. Nicht mehr zu retten.‹ Die Amerikaner auf Tahiti sprechen oft darüber, ob sie Frisbie nicht helfen können. Er hat vier oder fünf Kinder, müssen Sie wissen, und obwohl er uns einerseits wegen seiner Lebensumstände leid tut, bewundern wir ihn auf der anderen Seite, weil er sich weigert, seine Kinder aufzugeben. Wo er hingeht, gehen auch sie hin. Aber er ist ein übellauniger Bursche, der sich einfach nicht helfen läßt. Wir haben ihn daher schon so gut wie abgeschrieben.«

»Seine Frau?«

»Tot.«

»Wenn ich ihm helfen kann – was dann?«

»Er wird weiter von einem einsamen Atoll zum anderen ziehen und seine Kinder mitschleifen. Trauriger Fall. Hall sagte einmal zu mir: ›Weil ich ein ruhiges, gleichmäßiges Leben führe, weiß ich, was für ein Paradies die Südsee sein kann. Frisbie kennt die Hölle.‹«

»Was macht er auf Pukapuka?«

»Er stirbt.«

Ich hatte Frisbie nie kennengelernt, kannte aber eines seiner Bücher. Sie waren mir von einem Australier empfohlen worden, der sie, genau wie Hall, in den höchsten Tönen gelobt hatte. Das

Buch, das ich las, war ein schöner, entspannter Bericht über das Leben in dieser Weltgegend, die mir später so vertraut werden sollte. Als ehemaliger Verlagslektor war mir klar, daß Frisbie, sofern er sich nur wieder fing, einen schönen Roman über seine Abenteuer würde schreiben können. Ich war schockiert, als ich jetzt hörte, daß er im Sterben lag.

Noch konnte ich jedoch nicht nach Pukapuka reisen, um mich dem tragischen Fall Frisbie zu widmen. Ich steckte ja noch immer mitten in der Ratchett-Kimbrell-Affäre. Je öfter ich Ratchett sah, desto mehr lernte ich ihn schätzen, denn er war ein geistreicher Mann ohne Arg. Wenn er Reri seine geheimen Codebücher überließ, dann deshalb, weil er spürte, daß ihr diese Arbeit Spaß machte, während sie ihn selber nur langweilte. Und wenn er Fregattenkapitän McClintock gestattete, Reri in den frühen Abendstunden den Hof zu machen, so geschah dies wahrscheinlich, weil Reri sich durch den jungen, tapferen Bewunderer noch einmal an die alten Tage in Paris erinnert fühlte. Und Ratchett wußte natürlich, daß sie mit ihm nach Hause gehen würde, sobald der junge Mann, von Südseeträumen entflammt, wieder in sein Hotel zurückgekehrt war. Und ich? Ich war inzwischen verliebt in eine von Reris jüngeren Schwestern oder Kusinen, stand aber ebenso auf verlorenem Posten wie McClintock, weil meine Angebetete einen anderen liebte.

Die Dreiecksbeziehung zwischen Reri, Kimbrell und McClintock endete übrigens völlig undramatisch: Fregattenkapitän McClintock wurde nach Honolulu zurückgerufen. Bei einem tränenreichen Abschied küßte er Reri beide Hände und verließ die Insel für immer.

Nun hatte Ratchett Reri für sich allein. Eine Zeitlang betrachtete er mich mißtrauisch als potentiellen Rivalen à la McClintock, aber so weit gingen meine Ambitionen nicht. Die Dinge nahmen einen recht friedlichen Verlauf. Reri und die anderen Mädchen kümmerten sich um die geheimen Botschaften, und ich studierte im weitläufigen Haus von Reris Familie das Inselleben.

Eines Tages – ich saß gerade bei Quinn's und hörte Eddie Lund zu – kamen zwei Mädchen vom amerikanischen Konsulat herübergelaufen und übergaben mir eine Nachricht. Diese war natürlich verschlüsselt eingetroffen, von den Mädchen aber längst dechiffriert und herumgezeigt worden. Ich erfuhr, daß es auf Fidschi Probleme mit dem jungen katholischen Priester gab, und wurde angewiesen, nach meinem Besuch auf Pukapuka dort nach dem Rechten zu sehen.

Das Telegramm gab mir einiges zu denken, wobei allerdings die Probleme des Priesters nicht im Mittelpunkt standen. Ich fragte mich, was geschehen wäre, wenn mich die Botschaft vor einer möglichen Unfreundlichkeit der Vichy-Anhänger auf der Insel gewarnt hätte und ihr Inhalt von den Mädchen in den Bars von Papeete breitgetreten worden wäre. Die Konsequenzen hätten sehr unangenehm sein können. Mit dem Telegramm in der Hand ging ich zu Ratchett, um ihn zur Rede zu stellen.

Er war zu Hause, unrasiert, trug alte Klamotten und an den Füßen, wie üblich, Schlafzimmerschlappen. Offensichtlich hatte er am Abend zuvor stark getrunken; sein Blick war unstet, und es dauerte eine Weile, bis er mich erkannte. »Was gibt's, Michener?« fragte er mich dann. Ich beschwerte mich über die unsachgemäße Behandlung meines Telegramms durch Reris Freundinnen und gab ihm zum erstenmal deutlich zu verstehen, daß diese Zustände unhaltbar wären und geändert werden müßten. Ratchett zeigte mir daraufhin ein an ihn selbst gerichtetes Telegramm, aus dem hervorging, daß man ihn auf einen Posten in Australien versetzt habe. Ich fragte ihn nicht ohne Ironie, ob auch diese Botschaft von Reri und ihren Freundinnen entschlüsselt worden sei. »Sie entschlüsseln jede Botschaft«, erwiderte er. »Was Wichtiges ist nie darunter.« Da seine Versetzung ohnehin beschlossene Sache war, sah ich keinen Grund mehr, über diese höchst eigenwillige Interpretation seiner Dienstpflichten einen Bericht zu schreiben.

Ich verließ Papeete auf der *Hiro*, doch da weder Lew Hirshon noch Francis Sanford mich begleiteten, war die Reise nach

Norden ziemlich einsam. Langsam ließ das alte Schiff den schönen Hafen hinter sich zurück. Aus der Ferne grüßten die Berge von Moorea. Wie schmerzlich unergiebig mein Abstecher nach Tahiti im Endeffekt doch gewesen war! In meiner Phantasie malte ich mir aus, wie grandios und dramatisch die Dinge hätten verlaufen müssen, wenn man darüber ein Buch schreiben wollte: Tahiti wäre noch viel schöner gewesen, und die Boote, die zwischen den Inseln verkehrten, keine schmuddeligen Pötte, sondern Luxusyachten. Ratchett Kimbrell hätte ein angesehener Diplomat sein müssen, der aussah wie Lewis Stone, und von seiner streng geheimen Mission hätte das Schicksal Amerikas im Pazifik abgehangen; Reri wäre fünfzehn Jahre jünger und nicht nur der Star in *Tabu*, sondern auch in *Die Meuterei auf der Bounty* und obendrein japanische Spionin gewesen, wobei ich mir allerdings noch nicht ganz im klaren darüber war, wie sich dies hätte bewerkstelligen lassen. Fregattenkapitän McClintock hätte noch besser ausgesehen als ohnehin schon, etwa wie Clark Gable. Er wäre amerikanischer Geheimagent gewesen, ein echter Draufgängertyp und hochdekorierter Kriegsheld, der in tödlichen Luftschlachten über dem Pazifik ein halbes Dutzend feindliche Flieger abgeschossen hätte, ehe er in der Verkleidung eines stutzerhaften Offiziers von Hawaii aus nach Tahiti geschickt worden wäre ... Und ich wäre ein disziplinierter Beobachter mit der goldenen Feder eines Somerset Maugham oder dem silbrigen Klang eines Joseph Conrad gewesen.

Mein eingebildeter Roman enthielt auch einen angemessenen literarischen Höhepunkt: Gemeinsam mit James Norman Hall fliege ich in geheimer Mission gen Norden, um den todkranken Robert Dean Frisbie zu retten. Als wir ihn finden, schreibt er gerade an den letzten genialen Seiten seines neuesten Romans, der ihn unsterblich machen wird.

Mein Tahiti-Aufenthalt hätte so verlaufen können, ja sollen, wie ich mir das im nachhinein ausmalte. Doch die Realität sah anders aus.

Aus der Luft präsentierte sich Bora Bora mit seinen konzentrischen Kreisen, in deren Mitte ein majestätischer erloschener Vulkankegel thronte; von Pukapuka sah man lediglich eine leere, kreisförmige Lagune, umgrenzt von einem der armseligsten Korallenriffe der Südsee. Stellenweise nur ein paar Meter breit und kaum meterhoch über dem Meeresspiegel, krümmte sich die Insel endlos, bis der Kreis vollendet war. Wo sie sich hier und da ein wenig erweiterte und als festes Land bezeichnet werden konnte, drängten sich ein paar armselige Hütten zusammen. Es war ein Ort tiefster Einsamkeit, das Ende der Welt, und allen, die das Atoll in jenen Jahren kennenlernten, mußte derselbe Gedanke gekommen sein: Ein starker Hurrikan, und von diesem Fleck hier ist nichts mehr übrig.

Man hatte mir erklärt, daß es zwei Pukapukas in der Nachbarschaft Tahitis gebe, eines im Nordosten, das andere etwas weiter im Nordwesten. Unser Ziel war das letztgenannte. Als wir die schmale Landepiste anflogen, sah es zunächst so aus, als gäbe es gar kein Land. Da war nur der dunkle Ozean im Süden und die graue Lagune im Norden. Doch dann erschien, wie von Zauberkraft emporgehoben, das Korallenriff, und schon wirbelte unsere Maschine den Staub auf der Piste auf.

Ein Flughafengebäude gab es nicht. Da wir es eilig hatten, ließen wir rasch die Gangway hinunter und stiegen hurtig die Metalltreppen hinab. Vor uns stand Frisbie, der Mann, dessen Texte über die Südsee zum Besten gehörte, was je über dieses Thema geschrieben worden war. Er stand in der prallen Sonne und wirkte alt, gebrechlich und – soweit man sein Gesicht unter dem schmierigen Hut aus Pandanuspalmenblättern erkennen konnte – erschreckend hohlwangig. Er trug zerschlissene Kleider, die seit Jahren nicht mehr geflickt worden waren, und an den Füßen völlig verdreckte Turnschuhe. Was für ein armseliger Kontrast zu James Norman Hall, den ich später kennenlernen sollte – einem Mann von vergleichbarem Talent, aber unendlich viel größerer Disziplin. Sterbenskrank und ohne einen Penny in der Tasche auf einem abgelegenen Atoll – war das das Ende? Der einst so vielversprechende Schriftsteller war nur mehr ein menschliches Wrack und bot einen schrecklichen Anblick; er war zum *beachcomber* verkommen, zum verelendeten westlichen Aussteiger am tropischen Strand.

Doch dann lenkte etwas anderes meine Aufmerksamkeit von der traurigen Gestalt Frisbies ab. Es bot sich mir einer der rührendsten Anblicke, die ich je in meinem Leben zu Gesicht bekommen sollte: Vier Frisbie-Kinder waren zum Flugzeug gekommen, um ihrem Vater adieu zu sagen, alle blitzsauber, mit strahlenden, lächelnden Gesichtern. Johnnie, die damals ungefähr vierzehnjährige älteste Tochter, war, wie wir später erfuhren, an jenem Tag früh aufgestanden, hatte ihren Bruder und die beiden Schwestern geschrubbt und sie in die besten verfügbaren Kleider gesteckt, damit sie bei Vaters Abschied, der womöglich ein Abschied für immer war, anständig aussahen. Der Junge war ein lebhafter, recht gut aussehender Bursche, in dessen Zügen sich europäisches und polynesisches Erbe mischten. Die beiden jüngeren Mädchen, zwölf und zehn Jahre alt, trugen Kittelchen, wie sie auf den Inseln üblich waren, und Blumenschmuck im Haar. Die drei hübschen Mädchen kamen mir vor wie Gestalten aus einem Inselmärchen: Johnnie war besonnen und verantwortungsbewußt; Elaine rundgesichtig und wild, Nga schon damals eine große Schönheit mit strahlenden Augen und feingeschnittenen Wangenknochen, um die die meisten Frauen sie beneidet hätten.

Wenn ihr Vater das typische Schicksal des *beachcombers* verkörperte, so symbolisierten seine Kinder die Schönheit der europäisch-polynesischen Mischlinge und wirkten wie eine Rechtfertigung jenes großen Abenteuers – des Vordringens der Weißen in die Südsee. Der Gegensatz war so kraß, daß ich mich, von meinen Gefühlen überwältigt, abwenden mußte. In ein paar Minuten würden wir Frisbie an Bord nehmen und in ein Krankenhaus auf Samoa bringen – und seine vier Kinder standen tapfer am Rand der Rollbahn, um bei seinem Abflug dabeizusein. Von wie vielen Kindern weiß man, daß sie je einer solchen Situation ausgesetzt waren? Die Mutter war längst tot. Wie konnten sie auf diesem trostlosen Atoll überleben?

Zutiefst bewegt, sammelte ich im Kreise der Besatzung eine Handvoll Geldnoten. Nachdem wir den Vater auf einer Art Trage an Bord gebracht hatten, stieg ich noch einmal die Stufen hinunter und gab der Ältesten das Geld. Ich umarmte sie und flüsterte ihr zu: »Wir werden eurem Vater helfen, und dann kommen wir zurück und retten euch.« Danach hoben wir ab. Solange Pukapuka noch zu sehen war, starrte ich hinunter auf die Kinder auf dem Korallenstrand.

Ich kann sie dort nicht lassen, nicht einmal in der Erinnerung. Einige Jahre später – ich war gerade auf Hawaii tätig – erhielt ich einen mysteriösen Brief aus Rarotonga, der Hauptstadt der Cook-Inseln. Er stammte von einem Ehepaar, das ich nicht kannte, doch aus ihrem Schreiben schloß ich, daß es sehr nette Leute sein mußten:

> Wir haben keine Ahnung, auf welch furchtbaren Wegen sie hierher gekommen sind, aber die drei Töchter von Robert Dean Frisbie sind jetzt in Rarotonga. Ihr Vater starb, womit man rechnen mußte, an einer rostigen Injektionsnadel, und niemand wußte, was mit den Mädchen geschehen sollte. Wie wir erfuhren, verlangt das amerikanische Gesetz, daß sie innerhalb der nächsten zwei Wochen amerikanischen Boden betreten müssen, wenn ihr Anspruch auf Staatsbürgerschaft Aussicht auf Erfolg haben soll. Andernfalls müssen sie für den Rest ihres Lebens Polynesierinnen bleiben.
>
> Wir haben genug Geld gesammelt, um sie noch rechtzeitig per Flugzeug nach Honolulu zu schicken. Um Gottes willen, tun Sie etwas für diese wunderbaren Kinder.

Wenige Tage vor Ablauf der gesetzlichen Frist gelang es Johnnie, Elaine und Nga mit Hilfe der Flugtickets, die ihnen die guten Samariter von Rarotonga spendiert hatten, in die Staaten einzureisen, wo wir ihnen neue Familien suchten. Der Junge begleitete sie nicht; er wollte in Neuseeland Jockey werden, und das wurde er auch. Die liebenswerten Mädchen waren von ihrem Vater gut unterrichtet worden und fanden sich in den amerikanischen Schulen ebenso schnell zurecht wie später im amerikanischen Leben. Johnnie veröffentlichte ein Buch über ihre Kindheit und heiratete den Fernsehproduzenten Carl Hebenstreit. Elaine heiratete Don Over, einen millionenschweren Zeitschriftenverleger. Und Nga, die kühle Schönheit, ging nach Hollywood und heiratete dort Adam West, den Star der Fernsehserie *Batman*. Ich traf die Töchter Frisbies noch oft und sah in ihnen die magische Frucht des *Beachcomber*-Syndroms. Das Bild, das sie dort auf dem Korallenstrand jenes einsamen Atolls boten, steht mir noch heute lebhaft vor Augen. Wenn es nicht so besondere Kinder gewesen wären – Kinder, die früh aufstanden und sich in Schale warfen, um uns zu begrüßen und ihrem sterbenskranken Vater Lebewohl zu sagen –, so hätten sie es wohl nie geschafft, in die Staaten zu kommen.


Auf dem Flug von Pukapuka zum U. S. Marinekrankenhaus auf Amerikanisch Samoa kümmerte ich mich um Frisbie und hielt gelegentlich seine Hand in meinem Schoß. In Momenten, in denen er sich stark genug fühlte, erzählte er mir, wie er in die Südsee gekommen und auf den kleinen Inseln umhergewandert war, die ihm immer lieber waren als die großen, und wie er seine einheimische Frau kennengelernt hatte. Ich glaube, er sagte, daß er auf beiden Pukapukas gelebt habe, jenem Atoll, auf dem wir ihn gefunden hatten, aber den Vorzug gebe. Vorübergehend hatte er als Agent der berühmten Ladenkette Burns-Philp auf den Inseln gearbeitet, doch sei er nicht sehr gut in diesem Job gewesen. Es war klar, daß seine Lebensenergien erschöpft waren; wir hofften, ihn ins Krankenhaus bringen zu können, ehe er das Bewußtsein verlor.

Doch ich merkte bei diesem schmerzlichen Gedanken sofort, daß mich in Wirklichkeit ein sehr viel eigensüchtigeres Motiv bewegte: Ich hoffte, daß er unterwegs nicht sterben würde, denn sein Tod im Flugzeug wäre mit zahlreichen Scherereien verbunden gewesen. Ich aber stand unter großem Druck, nach Fidschi weiterzufliegen, wo andere Aufgaben auf mich warteten – wie immer sie im einzelnen auch aussehen mochten.

Als Frisbie im Krankenwagen lag, sagte ich zu dem diensthabenden Arzt: »Erinnern Sie die Behörden daran, daß er vier Kinder auf Pukapuka zurückgelassen hat.« Der Arzt erwiderte jedoch völlig zu Recht: »Eines nach dem anderen. Wollen wir erst einmal sehen, ob wir ihn über den Berg kriegen.« Ich ging zur Hecktür des Krankenwagens und sprach Frisbie mit seinem polynesischen Namen an: »Ropati, die Ärzte sind recht optimistisch. Sobald ich wieder in Noumea bin, kümmere ich mich um die Bergung Ihrer Kinder.« Ich habe Frisbie nie wiedergesehen.

Als ich am späten Nachmittag auf Fidschi eintraf und ins G. P. H. kam, schwirrte das Hotel vor Gerüchten. Zwei handfeste Tatsachen schälten sich heraus: Bischof Dawson hatte seine Kirchenversammlung in Samoa verlassen, war nach Fidschi geflogen und führte inzwischen dringende Gespräche, in denen es höchstwahrscheinlich um jene Krise ging, um deretwillen man auch mich zurückbeordert hatte. Außerdem war die Neuseeländerin Laura Henslow noch immer Empfangsdame des Hotels. Sie wirkte etwas nervös, als sie meiner ansichtig wurde. Ich war an der Rezeption stehengeblieben, um mich einzutragen. »Haben Sie schon gehört?« fragte sie, als ich ihr den Stift zurückgab. »Nein, mir erzählt ja niemand was«, erwiderte ich. Da zuckte sie sichtlich zusammen und sagte: »Diesmal gibt es eine ganze Menge zu erzählen.«

Die U. S. Navy unterhielt in jenen Tagen ein Ein-Mann-Verbindungsbüro. Ich rief den zuständigen Offizier an und bat ihn, mit mir in meinem Hotel zu Abend zu essen. Es dauerte nicht lange, und wir saßen an meinem üblichen Tisch unter der Obhut des barfüßigen, turbantragenden indischen Kellners, dessen Fürsorge ich meine Bekanntschaft mit Lamm in Curry verdankte, einem Gericht, das ich über alle Maßen zu schätzen lernte.

»Was ist denn hier los?« fragte ich und legte meinem Gast das Telegramm vor, das ich auf Tahiti erhalten hatte. Der Offizier würdigte es keines Blickes, denn das Hauptquartier in Noumea hatte ihm eine Kopie zugesandt. »Hier ist die Hölle los«, sagte er, »aber das ist vielleicht nicht der richtige Ausdruck, weil es sich um eine kirchliche Angelegenheit handelt.«

»Und worum geht es?«

Er wies mit seinem rechten Daumen nach hinten in Richtung auf den Empfang und sagte leise: »Diese Neuseeländerin ... Der junge Priester, den wir gerade geweiht haben, hat sich in sie verliebt.«

»Sind Sie katholisch?«

»Nein, aber ich half Bischof Dawson bei der Ordinationsfeier. Erinnern Sie sich?«

»Und deshalb ist der Bischof so schnell von Samoa eingeflogen?«

»Ja.«

»Und was kann ich da tun?«

»Abwarten. Es ist überhaupt noch nicht abzusehen, in welche Richtung sich die Sache entwickeln wird.«

»Das hilft mir auch nicht viel weiter.« Von meinem Platz aus konnte ich die Rezeption gut überblicken. Laura war noch immer so nervös wie zuvor, als sie mich begrüßt hatte. Als sie merkte, daß ich sie anstarrte, bewegte sie die Hände hastig vor ihrem Gesicht hin und her, als wolle sie sich unsichtbar machen. Es war unverkennbar, daß sie in Schwierigkeiten steckte, und als unser Verbindungsoffizier weitersprach, begriff ich auch rasch, warum.

»Wir glauben, daß es schon bald nach Lauras Ankunft aus Neuseeland anfing. Das wäre also eine ganze Weile vor seiner formalen Ordination gewesen, aber eindeutig auch *nachdem* er die Zusicherung erhalten hatte, als erster Fidschi-Insulaner in den Priesterstand erhoben zu werden.« Der Offizier hielt inne, schlug die Augen nieder und glättete die frische Leinenserviette. »Was mir an der Geschichte nicht gefällt – und wie gesagt, ich bin nicht katholisch –, ist die Tatsache, daß er, als er die Priesterweihe akzeptierte, längst Bescheid gewußt haben muß. Wir sind uns absolut sicher, daß er am Tag der feierlichen Ordination genau wußte, was zu tun er im Begriff stand. Er war also bereits in dem Moment, als er seine Aufnahme in den Priesterstand akzeptierte, ein unsicherer Kandidat. Ich finde das unfair, verdammt unfair.«

»Was hat er jetzt vor?«

»Auf sein Priesteramt zu verzichten. Er will wahrscheinlich sogar aus der katholischen Kirche austreten und so schnell wie möglich mit seiner Freundin von der Insel hier verschwinden.« Mit unverhohlener Bitterkeit verriet der Offizier den überraschenden Grund für seinen Zorn: »Was mich wirklich auf die Palme bringt, ist dieses unfaire Verhalten gegenüber Bischof Dawson. Der Mann hat Bega schließlich unterstützt, hat alles getan, um diesen jungen Narren so weit zu bringen – und nun das. Das stinkt doch zum Himmel.«

»Wie hat er es aufgenommen?« Ich wies unauffällig auf den Tisch, an dem der Bischof sein Abendessen einnahm. Er war allein und wirkte ziemlich bedrückt.

»Er ist ein lebender Heiliger. Kein Wunder, daß er auf den Inseln so beliebt ist. Nie hört man ein lautes Wort von ihm, nie eine Drohung. Hat anscheinend nur zwei Dinge im Sinn – Schaden von der Kirche abzuwenden und alles zu tun, daß der Junge Priester bleiben kann. Dafür ist er zu allen Zugeständnissen bereit – vielleicht versetzt er ihn auf eine andere Insel, vielleicht schickt er ihn aufs Seminar zurück. Dawson ist ein Kirchenmann, wie ich ihn mir vorstelle. Ich stehe voll auf seiner Seite.«

»Und Laura?«

»Sie läßt nicht locker, wie man mir sagte.« Er machte aus seinem Unbehagen keinen Hehl. »Beharrt darauf, daß sie und Bega einander lieben, und ist mit keiner Lösung einverstanden, die auf eine Trennung hinauslaufen würde.«

»Und was sagt Bega selbst?«

»Er weiß gar nicht, wie ihm geschieht. Es bricht alles auf einmal über ihn herein: Priesterschaft, Sex, Menschen, die ihn anbrüllen – nur Bischof Dawson brüllt nie. Er argumentiert, versucht zu überzeugen, weist auf die unvermeidlichen Konsequenzen hin. Die Sache muß ihn furchtbar mitnehmen – Dawson, meine ich –, so spät in seinem Leben noch eine so verdammte Enttäuschung.«

Auf meine Frage, was die Navy mit all dem zu tun hätte, und über was ich nun eigentlich Bericht erstatten sollte, bekam ich eine gute Antwort von ihm: »Wir können uns keinerlei Unruhen in Fidschi leisten, durch die unsere Nachschublinien und die Auftankmöglichkeiten für unsere Schiffe hier im Hafen gefährdet werden könnten. Wenn sich die Lage verschlechtert, könnten wir zudem gezwungen sein, ein Flugzeug zu ordern und diese Leute so schnell wie möglich rauszuholen.«

»Sie sehen die Angelegenheit wohl hauptsächlich als logistisches Problem, wie?«

Er lachte: »In gewisser Weise, ja. In einer Welt, in der alles seine Ordnung hat und man sich an die biblischen Regeln hält, verlieben sich junge Priester eben nicht in Empfangsdamen.« Seine letzten Worte waren eine Warnung: »Halten Sie sich für alle Fälle bereit. Die Sache kann so oder so ausgehen – gut, schlecht oder bummbumm.« Mit gespreizten Fingern warf er die Hände auseinander, als wäre eine Bombe explodiert.

Nachdem mein Gesprächspartner gegangen war – er hatte noch in der Nacht eine Büroarbeit zu erledigen –, ging ich zur Rezeption und sprach Laura an: »Was geht hier vor, Lady Macbeth?« Sie wies mit dem Daumen auf das Büro des Hotelmanagers: »Morgen früh schmeißen sie mich raus. Die Regierung mischt sich jetzt auch schon ein.« Sie legte die Fingerspitzen auf die Lippen, lächelte schuldbewußt und sagte: »Ich hätte Sie in den vergangenen drei Wochen gut gebrauchen können, Michener.«

»Waren hart, oder?«

»Sehr.«

»Wie haben Sie ihn kennengelernt?«

Sie zog sich etwas zurück, als habe sie Zweifel an meiner Vertrauenswürdigkeit, und kam offenbar zu dem Schluß, je weniger sie sagte, desto weniger könne, falls der Feind mich als Spion auf sie angesetzt hätte, gegen sie verwendet werden. »Wir sind uns über den Weg gelaufen. Suva ist schließlich kein Gefängnis. Man trifft sich.«

»Er ist bereit, aus der Kirche auszutreten, nicht wahr?« Sie war nicht bereit, die Frage zu beantworten. »Sind Sie katholisch?« fügte ich hinzu.

»Anglikanisch«, erwiderte sie, »aber ich nehme alle Religionen ernst.«

»Leben Ihre Eltern noch?«

»Ja, aber in dieser Geschichte spielen sie keine Rolle.«

»Was meint Bischof Dawson zu alldem?«

»Tropf, tropf, tropf... Steter Tropfen höhlt den Stein, glaubt er. Aber diesen Stein nicht, sage ich...«

»Sie sind also zu allem entschlossen?«

Laura Henslow antwortete mit einem Ausdruck, der aus einem Schulbuch zu stammen schien: »Ich wurde durchs Feuer gestählt.«

Ihr Verhalten in den kommenden Tagen zeigte, daß es keine leeren Worte waren. Laura wurde entlassen. Man erklärte ihr, sie habe bis zum Abend das Haus zu verlassen; bliebe sie länger, so geriete der gute Ruf des Hotels in Gefahr. Für denselben Vormittag hatte man eine Besprechung zwischen Bischof Dawson, mehreren anderen hohen Würdenträgern und Vater Bega angesetzt – offenbar ein letzter Versuch, den jungen Priester von der Krankheit seines Herzens zu befreien und wieder mit Leib und Seele in den Schoß der Kirche zurückzuführen. Von irgendwoher erfuhr Laura von dieser Besprechung. Sie bat mich, sie ins

Zentrum von Suva zu begleiten, wo die Begegnung stattfinden sollte. Als wir auf dem Rücksitz eines Taxis saßen, sagte sie mit finsterer Entschlossenheit: »Wenn er ihnen allein ausgeliefert ist, wird er seine Meinung ändern. Ich muß ihm beistehen, sonst fällt er um.« Ich fragte: »Wäre das nicht vielleicht die beste Lösung?« Darauf Laura: »Nein! Sie benutzen ihn. Nicht als Mann, sondern als Symbol. Ein Priester. Der erste Eingeborene der Fidschi-Inseln, der diesen Rang erreicht hat. Ich will ihn als Mann.« Sie rückte von mir ab und sagte aus ihrer Ecke: »Die nächste halbe Stunde ist entscheidend. Ich werde nicht zulassen, daß er diesen Männern alleine gegenübertritt. Ich werde ihm beistehen, und sie werden uns nicht kleinkriegen.«

Ich durfte an der Sitzung nicht teilnehmen. Es muß jedoch ziemlich laut und hektisch zugegangen sein. Wir hörten später, daß lediglich Bischof Dawson, der weise, freundliche Mann, sich bemühte, die Gemüter abzukühlen und die Diskussion auf das Wesentliche zu beschränken. Doch wie es aussah, scheiterte auch er am eisenharten Willen Laura Henslows, einer weißen Frau, die unbeirrbar auf ihrem Recht beharrte, einen schwarzen Mann zu lieben. Die Besprechung dauerte wesentlich länger als die halbe Stunde, mit der Laura gerechnet hatte, und die Wogen der Empörung schlugen höher als von ihr erwartet. Es war schon nach zwölf, als einige Teilnehmer entnervt die Sitzung verließen und mich und den als Vertreter des amerikanischen Konsuls fungierenden Beamten informierten: »Die beiden verlassen Fidschi. Sorgen Sie dafür, daß Noumea die Maschine aus Hawaii in Nadi zwischenlanden läßt.«

Und damit legte sich der Sturm über eine heroische Romanze, die Fidschi bis in seine Grundfesten erschüttert hatte. Die kirchlichen Machtmittel, die Bischof Dawson zu Gebote standen, hatten nicht ausgereicht, um jene eigenwillige Neuseeländerin zu bezwingen, die sich durch reinen Zufall und zu ihrer eigenen Verblüffung in den riesenhaften schwarzen Priester verliebt hatte, auf den die Kirche so große Hoffnungen setzte.

In getrennten Fahrzeugen fuhren wir von Suva nach Nadi (ausgesprochen »Nandi«) – Laura und ihr Priester in einem Wagen, der Bischof und zwei seiner Mitarbeiter in einem zweiten sowie der stellvertretende Konsul und ich in einem dritten. Und da es ein weiter Weg durch eine der zerklüftetsten Landschaften der südpazifischen Inselwelt war – über Serpentinen bergauf und bergab, durch Kokospalmenhaine und oft unmittelbar an der Küste entlang –, war es schon dunkel, als wir den Militärstützpunkt erreichten. Da das Flugzeug aus Honolulu noch nicht eingetroffen war, warteten wir in drei separaten Gruppen. Offiziere mit Klemmbrettern, auf denen sich die zu unterzeichnenden Sondergenehmigungen für diesen außergewöhnlichen Flug befanden, eilten von der einen zur anderen.

Endlich landete das riesige Flugzeug. Es war keine zivile Passagiermaschine, sondern eine B-17, ein schwerer Bomber. Ein Offizier vom Bodenpersonal sagte zu mir: »Es wäre vernünftiger, die Crew würde hier übernachten und erst morgen früh weiterfliegen. Aber die Anweisungen sind eindeutig: ›Raus mit ihnen noch in dieser Nacht!‹ Und daran halten wir uns.« Der Pilot schlug also vor, nach dem Auftanken direkt ins australische Brisbane weiterzufliegen, wo Vertreter der katholischen Kirche schon hektisch den Empfang der Flüchtlinge vorbereiteten. Niemand wußte, welche Arrangements die Australier trafen, am wenigsten das fliehende Liebespaar selbst, das auf mich einen gefaßteren Eindruck machte als alle anderen Beteiligten.

Gegen 1.30 Uhr morgens war das Flugzeug aufgetankt, und die Gangway stand bereit, die künftigen Exilanten an Bord zu nehmen. Nun setzten sich alle drei Gruppen in Bewegung. Laura schritt trotzig Hand in Hand mit dem Priester, der noch immer seine Soutane trug, auf das Flugzeug zu. Dicht hinter den beiden folgte Bischof Dawson, ein trauriger, geschlagener Kirchenmann, begleitet von Offizieren des Stützpunkts. Der Konsul und ich bildeten die Nachhut.

Am Fuß der Gangway trat Bischof Dawson vor, umarmte Vater Bega und erteilte ihm seinen Segen. Laura ignorierte er. Die anderen Kleriker verhielten sich ebenso. Daß Laura mich dann heranwinkte, um sich von mir zu verabschieden, geschah vermutlich, weil sie ein gewisses Gleichgewicht wiederherstellen wollte. Ich küßte sie herzlich.

Dann kam ein peinlicher Moment, denn schließlich war ich Vater Bega noch nie unter vier Augen begegnet und wußte nicht, wie ich ihn ansprechen sollte. Laura rettete die Situation, indem sie unbeschwert sagte: »Thomas, dies ist ein amerikanischer Offizier, der sehr entgegenkommend zu mir war.« Wir gaben einander die Hand.

Als sie die Gangway hinaufstiegen, durchzuckte mich unwillkürlich ein Gedanke: Sie ist so weiß und er so schwarz... Und ich fragte mich, ob die beiden überhaupt ahnten, welch fürchterliche Probleme in Australien noch auf sie zukommen würden. Dort spielten rassische Unterschiede nämlich, wie ich erst kurz zuvor hatte feststellen müssen, eine wesentlich größere Rolle als in den meisten anderen Nationen, und so kam zu meinen ersten Gedanken nun noch ein weiterer, unwürdiger Gedanke hinzu: Ob Dawson und die Behörden in Noumea die beiden nach Australien schicken, um ihnen eine Lektion zu erteilen?

Dann verschwand das Paar im höhlenhaften Bauch des großen Bombers, und da dieser keine Fenster hatte, gab es kein Winken zum Abschied. Wir sahen nichts mehr von den beiden. Die Türen wurden geschlossen, das große Flugzeug rollte ans andere Ende der Startbahn, überall flammten Lichter auf, die Propeller wirbelten, und dann raste das gigantische Monstrum auf uns zu und erhob sich majestätisch in den Nachthimmel.

Ich war noch an der Vertreibung Vater Begas von den Fidschi-Inseln beteiligt, da erhielt ich schon neue Instruktionen vom Hauptquartier in Noumea: »Britisches Außenministerium schlägt Krach wegen des Verhaltens unserer Leute auf dem Marinestützpunkt in Tonga. Irgendein Unfug mit einem roten Kleinlaster. Fliegen Sie hin. Erwarten Ihren detaillierten Bericht.«

Der Auftrag freute mich, denn Tonga kannte ich bisher noch nicht. Ich wußte nur, daß es sich um ein märchenhaftes Königreich handelte, das eine Gruppe von Inseln ungefähr 850 Kilometer südöstlich von Fidschi umfaßte. Kurz nach der Abreise des Paares nach Australien flog ich von Nadi direkt nach Nuku'alofa, der Hauptstadt des Königreichs. Dort zog mich sogleich die riesige Königin von Tonga in ihren Bann. Die über zwei Meter große und über zweieinhalb Zentner schwere Monarchin sollte einige Jahre später großes Aufsehen erregen, als sie zur Beerdigung von König Georg VI. und zur Krönung von Elisabeth II. nach London reiste. Ihre mächtige Gestalt und ihr herzliches, anmutiges Lächeln ließen sie bei beiden Prozessionen zum Publikumsliebling werden, was uns, die wir sie schon während des Krieges kennengelernt hatten, keineswegs überraschte.

Königin Salote hielt auf dem Gelände ihres Palastes eine riesige Seeschildkröte, die mindestens zweihundert, wenn nicht sogar schon dreihundert Jahre alt war, wie manche behaupteten. Zu den vielen anderen ungewöhnlichen Sehenswürdigkeiten ihres Reiches zählte auch der mystische Kultplatz. Er bestand aus zwei massiven, aufrecht stehenden Steinen, die von einer gewaltigen Plattform überbrückt wurden. Wer ihn errichtet hatte, welchem Zweck er diente und aus welcher Zeit er stammte, vermochte niemand zu sagen. Eine weitere Attraktion war der abendliche Flug von vielen Tausenden großer Fledermäuse. Es waren ihrer so viele, daß sich der Himmel verdunkelte, wenn sie über uns hinwegflogen. Ab und zu schossen wir mit der Schrotflinte ein paar von ihnen herunter. Die Insulaner sammelten die Tiere ein und kochten aus ihrem Fleisch einen ausgezeichneten Eintopf.

Sollte beim Leser inzwischen der Eindruck entstanden sein, meine militärische Dienstreise durch die südpazifische Inselwelt sei mehr oder weniger ein Vergnügen gewesen, so muß ich daran erinnern, daß ich auf Bora Bora fleißig Material über die Geschichte unserer militärischen Besatzung sammelte und nun auf Tonga ähnliche Arbeit verrichtete. Meine Recherchen und Zeugenbefragungen, meine Bemühungen, die genaue Zahl der beteiligten Soldaten zu ermitteln, und meine Versuche, das Geheimnis des roten Kleinlasters zu entschlüsseln, nahmen viele Stunden in Anspruch.

Ich brauchte ungefähr drei Wochen, um die leichten Fragen zu beantworten, und eine weitere, um meine Version vom vermutlichen Ablauf der Geschehnisse zu diktieren. Da ich jedoch während dieser Tätigkeit oftmals von unkontrollierbaren Lachanfällen geschüttelt wurde, bin ich nicht sicher, ob ich am Ende tatsächlich einen zusammenhängenden Bericht vorgelegt habe. Es hat jedenfalls nicht viel Sinn, dessen erheiternde, viele Seiten umfassende Einzelheiten hier wiederzugeben, doch vielleicht ist eine kurze Zusammenfassung dessen, was einer Gruppe Militärs in einem Tropenparadies zustoßen kann, wenn niemand auf sie aufpaßt, ganz lehrreich.

Zu Beginn des Krieges kam dem Königreich Tonga eine gewisse Bedeutung zu, da man jederzeit mit einem japanischen Angriff rechnen mußte. Man hielt es für möglich, daß die Japaner das besser geschützte Fidschi umgehen und statt dessen Tonga erobern könnten, dessen viele Inseln gute Ankerplätze für Kriegsschiffe boten. Eilends wurden Maßnahmen zur Unterbindung dieser Gefahr ergriffen. Ein großes Lagerhaus in der Hauptstadt Nuku'alofa, das in Friedenszeiten der Firma Burns-Philp gehört hatte, wurde in ein Navy-Lager umgewandelt. Vollgestopft mit wertvoller Kampfausrüstung und Vorräten für den Fall einer Belagerung, wurde es zum Dreh- und Angelpunkt meines Berichts, denn alles, was in jenem Zeitraum, über den ich Auskunft geben sollte, auf Tonga vorgefallen war, hing in der einen oder anderen Weise mit diesem Speicher und seinem Inhalt zusammen.

Da die Ankerplätze auf den Tonga-Inseln wichtige Ziele waren, unterstanden sie natürlich dem Oberbefehl der Navy, und ich denke, daß in der Anfangszeit ein Konteradmiral oder ein vergleichbarer Offizier das Kommando innehatte. Doch als sich die Fronten des Krieges mehr und mehr nach Norden verschoben – nach Guadalcanal, Bougainville und Inseln wie Tarawa und Saipan –, stand bald fest, daß sich die japanische Flotte den weiten Weg nach Tonga, wo es für sie ohnehin nicht viel zu holen gab, nicht mehr würde leisten können. Die Gefahr war also vorüber. Erfahrene Admirale und Hauptleute wurden an der Front gebraucht und Tonga sich selbst überlassen.

Nur Gilbert und Sullivan hätten dem gerecht werden können, was nun folgte. Oberster Komödiant war ein schwacher, unfähiger, verschüchterter Navy-Offizier bescheidenen Ranges, der, ohne zu wissen, wie ihm geschah, auf einmal befehlshabender Offizier auf der Insel war. Er heißt im folgenden einfach »der Kommandant«. Weil er zu viele Kriegsfilme gesehen hatte, glaubte er, ein Navy-Hauptmann müsse viel schreien und schnarrende Befehle von sich geben; auf der anderen Seite aber hatte er entsetzliche Angst vor Notfällen aller Art und entzog sich ihnen durch Flucht. Bei einer Reihe von Vorfällen, bei denen ich das Verhalten des Kommandanten untersuchte, stieß ich immer wieder auf die Aussage: »Er verschwand. Drei Tage lang war von ihm nichts zu sehen. Wir konnten ihn nirgends finden.« Und wenn ich fragte: »Wo war er denn in der Zwischenzeit?«, erwiderten meine Informanten: »Er war einfach verschwunden. Vielleicht hat er sich in seinem Bett verkrochen.« Es gab nicht eine einzige Krisensituation, in deren Verlauf der Kommandant auch nur zu sehen gewesen wäre.

Er war ein absoluter Durchschnittsmann, der sich in nichts von der Masse anderer übergewichtiger Mittvierziger mit schütterem Haar unterschied, wie man sie in allen bewohnten Gegenden dieser Welt findet. Über eine Besonderheit, die unter seinen Leuten ein beliebtes Gesprächsthema war, verfügte er allerdings: Sah er irgendwo eine Gruppe von Frauen, so suchte er sich mit Vorliebe die Prostituierte heraus und schleppte sie in sein Quartier auf dem Stützpunkt ab. Bei einem solchen Oberbefehlshaber mußte unsere Truppe auf Tonga zwangsläufig in Schwierigkeiten geraten.

Aber noch war nicht alles verloren. Auf Tonga tat auch ein hervorragender Arzt Dienst, ein Oberleutnant der Navy, der im folgenden einfach »der Doktor« heißt. Er war ein forscher, fähiger Mann, und sprang, als er erkannte, daß sein Vorgesetzter nicht einmal mehr so tat, als befehlige er den Stützpunkt, in die Lücke. Als Stabsoffizier, der in keiner Weise zur Ausübung der Befehlsgewalt berechtigt war, erwies sich der Doktor nach übereinstimmendem Urteil aller Beteiligten als nahezu idealer Truppenoffizier. Er hatte keine Hemmungen, Befehle zu erteilen, und meistens waren es die richtigen. Da er, falls nötig, auch hart durchgreifen konnte, fiel es ihm nicht schwer, unter den Soldaten für Disziplin zu sorgen.

Der Doktor sah so aus, wie er sich selbst wohl die Idealbesetzung seiner Rolle vorstellte: adrett, mit entschlossener Kinnpartie und Augen, denen kaum etwas entging. Er hatte eine klare, befehlsgewohnte Stimme und eine einwandfreie Haltung. Nachdem er sich ein paar Tage lang die jämmerliche Vorstellung des Kommandanten angesehen hatte, übernahm er das Kommando.

Er hatte indes eine Schwäche, von der selbst die besten Männer nicht frei waren: Er ballerte gern mit seinem schweren .45er Revolver herum. Der kräftige Knall gab ihm das Gefühl, nicht einen verschlafenen Marinestützpunkt zu kommandieren, sondern einen Viermaster, der auf hoher See gegen Piraten kämpft. Männer, die gern unter ihm gedient hatten, erzählten mir: »Doc feuerte einfach gerne seine Kanone ab. Hörte er in der Nacht ein Geräusch, lief er raus und hielt gleich drauf. Flatterte am Nachmittag irgendein Vogel an seinem Quartier vorbei, zog er sofort den .45er. Manchmal sahen wir ihn von der Veranda des Krankenreviers aus auf eine Kokospalme feuern, als wollte er sie mit den Kugeln umnieten. Er war einfach ein Waffennarr, und wir sagten immer: ›Wer lange genug in seiner Nähe bleibt, verliert ein Bein.‹«

Da der Kommandant nie irgendwelchen Staub aufwirbelte und der Doktor im Grunde ein verantwortungsvoller Mann war, hätte der Stützpunkt auf Tonga trotz allem problemlos funktionieren können, hätte man nicht das Pech gehabt, es mit einer ungewöhnlichen Bevölkerung zu tun zu haben, von der es selbst in der Geschichtsschreibung unverblümt heißt: »Kein anderes eingeborenes Volk im Südpazifik steht wegen seiner Neigung zum Stehlen in einem so schlechten Ruf wie die Bevölkerung von Tonga.« Dieses Urteil ist noch sehr moderat, waren die Insulaner, die in der Umgebung des Stützpunkts in Nuku'alofa lebten, doch so ausgefuchste Diebe, daß sie selbst einen Al Capone hätten beeindrucken können. Und die Gegenwart der in ihren Augen sehr wohlhabenden amerikanischen Soldaten in ihrer Mitte machte ihnen den Mund wäßrig.

Chef der Diebe war während meiner Anwesenheit auf Tonga ein gewisser Tipi, ein drahtiger junger Bursche von ungefähr fünfundzwanzig Jahren mit hellbrauner Haut, pechschwarzen Haaren und schneeweißen Zähnen, die ich jedesmal zu sehen bekam, wenn ich ihn befragte. Er war ein gerissener Kerl mit einem beängstigend reichhaltigen Lügenrepertoire und einer nicht minder großen Fähigkeit, seine Spuren zu verwischen. Hätte er die Schule nicht bereits nach der dritten Klasse verlassen, so hätte ihm höchstwahrscheinlich eine brillante Karriere als Geschäftsmann oder als Vertreter einer angesehenen Firma offengestanden. So jedoch flossen alle geschäftlichen Energien in seine Aktivitäten als Langfinger, und als er dann an den schießwütigen Doktor geriet, fühlte er sich zu neuen Höchstleistungen ermuntert.

Soweit ich es rekonstruieren konnte, begann alles kurz nachdem der Kommandant die Führung an den Doktor abgetreten hatte. Begierig darauf, die Früchte der Macht zu kosten, erließ der kriegerische Doktor eine Serie von Anordnungen, die darauf abzielten, die Disziplin auf der Insel zu gewährleisten. Mit dieser Aktion verärgerte er aber sowohl die Seesoldaten als auch die einheimischen Arbeitskräfte: »Er uns Eingeborene wie Vieh behandeln, Leutnant Michener. Wir wertvolles Navy-Gerät bedient, nie was verloren. Wir fahren Navy-Autos und Navy-Lastwagen, wir uns besser kümmern als Ihre Leute. Unsere Sekretärinnen besser als Unteroffiziere, alle sagen das. Kino abends Teil von Bezahlung. Jetzt alles anders. Wir das nicht wollen.«

Kaum hatte Tipi gehört, daß sich auf der Insel Mißstimmung breitmachte, setzte er seinen meisterhaften Plan in die Tat um. Der erste Schritt dazu bestand darin, den Kommandanten vollkommen auszuschalten. Begeisterte Unterstützung gewährte ihm dabei eine Prostituierte mit dem ungewöhnlichen Namen Meredith. Eine Tongaerin, die als Sekretärin auf dem Stützpunkt arbeitete, beantwortete mir die Frage, wie sie zu ihm gekommen war, so: »Sie hatte einen einheimischen Namen, aber dann sah eine ihrer Freundinnen Meredith in einem Buch und sagte ›Das klingt hübsch und paßt zu dir.‹ Und so hatte sie ihren neuen Namen weg.« Die Begegnung zwischen ihr und dem Kommandanten erwies sich als höchst lukrativ. Ein paar schwatzsüchtige Informanten klärten mich auf: »Tipi alles arrangiert. Meredith dann schlafen auf Stützpunkt und schaffen beiseite Navy-Gerät – Kühlschrank, Herd, vieles... Alles bringen in kleines Haus von Meredith gleich neben Tipis. Und Meredith alle Sachen, sie bekommen extra, Tipi geben.«

Die Männer auf dem Stützpunkt sahen den Kommandanten nur noch selten, nachdem Meredith bei ihm eingezogen war. Als nächstes stand Tipi vor der Aufgabe, den Doktor zu neutralisieren, und dies gelang ihm auf geradezu geniale Art. In einer weit vom großen Lagerhaus entfernten Gegend ließ er von einheimischen Arbeitern einen kleinen Pistolen-Schießstand errichten, worauf der Doktor dort täglich mehrere Stunden Zielschießen übte. »Kommandant in Bett mit Meredith, Doktor auf Schießstand, Lagerhaus unbewacht«, hieß von nun an die Parole auf dem Stützpunkt.

An dieser Stelle nun kam der rote Kleinlaster ins Spiel und übernahm eine wichtige Rolle in der Geschichte Tongas. Es war in der Folgezeit zu einer Reihe unerhörter Vorfälle gekommen, die am 14. August 1944, noch vor meiner Ankunft auf der Insel, ihren gewalttätigen Höhepunkt erreicht hatten. Nach eindringlicher Befragung konnte ich mir aus dem Bericht eines Insulaners ein einigermaßen glaubwürdiges Bild über den Ablauf des Geschehens machen: »Ich arbeiten für Tipi. Mein Job aufpassen auf Hütte von Kommandant, damit auch sicher mit Meredith in Bett. Und aufpassen auf Schießstand, daß Doktor wirklich dort. Ich geben Signal ›Alles okay!‹, und Tipi fahren kleinen roten Lastwagen von hinten an Lagerhaus heran. Von hier Sie sehen nichts.« Ein anderer von Tipis Spießgesellen klärte mich weiter auf: »Zu dritt wir mit Drahtscheren – schnippschnapp – zwei Bleche aus Lagerhaus-Rückwand schneiden, so groß, roter Lastwagen reinfahren können...«

»Wozu?«

»Erste Mal, Tipi reinfahren, er nehmen nur Zigaretten, Konserven, alles Sie ›PX-Waren‹ nennen...«

»Wie konnten Sie das verkaufen? Sie wissen doch, daß es unsere Militärpolizei gibt.«

»Nicht verkaufen! Verschenken!«

»Aber es muß doch jemand das große Loch auf der Rückseite des Lagerhauses gesehen haben?«

»Kommandant schlafen. Doktor schießen. Navy-Chefs alle zu Hause bei Tonga-Mädchen.«

»Was geschah dann?«

»Tipi niemals soviel rausholen, daß Polizei neugierig. Nächster Trip Radios, Waschmaschinen, feiner Werkzeugkasten.«

Das war der Stand der Dinge am Vorabend des vierzehnten August.

Am nächsten Morgen stellte der Doktor fest, daß man ihm einen Benzinkanister aus seinem Jeep gestohlen hatte. Er begab sich zu einem Beamten der Regierung von Tonga und reichte eine offizielle Beschwerde ein. Doch während er noch im Büro war, stemmten Diebe mit Wagenhebern seinen Jeep hoch, montierten die vier Räder ab und ließen sie verschwinden. Und als dann alle Leute aus dem Büro rannten, um sich den demontierten Wagen anzusehen, drang eine andere Diebesbande durch eine Hintertür in das Amtsgebäude ein und stahl den größten Teil des Mobiliars sowie die Aktentasche des Doktors.

Das brachte das Faß zum Überlaufen. Wutentbrannt kehrte der Doktor in sein Quartier zurück. Ohne einen formellen Befehl zu erteilen, ließ er seine Leute wissen, daß er nichts dagegen hätte, falls sie jetzt durch die Eingeborenensiedlung stürmten und alles zurückholten, was sich als gestohlenes Navy-Eigentum identifizieren ließ. Die Nachricht stieß in der Kaserne auf große Begeisterung. Mit zwei geladenen Revolvern in der Tasche sprang der Doktor in einen Lieferwagen, und »die große Zigarettenrazzia« hatte begonnen.

Der Sturmlauf dauerte den gesamten Tag bis Mitternacht und wurde am fünfzehnten August bis zum Sonnenuntergang fortgesetzt. Eine Auflistung aller Brutalitäten und Demütigungen, von denen friedliche Zivilisten bei der gewaltsamen Rückführung der Navy-Güter heimgesucht wurden, würde viele Seiten füllen. Drei Vorfälle, von denen ich erfuhr, fielen mir besonders auf; sie fanden dann auch Eingang in meinen offiziellen Bericht. Eine Gruppe von Seesoldaten hatte – wutentbrannt über die Art und Weise, wie sich Meredith in ihrer Rolle als Geliebte des Kommandanten als Herrin aufspielte – das Haus der Prostituierten gestürmt, in dem sie ihrem Gewerbe nachging, wenn sie nicht gerade auf dem Stützpunkt übernachtete. Aber sie fanden dort nichts; das Haus war ebenso leer wie das ansonsten gut möblierte Haus nebenan, das Tipi gehörte. Der clevere Bursche hatte von einer möglichen Aktion Wind bekommen und alle Wertgegenstände aus den beiden Häusern geholt und irgendwo zwischen den Bäumen versteckt.

Ein anderer Kommandotrupp stürmte das Haus eines notorischen Diebes und fand ebenfalls keinerlei Navy-Güter auf dem Gelände, obwohl die Männer genau wußten, daß der Mann irgendwo einen ganzen Haufen Diebesgut versteckt haben mußte. Frustriert über ihren Mißerfolg, zog einer der Soldaten den Revolver und feuerte über den Kopf des Diebes hinweg ins

Dach. Seine Kameraden taten es ihm nach, und bald war das Dach so durchlöchert, daß das Sonnenlicht ins Zimmer flutete. Nachbarn erzählten mir später: »Wir Angst, viele Männer im Dorf totgeschossen.«

Die Ereignisse auf die Spitze trieb ein anderer Trupp. Er stieß auf ein Haus, dessen respektables Äußeres zu beweisen schien, daß es mit Navy-Gütern möbliert war. Als die Seesoldaten es stürmten, fanden sie in einem Zimmer, das wie eine Studierstube eingerichtet war, einen älteren Herrn vor. Sie gingen sehr rüde mit ihm um, trieben zudem alle Frauen im Haus zusammen und drohten, sie und den alten Mann zu erschießen, falls sie nicht freiwillig die gestohlenen Güter herausrückten. Mit einiger Verspätung traf schließlich die einheimische Polizei ein und eröffnete den Eindringlingen, daß sie das Wohnhaus des Ministerpräsidenten demoliert hätten. Vom Kommandanten war während der gesamten Raserei nichts zu sehen und nichts zu hören, und es ist mir nie gelungen, herauszufinden, wo er sich in jenen Tagen versteckt hielt.

Nach Abschluß der zweitägigen Strafexpedition blies der Doktor den Pulverqualm aus den Trommeln seiner Revolver, zog sich wieder auf seinen Stützpunkt zurück und war fest davon überzeugt, den Tongaern eine Lektion erteilt zu haben. Bei meiner Befragung der Insulaner bestätigte sich dieser Eindruck allerdings nicht: »Bald wieder alles ruhig. Kommandant wieder in Bett mit Meredith, Doktor auf Schießplatz. Alles okay. Tipi holen roten Lastwagen, fahren in großes Loch. Wir nun rausholen große Sachen, Generatoren und so...«

»Was hat Tipi mit diesen Gegenständen angestellt?«

»Er sie heimlich auf Schiff schaffen und auf andere Inseln bringen, Ha'apa-Inseln, vielleicht auch ganz weit weg zu den Vava'u-Inseln. Leute dort brauchen solche Sachen auch.«

»Aber warum sind Sie immer nachmittags ins Lagerhaus eingedrungen? Man hätte Sie doch sehen können.«

»Nachts Lagerhaus gut bewacht. Wachen sehr aufmerksam, auch große Hunde haben. Wir das nicht riskiert.«

»Und man hat Sie wirklich nie erwischt?«

»Niemand uns gesehen! Sehen Sie: Sie sitzen hier wie Kommandant, können Rückseite von Lagerhaus nicht sehen. Schon gar nicht, wenn glücklich liegen im Bett mit ... «

Ich wußte, daß mir, wollte ich meinem Bericht Glaubwürdigkeit verleihen, nichts anderes übrigblieb, als mir das Lagerhaus anzusehen. Ich begab mich also in Begleitung eines einheimischen Polizisten, eines Wachsoldaten von dem inzwischen nahezu lahmgelegten Stützpunkt und meiner beiden Informanten zum großen Tor auf der Vorderseite, entriegelte es und trat ins düstere Grau des großen Gebäudes. Zu meiner Verblüffung war das Lagerhaus vollkommen leer. Auf der Rückseite klaffte ein großes Loch.

»Wo sind die Lagerbestände?« fragte ich, worauf der Wachsoldat erwiderte: »Ich hab's Ihnen doch gesagt – er hat *alles* geklaut.«

Ich war entsetzt. Um ein Gebäude dieser Größe vollständig auszuplündern, mußte Tipi seinen Lastwagen Dutzende von Malen beladen haben. Seine Mittäter bestätigten es.

»Was geschah mit dem kleinen roten Lastwagen?«

»Hafenpolizei wurde mißtrauisch. Tipi und ich haben Laster weiß angestrichen.«

»Und dann?«

»Verschifft. Vielleicht Ha'apa-Inseln, vielleicht Vava'u. Vielleicht Tipi Wagen zurückholen, wenn aus Gefängnis entlassen.«

Ich verspürte inzwischen den dringenden Wunsch, den Meisterdieb persönlich kennenzulernen und überredete den einheimischen Polizisten, mir Einlaß in das primitive Gefängnis zu verschaffen. Der Zufall wollte es, daß zur gleichen Zeit auch eine attraktive junge Dame den Gefangenen besuchen wollte. Es war Meredith, Tipis Freundin, die ihm bei der Verwirklichung seiner Pläne so wertvolle Dienste geleistet hatte. Wir unterhielten uns ungefähr eine Stunde lang. Ich kam zu der Schlußfolgerung, daß Tipi Meredith gar nicht primär deshalb ins Kommandantenbett hatte schlüpfen lassen, um ungestört das Lagerhaus ausräumen zu können, sondern weil er und Meredith sich auf diese Weise neue Häuser erschnorren konnten. Die Wände, Decken und Dächer ihrer Häuser – schlichtweg alles – waren entweder von Tipi aus Navy-Beständen entwendet oder aber vom Kommandanten Meredith geschenkt worden. Ein Bericht, dem zufolge die Einwohner von Tonga (und unter ihnen besonders die jungen Frauen) durch die Besatzung Güter im Wert von mindestens einer Million Dollar aufgehäuft hatten – legale Arbeitslöhne nicht eingerechnet –, erschien mir durchaus glaubhaft.

»Hatten Sie denn den Kommandanten wirklich gern, Meredith?«

»O ja! Ein lieber Mann. Hat mir geholfen, mein Haus zu reparieren.«

»Hat er Ihnen viele Geschenke gemacht?«

»Ja. Guter Mann. Hat zwei Babys in Oklahoma.«

Ich fragte Tipi, was er nach der Verbüßung seiner Gefängnisstrafe tun wolle, worauf er strahlend antwortete: »Vielleicht wieder für Navy arbeiten. Alter Kommandant gehen – neuer brauchen vielleicht Hilfe.«

»Wo hatten Sie den kleinen roten Laster her?«

Er dachte einen Augenblick nach. »Gehörte Kommandant. Marineblau. Zwei Männer und ich – wir Laster in der Nacht rot anstreichen. Kommandant nie schöpfen Verdacht.«

»Und wo ist er jetzt?«

»Vava'u.«

»Bringen Sie ihn zurück, wenn Sie wieder auf freiem Fuß sind?«

»Ja. Mein Bruder hat ihn. Ihn zurückgeben, wenn ich sage.«

Als ich das Pärchen verließ, bat er mich noch: »Sie gutes Wort für mich einlegen bei Polizei? Sagen, Sie mich brauchen auf Stützpunkt?« In diesem Augenblick fühlte ich mich an ein Werbeplakat der Marines erinnert – wie hieß es da noch: Wir brauchen ein paar gute Männer ...

Wenig später sagte mir Königin Salote bei einer Audienz, wie froh sie darüber sei, daß sich die amerikanische Okkupation der

Insel so reibungslos gestalte und daß dies ohne so vernünftige und verständnisvolle Männer wie den Kommandanten nicht möglich gewesen wäre.

Ungefähr in der Mitte meines Abschlußberichts, betroffen von den Verwüstungen, die der Kommandant und der Doktor auf dem Boden einer befreundeten und verbündeten Nation angerichtet hatten, fügte ich einen Absatz ein, in dem ich das grobe Fehlverhalten der zuständigen Militärs beurteilte:

> Wenn man aus den Erfahrungen auf Tonga eine konstruktive Lehre ziehen kann, dann die, daß man inkompetente Stützpunktkommandanten frühzeitig erkennen und schleunigst abberufen muß. Sie sollten jedoch nicht durch frisch einberufene Ärzte mit Pistolenticks und Träumen von militärischem Ruhm ersetzt werden – vor allem dann nicht, wenn attraktive Mädchen mit diebischen Freunden anwesend sind.

Später zeigte ich mich dann jedoch etwas versöhnlicher:

> Als diese beiden liebenswerten Clowns endlich von Tonga abgezogen wurden, übernahm ein netter junger Reserveleutnant namens P. G. Polowniak das Kommando. Dank seiner klugen Führung herrschte innerhalb von drei Wochen wieder Ordnung. Man hätte ihn schon zwei Jahre früher hinschicken sollen.

Meine letzte Station war Matareva. Ähnlich wie Tonga war der Insel in der Anfangsphase des Krieges große Bedeutung zugekommen. Als jedoch die Gefahr einer japanischen Invasion allmählich schwand, wurden die meisten Angehörigen der kämpfenden Truppe nach Norden abgezogen. Zur Bewachung der Insel blieb eine Einheit unter der Führung eines Offiziers zurück, der für diese Aufgabe ebenso ungeeignet war wie der Kommandant von Tonga.

Doch damit endeten die Ähnlichkeiten auch schon: Die Besatzung auf Tonga bestand aus fröhlichen, unbeschwerten Navy-Soldaten, während auf Matareva scharf gedrillte Marines stationiert waren. Und was sich auf Tonga zu einer Komödie entwickelte, endete auf dem ebenso in Vergessenheit geratenen tropischen Stützpunkt Matareva in einer Tragödie.

Als ich auf Matareva landete und vom Flugfeld zum Stützpunkt der Marines gefahren wurde, fiel mir sofort der gewaltige Unterschied zwischen diesem von Riffen umschlossenen Eiland und Samoa ins Auge. Hier gab es keine an der Küste entlangführende, mit Palmen und hübschen Fales gesäumte Korallenstraße. Die Straße war schlecht und bot nirgendwo eine schöne Aussicht, und es gab gewiß keine lächelnden Mädchen, die aus dem Meer auftauchten und ihre schönen braunen Körper in Sarongs hüllten. Die Insel gehörte zu Melanesien und schien von einer bedrückenden Stimmung beherrscht zu sein. Der Stützpunkt war durch Stacheldrahtverhaue geschützt, die in drei Reihen hintereinander das gesamte Gelände umschlossen. Im Inneren befand sich eine Reihe ungestrichener Baracken, die mittlerweile zu drei Vierteln leerstanden. Nirgendwo waren Blumen zu sehen; allein ein paar Bäume lockerten die trostlose Eintönigkeit ein wenig auf. Nach der Landung der Marines im Jahre 1942 war die Insel mit Bulldozern eingeebnet worden, um potentiellen japanischen Eindringlingen keine Deckung zu bieten. In jenen Tagen einer realen Gefährdung hatte Generalmajor Tompkins ein strenges Regiment geführt, doch 1943 waren Männer seines Schlages längst nicht mehr auf der Insel.

Nach meinem Eintreffen auf dem Stützpunkt wollte ich zuallererst soviel wie möglich über Hauptmann Mark Dorn erfahren. Doch wegen des großen Aufräumens vor dem Kriegsgericht befand sich inzwischen kein einziger Amerikaner mehr auf Matareva, der Dorn persönlich kannte. Alles, worauf ich mich stützen konnte, beruhte auf Hörensagen. »Wir wissen, daß er aus einer FFV stammte...« Auf meinen fragenden Blick hin erläuterte mir ein junger Offizier die Initialen: »*First Family of Virgi-*

*nia*, mit langer Tradition«. Ein anderer ergänzte: »Von Leuten, die mit ihm in der Ausbildung waren, weiß ich, daß er mit den anderen ganz ordentlich zurechtkam. Die wirklich harten Kerle meinten allerdings, er habe die Vorschriften zu ernst genommen. Er war Nichtraucher, rührte keinen Alkohol an, und Pokern war für ihn völlig unvorstellbar.«

»Die Erfahrungen, die er im Marinekorps machte, waren wohl ganz normal«, meinte der erste Offizier, »aber wie sie im einzelnen aussahen, kann ich nicht sagen.«

An diesem Punkt endete die Diskussion, da keiner der Marines – und erst recht kein Offizier – dazu bereit war, über Dorns Tun und Lassen auf Matareva auch nur ein Sterbenswörtchen zu verlieren. Als ich abends mein Quartier bezog, war mir klar, daß ich von der Truppe, die sich zu jenem Zeitpunkt auf Matareva aufhielt, nicht viel erfahren würde. Kurz bevor mir die Augen zufielen, sah ich durch das offene Fenster meiner Schlafstätte – es gab nicht eine Glasscheibe in den Baracken – die drei Stacheldrahtverhaue, von denen der Stützpunkt umgeben war. Unheilverkündend schimmerten sie im Sternenlicht. Sie haben sich selbst eingezäunt, dachte ich, und verhindert, daß die Therapie der Natur ihnen hilft. Je länger ich auf Matareva blieb, desto einengender empfand ich diesen Stacheldraht.

Aus den Akten des Kriegsgerichtsverfahrens in Noumea wußte ich, daß der andere Marinekorps-Soldat, über den ich Informationen sammeln mußte, Feldwebel Mike Hazen war. Doch die ersten Erkundigungen über ihn bei meinen neuen Schlafstubenkameraden erwiesen sich als völlig unergiebig. Niemand wußte etwas über ihn und über seinen Dienst auf Matareva oder an früheren Stationierungsorten. Es war auch niemand an ihm interessiert; es war, als ob der Mann nie existiert hätte. Ich machte mir mit meinen Fragen über ihn keine Freunde.

Außerhalb des Stützpunkts gab es dagegen viele Menschen, die sowohl Dorn als auch Hazen gekannt hatten. Es waren Eingeborene aus Matareva, Männer und Frauen, die während der ersten hektischen Tage und später, als unter dem Kommando

Dorns etwas mehr Ruhe eingekehrt war, auf dem Stützpunkt gearbeitet hatten. Ein alter Mann besaß sogar ein Foto von den beiden, das recht nützlich war.

Hauptmann Dorn, der auf dem Foto neben dem dunkelhäutigen Mann zu sehen war, trug dunkle Arbeitskleidung. Sein Kopf war unbedeckt, das Haar auf der rechten Seite sorgfältig gescheitelt. Seine Frisur entsprach nicht dem für die Marines typischen Bürstenschnitt, sondern erinnerte eher an die Haartracht eines jungen Geschäftsmanns. Das Hemd stand am Hals offen und verriet, daß sein Träger hart gearbeitet und viel geschwitzt hatte. Dorn war körperlich offenkundig in bester Verfassung. Er hatte kein überflüssiges Gramm Fett am Leibe, und seine Augen waren hell und klar. Abgesehen von den etwas zu langen Haaren sah er aus wie der typische junge Marinekorps-Offizier: fähig, gut durchtrainiert und zu allem bereit.

Feldwebel Hazen war ein ganz anderer Typ: mit breiter Brust und markanter Kinnpartie, die Haare nahezu bis auf die Kopfhaut gestutzt, so daß er fast wie ein Skinhead aussah. Der Blick wirkte verschlagen, die Hände groß und täppisch – ein kämpfender Ledernacken, wie man ihn auf einem Rekrutierungsplakat hätte abbilden können. Nur eines irritierte mich: Er war Verwaltungs-, nicht Ausbildungsunteroffizier. Der alte Mann klärte mich auf: »Hazen tippen auf Maschine, sich kümmern um Papiere, er prüfen meinen Arbeitsschein, anderer Mann mich bezahlen.« Der typische *yeoman*, wie wir in der Navy einen Soldaten in seiner Position nannten, war er nicht.

Was ich von dem Eingeborenen sonst noch über die beiden Männer erfuhr, war ziemlich bruchstückhaft: Dorn war ein kompetenter Kommandant, aber kein feuriger Anführer wie sein Vorgänger. Hazen mußte für einen Schreibstuben-Soldaten überdurchschnittlich gut gewesen sein – er war bei seinen Leuten beliebt, und einige der eingeborenen Arbeiter hielten ihn für den besten Mann in seinem Job überhaupt. Ich gewann aus den diversen Einzelinformationen allerdings den Eindruck, daß Hazen gewisse Lieblinge besaß und daß es nicht immer die reine

Arbeitsleistung gewesen war, die zu Beförderungen unter den einheimischen Arbeitern führte. De facto trat ich jedoch bei meinen Ermittlungen auf der Stelle, bis einer der ehemaligen Arbeiter mir einen Tip gab: »Sprechen Sie mit Ropati vom Burns-Philp-Laden, der weiß alles.«

Zum Insellaaden der historischen Firma aus Sydney in Australien war es nicht weit. Hinter dem Ladentisch stand ein junger Eingeborener, dessen Vater oder Großvater ein britischer Seemann gewesen sein mußte, denn sein eigentlicher Name war, wie ich später erfuhr, Robert Weed. Auf Matareva war er nur als Ropati bekannt. Er war ein gutaussehender junger Bursche Ende zwanzig, mit tiefschwarzem Haar und strahlendweißen, ebenmäßigen Zähnen, und er sprach fließend Englisch: »Ich bin hier nicht angestellt«, sagte er. »Helfe nur ein bißchen aus. Sie kommen aus Nadi, habe ich gehört.«

»Ja. Es hat sich wahrscheinlich schon herumgesprochen, daß ich gekommen bin, um noch einige Einzelheiten der Dorn-Hazen-Affäre aufzuklären.«

»Sie sind ungefähr der fünfte amerikanische Offizier, der mich darüber befragen will. Wer hat Sie zu mir geschickt?«

»Der alte Knabe, der sich um die Kraftfahrzeuge des Stützpunkts gekümmert hat.«

»Ah ja. Was der Ihnen erzählt hat, hat Hand und Fuß. Ein hervorragender Mann, und den Marines treu ergeben. Sie sollten ihm eine Uniform geben.«

»Über Ihren Job auf dem Stützpunkt konnte er mir keine genaue Auskunft geben.«

»Meine *Jobs*«, korrigierte mich Ropati. »Aber warum setzen wir uns nicht auf die Veranda?«

Der Burns-Philp-Laden – eine Mischung aus Lebensmittelhandlung, Textilgeschäft, Autoreparaturwerkstatt, Bank und Umschlagplatz für Gerüchte – war auf fast allen Inseln der Dreh- und Angelpunkt des täglichen Lebens. Wir setzten uns also in die warme Morgenluft und unterhielten uns.

Alle Kunden, die im Laufe der Zeit den Laden betraten, grüßten Ropati und nickten, wenn er ihnen beschied: »Der Junge drinnen wird Sie bedienen.«

Ich erinnere mich, in welcher Haltung er neben mir saß: den rechten Fuß auf der Bank, die Hände um das hochgezogene Knie verschränkt. Ich hätte es nicht lange in dieser Position ausgehalten. »Sie sind sehr gelenkig«, bemerkte ich, worauf er lachend erwiderte: »Training! Tennis, dort drüben auf dem Tennisplatz.« Ich sagte, daß ich ebenfalls sehr gerne Tennis spielte. »Dann sollten wir's mal miteinander versuchen, aber frühmorgens, ehe es zu heiß wird«, meinte Ropati und fügte hinzu: »Hauptmann Dorn hat den Tennisplatz bauen lassen. Hat Dutzende von Einheimischen angeworben, mich auch. Für so ein Projekt darf er kein Geld vom Marinekorps nehmen, hat er gesagt. Das Netz und den Fangdraht hat er aus eigener Tasche bezahlt.«

»Ein Ehrenmann?«

»Ein Gentleman, ja. Alles mußte ehrlich und anständig sein, darauf bestand er.«

»Warum geriet er dann in Schwierigkeiten?«

Ropati zog sein Knie noch fester an seine Brust. Dann sagte er, jedes Wort sorgfältig abwägend: »Wenn er seinen Revolver gezogen und Hazen gleich am ersten Tag erschossen hätte... Sie schreiben das doch nicht auf, oder?«

Der junge Mann war in den paar Minuten seit Beginn unserer Unterhaltung erheblich in meiner Achtung gestiegen. Mir lag daran, seine ungeschminkte Meinung zu hören. Ich schenkte ihm daher reinen Wein ein und hoffte auf Gleichbehandlung. »Ich kenne die Akten des Verfahrens bis zum Abbruch der Verhandlung. Man wollte nicht, daß solche Dinge in die Akten kommen und später von irgendwem ausgegraben werden.«

»Ja, wir hörten, daß die Verhandlung abrupt zu Ende ging. Sie wollten mich als Zeugen nach Noumea holen. Ich stand schon auf dem Flugfeld, als die Sache plötzlich abgeblasen wurde. Ist vielleicht für alle das Beste.«

»Ja, das ist es. Aber da Sie jetzt wissen, was ich weiß, möchte ich auf den Punkt kommen.«

»Komisch«, sagte Ropati, »Zufall, könnte man sagen. Ich will schon seit einiger Zeit den Kopf von dieser Affäre frei bekommen.« Er machte eine Pause, als sei es ihm peinlich, über das zu sprechen, was ihm auf dem Herzen lag. »Ich dachte, ich könnte in ein paar Jahren vielleicht mal etwas über diese Geschichte schreiben. Brett Hilder, der Kapitän des Burns-Philp-Dampfers, sagte, ich solle mal darüber nachdenken. Sie wissen ja, daß Louis Becke und Robert Dean Frisbie für Burns-Philp gearbeitet haben, bevor sie ihre ersten Bücher über die Südsee schrieben.«

Mein Bericht über unsere gerade ein paar Wochen zurückliegende Rettungsaktion auf Pukapuka fesselte ihn. »Einer der besten Schriftsteller, die wir je hatten. Der Dichter der einsamen Atolle.« Und daß ich es war, der Frisbie geholfen und mit Halls Freunden gesprochen hatte, ermutigte ihn dazu, mir Vertrauen zu schenken. Auf einmal wollte er sprechen.

Mein »Verhör« dauerte ungefähr eine Woche. In Wirklichkeit handelte es sich um viele ausgedehnte, von schönen Tennispartien unterbrochene Gespräche, in deren Verlauf ich die wichtigsten Einzelheiten über jene Affäre erfuhr, die Ropati zutreffend als den »langen Abstieg von Hauptmann Dorn« bezeichnete.

»Es muß in seiner Kindheit angefangen haben. Er zeigte mir Bilder von einem Weihnachtsfest im Kreise seiner Familie in Virginia. Er stammte von Deutschen ab, Preußen, die den Atlantik überquert hatten, um im amerikanischen Unabhängigkeitskrieg zu kämpfen, und dann dort blieben und sich eine Plantage kauften. Haben später unter General Lee auch im Bürgerkrieg gekämpft. Seine Mutter sah aus wie aus Stein gemeißelt. In moralischen Fragen gab es für sie nur eines – Gut oder Böse, und in diesem Sinne erzog sie auch ihren Sohn.«

»Wie kamen Sie dazu, daß er Ihnen so persönliche Dinge von sich erzählte? Was war Ihr Job?«

»Liaison. Das Kolonialministerium in London hatte mich beauftragt, darauf zu achten, daß zwischen den Marines und den

Eingeborenen von Matareva alles mit rechten Dingen zuging – faire Löhne und dergleichen.«

»Wie war Ihr Verhältnis zu Dorn? Produktiv?«

»Optimal. So ein feiner Kerl wie er war mir noch nie begegnet. Ein bißchen nervös und angespannt, aber vernünftig und nüchtern – und bei allem und jedem ungemein auf Anstand und Haltung bedacht.«

»Zu streng für sich selbst?«

»Nein, nein, ganz und gar nicht. Er verstand und akzeptierte die Tradition der Marines in bewundernswerter Weise. Und anfangs haben seine Männer das auch begriffen und ihn respektiert.«

»Was ging schief?«

»Feldwebel Hazen... Sollte ich je ein Buch schreiben, würde ich eine Figur nach seinem Vorbild erschaffen – einen echten Shakespeare-Charakter, das Böse in Reinform...«

»Wo sind Sie ausgebildet worden?« fragte ich, verblüfft über seine Bildung.

»Universität Auckland, Neuseeland. Diese neuseeländischen Hochschulen können hervorragend sein, wenn man die richtigen Professoren erwischt.«

»Und Hazen war also dieser Böse?«

»Ja. Ich merkte das schon ziemlich bald. Dorn kam erst dahinter, als es bereits viel zu spät war.«

»Was war es, das Sie früher als Dorn erkannten?«

»Daß Hazen vom ersten Tag an entschlossen war, Dorn zu zerstören. Er haßte ihn. Er beneidete Dorn um seine Jugend in Virginia und die stolze Familientradition, während er selbst nicht wußte, woher er kam. Er vertrug es nicht, daß Dorn studiert hatte und er selbst nicht. Am meisten verbitterte ihn aber, daß die Marines Dorn wegen seines Übereifers respektierten; Dorn war genau der Typ, wie das Korps ihn wollte, während er selbst, Hazen, bloß Feldwebel war, der in der Schreibstube Papierkram erledigte.« Ropati hielt inne; er argwöhnte, seine nächsten Worte könnten möglicherweise doch zu viel verraten. »Hazen haßte mich auch. Er wußte, daß ich Kontakt zur britischen Regierung und einen begrenzten Einfluß auf die Insulaner hatte, die auf dem Stützpunkt beschäftigt wurden.«

»Und wie ging Hazen vor?«

»Er versuchte, jeden Befehl Dorns zu sabotieren, und zwar auf ganz subtile Art und Weise. Er gab die Befehle nicht weiter oder ließ bei den Männern durchblicken, daß die und die Order nicht ernstzunehmen sei. Auch machte er dauernd abfällige Bemerkungen. Versuchte mir zum Beispiel einzureden, daß Dorn die Eingeborenen ungerecht behandelte. Daß ich es war, der die Löhne festlegte, ist ihm gar nicht aufgefallen.«

»Aber wieso hat Dorn von alldem nichts gemerkt?«

»Er hatte so eine Art Pfadfindergesinnung. Glaubte an Recht und Ordnung. Hazen war von seinen Vorgesetzten zum Feldwebel befördert worden und mußte daher ein guter Mann sein. So sah es Dorn.«

Ich wollte ein wenig tiefer bohren, doch Ropati wich meiner Frage aus: »Ich glaube, was diese Angelegenheit betrifft, unterhalten Sie sich besser mit Tetua. Einige Aspekte der Geschichte kennt sie besser als ich.« Er führte mich zur grasgedeckten Hütte einer Insulanerin. Tetua, deren Bewegungen an die der Palmen im Wind erinnnerten, war bildhübsch. Sie hatte lange, schwarze, bis zur Taille herabfallende Haare und ein strahlendes Lächeln, und ihre Gelassenheit schien gegen jeden Sturm und jede Enttäuschung gefeit zu sein. Sie war von jener natürlichen, unaffektierten Schönheit, wie Gauguin sie so gerne gemalt hat, und verkörperte in ihrer Erscheinung das Beste aus dem halben Dutzend verschiedener Nationalitäten ihrer Vorfahren, zu denen Engländer, Deutsche, Chinesen, Australier, Franzosen und Polynesier gehörten. Ihr weiches, perfektes Englisch verriet, daß auch sie in Neuseeland zur Schule gegangen war.

Im Verlauf unserer langen Gespräche erzählte sie mir eine Geschichte, wie sie sich nur auf den Inseln hatte zutragen können: »Schon bevor ich Dorn kennenlernte, wußte ich, daß er verheiratet war. Das ist das erste, was eine Insulanerin von einem Neuankömmling erfährt. Meine Freundinnen warnten mich: ›Du kannst ja ein Auge auf ihn werfen, aber da kommt nichts Gutes bei raus.‹ Doch als wir uns dann verliebten, freuten sie sich doch – unsere Frauen hier sind nun einmal so. Ich machte kein Geheimnis aus unserer Beziehung – was läßt sich auf Matareva schon geheimhalten?«

»Und was ging schließlich schief?«

»Es war Hazen. Aus Gründen, die mir damals noch nicht bekannt waren, haßte er mich und nutzte jede sich bietende Gelegenheit, mich zu demütigen. Er wollte mich von Mark losreißen oder Mark von mir – wen, war ihm egal.«

»Aber warum?«

»Ropati sagte mir, Sie haben die Verfahrensakte gelesen. Stimmt das?«

»Ja.«

»Dann wird Sie ja das, was ich Ihnen jetzt sage, nicht überraschen: Ich kam schon ziemlich bald dahinter, daß Hazen homosexuell war.«

Es überraschte mich in der Tat nicht, denn um dieses Thema ging es ja in den Gerichtsprotokollen. Das Wort wurde allerdings in jenen Tagen nicht so ohne weiteres ausgesprochen – schon gar nicht von jungen Frauen –, und so war ich denn doch etwas verblüfft, als es so plötzlich im Raum stand. Das Kriegsgerichtsverfahren war deshalb ein so schwerer Schlag für die Navy gewesen, weil in unserer Waffengattung angesichts der vielen auf engstem Raum zusammengepferchten jungen Männer eine fast tödliche Angst vor Homosexualität herrschte. Überführte Seesoldaten wurden in eine Arrestzelle gesteckt und von überharten Marinekorps-Posten bewacht, denen man nicht nur gestattete, sie zu schikanieren, sondern sie sogar ausdrücklich dazu ermunterte. Allen Navy-Offizieren wurde 1944 eine furchtbare Angst vor Homosexualität eingeimpft.

Tetua entging meine Befangenheit nicht. Ruhig sagte sie: »Daß Hazen mich nicht ausstehen konnte, rührte daher. Aber er hielt es auch für nötig, gegen mich zu sein, weil ich Marks

Freundin war. Er erkannte, daß es nicht möglich war, Mark zu isolieren, solange ich ihm treu blieb.« Ihre bislang so gelassene Miene umwölkte sich. Nach einer langen Pause, in der sie offenkundig darum rang, welchen von mehreren unangenehmen Wegen durch den dunklen Dschungel sie wählen sollte, fuhr sie fort: »Die Sache wurde schon bald todernst, Leutnant Michener. Hazen blieb mit allen Marines hinter dem Zaun, während Mark und ich davorstanden.«

»Und Ropati? War er nicht auch auf Ihrer Seite?«

Schweigen, dann: »Ich weiß nicht, wie ich diese Frage beantworten soll, jedenfalls nicht so, daß Sie es verstehen würden. Ich denke, Sie stellen sie am besten Ropati selbst.«

Ich begab mich also wieder zu meinem Tennispartner, der mir mit großer Bereitschaft Auskunft gab. »Als Hazen Dorn isoliert hatte, wie Tetua ganz richtig sagt, begann er ganz systematisch, die jüngeren Marines in sein Netz zu ziehen.«

»Was meinen Sie damit?«

»Er überredete einen nach dem anderen, mit ihm ins Bett zu gehen. Waren sie dann entsprechend indoktriniert, überließ er sie anderen, die genauso veranlagt waren wie er. Seine böse Macht war unglaublich.«

»Nach den Aussagen der Zeugen sollen ungefähr zwanzig junge Marinekorps-Soldaten dem ›Club‹ beigetreten sein, wie Hazen es ausdrückte, und das ist ja kaum vorstellbar. Fast zwei Dutzend typische Marines...«

»Drei Dutzend kommt eher hin. Die ganze Bande hinter dem Zaun drehte durch.«

In Noumea hatte man mich zwar schon über die allgemeinen Tatbestände informiert, aber jetzt war ich doch schockiert. Ich versuchte, meine Gefühle im Zaum zu halten, und fragte Ropati leise: »Welche Rolle spielten Sie bei alldem?«

»Hazen hatte von Anfang an besonderes Interesse an mir gezeigt. Er legte mir den Arm um die Schultern und flüsterte mir vertraulich zu: ›Ropati, mir gefällt die Art, wie Sie mit den Eingeborenen umgehen...‹«

Mir platzte der Kragen: »Verdammt noch mal, er war ein simpler Feldwebel! Was fällt dem ein, Ihnen seinen Segen zu erteilen? Und wie können Sie so etwas auch noch akzeptieren?«

»Der Mann kommandierte den Stützpunkt, Leutnant. Er hatte das Sagen.« Ropati hob merklich die Stimme; er verachtete meine Blindheit ebenso wie ich das, was ich für die seine hielt. »Und wissen Sie, wie er mir das bewies? Nach seinem dritten vergeblichen Versuch, mich in sein Bett zu ziehen, schrieb er in aller Ruhe einen Bericht über mich an meine Vorgesetzten in London. Er warf mir darin Inkompetenz und Unterschlagung von Unterstützungsgeldern vor, die eigentlich der Bevölkerung von Matareva zugestanden hätten.« Seine Stimme verdichtete sich zum Schrei: »Und dann – wurde ich ... entlassen!«

Betroffen von seiner Leidenschaft, die sich offensichtlich schon lange in ihm aufgestaut hatte, machte ich in aller Ruhe den Vorschlag, die Dinge in Tetuas Hütte aufzuklären. Er war einverstanden, und so gingen wir hinüber. Bei einem Krug Limonade, den Tetua uns bereitstellte, stellte ich eine Reihe knapp gehaltener Fragen.

»Innerhalb des Zauns herrschte also eine Art homosexueller Aufruhr?« – Ja.

»Und mindestens dreißig Marines waren daran beteiligt.« – Vielleicht noch mehr.

»Amerikanische Marines! Was, zum Teufel, war bloß in die gefahren?« – Einsamkeit; das Gefühl, vergessen und vom Oberkommando verraten worden zu sein. Monatelang keine Frauen, keine Post, jeden Abend der gleiche Film, keine Zeitungen. Die langsame Zerrüttung des Charakters durch Selbstmitleid.

»Hat sich irgend jemand geweigert, mitzumachen?« – Einige.

»Wie hat Hazen sie behandelt?«

»Ächtung. Er hatte das Sagen, vergessen Sie das nicht.«

»Wo, zur Hölle, war Hauptmann Dorn!« Diese Frage erforderte eine lange, komplizierte Antwort. Ropati schilderte die Situation aus der Sicht eines Mannes, der auf dem Stützpunktgelände gearbeitet und die machiavellistischen Machenschaften erkannt hatte, mit denen Dorn, obwohl ranghöher als sein Widersacher, um seine Macht gebracht wurde. Tetua beschrieb, wie Hazens Intrigenspiel Dorn emotional und psychisch zugrunde gerichtet hatte. »Nachdem Ropati entlassen worden war und Hazen ihm das Betreten des Stützpunkts untersagt hatte, versuchten Dorn, Ropati und ich, den Horror innerhalb des Geländes von außen zu bekämpfen.«

Und wieder stellte ich nun die Frage, die das Hauptquartier der Marines in Noumea so verwirrt hatte: »Wieso hat denn niemand etwas gegen diese Zustände unternommen?«

Die ebenso einfache wie herzzerreißende Antwort Ropatis lautete: »Manchmal läßt man den entscheidenden Augenblick verstreichen, und wenn man dann wirklich einmal aufschreit, hört keiner hin.«

»Aber Sie sagten doch, Sie hätten in Hazen von Anfang an den Unruhestifter erkannt. Und Sie, Tetua, kannten seine homosexuellen Neigungen.« Die gemeinsame Erklärung der beiden verblüffte mich: »Wir gingen beide davon aus, daß Dorn Bescheid wußte, aber auf Zeit spielte. Wir warteten und warteten. Er war der Kommandant, also würde er schon wissen, was er tat.« Tetua ergänzte mit trauriger Stimme: »Er merkte viel zu spät, daß er gar nichts mehr tun konnte.« Ihre Stimme brach, und einige Augenblicke lang weinte sie leise. Dann sagte sie unter großer Überwindung: »Am Ende – Sie wissen es vielleicht ja längst – am Ende ließ ihn Hazen gar nicht mehr auf den Stützpunkt. Er schloß ihm das Tor vor der Nase zu und lachte höhnisch über Dorns Versuche, sich gewaltsam Einlaß zu verschaffen.«

Ich wandte mich an Ropati: »Soll das heißen, daß ein Hauptmann des United States Marinekorps machtlos danebenstand und zusah, wie ihm ein Feldwebel das Kommando wegnahm?«

»Ja.«

»Wie, um alles in der Welt, konnte das passieren? Sagen Sie's mir, um Gottes willen. Wie konnte das geschehen?«

»Langsam.«

»Aber wie konnten Sie beide es geschehen lassen?«

»Sollen zwei Eingeborene aus Matareva ein Kommando der U. S. Marines disziplinieren?«

Da niemand diese Frage beantworten konnte, wandte ich mich einem letzten Punkt zu, über den ich und die Männer in Noumea Informationen haben wollten. »Was steckte hinter dem Mord an dem Eingeborenen?«

»Sie kennen die Akten.«

»Ja, aber die Verhandlung endete, bevor die Beweisaufnahme sich mit diesem Fall befaßte. Wir haben nichts weiter als die Vorankündigung des Staatsanwalts, er könne durch Zeugenaussagen beweisen, daß auch ein Mord begangen worden sei.«

»Der Zeuge war ich«, sagte Ropati. »Wie gesagt, ich stand hier schon auf dem Flugfeld. Aber ausgesagt habe ich nie.«

»Vor niemandem?«

»Es wurden Fragen gestellt, doch. Die Protokolle meiner Aussagen müssen sich irgendwo in den Akten befinden.«

»Ich habe sie nicht gefunden.«

»Für eine formelle Mordanklage hätte meine Aussage nicht gereicht. Da konnte ich ebensogut hierbleiben. Soweit ich es mir zusammenreimen konnte, war folgendes geschehen: Es gab da einen gutaussehenden Einheimischen, der auf dem Stützpunkt arbeitete. Zwei von Hazens Leuten wurden seine Liebhaber. Es kam zu einem heftigen Streit. Zwei Marines, die mit Hazens Club nichts zu tun hatten, hörten laute Stimmen, und am nächsten Morgen fand man nicht weit von der Stelle, an der der Streit stattgefunden hatte, die Leiche des Mannes aus Matareva.«

»Er war ermordet worden?«

»Nun, es ist nicht gerade leicht, sich mit einem Messerstich in den Rücken selbst umzubringen und sich obendrein noch den Hinterkopf einzuschlagen...«

Als ich aufs Flugfeld hinausging, um die Maschine zu erwischen, die mich nach Noumea zurückbringen sollte, begleiteten mich Robert Weed und Tetua Stanton zur Gangway. »Wie lautet

Ihr endgültiges Urteil über Hauptmann Dorn?« fragte ich. Tetua sagte: »Ich war verdammt unglücklich, daß er schon verheiratet war.« Und Ropati ergänzte: »Einer der besten Männer, die mir je begegnet sind. Wäre er nicht auf dieser Insel hier gelandet, hätte er wahrscheinlich eine brillante Karriere im Korps gemacht. An der Front, gegenüber einem greifbaren Feind wie den Japanern, wäre er immer vorne mit dran gewesen und hätte sich Auszeichnungen verdient. Aber in der Etappe sah er sich mit Mike Hazen einem unbekannten Feind gegenüber. Daß überhaupt gekämpft worden war, erfuhr er erst, als man ihn dazu zwang, sein Schwert, seine Epauletten und seine Ehre dreinzugeben.« Ich stieg die Gangway hinauf und sagte: »Aus Ihnen spricht schon der zukünftige Schriftsteller.«

Doch Tetua kam noch einmal auf den jungen Offizier zu sprechen, den sie geliebt hatte: »Was ist mit Mark geschehen?«

»Die Navy-Offiziere, die Homosexuelle verabscheuen, wollten ihn kreuzigen, das heißt, in eines ihrer infamen Gefängnisse stecken, wo man ihn völlig fertiggemacht hätte. Doch es gab auch warnende Stimmen, die sagten: ›Ohne formelles Kriegsgerichtsverfahren oder einen berechtigten militärischen Befehl geht das nicht.‹«

»Was geschah also?«

»Da alle Beteiligten zum Schweigen verdonnert worden waren, mußte ich lange nachfragen, bis ich dahinterkam. Schließlich erfuhr ich von dem Mann, der die Marschbefehle tippte, daß man Dorn, Hazen und die drei Dutzend anderen Betroffenen aus der Kriegszone verschwinden ließ, in die Staaten zurückbrachte und dort in aller Stille aus dem Militärdienst entließ.«


Wenn ich aus der Distanz von 1991 auf die verschiedenen Ereignisse und Gefühle jener nun schon fast ein halbes Jahrhundert zurückliegenden Rundreise zurückblicke, empfinde ich es als ausgesprochen tröstlich, daß irgendwo in den dunklen, staubigen Archiven der Navy meine beiden Berichte über Bora Bora und Tonga verwahrt sind. Sie wurden sorgfältig geschrieben und abgetippt und umfaßten beide jeweils an die achtzig inhaltsreiche Seiten. So um das Jahr 2050 herum wird sich, denke ich, mal jemand durch die obsoleten Papierberge wühlen und sie finden, und er wird überrascht ausrufen: »Hey, die müssen doch von dem Burschen stammen, der die vielen Bücher geschrieben hat.«

Daß sie sicher im Archiv gelandet sind, weiß ich, weil ich sie selbst dort deponiert habe. Eine Bestätigung erhielt ich, als später die offizielle Geschichte dieser zwei Inseln erstellt wurden. Mir liegen beide Werke vor, und ich stelle fest, daß sie ausführlich aus meinen Berichten zitieren. In der Geschichte von Bora Bora werde ich wiederholt in Fußnoten genannt, welche die vielen Befragungen belegen, die ich auf verschiedenen Inseln von Französisch Polynesien durchführte.[*]

In der Geschichte von Tonga werden große Textpartien von mir wörtlich zitiert, mein Name jedoch nicht genannt. Statt dessen ist immer von einem »Navy-Beobachter« oder einem »Militärhistoriker auf Besuchsreise« die Rede. Bedauerlicherweise fielen die meisten amüsanten Episoden meines Berichts der Zensur zum Opfer.[**] Ich kann mir die Reaktion eines höheren Offiziers und Absolventen der Marineakademie von Annapolis bei der Lektüre gut vorstellen. Er muß bei der Geschichte vom

---

[*] *History of the United States Naval Station Bora Bora, Society Islands of French Oceania. Submitted by John J. Allen (no rank shown), carbon copy to Lieut. J. A. Michener, ComSoPac Historical Officer. Bora Bora, 9. Juli 1945.* – Es handelt sich um eine hervorragende Zusammenfassung der Anfangszeit der amerikanischen Okkupation (Deckname: *Bobcat*) mit einer Darstellung der Auseinandersetzungen zwischen Vichy- und DeGaulle-Anhängern sowie einem Kommentar über eine erfolglose Bewegung mit dem Ziel, Tahiti den Vereinigten Staaten anzugliedern. (Meine eigenen Beiträge beziehen sich natürlich nur auf die spätere Besatzungszeit.)

[**] *History of the United States Naval Advanced Base Togatabu. Submitted by Lieut. Cmdr. John Burke.* Noumea o. D. (aus dem Zusammenhang geht hervor, daß der Bericht Anfang 1946 fertiggestellt wurde). Der Anfangsteil basiert auf historischen Quellen, der zweite Teil dagegen überwiegend – und ohne mich zu erwähnen – auf meinem Bericht.

roten Kleinlaster auf Tonga oder beim Bericht über die Seesoldaten auf Bora Bora, die in Tränen ausbrachen, als sie die Insel verlassen mußten, aufgestöhnt haben: »So etwas können wir hier nicht brauchen! Zeichnet ein skandalöses Bild von der Navy!« Und schon trat die Schere in Aktion.

Ich hoffe sehr, daß meine Berichte in unzensierter Form gefunden werden. Mit ein paar Anmerkungen versehen, ergäben sie ein interessantes Buch, in dessen Mittelpunkt keine Seekriegsstrategien stünden, sondern die Reaktionen eines jungen Offiziers auf die Verhältnisse in Polynesien in einer turbulenten Zeit. Viele Gedanken und Ideen, die für den Rest meines Arbeitslebens bestimmend waren, wurden erstmalig in diesen Berichten formuliert.

Fünf der interessantesten Situationen, an denen ich auf meiner Tour in der einen oder anderen Weise beteiligt war, schilderte ich in meinen formellen Berichten an das Hauptquartier nicht. So verzichtete ich auf eine Erwähnung der großartigen Schwestern Grey auf Samoa; ich ging davon aus, daß sie und die amerikanischen Behörden gleichermaßen von ihren gegenseitigen Beziehungen profitierten. Auch über Ratchett Kimbrell und seine individualistische Interpretation der diplomatischen Vorschriften auf Tahiti ließ ich nichts verlauten; ich mochte ihn, respektierte Fragattenkapitän McClintock und liebte Reri. Und ich war mir ziemlich sicher, daß die Insulanerinnen, die die streng geheimen Nachrichten entschlüsselten, keinen großen Schaden anrichteten.

Zwei andere Ereignisse waren so persönlicher Natur, daß ich der Meinung war, sie gingen die Navy nichts an. Die Rettung Robert Dean Frisbies von der Riffinsel Pukapuka und die Hilfe bei der Übersiedlung seiner drei Töchter von Rarotonga in die Vereinigten Staaten waren Akte der Nächstenliebe an einem Schriftstellerkollegen. Noch heute klingt dieses Abenteuer in meinem Herzen nach. Die Geschichte der bemerkenswerten Familie hätte ihre eigene zusammenhängende Darstellung verdient.

Ein anderer Fall war die Geschichte des katholischen Priesters und seiner neuseeländischen Freundin. Laura Henslow gehörte für mich zu jenen beneidenswerten jungen Frauen mit warmem Herzen und stählernem Rückgrat. Die Bekanntschaft und Freundschaft mit ihr bedeutete mir viel – und ihr Abflug in jener Nacht war eine Seite im Drama des Krieges. Die Affäre zwischen ihr und Vater Bega bewegte mich tief – und stellte mich vor viele Rätsel. Noch heute kann ich sie mir nicht erklären. Ich hatte damals den Eindruck, und daran hat sich bis heute nichts geändert, daß die drei Hauptfiguren – der Priester, die junge Frau und Bischof Dawson – in Übereinstimmung mit ihren jeweiligen Überzeugungen und Moralvorstellungen handelten. Ich fand an ihrem Verhalten nichts auszusetzen, genausowenig wie an der Lösung, die schließlich aus der Sackgasse herausführte.

Und natürlich gab es keinen schriftlichen Bericht von mir über die traurige Affäre auf der kleinen Insel Matareva. Ich griff statt dessen auf die offiziellen Akten des Kriegsgerichtsverfahrens und seines dramatischen Endes zurück, las sie durch und bestätigte dieses oder jenes mit Randbemerkungen in schwarzer Tinte. Als ich die Akte ein paar Monate später noch einmal konsultieren wollte, erfuhr ich, daß auf Befehl von Admiral Halsey sämtliche Exemplare vernichtet worden waren.

Noch oft habe ich über die Vorfälle auf Matareva und Bora Bora nachgedacht. Die Ähnlichkeiten waren auffallend: Zwei abgelegene Inseln, weitab vom Kriegsgeschehen; zwei Gruppen von Soldaten, die mehr oder weniger sich selbst überlassen waren. Doch während sich die Männer auf Bora Bora unter der Führung eines klugen und freundlichen Kommandanten und unter Mitwirkung von ein paar Dutzend fröhlicher junger Frauen ein kleines Paradies schufen, in dem es, soweit ich feststellen konnte, weder Messerstechereien noch wilde Besäufnisse noch irgendwelche anderen kriminellen Delikte gab, nahmen die Dinge auf Matareva einen ganz anderen Verlauf. Dort waren junge Soldaten fast des gleichen Typs – Angehörige des Marinekorps diesmal – einem Kommandanten unterstellt, der seiner Aufgabe nicht gewachsen war, und gerieten danach unter den dominierenden Einfluß eines böswilligen Feldwebels, der ein Schreckensregime errichtete, die Eingeborenen gegen sich aufbrachte und letztlich Mord und Totschlag und die Totalauflösung einer militärischen Einheit heraufbeschwor.

Worin unterschieden sich die beiden Gruppen? Es lag bestimmt nicht an der Ausbildung oder an den Traditionen der beiden Waffengattungen, Navy und Marinekorps, und auch nicht, soweit ich dies beurteilen kann, am Charakter der beiden befehlshabenden Offiziere. Der entscheidende Unterschied war der, daß Bora Bora eine polynesische, Matareva aber eine melanesische Insel war. Viele europäische und amerikanische Reisende haben in den vergangenen drei Jahrhunderten immer wieder betont, daß die jungen Polynesierinnen – auf Tahiti, Samoa, den Cook-Inseln und Hawaii – zu den schönsten und anmutigsten Frauen der Welt gehören. Ich glaube, sie hätten es den amerikanischen Soldaten auf ihren Inseln gar nicht *erlaubt*, durchzudrehen. Es wäre einfach zu viel gelacht worden. Hätte der irre Feldwebel von Matareva auf Samoa verrückt gespielt, so hätte Aggie Grey ihn gefragt: »Was treibst du da, mein Sohn?« Und hätte er seine Machenschaften auf Tahiti ausprobiert, so wäre Reri oder eine ihrer neunzehn Kusinen gekommen, hätte zu ihm gesagt: »Wir großes Fest bei uns haben, Sie auch kommen« – und das Gift wäre neutralisiert worden.

Viele Jahre nach Ende des Krieges flog ich mit Chinn Hoo, dem Unternehmer aus Hawaii, nach Bora Bora und traf dort drei junge Frauen wieder, die damals mit amerikanischen Seesoldaten zusammengelebt hatten. Sie erinnerten sich an mich; ich war der Mann, der dauernd Fragen gestellt hatte. Die Frauen stellten mir eine Reihe vierzehn- und fünfzehnjähriger Jungen und Mädchen vor, deren Väter Amerikaner waren. Von dem Haß, der solche Kriegskinder in Ländern wie Japan, Korea, Vietnam und Thailand verfolgte, war hier nichts zu spüren. Sie lebten im Sonnenschein neben der Lagune, und als sie erfuhren, daß ich ihre

Väter persönlich gekannt hatte, hielt sich ihr Interesse in Grenzen. Als die Kinder wieder fort waren, sagten einige der Insulanerinnen zu Chinn und mir: »Es waren Tage voller Gelächter und Nächte voller Liebe. Wir sprechen noch oft darüber.«

»Sind Sie verheiratet?« fragte ich, und alle antworteten: »Aber ja!«

Dies war nun, auch wenn verschiedene Identitäten nicht preisgegeben werden konnten, mein Reisebericht über echte Inseln, reale Menschen und Ereignisse, die sich tatsächlich zugetragen haben, geschrieben aus der Distanz von fast einem halben Jahrhundert und so wahrheitsgetreu, wie es nach einer solchen Zeitspanne noch möglich ist. Das Außergewöhnliche an diesem Bericht ist, daß er nur Ereignisse aus der Etappe schildert. Eines war mir stets bewußt: Während ich die Wunder der polynesischen Inselwelt entdeckte, landeten viele meiner Kameraden an den Stränden ganz anderer Inseln – auf Tarawa, auf Saipan, auf Okinawa. Ich habe diesen Unterschied nie vergessen.

Dafür zu entschuldigen, daß mich meine Reise in die ruhigeren Zonen des pazifischen Kriegsschauplatzes führten, brauche ich mich allerdings nicht. Ich war zuvor oft genug an jener tödlichen Inselkette entlanggestreift, an der sich in furchtbaren nächtlichen Seeschlachten zwischen Kriegsschiffen, die einander nicht sehen konnten, das Schicksal Japans und der Vereinigten Staaten entschied: bei Savo, Guadalcanal, Tulagi, Bougainville, Vella Lavella ... Vom entlegenen Emirau aus war ich als Passagier bei Bombenangriffen gegen Rabaul und Kavieng mitgeflogen. Von ganzem Herzen begrüßten wir damals General MacArthurs Entscheidung, diese unbezwingbaren Festungen vorerst zu umgehen. Jeden Versuch, sie zu stürmen, hätten wir mit dem Tod von Tausenden junger Männer bezahlen müssen. Ich hatte genug vom Krieg gesehen und drängte mich daher nicht nach einer solchen Aufgabe.

Bei einem Aufenthalt auf den Treasury Islands begleitete ich eine schwerbewaffnete Patrouille, die auf der einsamen Insel Mono zum Gefecht gegen einige lästige Überbleibsel der japanischen Armee ausgerückt war. Wir fanden die Japaner nicht, doch stießen wir nach steilem Aufstieg durch den feuchtwarmen Dschungel schweißüberströmt auf eines der armseligsten melanesischen Dörfer, das ich je zu Gesicht bekommen sollte. Es war ein wirklich trostloser Flecken mit ausgemergelten Bewohnern und nur einem einzigen Schwein. Auf einer primitiven Tafel an einem Baum hatte jemand ein Stück Pappe befestigt, auf der der Name der Siedlung stand. Er war so ganz anders als die üblichen Namen und klang in meinen Ohren so musikalisch, daß ich mir einen Stift lieh und mir den Namen, der sich vielleicht noch einmal verwenden ließ, in mein feuchtes Notizbuch schrieb: Bali-ha'i.

Kapitel IV

Laster

Im Alter von sieben Jahren verfiel ich einem Laster, das meinem Leben eine andere Richtung gab. Als ich nach einiger Zeit seine verhängnisvollen Auswirkungen erkannte, war ich bereits so stark infiziert, daß ich mich seinem Einfluß nicht mehr entziehen konnte. Alle Befreiungsversuche schlugen fehl, denn die Macht der alten Gewohnheiten war stärker als meine Widerstandskraft.

Ich lernte das Laster durch meinen Onkel Arthur kennen, einen einzigartigen Mann, dessen Leben gleichermaßen edle wie tragische Züge aufwies. Er war von einer geradezu grotesken Fettleibigkeit und litt unter sämtlichen Beschwerden, die mit diesem Körperzustand einhergehen: er keuchte und schnaufte und suchte den Schatten; er machte sich über sich selber lustig, und manchmal entschloß er sich zu radikalen Hungerkuren, die er jedoch allesamt nach einiger Zeit abbrach, indem er sich ein Pfund Pfirsicheis einverleibte.

Meine früheste Erinnerung an diesen interessanten Mann datiert aus jener Zeit, da er unserer verarmten Familie eine imposante Eiscreme-Gefriermaschine – komplett mit Kurbel, Holzeimer, Stahlzylinder und Salzsäckchen – mitbrachte. Wenn er uns besuchte – was leider nicht sehr oft vorkam –, beaufsichtigte er an Sonntagvormittagen die Zubereitung einer Eiscreme, deren Qualität nach meiner persönlichen Erfahrung nur selten übertroffen wurde. Onkel Arthur brachte reife Pfirsiche mit, eine ganze Menge davon, und frische Sahne obendrein. Meine Mutter machte aus Milch, Zucker, Vanille und einer sehr leichten, hochwertigen Maisstärke eine Art Puddingbrei. Onkel Arthur fügte die Sahne sowie die geschälten und kleingehackten Pfirsiche hinzu und warf zum Schluß noch drei oder vier lediglich in große Stücke zerteilte Früchte hinein – »damit man auch weiß, daß es Pfirsiche sind und nicht etwas anderes«.

Man ließ das Gemisch auf Zimmertemperatur abkühlen (die in unseren heißen Sommern ziemlich hoch sein konnte) und goß es in den Stahlzylinder. Dieser wurde daraufhin in den Holzeimer gesetzt und, nachdem vorsichtig die Drehvorrichtung darübergestülpt worden war, unter Hinzugabe reichlich bemessener Steinsalzquantitäten mit Eisbrocken bepackt. Zum Schluß wurde die Kurbel angebracht, und die Dreherei begann. Onkel Arthur war immer derjenige, der den Mechanismus in Gang setzte. Ungefähr eine Viertelstunde lang kurbelte er. Dann war ich an der Reihe – die Mischung war jetzt noch so weich, daß auch ein fünfjähriges Kind sie noch in Bewegung halten konnte.

Da wir immer erst nach dem Kirchgang mit der Eiscremezubereitung begannen, kam ich selten vor ein Uhr mittags zum Einsatz – zu einem Zeitpunkt also, zu dem ich bereits entsetzlich hungrig war. Und je länger ich kurbelte, desto größer wurde der Hunger. Das Mittagessen wurde an diesen Tagen immer verschoben, bis die Eiscreme gefroren war. Dann konnte man nämlich die Gefriermaschine mit neuen Eisbrocken bestücken und die Eiscreme, wie Onkel Arthur sich ausdrückte, während des Essens »reifen« lassen.

Ich kurbelte, bis mir die Arme weh taten, und spürte, wie die Melange im Stahlzylinder immer zähflüssiger wurde. In späteren Jahren habe ich elektrische Gefriermaschinen gesehen, bei denen die ganze Arbeit von einem Motor verrichtet wurde. Ich habe mich dann immer gefragt, ob die auf diese Art und Weise hergestellte Eiscreme überhaupt so schmecken konnte wie unser damaliges, in mühevoller, lange Minuten währender Kurbelei entstandenes Eigenprodukt.

Wenn meine kleinen Hände nicht mehr genug Kraft hatten, den Stahlzylinder in seinem Eisbett rotieren zu lassen, schob mich Onkel Arthur mit großer Geste beiseite, nahm vor dem Gerät Platz, zog es sich zwischen die dicken Knie und verkündete mit lauter Stimme: »Nun laß mal einen Mann ran!« Dann kurbelte er, bis sein Gesicht blau anlief. Ungeachtet des Schweißes, der über seine Stirn rann, vollendete er das Werk, das jedesmal zum Meisterstück gedieh. Zu mir, der ich ihm voller Bewunderung zusah, sagte er: »Diese letzten, schweren

Minuten sind entscheidend: Sie verhindern, daß die Eiscreme kristallisiert.« Einmal war uns das tatsächlich passiert. Die ganze Familie hatte sich deswegen geschämt: Mutter sagte, es müsse an ihrem schlechten Pudding gelegen haben, und ich behauptete, wir hätten nicht genug Salz beigegeben. Den wahren Grund nannte jedoch Onkel Arthur: »Wir haben zu früh mit dem Kurbeln aufgehört«, sagte er und sah mich traurig an. »Und das nur, weil einem von uns die Arbeit zu schwer wurde.« Er starrte mich mit finsterem Blick an.

Wenn selbst der große Onkel Arthur die Kurbel nicht mehr bewegen konnte und sich erschöpft niederlegte, war meine Mutter wieder an der Reihe. Sie hängte die Drehvorrichtung für den Behälter aus und zog die vier hölzernen Rührflügel heraus, von denen üppig, weich, kalt und mit Pfirsichstückchen gesprenkelt die beste Eiscreme aller Zeiten heruntertropfte.

In diesem herrlichen Augenblick, wenn feststand, daß uns wieder einmal eine guter Wurf gelungen war, hoffte ich jedesmal, Mutter würde mir die vier Flügel zum Abschlecken überlassen, was jedoch nie geschah. Sie gingen unweigerlich an Onkel Arthur. Der mußte noch viel hungriger gewesen sein als ich, so gefräßig schlang er die Eiscreme herunter; sein rundes Gesicht glühte vor Gier. Er war ein strenger Richter, was Speiseeis betraf, hatte er doch sein gesamtes Leben im Reich der Eiscremeproduzenten von Philadelphia zugebracht. Er war der unbestrittenen Weltmeister ihrer Zunft. Und er hatte seine Maßstäbe. Wenn er beim Ablecken der Rührflügel »Ganz gut!« sagte, konnten wir uns darauf verlassen, daß uns in zwei Stunden wieder einmal ein unübertrefflicher Nachtisch erwartete.

Sobald er die Rührflügel abgeschleckt hatte, forderte er mich auf, das Sackleinen zu holen. Der Behälter wurde mit einem Stahldeckel fest verschlossen, in den Holzeimer gewuchtet, mit Eis und Salz umgeben und mit dem schweren, feuchten Sackleinen bedeckt. Dann wurde der Mixer an eine schattige Stelle gerollt, wo die Eiscreme »reifen« und weiter gefrieren konnte.

Nun setzten wir uns alle zu Tisch und aßen zu Mittag. Die

Vorfreude auf die Öffnung der Eiscrememaschine, die ungefähr eine Stunde nach dem Essen stattfinden würde, ließ uns das Mahl ganz besonders munden. Wenn es dann soweit war, langte Mutter mit ihrem Löffel in die gefrorene Delikatesse und sprach ihr Urteil, und darauf kam es an. Gänzlich ohne Fehl und Tadel war das Eis nie: »Ich glaube, wir waren zu knauserig mit der Sahne«, sagte sie, oder: »Die Pfirsiche waren wohl noch nicht ganz reif.« Doch abgesehen von jenem einen Mal, da Onkel Arthur und ich die Masse hatten kristallisieren lassen (woraufhin Mutter in Tränen ausbrach), bestand die Eiscreme stets ihre Prüfung.

Wenn Mutter unser Tageswerk abgesegnet hatte, nahm Onkel Arthur einen großen Schöpflöffel mit festem Stiel zur Hand und kratzte damit wahre Riesenportionen aus dem Behälter. Ich sah die gigantischen Eisberge, mit denen er meine Hilfe belohnte, spürte die Kälte an meiner Hand, sah auch die kleinen und die großen Pfirsichstücke – und wußte, daß dieser Sonntag ein besonders guter Sonntag war.

Ich sagte bereits, daß Onkel Arthurs Leben von Edelmut und Tragik geprägt war. Sein Edelmut äußerte sich darin, daß er, soweit ihm dies möglich war, sein bescheidenes Einkommen mit meiner Mutter – seiner Schwester Mabel – teilte. Oft genug gab es Situationen, in denen unsere arme Familie noch unendlich viel ärmer gewesen wäre, wenn Onkel Arthur uns nicht aus der Bredouille geholfen hätte. Die Bereitwilligkeit, mit der er dies tat, versetzte mich immer wieder in Erstaunen, denn wir hatten eigentlich keinerlei Anspruch darauf.

Die Tragik rührte daher, daß sein Leben unerfüllt blieb. In mancher Hinsicht ein brillanter Kopf, hatte er nie die Ausbildung genießen können, mit der es ihm möglich gewesen wäre, seine Talente einer sinnvollen Nutzung zuzuführen. Und da er nicht imstande gewesen war, sich das, was ihm fehlte, selber anzueignen, sah er sich gezwungen, seinen Lebensunterhalt mit Arbeiten zu verdienen, bei denen er sein Potential nicht ausschöpfen konnte. So entglitt ihm nach und nach sein Leben. Obwohl ich nie erfuhr, wann genau er von der Bühne abtrat, spürte ich doch, daß es geschehen war. Ich liebte meinen großzügigen Onkel Arthur, und er tat mir furchtbar leid, als ich merkte, wie er allmählich die Schultern hängen ließ.

Welches Laster war es nun, das dieser liebenswerte dicke Mann in unser Heim brachte und von dem ich so unheilbar infiziert wurde? Ungefähr zwei Jahre, nachdem er uns die Eiscreme-Gefriermaschine geschenkt hatte, kam er eines Tages wieder einmal mit der Straßenbahn aus Philadelphia angefahren. Er trug zwei Pakete bei sich – ein großes, schweres und ein kleineres, viereckiges, wobei er sich das letztere unter den Arm geklemmt hatte. Kaum wurde er meiner ansichtig, seufzte er erleichtert auf und drückte mir das viereckige Paket in die Hand. »Hüte es wie deinen Augapfel!« warnte er mich. »Wenn du es fallen läßt, bring' ich dich um!«

Wie ein Meßdiener, der ein heiliges Ritual vollführt, trug ich das kleinere Paket nach Hause, während Onkel Arthur sich mit dem größeren abmühte. Ich weiß noch genau, daß ich damals sieben Jahre alt war, als der Onkel unterwegs doch zweimal zu mir sagte: »Sei bloß vorsichtig mit dem Paket! Da ist das Geschenk zu deinem siebten Geburtstag drin!« Mein Geburtstag war schon eine ganze Weile vorüber, und ich erinnerte mich noch mit einer gewissen Traurigkeit daran, daß kaum jemand davon Notiz genommen hatte, schon gar nicht Onkel Arthur. Doch nun, drei Monate später, tauchte er plötzlich auf und brachte mir ein Geschenk.

Zu Hause hatte niemand auch nur die geringste Ahnung, was sich wohl in den Paketen befinden mochte. Das freute Onkel Arthur sehr, konnte er doch nun mit dramatischem Gestus seine Schätze enthüllen. Es handelte sich um ein *Victrola*, ein Grammophon, und keineswegs um das billigste Modell. Das Gerät hatte eine Kurbel, einen Deckel, einen Plattenteller, einen Tonabnehmer und ein Gitter, hinter dem sich der Sprecher verbarg. Der Motor surrte fast geräuschlos.

»Es funktioniert folgendermaßen«, sagte Onkel Arthur und

begann, uns den geheimnisvollen Mechanismus des Geräts bis in die letzte Einzelheit zu erklären, wobei er uns vor allem vor möglichen Bedienungsfehlern warnte. Er wiederholte seine Instruktionen so lange, bis ich sie endlich begriff. Sogar den Regler für die Geschwindigkeit des Plattentellers erklärte er uns, und warum die Stimmen zu hoch oder zu tief klangen, wenn man ihn unerlaubterweise berührte. Erst nachdem er überzeugt war, daß wir die Anweisungen auch ganz gewiß verstanden hatten, bat er mich, ihm das kleine Paket zu reichen.

Er öffnete es geradezu liebevoll, als spürte er, daß er uns etwas ganz Besonderes schenkte, etwas, das das Leben jedes einzelnen Familienmitglieds bereichern würde. Zum Vorschein kamen drei Schallplatten, die in Hüllen aus schwerem Packpapier steckten. Ich sehe sie noch heute vor mir wie an jenem ersten wunderbaren Tag: zwei Platten mit schwarzem Etikett – *Cohen on the Telephone* und *The Stars and Stripes Forever* – und eines mit einem hübschen roten: das Sextett aus *Lucia di Lammermoor* sowie auf der Rückseite das Quartett aus *Rigoletto*. Die letztgenannte Platte hatte Onkel Arthur eine horrende Summe gekostet. Es handelte sich um die berühmte Victor 10 000, die ursprünglich 7 Dollar gekostet hatte, inzwischen allerdings schon für 3,50 Dollar verkauft wurde. Es wäre die schönste Platte, die je produziert worden sei, versicherte er uns.

Das erste Musikstück, das ich auf einem Victrola hörte, war das Quartett aus *Rigoletto*, gesungen von Enrico Caruso, Amelita Galli-Curci, Flora Perini und Giuseppe de Luca. Während sich die Familie ehrfürchtig um das Gerät versammelte, das Onkel Arthur mit seinem Körper abschirmte, ertönte auf einmal in der fernen, dünnen und etwas kratzenden Stimme Carusos das Liebeslied. Dann fielen, eine nach der anderen, auch die übrigen Stimmen ein, und vereinigten sich zu einem großartigen Ensemble. Wie verzaubert standen wir da. Die Stimmen steigerten sich zu einem großen Finale und verstummten dann; das Orchester spielte noch ein paar Takte zum Ausklang. Uns allen war bewußt, daß wir eine neue Welt betreten hatten.

Es mag unglaubwürdig klingen, wollte ich behaupten, daß ich bei dieser ersten Konfrontation bereits die Grandeur der Stimme Carusos und den kunstvollen Aufbau des Quartetts erkannte. Unumstößlich ist jedoch die Tatsache, daß ich von jenem Augenblick an Opernplatten zu sammeln begann. Ich lernte den Katalog von Victor Records auswendig; ich vertiefte mich in die kurzen Inhaltsangaben der Opern und die winzigen Illustrationen, die sie begleiteten; bald kannte ich die Biographien aller großen Sängerinnen und Sänger, und nach einiger Zeit besaß ich von allen auch die eine oder andere Aufnahme. Die großartige erste Platte nenne ich seit nunmehr fünfundsiebzig Jahren mein eigen. Ich legte sie und ihre beiden goldenen Begleiter so oft auf, bis ich jede einzelne Note kannte und jede Nuance verstand.

Und seit damals bin ich ein Sklave der Oper. Ich denke, daß ich in meinem Leben so gut wie alle bedeutenden Opern gesehen habe – ausgenommen Umberto Giordanos *Andrea Chenier*, deren letzte Passagen mir ganz besonders ans Herz gewachsen sind. Ich habe Opernaufführungen in China und Japan, in allen Ländern Europas, in Australien und in Südamerika gesehen; in Taschkent im fernsten Osten der Sowjetunion erlebte ich einmal eine phantastische Aufführung, bei der die Sänger in vier verschiedenen Sprachen sangen. Ich habe alle großen Sängerinnen und Sänger dieses Jahrhunderts auf der Bühne gesehen.

Mit Hilfe der Partituren prägte ich mir die Opern dergestalt ein, daß ich sie womöglich hätte dirigieren können – *Aida, La Traviata, Rigoletto, Othello, Lohengrin, Carmen, La Bohème, Cavalleria Rusticana, Der Bajazzo, Norma, Madame Butterfly* und *Margarethe*. Ich wußte genau, an welcher Stelle welches Instrument zum Einsatz kam, und es gab Zeiten, da besaß ich mehr als fünfundsiebzig Prozent der so erstaunlichen Victor-Erstausgaben: Caruso, Martinelli, Galli-Curci, Bori, Tetrazzini, Destinn sowie die donnernden Stimmen von De Luca, Amato, Ruffo, Scotti und Journet. An die tausend Arien, Duette, Terzette und andere Ensembles kannte ich auswendig. Besonders gefielen mir von Anfang an die Opernchöre; ich habe sie rund um den Erdball vor mich hin gesungen. Ich glaube, es ist nicht falsch, wenn ich sage, daß ich dank Onkel Arthurs verheißungsvoller Einführung zum Opern-Süchtigen wurde.

Doch mein ständiger musikalischer Begleiter in meiner frühen Jugend, als mir noch das Geld fehlte, um meiner Leidenschaft zu frönen – ich erwarb meine Platten mühsam eine nach der anderen –, war der Victor-Katalog, ein 18,4 cm hohes und 12,7 cm breites Paperback, dessen Umschlag jedes Jahr die Farbe wechselte. Ich konnte das Erscheinen der jeweils neuesten Ausgabe gar nicht erwarten, und trug sie, war sie endlich da, wie einen Schatz nach Hause. Auf Anhieb sah ich, welche Künstler neue Opernaufnahmen produziert hatten und bei welchen Opern oder Sängern die Illustrationen verändert worden waren. Faust umarmte Gretchen, während Mephisto Frau Marthe ablenkte. Die Illustration zu *La Bohème* enttäuschte mich genauso wie später die Bühnenaufführungen, die mir alle viel zu trist erschienen. *Aida* war eine Katastrophe; das winzige Photo zeigte mindestens hundert Sängerinnen und Sänger, und kein Mensch konnte erkennen, wer von ihnen was tat. Das schönste Begleitbild im Katalog von 1914, dem ersten meiner Sammlung, war das zu *Rigoletto*: Der junge Herzog steht links, Maddalena rechts hinter der Mauer, während Gilda von ihrem Vater, dem Bucklingen, von der schimpflichen Szene weggezerrt wird. Bei späteren Aufführungen von *Rigoletto* fiel mir manchmal auf, daß die vier Darsteller in genau der gleichen Verteilung auf der Bühne standen wie damals auf jener ersten Aufnahme. Unweigerlich stellten sich in diesen Fällen Jugenderinnerungen ein.

Sorgfältig studierte ich die briefmarkengroßen Porträts der Sängerinnen und Sänger. Caruso war mir alsbald vertrauter als unser Nachbar; ich sah ihn in einem Dutzend verschiedener Rollen, stets die ganze Bühne beherrschend. Mit der Zeit vergrößerte sich meine Plattensammlung, so daß ich ihn auch daheim in den meisten dieser Rollen hören konnte. Aus Gründen, die ich nicht erklären kann, bezauberte mich die Stimme von

Luisa Tetrazzini besonders; ich zog sie allen anderen Sopranistinnen vor. Fasziniert verfolgte ich viele Jahre später in der *New York Times* die Berichterstattung über das elende Gerichtsverfahren, das ihre Familie mit dem Ziel, ihr die Verfügungsgewalt über ihr Vermögen zu entziehen, gegen sie angezettelt hatte. Die Angehörigen behaupteten, sie sei senil und verschleudere das Geld, das bei sparsamerem Umgang dereinst den Erben zufallen würde. In der entscheidenden Phase des Verfahrens stand Madame Tetrazzini auf und schmetterte ein paar Arien mit solcher Virtuosität durch den Gerichtssaal, daß der Richter nicht umhin konnte, ihr volle Zurechnungsfähigkeit zu bescheinigen. Ich war hocherfreut über das Urteil.

Ich vertiefte mich in den Katalog, studierte nicht nur die roten Seiten mit den Opernaufnahmen, sondern auch die Seiten mit der nichtklassischen Musik, die mir zwar manchmal gefiel, die ich aber nicht respektierte. Gelegentlich stieß ich auch auf einige kryptische Hinweise, die ich partout nicht begriff. Ich erinnere mich zum Beispiel noch an eine »Anmerkung«, die bis weit in die zwanziger Jahre in jedem Victor-Katalog zu lesen war:

> *Anmerkung*: Unter *coon songs* verstehen wir neue komische Lieder im Negerdialekt. Der Humor in vielen dieser Songs kann nicht als kultiviert bezeichnet werden, weshalb wir sie hier vom traditionellen dunklen Humor getrennt aufführen; letztere finden sich unter den Rubriken *Fisk Jubilee Quartet* und *Tuskegee*.

*Coon songs* bezogen ihren Humor daraus, daß sie sich über Neger lustig machten, während es sich bei den Cohen-Platten um die linguistischen Spießrutenläufe eines lächerlichen Juden am Telefon, im Restaurant oder am Zugschalter handelte. Mehrere Familien in unserer Straße besaßen solche Schallplatten, und ich kann mich noch an Nachbarn erinnern, die um unsere Vitrola herumstanden und sich vor lauter Vergnügen über tölpelhafte Neger und Juden auf die Schenkel schlugen. *Cohen on the Telephone*, der Beitrag unserer Familie zu diesen Lustbarkeiten, war die populärste Nummer. Aber aus Gründen, die näher zu erläutern mir heute schwerfallen würde, empfand ich diese Platte als beleidigend. Schon mit sieben Jahren zog ich *Rigoletto* allen *coon songs* und dem billigen Spott über jüdische Einwanderer vor.

Mit einer anderen Red-Seal-Platte, die uns Onkel Arthur mitbrachte, entbrannte meine Liebe zu dem, was sich vielleicht als »normale Opernmusik« beschreiben ließe. Das berühmte Quartett und das Sextett auf der ersten Platte kann jeder mögen, sind sie doch spektakuläres Feuerwerk. Auf dieser neuen Platte aber sangen Caruso und ein Bariton zwei der bezauberndsten Duette, die je für Männerstimmen komponiert wurden: das »Solenne in quest' ora« aus Verdis *Die Macht des Schicksals* und das vielleicht noch schönere Duett aus *Die Perlenfischer*. Ungefähr zehn Jahre lang kannte ich nur den italienischen Text – »Dal tempio al limitar« – und war fest davon überzeugt, es mit der Originalversion zu tun zu haben. Daß das Lied aus einer französischen Oper stammt und im Original mit »Au fond du temple« beginnt, stürzte mich später in große Verwirrung.

Die beiden Duette öffneten mir die Ohren für die verblüffenden Fähigkeiten der menschlichen Stimme. Es war eine Offenbarung für mich, wie die Sänger ihre großartigen Stimmen zunächst jeder für sich präsentierten und endlich zur vollkommensten Harmonie zusammenfanden. Schon als kleiner Junge hatte ich herausgefunden, daß künstlerischer Stil manchmal darin besteht, irgend etwas erst in den Vordergrund zu stellen und es danach zurückzunehmen, so daß es sich in einem Ensemble verliert. Immer wieder legte ich das Duett auf und versuchte herauszuhören, wie Caruso seine Stimme einsetzte und wie er seinem Gesang Leidenschaft verlieh. Mittlerweile genügen ein paar Takte vom Anfang des einen oder anderen Duetts, und ich versinke sofort in dieser Musik. Meine jeweils neuesten Aufnahmen der beiden Nummern habe ich bisweilen zehn- oder fünfzehnmal hintereinander gespielt, so sehr sehnte ich mich danach, noch einmal jene Begeisterung zu durchleben, die mich damals vor siebzig Jahren ergriffen hatte. Heute steht mir das Duett aus der Oper von Bizet wesentlich näher als das andere. In dem Duett aus *Die Macht des Schicksals* geht es um die Liebe zweier tapferer Männer zueinander, während das Duett in *Die Perlenfischer* an die Liebe zweier Männer zu einem schönen Mädchen erinnert. Beide sind sie gut; nur rührt mich das letztere mehr an.

In meinen letzten Tagen am College geschah etwas, das meine Opernleidenschaft noch verstärkte: Ich stieß auf drei verschiedene Musikgeschäfte, deren Besitzer in der verständlichen Annahme, mit der Einführung des Radios würde das Interesse an den alten Schallplatten rapide nachlassen, die Red-Seal-Bestände aus ihren Lagern verbannten. Der erste Laden, in Philadelphia, verkaufte seinen Vorrat für einen Dollar das Stück, der zweite, in New York, verlangte 0,69 Dollar und der dritte (in Pottsdown, Pennsylvania) verscherbelte seinen riesigen Bestand für 0,50 Dollar pro Platte.

Ich gab einige hundert Dollar von meinem ersten Gehalt für diese wertvollen, noch von keiner Nadel berührten Platten aus und legte damit den Grundstein zu einer Sammlung, die zumindest in meinem Bekanntenkreis ihresgleichen suchte. Nun sangen neue große Stimmen für mich: Gigli, Pertile, Bjoerling, Castagna, Pons, Sayao, Ponselle, Warren, Rethberg, Pinza – und dann eine Frau, an die sich heute nur noch erinnert, wer ein echtes Gespür für die Schönheit der menschlichen Stimme hat. In Amerika hat diese Sängerin, Toti dal Monte, nicht oft gesungen, auch blieb die Zahl ihrer Platten vergleichsweise klein. Ich erwarb fast alle, die sie herausbrachte.

Ich habe mich zeitlebens darum bemüht, an alles, was ich sehe und höre, unvoreingenommen heranzugehen, und diese Gewohnheit auch in meiner Einstellung zur Kunst beibehalten. In Museen blieb ich zum Beispiel in jedem Ausstellungsraum in der Mitte stehen, betrachtete die Exponate zunächst aus der Ferne, so daß ich die Beschriftung nicht lesen konnte, und fragte mich: Was lohnt hier der näheren Betrachtung? Auf diese Weise entdeckte ich nicht nur manch hervorragendes Kunstwerk, sondern gewann auch Selbstbewußtsein in meinem künstlerischen Urteilsvermögen. Folglich habe ich mich nie gescheut, mich auf meinen eigenen Geschmack zu verlassen. Zwar versuchte ich diesen durch die Beschäftigung mit fremden Meinungen ständig zu verfeinern, indem ich sehr viele Kritiken und Rezensionen las, zum Verzicht auf die eigene Meinungsbildung habe ich mich von einem Kritiker allerdings nie bewegen lassen. Mein Verhältnis zur Kunst war aus diesem Grund stets ein positives und gehörte zu den schönsten Aspekten meines Lebens. Ich bezweifle sehr, daß dies auch der Fall gewesen wäre, wenn ich mich von den Meinungen anderer hätte einschüchtern lassen.

Die vielleicht schönste Schallplatte, die ich je besessen habe, enthielt drei von Gigli, Rethberg und Pinza gesungene Terzette, die ich bislang nicht gekannt hatte und die aus Verdi-Opern stammten, die ich auf der Bühne nie zu sehen bekommen sollte. »Qual voluttà trascorrere«, ein leidenschaftlicher Aufschrei, in dem die drei Stimmen aufs trefflichste miteinander verschmelzen, stammte aus *Die Lombarden*, das beseelte »Ernani involami« aus *Ernani*, einer Oper, über die es im Begleittext hieß:

> Mit den Worten »Ernani involami« (Ernani, fliehe mit mir!), gesungen von Miss Rethberg, beginnt eine strahlende Koloraturarie. Daraufhin stürmt, gesungen von Mr. Pinza, Don Carlos, König von Kastilien, ins Zimmer und bedrängt sie aufs heftigste. Schon droht sie mit Gewalt verschleppt zu werden, als Ernani, gesungen von Mr. Gigli, vortritt und sie rettet.

Ich habe niemals einen anderen Menschen getroffen, der diese Platte ebenso hoch schätzte wie ich, genausowenig wie ich jemals jemanden fand, der das Terzett aus *I Lombardi* überhaupt auch nur kannte. Nichtsdestoweniger bleibt es für mich ein nahezu perfektes Beispiel für das, was beim Singen im Ensemble erreicht werden kann. Verglichen mit anderen, viel bekannteren Terzetten – wie jenem im *Margarethe*-Finale – gebe ich ihm eindeutig den Vorzug.

Doch es war Toti dal Monte, die mich vollkommen in ihren Bann schlug. Sie sang ein oder zwei Spielzeiten lang an der New Yorker Metropolitan Opera. Weil sie jedoch klein und rundlich war – sie wurde immer »die kleine Toti« genannt –, hielt sich ihre Anziehungskraft in Grenzen. Dabei hatte sie eine Stimme von kristallener Schönheit und wußte hervorragend damit umzugehen. Sie scheint eine jener Sängerinnen gewesen zu sein, die auf der Platte besser klingen als live auf der Bühne. Sie eroberte die Herzen von Hörern in aller Welt. Auch ich verdanke ihr viele schöne Stunden und bin stolz darauf, Ehrenpräsident auf Lebenszeit des »Vereins der Toti-dal-Monte-Bewunderer« zu sein.

Unter den Schnäppchen in meiner Plattensammlung, die mir mehr oder weniger zufällig in die Hände fielen, finden sich einige Glanzstücke, die mir ansonsten entgangen wären: Martial Singhers Interpretation des bösen »Leuchte, heller Spiegel, mir!« aus *Hoffmanns Erzählungen* von Jacques Offenbach; Eleanor Stebers düstere Klage um die im Hades verlorene Eurydike aus Glucks Oper *Orpheus und Eurydike*; oder die leidenschaftliche Alt-Arie aus *Don Carlos*, »O, mia regina«, in der sich die einäugige Prinzessin Eboli zu dem bekennt, was sie ihrer Königin angetan hat.

Eine andere *Don-Carlos*-Platte spielte in meinem Leben eine kuriose Rolle. Gerne würde ich behaupten, daß ich bereits beim ersten Anhören die feine Komposition und den hervorragenden Gesang erkannte, doch dem war nicht so. Es handelte sich um die Arie »Dormiro sol nel manto«, in der König Philip von Spanien sagt, daß er eines Tages, in sein königliches Leichentuch gehüllt, in den Tiefen des Escorial ruhen wird. Es ist ein erschütterndes, verzweifeltes Lied, das entweder von einem Baß oder von einem Bariton gesungen wird. Auf dieser Aufnahme war es der Sänger Ezio Pinza – dessen kraftvolle Stimme ich erst ein paar Wochen zuvor im *Lombardi*-Terzett kennengelernt hatte. Als ich seine große Arie aus *Don Carlos* zum erstenmal hörte, sprach sie mich nicht besonders an. Mir war sogar eine andere, unbekannte Auswahl lieber, die auf der Rückseite zu hören war: »O tu Palermo« aus *Die sizilianische Vesper*. Je öfter ich jedoch die *Don-Carlos*-Arie hörte, desto mehr lernte ich sie zu schätzen – nicht nur als Musikstück, sondern auch als Demonstration dessen, was ein dynamischer Sänger wie Pinza zu leisten imstande ist. Ich bemühte mich um andere Aufnahmen mit ihm, und wenn ich sie partout nicht im Billigangebot fand, zahlte ich sogar den vollen Preis. Meine Reaktion auf Pinza muß prophetisch gewesen sein, denn zwanzig Jahre später sang er in dem Musical *South Pacific*, das nach meinem Buch *Tales of the South Pacific* entstanden war. Die Rolle war ihm geradezu auf den Leib geschrieben. Seine bemerkenswerten Talente fanden nun endlich jene öffentliche Anerkennung, die ihm bis dahin versagt geblieben war, obwohl er zu den besten Mephistos und Don Giovannis zählte, die je an der Metropolitan Opera gesungen hatten.

Später lernten wir uns auch persönlich kennen. Ich war aufgeregt, weil ich einem Menschen gegenübertrat, dessen Kunst ich hoch verehrte; er war aufgeregt, weil er Englisch sprechen mußte – er hatte sich ein paar Zeilen in Lautschrift aufschreiben lassen und sie auswendig gelernt. Die Atmosphäre entspannte sich, als ich ihm sagte, wie sehr ich »Dormiro sol nel manto« bewunderte. Bei einem Probesingen in einer Wohnung hoch über den Dächern von New York sangen wir die große Arie gemeinsam. Es war natürlich eine einzige Katastrophe. Nicht nur, daß ich keinen Ton halten kann – die Arie fängt obendrein mit einem gewaltigen, dröhnenden Rezitativ an, »Ella giammai m'amo« (›Sie hat mich nie geliebt‹), das auf meiner Platte aus Platzgründen nicht enthalten war. Also sang Pinza die gesamte Arie, und ich bemühte mich, zu Beginn der zweiten, bekannten Hälfte einzustimmen. Pinza lächelte, sang weiter und kam schließlich an jene überwältigende Stelle, an der der König seinen eigenen Tod voraussieht: »Schlaf find' ich erst in düstrer Grüfte Schweigen, in meinem Sarge dort im Escorial...«

Ich kannte den Text in- und auswendig, hatte ich doch Dutzende von Malen mitgesungen, wenn Pinzas Platte lief. Nun sangen wir die Arie tatsächlich gemeinsam.

Während der langen Spieldauer von *South Pacific* am Broadway wurden Pinza und ich gute Freunde und sangen miteinander noch oft »Dormiro sol nel manto«, wobei seine volle, aus tiefer Brust emporsteigende Stimme die ärmlichen Geräusche, die ich zustande brachte, wohltuend übertönte.

Unter den ausgemusterten Schallplatten fand ich auch eine hübsche Gemeinschaftsproduktion zweier berühmter amerikanischer Sängerinnen, der Sopranistin Alma Gluck und der Altistin Louise Homer. Sie sangen in geradezu atemberaubender Harmonie »Whispering Hope«, einen sentimentalen alten Choral. Ich war der Platte – einer von vielen in einem riesigen Stapel – vom ersten Augenblick an verfallen. Die beiden Stimmen verschmolzen mit so wundervoller Präzison, daß ein Hauch von Heiligkeit mein Zimmer durchströmte; es war ein religiöser Gesang, der mich in meinem Innersten bewegte. Ich kann mir vorstellen, daß eine Neuauflage mit stereophonem Background-Orchester sich der gleichen enormen Popularität erfreuen könnte wie die Aufnahme aus den zwanziger Jahren.*

Beim Anhören der neu erworbenen Platten entdeckte ich auch, daß ich eine ausgeprägte Liebe zu Opernchören besaß. Und so stieß ich dann eines Tages auf jenen Chor, der gemeinhin als der eindrucksvollste Opernchor überhaupt gilt, der einfache Gesang der vertriebenen Juden in Verdis *Nabucco*. Die Juden in Babylon erinnern sich an Jerusalem und singen voller Heimweh: »Va, pensiero, sull' ali dorate...« (›Flieg, Gedanke, auf goldenen

---

* Als ich vierzig Jahre später *Colorado Saga* schrieb, diente mir der Choral als amüsantes Leitmotiv für einen großen Abschnitt des Romans – und machte seine Sache gut.

Flügeln...‹). Dieser vierstrophige, einstimmige Chor mit einfacher Begleitung eroberte Italien und alle anderen opernliebenden Nationen wie im Sturm. Auch auf Gedenkfeiern wurde er gesungen; so stimmten die Trauergäste auf Verdis Beerdigung im Jahre 1901 ganz automatisch seine beliebteste Komposition an. Bei dem etwas später stattfindenden Staatsbegräbnis dirigierte Arturo Toscanini achthundert Sänger – jene Chorstärke, die Verdi selbst bevorzugt hatte. In Anbetracht all dessen ist es recht merkwürdig, daß ich die Musik erst mit über fünfzig zum erstenmal zu hören bekam.

Daß mir, davon abgesehen, auf dem Gebiet der Oper viel entgangen ist, glaube ich eigentlich nicht. Und doch entdeckte ich eines Tages in einem Stapel Platten, die mir ein inzwischen verstorbener Händler aus New York schickte, jenen eindrucksvollen Chor aus *Fidelio*. Er nimmt in Beethovens Oper eine Stellung ein, die der des »Va, pensiero« in Verdis *Nabucco* nicht unähnlich ist: Eine Gruppe von Gefangenen wird für ein paar Augenblicke aus ihren dunklen Verliesen befreit. Als sie zum erstenmal seit Monaten das Tageslicht erblicken, singen die Häftlinge leise: »O welche Lust...« Es war möglicherweise die stärkste Opernplatte, die ich je erstand, denn die Musik sprach mich mit überwältigender Kraft an. Sie und die großen Kerkerdarstellungen Piranesis öffneten mir die Augen für alle Gefangenen und all die grausamen Ungerechtigkeiten auf dieser Welt. In der Konfrontation mit kollektivem Leid neige ich immer dazu, mir diesen Chor ins Gedächtnis zu rufen; sein gleichmäßiger Rhythmus teilt sich meinem Herzen mit, und durch ihn leide ich mit den Leidenden mit. Daß ich ein überzeugter Liberaler bin und nie Zeit und Mühe gescheut habe, mich für ehrenwerte Anliegen einzusetzen, liegt zum Teil daran, daß meine Haltung durch die humanistischen Qualitäten der großen Opern geprägt wurde. Und keine hat mich mehr beeinflußt als *Fidelio*. Wenn irgendwann in der Zukunft jemand ein exemplarisches musikalisches Motto suchen sollte für das, wofür ich in meinem Leben einstand, so könnte dies nur »O welche Lust« sein.

Eine andere Schallplatte, auf die ich zufällig stieß, berührte mich nicht wie *Fidelio* durch ihren Intellektualismus, sondern übertraf alle anderen durch ihren emotionalen Gehalt. Es handelte sich um eine Zehn-Inch-Platte\*, wie ich sie mir normalerweise nicht zulegte, weil mir das Verhältnis zwischen Kosten und Spieldauer nicht angemessen erschien. Diese eine war jedoch Teil eines größeren Postens, den ein Schallplattenladen loswerden wollte, und so bekam ich sie, glaube ich, fast umsonst. Sie enthielt ein mir bis dato unbekanntes Duett aus einer Oper, von der ich keine Ahnung hatte – Arrigo Boitos *Mefistofele*. Gretchen und Faust singen im Gefängnis von vergangenen Tagen: »Lontano, lontano« (›Weit fort, weit fort...‹). Diesmal erkannte ich von dem Augenblick an, da der Plattenteller sich zu drehen begann, die volle Bedeutung des Duetts. Es ist eine beachtliche Komposition, sehr kurz und zutiefst tragisch. Für mich umfaßt sie den gesamten Erfahrungsbereich der Liebe zwischen Mann und Frau. Das Duett ist ein zeitloses Dokument der menschlichen Leidenschaft – vergangene Herrlichkeit, unerfüllte Hoffnungen, Leidenschaften, die nur noch in der Erinnerung existieren, die brennende Sehnsucht nach einem anderen Ort, an dem die Liebe ewig währt. Hin und wieder begegneten mir auf meinen Reisen Menschen, die dieses Duett kannten. Seine Bewunderer sind nicht zahlreich, doch sie haben es unsterblich gemacht. Es ist kein sehr bedeutendes Musikstück, aber ich hörte es zufällig in einer Phase meines Lebens, in der sich meine persönlichen Werte ausprägten, und habe es, weitab von Plattenspielern, Opernhäusern und leibhaftigen Sängerinnen und Sängern wohl tausendmal im Geiste erklingen hören. Ich kenne nur eine einzige Version, eine uralte, auf französisch gesungene Aufnahme mit Geraldine Ferrar und Edmond Clément. Eine bessere hat es nie gegeben, denn es ist diese eine, auf die hin sich alle, die sie hörten, unglücklich verliebten. Phanta-

---

\* Eine Schallplatte von ca. 25 cm Durchmesser, die mit 33 Umdrehungen pro Minute abgespielt wird. (Anm. d. Übers.)

stisch, wieviel die beiden mit einem so kurzen Stück auszudrücken vermochten.

Doch wenn die Welt der Oper mich moralisch so beeinflußte, wie ich es vorhin am Beispiel von »O welche Lust« geschildert habe – wie kann ich da noch die anfängliche Behauptung aufrechterhalten, ich wäre von einem destruktiven Laster befallen?

Von jenem Augenblick an, da ich erstmals das Quartett aus *Rigoletto* hörte, war ich eingesponnen in eine Kunstform, die gleichermaßen romantisch, leidenschaftlich, absurd und unlogisch ist. Die Geschichten, auf denen die Handlung einer Oper basiert, sind derart unglaubwürdig, daß sich im Grunde kein vernünftiger Mensch darauf einlassen sollte. Und so ist mir tatsächlich auch niemals ein wirklich erstklassiger Kopf begegnet, der seine Zeit auf die Oper verschwendet hätte. Die Welt der Oper ist eine Welt der Illusionen, die uns kleineren Geistern vorbehalten bleibt, die wir imstande sind, unsere Vernunft zu narkotisieren und den Unsinn so ernst zu nehmen, daß wir Partituren und Libretti auswendig lernen – und damit unsere Unfähigkeit, gesunden Menschenverstand von reiner Phantasie zu trennen, offen zu erkennen geben.

Meine Fixierung auf die Oper hat mich insofern etwas geschädigt, als sie mir dazu verhalf, das menschliche Leben in dramatischerer Form zu sehen, als die reinen Tatsachen es gerechtfertigt hätten. Sie hat mich immer der Romantik nähergerückt und der Realität entfremdet; sie hat mich in meinem Liberalismus bestärkt, während gescheitere Leute nach Prüfung des objektiven Sachverhalts zu pessimistischen Konservativen wurden; und sie hat mich in meiner künstlerischen Tätigkeit zu bestimmten Gepflogenheiten verleitet, auf die ich mich besser nicht eingelassen hätte. Um ein Beispiel zu nennen: Meine Liebe zu Opernarien veranlaßte mich dazu, meinen Romanfiguren lange Deklamationen in den Mund zu legen, wo eine kurze Rede sicher prägnanter gewesen wäre. Auch hat mein Respekt vor den großen Duetten dazu geführt, daß meine Dialoge die in der literarischen Szene goutierte Länge überschritten. Meine Opernvernarrtheit hat im übrigen in fast jeder Hinsicht mein Kunstverständnis geprägt. So verurteilte mich jener sonnige Nachmittag, an dem Onkel Arthur sein ominöses Victrola-Grammophon in unser Haus schleppte, zu einer Reihe falscher Wertvorstellungen und setzte meine kleinen Füße in einer Richtung auf den Lebensweg, die nicht immer die richtige gewesen ist.

Andererseits war jene Geistesverfassung, die mich dazu befähigte, ein kreatives Leben zu führen, zu einem nicht geringen Teil das Ergebnis meiner intensiven Beschäftigung mit der Oper. Ich verinnerlichte die Wahrheiten, die in den einzelnen Arien zum Ausdruck kamen, und nahm die in ihnen verfochtenen Lehren ernst. Ich glaube, es ist keine Übertreibung, wenn ich behaupte, daß ich mich bei den moralischen Entscheidungen, die ich in meinem Leben traf, in gleicher Weise von der Oper wie von den Lehren des Alten und des Neuen Testaments leiten ließ.

Die erste der beiden Opernszenen, mit denen ich diese merkwürdige belehrende Kraft illustrieren möchte, findet sich zu Beginn des dritten Akts von *La Bohème*. Die beiden Liebespaare treffen sich an einem verschneiten Wintermorgen vor den Toren von Paris. Die liebestollen Tage sind vorbei, und die Zeit für eine nüchterne Einschätzung der Lage ist gekommen. Die Liebenden sehen einander in einem anderen Licht. Wenn ich ihren leidenschaftlichen Gesang höre oder sie singen sehe, so sind sie für mich keine Darsteller auf der Opernbühne, sondern reale Menschen von nebenan. Ein Junge lernt ein Mädchen kennen, so wie Rudolf Mimi kennenlernt; sie leben sich auseinander; sie erkennen an dem respektive der einstigen Geliebten neue, bislang unentdeckte Seiten; sie durchleiden Angst und Not, die Emotionen kochen hoch, und schließlich verblaßt ein Traum. Oft habe ich, der ich in vielen Teilen der Welt mit menschlichen Emotionen konfrontiert wurde, erlebt, daß es sechs Uhr morgens ist an einem schneeverhangenen Tag und die Tore geschlossen bleiben.

Jungen Leuten empfehle ich, die kraftvollen Soli, Duette und Terzette im dritten Akt von *Aida* aufmerksam zu studieren. Treue und Patriotismus, Liebe und Versuchung – Aspekte des menschlichen Verhaltens, mit denen fast jeder im Laufe seines Lebens das eine oder andere Mal konfrontiert wird. Wenn ich diese großartige Musik höre, die so perfekt auf die Probleme der drei Darsteller zugeschnitten ist, dann verwandle ich mich in Radames und stehe vor den gleichen furchtbaren Entscheidungszwängen wie er: Liebe kontra Pflicht, Verrat kontra Loyalität, ein leidenschaftlicher Augenblick kontra ein langes Leben im Dienst, persönliche Befriedigung kontra Karriere. Diese Art von Problemen beschäftigt nicht nur Radames, sondern viele junge Männer überall auf der Welt.

Auch ich sah mich mehrere Male in meinem Leben solchen Situationen gegenüber und reagierte auf sie in Einklang mit jenem Treue- und Loyalitätsverständnis, das sich bei mir herausgebildet hatte, als ich mich in die Person des Radames hineinversetzte. Mein Land zu verraten, ihm auch nur untreu zu werden, wäre für mich absolut unmöglich – nicht nur, weil ich ein streng moralischer Mensch bin, sondern weil ich als Radames auch sehe, wohin ein solches Verhalten führen kann.

Die Tragik der jungen amerikanischen Politiker, die durch den Watergate-Skandal ruiniert wurden, lag darin, daß sie sich den Lauf der Ereignisse, von denen sie schließlich überrollt wurden, einfach nicht vorstellen konnten. Man kann sich moralische Grundsätze gewiß auf praktischere Weise aneignen als durch den Besuch von *Aida* – doch was mich betrifft, so fand ich die meinen eben dort und möchte hoffen, daß andere im Rahmen der von ihnen bevorzugten Interessenssphären die ihren finden.

Die Opernszene mit dem intimsten Bezug zu meinem Vagabundenleben findet sich am Ende der Wagner-Oper *Das Rheingold*, einem schwierigen Werk, das nicht jedermann zusagt. Nach allerhand höllischem Tun und üblem Verrat erreichen die Götter endlich ihr Ziel: Sie können die Regenbogenbrücke überschreiten, die aus der Dunkelheit in den Sonnenglanz von Asgard und Walhall führt. In diesem imposanten Übergang sehe ich ein Symbol aller meine Wanderungen: da ist die Ungewißheit, mit der die Götter eine neue Welt mit all ihren neuartigen Komplikationen betreten; da ist die frohe Erwartung Wotans angesichts der vielen neuen Möglichkeiten; da ist das unentrinnbare Schicksal, das jeden einzelnen von uns auf ein nicht sehr heldenhaftes Normalmaß zurechtstutzt; und da sind die geheimnisvollen neuen Kräfte, die bei der Entdeckung jeder neuen Welt freigesetzt werden. Ich haben einen Großteil meines Lebens damit verbracht, auf dem Weg zu neuen Ländern und neuen Abenteuern goldene Brücken zu überschreiten, und es geschah jedesmal im Sinne dieser überragenden Szene. Wenn die große Oper mir nichts anderes als diese Richtschnur für meine Reisen und Erkundungen gegeben hätte, so wäre mir allein dadurch schon sehr gedient gewesen.

Meine Opernbesessenheit war schon recht fortgeschritten, als ich endlich auch die reine Musik kennenlernte. In meinem ersten Jahr am Swarthmore College wurde ich einmal mitten im Gang von Professor Fritz Klees vom English Department angehalten, obwohl er mich überhaupt nicht unterrichtete. »Wie ich höre, sind Ihre Leistungen ganz ausgezeichnet«, sagte er. »Ich habe eine Karte übrig für das Philadelphia Symphony Orchestra am Samstagabend. Wollen Sie mich begleiten?« Bildungshungrig wie ich war, nahm ich die Einladung an. Aus der Zeitung erfuhr ich, daß am Samstagabend nur zwei Stücke auf dem Programm standen: Der berühmte Bostoner Dirigent Serge Koussevitzky dirigierte Beethovens Fünfte und Dritte Symphonie. Ich tat, was jeder junge Student, der auf sich hielt, bei einer intellektuellen Herausforderung dieser Art getan hätte: Ich eilte in die Bibliothek und schlug in klugen Büchern nach – Beethoven, Symphonie, Orchester, Allgemeine Musikgeschichte... Als ich schließlich die Treppen der unvergleichlichen Academy of Music emporstieg, sah ich dem bevorstehenden Konzert mit Respekt entgegen, der sich bereits auf eine gewisse Vorbildung stützte.

Ich erinnere mich, daß in einem der Bücher, die ich mir zu Gemüte geführt hatte, das revolutionäre Ende des dritten Satzes der Fünften Symphonie beschrieben wurde. Nur die schweren Kontrabässe sorgen für den nahtlosen Übergang in den grandiosen letzten Satz. »Dies«, so der Autor, »hört sich ungemein kraftvoll an.« Ich war gespannt und nahm mir vor, genau hinzuhören. Die vier einleitenden Akkorde des ersten Satzes wurden ebenfalls lobend hervorgehoben. Auf die Majestät, mit der sie den Konzertsaal erfüllten, war ich dagegen nicht vorbereitet.

Die Musik war so großartig, so unwiderstehlich, daß sie mir schier den Atem verschlug, so hingerissen war ich. Unglaublich, zu welcher Meisterschaft ein starker Dirigent und ein superbes Orchester gemeinsam fähig waren. Beim Ende des dritten Satzes war ich ganz schwach vor Erschütterung. Dann begann das tiefe Grollen, von dem mein Konzertführer gesprochen hatte. Beim rauschhaften Übergang in den Triumphgesang des letzten Satzes riß es mich buchstäblich vom Sitz, so weit beugte ich mich vor, um zu sehen, welche Instrumente die polternden Kontrabässe ablösten und jene himmlischen Klänge erzeugten. Mit Beethovens Fünfter begann meine ernsthafte musikalische Bildung.

Nach der Pause achtete ich bei der Dritten Symphonie natürlich besonders auf die sechs gewaltigen Akkorde, die Beethovens Enttäuschung über seinen einstmaligen Helden Napoleon zum Ausdruck bringen. Als ich die Academy verließ, stand für mich fest, daß ich zurückkehren mußte, und zwar regelmäßig. Ich sparte mir das Geld für ein Abonnement – letzte Reihe auf dem Balkon – vom Munde ab und ließ fortan kaum ein Samstagabendkonzert aus. Jede Woche schnappte ich mir ein Exemplar des *Public Ledger*, um nachzulesen, was dessen Musikkritiker, Samuel Laciar, über die Samstagskonzerte zu sagen hatte. Auf diese Art und Weise genoß ich eine für einen jungen Menschen nahezu optimale Musikerziehung.

Drei Jahre lang besuchte ich Woche für Woche die Konzerte in Philadelphia und stimmte mit den Kritikern überein, die die Ansicht vertraten, daß unser Orchester allen in der Stadt auftretenden Gastensembles überlegen sei. Das gleiche galt meiner Überzeugung nach auch für Leopold Stokowski, den »wilden Mann« jener Zeit. Dank seiner Dirigentenkunst wurde ich ein leidenschaftlicher Anhänger von Komponisten wie Bach und Brahms, de Falla und Ravel. Ich war jedoch so erpicht darauf, alle Aspekte der klassischen Musik kennenzulernen, daß jedesmal, wenn ich drei oder vier Plattenalben meiner Lieblingsdirigenten erstand, auch ein Beispiel sehr schwieriger moderner Musik dabei war. Diese willkürliche Vorgehensweise führte zum Beispiel dazu, daß ich eines Tages Arnold Schönbergs *Verklärte Nacht* erwarb und mit der Zeit sehr zu schätzen lernte.

Meine musikalische Bildung wurde durch diese ungewöhnliche Lernmethode mit der Zeit etwas einseitig. Ich merkte beispielsweise, daß ich mit Mozart und Chopin nicht allzuviel anfangen konnte. Die beiden paßten einfach in keine der klar abgegrenzten Kategorien, die ich mir zurechtgelegt hatte. In späteren Jahren, mit geschärftem musikalischem Gespür, gehörten diese beiden großen Komponisten konstant zu meinen Favoriten, und ich empfand ihre Musik als Temperantium und Tonikum für die Seele.

Als junger Mann beschäftigte ich mich sehr gerne mit Heathkits. Das waren Bausätze für Radios, Plattenspieler und später sogar Fernsehapparate, die man in der eigenen Küche zusammensetzen konnte. Als Junge war man begeistert, als Erwachsener entspannte man sich bei der Bastelei. Wer intelligent genug war, die Anleitung zu verstehen, konnte viel Geld sparen, denn der Bausatz kostete nur einen Bruchteil des fertigen Geräts. Ich machte es mir zum Hobby, zwei oder drei recht gute Tonwiedergabesysteme pro Jahr zusammenzustellen und schreinerte dazu auch immer gleich ein hübsches Holzschränkchen, in dem die

Geräte verstaut wurden. Die fertigen Apparate probierte ich ungefähr einen Monat lang aus, um den Klang zu überprüfen und eventuelle Verbesserungen vorzunehmen. Danach schenkte ich sie Schulen oder Kirchen als persönlichen Beitrag zur Musikpflege. Ich schätze, daß ich ungefähr fünfundzwanzig Geräte auf diese Weise unter die Leute gebracht habe. Als Heathkits sich später auf Bausätze für Fernsehapparate verlegte, wurden mir die Anleitungen allerdings zu kompliziert.

Die Musik bedeutete mir jedoch so viel, daß ich 1934 damit begann, Wiedergabesysteme zu bauen, bei denen die zu drei verschiedenen Lautsprechern führenden Drähte mit extrem schweren Filtervorrichtungen versehen waren. Am ersten Kabel filterten mein Assistent – ein Oberschüler – und ich alle Baßnoten heraus, um für einen hohen Tenor zu sorgen. Am dritten eliminierten wir die hohen Töne, um den tiefen Baßnoten Geltung zu verschaffen, und am mittleren entfernten wir die extremen Höhen und Tiefen, so daß die mittleren Töne, die die Melodie trugen, besonders vorteilhaft zur Geltung kamen. Wenn wir nun die Lautsprecher an möglichst weit voneinander entfernten Stellen aufbauten, erhielten wir einen beachtlichen Stereoeffekt – und das zwanzig Jahre, bevor die kommerziellen Systeme sich diese Idee zunutze machten.

Auch die Kammermusik entdeckte ich erst in meinen Reifejahren und lernte mit Hilfe meiner zusammengebastelten Geräte die Wunder der Beethoven-Quartette, die Brahmssche Erhabenheit, die kunstvolle Einfachheit Mozarts und die Freuden solcher Stücke wie Dvořáks *Amerikanischem Quartett*, Schumanns Klavierquintett und Schuberts herrlichem Oktett kennen. Zwei Kompositionen schätzte ich ganz besonders: Beethovens geheimnisvolles letztes Quartett Nr. 16 in F-Dur, und das phantastische Klavierquintett von Johannes Brahms. In späteren Jahren legte ich die drei letztgenannten Stücke öfter auf als alle anderen. Inzwischen glaube ich, daß der schnelle Pizzicatosatz in Beethovens letztem Werk ein Zeichen dafür ist, daß er sein Ende nahen fühlte und spürte, daß er sich beeilen mußte.

Welch ein Segen ist die klassische Musik für alle, die sie kennen- und lieben gelernt haben! Über meine eigenen Reaktionen nur soviel: Wenn ich allein bin und Beethovens Fünfte höre, warte ich immer voll Spannung auf den dritten Satz. Und wenn dann das Dröhnen der Kontrabässe einsetzt und der große Übergang ins Sonnenlicht kommt, erhebe ich mich in ehrfurchtsvollem Gedenken an jenen verzauberten Abend meiner ersten Begegnung mit dieser Art von Musik.

Mit sieben Jahren – also im gleichen Jahr, in dem ich Onkel Arthurs Platten zum erstenmal hörte – entdeckte ich in einer alten Illustrierten die farbige Reproduktion eines Gemäldes, die mein Leben in einer zweiten Richtung beeinflussen sollte. Das Bild – es stammte von dem britischen Genremaler George Morland (1763–1804) – zeigte einen Hufschmied, der vor einer offenen Scheune ein Pferd beschlägt, und faszinierte mich so sehr, daß ich die Seite ausriß und das Bild, nachdem ich die Ränder sorgfältig zurechtgeschnitten hatte, auf einen Bogen Pappe klebte. Damit war eine weitere Leidenschaft geboren, die mich zeitlebens nicht mehr losließ.

Ich hatte die Welt der Malerei betreten. Diese Kunst sollte mich später in einer Weise prägen, die durchaus vergleichbar mit dem Einfluß war, den die Oper auf mich ausübte. Denn was mit Morland begann, wuchs sich schon bald zu einer privaten Kunstsammlung aus. Wo immer sich die Gelegenheit bot, erwarb ich neue Reproduktionen – überwiegend im Postkartenformat – und ordnete sie in den bereits vorhandenen Bestand ein, so daß ich sie in Mußestunden durchblättern konnte. Mein Leben lang habe ich meine Sammlung – oder wenigstens einen Teil von ihr – bei mir getragen, wo immer ich mich auch aufhielt, und sie wurde kontinuierlich verfeinert und ergänzt, indem ich Bilder mir bereits liebgewordener Maler durch bessere ersetzte und die Werke mir bis dato unbekannter Künstler hinzufügte.

Ich habe diese Methode mehr als siebzig Jahre lang beibehalten. Eine kleine, strenge Auswahl umfaßt ungefähr hundertfünfzig Karten mit den schönsten Gemälden der Welt. George Morlands Bild *Forge* (›Schmiede‹), dessen Charme für mich auch dann nie seinen Zauber verlor, als es längst von Werken bedeutenderer Künstler umgeben war, war der Schlüssel, der mir die Tür zu den unendlichen Schätzen der visuellen Künste öffnete. Es behielt stets einen Ehrenplatz in meiner Kollektion.

Die zweite Reproduktion in meiner Sammlung wirft ein Licht darauf, was für ein Kind ich war: In einer anderen Illustrierten entdeckte ich ein Bild, dessen frische Farben und fast majestätische Verteilung der Formen mich rundweg begeisterte. Es handelte sich um ein Landschaftsgemälde des amerikanischen Malers Willard Metcalf (1858–1925). So hingerissen von seiner Meisterschaft war ich, daß ich es für angemessen hielt, ihm dies auch brieflich mitzuteilen: »Mir gefällt Ihr Bild mit dem Feld und dem Baum sehr gut. Es befindet sich in einer Illustrierten, die ich nicht zerschneiden darf. Sollten Sie noch ein Exemplar davon besitzen und es erübrigen können, so würde ich es gerne haben.« Ich gab mein Alter an und setzte meinen Namen unter den Brief. Nahezu postwendend kam die Antwort des Künstlers, die mir großen Auftrieb gab. Ja, schrieb er, es stimme, das Bild sei wirklich gut. Ich hätte offenbar ein guten Blick dafür, und er rate mir, denselben noch zu schärfen. Der Brief wanderte zusammen mit dem beiliegenden Bild aus der Illustrierten in meine Sammlung.

Obwohl man weder Morland noch Metcalf ohne weiteres »Weltklasse« attestieren würde, waren sie doch Meister ihres Fachs, und da sie mein latent vorhandenes Kunstinteresse weckten, habe ich sie stets in Ehren gehalten. Den Zugang zur internationalen Kunst allerhöchsten Ranges verschaffte mir aber erst die dritte Reproduktion, die mir – diesmal in normaler Postkartengröße – in die Hände fiel. Ich weiß nicht mehr, woher ich die Karte bekam, vielleicht von einem Lehrer – auf jeden Fall zeigte sie eines jener Gemälde, das den Künstlern Europas die Augen für die Realität der Landschaftsmalerei öffnete. Sein Titel – *Allee von Middelharnis* – hatte etwas Verwunschenes an sich und prägte sich mir so ein, daß ich bis heute jedesmal, wenn ich eine von Bäumen flankierte Landstraße sehe, daran denken muß. Das Werk des holländischen Malers Meindert Hobbema (1638 bis 1709) wirkt auf den ersten Blick banal: eine vollkommen flache Landschaft mit ein paar kleinen Gebäuden im Hintergrund. In der Bildmitte führt eine unbefestigte Landstraße, die zu beiden Seiten von hohen, dürren Bäume von beinahe abstoßender Gestalt gesäumt ist, senkrecht nach hinten. Die Stämme tragen auf den unteren neunzig Prozent ihrer Gesamtlänge so gut wie überhaupt kein Astwerk und haben lediglich ganz oben mißgestaltete Kronen aus kurzen Zweigen. Fast jeder kann schönere Bilder malen, ist man versucht zu sagen – und doch erregte, als ich sieben Jahre alt war, ausgerechnet dieses Bild meine Aufmerksamkeit und Bewunderung, genauso wie es die Kunstwelt faszinierte. Freunde der Malerei lieben die *Allee von Middelharnis* – und es freut mich, sagen zu können, daß ich als Kind ganz allein darauf kam.

Zunächst wuchs meine Sammlung nur langsam. Doch bald entdeckte ich überall, wo ich mich umsah, Reproduktionen großer Gemälde, und in späteren Jahren suchte ich auf Postkartenjagd die Museen heim. Ich glaube, daß ich im Laufe der Zeit alle bedeutenden Museen der Welt gesehen habe, das Dresdener ausgenommen. Und könnte ich morgen hinfliegen, so würde ich dort gewiß zwanzig oder dreißig Postkarten erstehen, um Lücken in meiner tragbaren Bildergalerie zu schließen.

In der Anfangszeit war die Malerei für mich natürlich eine Domäne so anerkannter Meister wie Raffael, Tizian, Rembrandt oder Rubens, deren Werke auch im Reproduktionsgewerbe Konjunktur hatten. Es dauerte eine Weile, bis ich andere Maler entdeckte, etwa Constable, den ich sehr mochte, und Poussin, dessen Würde und Erhabenheit mir gefielen. In meiner Jugend geriet ich vorübergehend, wie ich zu meiner Schande gestehen muß, unter den Einfluß einer sentimentalen Engländerin, Mrs.

Jameson. In ihren hochinteressanten und gut lesbaren Büchern vertrat sie die These, große Kunst könne man daran erkennen, in welchem Grade sie edle und moralische Ideale exemplifiziere. Ich stimmte mit ihr überein, daß der auf Madonnenbilder spezialisierte Raffael oder Fra Angelico, der wie kein anderer die fromme Demut darstellte, bessere Künstler sein mußten als andere, die sich weniger heiligmäßigen Motiven widmeten. Tintoretto beschäftigte sich zwar auch mit religiösen Themen, doch tat er dies so gewaltsam, daß man ihn nicht zu den ganz Großen zählen durfte.

Mrs. Jamesons Moralpredigten waren lächerlich, doch da ich keinen Zugang zu den Werken anderer Kunstkritiker hatte, machte ich mir ihre Beurteilungen zu eigen – etwa ein halbes Jahr lang. Ich verschlang in jener Zeit ein Buch von ihr nach dem anderen, bis ich – ungefähr in der Mitte des dritten Buches – plötzlich merkte, daß Gemälde wie Morlands *Forge* und Hobbemas *Middelharnis* in ihrer Kunsttheorie überhaupt keinen Platz hatten. Tatsache ist, daß sie beide Bilder rundweg abgelehnt hätte. Mrs. Jameson war nichtsdestoweniger von unschätzbarer Bedeutung für meine künstlerische Bildung, zeigte sie mir doch, worauf es in der Kunstbetrachtung *nicht* ankommt. Wenn ihr etwas gefiel, schrillten bei mir die Alarmglocken.

Unter ein wenig differenzierterer Anleitung entdeckte ich dann allmählich, nach wie vor in Postkartenformat, die großen Werke von Masaccio, Piero della Francesca und Mantegna, blieb aber weiterhin, wie Mrs. Jameson, der italienischen Schule verhaftet. Sie hätte für jemanden wie Dürer kaum Zeit gehabt und schon gar keine für Holbein, dessen Werke nur sehr wenig moralische Erbauung boten.

Drei verwirrende Entdeckungen ließen meine bis dahin sehr einseitige Kunsterziehung abrupt aus den eingefahrenen Gleisen springen und veränderten sowohl mein Kunstverständnis als auch die Art und Weise, wie ich mich der Kunst näherte. An irgendeinem abwegigen Ort fand ich eine Postkarte mit einem Gemälde, auf dem ein auf einer Sitzstange hockender Stieglitz

abgebildet war, sonst nichts. Der Vogel war jedoch so hervorragend gemalt und proportioniert, daß ich mich in das Bild verliebte. Kein anderes Gemälde, nicht einmal jene drei ersten Glücksfunde, sollte mich so stark beeinflussen wie *Der Goldfink* des holländischen Malers Carel Fabritius (um 1622–1654). Doch als ich mich in kunstgeschichtlichen Werken über den Maler informieren wollte, fand ich ihn nirgendwo erwähnt. Fabritius schien in der holländischen Malerei keine Rolle zu spielen. Schon wollte ich das Bild wieder aus meiner Sammlung entfernen, als ich auf den Gedanken kam, daß mein Entzücken über den *Goldfink* nicht unbedingt von dritter Seite formell abgesegnet werden mußte. Aus Gründen, die ich nicht genau benennen konnte, handelte es sich um ein beachtenswertes Bild – und hätte es auch sonst keinem Menschen gefallen: Mir gefiel es.*
Mit dieser arroganten Feststellung begann eine langsam fortschreitende Entwicklung, die mich allmählich zu einer Theorie der Kunst und deren Verhältnis zum Individuum führte.

Doch zunächst stand mir ein drittes Abenteuer bevor, dessen Nachwirkungen mir noch im Alter Genugtuung verschaffen sollten. In einer üppig bebilderten Zeitschrift fiel mir die ausgezeichnete Reproduktion eines Landschaftsbildes ins Auge, wie ich es noch nie zuvor gesehen hatte. Weder mit meinem Metcalf noch mit meinem Hobbema vergleichbar, war es nichtsdestoweniger faszinierend. Es zeigte in federleichter, fast fragmentarischer Kargheit eine asiatische Landschaft, die ich zunächst für eine chinesische hielt. Da mir das Bild ausgezeichnet gefiel, notierte ich mir sorgfältig den Namen und die Lebensdaten des Künstlers: »Ando Hiroshige, japanischer Holzschnittmeister (1797–1858).« Es war der Beginn einer Bekanntschaft mit eini-

---

* Später sollte ich herausfinden, daß es viele Menschen, darunter auch bedeutende Experten gibt, denen dieses Gemälde genauso gut gefällt wie mir. Im Laufe der Zeit fand ich noch viele andere Reproduktionen. Meine Erfahrung mit diesem Bild verlieh mir den Mut, den Begriff des »kleinen Klassikers« zu prägen. Diese Formulierung wurde mir sehr wichtig, so daß ich gegen Ende dieses Kapitels noch einmal darauf zurückkommen werde. Außerdem erfuhr ich, daß Fabritius der Lehrer Vermeers war.

gen der sympathischsten Künstler der Weltgeschichte, einer Gruppe von Männern, die im achtzehnten und neunzehnten Jahrhundert eine Fülle von verhältnismäßig kleinen Holzschnitten schufen, die seither nicht mehr ihresgleichen fanden, geschweige denn übertroffen wurden. Ihre Namen in annähernd chronologischer Reihenfolge: Masanobu, Harunobu, Kiyonaga, Utamoro, Sharaku, Hokusai. Ich schätzte ihre Kunst so hoch, daß ich mir mit der Zeit eine der größten Privatsammlungen ihrer Werke mit an die sechstausend erstklassigen Einzelblättern zulegte.

Zuguterletzt fand ich auch Zugang zur zeitgenössischen amerikanischen Malerei. Zwei Jahre lang verbrachte ich damit, nahezu alles zu lesen, was darüber gedruckt verfügbar war. Ich erstellte eine umfassende Liste der beachtenswerten Maler und begann dann gemeinsam mit meiner Frau, die Galerien nach Gemälden zu durchsuchen, die wir uns leisten konnten. Schon sehr früh entschlossen wir uns, nur Bilder zu kaufen, die in meiner Lebenszeit, also ab 1907, entstanden waren. Dadurch gerieten wir automatisch an die große New Yorker Armory-Ausstellung von 1912, von der die moderne amerikanische Malerei ihren Ausgang nahm. Insgesamt erwarben wir im Laufe der Zeit an die vierhundert größere Bilder.

Ich weiß nicht mehr genau, wann es war, daß ich in einer Kunstzeitschrift auf die hervorragende Reproduktion eines Bildes des italienischen Renaissancemalers Benozzo Gozzoli stieß. Es zeigte eine Szene im Leben eines Knaben, dessen Verhalten so beispielhaft war, daß er später heiliggesprochen wurde. Gold, Rot und Blau waren die dominierenden Farben, und ihre Wirkung war so umwerfend, daß ich mir dieses Gemälde zum Lieblingsbild erkor – ein Werk, das ich selbst entdeckt hatte und das mir wegen seiner schlichten Natürlichkeit gefiel.

Ich las alles, was ich über den Künstler finden konnte: Gozzoli (1420–1497) war Florentiner und hatte sowohl mit Ghiberti an den großen Bronzetoren des Baptisteriums von Santa Maria del Fiore in Florenz, als auch mit Fra Angelico an den Fresken des San-Marco-Klosters in Venedig zusammengearbeitet. *Life* widmete ihm später einmal eine jener ausführlichen farbigen Beilagen, die mitverantwortlich waren für das Renommee, das sich diese Zeitschrift erwarb. Besagte Ausgabe zeigte die berühmten Fresken in der Kapelle des Palazzo Medici in Florenz. Seite um Seite belegte, wie Gozzoli die einfache biblische Geschichte der heiligen drei Könige in eine Verherrlichung der Familie Medici verwandelt hatte, deren Mitglieder er vor dem Hintergrund einer typisch italienischen Landschaft Revue passieren läßt.

Ich hielt diese Seiten in Ehren, bewiesen sie doch, daß ein Künstler, den ich für mich entdeckt hatte, tatsächlich ein bedeutender Mann gewesen war und wunderschöne Gemälde hinterlassen hatte. Darüber hinaus beeindruckten mich auch die sechs z im Namen des Benozzo Gozzoli di Palazzo. In jedem Fall aber sollte er in meinem Leben eine weit wichtigere Rolle spielen als nur die eines begabten italienischen Malers mit einem interessanten Namen.

Das Auswendiglernen von Gedichten, die ebenso enthusiastische wie patriotische Lehrer für uns auswählten, gehörte während meiner Volksschuljahre zum Pensum. Da ich von Natur aus Gefallen an der Lyrik fand, fiel mir das Lernen leicht, und ich prägte mir die Verse so dauerhaft ein, daß sie bis heute in meinen Gedächtnis widerhallen:

> *The breaking waves dashed high / On a stern and rock-bound coast...*
> (Felicia Hemans)

> *Listen, my children, and you shall hear / Of the midnight ride of Paul Revere...*
> (Henry Wadsworth Longfellow)

*For all sad words of tongue and pen, / The saddest are these:
»It might have been!«...*
    (John Greenleaf Whittier)

*... and what is so rare as a day in June? / Then, if ever, come
perfect days...*
    (James Russell Lowell)*

Wie viele solcher Gedichte mußte ich auswendig lernen? Vielleicht vier pro Jahr, und das zwölf Jahre lang, also insgesamt an die fünfzig. Wie viele lernte ich aus eigenem Antrieb auswendig? Vielleicht sechsmal soviel. Ich merkte allerdings schon bald, daß sie alle nicht viel taugten. Immerhin, die Verse hatten sich meinem Bewußtsein eingeprägt, und letztlich sagte ich mir: »Etwas im Kopf zu haben ist allemal besser als gar nichts.«

Erst im College begann ich, die Dichtkunst richtig zu begreifen. Anlaß dafür war ein glücklicher Zufall, der dazu führte, daß ich in zwei Shakespeare-Stücken mitspielen konnte. Eines davon war *Was ihr wollt*. Ich lernte nicht nur meinen eigenen Text auswendig – die Rolle des Herzogs Orsino –, sondern auch den der meisten anderen Schauspieler. Ist ein trauriges Liebeslied je gefühlvoller beschrieben worden als von Orsino, als er den Clown zum Singen auffordert?

*Gib acht, Cesario, es ist alt und schlicht;
Die Spinnerin, die Strickerin im Freien,
Die Tagelöhnerin, die Spitzen klöppelt,
Sie singen's manchesmal; 's ist wahr und einfach
Und tändelt mit der Liebe Unschuld, wie
In alten Zeiten.***

---

\* Um einen Eindruck vom Tonfall dieser bei uns kaum bekannten Dichter zu geben, wurde hier auf eine Übertragung verzichtet. (Anm. d. Übers.)
\*\* William Shakespeare: *Was ihr wollt*, in: *Die großen Dramen*, herausgegeben und übersetzt von Rudolf Schaller, Frankfurt 1981, Bd. 10, S. 47.

Diese elfenhaften, zum Teil unverständlichen Zeilen, spuken mir seit sechzig Jahren im Kopf herum und gehören zu den wertvollsten Erinnerungen an meine College-Zeit. Sie wiegen, denke ich, das gesamte Herbstsemester auf, in dem ich sie auswendig lernte.

Je weiter ich in meinen Studien fortschritt, desto gehaltvoller wurden natürlich die Zeilen, die ich mir merkte. Das leichte Reimgeklingel der Kindheit wurden durch einige der bedeutendsten Zeilen der englischen Lyrik ersetzt:

*Da fühlt ich, wie ein Himmelsforscher fühlt, /*
*Wenn ein Planet neu in sein Sehfeld schwimmt...*
(John Keats)

*Nicht ganz erinnrungslos / Und völlig nackt und bloß: /*
*Wir kommen, goldnen Wolkenzügen gleich, Aus unsrer*
*Heimat, Gott.*
(William Wordsworth)

*... sie beugte sich - o Glück! - / Zum Kuß herab - ich wacht'*
*und war allein / Und mit dem Tag kam meine Nacht zurück.*
(John Milton)

*Nichts weiter blieb. Ein Bild von düstrem Grame, / Dehnt um*
*die Trümmer endlos, kahl, eintönig / Die Wüste sich, die den*
*Koloß begräbt.*
(Percy Bysshe Shelley)\*

Doch immer wieder in all den Jahrzehnten kam ich auf die Sonette Shakespeares zurück, jene vollendeten Meisterwerke der

---

\* John Keats: *Nach dem ersten Lesen von Chapmans Homer-Übertragung*, in: *Gedichte*, übertragen von Alexander von Bernus, Heidelberg 1958; S. 74. / William Wordsworth: *Ode. Ahnungen der Unsterblichkeit*, in: *Ausgewählte Gedichte*, Deutsch von Wolfgang Breitwieser, Heidelberg 1959, S. 44 ff. / John Milton: *Auf seine verstorbene Gattin*, übersetzt von Alexander Schmidt, in: *Poetische Werke*, Leipzig 1909; S. 222. / Percy B. Shelley: *Osymandias*, in: *Shelley's ausgewählte Dichtungen*, aus dem Englischen von Adolf Strodtmann, Leipzig 1886; S 78.

englischen Sprache. Ein halbes Dutzend von ihnen konnte ich auswendig, und noch heute erinnere ich mich an viele Einzelzeilen und Reimpaare, die mein Leben erleuchteten:

*Nicht eigne Furcht, noch der Prophetenblick
Der weiten Welt, die von der Zukunft schwätzt...* (107, 1-2)

*Doch denk ich dein, mein Freund, so hat mein Herz
Was es verlor, und stille schweigt der Schmerz.* (30, 13-14)

*Wenn mit dem Glück und mit der Welt entzweit
Ich elend und vereinsamt Klage suche...* (29, 1-2)

*Wenn zu dem stillen Rate meiner Seele
Ich die Erinnrung an Vergangnes lade...* (30, 1-2)

*Des Friedens Ölzweig grünt auf sichern Fluren...* (107, 8)\*

Ich denke, daß jeder Mensch, der ein hohes Alter erreicht, eine schwere Last an Erinnerungen, Faustregeln und Ammenmärchen mit sich herumschleppt. Mir erging es jedenfalls so, und in mancher Hinsicht war diese Last wahrscheinlich ein Nachteil. Aber sie setzte sich aus den schöpferischen Leistungen der hervorragendsten Geister vergangener Jahrhunderte zusammen und wurde mir mit jedem Jahr, das ich sie trug, lieber.

Es verging kaum ein Tag in meinem Leben, an dem ich nicht das eine oder andere Kunstwerk betrachtete. Jetzt, in diesem Augenblick, sitze ich an der Schreibmaschine und erfreue mich am Anblick des schönen Kalenderbilds an der Wand vor mir: Es zeigt ein Gemälde meines alten Freundes Willard Metcalf – *Gloucester Harbor*, 1895 – aus der Sammlung des Amherst College, eine ebenso hübsche Arbeit wie jenes erste Gemälde von

---

\* William Shakespeare: *Shakespeares Sonette*, übertragen von Eduard Saenger, Leipzig 1909.

ihm, das ich 1914 sah. Neben meinem Ellbogen hängt der *Goldfink* von Fabritius, der als kleiner Klassiker immer mehr Beachtung findet. Auf meinem Plattenspieler liegt »Lontano, lontano...« und in der Anthologie unter meiner Tischlampe führt mich ein Lesezeichen zu »The Eve of St. Agnes«.

Diese Schätze vergehen nie. Die großen Lieder hallen noch immer nach, die Farben der Gemälde verblassen nicht. Sie begleiteten mich auf meinen Touren im Nanga-Parbat-Gebiet und machten mir Mut in unserem kleinen, auf den Wogen tanzenden Boot, in dem ich, ans Steuerrad gebunden, die Ausläufer eines pazifischen Taifuns überstand. Sie hallten in meinem Geiste wider, wenn ich Trost brauchte, waren zur Stelle, wenn ich mich auf eine überfällige Arbeit konzentrieren mußte oder Inspiration für eine neue suchte. Als Kind ergründete ich die Geheimnisse der Kunst, als junger Mann versuchte ich, die Spreu vom Weizen zu trennen, und als Erwachsener blieb ich mit ungebrochener Begeisterung bei der Sache. Vielleicht habe ich die Kunst zu sehr geliebt und zugelassen, daß ich ihr Gefangener wurde – und doch gestattete die Art und Weise, wie mein Suchen begann, kaum eine andere Entwicklung.

Und wie einfach es begonnen hatte! Mit einer Gefriermaschine für Pfirsicheis, mit einer Caruso-Platte und mit einer Reproduktion eines Gemäldes von George Morland.

Kapitel V

Menschen

Einmal durchquerte ich mit einer Karawane die große Dascht-i-Margo-Wüste in Afghanistan und besuchte die alte Stadt Herat, wo ich in einer ehemaligen Moschee wohnte, deren Boden aus gestampftem Lehm bestand. Ich befand mich gerade ein paar Minuten in meinem improvisierten Quartier, als ein spindeldürrer, zahnlückiger Mann mit ziemlich langem schwarzem Haar und unentwegt lächelnder Miene hereinkam und zwanzig oder dreißig herrliche Perserteppiche auf dem Boden auszubreiten begann. Es waren die schönsten, die ich je gesehen hatte. Die Muster waren phantastisch – raffiniert miteinander verwobene Koransymbole, umrahmt von verwirrenden geometrischen Strukturen – und die Farben – verschiedene Rot- und Grüntöne, vor allem aber leuchtendes Dunkelblau – standen ihnen in nichts nach.

Die Teppiche, die sich alsbald vor mir auf dem Boden türmten, verwandelten mein Zimmer in ein Museum. Als sie alle ausgelegt waren, gab mir der lächelnde, mit seiner Arbeit sichtlich zufriedene Mann, von dem ich annahm, er stünde in Diensten des sogenannten Hotels, zu meiner Verblüffung einen Zettel, auf dem mit Bleistift in englischer Sprache geschrieben stand: MUHAMMAD ZAQIR, TEPPICHHÄNDLER, HERAT.

Endlich begriff ich, daß man mir eine Falle gestellt hatte, und protestierte: »Nein! Nein! Keine Teppiche!« Doch mein Gegenüber lächelte unverdrossen und erwiderte auf englisch: »Nicht kaufen müssen. Ich lassen hier. Sie ansehen – Sie sie gern haben.« Ehe ich widersprechen konnte, war er schon gegangen. Ich rannte hinter ihm her, damit er seine Teppiche mitnahm, denn ich wollte keinen, doch er war bereits unterwegs und führte sein beladenes Kamel von der ehemaligen Moschee fort.

Er hatte wohl vom Hotelmanager erfahren, daß ich fünf Tage in Herat bleiben würde. Wahrscheinlich war er voller Zuversicht, mich in dieser Zeit mürbe machen und zum Kauf eines Teppichs überreden zu können. Am Abend des ersten Tages ging es los: Nach dem Abendessen tauchte er auf und setzte sich im flackernden Lampenlicht zu mir: »Jemals schönere Teppiche gesehen? Der da von einem Freund von mir in Meshed. Die beiden von Händler in Buchara. Und der da aus Stadt, die Sie vielleicht kennen – Samarkand?«

Auf meine Frage, wie er mit solchen Städten in der Sowjetunion Handel treiben können, zuckte er mit den Achseln: »Grenzen? Ach, nicht wichtig für uns hier draußen.« Mit einer weit ausholenden Handbewegung über die vor uns liegenden Teppiche fügte er hinzu: »Nicht ein einziger in Afghanistan geknüpft.« Mir fiel die unwiderstehliche Aussprache des Wortes auf: »Af-hahn-i-stahn«.

Über eine Stunde saß er an jenem Abend bei mir, und am nächsten Tag war er schon am Vormittag wieder da und begann mit ernsthaften Verhandlungen. »Michener-Sahib – deutscher Name vielleicht?« Ich erwiderte, der Name sei eher englischen Ursprungs, was er mit einem Lachen quittierte: »Engländer, Afghanen – viele Kämpfe. Engländer immer gewinnen – aber am nächsten Tag marschieren zurück nach Indien. Alles bleibt beim alten.« Als ich ihn korrigierte, ich sei kein Engländer, gab er zurück: »Ich weiß. Pennsylvania. Drei, vier, fünf Teppiche wunderschön in Michener-Sahibs Haus in Pennsylvania.«

»Aber ich brauche dort keine Teppiche. Ich will wirklich keine.«

»Aber würden sie nicht wunderschön aussehen in Pennsylvania?« Mit dem Fuß, so als seien sie nichts wert, stieß er die obersten Teppiche vom Stapel, um die schimmernde Pracht der darunterliegenden zu enthüllen.

Als er am Abend des zweiten Tages wiederkam, konkretisierte er sein Angebot: »Der große weißgoldene, der Ihnen so gefällt: sechshundert Dollar.« Er ließ sich durch nichts beirren. Als ich ihm endlich unmißverständlich zu verstehen gegeben hatte, daß ich an den großen Teppichen nicht im geringsten interessiert war, breitete er unauffällig die bereits im Zimmer befindlichen kleineren Stücke darüber aus. Dann lief er zu seinem

Kamel und holte sieben oder acht weitere, alle in jener Größe, die, wie ich ihm wohl unbewußt verraten haben mußte, unter Umständen für mich in Frage kämen. Am Ende jener Verhandlungsrunde war mir klar, daß ich zumindest potentieller Käufer von vier oder fünf schönen Teppichen war.

»Gut, Michener-Sahib. Sie haben gutes Auge. Der chinesische also, Seide und Wolle, sehen Sie nur, die winzigen Knoten...« Nun erhielt ich Unterricht in Teppichherstellung; er sprach über die Muster, die unterschiedlichen Knüpftechniken, die phantastische Dichte des chinesischen Stücks, die verwirrenden Farben des Exemplars aus Samarkand. Es faszinierte mich, ihm zuzuhören — und er klopfte mich unterdessen weich.

Er war ein hartnäckiger Bursche. Er paßte mich ab, wenn ich nach getaner Arbeit in meine Moschee zurückkehrte, und ließ dann nicht mehr locker. Am dritten Tag — wir saßen beim Tee, und unsere Stühle standen auf seinem Teppichhort, der mittlerweile in vier oder fünf Lagen den gesamten Zimmerboden bedeckte — entkräftete er ein weiteres meiner Argumente: »Sie können sie nicht mitnehmen? Kein Reisender kann das. Ich schicke sie. Hier Kamel, Karatschi Schiff, New York Eisenbahn, Pennsylvania Lastwagen.« Käuferadressen aus aller Welt klebten in seinem Notizbuch. Seine Lieferungen waren vom iranischen Meshed, vom afghanischen Mazar-e-Sharif und vom sowjetischen Buchara aus abgesandt worden — er kam mit seinem Lastenkamel offenbar ganz schön weit herum. Und neben den Lieferadressen klebten Kundenbriefe, in denen die neuen Besitzer den Empfang der Ware bestätigten. Bei unseren Verhandlungen hatte ich das Gefühl, es mit einem ehrlichen Mann zu tun zu haben.

Als es an jenem Abend vorübergehend so aussah, als könnte es mir doch noch gelingen, ohne Teppichkauf davonzukommen, nagelte er mich auf die Zahlungsbedingungen fest. »Michener-Sahib können mir gern amerikanische Dollars geben.«

»Ich habe keine amerikanischen Dollars.« In der Reihenfolge seiner Präferenzen rasselte der Händler eine ganze Liste von

Zahlungsmitteln herunter, die er akzeptieren würde – britisches, indisches, iranisches, pakistanisches, afghanisches Geld. Ich mußte ihn unterbrechen. »Muhammad, mein Freund«, sagte ich wahrheitsgemäß, »ich habe kein Geld. Überhaupt keines.« Ich hatte die Worte kaum ausgesprochen, da rief er schon: »Ich nehme auch Reiseschecks, American Express, Bank America in California...« Ich konnte ihm die traurige Wahrheit nicht vorenthalten: »Muhammad, mein Freund, ich habe auch keine Reiseschecks. Sie befinden sich samt und sonders im Tresor der amerikanischen Botschaft in Kabul – wegen der Räuber auf dem Weg nach Meshed.«

»Ich weiß, ich weiß. Aber Sie ehrlicher Mann, Michener-Sahib. Von Ihnen nehme ich auch persönlichen Scheck.«

Als ich zugab, auch einen solchen nicht dabeizuhaben, fragte er nur: »Gefallen Ihnen diese sechs Teppiche?«

»Ja. Sie haben mich überzeugt, Muhammad. Die Teppiche gefallen mir.«

In einem einzigen Bewegungsablauf sammelte er die sechs Prachtstücke ein, rollte sie zu einem kompakten Bündel zusammen und drückte mir dasselbe in die Arme. »Nehmen Sie! Schicken Sie mir Scheck, wenn Sie wieder in Pennsylvania sind.«

»Sie trauen mir?«

»Michener-Sahib sehen ehrlich aus. Sehe ich nicht ehrlich aus?« Er zog einen der größeren Teppiche hervor, ebenfalls ein prachtvolles Exemplar, und zeigte mir die feinen Knoten. »Buchara. Hab' ich dort bekommen, konnte aber nicht bezahlen. Schicke das Geld nach Verkauf. Mann in Buchara vertraut mir. Ich vertraue Michener-Sahib.«

Nein, erwiderte ich, das könne ich ihm nicht zumuten. Mir könnte etwas zustoßen, außerdem sei es doch immerhin möglich, daß ich nicht so ehrlich wäre, wie ich aussähe. Damit war die Diskussion beendet – bis auf eine letzte Frage Muhammads: »Michener«, sagte er, »welche Teppiche Sie würden mitnehmen, wenn Sie hätten Geld?« – »Mitnehmen keinen«, erwiderte ich, »aber wenn Sie mir diese vier hier zuschicken könnten, würde ich sie nehmen.« – »Sie werden sie bekommen. Ich werde einen Weg finden.«

Am nächsten Tag, gleich nach dem Frühstück, tauchte er wieder auf und machte mir einen verblüffenden Vorschlag: »Michener-Sahib, ich gebe Ihnen Sonderpreis für die Teppiche. Vierhundertfünfzig Dollar.« Und ehe ich ein weiteres Mal meine Zahlungsunfähigkeit beteuern konnte, fügte er hinzu: »Einmaliges Geschäft für Sie. Michener-Sahib, schreiben Sie mir einen Scheck.«

Betrübt darüber, daß mir eine solche Okkasion durch die Lappen ging, sagte ich: »Aber ich habe doch keine Schecks bei mir!«

»Das Sie gestern schon gesagt. Ich glaube Ihnen. Also zeichnen Sie mir einen Scheck.« Er zog einen einfachen Bogen Papier aus seiner Mappe und reichte mir einen Stift. Dann zeigte er mir, wie man ein Scheckformular zeichnet – Name der Bank, Adresse, Summe usw. Zum erstenmal in meinem Leben zeichnete ich also – im wahrsten Sinne des Wortes – einen Scheck, trug die Summe ein und unterschrieb. Muhammad Zaqir legte das Dokument zu seinen Akten, rollte die vier Teppiche, die ich erstanden hatte, zusammen, verschnürte sie und versah das Bündel mit meinem Namen und meiner Anschrift. Dann packte er auch die anderen Teppiche auf sein Kamel, saß auf und machte sich auf den Weg nach Samarkand.

Zu Hause in Pennsylvania erhielt ich in der Folgezeit zwei verschiedene Sorten von Briefen, insgesamt etwa fünfzehn von jeder Kategorie. Der folgende ist ein Beispiel für die erste:

Ich bin Schiffahrtsagent in Istanbul. Mit einem Frachter aus Karatschi traf ein großes, gut verpacktes Paket ein, das an Sie adressiert ist. Nach Erhalt Ihres Schecks über 19,50$ (U.S.) werde ich es sofort an Sie abschicken.

Innerhalb von drei Jahren erhielt ich kontinuierlich solche Briefe – aus Karatschi, Istanbul, Triest, Marseille und weiß Gott woher. Die geforderten Summen lagen alle knapp unter der Zwanzig-Dollar-Grenze, so daß ich mir jedesmal sagte: »Jetzt hast du schon so viel investiert, da kommt es auf die paar Dollar auch nicht mehr an.« Schon war der Scheck unterwegs. Die Teppiche aber kamen und kamen nicht. Überdies war ich mir nicht einmal sicher, ob sie überhaupt mir gehören würden, falls sie tatsächlich einmal eintrafen, denn mein ungewöhnlicher Scheck war nie eingereicht worden. Dabei hatte ich meine Bank ausdrücklich vorgewarnt: »Wenn dieser Scheck kommt, bezahlen Sie ihn bitte umgehend. Es handelt sich um eine Ehrenschuld.«

Die zweite Kategorie von Briefen erklärte die lange Verzögerung:

> Ich bin der italienische Botschafter in Kabul und komme gerade aus Herat zurück, wo mir ein Teppichhändler Ihren bemerkenswerten Scheck über annähernd fünfhundert Dollar zeigte. Der Händler fragte mich, ob man ihm diesen Scheck wohl einlösen werde, worauf ich ihm versicherte, darauf könne er sich verlassen, denn Sie seien ein Mann von ausgezeichnetem Ruf. Auf meine Frage, warum er ihn nicht schon längst eingelöst habe, antwortete er: »Michener-Sahib ist ein guter Name. Ich zeigen Scheck Leuten wie Ihnen – und verkaufe viele Teppiche!«

Die Briefe stammten von französischen Kaufleuten, englischen Forschern, indischen Händlern – quasi von jedem, der das abgelegene Herat erreicht und in dieser heruntergekommenen alten Moschee übernachtet hatte.

Die Teppiche trafen schließlich, wie von Muhammad Zaqir vorhergesagt, ein – begleitet von einem Sammelsurium von Lieferscheinen, das schon für sich allein museumsreif war. Und nachdem mein improvisierter Scheck jahrelang als Werbung gedient hatte, fand auch er eines Tages zu mir zurück und wurde eingelöst. Die Teppiche wurden mir leider kurze Zeit später gestohlen, doch ich kann mich noch lebhaft an sie erinnern und denke mit Wehmut an sie zurück. Vor allem aber erinnere ich mich des Mannes, der vier Tage damit zubrachte, mich nach allen Regeln der Kunst zum Teppichkauf zu überreden.

Auf meinen Reisen begegnete ich vielen faszinierenden Menschen wie Zaqir. Doch wenn sich auch die Eskapaden der exotischeren Charaktere unter ihnen recht lustig anhören und reichhaltigen Stoff für Anekdoten bieten, habe ich nie einen Menschen allein seiner Eigenarten wegen geschätzt, und darum sind auch diejenigen, die ich im folgenden kurz vorstellen möchte, nicht nur um ihrer selbst willen interessant. Sie waren für mich vielmehr auch deshalb von Bedeutung, weil sie mein Menschenverständnis prägten. So führte beispielsweise meine Begegnung mit dem afghanischen Teppichhändler und dessen ethisches Verhalten dazu, daß ich meine klischeehaft negative Einstellung zum Islam überdachte. Ergebnis dieser Überlegungen war ein kurzer Essay, das in der muslimischen Welt unter dem Titel *Islam, the Misunderstood Religion* weite Verbreitung fand. Er verschaffte mir Zugang zu einigen entlegenen Winkeln des Islam, die mir sonst verschlossen geblieben wären.

Der Leser wird sich erinnern, daß wir mit der *Cape Horn*, jenem armseligen Transportmittel, das uns zum pazifischen Kriegsschauplatz brachte, eines Abends im Luganville-Kanal vor Espiritu Santo in den Neuen Hebriden ankerten – nicht weit von der Kopraplantage des Franzosen Aubert Ratard. Als ich später aus beruflichen Gründen auf die Insel zurückkehrte, lief mir Monsieur Ratard zufällig über den Weg. Ich verbrachte mehr als zwanzig Tage und Abende bei ihm und seiner Familie. Nach meinem zehnten oder fünfzehnten Besuch äußerte Ratard sein Erstaunen über mein intensives Interesse an seinen tonkinesischen Plantagenarbeitern. Ich erinnere mich noch an meine Antwort: »Franzosen treffe ich überall, aber Tonkinesen begegnet man nicht so leicht.« Und daher machte ich mich mit den Problemen dieser gutaussehenden Menschen bekannt.

Obwohl ich so gut wie überhaupt kein Französisch sprach, brauchte ich nur wenige Tage, um herauszufinden, daß die Tonkinesen auf Ratards Plantage nicht glücklich waren. Mit Ratard und seiner Geschäftsführung hatte dies allerdings nichts zu tun. Das Problem war der Krieg: »Wir Tonkin verlassen vor drei Jahren. Unterschreiben für drei Jahre. Hierher kommen, hart arbeiten, Geld sparen, nach drei Jahren zurück als reiche Leute.« Das sei doch kein schlechtes System, sagte ich, es habe sich in verschiedenen anderen Ländern bewährt. Doch die Arbeiter hatten einen echten Grund zur Klage: »Dann kommen Krieg. Drei Jahre vorbei. Aber wir nicht zurück. Vier Jahre, fünf Jahre – nicht schön.« Ratard und seine französischen Landsleute waren bereit gewesen, die tonkinesischen Vertragsarbeiter auszuzahlen und zu repatriieren, was jedoch infolge des Kriegsgeschehens absolut unmöglich gewesen war. Es entstand eine häßliche Situation, denn die französische Kolonialregierung verfügte die Verlängerung der Arbeitsverträge »bis Kriegsende« – eine Maßnahme, von der einseitig die Plantagenbesitzer profitierten: Sie behielten erfahrene tonkinesische Arbeiterinnen und Arbeiter, deren Wert inzwischen beträchtlich gestiegen war, zu den alten, in Einzelfällen bis zu sechs Jahre zuvor ausgehandelten Konditionen. Die Maßnahme war verständlich, aber nicht gerecht.

Die rundliche Tonkinesin, die mich in fließendem Französisch über die Verhältnisse aufklärte, war ungefähr fünfunddreißig Jahre alt und nahm, was die Rechte ihrer Landsleute betraf, kein Blatt vor den Mund. Ich glaube nicht, daß Ratard sehr glücklich darüber war, daß ich mich mit ihr unterhielt. Aber ich hatte ihm bereits bewiesen, daß ich die französische Haltung respektierte, und er kannte auch meine Bereitschaft, ihm von der Navy Werkzeuge und andere für seine Plantage erforderliche Güter zu beschaffen. Auch mußte er, wenngleich wohl zähneknirschend, zugeben, daß die betreffende Tonkinesin eine der besten Arbeiterinnen war. Ihren richtigen Namen habe ich nie erfahren, doch wurde sie wegen ihres erbitterten Widerstands gegen die Ausbeutung überall nur »Bloody Mary« genannt und ist mir unter diesem Namen im Gedächtnis geblieben.

Nach dem Krieg, so sagte sie mir, wolle sie nach Tonkin zurückkehren, einer Region im späteren Nordvietnam. Ich hatte den Eindruck, daß sie sich dort dem Widerstand gegen den französischen Kolonialismus anschließen wollte. Sie prophezeite mir, daß es in der Nachkriegszeit sowohl auf den Neuen Hebriden als auch auf Neukaledonien, der großen französischen Insel im Süden, zu Unruhen kommen würde, wenn die Kolonialverwaltungen erneut versuchen sollten, die Arbeitsverträge zu verlängern. »Wir fahren nach Hause. Plantagen alle kaputt.«

Als in späteren Jahren amerikanische Soldaten in Vietnam ihre unnützen Schlachten schlugen, fragte ich mich oft, ob unsere politischen Führer überhaupt ahnten, daß sich der von ihnen bekämpfte Feind aus Millionen von Menschen zusammensetzte, die Bloody Mary an Entschlossenheit in nichts nachstanden. Doch letztlich traf auch meine Sichtweise ihrer Person nicht zu, denn in *South Pacific* schilderte ich sie nicht als potentielle Revolutionärin, sondern als tonkinesische Mutter, die für ihre hübsche Tochter zu sorgen hat. Die echte Bloody Mary hatte keine Kinder – jedenfalls nicht in den Arbeiterunterkünften auf Ratards Plantage.

An jenem stürmischen Wintertag, an dem ich zum erstenmal von Oban auf dem schottischen Festland über den Minch die kleine Insel Barra in den Äußeren Hebriden ansteuerte, dämmerte es bereits, als ich mein Ziel erreichte. Ich hatte keine Unterkunft und verfügte über keinerlei Empfehlungsschreiben. Ein Inselbewohner, der die Ankunft des Schiffes abgewartet hatte, sagte zu mir: »Gehen Sie zum katholischen Pfarrer, der organisiert das hier auf der Insel.« Ich folgte seinem Rat und lernte wenig später einen klugen, freundlichen und verständnisvollen Mann in den Vierzigern kennen. »Ein höchst ungewöhnliches

Ansinnen«, sagte er. »Wir hatten in meiner Amtszeit noch nie einen Amerikaner hier, und im Winter praktisch überhaupt noch keinen Touristen, egal aus welchem Land. Aber es gibt in meiner Gemeinde zwei nette Frauen. Sie sind Schwestern und besitzen nicht weit von hier ein Häuschen. Im Sommer beherbergen sie manchmal Gäste, die unsere Heidehügel erwandern wollen. Vielleicht kann ich die beiden dazu überreden, Sie aufzunehmen.«

Wir verließen das Pfarrhaus, und der Pfarrer führte mich eine steinige Straße entlang. Nach einem knappen Kilometer – es war inzwischen schon fast dunkel – erreichten wir ein niedriges, reetgedecktes Steinhaus mit zwei Fenstern und einer schweren Holztür, die vom Festland importiert worden sein mußte, denn auf Barra wachsen keine Bäume. Es war eine nette Behausung von jener Art, wie sie seit fünf Jahrhunderten auf der Insel gebaut wurde, und entsprach genau den Vorstellungen, die ich mit meinem Quartier verband. Mit der entsprechenden Begeisterung begleitete ich den Gottesmann zur Tür. Der hob seinen Spazierstock und klopfte vernehmlich an.

Die Tür wurde geöffnet. Eine etwas zerzauste Frau in den Sechzigern erschien und starrte uns verblüfft an. Von durchschnittlicher Größe und recht füllig, begrüßte sie den von ihr offenbar hochgeschätzten Pfarrer herzlich. Wenn sie gälisch sprach, klang ihre Stimme tief und rauh; man fühlte sich an eine Figur aus Grimms Märchen erinnert.

»Das ist Morag Macneil«, sagte der Pfarrer zu mir. »Aus dem berühmten Clan der Macneils of Barra. Aber lassen Sie sich dadurch nicht einschüchtern, denn hier gehören alle Menschen zu den Macneils of Barra.« Als die Frau näher kam, erschrak ich. Sie hatte Klumpfüße und konnte sich aufgrund dieser schweren Mißbildung nur watschelnd fortbewegen. Es sah schlimm aus.

Der Priester begann ihr ausführlich zu erklären, wer ich war und was ich wollte – das Leben auf den Hebriden kennen- und verstehen lernen. Plötzlich unterbrach sie ihn, sah mich abschätzend an und rief auf englisch: »Ach, das ist doch sehr beruhigend, mal wieder einen Mann im Haus zu haben, und dazu gleich einen Amerikaner.« Damit begann eine der glücklichsten Episoden meines Wanderlebens. Die Frau ließ den Pfarrer an der Tür stehen, führte mich in ihr winziges Zwei-Zimmer-Häuschen, auf dessen Rückseite sich noch ein kleiner Vorratsschuppen befand, und zeigte mir mein künftiges Bett. Während ich mich probehalber darauf ausstreckte, wiederholte sie ihren Namen, den sie »Moor-ock« aussprach. Dann stellte sie mich ihrer jüngeren Schwester Kiltag – ausgesprochen »Kill-tock« – vor. Die beiden waren ein recht redseliges Paar. Bevor der Pfarrer ging, bat er mich noch einmal zur Tür und sagte leise: »Ich bitte Sie, den Gast auf unserer Insel, um Entschuldigung – aber ich muß sicher sein, daß Sie genügend Geld bei sich haben, um die beiden guten Frauen zu bezahlen. Es gab hier Fremde, die ... « Ich zeigte ihm meine Brieftasche, worauf er sagte: »Sind Sie bereit, im voraus zu bezahlen? Es ist im übrigen völlig sinnlos, sich nach etwas anderem umzusehen, wenn es Ihnen hier nicht gefällt. Es gibt nichts anderes.« Ich reichte ihm das Geld für vier Wochen; er gab es umgehend an Morag weiter.

An den Sonntagen gingen wir drei zur Messe. Danach gab es zu Hause ein besonders Gericht aus auf Torffeuer gebackenem Weizenkuchen, Fisch, Marmelade aus einem großen, aus Glasgow stammenden Topf und reichlich heißen Tee, der so dunkel war, daß Kiltag sagte: »Wir mögen ihn erst, wenn er so stark ist, daß eine Maus drauf laufen kann.« Am Nachmittag stromerte ich durch die Hügel, und abends gab es einen *ceilidh*, an dem auch zwei Mädchen beteiligt waren, die mich sehr interessierten. Sie waren Campbells und litten ein wenig unter der Ächtung, die daraus resultierte, daß zwei Mitglieder ihres Clans zweieinhalb Jahrhunderte zuvor in einer Bergschlucht weit jenseits des Minch eine Übeltat begangen hatten (Erinnerungen sind langlebig auf Barra). Die beiden gefielen mir. Sie hatten mehrfach auf dem Festland als Hausangestellte gearbeitet und waren auf einige ihrer dortigen Dienstherrinnen alles andere als gut zu sprechen. In ihrer Gesellschaft ging es immer sehr lustig zu, und in manchen Nächten, bei gemeinsamen *ceilidhs* mit den Schwestern Macneil, nahm das Geschichtenerzählen kein Ende.

Die Schwestern Campbell hatten die ungehörige Angewohnheit, sich in der Scheune hinter den Garben zu verstecken und heimlich zuzuschauen, wenn sich dort die einheimischen Bauernburschen mit ihren Liebsten trafen. Später schilderten sie dann mit großem Vergnügen den Verlauf jeder einzelnen Liebeswerbung. Da nur wenige Insulanerinnen heirateten, bevor sie schwanger waren, gab es da natürlich einige recht faszinierende Berichte. Manche Inselbewohner nahmen an diesem ungebührlichen Benehmen der Campbells Anstoß, doch Morag, die ältere der beiden Schwestern Macneil, war nicht so engherzig: »Sie sind jung. Sie müssen über diese Dinge Bescheid wissen. Laßt ihnen doch ihren Spaß.«

Morag war eine außergewöhnliche Frau. Sie war in einer Zeit geboren, da Landärzte noch nicht wußten, wie Klumpfüße korrigiert werden können. Die Mißbildung mochte verhindert haben, daß Morag einen Ehemann fand – ihre Lebensfreude konnte sie ihr nicht nehmen. Etwas übergewichtig, äußerlich eher schlampig und bar aller natürlichen oder künstlichen Zähne, bot sie gewiß keinen sehr einnehmenden Anblick. Aber aufgrund ihrer Warmherzigkeit, ihrer Bereitschaft, sich an allen Aktivitäten auf der Insel zu beteiligen, sowie ihrer Freude am Singen und Fabulieren war sie eine Persönlichkeit von Format, deren Andenken ich immer hochgehalten habe.

Morag war ungemein stolz darauf, dem Macneil-Clan anzugehören, und sie fühlte sich auf geheimnisvolle Weise der auf einer Felseninsel in der Mitte der Bucht thronenden Schloßruine verbunden. Einmal ging sie mit mir zum Hafen und überredete einen Fischer, uns mit dem Boot hinauszurudern. Dann saßen wir zwischen den Trümmern, und Morag erzählte mir von den großen Tagen Barras. Sie beherrschte die englische Sprache nur unvollkommen, doch hatte ich inzwischen soviel Gälisch aufgeschnappt, daß ich dem Fluß ihrer mal in der einen, mal in der anderen Sprache gehaltenen Erzählungen folgen konnte.

Gälisch ist für einen Ausländer ungeheuer schwierig zu erlernen. Der schöne Refrain eines seiner großen Lieder beleuchtet das Problem: *Cruidh mo chridh* wird »kruutsch mu krie« ausgesprochen, doch wenn Morag eine Geschichte erzählte, schienen die Wörter ihre eigene Bedeutung zu flüstern: »In der Zeit der Unruhen, als böse Menschen die Berge und Täler verheerten, ging es dort drunter und drüber.« Sie deutete über den Minch aufs schottische Festland. »Gute Katholiken wurden gezwungen, Protestanten zu werden. Wer nicht gehorchte, verlor sein Leben. Alle guten Katholiken in Oban und Mallaig und Glencoe mußten dem Papst abschwören und sich John Knox beugen. Dann kamen die Bösen auf unsere Inseln. Skye wechselte die Farben, dann wurde Lewis protestantisch, gefolgt von North Uist und Benbecula.«

Am Ende ihrer traurigen Erzählung klagte sie: »O weh! Welch furchtbares Unrecht geschah in jenen Tagen! Selbst standhafte Mitglieder des Macdonald-Clans wechselten ihre Religion. Doch dann kamen die Bösen zu den beiden Inseln, die sie nie unterwerfen konnten, Eriskay und Barra. Unter der Führung unserer Macneils, tapfer wie niemand sonst, blieben die beiden Inseln treu katholisch. Wir sind Juwelen in der Krone des Papstes.« Wir gingen zwischen den Ruinen des Schlosses auf und ab, und Morag erzählte mir, wie die Macneils of Barra dem Ansturm der geballten Streitmacht der sowohl aus Schottland als auch aus England heranrückenden Protestanten widerstanden und treu am alten Glauben festhielten, der sie vor vielen Jahrhunderten von Irland her erreicht hatte.

Doch je weiter ich mit Morag umherstreifte – ihre verkrüppelten Füße hielten sie nicht davon ab, überall hinzugehen, wo sie hingehen wollte –, desto mehr verstärkte sich in mir der Verdacht, ihre Religion könne etwas Komplizierteres sein als einfacher Katholizismus, der protestantischem Druck widerstanden hatte.

Auf dem Rückweg zum Torfmoor unweit von Castlebay sagte sie zu mir: »Mein Vater hat hier Torf gestochen und dort drüben zum Trocknen aufgeschichtet. Kiltag und ich schleppten ihn dann nach Hause, wo die Soden in der Sonne buken, ehe wir sie dann im Winter verfeuerten.« Sie zeigte mir, wo die Männer noch immer ihre kleinen rechteckigen, aromatisch duftenden Torfbriketts aus dem Moor stachen, die mit ihrem einzigartigen Geruch nach brennenden Wurzeln das schottische Landhaus so warm und gemütlich machen.

Morag dachte jedoch nicht an den Torf, als sie mich ins Moor führte. »Hier in dieser Senke leben die Kobolde. Mein Vater hat sie oft gesehen. Da, wo du jetzt stehst, James, habe ich sie singen hören wie flüsternde Engel. Immer, wenn Verwandte von mir Barra verlassen mußten – es gibt hier ja keine Arbeit –, dann wanderten wir mit ihnen noch einmal durch dieses Moor hier, damit sie sich von den Hügeln und Tälern verabschieden und den Segen der Kobolde erbitten konnten.« Und nun folgte zum erstenmal eine dramatische Geste, die sich in den kommenden Monaten noch mehrfach wiederholen sollte: Morag hob ihr Gesicht, wandte es den niedrigen Hügeln zu und rief: »Uh to, ihr Hügel, uh to, ihr Täler, und uh to, ihr Hüter von Höhen und Tal, dies ist mein Freund James aus Amerika. Behütet ihn, solange er unter uns weilt!« Weder bekreuzigte sie sich, noch vollführte sie ein anderes Ritual, außer daß sie sich den Hügeln zuwandte, doch ihr rundliches, von wirren Haaren umflattertes Gesicht strahlte vor innerer Erregung: Sie hatte alles getan, was in ihrer Macht lag, um mich bei den Gnomen beliebt zu machen – den Hütern dieser moorigen Senke vom ersten, tausend Jahre zurückliegenden Tag an, da die Torfstecher hier ihre Arbeit begonnen hatten.

Ich bin nicht ganz zufrieden mit meiner Wiedergabe des ersten Lautes ihrer Anrufung. »Uh to« habe ich geschrieben, doch in Wirklichkeit klang es kehliger und nicht wie zwei getrennte Wörter. »Ugh-to« käme der Aussprache vielleicht etwas näher, wenngleich das g nicht sehr schön aussieht. Jedenfalls klang der Ausdruck wie ein besonderer Gruß an hochgeschätzte Freunde und Mächte. Ich habe keinen Zweifel, daß er

Teil einer uralten, wertvollen Beziehung zu den – für Morag absolut realen – »kleinen Leuten« war. Seit Generationen lebten sie in den Glens, hatten Seite an Seite mit den Macneils gegen die anstürmenden Protestanten gekämpft und waren im Leben von Barra eine Macht, die man nicht unterschätzen durfte.

Die dramatische Geschichte der furchtlosen Kleinpächter auf Barra und Eriskay, die trotz des enormen Drucks, der vom Festland her auf sie ausgeübt wurde, an ihrer katholischen Religion festhielten, ließ mich schon bald nicht mehr los. Als ich jedoch erfuhr, daß weiland ein junges Mädchen aus Eriskay – vielleicht so eines wie die Campbell-Schwestern – Bonnie Prince Charlie erfolgreich nach Skye geschmuggelt und damit in Sicherheit gebracht hatte, wurde ein Besuch auf der Nachbarinsel zur Pflicht. Und so machte ich mich eines Morgens, begleitet von allen guten Wünschen der alten Morag und ihres Gnomenvölkchens, auf den Weg zur äußersten Nordspitze von Barra. Dort fand ich auch, wie Morag mir vorausgesagt hatte, einen Fischer, der mich nach Eriskay übersetzte.

Bei mir trug ich den Namen einer Familie, bei der ich übernachten konnte. So verbrachte ich dann die nächsten drei Tage auf jenem wunderbaren kleinen Eiland mit dem märchenhaften Namen, das mich ein für allemal mit Nesomanie, der verrückten Inselleidenschaft, infizierte. Ich erwanderte mir jede Straße auf Eriskay, und dies mitten im Winter, während der Atlantik ungestüm gegen die Westküste brandete. Und ein Fischer aus Eriskay erzählte mir folgende wahre Geschichte, die sich indes anhörte wie ein französischer *roman* aus dem Mittelalter:

> »Es gab nie einen Thronfolger, der so schön und tapfer war wie unser Bonnie Prince Charlie, Erbe der Throne von Schottland und England. Die ihm treu ergebenen Truppen kämpften bis zum letzten Blutstropfen, wurden jedoch 1746 bei Culloden überwältigt und konnten ihn nicht mehr schützen. Mit unglaublichem Mut und oftmals in jämmerlicher Verkleidung entkam er der eng-

lischen Armee und floh in einem kleinen Boot auf unsere Inseln.

Stellen Sie sich die Versuchung vor, der sich meine Vorfahren ausgesetzt sahen! Zwanzigtausend englische Soldaten waren hinter ihm her und dreißigtausend Pfund Kopfgeld warteten auf den Mann, der ihn verriet! Als Bauer verkleidet, streifte er durch unser Land. Wir wußten, um wen es sich handelte, doch niemand sagte ein Wort. Zuletzt schlich er sich hier auf Eriskay an Land und verbarg sich in der Kate meiner Vorfahren, bis ihn Flora Macdonald, die Tochter unserer Familie, deren Seele gewiß ihren Frieden im Himmel gefunden hat, in die Kleider ihres Dienstmädchens Betty Burke steckte und ihn nach Skye hinüberruderte, wie das Lied es beschreibt. Als englische Soldaten sie am Strand anhielten und fragten: ›Wer ist das?‹, erwiderte sie: ›Mein Dienstmädchen Betty Burke.‹ Damit war Bonnie Prince in Sicherheit und konnte seinen Weg nach Frankreich fortsetzen.«*

Ein Besuch auf Eriskay war zu jener Zeit ein Abenteuer, das die Phantasie eines jungen Mannes auf Pfade entführen konnte, die er ansonsten nie kennengelernt hätte. Wer in der Hütte Flora Macdonalds schläft, während draußen vor der Tür der Ozean tost, weiß, was Träumen bedeutet, und erfährt am eigenen Leib die ehrfurchtgebietende Macht alter Überlieferungen.

Ich verdanke Morag noch ein anderes Geschenk, das mich nachhaltig beeinflußte. Das Zusammenleben mit ihr in ihrem kleinen, reetgedeckten Haus mit seinen mehr als einen halben Meter dicken Steinmauern (die angesichts der Atlantikstürme auch dringend notwendig waren) lehrte mich, all jene Frauen zu ver-

---

* Anderen Berichten zufolge erreichten der Prinz und Flora Skye von Benbecula aus. Flora emigrierte 1773 nach North Carolina, wo sich ihr Ehemann während des amerikanischen Unabhängigkeitskriegs der britischen Armee anschloß.

stehen, die sich den widrigsten Umständen zum Trotz nicht unterkriegen lassen, jene vortrefflichen Wesen, die so vieles in der Welt zusammenhalten. Morag war in mancher Hinsicht der Prototyp für zahlreiche tapfere Frauen, die ich später in meinen belletristischen Werken porträtierte: Nyuk Tsin, Nelli Forbush, Ellie Zendt, die arktische Mammutmutter mit dem abgebrochenen Stoßzahn, die südafrikanische Eingeborene, die ihren Stamm durch die unfruchtbare Wüste führt. Die alte Morag und ihr unbezwingbarer Wille leben in ihnen weiter.

Vor allem aber öffnete mir Morag die Augen für das Heroische im Leben meiner eigenen Mutter, die mit noch schlimmeren Beschwernissen fertig werden mußte. Ich wußte um ihren Kummer, ja, ich hatte ihn geteilt, ohne daß ich es je zugelassen hätte, mich dauerhaft durch ihn traumatisieren zu lassen. Aber dort draußen, auf jener Insel, erlebte ich das harte Leben Morags aus erster Hand mit und lernte dadurch den Preis, den meine Mutter für ihr eigenes Überleben gezahlt hatte, besser einzuschätzen. Ich bewahre mir ihre Geschichte jedoch für das letzte Kapitel auf.

Als der Winter zu Ende ging, kam dann der Tag, an dem es hieß, von Barra Abschied zu nehmen und wieder an die Universität zurückzukehren. Morag war darüber ebenso traurig wie die Campbell-Mädchen, doch daß ich mich offenbar davonmachen wollte, ohne den Gnomen draußen im Moor adieu zu sagen, entsetzte sie geradezu. Sie begleitete mich noch einmal hinaus zu dem verwunschenen Fleck, der mir soviel bedeutet hatte, warf ihr zerzaustes Haar zurück und rief: »Uh to, ihr Hügel, uh to, ihr Täler, und uh to, ihr Hüter von Höhen und Tal, James verläßt uns. Gewährt ihm eine sanfte Überfahrt über den Minch und behütet ihn, wohin auch immer sein Weg ihn führt!« Murmelnd fügte sie noch ein paar spezielle Instruktionen an die Gnomen hinzu. Dann führte sie mich zurück zu ihrem Häuschen, wo die Schwestern Campbell bereits warteten. Gemeinsam gingen wir hinunter zur Anlegestelle. Der MacBrayne-Dampfer passierte gerade die Schloßruine in der Bucht. Morags Bitte um eine sanfte Überfahrt blieb ein frommer Wunsch, denn jene turbulente Meeresenge ist niemals sanft. Mit schwerem Herzen nahm ich Abschied von Barra, Eriskay, den Meeresfurten von Benbecula und den endlosen *ceilidhs* der Hebriden.

Kurz nach meiner Abreise von Barra hatte ich vorübergehend mit einem Mann zu tun, der mir dabei zu einem besseren Verständnis meiner selbst verhalf. Es war in der spanischen Stadt Valencia, am Sonntag nachmittag um fünf, *cinco de la tarde*, die traditionelle Stierkampfzeit. Ich hatte bis dato weder einen Stierkampf gesehen noch Ernest Hemingways *Tod am Nachmittag* gelesen; das Buch war damals in Europa noch nicht bekannt. Daher wußte ich auch nicht, daß drei der besten Matadore ihrer Generation bereitstanden, mich in ihr Metier einzuführen: der poetische Marcial Lalanda, ältester der drei; der zähe, geschmeidige Domingo Ortega, der als zweiter auftrat, und zu Beginn der strahlende Jungstar El Estudiante (»der Student«).

Von der ersten Minute des Kampfes an fesselten mich der Prunk, die Farbe, das Ritual, die prachtvollen Stiere, der Wagemut der Toreros und die Dramatik eines Spektakels um Leben und Tod. Ich wurde unwillkürlich und spontan zum *aficionado*, erkannte die Unterschiede zwischen der ausgeschmückten Darbietung Lalandas und der klassischen Strenge Ortegas, wobei mich letztere stärker beeindruckte. Auf die Arabesken Lalandas hätte ich verzichten können; die bestechende Würde Ortegas bewegte mich dagegen so tief, daß ich ihm wochenlang folgte und in vielen Arenen des Landes bei gemeinsamen Auftritten mit anderen großen Matadoren jener Zeit bewunderte. Ortega vermied die Heldenpose; er zeigte großen Respekt für den Stier in dessen Eigenschaft als Lebewesen und Gegner gleichermaßen. Sein meisterhafter Stil und seine Substanz gefielen mir außerordentlich.

Als ich Spanien verließ, war ich ein *Orteguista*, denn ich hatte einen Künstler kennengelernt, der sowohl sich selbst als auch seine Umgebung absolut zu beherrschen schien. Ortega war ungefähr in meinem Alter. Noch heute erfüllt mich Begeisterung, wenn ich daran denke, daß ich zweimal im Leben die Gelegenheit hatte, mich mit ihm zu unterhalten. Sein kantiges Bauerngesicht strahlte vor Vergnügen, als ich ihn in meinem holprigen Spanisch wissen ließ, daß ich das, was er in seinen Darbietungen zum Ausdruck zu bringen versuchte, begriff und anerkannte.

Ich habe Ortegas Karriere über viele Jahre hinweg verfolgt, in Spanien ebenso wie in Mexiko. Zu meiner Genugtuung wurde er mit der Zeit zum Inbegriff des klassischen Stils. Andere Stierkämpfer erlebten sensationelle Blitzkarrieren, doch ihre Flamme erlosch oft genauso schnell, wie sie aufgelodert war. Ortega dagegen blieb bei der Sache, und es gelang ihm, seine stillen Talente Jahr für Jahr weiter zu vervollkommnen. Und wie so oft bei Menschen, die – wie er – langsam, aber beharrlich ihren Weg machen, gewann er mit der Zeit Anerkennung als ein Mann von Ernst und Würde.

In jenen Jahren, da ich ihn beobachtete und viel über ihn las, wurde er mir zum Vorbild für mein eigenes Leben: Ich wollte ihm ähnlich sein – ein Mann, der seinem Beruf treu bleibt, der sich im Auftreten eine gewisse Nüchternheit und heitere Gelassenheit bewahrt, der beharrlich seinen Weg geht, bis es ihm gelingt, sich eine Reputation als ernsthafter Arbeiter mit einem ernsten Anliegen zu verschaffen. Vier Jahrzehnte nach jenem ersten Stierkampf in Valencia war ich Ehrengast bei einer großen Corrida in Madrid. Domingo Ortega, inzwischen ein silberhaariger alter Herr, fungierte als Ehrenpräsident. Man führte mich zu seiner Loge hoch über der Menge, und wir unterhielten uns über die alten Zeiten, in denen er sich seinen Ruf erworben hatte. Er war mit Ehrungen überhäuft, ja als der vielleicht reinste Künstler seiner Generation verehrt worden. Es war besonderes Privileg, ihn in all seinem gewachsenen Ruhm sehen zu dürfen.

Meine frühe Begegnung mit Stierkämpfern war die Voraussetzung für zwei der glücklichsten Sommer, die ich je erleben durfte. Ich bereiste Mexiko in der Begleitung zweier weniger bedeutender Toreros, die zwar nie Matadoren wurden, nichtsdestoweniger jedoch auf ihre Art große Persönlichkeiten waren. Rolleri, ein strammer, gutaussehender Mann, war ein meisterhafter *peon de confianza*, ein »treuer Assistent« also, der den meisten großen Matadoren seiner Zeit gedient hatte. Sein Freund Flaco Valencia, ein schlaksiger, linkisch wirkender Banderillero, war durch Charakterstärke ein Meister jener Kunst geworden, die darin besteht, direkt auf den Stier zuzulaufen, sich in letzter Sekunde mit einer Pirouette abzudrehen und geschickt die langen, mit Widerhaken versehenen Banderillas in die Schultermuskeln des Stiers zu setzen. Wenn das Tier dann den Kopf senkt, ist der Matador in der Lage, den tödlichen Stich auszuführen. Valencias Spitzname »Flaco« (der Dünne) war angemessen, denn er schien kein Gramm Fleisch am Körper zu haben. Auf unseren Reisen fragte ich mich oftmals, woher er die Energie nahm, die er in der Arena unter Beweis stellte.

Der stille, würdevolle Rolleri, der bei den Matadoren in hohem Ansehen stand, weil er sie mit Tapferkeit und Geschick schon oft aus gefährlichen Situationen befreit hatte, und der amüsante Valencia, die komische Vogelscheuche mit den feingliedrigen Händen und Gelenken, bildeten ein prächtiges Gespann. Auf den Spuren der Stiere bereisten wir gemeinsam große Teile Mexikos, bemühten uns aber, jeden Sonntagabend um sieben im El Tupinambo zu sein, einem berühmten Restaurant in Mexico City. Es war der regelmäßige Treffpunkt der Stierkämpfergilde. Dort lauschten wir dem neuesten Branchengeflüster, gaben mit unseren Eskapaden in der Provinz an und lernten die bekannten Matadore des Landes sowie deren spanische Kollegen kennen, die in Mexiko auf Besuch waren. Rolleri und Valencia bestellten sich kleine Gläser des von den Toreros bevorzugten Weins, während ich eine Tasse bittere Schokolode genoß, deren rauchiger Geschmack es mir so angetan hatte.

Es waren wunderbare Tage, in denen ich eine Menge über

die Kunst des Stierkampfs lernte, denn wenn wir nicht unterwegs waren, fand ich mich unter der Woche an jedem Vormittag in der alten, mit roten Mauern umgebenen Arena im Herzen Mexico Citys ein und sah den Stierkämpfern beim Training zu. Ich lernte Dutzende von ihnen kennen, insbesondere junge Männer auf dem Weg nach oben. Einer der sympathischsten war ein junger Bursche, den wir zweimal zu Anfängerkämpfen mit aufs Land hinausnahmen. Er nannte sich Cañito (»kleines Zuckerrohr«) und erstaunte mich durch seine scheinbar vollkommene Furchtlosigkeit. In seinen ersten Kämpfen legte er solchen Mut und ein solch überdurchschnittliches Geschick an den Tag, daß ich ihm eine glänzende Karriere voraussagte. Er enttäuschte mich nicht, denn er wurde tatsächlich ein großer Star. Später allerdings fiel er seiner eigenen Furchtlosigkeit zum Opfer. 1960 kämpfte er mit einem Draufgängertum, das ältere Matadoren vermieden hätten, gegen einen gefährlichen Stier, der ihn so übel zurichtete, daß er ein Bein verlor. Ich sah ihn in den darauffolgenden Jahren noch des öfteren an Krücken umherhumpeln.

Ganz anders verhielt es sich mit einem anderen aufstrebenden Star, Louis Procuna. Ein eleganter Kämpfer mit einer Ader für die dramatische Geste, konnte er entweder sehr gut oder sehr schlecht sein. Lange nach meiner kurzen Begegnung mit ihm wurde er zum Objekt des vielleicht besten Stierkampffotos der letzten Jahrzehnte: Aufrecht stehend, die Füße von der Hacke bis zu den Zehenspitzen auf dem Boden und mit der Haltung der Arme in perfekter Übereinstimmung, bringt er einen gewaltigen Stier unmittelbar an seine Brust heran. Doch was das Foto so unvergeßlich macht, ist seine Miene: Das gutaussehende Gesicht ist zu einem arroganten, triumphierenden Grinsen verzogen und die Zunge in die rechte Wange gepreßt, als wolle er jeden Zuschauer herausfordern: »Okay, ihr Amateure. Was haltet ihr davon?« Procuna wurde einer der ganz Großen.

Dem Stierkampf verdanke ich auch die Bekanntschaft mit zwei Männern, die ich nie vergessen werde. Curro Romero war ein schlanker junger Mann mit einem vollkommenen, wie aus griechischem Marmor geschnittetenen Gesicht. In der Arena war er ein Poet; wenn Curro einem riesigen Stier gefährlich nahe gegenüberstand und eine Reihe raffiniert miteinander verbundener Muletafiguren vollführte, gerieten auch ansonsten ganz vernünftige Menschen in Ekstase. Orson Welles und Kenneth Tynan gehörten zu seinen großen Fans, und beide erzählten mir, wer Curro an einem guten Tag sehe, erlebe wahre Größe in optimaler Bewegung. Leider erlebte ich den Matador niemals an einem guten Tag, und das, obgleich ich ihn wohl bei annähernd vierzig Gelegenheiten kämpfen sah. Es war jedesmal eine einzige Katastrophe, so schlimm, daß die Karriere des Matadors wohl zu Ende gewesen wäre, hätte es sich nicht um den eleganten Curro gehandelt. Mit einer Einstellung, die wie reine Feigheit aussah, verweigerte er selbst dem zahmsten Stier einen ehrenvollen Kampf. Ansonsten durchaus vernünftige Menschen bezahlten in der vergeblichen Hoffnung, dieses eine Mal eine seiner Sternstunden zu erleben, Riesensummen, gerieten in Rage, wenn er sich einmal mehr nicht die geringste Mühe gab, und bewarfen ihn mit Gegenständen aller Art. Ich äußerte mich einmal sehr kritisch über sein ungebührliches Benehmen, worauf ich noch Jahrzehnte später immer wieder Briefe folgenden Inhalts erhielt: »Gestern sah ich Ihren Curro Romero in Sevilla, und er war ganz hervorragend.« Häufiger allerdings waren solche, in denen es hieß: »Gestern sah ich diesen Burschen Curro. Die Zuschauer waren so aufgebracht, daß die Polizei Verstärkung holen mußte. Alles, was Sie damals geschrieben haben, stimmt.«

Erst im vergangenen Jahr – Curro mußte mittlerweile Mitte sechzig sein – schickten mir mindestens acht Brieffreunde ganzseitige Zeitungsartikel mit sechs oder acht sensationellen Fotos, die, wie es hieß, »Curros größten *bronca* (Krawall)« illustrierten. Die Bilder zeigten, wie der Matador, von Angst ergriffen, vor seinem Stier Reißaus nahm und damit einen wahren Sitzkissenhagel provozierte, der die ganze Arena dunkel färbte. Polizisten zogen auf, um ihn unter dem Schutz ihrer Pelerinen aus der Arena zu führen. Einem erbosten Zuschauer, der gutes Geld für das betrügerische Spektakel gezahlt hatte, gelang es, den Polizeikordon zu durchbrechen und den jämmerlich um Hilfe flehenden Torero mit einem Fausthieb, der es in sich hatte, zu Boden zu schlagen. Auf dem letzten Foto sah man Curros Hinterteil würdelos zwischen Polizeiumhängen hervorlugen, hinter denen er Zuflucht gesucht hatte. Nächstes Jahr wird man mir wohl Fotos von seinem neuesten Reinfall schicken. Es bleibt mir ein Rätsel, wie er es immer wieder versteht, zu solchen Preisen Zuschauer in die Arenen zu locken. Aber wie sagte Orson Welles damals? »Wenn Sie ihn an einem guten Tag erwischen, vergessen Sie alle anderen.«

Ich hatte in jenen Jahren, in denen ich den Stieren hinterherreiste, das große Glück, mit einem gargantuesken Amerikaner bekannt zu sein, dessen Stierkampfbegeisterung die meine noch übertraf. Es handelte sich um Mr. Kenneth Vanderford. Er stammte aus einer Kleinstadt in Indiana und hatte viele Jahre für die Creole Oil Company in Venezuela gearbeitet. Deren Management hatte sich von ihm überreden lassen, ihm ein gutes Gehalt zu zahlen, während er, wie er sich ausdrückte, »eine intellektuelle Untersuchung durchführte, deren Ziel es war, den Venezuelanern zu beweisen, daß amerikanisches Big Business nicht herzlos ist.« Und wie sah die Fragestellung aus? »Welches sind die häufigsten Vornamen, auf die venezuelanische Eltern ihre Kinder taufen lassen?« Das Ergebnis nach zwei Jahren kostspieliger Reisen und Recherchen: »Maria für Mädchen und Juan für Jungen.« Es ist für mich unvorstellbar, wie man einen so erfindungsreichen Mann nicht mögen kann.

Vanderford war in Spanien berüchtigt, da er mit seinem sorgfältig getrimmten Vollbart Ernest Hemingway wie aus dem Gesicht geschnitten war. Das ging so weit, daß selbst wir, die wir ihn gut kannten, manchmal verblüfft oder irritiert waren, weil er auch als Hemingway auftrat. Ich glaube, die Rolle gefiel ihm, denn ich erlebte nie, daß er jemanden korrigierte, der ihn in der Annahme ansprach, es handele sich tatsächlich um den berühmten Schriftsteller. Allerdings bemühte er sich in einem Punkt, die Täuschung in Grenzen zu halten: Für Hemingway-Fans, die ihn um ein Autogramm baten, hatte er immer zwei Sorten von Visitenkarten dabei – eine spanische und eine englische Version. Wer sich als Spanier zu erkennen gab, bekam die englische und umgekehrt. Der Text lautete:

> Trüge ich nicht diesen Bart,
> so kämen Sie nie auf die Idee, ich wäre ...

Darunter schrieb Vanderford unter den Augen des Literaturfreundes kühn »Ernest Hemingway«. Wenn dann der glückliche Empfänger jemanden fand, der ihm die Botschaft der Visitenkarte übersetzte, war Vanderford längst über alle Berge.

Er war eine wandelnde Stierkampf-Enzyklopädie, ein Vertrauter vieler Matadore, die seine närrische Maskerade tolerierten, und darüber hinaus ein ausgezeichneter Kenner der spanischen Geschichte. Als er auf die Sechzig zuging, hatte er weder eine Anlaufstelle in Amerika noch eine Rentenversicherung. Mit meiner Unterstützung fand er einen guten Posten als Spanischdozent an der Ripon University in Wisconsin, wo er in einer rotgestreiften spanischen *capa* auf dem Campus zu erscheinen pflegte. Die Studenten waren begeistert von ihm. Einer sagte zu mir: »Er sieht noch immer aus wie Hemingway und bringt dadurch viele Leute ganz durcheinander, die irgendwann einmal vage gehört haben, daß Ernest sich vor Jahren erschossen hat.«

Ich war nie imstande, meine Tierliebe und meine Passion für den Stierkampf miteinander zu versöhnen. Es gelang mir, diese beiden gegensätzlichen Emotionen getrennt zu halten. Inzwischen bin ich bereit, leidenschaftlichen Jägern ihre Aussage »Ich liebe die Tiere, die ich jage« abzunehmen. Oft habe ich erlebt, daß solche Menschen große Mühen und Kosten auf sich nehmen, ihr Jagdwild zu schützen und ihm entsprechenden Lebensraum zur Verfügung zu stellen. Ich bin sicher, daß Hemingway, der sowohl ein großer Stierkampfanhänger als auch ein begeisterter Großwildjäger war, zu den ersten gezählt hätte, die Geld zum Schutz dieser Tiere gespendet hätten. Was mich selbst betrifft, so vermag ich meine widersprüchliche Haltung lediglich der dem Menschen angeborenen Launenhaftigkeit zuzuschreiben; eine andere Erklärung kann ich nicht anbieten.

Auch mit Menschen aus der Welt der Musik, deren Ausdauer und Beharrlichkeit ich sehr bewunderte, schloß ich Freundschaften. Dies gilt vor allem für André Kostelanetz, einen elfenhaften Russen und Zauberer mit dem Baton, den ich in der Südsee kennengelernt hatte. Wir saßen oft bei ihm oder bei mir zu Hause vor dem Kamin und diskutierten über Musik. Einen der vergnüglichsten Abende meines Lebens verdanke ich der Tatsache, daß er mich einmal um einen Gefallen bat: »Die technische Situation ist folgende, James: Ich möchte eine Schallplatte mit meinen liebsten Zugaben aufnehmen. Wenn ich deswegen aber eine Extraprobe einschieben muß, wird das sündhaft teuer. Schaffen wir es dagegen, die sieben Zugaben ganz legitim an das Konzert am kommenden Samstagabend anzuhängen, dann zahlen die Sponsoren die Probezeit. Wir brauchen also genug Applaus für sieben Zugaben. Kannst du dafür sorgen?« Ich wolle es versuchen, sagte ich.

Meine Frau und ich hatten an jenem Abend Logenplätze über der ersten Reihe, so daß wir nicht nur die Bühne, sondern auch den Zuschauerraum überblicken konnten. André beendete das Hauptkonzert überpünktlich, so daß das Publikum auf mehr erpicht war. Die ersten drei Zugaben wurden entsprechend begeistert aufgenommen und bedurften keiner Claque. Doch das Ende von Pachelbels *Kanon* war so melancholisch, daß einige Zuhörer aufstanden und sich auf den Weg zum Ausgang machten. Ich fing laut an zu klatschen, andere stimmten ein, und der Exodus war fürs erste gestoppt.

André spielte nun seine Interpretation eines wunderbaren,

aber kurzen Chopin-Stücks, weshalb es mir gelang, die Begeisterung aufrechtzuerhalten. Der kritische Augenblick kam bei der fünften Zugabe, Samuel Barbers *Adagio for Strings*, denn inzwischen war die Publikumsbewegung zu den Ausgängen hin nicht mehr zu übersehen. Ich stemmte mich mit fanatischem Klatschen und lauten Rufen – »Zugabe! Zugabe!« – dagegen. Da andere nachzogen, waren wir noch einmal gerettet.

Die sechste Zugabe war ein echter Ohrwurm, doch jeder aufmerksame Beobachter spürte, daß das Konzert nun vorüber war – was mich nicht daran hinderte, auf Andrés Zeichen hin noch eine letzte Anstrengung zu unternehmen. Ich fuchtelte mit den Armen und rief, so laut ich konnte: »*Bis! Bis!*« Einige Zuschauer waren so verblüfft, daß sie innehielten, mich anstarrten und – Gott sei Dank! – den französischen Da-capo-Ruf aufnahmen, so daß André tatsächlich mit seiner siebten Zugabe beginnen konnte. Sie war kurz und laut und wurde von einem Orchester gespielt, das am Rande der Erschöpfung stand. Als meine Frau und ich uns später im Green Room zu André gesellten, bekamen wir mit, wie einige seiner Freunde ins Schwärmen gerieten. »Solche Ovationen haben wir noch nie gehört! Sechs Zugaben!« Worauf André sie bescheiden korrigierte: »Sieben.«

Als *South Pacific* den Broadway eroberte, wurden die Eintrittskarten auf einmal so teuer, daß ich mir nach der Premiere keine Vorstellungen mehr leisten konnte. Das war allerdings nicht so schlimm, da es mir freistand, den Bühneneingang des Majestic Theater zu benutzen und die Aufführungen von den Kulissen aus anzusehen – soweit man sie von dort aus sehen konnte. Die Schauspieler zu beobachten, war sehr spannend: Vor ihrem Auftritt waren sie ganz normale, kostümierte Menschen, die sich räusperten und sich die Nase putzten. Dann traten sie aus den Kulissen und verwandelten sich im gleißenden Licht von dreißig Scheinwerfern in die Person, deren Rolle ihnen zugedacht war. Es waren magische Wandlungen; nie wurde ich müde, die Persönlichkeitsveränderungen bei diesem Übergang zu verfolgen.

Ich verdanke diesem Einblick hinter die Kulissen des Theaterbetriebs die Bekanntschaft mit zwei radikal unterschiedlichen Einstellungen zur Kunst. Ursprünglich war ich davon ausgegangen, in der Dunkelheit hinter der Bühne die Gespräche mit meinem Freund Ezio Pinza über die Oper wiederaufnehmen zu können, doch dazu kam es nie. Zwar unterhielten wir uns an vielen Abenden miteinander, doch nachdem Ezio erfahren hatte, daß ich mich für Sport interessierte, begann er mir aus seiner Zeit als Profi-Radfahrer in Italien zu erzählen, und ich konnte von seinen handfesten Geschichten nie genug bekommen. Während ich ihm zuhörte, bekam ich seine Einstellung zur Kunst mit; sie erstaunte mich und prägte später auch meine eigene Haltung.

Auf der Bühne sah er sich in eine dramatische Situation verwickelt: Er spielte einen Auslandsfranzosen mittleren Alters, der sich in eine erheblich jüngere amerikanische Krankenschwester verliebt hat. Zusätzlich kompliziert wird die Lage dadurch, daß er von einer inzwischen verstorbenen Polynesierin zwei Kinder hat. Es kam nun vor, daß Ezio mir gerade von einem bestimmten Fahrradrennen in Italien erzählte, als der Inspizient ihn auf seinen bevorstehenden Auftritt hinwies: »Drei Minuten noch, Mr. Pinza!« Ezio redete weiter. »Zwei Minuten, Mr. Pinza!« Wir saßen irgendwo in der Nähe von Verona auf dem Rennrad. »Eine Minute, Mr. Pinza!« Jetzt ließ Ezio sein Fahrrad fallen, konzentrierte sich, betrat exakt aufs Stichwort die Bühne und war sofort voll bei der Sache. Doch sobald sein Auftritt vorüber war, kam er zurück und setzte mit ungebrochener Begeisterung seine Erzählung fort.

Ganz anders verhielt sich Mary Martin, jene junge Texanerin, die mit ihrer starken Persönlichkeit und ihrer künstlerischen Leistung zahlreiche Nebenrollen in Glanzlichter verwandelt und auf diese Weise den Broadway erobert hatte. Sie war die weibliche Hauptdarstellerin. In den Minuten vor ihren Auftritten bereitete sie sich emotional auf die Figur vor, die sie verkörpern sollte. Nach einer zu Herzen gehenden Szene verließ sie die

Bühne erschöpft und kraftlos, und ihre Augen waren tränenüberströmt, so daß sie mich gar nicht mehr wahrnahm oder zumindest nicht erkannte. Bei ihr konnte von einer schnellen Rückkehr ins eigene Leben nicht die Rede sein; selbst außerhalb der Bühne war sie noch im Südpazifik. Der Kummer der Krankenschwester war so real für sie, als wäre sie selbst Nellie Forbush.

Zwei große Künstler – zwei radikal unterschiedliche Persönlichkeiten, zwei Kunstauffassungen, zwischen denen Welten lagen und die doch beide der jeweiligen Person entsprachen. Das Verhalten der beiden war auch an jenem Wochenende charakteristisch, an dem am Freitagabend, am Samstagmorgen und am Samstagabend jeweils eine Vorstellung vor vollem Haus und am Sonntag eine entscheidende überregionale Fernsehübertragung stattfinden sollte. In New York war *South Pacific* bereits ein Erfolg, doch für die Aufnahme des Musicals in den Vereinigten Staaten insgesamt war die Fernsehübertragung ausschlaggebend. Es versteht sich von selbst, daß Ezio Pinza und Mary Martin angesichts ihres bevorstehenden Auftritts im Scheinwerferlicht landesweiter Öffentlichkeit von Lampenfieber gepackt wurden.

Pinza, für den möglicherweise noch etwas mehr auf dem Spiel stand, meldete sich am Freitagabend sowie für die beiden Samstagsvorstellungen krank und ließ sich von seinem Ersatzmann vertreten. Er schonte seine Stimme und seine Kraft für den großen Auftritt. Miss Martin, die während der langen Spielzeit des Musicals keine einzige Aufführung versäumte, mußte bei den drei Aufführungen ohne Pinza besonders hart arbeiten. Das Ergebnis? Bei der Fernsehübertragung am Sonntag war sie sichtbar müde und stimmlich nicht ganz auf der Höhe, während der ausgeruhte, bärenstarke Pinza eine bestechende Leistung bot und mit seiner großartigen Stimme die ganze Nation bezauberte. Er wußte immer ganz genau, welche Prioritäten er zu setzen hatte.

Ich versuchte, von beiden Künstlern etwas zu übernehmen.

Im Privatleben bemühte ich mich um Zurückhaltung und Distanz wie Pinza, wenn er nicht auf der Bühne stand; in meinem künstlerischen Leben kopierte ich jedoch das enorme persönliche Engagement der Mary Martin. Ich fand heraus, daß diese etwas willkürliche und unnatürliche Kombination genau das Richtige für mich war.

Wohin es mich auch immer in diesen aufregenden Wanderjahren verschlug – überall studierte ich die Menschen, hörte mir ihre Geschichten an, versuchte, die Aufrichtigkeit ihrer Aussagen richtig einzuschätzen und mich im Lichte ihrer Leistungen und Errungenschaften selbst zu beurteilen. Wäre ich so tapfer gewesen wie der Pilot, dem es in Korea nach dem Abschuß seiner Maschine gelang, sich nachts durch die feindlichen Linien zurückzuschleichen? Wäre ich jemals imstande, eine Gruppe von Menschen so zu führen wie das Oberhaupt der Nomaden seinen Stammesverband durch die Einöden Afghanistans? Hätte ich je eine solche Opferbereitschaft aufgebracht wie die Mutter in Djakarta, die ihre fünf Kinder bei sich behalten wollte? Und angenommen, ich wäre mit Klumpfüßen auf die Welt gekommen wie die alte Morag?

Oft schnitt ich bei diesen Selbsteinschätzungen erschreckend schlecht ab; gelegentlich kam es aber auch vor, daß ich mir ein passables Zeugnis ausstellte. In den tristen thailändischen Flüchtlingslagern für vietnamesische *boat people* begegnete mir jedoch eine Gruppe junger Franzosen, deren Selbstlosigkeit mich beschämte. Niemals, nicht einmal in meinen kühnsten Träumen, durfte ich hoffen, ihnen gleichzukommen. Es waren Ärztinnen und Ärzte von Médecins Sans Frontières (»Ärzte ohne Grenzen«), einer Organisation mit Sitz in Paris, deren Mitglieder der Meinung sind, Mediziner sollten nicht direkt von der Universität in Großstadtpraxen überwechseln, sondern zunächst ohne besondere Bezahlung einen freiwilligen humanitären Einsatz in der Dritten Welt absolvieren. Ich lernte hochintelligente junge Leute kennen, die ihre Mission in voller Übereinstimmung mit der Philosophie ihrer Organisation ausübten. Ich erlebte, mit welch unermüdlicher Hingabe sie ihren Dienst an den Kranken versahen, und mußte erkennen, daß ich und meine eigenen humanitären Einsätze in vielen Teilen der Welt mit der Leistung dieser Leute nicht konkurrieren konnten. Später begegneten mir Mitglieder von Médecins Sans Frontières auch an anderen Orten, an denen verzweifelte Not herrschte, und überall fand ich mein erstes Urteil bestätigt. Amerikanische Landsleute, die ihnen, was den christlichen Dienst am Nächsten betraf, das Wasser hätten reichen können, traf ich nirgends.

Durch reinen Zufall lernte ich zwei Männer kennen, die mir über viele Jahre hinweg immer wieder großes Vergnügen bereitet haben. Eine renommierte Agentur hatte mich als Berichterstatter nach Tahiti eingeladen. Ich bestieg das Flugzeug in Los Angeles, und als ich gerade dabei war, es mir auf meinem Sitz bequem zu machen, entdeckte ich einige Plätze vor mir jenseits des Mittelgangs ein Gesicht, das mir – wie fast jedem Amerikaner – durchaus vertraut war. Es gehörte dem angesehenen Fernsehkommentator Walter Cronkite, ein eindrucksvoller Mann, der seine umfangreiche Bildung in imponierender Weise unter die Leute zu bringen verstand. Ich ermahnte mich selbst: Sei ja kein Langweiler in seiner Gegenwart!

Weiter hinten saß ein anderer Herr, dessen rundliches Bubengesicht ebenfalls weitbekannt war. Es handelte sich um den Humoristen Art Buchwald, dessen Anwesenheit mich zu einer noch strengeren Selbstermahnung veranlaßte: Versuch auf dieser Reise ja nicht, den Witzbold zu spielen! Ich fürchtete eine angespannte Situation, in der ich ständig auf der Hut sein mußte.

Als wir im Morgengrauen landeten, empfing uns auf dem Flughafen eine tahitianische Prinzessin mit Blumengirlanden.

Sie hatte ein hübsches Gesicht und wog gut zweieinhalb Zentner. Da sie in der Verfilmung meines Romans *Hawaii* eine Hauptrolle gespielt hatte, stürzte sie, kaum daß sie meiner ansichtig geworden war, auf mich zu und umarmte mich so fest, daß ich um ein Haar an ihrem Busen erstickt wäre. Als sie mich wieder freigab, deutete sie auf Cronkite und Buchwald und fragte: »Und wer sind die beiden da?« Besorgt, ihm könne das gleiche Schicksal widerfahren, schreckte Art zurück, doch es war zu spät: Die Prinzessin erwischte ihn und drückte ihn ebenso heftig an ihr Herz. Cronkite, der ihr offenbar zu unheimlich erschien, mußte sich mit Blumen zufriedengeben.

Von nun an verloren sich alle Hemmungen im aufregenden Leben dieser bezaubernden Insel. Als ich während des Krieges zum erstenmal nach Tahiti gekommen war, hatten Einheimische zu mir gesagt: »Sie hätten vor zehn, zwölf Jahren herkommen sollen. Da war das hier noch das reine Paradies.« Bei zwei oder drei weiteren Besuchen in späteren Jahren hatte es ähnlich geklungen: »Vor zehn Jahren hätten Sie kommen sollen, damals war es noch ganz toll hier!« Auch diesmal bekamen wir das gleiche zu hören, doch Tahiti umarmt seine Gäste wie die Prinzessin uns am Flughafen. In den folgenden Tagen erlebten Cronkite, Buchwald und ich einen Urlaub, wie geplagte New Yorker ihn sich erträumen. Wir machten Ausflüge auf die phantastischen Inseln in der Nachbarschaft, besuchten einheimische Feste, nahmen an Tänzen teil, die uns zu Ehren veranstaltet wurden, trafen uns mit Menschen, die schon lange auf Tahiti lebten und viele unterhaltsame Geschichten zu erzählen wußten, erwiesen der vitalen Witwe von James Norman Hall unsere Reverenz und stiegen auf die farbenprächtigen Berge, die schon den Männern Captain Cooks, schon Pierre Loti und Somerset Maugham bekannt gewesen waren.

Je länger wir miteinander unterwegs waren, desto klarer wurde mir, daß Art Buchwald in Fleisch und Blut noch komischer war als gedruckt. Wir waren geradezu einem Trommelfeuer aus Witz und Situationskomik ausgesetzt. Manchmal spielte er den neunmalklugen New Yorker, konfrontiert mit einer ihm bislang gänzlich unbekannten Welt, deren Existenz ihm schlichtweg unbegreiflich ist. Dann wieder war er der gelangweilte, überempfindliche Pariser Flaneur auf Besuch in den Kolonien. Gelegentlich waren auch Cronkite und ich Zielscheibe seines Spotts, oder Art machte sich über sich selbst lustig. Mir sind in meinem Leben nur wenige Menschen mit vergleichbarer Schlagfertigkeit und Intelligenz begegnet. All seine Kommentare entstanden an Ort und Stelle aus dem Stegreif, und er hielt diese Dauerkanonade der Improvisation neun Tage lang durch. Alle, die damals mit von der Partie waren, stimmten darin überein, daß er einer der nettesten Reisebegleiter war, die uns je begegnet waren. In späteren Jahren konnte Art mich allein schon dadurch zum Lachen bringen, daß er mir sein ausdrucksvolles Gesicht zuwandte und so tat, als wolle er etwas sagen. Sagte er dann tatsächlich etwas, war ich nie enttäuscht.

Cronkite war stets für eine Überraschung gut. Er war keinem Ausflug abhold und immer bereit zu Interviews mit alten Siedlern – oder zu einem Spiel. Er, sein Sohn Chip und ich bildeten ein Frisbee-Team, das sogar öffentlich auftrat. Unser Rekord bestand aus einer Serie von über hundert Langstreckenwürfen ohne Bodenberührung, und jeder von uns entwickelte eine elegante Wurftechnik, bei der die Scheibe unglaublich lange durch die Luft segelte. Ich kenne nur wenige ähnlich vergnügliche Freizeitbeschäftigungen der nicht ganz ernst zu nehmenden Kategorie. Unsere Demonstrationsveranstaltungen fanden auf allen Inseln großen Beifall.

Walter Cronkite war auch ein begeisterter Segler, weshalb er überall, wo er hinkam, versuchte, ein Boot zu ergattern. Die unvergleichliche Strecke zwischen Tahiti und der nahegelegenen Insel Moorea bewältigten wir einmal während eines abendlichen Gewitters. Weil ich den weniger spektakulären Inseln im Nordwesten ebenfalls einen Besuch abstatten wollte, organisierte Cronkite bei einer späteren Gelegenheit auf mein Drängen hin ein anderes Boot, mit dem wir die Inseln um Raiatea und

Huahine ansteuerten. Ich verband mit diesen Inseln viele Kriegserinnerungen, und so waren sie mir sehr ans Herz gewachsen. Was wir auf diesem Törn erlebten, war so unwahrscheinlich, daß ich mich fast scheue, darüber zu berichten. Als wir uns dem alten Kai von Raiatea näherten, erwartete uns am äußersten Ende des Landungsstegs eine wunderschöne junge Amerikanerin. Sie trug einen Sarong im Stil der Eingeborenen, ihr dunkles Haar war mit Blumen geschmückt, und unter dem Kinn hielt sie eine Geige. Als wir die Anlegestelle erreichten, spielte sie für uns in vollendeter Weise die Solopartien aus dem Brahmsschen Violinkonzert. Sie hatte in einem bedeutenden kalifornischen Orchester eine der ersten Geigen gespielt und war auf die Inseln geflohen, um zu sich selbst zu finden. Ich habe mich oft gefragt, was sie wohl gedacht haben mag, als ihr nun ein Cronkite, ein Buchwald und ein Michener aus dem über der Insel liegenden Dunst entgegenkamen. Leichter ist die Frage zu beantworten, was wir in jenem Augenblick dachten: Wir waren fassungslos, machten ihr Komplimente und luden sie zu einem Drink ein. Ich sagte zu ihr: »Sie spielen ja auf Konzertniveau.« Worauf sie erwiderte: »Ich weiß.«

Den größten Teil unserer Zeit verbrachten wir auf Bora Bora – für mich nach wie vor die schönste Insel der Welt, wo ich meine Freundschaft mit jenen herrlichen Menschen erneuerte, die ich während des Krieges dort kennengelernt hatte. »Wo ist Francis Sanford?« In Paris, macht als Politiker Karriere. – »Und was ist aus Malama geworden, der Freundin des Lieutenants?« Sie lebt jetzt mit ihren zwei amerikanischen Kindern auf Maupiti. – »Haben Sie jemals etwas von den Seeleuten gehört, die während des Krieges hier lebten?« Viele schicken uns Geschenke.

Wir waren sehr eingenommen von einem blonden Deutschen, der zu mir sagte: »Es war in der Nachkriegszeit in Deutschland, eine furchtbare Zeit, da las ich Ihr Buch, Michener. Sie schilderten die Südsee derart phantastisch, daß ich von nun an all meine Kraft daransetzte, dorthin zu gelangen. Und

jetzt bin ich hier auf der schönsten Insel. Das Glasboden-Boot dort drüben gehört mir, und Sie werden mit uns hinaussegeln.«
Wir saßen im Boot, die Arme auf ein Geländer gestützt, und starrten durch den Glasboden auf den Grund der unvergleichlichen Lagune von Bora Bora. Der Deutsche steuerte das Boot in tieferes Wasser. Mit Hilfe des markanten Vulkans und Seezeichen auf den Riffen peilte er eine bestimmte Stelle an, wo sich nach seiner Erfahrung Korallen befanden. Eine Stunde voller Wunder begann: Während ein Steuermann von der Insel, der ein paar Worte Englisch sprach, das Ruder übernahm, legte der Deutsche, der eine Badehose trug und mit nichts anderem als einem überlangen Schraubenzieher bewaffnet war, seine Taucherausrüstung an, glitt ins Wasser und paddelte mit seinen Gummiflossen in den Bereich unterhalb des Bootes. Sein Helfer erklärte uns unterdessen, was nun geschehen würde.

»Alles in Ordnung«, sagte der Insulaner im Boot. »Immer dasselbe, jeden Tag. Erst kleine Fische, sehr bunt.« Und schon umschwirrten den Taucher Myriaden blauer und goldener Fische, alle ungefähr fingerlang. Der Deutsche verscheuchte sie, indem er mit den Händen fuchtelte. »Jetzt kommt der Köder!« Der Taucher griff in einen Beutel, zog eine Handvoll zerstoßener Muscheln hervor und verteilte sie im Wasser. Nun erschien die nächste Gruppe Fische, viel größere diesmal und in vielen verschiedenen Farben. »Erst hellgelbe, dann blaue, dann große schwarze...« Es war, als ob die Fische ihn gehört hätten: Wie auf Befehl kamen sie herbei, eine Prozession der Schönheit.

Unser Führer korrigierte die Motoreinstellung, um das Boot an Ort und Stelle zu halten, und sagte: »Jetzt tauchen tiefer. Holen große Muschel.« Und schon geschah es: Der Deutsche glitt nach unten und brach mit seinem langen Schraubenzieher eine große Muschel von einer Koralle auf dem Meeresboden, brach sie auf und zerteilte das Fleisch mit dem Schraubenzieher in mehrere Stücke, darunter auch einige recht beachtliche, die er vorerst in seinem Beutel verstaute.

»Jetzt geht's erst richtig los!« sagte der Insulaner, und zwischen den schönen Korallenformationen, über denen der Deutsche schwebte, kamen auf einmal auffallend große, bis knapp einen Meter lange Fische hervor und fraßen dem Taucher, einer nach dem anderen, aus der Hand. Sie bedrängten ihn nicht, sondern jeder Fisch schwamm, wie auf eine Art Stichwort, einzeln auf ihn zu. Auf jeden Fall konnte der Insulaner am Ruder die Reihenfolge ihres Auftretens vorhersagen: »Lila Fisch, grüner Fisch, jetzt vielleicht drei blaue, als nächstes ein goldener...«

»Wir das aufbewahren bis Schluß«, erklärte er, als der Deutsche die großen Muschelfleischbrocken aus seinem Beutel zog und wieder seine gewohnte Stellung zwischen den Korallenköpfen einnahm. Die Fische, die nun kamen, waren mindestens ein Meter fünfzig lang, ja, zwei von ihnen erreichten sogar gute einsachtzig. Gemächlich, als besuchten sie einen alten Freund, schwammen sie heran. Auf das, was nun folgte, war ich nicht vorbereitet: Der Deutsche steckte sich einen großes Fleischstück zwischen die Lippen und streckte einem der langsam, aber sicher auf ihn zuschwimmenden Tiere das Gesicht entgegen. Der silbrige Fisch schnappte ihm den Brocken von den Lippen, wischte ihm mit der Schwanzflosse über das Gesicht und schwamm seines Weges.

Insgesamt waren es sechs große Fische, die dem Taucher nacheinander den dargebotenen Leckerbissen von den Lippen pflückten. Als die Vorführung vorüber war, staunte ein Tourist, der ebenfalls mit von der Partie war: »Mein Gott! Er hat die gesamte Lagune gezähmt!« Und als wir dann wieder festen Boden unter den Füßen hatten, sagte der Deutsche zu uns: »Mr. Michener hat mir dieses Leben ermöglicht. Ich habe mir dies alles hier bei der Lektüre seiner Bücher genau ausgemalt.«

Die Cronkite-Buchwald-Michener-Tour zeitigte kuriose Folgen, wenngleich erst viele Jahre später. Als sich allmählich herumsprach, daß wir drei Musketiere einander kannten und auch nach Bali und Haiti gemeinsame Reisen unternommen hatten, machten es sich honorige karitative Organisationen zur Gewohnheit, im Rahmen ihrer Spendenkampagnen in New York,

Washington oder Chicago Galadiners zu unseren Ehren zu veranstalten. Das verhalf ihnen zu einer Rede, die sie nichts kostete, und ließ immerhin die Möglichkeit offen, daß der persönlich Geladene auch die beiden anderen einlud – was wiederum die Hoffnung auf zwei weitere kostenlose Ansprachen nährte. Da wir drei in jenen Jahren recht prominent waren, verfielen immer mehr Organisationen auf diese Masche, so daß wir uns bald mit zwei bis drei Einladungen pro Monat konfrontiert sahen. Wurde Cronkite geehrt, erwartete man von Buchwald und mir, daß wir ihn umschwärmten wie einen Balkanprinzen. Erhielt Buchwald eine seiner zahllosen Auszeichnungen, mußten Cronkite und ich als Claque herhalten. Das Unangenehme an diesen Veranstaltungen war, daß man bei vielen dieser Gelegenheiten von dem Geehrten – also zum Beispiel von Cronkite – erwartete, einen Tisch für acht Personen zu bestellen und dafür tausend Dollar zu berappen. Buchwald und ich wurden dann ebenfalls ersucht, eigene Tische zu kaufen – »Sie wollen Ihrem alten Freund doch bestimmt die Ehre erweisen«. Der gemeinsame Urlaub mit diesen beiden Clowns erwies sich im nachhinein also noch als sehr teuer.

Ein typisches Telefongespräch zeigt, mit welcher Verwegenheit sich karitative Organisationen um kostenlose Festredner bemühen. »Spreche ich mit James Michener, dem Schriftsteller? Am Freitagabend geben wir im Jewish Hospital auf Long Island ein Galadiner. Wir wollen Ihnen, einem der bedeutendsten amerikanischen Schriftsteller, die Ehrenmedaille unserer Gesellschaft verleihen.« Ich erwidere, daß ich am Freitag bereits etwas anderes vorhabe. »Aber Norman Mailer hat uns versichert, Sie seien am Freitag frei«, tönt es keck aus dem Hörer. Da ich mit Mailer nie auch nur ein Wort gewechselt habe, greife ich zu einer Notlüge: »Ich vergaß, Norman zu sagen, daß ich schon einen Termin habe.« Lange Pause, dann: »Mr. Michener, kennen Sie zufällig einen anderen berühmten amerikanischen Schriftsteller, der am Freitagabend vielleicht kommen könnte?« Meines Wissens sei Gore Vidal verfügbar, sage ich.

Kapitel VI

Politik

Meine erste Begegnung mit der Politik war so beschämend, daß die Wunden jahrzehntelang nicht verheilten. Allerdings wurde mir dabei eine Lektion in Kameraderie zuteil, die ich mein Lebtag nicht mehr vergessen sollte. Im Herbst 1917 – ich war zehn Jahre alt und von einer gegen Deutschland und den deutschen Kaiser gerichteten Kriegshysterie besessen – brachte ich einmal ein paar alte Schuhe zum Schuster.

Die Werkstatt lag in der North Main Street, nur ein paar Schritte von unserem Haus entfernt. Das Viertel war seit jeher als »Germany« bekannt, weil sich dort viele der ersten deutschen Siedler niedergelassen hatten. Deren Nachfahren sprachen damals zu Hause überwiegend noch Deutsch statt Englisch. Mein Schuster, ein älterer Mann, war natürlich ebenfalls Deutscher.

Als ich ihm meine Schuhe gab, entdeckte ich in seiner Werkstatt etwas, das mir bis dahin noch nie aufgefallen war: Hinter seinen Leisten und seinem Amboß hing eine große Farblithographie des Kaisers an der Wand. Ich starrte sie über die Schultern des alten Mannes hinweg an, und so bedrohlich erschien mir der Blick der tiefliegenden Augen, so grausam die harte Kieferpartie, daß es mir glatt die Sprache verschlug. Fluchtartig rannte ich aus der Werkstatt. Ich hatte den Feind gesehen, den alle Redner großmäulig verdammten, und nun spukte er in unserem Hinterhof herum.

Ich lief nach Hause und konnte nur noch an diese geradezu greifbare Bedrohung denken. Überdies erhielten meine schlimmen Befürchtungen am Abend noch neue Nahrung, als meine Familie noch einen kleinen Spaziergang durch den Park vor dem Gerichtsgebäude machte. Dort hielt ein gutaussehender Offizier aus einem britischen Regiment eine wortgewandte Rede über die furchtbaren Schlachten gegen die *Boches* in Flandern und die Bemühungen, mit amerikanischer Unterstützung den Kaiser von Paris fernzuhalten.

In jener Nacht tat ich kaum ein Auge zu. Ich kämpfte gegen den deutschen Kaiser, wich seinen Unterseebooten aus und hielt ihn in den Schützengräben fest, damit er Paris nicht stürmen konnte. Als ich am nächsten Morgen erwachte, durchglühte mich patriotischer Zorn. Ich marschierte zum Schuster, stampfte in seine Werkstatt, riß das verräterische Porträt von der Wand, nahm es mit hinaus auf die Straße und zerfetzte es vor den Augen einer kleinen Menschenmenge, die sich am Schauplatz des Geschehens versammelt hatte.

Zum erstenmal in meinem Leben hörte ich den berauschenden Klang von Applaus. Anerkennende Rufe ertönten: »Ein richtiger kleiner Held, der Junge!« Als die Freudenkundgebung ihren Höhepunkt erreichte, riskierte ich einen Blick auf den Schuster. Der alte Mann, der mir so oft geholfen hatte, stand verwirrt und entsetzt im Türrahmen und sah dem Treiben vor seinem kleinen Laden fassungslos zu.

Irgend jemand von den Zuschauern berichtete der Lokalzeitung von meiner patriotischen Tat, und so wurde mein Name – erstmals, wie ich glaube – gedruckt. Ich war der Held der Gemeinde, hatte im zarten Alter von zehn Jahren der Tyrannei des Hunnen einen Schlag versetzt und die Sache der Alliierten unterstützt. Doch die Erinnerung an den Blick des alten Schusters, der mit ansehen mußte, wie seine kleine Welt von einem Kind in Stücke gerissen wurde, trübte die Anerkennung.

Mein Einstieg in die Lokalpolitik verlief kaum weniger dramatisch. Bucks County, unser eleganter, zwischen Philadelphia und New York gelegener Wahlbezirk (einer der ganz wenigen mit einem überregional bekannten Namen) war ländlich strukturiert und eine Hochburg der Republikaner, die von einem wohlwollenden Tyrannen namens Joe Grundy regiert wurde. Der Besitzer einer gutgehenden Fabrik am Südrand des Bezirks verfolgte nur ein einziges Ziel: Er wollte die absolute republikanische Herrschaft in Bucks County festigen und dazu beitragen, daß auch die Nation insgesamt eine sichere Domäne der *Grand Old Party* blieb. In späteren Jahren avancierte er zum Präsidenten der National Association of Manufacturers und zog in den Senat ein. Es gelang ihm, diese beiden Ämter so nahtlos miteinander zu verschmelzen, daß man als Beobachter niemals sagen konnte, in welcher Eigenschaft er gerade auftrat – als Senator oder als Funktionär des Unternehmerverbands.

In einem Wagen mit Chauffeur, mit hochgeknöpften Schuhen an den Füßen und einem grimmigen Lächeln im Gesicht pflegte Grundy von seiner Bastion in Bristol hinauf zu uns nach Doylestown, der Bezirkshauptstadt, zu fahren und dort seine Anweisungen zu erteilen. Die Lokalzeitung, der *Intelligencer*, gehörte ihm, und er übte seine Herrschaft mit einem unbeugsamen Konservatismus aus, bei dem man sicher sein konnte, daß nicht ein Hauch Liberalismus, nicht die geringste Spur von Sympathie für die Gewerkschaften oder moralische Frivolität ihre häßlichen Häupter erheben konnten. Eine Ausgabe seiner Zeitung ging in die Annalen ein, weil sie sein Erz-Republikanertum besonders anschaulich hervorhob: Im Jahre 1940, am Tag nach einer wichtigen Wahl, verkündete die Schlagzeile, daß Bucks County einmal mehr republikanisch gewählt habe, während eine kleine Notiz in einem unauffälligen Kasten unten rechts verriet, daß es da auch noch so einen Demokraten gab, der zum Präsidenten gewählt worden sei. Joe Grundy verstand keinen Spaß, und er kannte sich aus. Er hatte Stadt und Bezirk vollkommen unter Kontrolle.

Im Herbst 1916 wurde ich zum erstenmal auf seine Machtfülle aufmerksam. Ich war damals neun Jahre alt, und Grundy rackerte sich ab, damit Pennsylvania im großen Präsidentschaftswahlkampf zwischen dem schlappen demokratischen Amtsinhaber Woodrow Wilson und seinem wackeren Herausforderer Charles Evans Hughes ja nicht aus den republikanischen Reihen ausscherte. Meine Familie, die wie immer brav den Forderungen Joe Grundys Folge leistete, bestand aus leidenschaftlichen Republikanern, und zwar aus handfesten Gründen, die meine Mutter in folgende Worte faßte: »Du erkennst doch gleich, daß Mr. Hughes mit seinem würdigen Bart schon ganz wie ein Präsident *aussieht!*« (Bei der nächsten Wahl sollte sie zu mir sagen: »James, du erkennst doch gleich, daß Warren Harding mit seinem guten Gesichtsschnitt und seinem zurückhaltenden Wesen schon ganz wie ein Präsident *aussieht.*« Bei der übernächsten Wahl verkniff sie sich allerdings einen Kommentar über ihren Kandidaten Calvin Coolidge.)

Es war ein harter Wahlkampf, und Grundy dirigierte seine Truppen mit solcher Meisterschaft, daß wir am Dienstagabend auf Anweisung seiner lokalen Gefolgsleute im Zentrum unseres Städtchens zusammenliefen und einer improvisierten republikanischen Siegesparade als Claque dienten. Man hatte uns erzählt, Hughes habe gewonnen, und wir feierten überglücklich seinen Sieg. Als ich an jenem Abend einschlief, war ich fest überzeugt, Charles Evans Hughes regiere fortan die Republik so wie Grundy unseren Bezirk; es sei also alles im Lot.

Am späten Mittwochvormittag erfuhren wir dann natürlich, daß die Präsidentschaft durch das schändlich unmoralische Wahlverhalten der Kalifornier einmal mehr in die Hände dieses jämmerlichen Woodrow Wilson gefallen war. Finstere Verzweiflung legte sich über Bucks County. Der schlimme Höhepunkt der Affäre kam für mich am Freitagabend, als sich ein Häuflein demokratischer Plebejer aus diversen unappetitlichen Winkeln unseres Bezirks in der Stadt zusammenfand und eine Siegesparade abhielt. Ich stand mit meiner Mutter in einer schattigen Seitengasse neben der Redaktion des *Intelligencer*. Noch heute höre ich die Worte, mit denen sie kurz und knapp ihre Verachtung gegenüber den Demokraten zusammenfaßte: »Sieh sie dir nur an, James. Und nicht ein einziger Buick ist dabei!«

Meinen nächsten Abstecher in die Politik unternahm ich während des Präsidentschaftswahlkampfs von 1928, der in meine College-Zeit fiel. Der damals virulente Antikatholizismus regte mich so auf, daß ich bei einer öffentlichen Wahlkampfveranstaltung in der Stadt aus dem Stegreif eine flammende Rede zur Wahrung der Religionsfreiheit hielt. Nach der Veranstaltung zeigte sich der Ortsvorsitzende der Republikaner, Frank Scheibley, von Inhalt und Form meiner Rede so beeindruckt, daß er mich am Wickel packte und mir einen Job anbot. Später wollte er mich sogar adoptieren. Auf diese Weise wurde ich schon in jungen Jahren kooptiert.

In schneller Folge wurde ich danach zu Sozialismus-, Faschismus- und Kommunismus-Kostproben eingeladen und lernte eine Menge über alle drei politischen Überzeugungen, ohne daß mich die eine oder andere besonders beeindruckt hätte (ich komme noch einmal darauf zurück). Im wesentlichen blieb ich einer von Joe Grundys Boys, obwohl ich mich während der Weltwirtschaftskrise schon wunderte, was ihn und seine Freunde, wenn sie schon so sagenhaft klug und clever waren, dazu bewogen hatte, eine Finanzkatastrophe dieses Ausmaßes zuzulassen, von der ja nicht nur ich, sondern auch sie selbst betroffen waren. Dennoch blieb ich Republikaner.

In einer kritischen Phase meines Lebens zog ich nach Colorado um. Es war eine der besten Entscheidungen, die ich je getroffen habe, denn die Weiträumigkeit dieser Landschaft und die politische Redefreiheit, die dort nicht nur geduldet, sondern ausdrücklich gefördert wurde, verwandelten den etwas hinterwäldlerischen Oststaaten-Konservativen, der ich damals war, in einen Freigeist. Colorado war insofern ein ungewöhnlicher Staat, als die dortigen Wähler nur selten (und in meiner Zeit niemals) alle drei politischen Führungsämter – den Posten des Gouverneurs und die beiden Senatssitze – ein und derselben Partei anvertrauten. Die Bürger zogen es vor, die Macht auf mehrere Fraktionen aufzuteilen, und dies hatte zur Folge, daß sich das politische Leben dort himmelweit von den mir vertrauten Verhältnissen in Bucks County unterschied, wo Joe Grundy uns sagte, wen wir zu wählen hatten, und wir ihm gehorchten. In Colorado war es egal, welcher Partei oder welcher Gruppierung innerhalb einer Partei man angehörte – man hatte auf jeden Fall eine reelle Chance, in ein hohes Amt gewählt zu werden. Ich hatte in Pennsylvania gelernt, die Politik zu respektieren. In Colorado lernte ich, sie zu lieben.

Das Wichtigste war jedoch, daß sich mir dort ein Forum bot, wo ich eine intellektuelle Kraft entwickeln konnte, die mir bis dahin nicht zu eigen gewesen war. In der Stadt gab es ein gemütliches kleines Restaurant, das den Namen der verwitweten Geschäftsführerin, einer Mrs. Angell, trug. Dort traf sich 1936 zweimal im Monat eine Diskussionsgruppe zu einem längeren Gespräch über das jeweils heißeste politische Thema. Zwei Drittel der Teilnehmer waren Republikaner, ein Drittel Demokraten, doch alle waren sie von der Liebe zur Diskussion und zur Durchdringung neuer Ideen geprägt. Unter ihnen befanden sich zwei Kleriker – ein liberaler, ein konservativer –, ein achtbarer Rechtsanwalt, der einige bedeutende Fälle vor dem Obersten Gerichtshof vertreten hatte, zwei Wissenschaftler, ein streitbarer Fraktionschef aus dem Senat von Colorado, ein reizender Schulleiter, der engagierte Chefredakteur einer Zeitung sowie eine nicht unbeträchtliche Zahl von Geschäftsleuten, die überwiegend dem konservativen Lager angehörten. Da ich Zugang zu einem Vervielfältigungsgerät besaß, bestimmte man mich zum Exekutivsekretär, dessen Aufgabe darin bestand, Redner zu finden und die Versammlungen einzuberufen. Ich erinnere mich, daß wir pro Veranstaltung 55 Cent in Depressionswährung zur Verfügung hatten und damit dem Gastredner eine Mahlzeit spendierten. Unsere Diskussionsabende wuchsen uns so sehr ans Herz, daß wir sie nicht mehr missen wollten und alles taten, um ja keinen zu versäumen. Es wurde unerbittlich, inhaltsreich und niveauvoll debattiert, und immer wieder blitzte der Pioniergeist der weißen nordamerikanischen Siedler auf, die der Nation den Weg nach Westen gebahnt hatten.

Ich glaube, jeder junge Mensch in den Dreißigern, dem daran gelegen ist, seinen Charakter zu bilden und einen Einblick in die gesellschaftliche Realität zu gewinnen, wäre gut beraten, sich einer Gruppe wie unserem Debattierclub bei *Angell's* anzuschließen, wo clevere Köpfe miteinander Tacheles redeten; wo Gedanken und Ideen, die in der Öffentlichkeit noch nicht präsentabel waren, von allen Seiten betrachtet und zerpflückt und wichtige Entscheidungen für das Allgemeinwohl ausformuliert wurden. Solche Gesprächsrunden hat es immer gegeben – in den Weinschenken des Altertums, den Bädern des alten Roms, den Wählerversammlungen Neuenglands, den Freitagabendtreffen der Kibbuzim in Israel oder den formlosen Clubs in Kalifornien, Texas und Vermont. Nachdenkliche Menschen suchen solche Kreise, weil sie sie brauchen. Ohne den meinen in Colorado, in den ich damals mehr oder weniger zufällig geriet, wäre aus mir nicht geworden, was ich bin.

Eines Sommers kam ein fanatischer Prediger namens Harvey Springer in die Stadt und schlug sein großes Zelt neben dem College auf, an dem ich lehrte. In seinen Veranstaltungen, die bis in die Nacht hinein dauerten und die eine immense Suggestivkraft ausstrahlten – Brandreden und Chöre, deren Musik einem unter die Haut ging, junge Frauen mit flackernden Augen, die kreischend auf die Bühne stürmten, um erlöst zu werden –, blies Reverend Springer zum Generalangriff gegen die beiden Pfarrer in unserer Gruppe und gegen mich, den zersetzerischen, liberalen, atheistischen Professor.

Gemeinsam mit einigen anderen Betroffenen schlich ich mich in eine von Springers Veranstaltungen ein. Seine Rücksichtslosigkeit und Macht entsetzten mich. Wenn ich mich recht entsinne, gliederte er den Nonsens, den er von sich gab, in drei Abschnitte: Er begann mit einer rührseligen Reminiszenz an seine eigene Jugend, klagte darüber, daß er eine verlorene Seele gewesen sei, weil Lehrer und Pfarrer versagt und ihn nicht auf den richtigen Weg geführt hätten. Als zweites folgte eine wutschäumende Attacke gegen die Universität Yale. Die Gründe dafür leuchteten mir nie ganz ein, doch hingen sie offenbar damit zusammen, daß die theologische Fakultät einst Springers Bewerbung um einen Studienplatz abgelehnt hatte. Im dritten und letzten Teil seiner Philippika nahm der Redner unsere Gemeinde aufs Korn, verdammte unsere Kirchen, darunter vor allem diejenigen meiner beiden Freunde, und stauchte – neben mir, dem sein besonderer Zorn galt – nahezu den gesamten Lehrkörper des Colleges zusammen, weil wir mit unserem Eintreten für die faire Behandlung mexikanischer Landarbeiter Unfrieden in der Gemeinde gestiftet hätten.

Die Stimmung bei *Angell's* war in jener Woche sehr ernst, denn unser Treffen fand am Dienstag statt, und wir alle wußten, daß Springer am kommenden Sonntag erneut Donnerkeile auf uns schleudern würde. Wir mußten etwas gegen ihn unternehmen, soviel stand fest. Unsere beiden Pfarrer, die Hauptzielscheibe seines Zorns, waren ruhige, rechtschaffene Männer, die in keiner Weise dafür geschaffen waren, es Springer mit gleicher Münze heimzuzahlen, und was mich betraf, so war ich ein hilfloser Grünschnabel, der den wüsten Beschimpfungen des Predigers ebenfalls nichts entgegenzusetzen hatte. Dennoch stimmten sämtliche Teilnehmer unserer Diskussionsrunde darin überein, daß wir nicht tatenlos zusehen durften, wie unsere Gemeinde vergiftet wurde, und beschlossen, mit allen verfügbaren Mitteln dagegen einzuschreiten. Der Redakteur sagte zu, in der Zeitung auf die Gefahren hinzuweisen; die beiden Pfarrer versprachen, in ihren Predigten deutlich zu machen, wie unsinnig es wäre, Besonnenheit und rationales Denken durch einen schauerlichen Exhibitionsmus verdrängen zu lassen; und ich wollte meinen Studenten, von denen eine ganze Reihe von Springer sehr beeindruckt war, klarmachen, was für ein lächerlicher Windbeutel dieser Mann, sofern man ihn nur durchschaute, im Grunde genommen doch war.

In den fünf Tagen, die nun folgten, herrschte große Hektik. Bei Gemeindeabenden am Mittwoch und Donnerstag bemühten sich die Pfarrer ruhig, aber mit enormer Überzeugungskraft, Springers Unfug bloßzustellen und zu entschärfen. Unsere Geschäftsleute warnten bei ihren Geschäftsessen vor den Gefahren, die Springer mit seinem Säbelgerassel heraufbeschwor. Unser netter Versicherungsmann, Montefiore Moses, wies erfolgreich darauf hin, daß Springer unserer Gemeinde mit seinen nächtlichen Spendensammlungen viel Geld stahl, und ich verteidigte Yale, unser College, seine Lehrkräfte und mich selbst mit aller mir zu Gebote stehenden Schärfe gegen Springers aberwitzige Vorwürfe.

Es gelang uns schließlich, ihn in seine Schranken zu verweisen. Der Prediger verließ unsere Gemeinde. Der Schaden, den er unseren Kirchengemeinden zufügte, war überraschend gering, und unsere Zeitung gewann dank ihres mutigen Eintretens für unsere Stadt neues Ansehen. Einige meiner Studenten zeigten sich verwundert darüber, daß ein vergleichsweise ruhiger Mensch wie ich ganz bewußt das Risiko eingegangen war, sich voll in die Schußlinie eines solchen Erzverleumders zu wagen.

Nachdem ich Harvey Springer aus nächster Nähe miterlebt, mir sein bombastisches Geschwätz und seine böswilligen Tatsachenverdrehungen angehört hatte und wußte, wie eine Gemeinde durch den Abfluß von Spendengeldern geschädigt werden kann, war ich intellektuell und moralisch gut auf Leute wie Jim Bakker und Jimmy Swaggart vorbereitet, die in späteren Jahren seine Nachfolge antraten. Springer brachte sein Zelt in unsere Stadt und stahl Tausende von Dollars, die eigentlich unseren Kirchen hätten zufließen sollen. Seine Nachfolger bemächtigten sich der Fernsehkanäle und stahlen Millionen. Unser Angell's Club vermochte sich niemals vorteilhafter in Szene zu setzen als in jener Woche, in der er dazu beitrug, den eifernden Prediger auf Distanz zu halten.

Im kuriosen Präsidentschaftswahlkampf des Jahres 1936 sagten die meisten Auguren im Lande voraus, daß der republikanische Herausforderer Alf Landon einen klaren Wahlsieg gegen Präsident Franklin Roosevelt einfahren werde, der sich um eine zweite Amtszeit bewarb. Ich war damals Dozent für Politische Wissenschaften, hatte an einer Konferenz in Chicago teilgenommen und war erst kürzlich per Anhalter wieder nach Hause gekommen. In allen Zeitungen war vom bevorstehenden Sieg Landons die Rede, doch auf meiner Reise hatte ich unter den zahlreichen Auto- und Lkw-Fahrern, die mich mitnahmen, sowie in sämtlichen Restaurants, die wir unterwegs aufsuchten, praktisch keinen Menschen getroffen, der für Landon war. Fast unisono hatten die Leute gesagt: »Ich wähle F. D. R. Er hat die Nation wieder auf Vordermann gebracht.«

Ich mußte mit meinen Äußerungen vorsichtig sein, denn der Dekan unserer Fakultät, ein ehemaliger Armeeoberst, war einer der eingefleischtesten Republikaner, die mir je begegnet sind. Unter Berufung auf Quellen wie die Meinungsumfragen des *Literary Digest*, nach denen Landon mit haushohem Vorsprung führte, verkündete er vor seinen Studenten: »Landon wird einen erdrutschartigen Sieg davontragen. Die Nation hat Roosevelt durchschaut und weiß jetzt, was für ein Scharlatan er ist.« Ich hatte damals noch nicht den Mut, meinem Chef offen zu widersprechen, denn er war, was Politik betraf, der Terror in Person. Allerdings erzählte ich in allen meinen Seminaren, was mir auf meiner Reise durch das Kernland Amerikas aufgefallen war. »Es ist ganz merkwürdig«, sagte ich, »entweder haben diese Leute mich alle belogen, oder die Meinungsumfrage im *Digest* stimmt nicht.« Auf die Frage meiner Studenten, wer meiner Meinung nach die Wahl gewinnen würde, erwiderte ich aufrichtig: »Das weiß ich nicht.« Und als sie nachhakten und konkret wissen wollten, wem ich den Sieg wünschte, lautete meine Antwort: »Lehrer sollen ihre Schüler nicht politisch beeinflussen«, worauf die jungen Leute, die sich Tag für Tag die Tiraden des Dekans anhören mußten, in schallendes Gelächter ausbrachen.

An einem schönen Herbstmorgen versammelte sich der Angell's Club fast vollzählig auf dem Bahnhof von Greeley, weil dort der Wahlkampfzug Präsident Roosevelts einen kurzen Zwischenhalt einlegte. Da wir früh genug erschienen waren, bekamen wir mit, wie die Tür zur Plattform am hinteren Ende des Zuges aufging und der Präsident heraustrat, um seine Rede zu halten. Einige von uns sahen zum erstenmal, daß er tatsächlich schwerbehindert war, denn es war ihm nicht möglich, auch nur einen Schritt ohne fremde Hilfe zurückzulegen. Als er das die Plattform begrenzende Geländer erreichte, umfaßte er es mit festem Griff, rückte seine Beinschienen in Position und ließ sein berühmtes keckes Lächeln aufblitzen. »Meine Freunde ...«, begann er mit vertrauter Stimme, die klar und kräftig klang, »... sofern ich Sie meine Freunde nennen darf, doch ich glaube, ich darf es ... « Es war Wahlkampftheater in seiner reinsten Form. Die beliebte, oft gehörte Eingangsfloskel diente dazu, das Publikum für ihn einzunehmen. Roosevelt hielt eine belanglose Ansprache, winkte, verabschiedete sich von seinen Freunden und fuhr weiter nach Denver, wo im Rahmen seiner Wahlkampftour durch die Weststaaten eine größere Rede vorgesehen war.

Als der Präsident wieder abgereist war, trafen wir uns zu einer Tasse Kaffee und diskutierten über die möglichen Folgen des kurzen Besuchs. Neueste Meinungsumfragen hatten Landons Vorsprung bestätigt, so daß sich selbst enge Gefolgsleute F. D. R.s scheuten, einen Sieg des Präsidenten vorauszusagen. Die traditionellen Republikaner in unserer Gruppe spotteten über Roosevelts unverhohlenen Versuch, an die Emotionen der Menge zu appellieren. Nach meiner Meinung gefragt, sagte ich: »Ich bin mir nicht sicher. Stimmen hat er bei dieser Stippvisite nicht gewonnen. Außerdem schwört mein Chef auf die Meinungsumfragen und sagt einen Erdrutschsieg für Landon voraus.« Ich machte eine kurze Pause und fügte dann hinzu: »Aber ich bekomme einfach nicht aus dem Kopf, was ich auf meiner Reise erlebt habe. Mir ist kein Mensch begegnet, der republikanisch wählen will, kein einziger. Also gibt es da vielleicht etwas, was wir bisher nicht erkennen.«

»Glauben Sie, daß Roosevelt noch eine Chance hat?«

»Ich mache keine Vorhersagen. Aber irgend etwas an der Geschichte kommt mir komisch vor.« Heute wünsche ich mir manchmal, ich hätte die Zeichen an der Wand deutlicher erkannt und mich auch gegenüber meinen Studenten und den Kollegen vom Angell's Club deutlicher ausgedrückt, denn als wir in der Wahlnacht zu Bett gingen, wußten wir bereits, daß Landon lediglich in Maine und Vermont die Oberhand behalten hatte. Am nächsten Tag erschien eine Zeitung mit folgender Schlagzeile: WAS WAR DENN DAS?

Für jemanden, der die politischen Traditionen Amerikas studiert hat, blamierte ich mich im Präsidentschaftswahlkampf von 1948 unsterblich. Das kam so: Ich war erst kurz zuvor nach New York gezogen und durfte daher noch nicht dort wählen. So wurde ich zu einem recht beliebten neutralen Zeremonienmeister bei politischen Veranstaltungen und bemühte mich nach Kräften, weder Republikaner noch Demokraten bei der Bemessung der Redezeit zu übervorteilen. Republikanischer Kandidat war Thomas Dewey, während die ziemlich desorganisierten Demokraten den Mythos aufrechtzuerhalten suchten, daß Harry Truman noch eine Außenseiterchance besaß. Ich hatte den Wahlkampf genau verfolgt und hielt den Vorsprung der Republikaner für so groß, daß ich Truman keine Chance mehr gab. Ein häufiger Gast und recht guter Debattenredner auf meinem Podium war ein Professor von der New York University, der unverdrossen mich und das Publikum davon zu überzeugen trachtete, daß die Demokraten durchaus noch Aussichten hatten, den Sieg davonzutragen – und zwar nicht nur im Staat New York, sondern im ganzen Land. Eines Abends – er hatte getan, was er konnte, und doch nicht einen von uns überzeugt – sagte ich ziemlich herablassend zu ihm: »Sie waren sehr eindrucksvoll, aber Ihre Fakten lassen mich kalt. Was ich bewundere, ist allerdings die Art, wie Sie sich für eine verlorene Sache einsetzen.«

»Mr. Michener! Sie scheinen immer noch nicht zu begreifen, daß Harry Truman die Wahl gewinnen wird.«

»Mmmh, ja, in New York vielleicht.«

»Nein, im ganzen Land, meine ich. Er wird unser nächster Präsident sein.«

Ich behandelte den leidenschaftlichen Truman-Anhänger mit der dem neutralen Diskussionsleiter obliegenden Höflichkeit, doch in einer längeren Rundfunkdebatte am Abend vor dem Wahltag riß mir dann doch der Geduldsfaden. Als das Ende der Sendung nahte und ich das Schlußwort der Teilnehmer ankündigen mußte, ließ ich mich zu einer unerhört gönnerischen Bemerkung hinreißen: »Ich denke, Dr. Feinstein verdient unser aller

Beifall für seinen tapferen Versuch, die demokratische Position zu verteidigen. Es freut mich daher sehr, daß ich ihm jetzt das Mikrofon übergeben kann, denn er ist ein echter Politiker.«

Der Professor nahm das Mikrofon, sah mich durchdringend an und sagte: »Mr. Michener, Sie werden morgen früh sehen, daß Harry S. Truman für weitere vier Jahre Präsident sein wird.« Er hatte recht.

Ich erlebte meine persönliche Einführung in die Realitäten des politischen Lebens an einem Nachmittag, an dem ein Fremder den Hügel vor unserem Haus emporstieg und mir einen erstaunlichen Vorschlag machte. Er war ein gutaussehender Mann Anfang Dreißig, mit glattrasiertem Gesicht und gewinnendem Lächeln. Er trug einen dunklen Anzug und blitzblank polierte Schuhe und sagte, er wolle sich mit mir über einen kulturellen Verband mit hervorragendem Ruf unterhalten (ich nenne ihn im folgenden »Die Freunde Asiens«). Er fragte mich, inwieweit ich über die Tätigkeit des Vereins bereits informiert sei, worauf ich antwortete: »Auf meinen Asienreisen und in Gesprächen mit Wissenschaftlern und verschiedenen Experten konnte ich feststellen, daß er einen ausgezeichneten Ruf besitzt. Leistet hervorragende Arbeit und verfügt über erstklassiges Personal.«

Nach einer längeren Befragung, die wir zur Mittagsstunde beim Lunch in Bob Bruggers Bar in Pipersville fortsetzten (der Fremde bestand darauf, mich einzuladen), kehrten wir in mein Büro zurück. Dort – der Telefonhörer war abgenommen und außer uns kein Mensch in der Nähe – sagte der junge Mann zu mir: »Ich komme von der Regierung. Sie hat mich autorisiert, direkt mit Ihnen zu sprechen. Wir haben den Verdacht, daß dieser feine Verein, von dem Sie eine so hohe Meinung haben, von Radikalen unterwandert ist, vielleicht sogar von Kommunisten. Einige seiner Repräsentanten im Außendienst haben bereits echten Schaden angerichtet. Die Regierung hat in enger Zusammenarbeit mit den Patrioten innerhalb der Organisation darauf hingewirkt, daß letztere die Kontrolle übernehmen und eine interne Säuberung durchführen. Damit soll gewährleistet werden, daß sich die Organisation wieder auf ihre ursprünglichen Aufgaben konzentrieren kann.«

Das klinge ja alles recht lobenswert, erwiderte ich – nur, was hätte ich mit all dem zu tun? – »Das ist ganz einfach. Morgen tritt der Verwaltungsrat zusammen. Man möchte Sie zum neuen Vorsitzenden wählen – neue Besen kehren gut. Sie verfügen über einen hervorragenden Ruf in Asien und sind nach unseren Erkenntnissen völlig unbelastet. Sie könenn sich der vollen Unterstützung des Verwaltungsrats und der Regierung sicher sein. Wir haben nicht den geringsten Zweifel daran, daß Sie der richtige Mann für diesen Job sind.«

Es schmeichelte mir, daß man mich für eine solche Aufgabe in Betracht zog, doch waren mir in meiner journalistischen Lehrzeit bei Zeitungen und Illustrierten zwei unumstößliche Grundregeln eingeimpft worden: Der Schreibende darf nie zulassen, daß er selber Teil der Geschichte ist, über die er schreibt, und nie, nie darf er einer anderen Organisation verpflichtet sein als derjenigen, von der er offiziell bezahlt wird. Außerdem darf ein Autor niemals als Geheimagent fungieren – egal, für wen oder was. In Übereinstimmung mit diesem strengen Kodex erwiderte ich: »Ich sehe nicht die geringste Möglichkeit, mit Ihnen und Ihren Kollegen bei irgendwelchen Geheimaktionen gemeinsame Sache zu machen.« Die Antwort meines Gesprächspartners ließ nicht auf sich warten: »Von Geheimaktionen kann gar keine Rede sein. Ihre Wahl wird umgehend bekanntgegeben, und Sie werden auf Ihren künftigen Asienreisen überall als Vorsitzender der ›Freunde Asiens‹ vorgestellt werden. Sie werden ein öffentliches Amt von außergewöhnlicher Bedeutung bekleiden.«

Wenn die Sache rundum offen und ehrlich sei, würde ich sie mir überlegen, sagte ich. »Nein, das geht nicht«, drängte mein Gast. »Wir müssen das alles hier und jetzt unter Dach und Fach bringen. Es kommt ganz entscheidend auf die Zeit an.« Wir sprachen noch über dies und das; dann sagte ich: »Wenn alles stimmt, was Sie sagen, bekommen Sie meine Antwort morgen abend. Einen Tag lang werden Sie schon warten müssen.« Er senkte die Stimme: »Die Angelegenheit hat, wie Sie ja vermuten, noch einen Haken, auf den ich bisher nicht eingegangen bin. Da der Regierung sehr daran gelegen ist, dieses Durcheinander in Ordnung zu bringen, und da wir glauben, Ihnen vertrauen zu können, sind wir bereit, erhebliche finanzielle Mittel in diese Rettungsaktion zu stecken. Sie müssen sich allerdings bereit erklären, das Geld anzunehmen und, wenn es Schwierigkeiten gibt – was immerhin möglich ist –, öffentlich für den Verbleib der Gelder einstehen. Mit anderen Worten: Sie bürgen für das Geld und dürfen nicht ins Schwafeln geraten, wenn Sie unter Druck stehen.«

»Und woher kommen diese Gelder?«

»Von der Regierung. Wir wollen diesen Verein unbedingt wieder auf Vordermann bringen und sind davon überzeugt, daß Sie der Mann sind, dem diese Aufgabe anvertraut werden kann.«

Es war ein verführerisches Angebot. Immerhin hatte ich auf diesem Gebiet mit der Zeit eine ganze Menge Erfahrungen gesammelt – Asien war für mich kein Buch mit sieben Siegeln mehr, kannte ich mich doch in Tokio, Hongkong, Kuala Lumpur, Rangun und Djokjakarta mittlerweile besser aus als in Philadelphia oder Boston. Die intellektuelle Herausforderung war daher enorm.

Am Abend unternahm ich mit meinen Hunden einen langen Spaziergang, der sich bis in die Nacht hinein erstreckte. Dabei formulierte ich zum erstenmal mein Lebensziel. Ich hatte niemals davon geträumt, ein großer Schriftsteller, Rektor eines Colleges, Politiker oder prominenter Geschäftsmann zu werden. Meine Kindheit war, wie der Leser später noch erfahren wird, so ungewöhnlich, daß derlei Ambitionen gar nicht hätten reifen können. Ich hatte immer zusehen müssen, daß ich von Montagmorgen bis Freitagnachmittag irgendwie über die Runden kam; der Rest ergab sich dann von ganz allein. Von den Umständen gezwungen, schon sehr früh auf eigenen Füßen zu stehen, erkannte ich jedoch schon in vergleichsweise jungen Jahren, daß die Zugehörigkeit zu einem gut organisierten Gemeinwesen, das für Sicherheit und freie Ausbildung sorgt und einem die Gelegenheit gibt, die eigenen Anlagen optimal zu entwickeln, zu den wertvollsten Gütern auf dieser Erde gehört. Der einzige Ehrgeiz, der mich je ergriff und zu dem ich mich auch bekannte – sogar in meinen Träumen –, bestand darin, ein guter Bürger zu sein. Höher gesteckte Ziele hatte ich keine und konnte sie mir auch nicht vorstellen. Ich wollte Anerkennung finden als ein Mann, der anständige Arbeit leistet und bei dem man sich darauf verlassen kann, daß er alle Schritte unternimmt, die für den Zusammenhalt der Gesellschaft erforderlich sind. Es war einzig und allein dieses einfache Bezugsraster, das mein Denken bestimmte, als ich mich an jenem Tag noch weit nach Mitternacht mit der Regierungsofferte auseinandersetzte. Ein fahnenschwingender Patriot würde ich nie sein können, und es lag mir auch fern, auf irgendeinem Gebiet zum Helden zu werden. Aber ich wollte ein verantwortungsvoller Bürger sein, und daher war das Angebot, an einer wichtigen Stelle in den Dienst des Gemeinschaft zu treten, verlockend.

Doch je länger ich darüber nachdachte, desto stärker drängte sich der Ehrenkodex der schreibenden Zunft wieder in den Vordergrund: Ich sollte mich überall und jederzeit auf saubere und für jedermann einsehbare Referenzen berufen können. Ich wollte für niemanden als Geheimagent arbeiten, mich von keiner Partei vor den Karren spannen lassen, nicht als Anwalt von Sonderinteressen oder mit geheimen Plänen im Gepäck auftreten. Das waren durchaus keine belanglosen Erwägungen: Jedem von uns, die wir in den turbulenten Jahren des Zweiten Weltkriegs und während des Koreakriegs in Asien gearbeitet hatten, waren Fälle bekannt, in denen nach außen hin als Journalisten auftretende Personen in Wirklichkeit Geheimdienstmitarbeiter gewesen waren. In zwei Fällen handelte es sich möglicherweise sogar um Doppelagenten. Flogen solche Leute auf – was sie anscheinend alle taten –, so war ihre Karriere ruiniert. Ich erinnere mich noch gut an zwei Betroffene, die mich voller Verzweiflung darum baten, ihnen bei der Wiederherstellung ihrer Glaubwürdigkeit behilflich zu sein. Vielleicht hatten sie sich von Büchern wie Somerset Maughams *Ashenden*, in dem ein britischer Agent im Mittelpunkt steht, und von den Umtrieben John Buchans (Lord Tweedsmuir) und Sir Compton Mackenzies täuschen lassen, von denen es heißt, sie hätten die schriftstellerische Tätigkeit mit der Spionage verbunden. Die beiden Männer, beide jünger als ich und in vielfacher Hinsicht begabter, hatten sich ihr Leben ruiniert, und ich konnte ihnen überhaupt nicht helfen.

Am nächsten Tag erschien der Mann von der Regierung erneut und garantierte mir, daß es keinerlei Heimlichtuerei geben werde, vorausgesetzt, ich sei damit einverstanden, die Rolle des moralischen Hüters der von der Regierung zur Verfügung gestellten Gelder zu übernehmen. Unter diesen Bedingungen erklärte ich mich zur Übernahme des Amtes bereit.

Es war keine leichte Aufgabe. Der Versuch, eine Organisation zu retten, die bereits am Zerfallen war, erforderte pedantische Detailkenntnisse. Uns standen jedoch erhebliche finanzielle Mittel zur Verfügung, mit deren Hilfe wir die Lage bereinigten. Nach einiger Zeit ließ ich die Regierung wissen, daß ich, da ich in Asien kaum noch abkömmlich sei, das Amt des Vorsitzenden nicht mehr ausüben könne: Unser Verwaltungsrat hatte hervorragende Arbeit geleistet. Skandale und die Unterschlagung von Regierungsmitteln waren verhindert worden, und falls sich tatsächlich ein paar hartgesottene subversive Kräfte in der Organisation befunden hatten, so waren sie entweder hinausgeworfen worden oder hatten sich noch tiefer in den Untergrund vergraben.

Das Wichtigste für mich persönlich war, daß ich meinem Land gedient hatte, ohne meine eigene Integrität aufs Spiel zu setzen. Im übrigen mußte ich mich im Zusammenhang mit diesem Job erstmals einer gründlichen Sicherheitsüberprüfung durch das FBI unterziehen, ein Ritual, das ich seither – bis in die unmittelbare Gegenwart hinein – noch oft über mich ergehen lassen mußte. Daß ich mal wieder an der Reihe war, erfuhr ich immer von eingeschüchterten Nachbarn, die mir zuflüsterten: »Jim, das FBI ist hinter dir her! Was hast du denn ausgefressen?« Nie durfte ich ihnen den wahren Grund für die Befragungen nennen. Ich war im Laufe der Jahre für die verschiedensten staatlichen Stellen tätig, und jede verlangte ihren eigenen Sicherheitstest. Ein paarmal kam es vor, daß argwöhnische Freunde und Bekannte aus den wiederholten Überprüfungen den Schluß zogen, ich sei ein heimlicher Kommunist, und den Kontakt zu mir abbrachen. Selbst in diesen Fällen mußte ich den Mund halten.

Vor der Präsidentschaftswahl von 1960 fragte mich Professor Arthur Meier Schlesinger sen., mit dem ich gemeinsam in Harvard studiert hatte, ob ich mich nicht an John F. Kennedys Wahlkampf beteiligen wolle. Ich sagte zu und wurde daher Wahlkampfmanager in einem der kritischen Wahlkreise an der Peripherie von Philadelphia.

Johnny Welsh, der langjährige Parteivorsitzende der Demokraten in unserer Gegend, faßte unsere Strategie präzise zusammen: »Wir haben in unserem Bezirk keine Siegeschance; dazu sind die Republikaner einfach zu stark. Aber wir werden mit großem Vorsprung Philadelphia und Pittsburgh gewinnen. Wir müssen also wie der Teufel um einen möglichst geringen Abstand zu den Republikanern kämpfen, damit sie unseren Vorsprung aus den großen Städten nicht ausgleichen können.«

Wir befanden uns also eher in der Defensive. Unsere Lage war besonders schwierig, weil wir infolge eines lokalen Phänomens damit rechnen mußten, daß möglicherweise sehr viel mehr Wähler für die Republikaner stimmen würden, als dies bislang der Fall gewesen war. Das Problem war folgendes: Es war allgemein bekannt, daß Kennedy katholisch war, und das schreckte unsere ländliche Wählerschaft ab. Die Leute waren zum großen

Teil standhafte Lutheraner, die den Katholizismus vehement ablehnten. Hinzu kam, daß ein sehr großer Teil der Bevölkerung in unserem County den sogenannten *Pennsylvania Dutch* angehörten.* Sie waren überwiegend Mennoniten, die sich betont einfach zu kleiden pflegten und von einer fundamentalen Gegnerschaft gegen den Papst erfüllt waren. Wir mußten davon ausgehen, daß sie nahezu ausnahmslos gegen Kennedy stimmen würden. Dennoch hätten wir uns Hoffnungen auf den Gewinn des einen oder anderen ländlichen Wahlbezirks machen können, wenn die Ereignisse nicht eine unerwartete Wendung genommen hätten.

Die deutschstämmigen Familien auf dem Land nahmen die Politik sehr ernst, erlaubten ihren Frauen jedoch nie, sich an den Wahlen zu beteiligen. Zur Wahl zu gehen war für eine Frau in den deutschen Gebieten undenkbar, und ich habe in all den Jahren, die ich in Bucks County verbrachte, niemals auch nur eine von ihnen wählen sehen. Diesmal jedoch, als der bedrohliche Katholizismus quasi an ihre Türen klopfte, setzten sich die konservativen Mennoniten über ihre Tradition hinweg und trieben ihre Frauen in die Registrierungsbüros. Uns wurde angst und bange, als wir sahen, wie viele es waren. Johnny Welsh wurde beim Anblick der schwarzgekleideten Scharen klar, daß etwas Drastisches geschehen mußte. Und so fuhren wir Demokraten kreuz und quer durchs County und stöberten katholische Klöster, kleinere religiöse Orden und einzelne Nonnen auf, die sich zuvor nie hatten registrieren lassen. »Wir setzen unsere Frauen in Schwarz gegen ihre Frauen in Schwarz«, kommentierte ein demokratischer Wahlhelfer.

In den heißesten Tagen des Wahlkampfs, als alles am seidenen Faden zu hängen schien, meldete sich bei einigen von uns

---

* Unter *Pennsylvania Dutch* versteht man die Nachfahren mennonitischer Einwanderer aus Deutschland. Der Ausdruck ist von dem Begriff »pennzylwanische Deitsch(e)« abgeleitete, hat also außer Schreibweise und Klang nichts mit dem englischen Wort *Dutch* bzw. *Dutchman* (»holländisch«, »Holländer«) zu tun. Die Begriffserklärung ist James A. Micheners Roman *Dresden, Pennsylvania* (1991; dt. Bergisch Gladbach 1993) entnommen. (Anm. d. Übers.)

das Washingtoner Hauptquartier: »Wir hören aus einem Staat nach dem anderen, daß Zeitungen und Fernsehstationen nicht über unsere Veranstaltungen berichten, und sind gerade dabei, eine hochkarätige Wanderbühne zusammenzustellen. Diese Truppe soll in die betreffenden Staaten fliegen und dafür sorgen, daß uns die Medien dort wieder wahrnehmen. Machen Sie mit?«

Als ich diesen Anruf erhielt, war ich sofort bereit, meine Suche nach scheuen Nonnen einzustellen und mich dem Team zur Verfügung zu stellen. Allerdings, gab ich zu bedenken, wisse ich nicht, worin mein persönlicher Beitrag bestehen könne. »Wir brauchen Sie«, lautete die Antwort. »Wir wollen eine tolle Mischung zusammenstellen, die niemand ignorieren kann. Arthur Schlesinger jun. und Sie für Leute, die lesen. Stan Musial für die Sportfreunde. Jeff Chandler, Angie Dickinson und Shelley Winters sind unsere Filmstars. Unterwegs werden sich noch fünf Mitglieder der Familie Kennedy dazugesellen, eines nach dem anderen in den verschiedenen Städten. Mal sehen, was dabei herauskommt.«

Soweit es nur darum ging, die Medien auf unsere Partei aufmerksam zu machen, war unser Einsatz durchaus erfolgreich. Als Stimmensammler für Kennedy hingegen versagten wir. Wir suchten die elf Staaten mit den schwächsten demokratischen Kandidatenlisten auf und bedienten uns aller erdenklicher Tricks, um nicht nur Jack Kennedy, sondern auch die Kandidaten vor Ort in die Medien zu bringen. Es gab auch einige bittere Enttäuschungen. So kam es vor, daß lokale Parteifunktionäre der Republikaner uns schon am Flughafen den Weg versperrten, uns Pressezimmer und Fernsehkameras verwehrten. Doch mit Angie und »Stan the Man«, dem großen Baseballstar, ging das nicht so ohne weiteres. Wir gerieten in schwere lokalpolitische Auseinandersetzungen, und wenn dann jemand wie Ethel Kennedy einflog und sich uns anschloß, teilten wir genauso aus, wie wir einstecken mußten. Ich entwickelte im Laufe jenes Wahlkampfs einen enormen Respekt für Ethel. Mir ist selten ein so unbeugsamer Geist, selten eine so harte politische Kämpferin begegnet.

An einem emotionsgeladenen Abend in Denver, wo Byron »Whizzer« White, der Footballstar und künftige Richter am Obersten Gerichtshof, vergeblich sein Bestes gab, um Colorado ins Kennedy-Lager zu ziehen, hielt ich als eine Art Lokalmatador, der in manchen Kreisen recht bekannt war, eine, wie ich mir einbildete, mitreißende Rede, doch als ich danach wieder Platz nahm, gab mir Ethel, die hinter mir saß, einen heftigen Schlag aufs Ohr. »Verdammt noch mal, Michener«, sagte sie, »in diesem Staat gibt es einen Haufen Deutschstämmige. Wenn Sie erzählen, daß Jacks älterer Bruder im Luftkampf abgeschossen wurde, dürfen Sie nicht sagen, daß ein deutscher Pilot ihn heruntergeholt hat. Das regt die Leute nur unnötig auf.«

»Was soll ich denn sonst sagen?«

»Daß er über der Nordsee sein Leben für sein Heimatland gab.« Wir verloren Colorado.

Der kurioseste Zwischenfall ereignete sich in Boise, Idaho, einer hübschen Stadt, die ich in späteren Jahren sehr zu schätzen lernte. Irgendwie war es der dortigen Parteiführung der Demokraten gelungen, uns eine Einladung zu einer Rede im lokalen Country Club zu verschaffen. Doch als die Clubmitglieder erfuhren, daß eine Bande von Demokraten ihr Allerheiligstes betreten wollte, stellten sie sich – allen voran die Frauen – kollektiv auf die Hinterfüße. Man empfing uns vor der Tür und verweigerte uns den Zutritt. Ich war der »unpolitischste« unserer Gruppe und vielleicht auch wegen meiner Bücher bekannt, so daß man mich zum Verhandlungsführer bestimmte. Doch meine Bemühungen scheiterten. »Es würde den Club besudeln«, hörte ich eine Frau sagen. Es gelang uns, einen anderen Versammlungsort zu finden, wo wir jedoch nicht viel ausrichteten, weil wir kaum Zuhörer hatten. Wir verloren Idaho.

Traurige Tatsache war, daß unsere Einsatztruppe nicht einen einzigen der Staaten, in denen wir auftraten, gewinnen konnte, obwohl wir doch von Teddy und seiner schönen Frau Joan –

zwei echten Wahlkämpfern – sowie zwei anderen Kennedy-Mädchen unterstützt wurden. Als alles vorbei war, sagte Shelley Winters: »Wären wir in noch mehr Staaten geschickt worden, hätten sie die Wahl wohl überall verloren...« Doch es gab auch Lichtblicke: Verschiedene lokale Kandidaten versicherten uns später, daß der Medienwirbel, den wir veranstaltet hatten, ihnen bei der Eroberung ihrer Wahlkreise geholfen hätte.

Ein tapferes Unterfangen war unser Einsatz allemal, und ich verdanke ihm die Bekanntschaft mit einer ganzen Reihe angenehmer und nobler Menschen. Mit Stan Musial, einem amerikanischen Original, unternahm ich später noch andere Reisen. Auch mit den Kennedys blieb ich in Verbindung; ihr Engagement für die Gemeinschaft habe ich immer bewundert. Ich halte Teddy Kennedy für einen hervorragenden Senator und bin sicher, daß die Geschichte über ihn ebenso urteilen wird. Ich betrauerte den Tod Jeff Chandlers, eines grundsoliden Staatsbürgers, den seine Bescheidenheit und sein Humor auszeichneten. Und wenn ich Angie auf der Leinwand sehe, klopft mein Herz schneller. Während wir alle altern, wird sie mit jedem Jahr jünger. Nie habe ich interessantere drei Wochen erlebt.

Den Wahltag verbrachten wir in unseren Heimatwahlkreisen. Als meine Frau Mari den ungewöhnlichen Aufmarsch schwarzgewandeter deutscher Frauen und katholischer Nonnen im schwarzen Habit vor den Wahllokalen sah, rief sie aus: »Mein Gott, sie kommen tatsächlich aus ihren Verstecken!« Unsere deutschstämmigen Republikaner brachten weit mehr weibliche Erstwähler zu den Urnen als wir Demokraten, doch als in jener langen und furchtbar aufregenden Wahlnacht die ersten Ergebnisse einliefen, stellte sich heraus, daß die Republikaner zwar in allen Wahlkreisen im Umland der großen Städte gewonnen hatten, daß ihr Stimmenanteil aber dank unserer heldenhaften Bemühungen nicht groß genug war, um den Vorsprung der Demokraten in Philadelphia und Pittsburgh wettzumachen. Die Wahlmännerstimmen Pennsylvanias gingen somit an Kennedy, der sie in der Tat auch dringend benötigte.

Die Erfahrungen jenes Wahlkampfs und die hervorragenden Politiker, die ich kennenlernte – Republikaner ebenso wie Demokraten –, bekehrten mich zur Politik, einem Gebiet, auf dem ich seither kontinuierlich tätig bin. Ich liebe die Politik und finde sie immer faszinierender.

1962 kandidierte ich in einer republikanischen Hochburg auf der Liste der Demokraten für den Kongreß. Der Wahlkampf begann für mich mit einer Rede vor einer ukrainischen Kirchengemeinde in Allentown. Nachdem ich mich kurz vorgestellt und einige, wie ich glaubte, recht einleuchtende Kommentare von mir gegeben hatte, bat ich um Fragen aus dem Publikum, worauf ein mürrisch wirkender Herr, der in der ersten Reihe saß, aufsprang. »Was halten Sie vom Gesetzesvorschlag 418–97 des Repräsentantenhauses?« fragte er. Ich hatte noch nie etwas davon gehört. Später erfuhr ich, daß es um den Asylantrag eines hohen Würdenträgers der Ukrainischen Kirche ging (die nichts mit der Russisch-orthodoxen Kirche zu tun hat). Ich traute mich nicht, mir eine Antwort aus den Fingern zu saugen, und erwiderte daher: »Ich habe diesen Vorschlag noch nicht geprüft.« Womit ich sämtliche ukrainischen Stimmen in meinem Wahlkreis verloren hatte.

Mein Wahlkreis war innerhalb der Vereinigten Staaten insofern einzigartig, als er zwei riesige Stahlwerke umfaßte: Bethlehem im Norden und United States Steel im Süden. In den ersten Monaten des Wahlkampfs sollte ich erfahren, was Politik in dieser Region bedeutete: Es ging darum, jede der zahlreichen ethnischen Gruppen, die alle ihre eigenen, streng separaten Kirchen und Clubs besaßen, davon zu überzeugen, daß meine Wahl ihnen einen Abgeordneten bescheren würde, der in wunderbarer Weise dazu geeignet wäre, in Washington all ihre weit voneinander abweichenden Interessen zu vertreten. Da waren einmal, wie in der Stahlregion zu erwarten, die großen Gemeinden der Iren, Deutschen und Italiener. Doch daneben gab es kleine

Enklaven, die man zuvor gar nicht wahrgenommen hatte: Letten, Slowaken, Tschechen, Ungarn, Griechen und ein Dutzend andere. Sich einer solchen Wählerschaft präsentieren zu müssen ist eine höchst ernüchternde Erfahrung.

Mein Gegenkandidat war ein tüchtiger kleiner Napoleon, der schon zehn Amtsperioden hinter sich hatte. Er hatte noch nie eine Wahl verloren und nicht die geringste Absicht, mit dieser Tradition zu brechen. Meisterhaft parierte er all meine Vorstöße und beschränkte sich ansonsten auf einen Wahlkampf, der eine exakte Kopie seiner erfolgreichen Vorläufer war. Ich schlug mich wacker, und es gelang mir auch, seinen gewohnten Stimmenvorsprung deutlich zu reduzieren – er aber wurde doch wiedergewählt und behielt seine weiße Weste. Die Niederlage war eine herbe Enttäuschung für mich. Ich habe niemals versucht, sie zu beschönigen, indem ich mir etwa gesagt hätte: »Auch gut, denn wenn ich gewählt worden wäre, wären manche meiner Bücher nie geschrieben worden.« Ich wollte gewinnen und hatte meine ganze Kraft und Energie in diesen Wahlkampf eingebracht. Und ich glaube, daß ich im Falle eines Sieges auch ein guter Abgeordneter geworden wäre. Als mein Gegenkandidat aus Altersgründen aus dem Kongreß ausschied, übernahm ein jüngerer Republikaner seinen Sitz, und ich muß zugeben, daß er den Wahlkreis wahrscheinlich besser vertrat, als ich es gekonnt hätte. Seine Karriere führte ihn später über den Kongreß hinaus in andere hohe Ämter. Als sich schließlich auch er zurückzog, gewann zu meiner großen Freude ein dynamischer junger Demokrat den Sitz.

Meine Kongreßkandidatur gehört sicher mit zum besten, was ich je getan habe, denn ein öffentlicher Wahlkampf setzt jedem, der sich darauf einläßt, den Kopf zurecht. Man beginnt, die Nation als ein sorgfältig zusammengesetztes Mosaik zu erkennen, dessen einzelne Bestandteile gewissenhafte Beachtung erfordern. Man entdeckt, daß die zeitlose Auseinandersetzung zwischen Konservativen und Liberalen der Nation nützt, weil sie die regelmäßige Revision der politischen Entscheidungsprozesse durch neue Führungskräfte gewährleistet. Man entwickelt eine gediegene Hochachtung gegenüber jenen Männern und Frauen, die die Politk funktionsfähig halten – und stellt am Ende des Wahlkampfs fest, daß man für einen aufrechten, hart arbeitenden republikanischen Konkurrenten viel mehr Respekt hat als für einen Wischiwaschi-Demokraten, dem es nie gelungen ist, seine Energien und Hoffnungen in Einklang zu bringen.

Ich will niemals von Männern oder Frauen regiert werden, die sich nie einer öffentlichen Wahl gestellt und von daher auch keine Demut gelernt haben. Die Ereignisse des Jahres 1974 mit dem Rücktritt von Präsident Nixon bestärkten mich in dieser Überzeugung. Auf einem großen Plakat sah ich vierundsechzig Nixon-Mitarbeiter, die entweder im Gefängnis gelandet oder zum Rücktritt gezwungen worden waren. Nicht ein einziger unter ihnen hatte jemals für irgendein Amt kandidiert, kein einziger war gewählt worden. Und keiner hatte je die ernüchternde Erfahrung des Werbens um die Wählergunst oder die demütigende Erfahrung der Niederlage gemacht. Alle waren sie direkt aus dem Privatleben in Positionen gehievt worden, die mit großer Machtfülle ausgestattet waren. Ich habe furchtbare Angst davor, von solchen Leuten, deren Tauglichkeit niemals überprüft wurde, regiert zu werden. Sie sollen sich alle erst der kritischen Öffentlichkeit stellen und zeigen, was sie können.

Eine freudige Erinnerung an meinen Wahlkampf ist mir geblieben. Im industrialisierten Süden meines Wahlkreises gab es einen einflußreichen politischen Club, die *Bensalem Loyal Democrats*. Da die Mitglieder dieses Clubs in mitunter überraschend großer Zahl zur Wahl gingen, während ansonsten die Anzahl der registrierten Wähler in jener Region relativ klein war, kam kein Kandidat mit ernsthaften Siegesabsichten daran vorbei, dem Club beizutreten und sich der Unterstützung seiner Mitglieder zu versichern. Der Club wurde in höchst diktatorischer Manier von der merkwürdigsten Stadtbezirkschefin aller Zeiten geleitet, einer großen, zahnlosen und sehr salopp gekleideten Dame um die Sechzig mit sehr bestimmtem Auftreten.

Josephine Morris gehörte zu jenen cleveren, geselligen Menschen, denen die Politik geradezu auf den Leib geschneidert ist, und es gab wenige, die das Spiel so virtuos beherrschten wie sie. Wer ihr lautes, passioniertes Geplauder zum erstenmal hörte, war versucht, darüber zu lachen, doch wenn man dann sah, wie sie mit eiserner Hand ihren großen Bezirk regierte, bekam man gewaltigen Respekt vor ihr.

Es klingt heutzutage fast unglaublich, doch damals war der förmliche Abendempfang, den Josephine am letzten Samstag vor der Wahl gab, Bestandteil jedes längeren Wahlkampfs. Da schlüpften ihre kräftigen Kohorten in geliehene Smokings, und ihre Damen erschienen in neuen Kleidern. Josephine, die ein eigens für den jeweiligen Ball erworbenes Kostüm trug, hielt Hof und versicherte jedem, die Stimmenzahl, für die sie am Dienstag garantiere, sei diesesmal höher denn je. Ich habe nur wenige politische Führer kennengelernt, die solche Versprechungen machen konnten. Ein typisches Ergebnis in ihrem Bezirk lautete zum Beispiel 816 zu 7 Stimmen für den von ihr unterstützten Kandidaten.

1962 verkündete sie lauthals, daß sie diesmal mich unterstütze, und präsentierte mich auf ihrem großen Ball als Retter der Demokratischen Partei. Es war ein Liebesmahl, und ich genoß ihre Freundlichkeit und ihr lebhaftes Wesen. Nach dem Dinner und vor dem Tanz setzten sich Josephine und ihre Manager in einem Hinterzimmer mit mir und meinen Leuten zusammen, um uns ihre Forderungen zu präsentieren. Sie nahm kein Blatt vor den Mund: »Ein Sitz für meine Leute im Schulamt, ein Lieferwagen zu unserer Verfügung, eine neue Verkehrsampel an der Kreuzung vor der katholischen Kirche und dreihundertfünfzig Dollar für meine Mitarbeiter am Wahltag.« Ich war mit allem einverstanden und fuhr dann nach Norden, um an einer viel größeren Veranstaltung meiner Anhänger in der Gegend von Allentown teilzunehmen. Auf der Fahrt durch ein paar verschlafene Dörfer, auf deren Stimmen wir hofften, gestattete ich mir einen zuversichtlichen Stoßseufzer: »Auf jeden Fall haben wir in Bensalem unsere Brücken gebaut!« Doch mein vorsichtiger Wahlkampfmanager erwiderte: »Ziehen Sie dem Bären nicht das Fell ab, bevor Sie ihn erlegt haben.«

Als am Dienstagabend das Abstimmungsergebnis bekanntgegeben wurde, erfuhr ich zu meinem Entsetzen, daß das Ergebnis 816 zu 7 Stimmen für meinen Kontrahenten lautete. Als ich wütend auffuhr und wissen wollte, wie das geschehen konnte, sagte mein Wahlkampfmanager: »Diese dreckigen Republikaner! Sie haben Josephine am späten Montagabend aufgesucht und ihr einen Sitz im Schulamt, einen Lieferwagen, eine neue Verkehrsampel und dreihundertfünfzig Dollar für ihre Mitarbeiter versprochen.«

»Aber wir hatten ihr doch genau dasselbe versprochen!«

»Stimmt – aber die Republikaner haben noch hundertzwanzig Meter gebrauchte Abflußrohre draufgelegt.«

Kurze Zeit darauf wurde ich ernsthaft krank. Mutlos und deprimiert lag ich im Krankenhaus. Eines Tages sprach mich die Schwester an: »Keine Telefongespräche für Sie, hat der Doktor gesagt, aber da ist eine Frau am Apparat, die einfach nicht locker läßt und ein furchtbares Theater macht...« Es war Josephine Morris, die Vorsitzende der Bensalem Loyal Democrats. »Jim! Wir beten für Sie! Sie sind einer der feinsten Kerle, mit denen wir je zusammengearbeitet haben, und wir brauchen Sie. Das ganze Land braucht Sie, Jim. Unser Club steht tausendprozentig hinter Ihnen, wie immer.«

Ich legte den Hörer auf und fing an zu lachen. Ich mußte an den Ball und die blumigen Reden denken, die dort geschwungen worden waren, auch an die Verhandlungen im Hinterzimmer. Mein Lachen steigerte sich zu solcher Vehemenz, daß der Arzt kam, um zu sehen, was mit mir los war. Von diesem Augenblick an befand ich mich auf dem Weg der Besserung.

Es gab noch eine letzte Begegnung mit Josephine und ihren Loyals, und ich denke gerne an sie zurück. Als ich mich Jahre später um ein ganz anderes öffentliches Amt bewarb, rief sie mich an: »Jim, wir haben Sie so lange nicht gesehen! Aber wir lieben Sie immer noch. Nächsten Samstagnachmittag veranstalten wir ein Gala-Picknick im Park. Unsere Mitglieder haben sich zu hundert Prozent dafür ausgesprochen, Sie als Ehrengast einzuladen, schließlich haben Sie ja für die bevorstehende Wahl unsere tausendprozentige Unterstützung – wie immer!«

Johnny Welsh, der bitter-ironische Parteivorsitzende in unserem Kreis, chauffierte mich zum Ort des Geschehens. Die Flut der guten Wünsche, die mich schier ertränkte, und die nicht enden wollenden Unterstützungsbekundungen für meine Bewerbung müssen, glaube ich, sogar ihn beeindruckt haben. Josephine hielt eine würdevolle Rede über meine Verdienste für die Partei: eine schönere Lobeshymne könnte sich kein aufstrebender Politiker vorstellen. Auf der Heimfahrt sagte ich zu Welsh: »Jetzt mal abgesehen von dem, was sie mir damals angetan hat, Johnny – dieser Empfang heute hat mich verdammt gerührt.«

»Werd bloß nicht sentimental, Jim«, knurrte Welsh.

»Warum nicht? Diesmal wagt sie es nicht mehr, mich über die Klinge springen zu lassen. Nicht nach dem, was sie vorhin gesagt hat.«

»Jim! Hast du dir jemals die Karte mit der neuen Wahlkreiseinteilung angesehen? Josephine und ich haben sie letzten Monat gemeinsam studiert. Du kandidierst diesmal gar nicht mehr in ihrem Bezirk – und das weiß sie ganz genau!«


Das Amt, um das ich mich damals bewarb, war geradezu beispielhaft für den Verlauf meiner politischen Karriere. Ich habe mich insgesamt fünfmal um verschiedene Ämter beworben. Zweimal verlor ich, dreimal gewann ich die Wahl, wobei in meinem Fall offenbar folgende Faustregel galt: Bezahlte Ämter – Niederlage, Ehrenämter – Sieg. Diesmal ging es um einen unbezahlten Posten, der nichtsdestoweniger sehr wichtig war: Im Commonwealth of Pennsylvania stand eine grundlegende Verfassungsreform an. Wir hatten vor, die archaischen Teile der Verfassung dem zwanzigsten Jahrhundert anzupassen und dem Staat eine starke Ausgangsposition für das einundzwanzigste zu verschaffen. Ich wurde zum Kommissionsmitglied gewählt. Als die Gewählten sich zum erstenmal trafen, wurde mir klar, was für ein illustres Team die für diese Aufgabe ausersehenen Männer und Frauen bildeten. Gouverneur Scranton führte die Republikaner. Auch zwei künftige Gouverneure befanden sich in unseren Reihen – der Republikaner Dick Thornburgh und der Demokrat Bob Casey. Hinzu kamen mehrere Bundesrichter auf Lebenszeit sowie eine Reihe von Geschäftsleuten, die später leitende Funktionen in der Großindustrie übernahmen. Es war eine starke Truppe – vor allem unter den Frauen gab es einige, die sich durch besondere Kompetenz auszeichneten –, doch jeder von uns wußte, daß bisher noch alle anderen größeren Staaten, die sich an eine Verfassungsreform herangewagt hatten, gescheitert waren: New York, Texas, Michigan und das benachbarte Maryland. Wir waren entschlossen, nicht zu scheitern.

Der Erfolg unserer Bemühungen war, wie ich glaube, weitgehend auf die kluge Verhandlungsführung Bill Scrantons zurückzuführen, der zu den fähigsten Politikern zählte, die mir je begegnet sind. »Ja, es stimmt«, sagte er zu seinen republikanischen Kohorten, »wir haben eine knappe Mehrheit, mit der wir diese Sache so ziemlich nach unserem Geschmack durchboxen können. Aber die Demokraten verfügen über einige der ausgekochtesten Politprofis weit und breit. Sie können uns jede Menge Knüppel zwischen die Beine werfen und dafür sorgen, daß die Wähler unserem Reformvorschlag am Ende eine Abfuhr erteilen.« Scranton setzte bei seinen Leuten durch, daß wir Demokraten bei der Verteilung der administrativen Aufgaben innerhalb der Verfassungskommission absolut gleichberechtigt behandelt wurden. So entstand ein unzerreißbares Team, das in endlosen Sitzungen eine der besten Staatsverfassungen des ganzen Landes schmiedete.

Scrantons Entscheidung, alle wichtigen Posten paritätisch zu besetzen, hatte zur Folge, daß ich Sekretär der Kommission wurde. In dieser Eigenschaft bemühte ich mich sorgfältig um Kompromisse zwischen unterschiedlichen Meinungen in der allgemeinen Debatte. Als individueller Delegierter schlug ich mich dagegen auf die Seite derer, die für eine liberalere, starke Regierung mit klar umrissenen Kompetenzen eintraten. Nach Harrisburg, der Hauptstadt unseres Staates, war ich in der Hoffnung gekommen, bei der Durchsetzung folgender fünf Reformen mitwirken zu können: 1. Einführung des Verdienstprinzips bei der Besetzung von Richterämtern (anstelle chaotischer Wahlen, bei denen der Wähler die Kandidaten gar nicht kennt). 2. Verkleinerung der übermäßig aufgeblasenen Legislative. 3. Streichung überflüssiger Ämter wie Laien-Coroner und Protonotar. 4. Abschaffung des lächerlichen Systems, nach dem Friedensrichter ohne juristische Ausbildung mit den von ihnen selbst verhängten Geldstrafen bezahlt werden. 5. Einführung einer Besteuerung von Kircheneigentum, das nicht für kirchliche Zwecke benutzt wird.

Was das letztgenannte Problem betraf, so hatte ich einige historische Nachforschungen angestellt, denn es hatte auch im England der Tudorzeit, im vorrevolutionären Frankreich, in Rumänien und vor allem in Mexiko existiert. In jedem dieser Länder hatte die unaufhörliche Anhäufung von Eigentum durch die Kirche Revolutionen heraufbeschworen. Zur Vermeidung dieser Gefahr wollte ich entsprechende Schritte einleiten. In einer aufsehenerregenden Entscheidung sprach sich die Verfassungskommission eines Abends für eine Korrektur dieses Mißstands aus. Als wir den Konferenzsaal verließen, hielt mich ein kleiner, drahtiger, sehr aufgeregt wirkender Mann an und beschimpfte mich: »Okay, heute abend haben Sie gewonnen, aber morgen früh bekommen sie von der ›Gottesriege‹ (*God-squad*) eines über die Rübe, daß Ihnen Hören und Sehen vergeht.« Er muß die ganze Nacht über telefoniert haben, denn am nächsten Tag begannen bei mir und anderen Delegierten von sieben Uhr morgens an die Telefone Sturm zu läuten. Als wir uns um neun Uhr zur nächsten Sitzung trafen, wimmelte es in Harrisburg von

Kirchenlobbyisten. Wir hatten gar nicht gewußt, daß es so viele davon gab. Mit Vehemenz fiel die »Gottesriege« über uns her. Man überschüttete uns mit Schmeicheleien, Protesten und Exkommunikationsdrohungen und verlangte die sofortige Zurücknahme der Entscheidung vom vergangenen Abend. Als Sekretär der Verfassungskommission geriet ich derart unter Beschuß, daß mir gegen elf Uhr eines klar war: Entweder ich blies zum Rückzug – oder ich richtete mich auf eine unbarmherzige Verfolgung ein. Um zwölf Uhr mittags war der anstößige Vorschlag bereits gekippt – und ich und einige andere wußten, welche gesellschaftlichen Veränderungen in Amerika möglich waren und welche nicht. In ähnlicher Weise verlor ich die Gefechte um die anderen Reformvorhaben, die mir am Herzen lagen: Die Richterwahlen blieben ebenso erhalten wie manches überflüssige Amt, und unsere Legislative sollte auch weiterhin die bei weitem größte im ganzen Lande bleiben. Nur einer meiner Vorschläge kam durch: Wir trennten uns von mehr als fünfhundert nicht ausgebildeten, von ihren Strafgeldern lebenden Friedensrichtern und ersetzten sie durch bezahlte Juristen, die seither dem Staat gute Dienste geleistet haben.

Trotz meiner vergeblichen Kreuzzüge sehe ich in meinem Beitrag zur Modernisierung der Staatsverfassung von Pennsylvania die beste Einzelleistung meines Lebens. Ich versäumte nicht eine einzige Sitzungsminute und bemühte mich nach Kräften, grundverschiedene Elemente zusammenzuführen. Wenn ich nach Einbruch der Dunkelheit nach Hause kam, saßen bereits acht bis zehn Delegierte – jeden Tag eine andere Gruppe – bei meiner Frau, und wir diskutierten leidenschaftlich bis in die Nacht hinein. Es kam mir fast wie eine Fortsetzung meiner *Angell's*-Club-Veranstaltungen auf höherem Niveau vor. Wenn alle anderen längst im Bett waren, setzte ich mich an meine Schreibmaschine und hielt die Ereignisse des vergangenen Tages Seite um Seite in einem Gedächtnisprotokoll fest. So entstand der freimütige Bericht über eine Gruppe von Menschen wie du und ich, die in harten Auseinandersetzungen versuchten, ihrem Gemeinwesen eine neue Organisationsform zu geben. Ich habe meine Aufzeichnungen archiviert. Vielleicht werden sie im kommenden Jahrhundert einmal ausgegraben und von einem politisch bewanderten Herausgeber publiziert; es würde mich jedenfalls mit Stolz erfüllen, wenn sie im Druck erschienen. Wahrscheinlich fände eine solche Veröffentlichung nur wenige interessierte Leser, doch jeder, der schon einmal politisch tätig gewesen ist, würde nachvollziehen können, wie sich die Ereignisse und Entscheidungsprozesse entwickelten.

Eine meiner Niederlagen hatte tragische Konsequenzen. Ich hatte mich auf den Sitzungen der Kommission immer wieder dafür ausgesprochen, einen ethischen Verhaltenskodex in die Verfassung aufzunehmen. Alle meine dahingehenden Vorschläge waren jedoch von den Berufspolitikern unter den Delegierten mit abschätzigen Bemerkungen quittiert worden: »Teilzeitpolitiker und Amateure haben doch keine Ahnung, wie die Gesetzgebung unter Profis funktioniert. Wir brauchen keinen Ethik-Kodex.« Ich bat daraufhin, wenigstens eine Empfehlung aufzunehmen, mit der Abgeordnete, die einen Gesetzesvorschlag einbringen oder unterstützen, aufgefordert werden, mögliche Interessenskonflikte öffentlich darzulegen. »Wer sich öffentlich zu der potentiellen Interessenkollision bekannt hat, darf trotzdem an der Abstimmung über das Gesetz teilnehmen, doch das Parlament weiß dann, wie es das Votum einzuschätzen hat.« Mein Vorschlag wurde niedergebuht.

Innerhalb von zwei Jahren tappten drei Abgeordnete, die mir bei der höhnischen Abkanzelung meiner Vorschläge besonders aufgefallen waren, in genau die Falle, vor der ich hatte warnen wollen. Als herauskam, daß er sich vehement für einen Gesetzesvorschlag eingesetzt hatte, von dem er persönlich enorm profitierte, ohne daß es allgemein bekannt gewesen wäre, sah sich einer der profiliertesten Demokraten im Staat öffentlich gedemütigt. Auch ein gutaussehender, intelligenter junger Republikaner, in dem viele schon den künftigen Gouverneur sahen, wurde als Sponsor einer Gesetzesinitiative ertappt, die insgeheim seinen privaten Interessen diente. Es kam zu einem Skandal, und vom Gouverneursposten war nie wieder die Rede. Am traurigsten war der Fall eines Mannes, der damals Fraktionsführer der Demokraten im Staatsparlament war. Er wurde eines Delikts überführt, das auf Vorteilsnahme hinauslief, und landete im Gefängnis. Ich glaube nach wie vor, daß sich solche Konflikte am besten dadurch vermeiden lassen, indem man sich vor der Abstimmung freimütig zu seinen persönlichen Interessen bekennt. Ich habe wachsenden Respekt vor dem ungewöhnlichen Verb *to recuse* (›für befangen erklären‹): Unter der Wendung *He recused himself* versteht man das ehrenhafte Eingeständnis eines Entscheidungsträgers (sehr oft eines Richters), daß er wegen eines Interessenkonflikts in einer bestimmten Angelegenheit befangen ist und sich freiwillig aus der Entscheidungsfindung zurückzieht, weil er zu einem gerechten Urteil nicht in der Lage ist.

Wer die gedruckten Protokolle unserer Kommission durchliest, wird herausfinden, daß ich wegen meiner ablehnenden Haltung mehrfach angegriffen und in einem Fall sogar verleumdet wurde. Und da ich die wichtigsten Reformvorhaben, für die ich mich einsetzte, nicht durchbrachte, kann ich die Sitzungen der Verfassungskommission kaum als persönlichen Erfolg darstellen. Doch als wir schließlich ein kleines, schlagkräftiges Komittee einsetzen mußten, dessen Aufgabe darin bestand, die Umsetzung unserer Vorschläge in die Praxis zu überwachen, einigten sich die Führer beider Parteien auf mich als Vorsitzenden. Fast ein ganzes Jahr lang beschäftigte ich mich mit den faszinierenden Einzelheiten, die dieses Amt mit sich brachte. Insgesamt widmete ich ungefähr zwei Jahre der Bürgerpflicht Verfassungsreform, und ich bezweifle, daß ich je in meinem Leben etwas Bedeutenderes getan habe. Und wenn heute jemand kommt und mir politische Naivität vorwirft, dann lächle ich nur und denke mir: Ich habe mit der Gottesriege gerungen, mein Junge, das war mir Lehre genug.

In den siebziger Jahren beteiligten sich Arthur Miller und ich an der Gründung einer kleinen Kommission. Sie protestierte gegen die bedauerlichen Mißstände, die in der UNESCO um sich gegriffen hatten, nachdem diese Sonderorganisation der Vereinten Nationen in die Hände einer rechthaberischen, destruktiven Minderheit gefallen war. Unsere Beschwerden betrafen drei Punkte: 1. Mit der Forderung, Journalisten, die in Ländern der Dritten Welt tätig waren, müßten zur Vermeidung negativer Berichte von den betroffenen Nationen eine Art Arbeitserlaubnis einholen, verstieß die Organisation gegen das Grundrecht auf freie Meinungsäußerung und gegen die Pressefreiheit. 2. Die Organisation war eine Gefangene der arabischen Länder, die ihren Stimmenblock dazu benutzten, Israel zu diskreditieren und von der Mitarbeit in der UNESCO auszuschließen. 3. Die UNESCO hatte sich zu einer Tribüne für bösartige und verlogene antiamerikanische Propaganda machen lassen.

In New York hatten Miller und ich eine lange Unterredung mit dem Generalsekretär der UNESCO, dem Senegalesen Amadou M'Bow, der einen eingefleischten Antiamerikanismus an den Tag gelegt hatte. Er hörte sich zwar mit gelangweiltem Gesichtsausdruck unsere Besorgnisse an, entließ uns dann aber wie zwei Schulbuben. Es war für uns äußerst unbefriedigend, daß er unserem Anliegen nicht den erforderlichen Ernst entgegenbrachte. Die abrupte Zurückweisung war zudem eine Erniedrigung. Als wir gingen, sagte ich zu ihm: »Wenn Ihre Organisation so weitermacht und nicht aufhört, die Vereinigten Staaten zu beleidigen, dann müssen Sie, Herr Generalsekretär, damit rechnen, daß wir über kurz oder lang unsere Beitragszahlungen einstellen und uns sogar völlig aus der UNESCO zurückziehen.« Er antwortete, wir wären durch internationales Recht zur Beitragszahlung verpflichtet, und im übrigen formuliere die UNESCO ihre eigene Politik. Fairerweise muß ich noch hinzufügen, daß er auch sagte, er wisse bisher von keiner einzigen UNESCO-Aktivität, die auch nur den Gedanken an einen amerikanischen Rückzug rechtfertigen würde.

Ich steckte nun bereits so tief in der Angelegenheit, daß ich auf einer internationalen Konferenz in Paris zusammen mit Isaac Stern und Arthur Rubenstein die amerikanischen Interessen vertrat. Wir erreichten jedoch auch diesmal nichts, und als die Konferenz vorüber war, setzte die UNESCO unter M'Bows Leitung ihre rigoros antiamerikanische Politik fort. Sie untergrub weiterhin die Pressefreiheit, und ihre Haltung gegenüber Israel war ausgesprochen widerwärtig.

Als unsere Regierung Jahre später die gleiche Abneigung gegen die UNESCO entwickelte, die ich schon seit einem Jahrzehnt in mir trug, wurde erneut eine Kommission einberufen. Sie sollte den Präsidenten in der Frage eines möglichen Rückzugs aus der UNESCO und der Einstellung der Beitragszahlungen beraten. Weil ich mich schon lange für das Problem interessierte, bat man mich um meine Mitarbeit. Die Kommission, die unter der fähigen Leitung des Kanzlers der Universität von South Carolina, James Holderman, stand, begann ihre Arbeit mit einer genauen Abwägung aller Gründe, die für eine weitere Mitgliedschaft in der UNESCO sprachen, und kam zu dem Schluß, daß wir nicht austreten sollten. Die UNESCO tat viel Gutes: Sie kennzeichnete schützenswerte Kulturschätze, gab schöne Veröffentlichungen über entlegene Stätten heraus, die zum künstlerischen Vermächtnis der Menschheit gehörten, und leistete in den Ländern der Dritten Welt Lobenswertes auf dem Gebiet der Erziehung und Ausbildung. Die kulturellen Verdienste der UNESCO hätte selbst der gehässigste Kritiker nicht leugnen können.

Ich gehörte zu jenen Kommissionsmitgliedern, die es nicht über sich brachten, angesichts des Guten das Böse zu vergessen. Vielleicht war ich durch das anmaßende Benehmen von Generalsekretär M'Bow voreingenommen. Vielleicht reagierte ich zu empfindlich auf die Beschimpfungen, mit denen mein Land in den Debatten der UNESCO überhäuft wurde. Vielleicht beurteilte ich die Anfeindungen Israels durch die UNESCO übertrieben kritisch, und ich will nicht ausschließen, daß ich mich noch anderer, mir gar nicht bewußter Fehler schuldig gemacht habe. Auf jeden Fall stand fest, daß ich für einen Rückzug der Vereinigten Staaten aus der UNESCO und für eine Einstellung der hohen Jahresbeiträge war. Eine Organisation, die uns beleidigte, die die Pressefreiheit bedrohte und die dem Land Israel seine legitimen Rechte absprach, verdiente meines Erachtens nichts anderes. In diesem Sinne äußerte ich mich auch in der Kommission, und dies nicht nur einmal, sondern hartnäckig auf jeder Sitzung. Andere, von mir hochgeschätzte Kommissionsmitglieder wie Leonard Marks, der international renommierte Rundfunkexperte, teilten meine Meinung jedoch nicht; sie plädierten dafür, in der UNESCO zu bleiben und auch weiterhin Beiträge zu zahlen.

Als ich mich in meiner Eigenschaft als Mitglied jener Regierungskommission einmal in Paris aufhielt, um eine UNESCO-Vollversammlung zu verfolgen, bot sich mir die Gelegenheit, meine Bedenken vor einem Teilnehmerkreis vorzutragen, bei dem ich den Eindruck hatte, daß man mich wesentlich ernster nahm als beim erstenmal. Es handelte sich um einen Kader kompetenter Mitarbeiter von Generalsekretär M'Bow aus verschiedenen Drittweltländern, die in der Pariser UNESCO-Zentrale hochbezahlte Ämter mit üppigen Spesenkonten innehatten. Ich fühlte mich in ihrer Gegenwart ausgesprochen wohl; die kameradschaftliche Atmosphäre erinnerte mich an meine Navy-Zeit. Es waren kluge, intelligente und engagierte junge Leute, die sich vollauf der Tatsache bewußt waren, daß sie im Falle einer Einstellung der amerikanischen Zahlungen um ihre gutdotierten Posten fürchten mußten. Bei mehreren erlesenen Arbeitsessen nannten sie mir zahlreiche Gründe, warum es das beste wäre, wenn die Vereinigten Staaten ihren Unmut ad acta legten, und ihre Argumentation klang durchaus plausibel. Es ist gut möglich, daß ich meine ursprünglichen Absichten aufgegeben hätte, wäre ich ihrem Einfluß noch länger ausgesetzt gewesen. Doch als ich dann einige aktuelle Reaktionen der UNESCO analysierte und sah, wie praktisch jeder einzelne Vorgang in unfairer

Weise gegen die Vereinigten Staaten gerichtet war, verdoppelte sich meine Empörung.

Generalsekretär M'Bow, über meine nachhaltige Verärgerung informiert, ließ mich durch seine Mitarbeiter zu einer Diskussion über all meine Beschwerden einladen, an der ich aber eingedenk unserer früheren Begegnungen nicht interessiert war. Ich fürchtete, daß es ihm hauptsächlich darum ging, seinen Posten mitsamt den damit verbunden luxuriösen Annehmlichkeiten zu behalten.

Als ich Paris verließ, war ich mir der Tatsache bewußt, daß innerhalb unserer Kommission die Befürworter einer weiteren Mitgliedschaft in der UNESCO uns Gegner sowohl an Zahl als auch an Einfluß übertrafen. Wieder zu Hause, schob ich alle anderen anstehenden Arbeiten auf die lange Bank und entwarf ein zehnseitiges Schreiben, in dem ich noch einmal die Argumente für einen Rückzug zusammenfaßte und sorgfältig begründete. Es wurde eine sehr dezidierte, ja vernichtende Anklage gegen die UNESCO und ihr Verhalten unter M'Bow. Das Schreiben fand weite Verbreitung, und als der Präsident schließlich den amerikanischen Rückzug aus der UNESCO verkündete, schrieben mir viele, die an der Auseinandersetzung beteiligt waren, daß ich dazu beigetragen hätte, Washington zu einer Entscheidung zu bewegen, die man dort von Anfang an für die richtige gehalten hatte.

Diese Erfahrungen führten mir vor Augen, daß ein Bürger eine Wahl verlieren, das Spiel am Ende aber doch gewinnen kann. Mein lebendiger Wahlkampf in einem Wahlkreis, den kein Demokrat hätte gewinnen können, fand einige Beachtung und führte dazu, daß ich in Washington in eine Reihe von Ausschüssen aufgenommen wurde und der Zentrale unserer Regierungsarbeit ziemlich nahe kam. Dabei muß ich gestehen, daß ich all meine Ernennungen republikanischen Präsidenten verdanke. Dies ergab sich aus einem klugen Gesetz über die Zusammensetzung von Ausschüssen: Einem fünfköpfigen Ausschuß dürfen, um vom Senat bestätigt zu werden, lediglich drei Mitglieder der Regierungspartei angehören; die anderen beiden müssen entweder aus der Oppositionspartei stammen oder Unabhängige sein. In einem siebenköpfigen Ausschuß müssen drei Minderheitsvertreter sitzen, in einem neunköpfigen vier. Der Präsident *mußte* also Oppositionsvertreter ernennen – und ich erwarb mir den Ruf eines Demokraten, mit dem die Republikaner leben konnten. War dagegen ein demokratischer Präsident im Amt, so schlug dessen Partei wiedergeborene Zeloten für die Ausschüsse vor; für Gemäßigte wie mich bestand folglich kein Bedarf mehr.

Ich war, bedingt durch eine Kette von Zufällen, ein typisches Kind meines Jahrhunderts, denn ich geriet mitten in die Auseinandersetzung zwischen demokratischem Kapitalismus und sowjetischem Marxismus. Durch eine Vielzahl dramatischer persönlicher Erfahrungen wurde mir der Kommunismus ein vertrauter Gegner, dessen rücksichtslose Gewalt ich fürchtete und respektierte.

✳ Von 1950 bis 1953 war ich Berichterstatter im Koreakrieg. So lernte ich die Entschlossenheit der rotchinesischen Truppen, das Können der sowjetischen Luftwaffe und die Unversöhnlichkeit der nordkoreanischen Kommunisten aus nächster Nähe kennen. Besonders beschäftigten mich jene amerikanischen Soldaten, die zu den Kommunisten überliefen. Es gab auch viele Fälle von europäischen und australischen Staatsbürgern, die auf seiten der chinesischen Kommunisten kämpften und alle Amerikaner mit Schmähungen überhäuften.

✳ Während des Ungarnaufstands von 1956 arbeitete ich hinter den russischen Linien, führte viele Freiheitskämpfer über die Grenze ins sichere Österreich, verschaffte ihnen Wohnungen in den Vereinigten Staaten und schrieb ein leidenschaftliches Buch über die Erhebung.

➤ Als Repräsentant der Vereinigten Staaten nahm ich 1963 an einer bemerkenswerten, halb geheimen Konferenz in Leningrad teil, auf der ich mich mit Nachdruck – und sehr zum Mißfallen der sowjetischen Teilnehmer – für die Befreiung der baltischen Republiken Estland, Lettland und Litauen aussprach.

➤ 1964 unternahm ich weite Reisen in den mittelasiatischen Sowjetrepubliken, namentlich im Grenzgebiet zu Afghanistan. Ich erkannte, daß dort einiges im argen lag, und kam zu einem Urteil, dessen Gültigkeit fortan von Jahr zu Jahr aufs Neue bestätigt wurde: »Rußland ist an seiner Peripherie und in Sibirien extrem verwundbar. Wenn es sich auf eine wie auch immer geartete Aggression nach außen einläßt, riskiert es Revolutionen in den nichtrussischen Teilen des Imperiums.«

➤ In den späten sechziger Jahren unternahm ich insgesamt vier Flugreisen in abgelegene Randgebiete Rußlands. Mein Eindruck von der Fragilität der Grenzen verstärkte sich.

➤ 1972 begleitete ich Präsident Nixon auf seiner Reise nach Moskau, in den Iran und nach Polen und bewies dabei, daß ich nicht zum Diplomaten taugte. Bei einer riesigen öffentlichen Veranstaltung in Moskau unter der Leitung von Jekaterina Furzewa – Altkommunistin, Ministerin für Kultur und damals einziges weibliches Mitglied des Präsidiums des Zentralkomitees – empörte ich mich derart über die eklatanten Unwahrheiten, die sie verbreitete, daß ich während einer ihrer schlimmsten Lügentiraden aufstand, die Veranstaltung verließ – und damit für einen Aufruhr sorgte. Nixon hätte mich wegen des Skandals ohne weiteres nach Hause schicken können, doch ein Mitarbeiter seines Stabes vertraute mir an: »Sie haben uns einen guten Dienst erwiesen – etwas deutlich gemacht, was wir auch gerne deutlich gemacht hätten, es aber nicht konnten.« Ich durfte also bleiben. Nicht viel später hatten andere Präsidiumskollegen das tyrannische Benehmen Jekaterina Furzewas satt und erhoben gravierende Vorwürfe gegen sie; es hieß, sie hätte Regierungsgelder zum Ausbau ihrer privaten Datscha zweckentfremdet. Sie wurde entlassen und starb kurze Zeit später in Ungnade.

↗ Zwischen 1972 und 1981 reiste ich fast ein dutzendmal nach Polen und machte mich mit allen Lebensaspekten eines Landes vertraut, dem von der Sowjetunion eine kommunistische Diktatur aufgezwungen worden war. Nach Beendigung meiner Recherchen schrieb ich einen Roman, in dem ich den Heldenmut des polnischen Volkes würdigte und das graue, harte Leben unter kommunistischer Herrschaft darstellte.

Ich gewann auf diese Weise mit der Zeit nicht nur einen theoretischen Einblick in den Kommunismus, sondern erkannte auch, wie das System in Ungarn, in Rußland und den nichtrussischen Republiken der Sowjetunion, in Korea und in Polen funktionierte. Ich hatte seine bösen Folgen während meiner Tätigkeit bei den »Freunden Asiens« bekämpft, war den Kommunisten in Ungarn und Korea sogar in militärischer Funktion entgegengetreten und hatte in Polen unter kommunistischer Herrschaft gelebt. Gründlich zu studieren begann ich dieses Phänomen des zwanzigsten Jahrhunderts jedoch erst, als die Regierung mich in eine Reihe von Kommissionen berief, deren spezielle Aufgabe es war, den Kommunismus zu bekämpfen. Mein Engagement in dieser Angelegenheit sollte sich über ein Vierteljahrhundert erstrecken.

Meine erste Berufung verdankte ich einem außergewöhnlichen Mann. Er zählte zu jenen Menschen, die meist im stillen und hinter den Kulissen wirken, in deren Händen aber unzählige Fäden der Regierungsarbeit zusammenlaufen. Frank Shakespeare, ein Fernsehmanager, dessen persönliche politische Einstellung einen Dschinghis Khan und einen Bill Buckley als hemmungslose Liberale erscheinen ließ, hatte das Holy Cross College absolviert. Der einstige Rotschopf war mittelgroß, verfügte über ein sehr einnehmendes Wesen, ein entwaffnendes irisches Lächeln und eine wahre Leidenschaft für gezielte Attacken gegen die Schwachstellen seiner Gegner. Wir sollten vertraute Freunde werden – ein seltsames Paar, das zueinanderfand, weil Shakespeare per Gesetz gezwungen war, in einen von ihm geleiteten Beirat auch einen Demokraten zu berufen. Ich bezweifle, daß er mit seiner Wahl sehr glücklich war – aber er hatte erfahren, daß ich aus meiner demokratischen Loyalität keinen Hehl machte und mindestens genauso hart arbeiten konnte wie er. Ihm dabei zuzusehen, wie er seine Netze spann, war sehr vergnüglich, und ich habe mich, als er sich um höhere Ämter bewarb, mehrfach für ihn eingesetzt. Er wurde US-Botschafter in Portugal und bekleidete später den einflußreichen Posten des persönlichen Beauftragten des Präsidenten beim Vatikan.

Als wir uns kennenlernten, war Frank der kämpferische Leiter des United States Information Service, dessen Aufgabe darin bestand, anderen Ländern die konstruktiven Aspekte des amerikanischen Lebens nahezubringen. Frank Shakespeare sah darin eine Direktive zum Kampf gegen die Sowjetunion, die für ihn, den gläubigen Katholiken und überzeugten Kapitalisten, der Feind schlechthin war. Hätte ihm sein Beirat, dem auf Franks Initiative hin auch ich angehörte, grünes Licht gegeben, so hätte er, davon bin ich überzeugt, die drei besetzten baltischen Staaten mit einer Ruderbootflotte befreit.

Der Beirat, den Shakespeare um sich versammelt hatte, galt als die »fraglos beste beratende Kommission des Landes«. Dies lag nicht etwa an meinen Beiträgen – ich war das mit Abstand jüngste und rangniedrigste Mitglied –, sondern an der ungewöhnlichen Führungsqualität seines Vorsitzenden Frank Stanton. Nie ist mir ein Mensch begegnet, der einen größeren Prozentsatz seiner natürlichen Intelligenz nutzte als Frank Stanton. Nach meiner Schätzung nutzte er 96% seiner Fähigkeiten, während ich mit 56% der meinen auskommen mußte. Er sprach mit sanfter Stimme und war immer blendend vorbereitet. Neue Ideen durchschaute er mit unglaublicher Geschwindigkeit und setzte sie meisterhaft in die Tat um. Frank Stanton gekannt zu haben war ein Privileg, mit ihm vier oder fünf Jahre zusammenzuarbeiten eine Lehrzeit.

Zweiter Mann an Bord war, als ich zum Team stieß, William F. Buckley jun. Er war überall als Ideologe der Konservativen bekannt und zählte zu den witzigsten, reizendsten und unverschämtesten Männern des Landes. Obwohl uns politisch Welten trennten, hielt ich große Stücke auf ihn. Von brutaler Brillanz und vernichtend in seiner geistvollen Kritik an Langeweilern aller Art, hat Buckley wie kaum ein anderer Mann seiner Generation zum Rechtsruck des Landes beigetragen. Ich denke, Gott wird ihm diese Sünde vergeben; schließlich überzeugte er mich davon, daß Gott selbstverständlich sowohl katholisch als auch konservativ sei...

Das dritte Mitglied des Beirats war der Meinungsforscher George Gallup, ein jovialer Mann mit einem ungeheuren Wissen und einer gefälligen Art, dieses zu präsentieren. Er überraschte mich durch seine gründlichen Kenntnisse anderer Nationen, die ihm bei der Herausarbeitung typisch amerikanischer Denkmuster gute Dienste leisteten. In seiner Wortwahl war er vorsichtig, konnte aber, wenn ihm ein Thema am Herzen lag, auch sehr massiv werden. Außerdem verfügte er über eine klare, praxisbezogene Vorstellung von den Möglichkeiten des Rundfunks in einem Kalten Krieg.

Viertes Beiratsmitglied war Hobart Lewis, der Chefredakteur von *Reader's Digest*, ein alter Freund und netter Kollege. Bedächtig und stets um Verständnis bemüht, vertrat Hobe bei allen Themen die gemäßigt-konservative Interpretation, hörte aber auch aufmerksam zu, wenn Stanton und ich dagegen zu Felde zogen. Er war sehr gebildet, und wer ihn auf seiner Seite wußte, hatte einen verläßlichen, treuen Helfer in ihm. Wenn Nixon im Nordosten unterwegs war, übernachtete er oft bei Lewis, der sich in beiden Präsidentschaftswahlkämpfen sehr für ihn engagiert hatte. In jenem schlimmen Sommer des Jahres 1974, als Nixon bereits angeschlagen in den Seilen hing, besuchten Hobe und ich gemeinsam das Weiße Haus. Wir hatten einen überparteilichen Plan, mit dessen Hilfe es ihm vielleicht hätte gelingen können, sich aus der tragischen Watergate-Verstrickung zu befreien. Hobe ging es verständlicherweise darum, einem Freund zu helfen; ich wollte das Präsidentenamt als solches vor Schaden bewahren. Wir hätten vielleicht etwas erreichen können – doch Rose Mary Woods, Nixons persönliche Sekretärin, sagte zu uns: »Es ist furchtbar, er kapselt sich völlig ab. Will außer Bebe Rebozo niemanden sehen. Nicht einmal die Kabinettsmitglieder haben Zugang zu ihm. John Connally versucht seit drei Tagen vergeblich, an ihn ranzukommen.« So blieb es Lewis versagt, seinen durchaus konkreten Rat, dem ich mit Hilfe einer Reihe von Demokraten, denen das Wohl des Landes am Herzen lag, noch zusätzliches Gewicht verleihen wollte, an den Mann zu bringen. Als wir das Weiße Haus wieder verließen, wußten wir, daß der Rücktritt des Präsidenten unvermeidlich war.

Stantons Beirat trat jeden Monat im Madison Hotel zusammen: Am Sonntagabend trafen wir uns mit irgendeinem wichtigen Regierungsvertreter; beim Frühstück am Montag unterrichtete uns ein höherer Verwaltungsmensch, und zum Mittagessen war der Vorsitzende einer Behörde zu Gast, die sich mit ähnlichen Aufgaben befaßte wie wir. Während meiner Zeit als Mitglied des Beirats hörte ich auf diese Weise alljährlich die Vorträge von fast vierzig verschiedenen Persönlichkeiten, darunter Leute wie David Packard vom Verteidigungsministerium, Elmo Zumwalt von der Navy, Pete Petersen vom Handels- und Lawrence Eagleburger vom Außenministerium. Am besten erinnere ich mich an die markigen, zuversichtlichen Kommentare von John Ehrlichman aus Nixons Stab. Kurze Zeit später geriet Ehrlichman in die Schlagzeilen.

In meiner Eigenschaft als Beiratsmitglied besuchte ich als informeller Inspektor neun Länder. In einem dieser Länder, wo einer unserer jungen Männer in arge Schwierigkeiten geraten war und entlassen werden sollte, erwarb ich mir besondere Lorbeeren. Die Mitarbeiter wußten, daß unter den Beiratsmitgliedern ich derjenige war, bei dem man um eine zweite Anhörung nachsuchen konnte. Zwei Tage lang hörte ich mir das Klagelied des jungen Mannes an, der behauptete, von einem gefühllosen Vorgesetzten übel behandelt worden zu sein. Es gelang ihm, mich zu überzeugen. Ich schrieb einen unmißverständlichen Bericht, in dem ich um nochmalige Behandlung des Falls bat. Meiner Bitte wurde stattgegeben, und die Karriere des jungen Mannes war gerettet.

Ein halbes Jahr später kam unser Generalinspektor zu mir und sagte ohne Groll: »Michener, erinnern Sie sich an den Mitarbeiter, dem Sie damals – gegen meine Empfehlungen – den Hals gerettet haben? Vielleicht interessiert es Sie, wie sich die Angelegenheit inzwischen entwickelt hat.« Er reichte mir einen Bericht und wartete, bis ich die haarsträubenden Zeilen gelesen hatte. In seiner Euphorie über die Niederlage, die er dem System mit meiner Hilfe zugefügt hatte, war der junge Mann vollends durchgedreht. Er hatte den Missionschef beschimpft und einen Assistenten verprügelt, war aus einer örtlichen Diskothek geworfen worden und hatte dabei einen Polizisten tätlich angegriffen. »Ganz schön munter«, sagte ich, worauf der Inspektor auf das Papier klopfte, das ich in den Händen hielt. »Lesen Sie den nächsten Abschnitt!« An die folgenden Zeilen erinnere ich mich noch sehr gut: »Als wir entdeckten, daß er viel mehr Geld ausgab, als sein Gehalt gestattete, leiteten wir eine Untersuchung ein. Dabei stellte sich heraus, daß er seine Frau Lucille unbekleidet und in diversen recht interessanten Stellungen fotografierte, die Filme in unserer Dunkelkammer entwickelte und die Abzüge dann vor Ort an die Studenten verkaufte.« Ich faltete den Bericht sorgsam zusammen, gab ihn dem Inspektor zurück und sagte kein Wort mehr.

Unser Beirat bemühte sich unter Stantons Leitung nach Kräften, der Kommission in ihrem Kampf gegen den Kommunismus zur Seite zu stehen. Wir machten Fehler und erlebten einige furchtbare Reinfälle, die wir bei nächster Gelegenheit wiedergutzumachen trachteten. Am schlimmsten ist für mich jedoch die Erinnerung an eine Serie von Bombenattentaten auf unsere ausländischen Bibliotheken, in denen jungen Einheimischen und Universitätsprofessoren Literatur über Amerika zur Verfügung stand. Einige dieser Einrichtungen wurden regelrecht in Stücke gerissen. Es entsetzte mich, daß Bürger eines unterentwickelten Landes, die dringend Informationen aller Art benötigten, mutwillig eine Einrichtung zerstörten, die ihnen hätte weiterhelfen können. Immer, wenn wieder einmal die Nachricht von der Zerstörung dieser oder jener Bibliothek das Hauptquartier erreichte, sah ich vor meinem geistigen Auge den sorgfältig eingerichteten Leseraum, die hübschen Stühle, die Bücherreihen, die allen Benutzern zur Verfügung standen, und es überkam mich angesichts der Dummheit, die den Nährboden für solche Verbrechen bildete, eine tiefe Traurigkeit. Doch niemals während meiner Tätigkeit für USIS zweifelte ich an dem Wert unserer Auslandsarbeit. Unsere Feinde erkannten, wie wichtig es für sie war, ihrem eigenen Volk unsere Vorstellungen von Freiheit und Demokratie vorzuenthalten, erleichterte es ihnen doch dessen Versklavung. Soldat in einem so ehrenvollen Krieg zu sein, erfüllte mich mit Stolz.

Mein nächster Auftrag, ein Beraterposten im Umfeld des Oberkommandos der Weltraumbehörde NASA, brachte mich einmal mehr in Konflikt mit der Sowjetunion. Ich war der Laie in einem Ausschuß von lauter Naturwissenschaftlern und Technikern, die zu den hochkarätigsten Experten in der Welt gehörten. Drei aufregende Jahre verbrachte ich mit dem Versuch, mein Wissen einigermaßen auf den neuesten Stand zu bringen, denn unsere Diskussionen bewegten sich auf einem Niveau, das weitaus komplexer und diffiziler war als alles andere, mit dem ich bislang zu tun gehabt hatte. Ich büffelte unentwegt. Ich besuchte die meisten NASA-Stützpunkte und informierte mich über Menschen und Maschinen. Ich arbeitete in den großen Laboratorien und Kontrollräumen. Ich testete viele Trainingseinrichtungen, beobachtete Raketenstarts und lernte viele Astronauten der zweiten und dritten Generation kennen. Am Ende meiner selbstauferlegten Trainingsphase begriff ich unser Weltraumprogramm wohl in dem Maße, wie es einem Durchschnittslaien im günstigsten Fall möglich ist. Das Niveau spezialisierter Fach- und Fernsehjournalisten wie Walter Cronkite und Jules Bergman erreichte ich bei weitem nicht, ganz zu schweigen von jenen großen Astronomen und Astrophysikern, die das Projekt leiteten und mir äonenweit voraus waren. Aber ich bemühte mich nach Kräften.

Bei meiner NASA-Tätigkeit wurde ich ständig daran erinnert, daß wir der Sowjetunion auf vielen Gebieten der Weltraumforschung hinterherhinkten – ein Faktum, das von den meisten Uneingeweihten nicht wahrgenommen wurde. Die Russen hatten mit dem *Sputnik* den ersten Satelliten, mit Juri Gagarin den ersten Mann und mit Valentina Tereschkowa die erste Frau in eine Erdumlaufbahn geschickt. Mit unbemannten Raumfahrzeugen hatten sie die ersten Bodenproben vom Mond geholt, und sie waren die ersten gewesen, die die Rückseite des Erdtrabanten fotografiert und deren Oberflächenstrukturen benannt hatten. Auch in der Erforschung der Venus waren sie uns voraus und hatten gute Ergebnisse bei der Marserkundung vorzuweisen. Erstaunlich und unseren eigenen Anstrengungen weit überlegen waren überdies ihre Leistungen bei bemannten Langzeit-Raumflügen.

Eingedenk unseres Rückstands auf diversen Gebieten der Weltraumforschung erfreuten mich unsere Triumphe ganz besonders: die ersten Menschen auf dem Mond, Roboterlandungen auf dem Mars, Erkundungsflüge in die entfernteren Regionen unseres Sonnensystems, Sonden in der Milchstraße und andere abenteuerliche Vorstöße in Bereiche des Weltraums, die den Russen aufgrund ihrer weniger hoch entwickelten Technologie nicht zugänglich waren. Ich konnte nicht umhin, ihren Leistungen zähneknirschend Anerkennung zu zollen, und bedauerte es, daß es offenbar unser Schicksal war, Feinde zu sein und nicht Freunde.

In regelmäßigen Abständen lud die NASA dreißig bis vierzig der qualifiziertesten Köpfe der Nation zu einer zweiwöchigen Klausur in einem abgeschiedenen Ort wie Woods Hole ein. Dort wurde dann darüber spekuliert, wie die Weltraumforschung ein Vierteljahrhundert später aussehen könnte. Es war ein sehr aufregendes Unterfangen. Nichts war so bizarr, als daß wir nicht darüber spekuliert hätten, wiewohl offensichtlich absurde Ideen entweder ignoriert oder rasch wieder ad acta gelegt wurden. Ich arbeitete bei diesen Tagungen mit einigen der brillantesten Geister zusammen, die mir je begegnet sind, mit Männern, die nicht an der Grenze des bekannten Wissens lebten, sondern dieselbe schon weit, weit überschritten hatten. Die Kraft ihrer gedanklichen Konzeptionen erfüllte mich mit Ehrfurcht.

Über ein Jahrzehnt, bevor der »Sternenkrieg« (*Star Wars*) in der Öffentlichkeit diskutiert wurde, studierten wir bereits die vorhandenen Analysen seiner Grundprinzipien. Damals kamen wir zu dem Schluß, daß das Konzept wegen der Größe des zu berücksichtigenden Raumes und der in jedem einzelnen Abschnitt erforderlichen Energiekonzentrationen undurchführbar war. Dem Vorschlag, einen Supercomputer von enormer Größe und Speicherfähigkeit zu bauen, der Planern auf allen Gebieten die simultane Bearbeitung eines ganzen Schwarms von Problemen ermöglichen sollte, stimmte ich hingegen bedingungslos zu. Am besten wurde das Potential dieses Computers von einem Flugzeugkonstrukteur umschrieben: »Zu den größten Problemen beim Entwurf eines neuen Flugzeugs gehört es, das Verhalten des Luftstroms an der Leitkante des Flugzeugs vorauszusagen. Mit Hilfe einer äußerst komplizierten Folge von Gleichungen können wir das Problem für jeden beliebigen Punkt der Leitkante – die Flügelspitze, das Triebwerkgehäuse, die Pitotsche Röhre – berechnen, aber es ist ganz klar, daß wir nicht *alle* Punkte analysieren können, denn sie sind unzählbar.

Wir einigen uns also darauf, die Berechnungen an zehn bis zwölf wichtigen Stellen durchzuführen und die Werte für die Zwischenräume zu extrapolieren. Mit dem Computer, über den wir uns gerade unterhalten, könnten wir *alle* Punkte gleichzeitig untersuchen und ein Flugzeug bauen, das perfekt dafür geeignet ist, mit der Nase voran durch die Luft zu fliegen, ganz unabhängig davon, wie stark diese Luft durch seinen Flug gestört wird.«

Wir wollten also diesen Computer, doch die Wissenschaftler wiesen uns auf eine größere Schwierigkeit hin: »Für die Papiere, die er produzieren wird, ja sogar für die Bänder, die die Daten speichern, bräuchten wir einen eigenen, umfangreichen Gebäudekomplex.« Auf meine Frage, welche Größe der Computer selbst haben müsse, antworteten sie: »Nicht übermäßig groß, damit käme man schon zurecht. Aber seine Fähigkeit, unentwegt neue Daten zu produzieren, wäre furchterregend – vor allem, wenn wir ihn mit dem neuen Weltraumteleskop zusammenschalten.«

Das gigantische Teleskop sollte in eine permanente Erdumlaufbahn geschickt werden – weit oberhalb der Atmosphäre, deren Komponenten selbst die stärksten auf der Erde installierten Teleskope durcheinanderbrachten und sie zwangen, einen großen Teil ihrer Energie auf die Durchdringung der ersten dreißig Kilometer zu verschwenden. In den hohen Regionen, in denen das neue Teleskop kreisen sollte, würde es seine Kapazität ungehindert nutzen und aus Entfernungen, die die Reichweite aller bisherigen Teleskope um ein Vielfaches überträfen, Daten sammeln können.

Obwohl ich mich, seit ich erwachsen bin, immer sehr für die Galaxien interessiert habe und sie mir gut vertraute Nachbarn sind, kann ich mir nicht einmal vorstellen, welche Überraschungen uns erwarten, wenn dieses große Teleskop seinen Dienst aufnimmt. Es wird uns Wunder erschließen, von denen wir bisher nicht einmal geträumt haben, und atemberaubende neue Sternbilder. Es wird Anlaß geben zu neuen Theorien über das

Universum, und die Bilder, die es uns herabsenden wird, werden selbst den Laien reizen und erfreuen.*

Die NASA hatte ein Problem, das sie ständig bewegte: »Ist die starke Spezialisierung auf bemannte Weltraumflüge auch dann noch gerechtfertigt, wenn die unbemannte Forschung nachweislich billiger, weniger gefährlich und produktiver ist?« In einer Stellungnahme forderte ich eine Diskussion zwischen einem Wissenschaftler, der – wie die meisten seiner Fachkollegen – die unbemannte Raumfahrt vorzog, und einem Spitzenpolitiker, der die Rechnungen zu begleichen hatte und die bemannte Raumfahrt unterstützte. Ich bemühte mich nach Kräften um eine neutrale Position und werde mich auch im folgenden daran halten.

Den meisten Wissenschaftlern ist klar, daß unbemannte Raumsonden bei der Erforschung entfernterer Regionen des Sonnensystems nahezu die gleichen Aufgaben übernehmen können wie bemannte – und dies unvergleichlich billiger und ohne dabei Menschenleben zu gefährden. Tatenlos zusehen zu müssen, wie Zeit, Ausrüstung und Geld auf bemannte Flüge vergeudet wurden, war für fähige Wissenschaftler in der Vergangenheit oft frustrierend. Sie wußten, daß man statt dessen unbemannte Raumschiffe in die Galaxis hätte schicken können, von denen fast mit Sicherheit die gewünschten Daten zu erwarten gewesen wären. »Das gegenwärtige System«, argumentieren diese Leute, »ist verschwenderisch und unproduktiv, und es ist ein Skandal, daß wir noch immer daran festhalten.«

Die Befürworter der bemannten Weltraumfahrt entgegnen den Wissenschaftlern: »Die zeitlich unbegrenzte Finanzierung unbemannter Flüge ist auf die Dauer gesellschaftlich nicht akzeptabel, weil für den einfachen Steuerzahler nichts dabei her-

---

* Nach jahrzehntelangen Analysen, Tests, Vorbereitungen, Überprüfungen und einer Fülle von enervierenden Details wurde das *Hubble Space Telescope* im April 1990 ins All geschickt. Am 27. Juni merkte die NASA, daß aufgrund eines kleinen Fehlers beim Schleifen der Spiegel die Übermittlung von Fotografien nicht möglich war. Aber warum hatte man die Spiegel nicht getestet? Es wäre zu teuer gewesen...

ausspringt. Solche Flüge bieten dem Publikum nichts Neues und bringen unter dem Strich kaum greifbare Resultate. Ein paar zusätzliche Informationen über die Monde des Saturn rechtfertigen nicht die Mühe und den finanziellen Aufwand, die dahinterstecken. Sobald Sie aber einen amerikanischen Staatsbürger in eine solche Maschine setzen, erreichen sie ein völlig anderes Spannungsniveau. Mit so etwas kann sich der Steuerzahler identifizieren. John Glenn, Neil Armstrong, Pete Conrad – vor solchen Männern zog man den Hut. Sie wollen ein unbemanntes Raumschiff zum Mars schicken? Nach drei Tagen interessiert sich kein Mensch mehr dafür. Sind zwei Astronauten dabei, verfolgt das Publikum den Verlauf der Mission mit angehaltenem Atem vom Anfang bis zum Ende, drei Jahre lang. Zwei Männer und zwei Frauen? Noch besser! Zwei Amerikaner, zwei Russen? Für ein solches Abenteuer ließe sich das Geld auftreiben.«

Über mein Hauptanliegen, für das ich mich im Beirat von Beginn an mit großem Nachdruck einsetzte, habe ich bisher noch nicht gesprochen. Ich wollte, daß auch zivilen Passagieren die Möglichkeit zu Reisen ins All geboten wurde. Entsprechende Anträge von Walter Cronkite und Jules Bergman fanden meine Unterstützung. Hätte das Projekt früher begonnen, so hätte auch ich mich ohne jedes Zögern für einen Mitflug gemeldet. Ich befürwortete ein solches Projekt aus drei wohlüberlegten Gründen: 1. Es war durchführbar und die Sicherheit der Passagiere weitgehend gewährleistet. Die Arbeit von John Young, Robert Crippen, Joe Eagle und Richard Truly hatte erwiesen, daß der Shuttle dazu geeignet war. 2. Rußland hatte bereits zahlreiche Passagiere ins All mitgenommen, vor allem Bürger aus anderen Ländern, die man beeindrucken wollte. Ich war der Meinung, wir sollten da nicht länger zurückstehen. 3. Ich ging davon aus, daß die Öffentlichkeitswirkung eines solchen Projekts sowohl der NASA als auch dem Land insgesamt zugute kommen würde.

Ich war Mitglied eines kleinen Ausschusses, der alle Aspekte dieses Vorschlags gründlich studierte und ihn standhaft verteidigte. Ich erinnere mich allerdings an die Warnung eines weiblichen Ausschußmitglieds mit PR-Erfahrung: »Sie müssen auch das negative Feedback im Falle eines Fehlschlags einkalkulieren. Da könnte uns die Beteiligung eines Zivilisten sehr schaden.«

Ich war sehr beglückt, als die Regierung beschloß, das Projekt in die Tat umzusetzen. und empfahl erneut, Cronkite und einige andere bei der Auswahl der ersten Passagiere zu berücksichtigen. Als dann aber irgend jemand – ich erfuhr nie, wer es gewesen war – die lebhafte Biologielehrerin Christa McAuliffe auswählte, war ich begeistert: »Ein Geniestreich!«

Noch mehr erfreute mich indessen, daß auch eine junge Frau für die Mission ausgewählt worden war, mit der ich im Rahmen unserer Zukunftsdiskussionen zusammengearbeitet hatte. Judith Resnick war ich zum erstenmal in den Astronautenbüros in Houston begegnet. Wir hatten uns mehrfach über ihre Chancen auf einen Weltraumflug unterhalten und arbeiteten schließlich auf einer der Sommerkonferenzen in Woods Hole zwei Wochen lang zusammen. Ich erkannte in jenen Tagen, daß sie eine grundsolide junge Frau war, versiert auf ihrem Fachgebiet und durchaus imstande, in Debatten ihren Standpunkt zu verteidigen. Ihre ständige Rede war: »Laßt uns mehr Shuttles raufschicken und mich mitfliegen.« Sally Ride brach dann bekanntlich das Eis, Judith Resnick war die zweite, und die sympathische Dr. Anna Fisher folgte ein paar Monate später als dritte Astronautin.

Nach Sally Ride sollte nun auch mit Judy Resnick eine Frau zum zweitenmal ins All fliegen. Ich gratulierte ihr schriftlich zur Erfüllung ihres Traums. Während der Vorbereitungen zur *Challenger*-Mission im Januar 1986 war ich stolz darauf, in jenem Team mitgearbeitet zu haben, das diesen Flug ermöglicht hatte. Doch im entscheidenden Augenblick saß ich nicht vor dem Fernsehgerät. Kurz nach dem Start rief meine Sekretärin an. Ihre Stimme zitterte: »Mein Gott, Mr. Michener, schalten Sie den Fernseher an!« Trotz der Bestürzung in ihrer Stimme war ich auf das, was mich erwartete, nicht vorbereitet. Ich sah jene furchtbare, gegabelte Spur von Wrackteilen, die die totale Katastrophe ankündigte. Mit Entsetzen verfolgte ich den einen Zweig, der sich langsam auf das Meer niedersenkte und zwischen den Wellen verschwand.

»Judy!« schrie ich, als sich die gespenstische Spur verflüchtigte, und sah vor meinem geistigen Auge die schreckliche Szene in der Kabine. Ich stellte mir vor, daß Judy die Arme ausstreckte, um Christa McAuliffe Halt zu geben. Und dann die Dunkelheit. Daß die sieben Passagiere sofort bei der Explosion getötet wurden, wollte mir nie in den Kopf, und ich glaube es bis heute nicht. Sie erlebten noch den tiefen Sturz ins Meer. Es muß entsetzlich gewesen sein.

Der Verlust dieser Raumfähre bedrückte mich sehr. Ich war schon bei der NASA gewesen, als der Prototyp der *Columbia* entwickelt und in Dienst gestellt wurde. Ich hatte die *Columbia*-Astronauten John Young und Robert Crippen interviewt, letzteren bei zwei langen Besuchen. Ich war beim ersten Start in Cape Kennedy dabei und hatte mit wachsendem Stolz gesehen, wie Young, der Magier aus Georgia, der ohne Nerven auf die Welt gekommen zu sein schien, die Raumfähre sechs Tage später in Kalifornien sicher wieder auf die Erde zurückbrachte. Es war der größte Triumph Amerikas in jenem Jahrzehnt. Die folgenden Flüge waren schon fast Routineangelegenheiten gewesen. Ich mußte an die vielen Konferenzen denken, auf denen wir so heftig über das Pro und Kontra ziviler Flüge debattiert hatten, und ich erinnerte mich an die stille Genugtuung, die ich empfunden hatte, als sich die von mir vertretene Position allmählich durchsetzte. Mir war, als hätte ich Judy Resnick persönlich in jene Raumfähre geschickt, als hätte ich Christa persönlich die Einladung ausgestellt. Das Gefühl, mitschuldig zu sein, werde ich nie mehr los.

Kurz nach Beendigung meines ersten NASA-Auftrags bat man mich, einen neuen Job zu übernehmen. Es war dies meine vermutlich wichtigste Tätigkeit für die Regierung überhaupt, und sie konfrontierte mich Tag für Tag mit dem Kommunismus in all seinen Manifestationen. Bis dahin hatte ich stets in beratender Funktion gearbeitet, doch diesmal berief man mich in den Aufsichtsrat der amerikanischen Rundfunkstationen, die sich mit der Sowjetunion einen Propagandakrieg im Äther lieferten. *The Board for International Broadcasting* in Washington leitete zwei starke Sender, die von München aus Nachrichtensendungen nach Osten ausstrahlten: *Radio Liberty* richtete sich an die Republiken der Sowjetunion, *Radio Free Europe* an die Satellitenstaaten hinter dem Eisernen Vorhang. Ich war zwar nicht der optimale Kandidat für den Job, konnte jedoch darauf verweisen, daß ich viele Sowjetrepubliken – namentlich an der Peripherie des Landes – aus eigener Anschauung kannte und mit Ausnahme Bulgariens schon in allen Ostblockstaaten gearbeitet hatte. Außerdem hatte ich 1956 einen detaillierten Vor-Ort-Bericht über die antikommunistische Revolution in Ungarn geschrieben, der in zweiundfünfzig Sprachen übersetzt worden war. Der klassische Kalte Krieger war ich allerdings nicht, denn obwohl ich die Gefahren erkannte, die sich aus dem kommunistischen Expansionismus ergaben, und vehement dagegen Stellung bezog, harrte ich unverdrossen des Tages, an dem eine Art Annäherung zwischen den beiden Großmächten USA und Sowjetunion möglich sein würde. Ich verlor nie die Zuversicht, daß dieser Tag kommen würde – doch bis dahin war ich nicht nur bereit, sondern geradezu versessen darauf, die Wahrheit über das, was in der Sowjetunion und den von ihr besetzten Ländern geschah, über den Rundfunk unter die Leute zu bringen.

Die Zusammensetzung des Aufsichtsrats erfüllte mich mit großer Freude, war doch der Vorsitzende mein alter Freund Frank Shakespeare. Einmal mehr bot sich mir also die Chance, ihn in voller Aktion zu erleben. Sein leidenschaftlicher antisowjetischer Kampfgeist war ungebrochen. Ständig trieb er seine Sender an, der russischen Propaganda und Geheimniskrämerei mit allen erforderlichen Mitteln und bei jeder sich bietenden

Gelegenheit Paroli zu bieten. Aufgrund meiner Erfahrungen im Ungarnaufstand von 1956, wo die Aggressivität amerikanischer Rundfunksendungen falsche Hoffnungen unter den Freiheitskämpfern geschürt hatte, gehörte ich zu jenen, die Frank immer wieder daran erinnerten, daß wir diesen Fehler nicht wiederholen durften. Frank bemühte sich darum, nur die Wahrheit auszustrahlen – und keine Aufrufe zur Rebellion. Dennoch gab es in der Regierung viele, die unsere Sender wegen des einen oder anderen unvermeidlichen Fehlers am liebsten zum Schweigen gebracht hätten. Auch Shakespeare selbst geriet wegen seiner kämpferischen Natur schwer unter Beschuß. Ich verteidigte ihn, denn ich wußte, daß er, obwohl er in den sowjetisch-amerikanischen Beziehungen ein ewiges Schlachtfeld sah, alles andere war als der verdammte Idiot, als den seine Verleumder ihn manchmal bezeichneten.

Da der Aufsichtsrat insgesamt neun Mitglieder hatte, war Frank, der loyale Republikaner, zur Aufnahme von vier Gesinnungsgenossen berechtigt. Er wählte sie mit Bedacht. Seine rechte Hand war Malcolm Forbes jun., ein brillanter Finanzfachmann und überzeugter Republikaner, der manchmal gerade so tat, als halte er das *Wall Street Journal* für linkslastig. Er war ein scharfsinniger und harter intellektueller Streiter wider den Kommunismus, mit dem zusammenzuarbeiten sehr lehrreich und lohnend war. Wenn ich mich in anderen Kreisen positiv über ihn äußerte, wurde ich oft gefragt: »Ist das der alte Milliardär Forbes, der immer in irgendwelchen Ballons herumfliegt?« Worauf ich antwortete: »Nein, es ist der junge Millionär Forbes, der sich um den Laden kümmert, wenn Papa wieder mal mit seinem Spielzeug beschäftigt ist.« Die anderen drei Republikaner waren kampferprobte Veteranen, die sich immer für ihre Anliegen eingesetzt hatten, besonders für unsere freie Gesellschaft: Clair Burgener, der langjährige Kongreßabgeordnete aus Südkalifornien; Ed Nye, Chef einer der größten PR-Firmen der Welt und ein republikanischer Königsmacher, sowie Arch Madsen, das leise Kraftwerk an der Spitze des Fernseh- und Rundfunkimperiums der Mormonenkirche. Mit allen ließ sich gut zusammenarbeiten.

Shakespeares machiavellistisches Geschick zeigte sich freilich am deutlichsten bei der Auswahl der vier obligatorischen Demokraten. Nachdem er zunächst mich als freimütigen Liberalen und unverkennbaren Nicht-Republikaner angeworben hatte, traf er eine brillante Wahl: Er engagierte Lane Kirkland, den betriebsamen Gewerkschaftsführer, der seine Bereitschaft, sich für die Arbeiterschaft in die Bresche zu werfen, in unzähligen Schlachten unter Beweis gestellt hatte. Mit Kirkland an Bord war der Vorwurf, wir seien ein willenloses Werkzeug der Regierung, ein für allemal vom Tisch. Die Besetzung der restlichen beiden Posten, die demokratischen Kandidaten vorbehalten waren, war ein neuerlicher Beweis für Shakespeares Schlitzohrigkeit: Er wählte zwei Männer aus, die zwar offiziell als Demokraten registriert, politisch aber aufgrund ihrer persönlichen Überzeugungen und ihres Verhaltens in der Öffentlichkeit eher auf dem rechten Flügel der Republikaner anzusiedeln waren. Der eine war Ben Wattenberg, der ebenso kluge wie witzige Statistiker und politische Kolumnist, der andere Michael Novak, katholischer Theologe, UN-Berater und konservativer Kommentator. Die beiden gehörten zu den klügsten Köpfen ihrer Generation und waren so geistreich, daß ich trotz ihrer konservativen Einstellung gerne mit ihnen zusammenarbeitete.

Shakespeare hatte also das obligatorische Verhältnis von fünf Republikanern zu vier Demokraten umgewandelt: Sieben hartgesottenen Konservativen standen zwei Liberale gegenüber – eine Mischung, die genau seinem Geschmack entsprach. Machtlos waren Kirkland und ich allerdings nicht, denn wir hatten beide Zugang zu den Regierungsunterlagen und konnten, falls sich der Aufsichtsrat eines groben Fehlverhaltens schuldig machte, jederzeit Krach schlagen. Niemand zweifelte daran, daß wir dies auch getan hätten – aber es war niemals nötig.

Die Aufsichtsratssitzungen in München und Washington gehörten zu den lehrreichsten Erfahrungen meiner reiferen

Jahre. Meine Kollegen waren erstaunlich kompetent. Wir verfügten über hervorragende Manager und bemühten uns nach Kräften, den Sendern in ihren Propagandaschlachten eine konstruktive Führung zu sein und sie rigoros zu unterstützen, so es denn zu Skandalen kam. Zu Problemen kam es immer wieder dann, wenn amerikanische Staatsbürger – wie wir – versuchten, ausländische Mitarbeiter zu kontrollieren, die das Programm für ihre jeweiligen Landsleute in der gemeinsamen Muttersprache gestalteten. Manchmal hatte ich das Gefühl, daß viele unserer europäischen Angestellten lieber heute als morgen die Revolution in ihren Heimatländern ausgerufen hätten. Es waren harte Burschen unter ihnen, die zwei Weltkriege hinter sich hatten. Unsere Aufgabe bestand jedoch nicht im Schüren von Aufstandsgelüsten, sondern in der Verbreitung korrekter Informationen. Zahlreiche Kritiker schrien: »Macht endlich diese Sender dicht! Sie schaden mehr als sie nützen!« Ich, der ich einen Eindruck vom Leben hinter dem Eisernen Vorhang gewonnen hatte, wußte indessen, daß wir manchmal allein schon dadurch Wunder wirkten, daß wir die Hoffnung aufrechterhielten, und war stolz, daran beteiligt zu sein.*

Als Präsident Nixon 1972 zu seinem historischen Treffen mit chinesischen Spitzenpolitikern nach Peking flog, gab es in dem großen Presseflugzeug in seinem Troß noch zwei freie Sitze. Nachdem alle Medienvertreter untergebracht waren, wurden sie Bill Buckley und mir überlassen, die wir als interessierte Staatsbürger mit von der Partie waren.

* Als Michail Gorbatschow während des konservativ-kommunistischen Putschversuchs im August 1991 auf der Krim unter Hausarrest stand, wurde sein Mut durch ausländische Kurzwellensendungen gestärkt. Zu diesen gehörten auch die Beiträge, die unsere Gruppe genau für solche Notfälle vorbereitet hatte. Nach der Niederschlagung des Putsches bot uns Boris Jelzin, der genau wußte, wie sehr unser *Radio Liberty* ihn in den vergangenen Jahren unterstützt hatte, die Eröffnung eines Büros in Moskau an – ein verblüffender Sieg für die Wahrheit, die Freiheit und den menschlichen Anstand.

Nach dem Watergate-Skandal bin ich immer wieder gefragt worden: »Wie können Sie über Nixon noch ein gutes Wort verlieren? Und warum haben Sie sich für seinen Verbleib im Amt eingesetzt?« Meine Antwort darauf lautet: »Sie haben ihn nicht in China erlebt, auf dem Höhepunkt seiner Karriere. Er war klug, risikobereit und am Verhandlungstisch sehr gewieft.« Wie so oft im politischen Leben war es der für seine rechtslastigen Ansichten berüchtigte Konservative, der nach einer vollendeten politischen und moralischen Volte zu einer vernünftigen Übereinkunft mit seinen Gegnern kam (Ronald Reagan lieferte später ein weiteres Beispiel dafür). Während gegen jeden demokratischen Präsidenten, der eine vergleichbare Kehrtwendung im Verhältnis zu Rotchina bzw. der Sowjetunion vollzogen hätte, ein Amtsenthebungsverfahren eingeleitet worden wäre, lobten wir bei konservativen Republikanern deren politisches Genie. Und im Fall Nixon war dies sogar berechtigt.

Mit dem chinesischen Ministerpräsidenten Tschou En-Lai war ich bereits im Jahre 1955 auf der Bandung-Konferenz zu mehreren Gesprächen zusammengekommen. Neunundzwanzig afrikanische und asiatische Staaten, die mit der von den großen Industrienationen vorgegebenen Richtung nicht einverstanden waren, hatten damals in stürmischen Sitzungen ihren Protest artikuliert und in verschiedenen Resolutionen eine Veränderung des Machtgleichgewichts auf der Erde verlangt. Tschou En-Lais auf Ausgleich bedachter Auftritt hatte mich tief beeindruckt, und ich hatte ihm das auch mitgeteilt. Inzwischen war er einer der mächtigsten Politiker der Welt geworden, und als wir uns über die Tage in Bandung unterhielten, gratulierte ich ihm noch einmal.

Der Reiseführer, den mir die Chinesen zugeteilt hatten, war der Leiter einer Nachrichtenagentur, der chinesischen *Associated Press*, wenn man so will. Er und seine Frau zeigten beispielhaft, wie gründlich sich Mao Tse-tungs Leute auf den Besuch vorbereitet hatten. Der Mann wußte alles über mich und nutzte mich als willkommene Informationsquelle für amerikanische Politik. Allerdings bediente ich mich seiner ebenfalls, indem ich hartnäckig darauf bestand, er möge seine Vorgesetzten darüber unterrichten, daß mir der fast verächtliche Empfang für Präsident Nixon und seine Begleitung nicht gefalle. Ich warnte ihn: »Ihre Leute müssen eines begreifen: Wenn uns weiterhin die kalte Schulter gezeigt wird, werden die Vereinigten Staaten die russische Karte spielen – und wenn das geschieht, steht China völlig isoliert da.« Buckley redete seinem Führer ähnlich ins Gewissen, und andere stießen offenbar ins gleiche Horn. Mein Reisebegleiter zeigte jedenfalls auf einmal großes Interesse an den amerikanisch-russisch-chinesischen Beziehungen und befragte mich mit Hilfe seiner Frau sehr genau. Er erwies sich als gut informiert und behinderte uns in keiner Weise. Mao und Tschou, so versicherte er mir, wüßten über unsere Klagen Bescheid und würden umgehend für Abhilfe sorgen. Das Ende des Chinabesuchs war wesentlich angenehmer als der Anfang.

Nach dieser ersten gemeinsamen Reise mit Richard Nixon begleitete ich ihn noch im gleichen Jahr in die Sowjetunion, den Iran und nach Polen. Die Ergebnisse waren zwar nicht so spektakulär wie in China, doch Nixon selbst zeigte sich von seiner besten Seite. Er war ein bewundernswerter Unterhändler, ein verbindlicher Repräsentant und ein Mann mit klarem Blick für die Realitäten. Er strahlte allenthalben und beeindruckte alle Gesprächspartner mit seinem offenkundig ehrlichen Wunsch nach einer Verbesserung der Beziehungen. Die Leute, die sich später bemüßigt sahen, über ihn herzufallen, taten sich schwer bei dem Versuch, ihm seine außenpolitischen Erfolge streitig zu machen.

Im Iran bewies ich, daß ich zum Geheimagenten nicht geeignet war. Es war die Zeit der Herrschaft des Mohammed Resa Schah Pahlewi, und ich war nicht klug genug, um zu erkennen, daß diese Herrschaft schon bald wie ein Kartenhaus zusammenbrechen würde. Doch es amüsierte mich, wenn ich sah, wie die führenden Repräsentanten unserer Nation vor ihm die Knie beugten. »Vergessen Sie nicht«, erinnerte ich meine Kollegen von der schreibenden Zunft immer wieder, »daß sein Vater im Jahr 1919 noch Bauer war. Er bekam einen Job als Pferdepfleger in der Kavallerie, als Stallbursche, wenn Sie wollen.«

»Wie wurde sein Sohn dann Schah?«

»Innerhalb der Armee kommt es zu Revolten. Der alte Herr wird General. Dann revoltiert es im Staat, und er wird Schah. Nach seinem Tod erbt sein Sohn den Job und verleiht sich selbst den erhabenen Titel Schah-in-Schah.« Obwohl ich den Iran schon vor dem Nixon-Besuch einigermaßen kannte, fehlte mir der nötige Weitblick, um zu erkennen, wie gefährdet der pompöse König der Könige war.

Bei unserem Besuch in Polen beobachtete ich genauer. Obwohl es nicht viel mehr als eine Stippvisite war, gewann ich schon sehr bald die Überzeugung, daß diesem Land Ereignisse von großer Tragweite bevorstanden. Es war der erste Besuch von vielen in diesem unglücklichen, aber heroischen Land, dessen Grenzen sich nicht verteidigen lassen. Mit der Zeit lernte ich es kennen. Jahrelang beschäftigte ich mit der Bedeutung Polens, so daß ich schließlich auch darüber schreiben konnte.

Auf meinen Reisen mit Präsident Nixon erfuhr ich in beschränktem Maße Neues über China, Rußland, den Iran und Polen, jedoch eine Menge über Nixon persönlich. Aus nächster Nähe bekam ich mit, wie seine Frau danach strebte, seine Anliegen zu unterstützen, und offenbar immer wieder ins zweite Glied verwiesen wurde. Ich erlebte, wie Nixon seine nicht unproblematischen Beziehungen zur Presse gestaltete, und kam zu dem Schluß, daß es ihm bei aller Könnerschaft in der Außenpolitik schwerfiel, die richtige Einstellung zu seinen Landsleuten oder seinem eigenen Land zu finden. Dreimal war ich sein Gast im Weißen Haus. Einmal traf ich ihn im Oval Office, als er gerade mit Problemen in Chile zu tun hatte. Und jedesmal erlebte ich einen hochintelligenten, auf den verschiedensten Gebieten hervorragend informierten Mann, der sich bemühte, seine

Wähler zufriedenzustellen und seinen guten Ruf über seine Amtszeit hinaus zu wahren.

Als die Watergate-Skandale ausbrachen, sagte ich zu jedem, der es hören wollte: »Eisenhower oder Kennedy würden das mit einer Fernsehansprache an die Nation in Ordnung bringen: ›Wir haben einen bösen Fehler gemacht. Die Hauptverantwortlichen sind jedoch inzwischen gefeuert worden. Ich entschuldige mich dafür, daß dies geschehen konnte, und verspreche Ihnen, daß es nicht noch einmal vorkommt.‹ Die Amerikaner hätten ihnen das abgenommen. Nixon kann dasselbe tun.« Aber Nixon übernahm niemals die Verantwortung. Den Sturz auf Raten dieses so mächtigen Mannes miterleben zu müssen, betrübte mich so sehr, daß ich, wie an anderer Stelle bereits geschildert, gemeinsam mit anderen einen Versuch unternahm, dem Verfall Einhalt zu gebieten. Nach dem Scheitern dieses Versuchs gehörte ich zu den ersten, die – in den Spalten der *New York Times* – Nixons Rücktritt verlangten. Ich begründete diese Forderung mit dem Hinweis auf jenen Satz, mit dem man sich einst im alten China unzulänglicher Kaiser zu entledigen pflegte: »Das Mandat des Himmels wurde zurückgezogen.« Der Präsident hatte das Vertrauen der Nation verloren. Als er schließlich die Konsequenzen zog, frohlockte ich nicht, denn ich wußte, daß er alle Anlagen besaß, besser zu sein als der Mann, als der er sich in jenem schrecklichen Jahr 1974 letztlich erwies.

Meine zweite politische Aufgabe erwies sich als lohnender, da es sich um eine konstruktive Beratertätigkeit handelte. Als 1983 amerikanische Truppen für die Invasion der Karibikinsel Grenada zusammengezogen wurden, traf unsere Militärführung eine Entscheidung, die ihr damals vernünftig erschien, die sich in der Retrospektive aber als gefährlicher Fehler entpuppte. »Wir werden diese Operation vollkommen geheimhalten, sowohl in der Planungs- wie in der Durchführungsphase. Kein Wort an die Medien, bis alles tipptopp erledigt ist.« Die Invasion fand also unter den Bedingungen einer totalen Nachrichtensperre statt. Presse- und Fernsehreporter wurden ausnahmslos im unklaren gelassen, bis die Entscheidung gefallen war und der Sieg feststand.

Nachdem alles vorüber war, brach die Hölle los, weil ein Grundsatz der Kriegsführung im demokratischen Staat – die Information und Einbeziehung des Wählers – verletzt worden war. Verteidiger der Medien und der Bürgerrechte kritisierten die Arroganz der Militärs derartig vehement, daß das Pentagon – viel zu spät – einsah, daß dieser geheime Krieg ein äußerst riskantes Unterfangen gewesen war.

Die Proteste erreichten ein solches Ausmaß, daß Verteidigungsminister Caspar Weinberger schließlich eine vernünftige Entscheidung traf: Er beriet sich mit seinem Harvard-Kommilitonen Theodore White, einem hoch angesehenen politischen Autor. Um solche Fehler künftig zu vermeiden, empfahl ihm White, das Militär durch ein Gremium aus besonnenen, altgedienten Medienvertretern mit reicher Erfahrung als Kriegsberichterstatter beraten zu lassen. Caspar nahm den Vorschlag an und wählte zusammen mit Teddy eine kleine Gruppe von Veteranen aus, die über eine Fülle von Schlachtfelderfahrungen verfügten und sich auch im politischen Kleinkrieg mit Redaktionen und Fernsehstationen auskannten. An dem ersten Treffen in Washington nahmen Bob Sherrod teil, aus dessen Feder einige der ganz großen Reportagen über den Krieg im Pazifik stammten, Walter Cronkite, der vom europäischen Kriegsschauplatz berichtet hatte, der Militärexperte Eric Sevareid sowie natürlich Teddy White selbst, der als Kriegsberichterstatter in China gearbeitet hatte. Ich war wahrscheinlich das älteste Mitglied in dieser Runde und konnte auf meine Kenntnisse und Erfahrungen aus dem Zweiten Weltkrieg und dem Koreakrieg verweisen. Natürlich beschäftigte sich auch eine öffentliche Kommission aus erfahrenen Veteranen mit dem Thema, doch wir waren der geheime Aufräumtrupp, dessen Diskussionen und Erkenntnisse nicht für die Öffentlichkeit bestimmt waren.

Ziel unserer Arbeit war es, den Militärführern zu zeigen, welche Aktionen sie von der Öffentlichkeit entfremdeten und daher in Zukunft vermieden werden sollten. Obwohl ich in den Diskussionen nur eine untergeordnete Rolle spielte, blieb es mir vorbehalten, die einleitende Erklärung abzugeben: »Das Argument des Militärs, die Presse sei ausgeschlossen worden, um die Reporter nicht zu gefährden, ist nicht nur absurd, sondern auch entwürdigend. In Korea war die Zahl der Toten in keiner Waffengattung prozentual so hoch wie unter den Pressevertretern. Wir sind überall dabeigewesen, haben jedes Risiko auf uns genommen und sahen in einer erschreckenden Zahl von Fällen Reporterkollegen sterben. Ihr Generale dürft diese Ausrede nie wieder verwenden, das ist eine Frage des Anstands.«

Dann kam ich zu meinem Hauptargument: »Eine Armee wird durch nichts leichter besiegt als durch eine Revolte an der Heimatfront. Dies geschah mit Rußland im Ersten und in mancher Hinsicht mit Italien und Deutschland im Zweiten Weltkrieg. Eine Folge von Grenadas – vor allem, wenn es das eine oder andere Mal schiefgeht – könnte verheerende Auswirkungen auf die zivile Moral haben und die Akzeptanz verhängnisvoll untergraben. Bitte, bitte, ziehen Sie die Gesellschaft in ihrer Gesamtheit ins Vertrauen, wenn Sie eine militärische Aktion starten.«

»Aber die Operationen selbst müssen doch sicher geheimgehalten werden?« fragte ein General, worauf ich antwortete: »Ja, natürlich, bis weit in die Schlacht hinein sogar. Aber die Öffentlichkeit muß wissen dürfen, daß Krieg geführt wird.«

An diesem Punkt übernahmen White und Cronkite die Gesprächsführung, und ihre Ratschläge waren wesentlich detaillierter und gehaltvoller als meine. In den diversen Konferenzen mit Weinberger wurden die harten Fakten des Verhältnisses zwischen Militär und Öffentlichkeit unter die Lupe genommen. Wir älteren Zivilisten rieten dringend von der Geheimhaltung militärischer Operationen jedweder Größenordnung ab. Umgekehrt erkannten, ja verstanden wir sogar das den Militärs innewohnende Mißtrauen gegenüber Reportern, von denen sie offenbar immer wieder in Schwierigkeiten gebracht werden.

Weinberger wußte sehr wohl, worüber wir sprachen und

wie wichtig unsere Empfehlungen waren. Er hörte genau zu, doch wurde ich nach unserer Abschlußsitzung den Verdacht nicht los, daß auch beim nächsten Grenada – zu dem es in Mittelamerika jederzeit kommen kann – die Kommandanten im Feld noch immer denken werden: »Haltet uns die verdammten Medien vom Leibe. Die machen uns bloß Ärger.« Wir machten uns Sorgen wegen der Konsequenzen, die sich ergeben würden, sollte die Geheimniskrämerei zur Regel werden.

Kurz darauf starb Teddy White einen zu frühen Tod. Es kam zu keinem weiteren Treffen. Ich glaube jedoch, daß wir alles gesagt hatten, wozu wir berechtigt waren, und daß man uns zugehört hatte.*

Weshalb ereiferte ich mich so sehr in solchen Angelegenheiten, und was qualifizierte mich zu so dezidierten Meinungsäußerungen? Zwei Erfahrungen:

Obwohl ich mich aufgrund meiner Religion vom Kriegsdienst hätte befreien lassen können, hatte ich am Zweiten Weltkrieg teilgenommen – einem Krieg, der praktisch von allen Bürgern Amerikas unterstützt worden war. In den entlegensten Dschungelgebieten Neuguineas und auf den einsamsten Atollen der Südsee – wo immer ich mich auch aufhielt, spürte ich den Zuspruch meiner Landsleute und fühlte mich in meinem Tun bestätigt.

Im Koreakrieg machte ich die gegenteilige Erfahrung: Unserer Demokratie fehlte entweder der Mut, den Kommunisten den Krieg zu erklären, oder aber sie traute sich nicht, die zivile Wirtschaft zur Unterstützung des von uns geführten Quasi-Kriegs zu mobilisieren. Da waren ein paar junge Männer, denen wir will-

---

* Sämtliche Grundsätze, die unsere Kommission empfohlen hatte, wurden im Golfkrieg ignoriert und verletzt. Dort optierte das Militär für die schlimme und gefährliche Strategie, in Übersee einen Krieg zu führen, ohne die Presse vom Ort des Geschehens darüber berichten zu lassen. Wenn unser Militär diese Arroganz nicht ablegt, wird es unweigerlich wesentliche Unterstützung verlieren.

kürlich sagten: »Ihr geht jetzt ins eisige Hochgebirge von Korea und beschützt uns.« Und dann waren da ein paar andere junge Männer, und zu denen sagten wir: »Ihr bleibt hier und verdient einen Haufen Geld.« Der Öffentlichkeit versicherten wir unterdessen: »Kein Grund zur Unruhe. Macht so weiter wie bisher und stopft euch die Taschen voll. Es gibt keinen Krieg.«

Diese ungerechte Haltung widerte mich dermaßen an, daß ich meine damalige zivile Tätigkeit aufgab und, obwohl ich schon auf die Fünfzig zuging, nach Korea flog. Ich begleitete die Marines auf ihrem Rückzug von den Hungnam-Stauseen, flog von Flugzeugträgern aus Kampfeinsätze mit der Navy und diente mitten im Winter bei einer ungewöhnlichen Division an der äußersten Nordfront. Je mehr ich von diesem Krieg mitbekam, desto klarer wurde mir, daß sich eine Demokratie auf fremdem Boden militärisch nur engagieren darf, wenn die Zivilbevölkerung daheim wie ein Mann hinter ihr steht. Alles andere ist grundfalsch. Meine Erfahrungen auf den Flugzeugträgern und in den Schützengräben bewogen mich zu einem leidenschaftlichen Protest: Man hatte eine relativ geringe Zahl von Soldaten in den Kampf geschickt und ihnen eine absolut inakzeptable Last auferlegt. Blieb ein dermaßen unmoralisches Verfahren ohne Nachspiel, wäre die Versuchung groß, es bei nächster Gelegenheit noch einmal mit derselben Strategie zu probieren. Und genau so kam es dann auch – in Vietnam. Als die Truppen der Nationalgarde 1970 vier studentische Kriegsgegner auf dem Campus der Kent State University ermordeten, begab ich mich sofort nach Ohio, um mir selbst ein Bild zu machen. Mit einem Schlag befand ich mich unmittelbar in jener Gefahr, die ich in Korea so deutlich vorhergesehen hatte. Zahlreiche junge Leute in meiner Umgebung waren im Einberufungsalter und wollten nicht nach Vietnam. Viele von ihnen beriet ich nach der Arbeit in langen abendlichen Sitzungen. Sie wußten, daß der Krieg vom militärischen Standpunkt aus geradezu lächerlich geführt wurde. Es fehlte jeder echte Siegeswille. Menschlich gesehen, war das Rekrutierungsverfahren eine Schande. Junge Männer, die von ihrer

Herkunft her benachteiligt waren, wurden eingezogen und nach Übersee geschickt. Für die privilegierten Altersgenossen gab es dagegen vier Schlupflöcher. »Bevor unsere Einberufungsnummern aufgerufen werden, müssen wir uns entscheiden, Mr. Michener. Es ist keine leichte Wahl. Am besten studiert man Jura oder Medizin und versteckt sich an der Universität oder Fachhochschule. Die zweitbeste Möglichkeit besteht darin, daß man erklärt, man wolle Lehrer werden. Die drittbeste: Man verdrückt sich nach Kanada oder Schweden. Viertens und letztens gibt es auch noch die Möglichkeit, bei der Nationalgarde unterzukommen, nur besteht dort immer noch ein kleines Restrisiko, daß ausgerechnet die eigene Einheit einberufen wird.«

»Es gibt noch einen fünften Weg«, erinnerte ich jeden einzelnen von ihnen. »Und zwar den, für den ich mich in den anderen Kriegen entschieden habe: Sie können sich einziehen lassen.«

Als sie mir sehr freimütig erklärten, daß das für sie nicht in Frage käme, akzeptierte ich ihre Entscheidung und versuchte, die ihnen offenstehenden Möglichkeiten zu analysieren: »Jura und Medizin sind ehrenvolle Karrieren, gegen die es nichts einzuwenden gibt. Ich glaube allerdings, daß Sie bessere Ärzte und Anwälte werden, wenn Sie zuvor Ihrem Land gedient haben. Lehrer bin ich selbst gewesen und weiß daher, welch großes Engagement dieser ebenso anstrengende wie schlecht bezahlte Job erfordert. Aber als Schlupfloch sollten Sie diesen Beruf nicht mißbrauchen, denn wir brauchen gute Lehrer, keine Ausreißer. Obwohl mich persönlich die Vorstellung, ich könnte nach Kanada oder Schweden ausbüchsen, mit Abscheu erfüllt, akzeptiere ich die Gründe, die Sie zu einem solchen Schritt bewegen mögen. Ich fürchte allerdings, daß Ihnen später das Gewissen schlagen wird, und höchstwahrscheinlich haben Sie auch mit gerichtlicher Verfolgung und Bestrafung zu rechnen.«

»Und was ist mit der Nationalgarde?«

Hier stand ich vor einem häßlichen Dilemma. Ich wußte, daß viele junge Männer, die nicht als Soldaten nach Übersee geschickt werden wollten, im Dienst in der Nationalgarde den anständigsten Ausweg sahen. Doch aufgrund einer persönlichen Erfahrung hatte ich gewisse Vorbehalte. In Korea war ich verhältnismäßig lange bei einer Division der Marines im Einsatz, die am schlimmsten Abschnitt der Gebirgsfront kämpfte. Das Wetter war ebenso grauenhaft wie das Gelände. Im Zelt neben mir hauste General Selden, ein zäher alter Haudegen, der mich abends immer zu den Einsatzbesprechungen für den nächsten Tag einlud. Dort verkündete er dann ungefähr folgendes: »Morgen greifen wir gegen vier Uhr früh an. Auf der linken Flanke haben wir die Koreaner, von denen wir wissen, daß sie bei unserem Vorstoß mitziehen. Auf der rechten steht eine Einheit der Nationalgarde von...« – er nannte deren Herkunftsstaat –, »und das heißt, daß wir mit einigen Unwägbarkeiten rechnen müssen. Wenn die Nationalgarde mit uns und den Koreanern vorrückt, prima – nur tut sie das natürlich nicht. Wenn die Gardisten an Ort und Stelle bleiben, sich aber weigern, ihren Teil beizutragen, müssen wir zusätzliche Leute auf die rechte Seite werfen, weil wir sonst dort verwundbar sind. Machen die Gardisten am Anfang mit und laufen später davon, werden wir unsere gesamte rechte Flanke absichern müssen.« Dies war der Tenor aller abendlichen Einsatzbesprechungen.

Als ich Selden fragte, warum General Ridgway die fragliche Einheit nicht von der Front abzog, erklärte er mir: »Aus politischen Gründen. Täte er's – und er sollte es tun –, so würden sämtliche Generale der Nationalgarde in den Vereinigten Staaten – und das sind Politiker, verstehen Sie, keine Militärs! – auf die Barrikaden gehen und behaupten, wir wollten die Garde degradieren.« Selden blickte finster vor sich hin. Dann fügte er hinzu: »Sie kennen ja unser Problem mit der Einheit da drüben: In ihrem Heimatstaat« – er nannte einen der wohlhabenden, prosperierenden Staaten – »schreiben die Mütter der Gardisten wütende Leserbriefe an die Zeitungen: ›Warum kommen ausgerechnet unsere Söhne nach Korea? Die Regierung könnte doch ohne weiteres Einheiten aus rückständigen Staaten wie Mississippi und Arkansas rüberschicken!‹ Wenn Sie eine Einheit der Nationalgarde auf Ihrer Flanke haben, müssen Sie immer mit großen Schwierigkeiten rechnen, politischen Schwierigkeiten.«

Zu den jungen Leuten an der Kent State University sagte ich: »Ich habe unsere Marines auf mehreren nächtlichen Patrouillen begleitet. Wir konnten uns nie darauf verlassen, daß die Nationalgardisten ihr Gelände überwachten. Die Jungs mochten nachts einfach nicht rausgehen. Verlangen Sie von mir also nicht, daß ich Ihnen die Garde empfehle. Ja, die Möglichkeit besteht – aber ist es wirklich ein ehrenvoller Ausweg?«

Erfahrungen dieser Art veränderten meine Einstellung zum Vietnamkrieg und machen es verständlich, daß ich mit diesem schamlosen Abenteuer nichts zu tun haben wollte. Es gehörte zweifellos zu den bedauerlichsten Militäreinsätzen, an denen unsere Nation je beteiligt war, und dies nicht, weil die Rekruten im Feld keine gute Figur abgaben oder weil die jungen Offiziere von den Militärakademien in West Point und Annapolis ihren Job nicht beherrschten, sondern weil wir uns als Nation einbildeten, einen Krieg führen zu können, ohne die gesamte Nation dafür zu mobilisieren, und weil wir uns auf die abscheuliche Politik einließen, die Söhne der Armen in den Kampf zu schicken und den Söhnen der Reichen billige Schlupflöcher zu offerieren. Unser System in Vietnam bestätigte und bestärkte die Schlußfolgerungen, die ich aus den unmoralischen Begleiterscheinungen unseres Einsatzes im Koreakrieg gezogen hatte.

Meine Reaktion auf die vielen Kriegsdienstverweigerer war unlogisch: Ich verstand die jungen Männer, die in jenem Winter an der Kent State University mit mir sprachen und mit dem Mut der Verzeiflung alles daran setzten, um an eine Fachhochschule oder Universität zu kommen. Ich sah darüber hinweg, daß sich viele von ihnen ohne die geringste Lust und Neigung zu einer pädagogischen Karriere für die Lehrerausbildung einschrieben. Ich bedauerte sehr, daß viele von ihnen Zuflucht im Ausland suchten, aber ich wußte, warum sie es taten. Eine gewisse Verachtung empfand ich lediglich jenen gegenüber, die bei der Nationalgarde Unterschlupf suchten, denn sie bedienten sich einer verschlagenen militärischen List, um einem ehrenvollen Engagement zu entgehen.

Meine Tätigkeit für die Regierung endete 1989, als ich mich im Alter von zweiundachtzig Jahren freiwillig von meiner letzten Aufgabe zurückzog. Ironischerweise blühten in Osteuropa gerade in jener Zeit, als ich mich aus dem langen Kampf gegen die Sowjetunion zurückzog, genau jene Freiheiten auf, für deren Verwirklichung ich mich mit Feder, Waffe und persönlicher Entschlossenheit so viele Jahre lang eingesetzt hatte. Zwei Länder, die ich in der Zeit ihrer Not kennen- und lieben gelernt hatte – Ungarn und Polen – erlangten Freiheiten, von denen in der Zeit, in der ich dort arbeitete, niemand auch nur geträumt hatte. Afghanistan erlebte den Rückzug der russischen Truppen\*, und auch sonst sah es überall so aus, als stünde der Sieg unmittelbar vor der Tür.

Was ich von Michail Gorbatschow hielt, geht am besten aus einem meiner letzten Kommentare in unserem Münchener Rundfunksender hervor: »Daß ›Glasnost‹ und ›Perestroika‹ Realitäten sind, davon sind wir überzeugt. Alle Informationen, die wir von jenseits des Eisernen Vorhangs erhalten, bestätigen dies. Die baltischen Republiken sehnen sich nach Freiheit. Die Ukraine ist voller Hoffnung. Es gibt starke Strömungen in Sibirien. Und überall an der Peripherie kämpfen die Menschen

---

\* Zwölf Jahre lang leitete ich eine Kommission, die es sich zur Aufgabe gemacht hatte, die afghanischen Freiheitskämpfer in ihrem Krieg gegen die russischen Invasionstruppen zu unterstützen. Wir sammelten erhebliche Mittel, um unseren Männern die Fortsetzung des Kampfes zu ermöglichen. Doch als der Sieg endlich erreicht war, konnte ich mich des traurigen Gefühls nicht erwehren, daß ich in Afghanistan derselben Sorte fanatisch-islamischer Mullahs zur Macht verholfen hatte, die schon im Iran ein so grausames Regime führte. Vor meinem geistigen Auge sah ich mich schon Gelder zum Sturz eben der Fanatiker zu sammeln, die mit meiner Hilfe die Macht in diesem wilden, wunderschönen Land eroberten, mit dem mich so viele Erinnerungen verbanden.

für die Freiheit. Unglaubliche Dinge geschehen in Polen und Ungarn, und die beiden deutschen Staaten verhalten sich einmal mehr wie Brüder. Wir wissen also, daß tatsächlich etwas geschieht. Was es jedoch bedeutet und wie sicher Gorbatschow in seiner Führungsposition ist, das können wir nicht einmal ahnen.«

Kommen wir zu einem etwas entspannenderen Thema: Eines Nachmittags erhielt ich den Anruf einer Washingtoner Behörde, die mir die überraschende Mitteilung machte, daß ich in die staatliche Briefmarken-Auswahlkommission aufgenommen werden sollte. Wem das zu sehr nach Routine oder gar Langeweile klingt, dem rate ich, einmal einer der vierteljährlichen Konferenzen dieser Kommission zuzuhören.

Unter den eher zweitrangigen Regierungstätigkeiten gibt es kaum eine, die mit soviel Emotionen, politischem Kuhhandel, Lobbyistendruck und sogar Empörung befrachtet ist wie die Arbeit dieser Kommission, die darüber zu entscheiden hat, welche Gruppen oder Einzelpersonen mit einer Sonderbriefmarke geehrt werden sollen. Da mit der Darstellung auf einer Briefmarke die Volkshelden der Republik definiert, ja in gewisser Weise heiliggesprochen werden, herrscht eine ungeheure Konkurrenz. Widerfährt die Ehrung dem Staat Nebraska, fordern Bürger aus Alaska die gleiche Behandlung. Wird der Bauernstand gerühmt, melden sich umgehend die Ingenieure zu Wort. Noch schärfer, ja geradezu verbiestert wird die Auseinandersetzung, wenn der Dalmatiner geehrt wird und der Dackel leer ausgeht. Hunderte oder sogar Tausende von Gruppen fordern lauthals ihre Verewigung ein, und so steht die Kommission vor der mühsamen (und manchmal auch recht komischen) Aufgabe, die Spreu vom Weizen zu trennen und unter den akzeptablen Kandidaten eine gerechte Auswahl zu treffen.

Auch wenn der Wettbewerb bisweilen lächerliche Züge annimmt – der Auswahlprozeß als solcher ist keineswegs bedeutungslos, denn ein Staat mit einer halbwegs geordneten Briefmarkenproduktion wird im Laufe der Jahre allein durch den Verkauf der Marken an eifrige Sammler – d. h. also ohne zusätzliche Arbeit oder Dienstleistung – Millionenprofite erwirtschaften. Werden zu viele oder auch nur lauter häßliche Briefmarken ausgegeben, so können diese Profite ausbleiben. Dasselbe wird der Fall sein, wenn auch nur der Schatten eines Skandals über der Entscheidung für ein bestimmtes Motiv liegt. Die Geschichte kennt eine Fülle von traurigen Beispielen: Länder, die ihre Glaubwürdigkeit und damit lukrative Verkaufserlöse einbüßten, weil sie fragwürdige Praktiken entweder duldeten oder sogar aktiv unterstützten. Kein ernstzunehmender Sammler würde heute auch nur einen Pfennig für die Briefmarken dieser Länder ausgeben, wohingegen beispielsweise die ebenso schönen wie unschuldigen Marken des Britischen Weltreichs Jahr für Jahr wertvoller werden und immer mehr Anhänger gewinnen.

Da die Vereinigten Staaten in der Zeit, bevor unsere Kommission ihre Arbeit aufnahm, einige wirklich gräßliche Briefmarken ausgegeben hatten, rangieren unsere Marken international nur im zweiten Glied, dort allerdings ziemlich weit oben. In den vergangenen drei oder vier Jahrzehnten kam es zu einer Reihe von Verbesserungen, von denen allmählich auch unser Ruf profitierte. Eine Briefmarke erwirbt sich nur dann philatelistische Verdienste, wenn sie von einem Land mit ordentlicher Reputation für einen legitimen postalischen Zweck hergestellt worden ist. Sie muß ein ansprechendes Design und ein würdiges oder extrem interessantes Motiv haben. Unter den Marken, die unserer Kommission mit politischem Druck aufgezwungen wurden, gibt es einige, bei deren Anblick es mir den Magen umdreht. Auf die schönsten, an deren Auswahl und Förderung ich beteiligt war, bin ich dagegen heute noch stolz.

Zwei eiserne Regeln bewahrten uns vor Verlegenheiten: 1. Wir geben keine Briefmarke zu Ehren einer bestimmten Religion heraus. 2. Einzelpersonen werden frühestens zehn Jahre nach ihrem Tod mit einer Briefmarke geehrt, ausgenommen ehemalige Präsidenten der USA. Nach dieser Vorbemerkung nun ein paar typische Probleme, mit denen wir uns konfrontiert sahen:

Unmittelbar nachdem Elvis Presley 1977, aufgedunsen und verbraucht, im Alter von nur zweiundvierzig Jahren gestorben war, begann eine hitzige Kampagne mit dem Ziel, seinen Todestag zum nationalen Feiertag erklären zu lassen, und unsere Kommission geriet unter immensen Druck, ihn umgehend mit einer Marke zu würdigen. Die Bewegung gewann rasch Zulauf. Wir verwiesen zwar auf unsere Zehnjahresfrist, doch damit gaben sich seine vor Trauer fast wahnsinnigen Fans nicht zufrieden: »Elvis ist kein gewöhnlicher Mensch. Er überragt sämtliche Präsidenten. Er hat eigene Regeln verdient.« Als einige Zeit nach Presleys Tod eine Fangruppe herausbekam, daß ich Mitglied der Briefmarkenkommission war, brach eine Flut leidvoller Appelle über mich herein: »Elvis *muß* gewürdigt werden, Mr. Michener! Er ist der bedeutendste Amerikaner dieses Jahrhunderts.« Wenn ich fragte: »Was ist mit Franklin Roosevelt oder General Eisenhower?«, erwiderten die Presley-Jünger verächtlich: »Politiker, Generale... Wen interssieren die schon? Elvis ist wie ein Heiliger, eine herausragende Gestalt, größer als alles andere.« Ich schockierte die Gruppe mit der Bemerkung: »Ich habe noch nie einen Presley-Song gehört und nie einen Presley-Film gesehen.« Entsetzt schreckten sie zurück. »Wo haben Sie eigentlich gelebt?« fragten sie. »Das Ereignis des Jahrhunderts – und Sie haben es verschlafen?« Ich versuchte, ihnen auseinanderzusetzen, daß Elvis für die Allgemeinheit vielleicht doch nicht den gleichen Stellenwert besäße wie für sie, seine Anhänger – worauf mich der Anführer der Gruppe mit einem Schwall von Obszönitäten überschüttete. Der Druck ließ nie nach; nie zuvor hatte es in der Geschichte der Philatelie etwas Vergleichbares gegeben. Am zehnten Todestag Presleys verlautbarte, daß man daran denke, ihn, der von seinen Fans bis heute für den bedeutendsten Amerikaner dieses Jahrhunderts gehalten wird, mit einer Briefmarke zu ehren.

Die zweitstärkste Kampagne, an die ich mich erinnere, setzte ein, als die riesige Familie einer amerikanischen Pionierin der Zeitstudien in der Arbeitswissenschaft zu dem Schluß kam, die verdiente Ahne müsse mit einer Briefmarke geehrt werden. Lillian Gilbreth, die zu Beginn dieses Jahrhunderts lebte und wirkte, hatte zwölf Kinder; diese heirateten und setzten ihrerseits zahlreiche Nachkommen in die Welt. Enkel und Urenkel kamen hinzu, und jeder von ihnen hatte mindestens zwölf Freunde oder Freundinnen. Mrs. Gilbreth hatte darüber hinaus mehreren gelehrten Gesellschaften angehört, deren gegenwärtige Mitglieder ebenfalls über einen großen Freundeskreis verfügten. Die Zahl der an ihrer Ehrung interessierten Menschen erreichte auf diese Weise geradezu astronomische Dimensionen, und ich hatte den Eindruck, daß jeder einzelne von ihnen mir und sämtlichen anderen Kommissionsmitgliedern persönliche Briefe schrieb – der Staat mußte allein schon durch den Verkauf ganz normaler Briefmarken an die Gilbreths und ihre Freunde erheblich verdient haben. Am Ende mußten wir kapitulieren; wir hätten sonst wohl die Hälfte der Bevölkerung gegen uns aufgebracht.

Eine fast ebenso brisante Kampagne wurde von einem großen Ingenieurverband in die Wege geleitet, dessen Mitglieder die Forderung erhoben, ihr Beruf müsse per Briefmarke gewürdigt werden. Die Lobbyisten legten einen nachgerade ehrfurchtgebietenden Professionalismus an den Tag. Einmal mehr brach die Postflut über mich herein, so daß ich mich schon fast mit einer erneuten Kapitulation abgefunden hatte. Doch zu meiner Überraschung widerstand unser vitaler Vorsitzender der Attacke mit dem geschicktesten Ablehnungsbrief, der während meiner Amtszeit in der Kommission geschrieben wurde: »Ich habe Hunderte von Briefen erhalten, in denen ich beschworen werde, Ihren Verband mit einer Briefmarke zu würdigen. Aber ich glaube nicht, daß Ingenieure Briefmarken besonders zu schätzen wissen oder überhaupt auch nur Verwendung für sie haben, denn auf keinem der Briefe, die bei mir eingingen, klebte eine Marke. Sie trugen alle Freistempel.«

Besagter Vorsitzender, Belmont Faries, war der ideale Mann für seinen Job, ein harter Bursche, der viele Jahre lang philatelistischer Redakteur des *Washington Star* war und sämtliche Aspekte der Branche kannte, sowohl aus der Perspektive der Markenproduzenten als auch aus der der Sammler. Kein fauler Trick und keine noch so einfallsreiche Strategie, mit deren Hilfe die Enthusiasten ihre Lieblingsbeschäftigungen oder -personen an unserer Kommission vorbei auf die Marken bringen wollten, war ihm fremd. Drei Beispiele aus der Praxis sind bezeichnend für seine Amtsführung.

Weil ich oft ein feiger Mensch bin, will ich das europäische Land, um das es im folgenden geht, »das Glorreich« (*Splendovia*) nennen. Es ist unter anderem deshalb berühmt, weil besonders viele Senatoren und Abgeordnete im amerikanischen Kongreß glorreicher Herkunft sind. Eben diese Gesetzgeber hatten ein Komitee gebildet, das Monat für Monat mit Forderungen nach einer philatelistischen Ehrung glorreicher Errungenschaften auf uns eindrosch. Sie schafften es mit dieser Taktik, daß unsere Briefmarken nach einiger Zeit den Eindruck erweckten, als seien es bisher nur Glorreiche gewesen, die Abenteuer- und Unternehmergeist an den Tag gelegt hätten, als seien nur Glorreiche in hohe Ämter gewählt worden und als hätten ausschließlich Glorreiche Bücher geschrieben. Ich war der Meinung, wir hätten das Thema nun weidlich ausgeschöpft, als die Abgeordnetengruppe erneut die Forderung nach der Verewigung eines Glorreichen erhob. Das Problem war, daß uns einfach niemand einfallen wollte, den wir vergessen hatten. Unserer Kommission gehörten einige hervorragende, hochgebildete Historikerinnen und Historiker an, doch als schließlich ein enthusiastischer Kongreßabgeordneter einen glorreichen Namen vorschlug, mußten unsere Geschichtsexperten zugeben, daß sie von diesem Menschen noch nie etwas gehört hatten. »Angenommen, wir bringen tatsächlich diese Marke heraus«, fragten sie, »wie sollen wir das gegenüber den Sammlern rechtfertigen?« Ich spielte den Witzbold und antwortete: »Verkünden wir halt, daß er der erste war, der westlich des siebenundachtzigsten Längengrads gesperberte Haushühner gezüchtet hat.« Meine Bemerkung löste hie und da heftiges Gelächter aus, nicht jedoch bei Faries, der uns erinnerte: »Für die Glorreichen ist diese Angelegenheit furchtbar wichtig. Es ist ihr legitimes Recht, sich auf diese Weise einen Platz in der Geschichte unseres Landes zu erkämpfen. Uns wird schon irgendeine Begründung für die Marke einfallen. Daß diese allerdings irgend jemand liest und daß es irgend jemanden gibt, der diese Marke kauft, bezweifle ich.«

In einem Jahr klopfte er bei unserer Juni-Tagung sichtlich ungehalten auf den Tisch und bat um Ruhe. »Meine Damen, meine Herren«, sagte er, »ich habe Ihnen jetzt etwas mitzuteilen, und ich weise Sie darauf hin, daß ich danach zum erstenmal in diesem Kreise keine Diskussion und keinen Antrag zulassen werde. Befehl von ganz oben: Am fünfzehnten August muß eine Briefmarke zu Ehren eines Hispano-Amerikaners erscheinen. Da kann drauf sein, wer will, nur spanischstämmig muß er sein. Wie Ihnen bekannt ist, finden im November Präsidentschaftswahlen statt.«

Voll auf der Höhe seiner ökumenischen Fähigkeiten erlebten wir Belmont Faries, denke ich, als uns der Antrag mehrerer Homosexuellenverbände vorlag, die mit der plausiblen Begründung, einen beachtlichen Bevölkerungsanteil zu repräsentieren, für eine entsprechende Briefmarke plädierten. Faries präsentierte den Antrag ohne jede Gefühlsregung. Dann lehnte er sich zurück, und der erwartete Sturm brach los. Da der Antrag in jene Jahre fiel, in denen eine unbefangene Diskussion über diese Dinge möglich war, ertönte weder ein Aufschrei moralischer Entrüstung noch wurde herablassend über unkonventionelle Formen des Zusammenlebens gelästert. Das Ersuchen wurde vielmehr sorgfältig analysiert. Einige Kommissionsmitglieder wiesen darauf hin, daß wir schon viel größere Gruppen als diese abgewiesen hatten, während andere die Frage stellten, ob wir denn tatsächlich eine Gruppe ehren wollten, die sich so weit von der historischen Norm entfernt hätte. Ich hielt eine kleine Rede, womit die anderen wahrscheinlich schon gerechnet hatten. Die Homosexuellen, meinte ich, seien doch Teil des nationalen Ganzen; Gerechtigkeit erfordere Gleichbehandlung usw. usf. Doch nachdem Faries mir mit Engelsgeduld zugehört hatte, sagte er leise: »Nach meinem Dafürhalten ist diese Diskussion sinnlos, denn wir haben das Thema doch längst berücksichtigt. Schließlich gibt es einen berühmten Homosexuellen, der auf einer Briefmarke verewigt wurde. Werfen Sie einen Blick auf Nummer 2010.« Eilfertig blätterten wir in unserem Briefmarkenkatalog, in dem alle amerikanischen Marken verzeichnet waren. Nummer 2010 stellte eine harmlose Szene aus einem Roman von Horatio Alger dar, den wir im Jahre 1982 mit einer hübschen Briefmarke gewürdigt hatten.

»Jawohl«, sagte Belmont in dem für ihn typischen ruhigen Ton. »Alger war der Sohn eines angesehenen unitarischen Priesters in Neuengland. Er besuchte in Harvard die theologische Fakultät, wurde selbst Pfarrer und bekam eine Anstellung bei einer bedeutenden Gemeinde in Massachusetts. Bedauerlicherweise war seine Zuneigung zu den Chorknaben so groß und unkontrollierbar, daß man ihn in Unehren aus seiner Kirche entließ. Er floh nach New York, wo er unter einem neuen Namen Bücher über ältere Männer schrieb, die sich zu elternlosen Kindern hingezogen fühlten und ihnen zu Ruhm und Vermögen verhalfen. Damit wurde er berühmt. Die Briefmarke hatte eine Auflage von 107 605 000 Exemplaren. Dies zeigt, wie ich glaube, daß wir dieses delikate Problem bereits zufriedenstellend gelöst haben. Ich werde die Antragsteller in diesem Sinne benachrichtigen.« Wir klappten unsere Kataloge zu und gingen zum nächsten Punkt der Tagesordnung über.

Ein Konflikt beschäftigte unsere Kommission immer wieder. Wir taten unser Bestes, um die Regel »Keine religiösen Briefmarken« einzuhalten, doch der Gegendruck ließ nie nach. Die Katholiken – es gab ihrer viele, und an ihrer Spitze standen hochbegabte Überredungskünstler – ließen keinen Trick aus, um uns hereinzulegen. Die Briefmarken, die sie vorschlugen, priesen eindeutig ihre Religion, waren aber, damit sie in eine unserer Kategorien paßten, geschickt getarnt. Mit der gleichen Raffinesse wehrten wir ihre Kampagnen ab, doch 1982 gelang es ihnen, unsere Abwehr auszuspielen und einen Volltreffer zu erzielen: Sie schlugen eine Briefmarke zu Ehren des heiligen Franz von Assisi vor – und zwar nicht in seiner Eigenschaft als religiöse Gestalt, sondern als Naturfreund, der mit den Vögeln sprach. Es war eine wunderschöne kastanienbraune Marke, die den heiligen Franz von seiner besten, liebenswürdigsten Seite zeigte – und unter den anderen Religionsgemeinschaften einen Sturm der Entrüstung hervorrief.

Damit man uns nicht die Schädel einschlug, würdigten wir, gleichsam aus Notwehr, Martin Luther als Philosoph sowie die berühmte, aus dem Jahr 1763 stammende Synagoge in Touro, Rhode Island, als architektonische Errungenschaft. Ich wollte daraufhin auch meinen alten Freund John Knox, der einst Maria Stuart in ihre Schranken verwiesen hatte, in diese Ehrengalerie aufnehmen lassen, kam aber nicht sehr weit mit meinem Vorschlag. Gewiß wird auch in Zukunft mit allen erdenklichen Tricks versucht werden, unzweideutig religiöse Briefmarkenmotive auf dem Umweg über andere Kategorien durchzusetzen. Großer Schaden wird dadurch wohl kaum angerichtet werden.

*Einen* triumphalen Erfolg konnten die Katholiken allerdings für sich verbuchen. 1943 hatte Ungarn als erstes Land der Welt eine Weihnachtsbriefmarke herausgegeben. Sie zeigte die Anbetung der Könige. Sie erwies sich als so erfolgreich, daß zunächst Australien und danach auch Neuseeland, Kanada und Großbritannien nachzogen. Bei uns in den Vereinigten Staaten lag das Projekt auf Eis, weil unsere Regierung befürchtete, Nichtchristen könnten sich durch eine Briefmarke mit religiöser Konnotation brüskiert fühlen, und Präsident Kennedy gab bei seiner Amtsübernahme die strikte Order, nichts zu tun, was als regierungsamtliche Bevorzugung von Katholiken interpretiert werden könnte.

Angesichts der enormen Nachfrage nach einer Weihnachtsbriefmarke fand sich 1962 schließlich eine Lösung. Mit der Wahl des Markenmotivs – ein Stechpalmenkranz mit zwei hohen, schlanken Kerzen vor einer weißen Tür, dazu die Nennwertangabe von vier Cent – hatten wir die religiöse Falle umgangen. Der Erfolg entsprach den Voraussagen. Die Marke mußte mehrfach nachgedruckt werden, und der Gesamtabsatz nach den Feiertagen belief sich auf insgesamt 861 970 000 Exemplare. Die Regierung strich einen gewaltigen Profit ein.

Da die religiöse Barriere aber nach wie vor Bestand hatte, beschränkten wir uns auch in den Folgejahren auf eine unschuldige Serie mit Weihnachtsbäumen und Stechpalmenzweigen. Erst 1966 brachte die Regierung eine Marke mit eindeutig religiösem Motiv heraus. Es handelte sich um eine prächtige Madonna-mit-Kind-Darstellung des flämischen Malers Hans Memling. Auf die Einzelheiten des höllischen Proteststurms, der daraufhin losbrach, möchte ich hier nicht eingehen. Juden und Freidenker protestierten gegen die Religiosität, und wütende Protestanten wiesen darauf hin, daß die Briefmarke Maria nicht nur als einfache Jungfrau in einem Stall darstellte, sondern als Himmelskönigin, die offenbar auch noch ein katholisches Meßbuch in der Hand hielt. Und was noch schlimmer war: Die Hand des Jesuskinds lag auf dem Meßbuch, als wolle es demonstrativ die katholische Theologie gutheißen. Sowohl von dieser Marke als auch von einer abgeänderten Version wurden mehr als eine Milliarde Exemplare verkauft.

Protestanten zogen vor Gericht, um die Verbreitung der Anstoß erregenden Briefmarke zu stoppen; sie verstoße gegen die Gesetze zur Trennung von Kirche und Staat, wurde behauptet. In der ersten Instanz obsiegte die Briefmarke, eine höhere Instanz ordnete eine Neuverhandlung an, und die Wogen der Erregung schlugen hoch. Zum Schluß wurde jedoch entschieden, daß das Postministerium nach eigenem Gutdünken beschließen könne, welche Briefmarken es herausgeben wolle und welche nicht. Die Animositäten waren damit aber noch nicht vom

Tisch. »Das ist schäbige Propaganda, Michener«, sagte ein protestantischer Kritiker in verhaltenem Groll zu mir, »und der muß ein Riegel vorgeschoben werden.«

Das schwierige Problem wurde 1970 gelöst. »In Zukunft gibt es zwei Marken zur Auswahl: eine mit einem religiösen Motiv und eine andere, die die ›weltlichen Freuden‹ des Winters widerspiegelt.« Dieser salomonischen Entscheidung verdanken wir eine Serie von heiligen Jungfrauen, von denen eine hinreißender ist als die andere, und, parallel dazu, eine Reihe eindeutig nichtreligiöser Marken. Was letztere betrifft, so habe ich selten eine derart langweilige Folge von Schneelandschaften, Stechpalmenzweigen und Bauernhäusern gesehen, doch da man versucht, im Krieg der Religionen einen strikt neutralen Kurs zu steuern, wird diese Winterserie fortgesetzt. Als ich aus der Kommission ausschied, stand es 2 : 0 für die Katholiken, und ich muß sagen, daß ich aus Gründen der künstlerischen und historischen Eignung ohnehin auf ihrer Seite war. Immerhin konnten sie ihre Wahl aus den Werken von rund fünfzig der weltbesten Künstler treffen, während die weltliche Lobby sich auf die Künste irgendeines Menschen in Brooklyn verlassen mußte, der ihnen Schlittenglocken zeichnete.

Lehrte mich meine Kongreßkandidatur die Komplexität des politischen Lebens in Amerika, so zeigte mir meine Arbeit in der Briefmarken-Auswahlkommission, mit welcher Leidenschaft Amerikanerinnen und Amerikaner die für sie wichtigen Symbole ihres Lebens verteidigen können. Und es faszinierte mich immer wieder, daß wir, um ein Beispiel zu nennen, mit der Entscheidung, meine gute Nachbarin Pearl Buck zu würdigen, die Verteilung von 185 Millionen Exemplaren ihres schönen sepiafarbenen, vom besten verfügbaren Künstler geschaffenen Porträts veranlaßten, das ein Jahrzehnt lang im Umlauf sein und schließlich in einer Million Briefmarkensammlungen in aller Welt zur Ruhe kommen würde. Wie sagte ein Mitglied der Kommission eines Morgens zu Beginn unserer Sitzung? »Na, dann ans Werk! Machen wir ein paar glückliche Amerikaner unsterblich!«

Meine größte Enttäuschung hatte ursächlich mit den harten Bandagen zu tun, mit denen die Lobbyisten um die Plätze in dieser Ruhmeshalle kämpften. An meinem allerersten Tag in der Kommission fragte mich der Postminister, welche Markenmotive ich am Anfang meiner Tätigkeit vorschlagen wolle. »Ich möchte, daß wir eine neue Dauerserie mit den Porträts unserer bisherigen neununddreißig Präsidenten herausgeben«, erwiderte ich.

Rüdes Gelächter schallte mir entgegen. Ein Veteran im Briefmarkengewerbe klärte mich auf: »Haben wir längst versucht. Jeder will das. Das Problem ist, wie bei jeder Serie, folgendes: Welche Präsidenten bekommen die Marken mit den gebräuchlichen Werten, die Marken mit dem Briefporto und so weiter? Republikaner oder Demokraten? Die Partei, die gerade an der Macht ist, besteht darauf, daß sie die gebräuchlichen Nennwerte bekommt, die in, sagen wir, drei Milliarden Exemplaren aufgelegt werden. Für die Opposition bleiben dann nur noch Werte wie die 39-Cent-Marke, also 750 000 Stück.«

»Damit könnte ich leben.«

»Aber so einfach ist das nicht. Eine vollständige Serie mit allen Präsidenten zusammenzustellen, dauert lange, einige Jahre mindestens. Wenn ein Machtwechsel in der Luft liegt, wird die Partei, die noch am Ruder ist, die Angelegenheit beschleunigen, damit ihre Jungs auf die Logenplätze kommen. Die Opposition wird dagegen alles tun, um die Entscheidung bis nach dem Machtwechsel hinauszuzögern.«

Einmal war ich des parteipolitischen Kuhhandels und des ständigen Drucks von außen überdrüssig und fragte etwas ungnädig: »Verschwenden wir denn nicht nur unsere Zeit mit diesem Blödsinn?« Worauf mir ein hoher Beamter der Postverwaltung antwortete: »Nein. Dank der hervorragenden Arbeit, die Ihre Kommission in der Vergangenheit geleistet hat, kassiert unsere Regierung 150 Millionen Dollar extra im Jahr. Also machen Sie weiter so.«

Ich habe mich oft gegen unwürdige Markenmotive ausgesprochen und konnte in dieser Hinsicht auch manches verhindern. Ein einziges Mal kämpfte ich mit großem Einsatz *für* eine bestimmte Marke. Dies geschah, als die Entscheidungen für den beliebten Satz mit typisch amerikanischen Hunderassen anstanden, der 1984 an die Schalter kam. Die für Natur- und Tiermotive zuständige Unterkommission hatte Rassen wie den Alaska-Malamute, einen Schlittenhund, und den Gefleckten Waschbärhund unserer Südstaaten vorgeschlagen, meinen Favoriten, den Chesapeake-Bay-Retriever, aber ebenso unberücksichtigt gelassen wie den Amerikanischen Collie, und der war immerhin Lieblingshund von Dr. John C. Weaver, dem emeritierten Präsidenten der Universität von Wisconsin und Professor für Geographie an der Universität von Südkalifornien.

Ich sah mich nicht imstande, die Kommission davon zu überzeugen, daß mein Hund – den nur wenige Kommissionsmitglieder gesehen hatten –, genauso gut oder besser war wie alle anderen, und Dr. Weaver hatte mit seinem Einsatz für den Collie ebensowenig Erfolg. In brüderlicher Entrüstung bildeten wir eine *Ad-hoc*-Kommission und ließen die anderen wissen, daß wir absolut *jeden* Hund ablehnen würden, es sei denn, unsere beiden Rassen würden in den Satz aufgenommen. Wenn ich mir heute jene hübsche Marke Nr. 2099 ansehe, auf der mein kräftiger Chesapeake-Bay-Retriever im dunkelroten Pelz dargestellt ist, habe ich das Gefühl, daß meine Zeit in der Briefmarken-Auswahlkommission nicht verloren war, und ich bin sicher, daß es Dr. Weaver beim Anblick seines goldbraun-weißen Collies ähnlich ergeht. Soviel zu den Bubenstreichen gestandener Männer.

Da ich mich der Erde in ihrer Gesamtheit verpflichtet fühlte und sie in all ihren Manifestationen liebte, stand ich des öfteren vor folgendem Dilemma: Wo sollte ich leben, und welchem Teil dieser Welt schuldete ich meine Treue als Bürger?

Das erste Problem war keineswegs rein akademisch, da unsere Gesetze es amerikanischen Staatsbürgern in jener Zeit nicht nur gestatteten, im Ausland zu leben, sondern ihnen in diesem Fall auch Steuervorteile einräumten. Ich erfuhr davon erst durch meinen Buchhalter. »Sie waren doch, als Sie in Asien arbeiteten, mehr als fünfhunderteins Tage ohne Unterbrechung außer Landes, Jim, oder?« fragte er mich einmal, als er über meiner Steuererklärung saß. Als ich nickte, rief er: »Dann bekommen Sie sämtliche Einkommensteuern für das letzte Jahr zurückerstattet! Sie zahlen keinen Cent!« Ich konnte es nicht glauben, aber es stimmte, und als ich mich ein wenig umhörte, fand ich heraus, daß es viele Leute gab, für die eine Verlegung des Wohnsitzes nach Irland oder in die Schweiz profitabel war. Oft wurden mir interessante Angebote gemacht: »Sie können sich hier ein Landhaus nehmen, Ihre Bücher schreiben und dabei eine Menge Geld sparen.« Ich gab der Verlockung niemals nach, obwohl ich mehrfach in Versuchung geriet. Meine Weigerung hatte zwei gute Gründe:

Da die Nation mir von der Grundschule bis über den Studienabschluß hinaus eine freie Ausbildung ermöglicht und sich von daher nach meinem Dafürhalten einen legitimen Anspruch auf einen Teil meines Einkommens erworben hatte, empfand ich eine starke Verpflichtung, meinen Wohnsitz in den Vereinigten Staaten beizubehalten.

Der eher praktische Grund bestand darin, daß ich bei amerikanischen Schauspielern und Schriftstellern, die sich für das freie Leben in Übersee entschieden hatten, die Beobachtung gemacht hatte, daß sich dieses Leben negativ auf ihre Arbeit auswirkte. Schauspieler bekamen nur noch Nebenrollen in Filmen, die im Ausland gedreht wurden. »Er wohnt ja schon da«, hieß es. »Er ist auf die Rolle angewiesen und billig zu haben.« Im Ausland lebende Schauspieler wurden nie für große, ihren Ruf stärkende Rollen zurückbeordert. Statt dessen erniedrigten sie sich in Streifen, die von zweitrangigen italienischen oder spanischen Filmgesellschaften oder unterfinanzierten amerikanischen Abenteurern in jenen Ländern zusammengestoppelt wurden. Mit jedem weiteren Auslandsjahr sank ihr Ansehen tiefer.

Schriftsteller litten auf ihre Weise. Sie verloren den Kontakt zu Amerika und amerikanischen Themen. Sie schrieben Triviales, waren dem Druck ferner Agenten ausgesetzt oder wagten sich auf Gebiete vor, die sie daheim unter den Augen des Verlegers oder Beraters besser vermieden hätten. Im schlimmsten Fall wurden aus ihnen entwurzelte, heimwehgeplagte Exilamerikaner, die sich aus Furcht vor dem Verlust eines vorübergehenden Steuervorteils nicht mehr nach Hause trauten. Sie und die Schauspieler sparten zwar Geld, doch geschah dies zu Lasten ihrer selbst und ihrer Karrieren. Sie hatten sich auf einen Pakt mit dem Teufel eingelassen, und der bezahlte sie mit Falschgeld.

Das Problem der Landestreue ist komplizierter. Wer zum Weltbürger wird, was für viele, die im Ausland leben und arbeiten, ganz unvermeidlich ist, und wer dabei die Vorzüge fremder Länder kennen- und schätzen lernt, stellt sich, sofern er nicht jede Sensibilität verloren hat, über kurz oder lang die Frage: »Welchem Staat bin ich zur Treue verpflichtet?« Und es ist keineswegs lächerlich oder weit hergeholt, wenn seine Antwort lautet: »Ich schulde eigentlich der ganzen Welt Treue, denn ich bin in London oder Tokio ebenso zu Hause wie in Sioux Falls und den Leuten dort ebenso verpflichtet wie jenen in South Dakota.«

In meinem Leben war die Frage stets aktuell, denn ich habe mich in allen Ländern wohl gefühlt. Besonders glücklich war ich einmal in der indonesischen Stadt Bandung; selten war ich so zufrieden wie während meiner Tätigkeit in Sevilla; London ist eine ewige Verlockung, und Tokio unvergleichlich. Ich empfinde eine tiefe Zuneigung zu Singapur, einen inneren Gleichklang mit Krakau, und ich habe in so verschiedenen Städten wie Teruel in Spanien, Djakarta in Indonesien, Rangun in Burma, Lahore in Pakistan und Nome in Alaska über längere Zeiträume hinweg gute Arbeit leisten können. Da ich offenbar überall und in jedem Klima gut arbeiten kann, wäre es für mich durchaus vorstellbar, mich an einem Ort meines Beliebens niederzulassen.

In der griechischen Mythologie gibt es den mächtigen Antaios, den Sohn des Gottes Poseidon und der Erdmutter Gäa, der jeden Fremden zum Ringkampf herausforderte und bezwang. Er bezog seine außerordentliche Kraft aus der Tatsache, daß er mit einem Fuß stets den Boden seiner Heimat berührte. Herakles, der von diesem Geheimnis erfuhr, bezwang Antaios, indem er ihn emporhob und tötete. Viele Künstler sind wie Antaios: Nimmt man ihnen den Kontakt mit jenem bestimmten Fleck auf dieser Welt, an dem sie geboren wurden, so verlieren sie ihr Ziel und in manchen Fällen sogar ihre Kraft. Zu diesen Menschen gehöre auch ich. Ich wuchs nun einmal in einem kleinen Landstädtchen im Osten Pennsylvanias auf, in einer hügeligen Landschaft mit einem schönen Kanal und dem Delaware-River. Bin ich zu lange von dort fort, spüre ich, wie meine Kräfte schwinden. Im Laufe meines Lebens wurde mein Terrain erweitert und umfaßte schließlich die gesamten Staaten, vor allem jene Gegenden wie Hawaii, Colorado, Texas, Alaska und Florida, in denen ich gelebt und gearbeitet habe. Ich bin der amerikanischen Erde verbunden: Ich brauche sie, ich werde von ihr ernährt, und ich bin ihr treu.

Daß ich ein Weltbürger bin, ist offenkundig, doch war ich nie bereit, mich auf ein Bündnis mit etwas Unbestimmbarem, Gestaltlosem einzulassen. Meine Heimat ist nur ein Land innerhalb der größeren Einheit, aber ich diene der Gesamtheit am wirkungsvollsten, wenn ich meinem Heimatland bestmöglich diene. Verliere ich die Berührung mit diesem Boden, so büße ich, genau wie Antaios, meine Kraft ein.

Mein zweiundachtzigster Geburtstag rückte näher, als ich mich mit der übelsten Verunglimpfung all dessen konfrontiert sah, was ich zeitlebens für gut und richtig gehalten hatte. Im Wahlkampf 1988 verkündete Präsident Reagan, daß jeder Liberale – er benutzte den Ausdruck »das L-Wort«, als handele es sich um eine tödliche Seuche – außerhalb des Mainstreams des amerikanischen Lebens stehe, und fügte drohend hinzu, daß der Patriotismus des Liberalen verdächtig sei. Vizepräsident Bush ging noch ein gutes Stück weiter, indem er ausrief, daß wahrscheinlich jeder, der nicht willens sei, den Fahneneid zu schwören, die ehrenvollen Traditionen unserer Nation verrate. Senator Quayle, sein Kandidat für das Amt des Vizepräsidenten, erklärte: »Michael Dukakis* mag Mitglied der American Civil Liberties Union sein, aber George Bush gehört der National Rifle Association an.« Dukakis, Mitglied der angesehensten Bürgerrechtsorganisation des Landes, wurde also als verabscheuungswürdiger Verräter, Bush, Angehöriger des einflußreichen Verbands der Waffenlobbyisten, als großer Patriot dargestellt. Ich empfand jede dieser Verunglimpfungen der Liberalen als persönliche Beleidigung.

Solchermaßen aus dem »Mainstream des amerikanischen Lebens« herauskatapultiert, geriet ich in eine Situation, in der ich mich gezwungen sah, alle Aspekte meines politischen Lebens neu zu überdenken. Ich lebte in Florida, um der Karibik nahe zu sein, die damals im Mittelpunkt meiner Recherchen stand. Weil ich ein Gespür für die Gegend bekommen wollte, las ich nicht nur die Lokalzeitungen und sah mir nicht nur das regionale Fernsehprogramm an, sondern hörte auch zum erstenmal das sogenannte *talk radio*. Der Sender WNQS brachte in einem fort Berichte, die die Menschen vor Ort interessierten. Ich hörte nur ihn, und was ich dabei erfuhr und lernte, war unbezahlbar.

Dienstag- und mittwochabends kam in diesem Sender ein sympathischer, gutinformierter Mann namens Norman Neem aus Juno Beach zu Wort. Mit sanfter Stimme moderierte er eine Sendung, die schon bald zum absoluten Muß für mich wurde, weil er darin alle noblen Anliegen, für die ich mich mein Leben lang eingesetzt hatte, beschimpfte, verteufelte und verächtlich machte. Ich hatte den Eindruck, daß er jedes Gesetz, mit dem man das Los der Armen zu verbessern suchte, jede Steuer und

* unterlegener demokratischer Präsidentschaftsbewerber im Wahlkampf von 1988 (Anm. d. Übers.)

jede Gesetzesinitiative im Kongreß, die darauf abzielten, die allgemeine Lebensqualität der Nation zu erhöhen, jeden Versuch zur Eindämmung von Polizeibrutalität, jede Gesetzesvorlage, die sich um einen gerechten Ausgleich zwischen gegenläufigen gesellschaftlichen Kräften bemühte, sowie jeden Versuch zur Verbesserung des Erziehungs- und Gesundheitssystems oder zur Überwachung amoklaufender Geheimdienste rigoros ablehnte.

Seine Häme gegenüber demokratischen Politikern kannte keine Grenzen. Hauptzielscheiben seiner Verleumdungen waren Woche für Woche Kennedy, McGovern, Carter, Mondale und Dukakis. Dagegen waren die Republikaner Nixon, Ford, Bush und Quayle für ihn offenbar ohne Fehl, und seine Bewunderung für Ronald Reagan grenzte an Vergötterung. Was für eine Art Regierung Neem eigentlich vorschwebte, wurde mir nie so recht klar. Schwarze, Frauen, Kinder und Arme würden, soviel schien offensichtlich, noch schlimmere Beschränkungen hinzunehmen haben als ohnehin schon; Millionären, Generalen und den Großmogulen der Geschäftswelt standen dagegen goldene Zeiten bevor. Aus jeder Figur im öffentlichen Leben des Landes, der ich mißtraute, machte Neem einen Helden, und alles, wofür ich mich engagiert hatte, zog er in brillanter Form in den Dreck.

Ich betrachte es als ausgesprochen glücklichen Zufall, daß ich damals auf Neem stieß, verstand es dieser Mann doch aufgrund seiner hohen angeborenen Intelligenz, seine Standpunkte fast plausibel klingen zu lassen. Manchmal trat ich meinen Abendspaziergang nach der Sendung voller Furcht an: Mein Gott, dachte ich, hoffentlich weiß keiner seiner Zuhörer und Anhänger, daß ich ein Liberaler bin. Er könnte glatt auf die Idee kommen, mich zu erschießen.

Neems allwöchentliche Rundumschläge waren das beste, was mir damals in Florida passieren konnte, veranlaßten sie mich doch dazu, innezuhalten, einen langen, kritischen Blick auf mich selbst zu werfen und mich zu fragen, wann und wo in meinem Leben ich möglicherweise den falschen Weg eingeschlagen hatte. In dieser Phase der Selbstbetrachtung kam ich auf einen sehr hilfreichen Trick: »Hör Neem aufmerksam zu und achte genau darauf, was er sagt. Such dir dann eine Position, die der seinen diametral entgegengesetzt ist, und du bist auf dem richtigen Weg.« Diese einfache Regel zwang mich, meine persönlichen Überzeugungen und meinen Widerstand gegen alles, was ich intuitiv verabscheute, neu zu definieren. Wäre Neem ein Dummkopf oder ein simpler Schwätzer gewesen, hätte ich ihn einfach ignorieren können. Doch da er mit Fakten, Gerüchten und überkommenen politischen Einstellungen – wie zum Beispiel der Verherrlichung des Fahneneids und einem manischen Haß auf die Gewerkschaften – souverän umzugehen verstand, mußte ich meine eigene Weltanschauung klarer fassen und konnte auf diese Weise mich selbst und meine Überzeugungen bestätigen und bestärken.

Ich kam zu dem Schluß, daß ich genau jene beiden Typen verkörpere, die von Neem und seinen Gesinnungsgenossen als äußerst gefährlich und verachtenswert gebrandmarkt werden: Ich bin Humanist und Liberaler, und ich werde es bis an mein Lebensende mit zunehmender Überzeugung bleiben.

Ich bin Humanist, weil ich glaube, daß die Menschheit bei kontinuierlicher moralischer Führung imstande ist, zivilisierte Formen des gesellschaftlichen Zusammenlebens aufzubauen. Ich glaube, daß es jungen Menschen, die die Welt verstehen lernen wollen, nutzt, wenn sie die Werke Platons und Sokrates', das Leben und Wirken der drei Thomasse – Aquinus, Morus und Jefferson –, die strengen Analysen Immanuel Kants und die politische Führungskunst Abraham Lincolns und Franklin Roosevelts studieren. Ich schätze die pädagogischen Theorien John Deweys und den Pragmatismus von William James. Mich entsetzen restriktive religiöse Doktrinen, weil ich aus der Geschichte gelernt habe, daß immer dann, wenn Menschen mit solchen Ansichten an die Macht gelangen, einfache Bürger wie ich gefährdet sind. Ich glaube nicht, daß reine Vernunft die ewigen Probleme der Menschheit lösen kann, es sei denn im Verbund mit Dichtung, Kunst und gesellschaftspolitischen Visionen. In der zweiten Hälfte meines Lebens habe ich jenen wohlmeinenden jungen Männern mißtrauen gelernt, die als lautstarke Liberale oder gar Kommunisten beginnen, nur um dann in ihren reiferen Jahren zu hartgesottenen, wenn nicht sogar fanatischen Rechtsauslegern zu mutieren und genau die Fahnen in Grund und Boden zu trampeln, unter denen sie einst voller Stolz marschiert sind. Mich widern diese Leute an; man kann ihnen niemals über den Weg trauen. Ich möchte mit jenen in meinem Bekanntenkreis, die sich als Wendehälse dieses Schlages entpuppt haben und die eines Tages, wenn ihre gegenwärtigen Gesinnungsgenossen vor der Bankrotterklärung stehen, im Handumdrehen wieder Liberale sein werden, nichts mehr zu tun haben.

Ich bin, mit anderen Worten, ein Humanist, und sogar einer von der schlimmsten Sorte, nämlich ein weltlicher Humanist. Das ist in den Augen vieler ein übler Vorwurf, doch akzeptiere ich das Verdikt, vorausgesetzt, man beschuldigt mich nicht des Atheismus. Wer das Fünfte Buch Mose und das Erste Kapitel des Jakobusbriefs liebt, kann nicht völlig antireligiös sein.

Ein weiterer Vorwurf, den man mir machen kann, ist der, daß ich ein »Reflex-Liberaler« bin. Zu dieser Sünde bekenne ich mich. Wenn ich eine Witwe sehe, die mit drei Kindern ohne einen Pfennig Geld dasteht, zuckt mein Knie. Wenn ich erfahre, daß der Etat einer Bibliothek fast bis auf den letzten Heller gestrichen wurde, zuckt mein Knie. Wenn ich entdecke, daß auf der einen Straßenseite ein Kinderspielplatz geschlossen und auf der anderen eine Kegelbahn für Erwachsene eröffnet wird, zuckt mein Knie. Wenn böswillige Menschen Lehrergehälter kürzen und die Schulspeisung streichen, zuckt mein Knie. Wenn der freie Fluß der Ideen blockiert wird, ganze Bevölkerungsgruppen von der Gesundheitsversorgung ausgeschlossen werden und Universitäten ihre Gebühren verdoppeln, zuckt mein Knie ebenfalls, genauso, wie es sich rührt, wenn ich höre, daß sämtliche Universitäten in Texas zusammengenommen zwei Lehrer für Infinitesimalrechnung, aber fünfhundert Football-Trainer ausgebildet haben. Ich hoffe, ich werde nie so alt oder desinteressiert, daß ich mir falsche oder unmoralische Entscheidungen anhören kann, ohne daß mein Knie mir eine Warnung zufunkt.

Warum zuckt mein Knie? Es rüttelt mich wach, gibt mir zu verstehen, daß ich mich zu lange passiv verhalten oder nicht aufgepaßt habe. Es erinnert mich daran, daß das Streben, die Gesellschaft zu verbessern und grobe Ungerechtigkeiten zu vermeiden, seit jeher zu den ehrenvollsten Lebenszwecken des Menschen gehört. Beides erfordert persönlichen Einsatz und finanzielle Leistungen, normalerweise in Form von Steuern. Die sinnvollsten Geldausgaben in meinem Leben waren nicht jene, die meinem privaten Glück oder der Verbesserung meiner Lebensqualität dienten, sondern die Steuern, die ich den diversen Regierungen zahlte, unter denen ich lebte. Im allgemeinen sind die Regierungen mit ihrem Anteil an meinem Geld klüger und erfolgreicher umgegangen als ich mit meinen persönlichen Mitteln. Ich schäme mich, daß ich in meinem Leben fast ein Jahrzehnt lang in drei Staaten gelebt habe, die keine staatliche Einkommensteuer kennen – in Texas, Florida und Alaska. Die Mängel, die daraus resultierten, waren in den beiden erstgenannten ein alltäglicher Anblick. Mir gefallen Staaten wie New York, Massachusetts und Kalifornien, die Einkommensteuern erheben und sie einem sinnvollen Verwendungszweck zuführen.

Zu den ekelhaftesten ökonomischen Moralpredigten gehört schon seit jeher die »Rieseltheorie«: »Wenn ihr die Reichen ohne staatliche Einschränkungen soviel Geld machen laßt, wie sie wollen, werden sie in ihrem Großmut einen Teil ihres Wohlstands auf das einfache Volk unter ihnen ›durchrieseln‹ lassen.« So jedenfalls lautet die Essenz dieses gedanklichen Konstrukts, wenngleich sich die meisten Anhänger der Theorie nicht ganz so unverblümt ausdrücken. Ich bin nicht für eine globale Umverteilung des Reichtums. Ich weiß durchaus, daß reiche Menschen ihr Geld in Unternehmen investieren und damit Arbeitsplätze schaffen können, und ich könnte Dutzende von anderen konstruktiven Zwecken aufführen, für die große Vermögen verwendet werden. Dennoch halte ich es, gesamtgesellschaftlich gesehen, nach wie vor für das Günstigste, wenn durch Gesetze dafür gesorgt wird, daß der Reichtum wieder in Umlauf kommt; wenn durch die Erhebung von Steuern soziale Dienste finanziert werden, die es ansonsten nicht gäbe; wenn der Staat auf die Einhaltung solider Geschäftspraktiken achtet und die Manipulierung der Finanzmärkte verhindert und wenn Profite in die Forschung und in die Ausbildung künftiger Generationen gesteckt werden.

Zehn Jahre nach meinem Tod kommt eine Familie auf den Friedhof und kümmert sich um die Blumen auf dem Grab neben dem meinen. Die Menschen sprechen über die jüngste Ungerechtigkeit, unter der ihre Stadt zu leiden hat. Wenn es dann plötzlich in meinem Grab klappert, werden sie mit Fug und Recht sagen können: »Da meldet sich wieder Jim. Sein Knie zuckt noch immer.«

# Kapitel VII
## Ideen, Ideologien

In einem Leben voller Studien und Spekulationen entdeckte ich ohne fremde Hilfe nur drei Ideen, von denen jedoch zwei so universal anwendbar waren, daß sie mein gesamtes Denken prägten. Die dritte bezog sich nur auf mich persönlich, entschied aber darüber, wie ich meine produktiven Jahre verbringen sollte.

Die Grundlage meiner Spekulationen waren keine Rohdaten oder neue Daten, die nach einem neuen Organisationsprinzip oder neuen Erklärungen verlangten; es waren keine Pionier- oder Grenzdaten, die mich herausforderten. Ich spekulierte vielmehr auf der Basis des bereits Vorhandenen, des reichhaltigen Schatzes menschlicher Erfahrungen. Mich interessierte, was die Menschheit bereits kannte, nicht das, was kennenzulernen sie im Begriff stand, und ich war mit dieser Wahl nicht unglücklich, machte sie mich doch schon früh und recht intensiv mit den großen Bewegungen der menschlichen Geschichte und des menschlichen Denkens vertraut.

Die Bücher, die ich bei längeren Reisen und Arbeitsaufenthalten im Ausland stets bei mir führte, waren immer die gleichen. Dazu gehörte unter anderem der *Auszug aus der Geschichte* von Karl Ploetz in der englischen Ausgabe von 1915. Ich habe mein Leben lang immer wieder auf dieses große Werk der deutschen Geschichtswissenschaft zurückgegriffen, ohne das ich, wie ich glaube, überhaupt nicht konstruktiv denken könnte. Es liefert für jede Geschichtsepoche, mit der man sich gerade befaßt, einen synchronen Überblick über das Weltgeschehen.

Ebenfalls immer dabei war ein guter Atlas, vorzugsweise eine jener bewundernswerten Ausgaben des großen schottischen Kartographen John George Bartholomew und seiner Nachfolger. Wie von magischer Hand gezeichnet, heben sich die Berge und Höhenzüge auf diesen Karten dem Betrachter entgegen. Ich kenne viele Gelehrte, die sich mit anderen Kartenwerken nicht so recht befreunden können. Was mich persönlich betrifft, so habe ich von Kindesbeinen an auch die feinen Karten der National Geographic Society sehr geschätzt. Eine Auswahl von ungefähr sechzig Stück, von denen die älteste aus dem Jahr 1915 stammt, bewahre ich in meinem Arbeitszimmer auf.

Und selbstverständlich habe ich auch immer ein Wörterbuch zur Hand, und zwar immer das beste, das es gibt. Manchmal verliere ich, wenn ich ein bestimmtes Wort nachschlage, eine Menge Zeit, weil ich mich im Wörterbuch festlese wie in einem Roman und neugierig auf die Fortsetzung bin. Der Wortschatz der englischen Sprache übt eine grenzenlose Faszination auf mich aus. Ich schätze, daß ich maximal ein Sechstel von ihm beherrsche. Bei insgesamt etwa 550 000 Wörtern wären dies 92 000, doch selbst diese Zahl mag noch viel zu hoch gegriffen sein. Aber meine Wörterjagd geht weiter, und meine Neugier ist unerschöpflich.

Mit diesen und anderen Werkzeugen erschloß ich mir die großen Gedankengebäude der Menschheit. Welche von ihnen waren für mich die wichtigsten und halfen mir beim Aufbau meines eigenen Lebens?

Was die Religion angeht, deren äußere Formen mich wenig beeindrucken, habe ich insbesondere das Fünfte Buch Mose (Deuteronomium) immer sehr hoch geschätzt, das ältere Dritte Buch (Leviticus) jedoch abgelehnt, da ich mich mit ihm gefühlsmäßig nie identifizieren konnte. Thomas von Aquin und seine Gründlichkeit gefielen mir; er erinnerte mich in dieser Hinsicht sehr an den von mir hoch geschätzten Maimonides. Franziskus und andere katholische Heilige haben mich nie sonderlich berührt. Eine Ausnahme bildete allerdings Sebastian, zu dem ich schon in jungen Jahren eine enge Bindung entwickelte. Wann immer es den Anschein hatte, als wollten gegnerische Kräfte mich umzingeln, sah ich mich als Sebastian am Pfahl, mit unbewegter Miene und durchbohrt von den Pfeilen meiner Feinde, von denen jedoch keiner tödlich traf.

Das Neue Testament hat mir viel Kopfzerbrechen bereitet. Meine natürliche Identifikationsfigur wäre Paulus gewesen. Ich habe zeitlebens mit ihm gerungen, nur um am Ende zu dem Schluß zu kommen, daß er nichts weiter ist als ein zweiter Aristoteles. Mein Mann ist er nicht; daher ist mir auch die Größe der Paulusbriefe völlig entgangen. Dennoch habe ich die Worte des Paulus wieder und wieder studiert. Dabei stieß ich auf zwei Passagen, die mich tief berührten, wenn auch in sehr unterschiedlicher Weise. Im ersten Brief an die Korinther äußert sich Paulus in höchst aufschlußreicher Weise über den Sport: »Wißt ihr nicht, daß die Läufer im Stadion zwar alle laufen, aber daß nur einer den Siegespreis gewinnt? Lauft so, daß ihr ihn gewinnt.« (1. Kor. 9,24) Ich las diese Passage lange, bevor Vince Lombardi seine Version desselben Prinzips in Worte faßte: »Gewinnen ist nicht das Wichtigste, sondern das Einzige, worauf es ankommt.«

Schon früh in meinem Leben traf ich die Entscheidung, daß ich nie darum kämpfen oder streben wollte, der erste zu sein, und nie wollte ich mein Leben oder meine Überzeugungen dem Ziel, irgendwo an der Spitze zu stehen, unterordnen. Je älter ich wurde und je mehr Menschen ich dabei beobachtete, wie sie sich abstrampelten, um ganz nach oben zu kommen, desto froher war ich darüber, daß mein Stil ein anderer war. Die Paulus- und Lombardi-Zitate hatten mich dazu gebracht, eigene Prioritäten zu setzen, und heute bin ich mit meiner eigenen Doktrin zufriedener als damals, da ich sie formulierte.

Auf der anderen Seite war ich in einer prägenden Phase meines Lebens an einer Privatschule für Söhne wohlhabender Eltern tätig, deren Motto ein wunderbares Paulus-Wort war. Ich habe es wohl mindestens hundertmal entweder selbst zitiert oder andere zitieren hören:

> Schließlich, Brüder: Was immer wahrhaft, edel, recht,
> was lauter, liebenswert, ansprechend ist, was Tugend
> heißt und lobenswert ist, darauf seid bedacht! (Phil. 4,8)

Nur ein Mann mit großer Erfahrung, Urteilsvermögen und Überzeugung kann die Aufgabe eines jungen Mannes an der Schwelle zum Erwachsenenleben so präzise zusammenfassen. Allein schon um dieser Passage willen verzeihe ich Paulus seine anderen Extravaganzen, mit denen ich nicht einverstanden bin. Vor allem auf Reisen, allein in fremden Ländern und Kulturen, waren diese Worte für mich ein Licht, das mir leuchtete. »Was immer lauter ist...« – das war zeitlebens mein Prüfstein. Ich bemühte mich, ein lauteres Leben zu führen, indem ich keine falschen Götter anbetete und keine Ziele anstrebte, die nicht erstrebenswert waren. Ich habe immer versucht, sinnvolle Aufgaben zu übernehmen und mit Menschen Umgang zu pflegen, die sich ehrenvollen Zielen verschrieben haben.

Um es etwas weniger erhaben auszudrücken, ersetzen Sie das Wort »lauter« durch »sauber« oder »einfach«. Ich habe große Anstrengungen unternommen und auf vieles verzichtet, um ein einfaches Leben ohne Extravaganz im Denken oder Tun zu führen. Mit dieser, dem Paulus-Brief an die Philipper entlehnten Grundeinstellung war es, glaube ich, unvermeidlich, daß ich schließlich Quäker wurde.

Wie viele junge Männer mit biblischen Vornamen interessierte ich mich dafür, was mein Namenspatron einst über den Lauf der Welt zu sagen gehabt hatte. Noch heute kommt es mir vor wie eine Schicksalsfügung, daß mich Jakobus im ersten Kapitel seines Briefs persönlich anzusprechen schien und mir das ganze moralische Rüstzeug mitgab, dessen ich bedurfte:

> Wer das Wort nur hört, aber nicht danach handelt, ist wie ein Mensch, der sein eigenes Gesicht im Spiegel betrachtet: Er betrachtet sich, geht weg, und schon hat er vergessen, wie er aussah. Wer sich aber in das vollkommene Gesetz der Freiheit vertieft und an ihm festhält, wer es nicht nur hört, um es wieder zu vergessen, sondern danach handelt, der wird durch sein Tun selig sein.
>
> ...

> Ein reiner und makelloser Dienst vor Gott, dem Vater, besteht darin: für Waisen und Witwen zu sorgen, wenn sie in Not sind, und sich vor jeder Befleckung durch die Welt zu bewahren.
> (Jak.s 1,23-25.27)

Nie habe ich versucht, mehr in das christliche Leben hineinzulesen als das, was in dieser kurzen und einfachen Passage geschrieben steht. Man kann mich von daher als einen Mann bezeichnen, der versucht hat, ein christlicher Pragmatiker zu sein oder, um es moderner auszudrücken, ein liberaler Humanist. Die Worte des Paulus und des Jakobus, Heilige alle beide, waren Leitsterne, zu denen ein junger Mann aufsah, der alles andere war als ein Heiliger.

In der Philosophie sagte mir Platons strenger Ansatz zu, während ich die moralische Größe des Sokrates nicht zu erkennen vermochte. Aristoteles stieß mich ab, denn ich erlebte, wie seine autoritären Lehrsätze zur Rechtfertigung reaktionärer Bewegungen in Leben und Kunst herangezogen wurden. Bei meiner eigenen Gesellschaftsanalyse verließ ich mich auf Rousseau, Adam Smith und Karl Marx, wobei jedoch keiner der drei voll und ganz meinem Geschmack entsprach. Aus Gründen, die ich nie richtig erklären konnte, geriet ich in den Bann des englischen Nationalökonomen David Ricardo. Er war Nachkomme emigrierter holländischer Juden, die in England zu großem Ansehen gekommen waren. Mich beeindruckte seine »Werttheorie« des Geldes, die ich allerdings falsch interpretierte: Nach meiner Meinung bedeutete sie, daß in der Wirtschaft zu jedem beliebigen Zeitpunkt eine festgelegte Geldmenge zirkuliert, die zwischen Kapitaleignern, Landbesitzern und Arbeitern aufgeteilt werden muß. Entwickelt sich der Anteil einer Gruppe überproportional oder verschafft sie sich ungerechtfertigterweise Vorteile, so geht dies zwangsläufig zu Lasten der anderen beiden.

Wo ich mich auch umsah – zu Hause, in England, auf dem europäischen Festland –, überall fand ich diese Theorie bestätigt. Dabei übersah ich jedoch, daß Ricardo sich auch mit der ernsteren Frage beschäftigte, mit welchen Mitteln eine Regierung die Geldmenge erhöhen kann, um alle an einem insgesamt größeren Ganzen zu beteiligen.

Nachdem ich auch in den amerikanischen Wirtschaftsdepressionen von 1873, 1893 und 1929 Belege für die Richtigkeit von Ricardos Theorien gefunden hatte, war mir klar, daß die Arbeiterinnen und Arbeiter die Hauptleidtragenden wären, wenn alle Regierungen sich an diese Werttheorie halten würden. Was wir brauchten, war eindeutig ein flexibleres System der Geldkontrolle.

In den dunklen dreißiger Jahren plante ich mit einem Studienfreund ein kleines Buch, in dem wir als frische College-Absolventen unsere Reformvorschläge nach dem Börsenkrach von 1929 darlegen wollten, und wir kamen mit unserem Projekt sogar ein gutes Stück voran. Peter Nehemkis, mein Koautor, war ein brillanter Kopf und wesentlich cleverer als ich; später wurde er ein angesehener Rechtsanwalt. Ich war dagegen auf verschiedenen Ebenen mit den Realitäten des amerikanischen Lebens besser vertraut als er.

Wir erstellten ein solides Konzept – es war größtenteils Peters Werk – und sammelten umfangreiches Belegmaterial zur Untermauerung unser Thesen. Wir glaubten, daß der vorhandene Reichtum gleichmäßiger verteilt werden müsse (Peters Idee), um den arbeitenden Klassen mehr Geld verfügbar zu machen (unsere gemeinsame Idee) und damit ihre Kaufkraft zu steigern (meine Idee). Außerdem waren wir der Meinung, daß Zulassungsbeschränkungen an amerikanischen Colleges und Universitäten, vor allem in den Fächern Medizin und Jura, die Demokratie zugrunde richteten und den ökonomischen Fortschritt hemmten (Peters Idee). Wir schrieben zwei Probekapitel, und als sie fertig waren, gelang es mir, in New York ein Treffen mit dem einzigen Mann zu arrangieren, von dem wir glaubten, daß er verstand, was wir vorhatten. Ich war damals Republikaner und Peter Demokrat, aber weder er noch ich setzten noch irgendwelche Hoffnungen auf die beiden großen Parteien. An einem Samstagvormittag besuchte ich daher Norman Thomas, den ewigen Präsidentschaftskandidaten der amerikanischen Sozialisten. Er nahm sich viel Zeit für mich und hörte sich unsere Einschätzung der nationalen Lage aufmerksam an. Sie muß unglaublich naiv geklungen haben, doch als ich fertig war und Mr. Thomas mich nach Einzelheiten befragte, konnte ich ihm von den Arbeits- und Lebensbedingungen erzählen, die ich in verschiedenen Teilen des Landes beobachtet hatte. »Sie haben einen scharfen Blick«, sagte er dann. »Fahren Sie nach Hause und sagen Sie Ihrem Kollegen, daß es sich lohnt, weiterzumachen. Ich glaube, wir können einen Verleger für Ihr Buch finden.«

Nehemkis war leider gezwungen, sich vorrangig auf sein Jurastudium zu konzentrieren, und ohne seine philosophische Führung kam ich nicht recht weiter. Als sich dann herausstellte, daß ich ein Reisestipendium für Europa gewonnen hatte, blieb mir nichts anderes übrig, als Mr. Thomas über die bedauerliche Tatsache in Kenntnis zu setzen, daß Peter und ich einige Jahre lang nicht ansprechbar sein würden. In meiner Erinnerung bleibt der große Sozialist ein freundlicher, verständnisvoller Mann. Unsere persönliche Bekanntschaft beschränkte sich auf ganze drei oder vier Stunden, doch in dieser kurzen Zeitspanne lernte ich viel von ihm. In späteren Jahren habe ich mir oft gewünscht, ich hätte sein Assistent oder politischer Mitarbeiter werden können. Da seine Gedanken in meinem Kopf wie Zündfunken wirkten, hätte mir eine solche Tätigkeit großen Nutzen bringen können.

Meine Abreise nach Europa im Herbst 1931 hatte zwei tiefgreifende Konsequenzen, eine negative und eine höchst produktive. Da ich während der beiden schlimmsten Jahre der Depression nicht in den Staaten war, bekam ich ihre Auswirkungen auch nie mit ungebremster Kraft am eigenen Leibe zu spüren.

Dadurch entgingen mir jene traumatischen Erfahrungen, die viele Autoren, welche den Höhepunkt der Krise vor Ort erlebten, zu bedeutenden schriftstellerischen Leistungen animierten. Ich habe dieses Versäumnis stets bedauert.

Meine politischen Erfahrungen in Europa waren jedoch von einer parallelen Entwicklung geprägt: Ich erlebte die höllische Verzweiflung und Hoffnungslosigkeit der Arbeitslosen in schottischen Industriestädten wie Glasgow und Dundee mit ihren schier endlosen naßkalten Nächten und verregneten Nachmittagen. In einer Londoner Pension begegnete ich einem hochintelligenten südafrikanischen Studenten burischer Abstammung, der davon ausging, daß ich als Bürger einer ehemaligen britischen Kolonie genauso antibritisch eingestellt sein müsse wie er. Empört darüber, daß ich nicht mit allen seinen Vorwürfen gegen die Engländer einverstanden war, unterzog er mich einer Art Fortgeschrittenenseminar in südafrikanischer Landeskunde, von dem ich sehr profitierte, da ich bis dahin nur sehr wenig über dieses Land wußte. Der junge Mann war ein leidenschaftlicher burischer Patriot. Er versicherte mir, daß seine Afrikaaner über kurz oder lang die Engländer aus dem Land werfen und selbst die Macht in Südafrika übernehmen würden. In späteren Jahren stellte ich fest, daß viel von dem, was er vorausgesagt hatte, auch tatsächlich eintraf.

Ungefähr zur gleichen Zeit lernte ich in Amsterdam eine Gruppe javanischer Studenten kennen, die mir mit der gleichen Begeisterung erklärten, daß sie eines Tages die holländischen Landbesitzer aus Niederländisch-Ostindien vertreiben würden. Auch dies war ein Teil der Welt, von dem ich bis dahin keine Ahnung hatte. Die Studenten sagten, ich müsse unbedingt ein bestimmtes Buch über ihr Land lesen. Ich rechnete mit einem wilden Traktat in schlechtem Holländisch oder noch schlechterem Englisch, in dem in allen Einzelheiten jene Untaten aufgeführt sein würden, mit denen die Europäer ein idyllisches Tropenparadies zugrunde gerichtet hätten. Doch weit gefehlt. *Max Havelaar* war die brillante Schilderung eines aufmerksamen holländischen Beobachters, Eduard Douwes Dekker, der unter dem Pseudonym Multatuli (»Ich habe viel ertragen«) schrieb. Es ist die klassische Darstellung des Kolonialismus und ein eindrucksvolles Porträt Javas – eines Landes, in das ich mich auf Anhieb verliebte.

Meine javanischen Freunde waren ein gescheites Völkchen. Sie wurden alle in den Niederlanden ausgebildet, einem Staat, den sie nach eigener Bekundung haßten. Unsere Diskussionen waren für mich gleichermaßen aufschlußreich wie aufregend. Jeder von ihnen sprach drei oder vier Sprachen, doch da Englisch meist dazugehörte, war die Verständigung kein Problem. Die Vehemenz ihrer politischen Opposition gegen die Niederlande beeindruckte mich, doch freute es mich auch, daß sie nicht alles Holländische rundweg ablehnten. Wenn ich die holländische Seele kennenlernen wolle, sagten sie, müsse ich einen Roman von Louis Couperus lesen, der jüngst auch ins Englische übertragen worden sei: *Von alten Menschen, den Dingen, die vorübergehen.* Die Lektüre war für mich ebenso wertvoll wie die von *Max Havelaar.*

Das wichtigste war jedoch die Erkenntnis, die mir diese Freundschaften vermittelten: Ich begriff nun die tiefen Leidenschaften, welche die jungen Menschen in den Kolonialvölkern motivierten, die gegen die europäische Vorherrschaft aufbegehrten. Ich erkannte, daß die javanisch-holländische Auseinandersetzung auf Java einen gänzlich anderen Verlauf nehmen würde als der Streit zwischen Buren und Engländern in Südafrika, wo sich zwei Kulturen europäischer Herkunft gegenüberstanden. Auf Java prallten dagegen zwei grundverschiedene Gesellschaften aufeinander – eine traditionsreiche asiatische und ein moderner europäischer Industriestaat. Der frühe Einblick in zwei im Entstehen begriffene antikolonialistische Konflikte brachte mich zu der Überzeugung, daß eine lange, von ständigen Konfrontationen bestimmte Epoche bevorstand und daß weder die Afrikaaner in Südafrika noch die Javaner in Niederländisch-Indien auch nur die geringste Chance hatten, daraus als Sieger hervorzugehen. Als ich später indische Studenten kennenlernte, die von der bevorstehenden Unabhängigkeit ihres Landes von England sprachen, und Philippinos, die fest entschlossen waren, sich von den Vereinigten Staaten loszusagen, hielt ich auch deren Ambitionen für reine Hirngespinste.

Allein dadurch, daß ich an vielen solchen Gesprächen in verschiedenen Städten Europas teilnahm, wurde ich zu einer Art Experte zumindest für Diskussionen über den Kolonialismus. Als ich dann älter wurde und bessere Informationen erhielt, begann ich die großen weltgeschichtlichen Strömungen der Zeit zu begreifen. Der weltweite Zusammenbruch des Kolonialismus überraschte mich schließlich nicht mehr.

In jenen schicksalhaften Jahren zwischen 1931 und 1933 sah ich mich immer öfter auch mit zwei ominöseren Bewegungen konfrontiert, die zunächst in Europa, später aber auch in der übrigen Welt ihren Weg machten, nämlich mit dem Faschismus und dem Kommunismus.

Um junge Menschen wie mich zu indoktrinieren, verlegte sich das Mussolini-Regime in Rom auf eine höchst raffinierte Taktik: Sie bot Studenten in ganz Europa spottbillige Eisenbahnfahrkarten für Reisen in acht verschiedene italienische Städte an. Gleichzeitig mit der Fahrkarte erhielt man jedoch ein Pappformular. Darauf gab es neben jedem der acht Städtenamen ein kreisförmiges Feld, auf dem nicht nur der Besuch der Stadt, sondern auch die Besichtigung von Ausstellungen zur Verherrlichung der italienischen Geschichte und der Errungenschaften der faschistischen Regierung durch amtliche Stempel beglaubigt werden mußte. Die Rückfahrkarte war erst dann gültig, wenn man nachweisen konnte, daß man alle acht Ausstellungen besucht hatte.

Es war ein typisches Beispiel für Mussolinis Selbstverherrlichung, das, zumindest was mich betraf, seine Wirkung nicht verfehlte, denn obwohl ich mich primär für die italienische Malerei interessierte, mußte ich doch feststellen, daß ich durch den Besuch der pompösen Ausstellungen nolens volens auch eine Menge faschistischer Propaganda in mich aufnahm. Italiens Erzfeind in jenem Jahr war weder Frankreich noch Äthiopien, sondern Jugoslawien. So bösartig war die Plakatpropaganda gegen dieses Land und so ausgeklügelt die begleitende historische Dokumentation in ihrer Perfidie, daß ich noch heute vor mir sehe, wie ein brutales Jugoslawien das unschuldige Italien überfällt – Spätwirkungen einer teuflisch geschickten Propagandakampagne Mussolinis. Darin hieß es auch, die umstrittene Stadt Triest sei durch die Adria mit Italien verbunden und durch unüberwindliche Berge von Jugoslawien getrennt. Man hätte die Geographie kaum effektvoller als politisches Werkzeug zweckentfremden können.

Die geschenkte Italienreise bescherte mir auch eine Zufallsbekanntschaft, wie sie selbst Mussolini nicht hätte voraussagen oder arrangieren können. Die Reiseroute gestattete mir einen Abstecher zum Gardasee, der zu den mir liebsten Flecken auf dieser Welt gehört. Im hübschen Örtchen Riva am Nordende des Sees – es ist gewissermaßen die Eingangspforte zum nahen Gebirge – verließ ich das Boot und wanderte los. Irgendwo in den unteren Bergregionen schloß ich mich einer Gruppe deutscher Studenten an, die das gleiche günstige Reiseangebot wahrgenommen hatten wie ich. Die drei Tage, die wir gemeinsam unterwegs waren, veränderten mein Leben, denn die jungen Männer waren schon damals überzeugte Anhänger Adolf Hitlers, eines Politikers, von dem ich bis dahin noch nie etwas gehört hatte. Die Leidenschaft, die die Studenten an den Tag legten, wenn sie über die künftigen Errungenschaften Deutschlands unter Hitlers Führung sprachen, richtete zum erstenmal meine Aufmerksamkeit auf jene dämonische Kraft, die sich anschickte, Europa zu überrollen. Diese sechs oder sieben Studenten waren junge Götter, gutaussehend, intelligent, engagiert und stark. Obwohl ich, vor allem wenn es um Ausdauer und nicht um Geschwindigkeit ging, immer recht gut zu Fuß war, hängten sie mich mühelos ab. Ein oder zwei von ihnen blieben anstandshalber stets zurück, damit ich nicht alleine gehen mußte.

Für mich erwiesen sich jene Tage in den oberitalienischen Bergen als eine Art Sommerseminar. Stunde für Stunde lernte ich Neues hinzu, über Deutschland, Europa und die Welt. Über die Juden hatte ich mir noch nie viele Gedanken gemacht, hatte jedoch seit meiner Zeit im Swarthmore College in Pennsylvania eine sehr gute Meinung von ihnen. Dieses christliche Privat-College von höchster akademischer Qualifikation hielt sich, wie damals fast alle anderen Colleges, an ein Quotensystem, nach dem pro Jahrgang nur ein junger Mann und eine junge Frau jüdischer Herkunft zugelassen wurden. So hart war der Konkurrenzkampf, daß diese Plätze immer nur den begabtesten Abiturienten Amerikas zufielen. Da ich sieben Jahrgänge in Swarthmore kennenlernte – drei über und drei unter mir – machte ich also Bekanntschaft mit insgesamt vierzehn jüdischen Kommilitoninnen und Kommilitonen. Sie gehörten – wie mein Koautor Nehemkis – durchweg zu den gescheitesten, bestaussehenden, reichsten und bestgekleideten Studenten am College. Die jüdischen Mädchen waren so attraktiv, daß Dutzende von nichtjüdischen Jungen sich darum rissen, mit ihnen ausgehen zu dürfen. Auch die jüdischen Studenten hatten keine Probleme, Freundinnen zu finden, waren sie doch durch die Bank weg viel interessanter und attraktiver als wir Bauernburschen aus Pennsylvania. In meiner Heimatstadt gab es nur einen einzigen Juden, den die meisten von uns sehr gern hatten.

Ich hatte aus den geschilderten Gründen eine im allgemeinen positive Meinung von den Juden, weshalb es mich nun sehr bestürzte, zu hören, welch ruchloses Tun man ihnen hier in Europa – und keineswegs nur in Deutschland und Italien – vorwarf. Die jungen Deutschen sprachen mit glühender Begeisterung über ihre Pläne, »ein für allemal« mit dem »jüdischen Frevel« aufzuräumen. Ihr Haß auf die sogenannten »Staatsfeinde« war so ausgeprägt, daß ich es vorzog, ihnen von meinen eigenen, doch so ganz anders gearteten Erfahrungen nichts zu erzählen.

Merkwürdigerweise war ich damals an den Possen ihres Anführers Adolf Hitler nicht besonders interessiert. Für mich mit meinem begrenzten Wissensstand schien er langfristig keine Gefahr zu bedeuten. Ich traute ihm wohl nicht zu, daß er auch nur vorübergehend imstande sein werde, die Macht an sich zu reißen. Meine Wanderkameraden waren da offenkundig ganz anderer Meinung. Wenn ich mich recht entsinne, benutzten sie den Titel »Führer« damals nicht ein einziges Mal, doch daß sie ihn als Führerfigur idolisierten, stand außer Frage.

Die Deutschen reisten weiter nach Österreich und ließen mich in Italien zurück. Ich hatte großen Respekt vor ihren Leistungen als Bergwanderer – sie wußten eben, was körperliche Disziplin war – und bewunderte ihre breitgefächerte Intelligenz. Fürchtete ich mich insgeheim vor ihnen oder ihrer aufwieglerischen Botschaft? Überhaupt nicht. Ich sah in ihnen nichts anderes als deutsche Versionen von Peter Nehemkis und mir, junge Studenten, die sich über den gegenwärtigen und künftigen gesellschaftlichen Zustand ihres Landes Gedanken machten. Wir winkten einander zum Abschied zu, und ich dachte nicht länger über die Themen nach, mit denen sie mich konfrontiert hatten.

Im nächsten akademischen Jahr in Schottland lernte ich dann jedoch einen Austauschstudenten von der Universität München kennen, der die Geschehnisse in Deutschland ernsthafter zu interpretieren verstand. Herr Ludenberg, wie ich ihn nennen will, war das absolute Gegenteil zu meinen gottgleichen Wanderkameraden: klein und dick, kleinbürgerlicher Herkunft, vor allem aber nicht arrogant-aktiv, sondern ruhig und introvertiert. Bis heute ist es mir ein Rätsel, wie dieser ganz normale, zweiundzwanzigjährige Deutsche ohne auffällige intellektuelle Brillanz schon im Winter 1933 imstande war, alle wesentlichen Schritte vorauszusehen, die sein Land in den kommenden sechs Jahren unternehmen sollte.

»Dieser Mann – Hitler«, sagte er während eines unserer ersten Gespräche zu mir, »wird die Macht ergreifen. Armee und

Großindustrie werden dafür sorgen. Er wird sehr schnell den Anschluß Österreichs erreichen, darauf werden die Österreicher bestehen. Sowohl die polnische als auch die französische Grenze werden zu unseren Gunsten verändert werden müssen – und möglicherweise auch die tschechische.«

»Aber wie werden die anderen Mächte reagieren? Werden sie nicht gemeinsam gegen Hitler vorgehen?«

»Nein, ich glaube nicht, und zwar deshalb, weil er nicht alles auf einmal schlucken wird. Hier ein Häppchen, dort ein Häppchen – aber keine zu großen Brocken.«

»Rechnen Sie mit einem Krieg in Europa?«

»Nein. Frankreich und England werden sich niemals gegen uns vereinigen. Das ist unmöglich.«

»Dann wird Hitler also bekommen, was er will? Ganz nach seinem Gusto?«

»Ja. Aber wenn er es bekommen hat und wenn er das deutsche Volk gefestigt und ihm eine ordentliche Grenze verschafft hat, dann wird er sich, glaube ich, zufriedengeben, und das neue Zeitalter kann beginnen.« Bei diesen Worten bemerkte ich zum erstenmal, wie die kleinen, tiefliegenden Äuglein in dem pausbäckigen Gesicht vor innerer Erregung aufleuchteten. Am besten erinnere ich mich jedoch an die folgenden Worte: »Er hat das alles in einem Buch festgehalten, das seit kurzem auch auf Englisch vorliegt. Es heißt *Mein Kampf.* Sie sollten es lesen.«

Was ich auch tat – allerdings erst zehn Jahre später als Soldat im Südpazifik, und da war es zu spät und half nicht mehr viel. Der stille Herr Ludenberg setzte seine Bildungsbemühungen bei mir fort und leistete hervorragende Arbeit. Ich war natürlich nicht sein einziger Schüler. Seine Hauptaufgabe sah er darin, den britischen Kommilitonen, mit denen er sich ausgezeichnet verstand, das neue Deutschland zu erklären. Er war ein hervorragender Diskussionsredner, der dank seines freundlichen Auftretens auch in kontroversen Fragen die Oberhand behalten konnte, ohne sich Antipathien einzuhandeln. Seiner festen Überzeugung nach war Englands Schicksal nicht mit Frankreich oder den Vereinigten Staaten verknüpft, sondern mit Deutschland. Dabei hatte ich allerdings den Eindruck, daß er zwar Frankreich recht gut kannte, über mein Heimatland jedoch auch nicht besser Bescheid wußte als ich über das seine. Aus einigen seiner Äußerungen, die mir zugetragen wurden – mir gegenüber drückte er sich nie so deutlich aus –, zog ich den Schluß, daß er keine besonders gute Meinung von den Vereinigten Staaten hatte. Wenn Hitler erst einmal loslegte, so glaubte er, würden sich die vielen Deutschen in den Staaten hinter ihn stellen, vor allem, wenn es diesem zuvor gelänge, ein Bündnis mit England zu schließen.

Am eindrucksvollsten war Ludenberg jedoch, wenn er über den Wiederaufstieg Deutschlands sprach, über die Überwindung des schmachvollen Versailler Friedensvertrags von 1919: »Diese Ungerechtigkeiten werden ausgeglichen werden. Grenzen werden korrigiert, Entschuldigungen eingefordert und akzeptiert werden.« Es kann sein, daß er uns genauer erklärte, was er und Hitler darunter verstanden, aber ich kann mich nicht mehr daran erinnern. Ich weiß nur noch, daß er alles, was er sagte, ernst meinte.

Was die notwendigen politischen Veränderungen in Deutschland betraf, nahm er kein Blatt vor den Mund: »Alle Spuren von Versailles werden getilgt werden. Das deutsche Volk ist nicht bereit, die Erscheinungsformen der Demokratie ernst zu nehmen. Wir sind anders als diese teilweise degenerierten Mischvölker in den Vereinigten Staaten von Amerika oder Großbritannien. Wir sind ein einheitliches Volk, nordisch, stark, von höchster intellektueller Reife. Wir sind große Philosophen, Musiker und Künstler. Wir verdienen unsere eigene Regierungsform, und wir werden sie auch bekommen.«

»Und was für eine Regierungsform wird das sein?« fragte ich.

»Eine starke zentrale Führung. Eine ordentliche, disziplinierte Gesellschaft, nicht überall Unordnung, wohin man schaut. Außerdem wird wahrscheinlich...« – er machte eine

Pause – »... das Wahlrecht eingeschränkt werden, sofern wir überhaupt noch eines brauchen. Nur echte Deutsche werden wahlberechtigt sein.« Rasch fügte er noch hinzu: »Natürlich dürfen auch andere frei unter uns leben und werden jeglichen Schutz genießen – allerdings unter unseren Bedingungen.«

Das Wort »Nazi« erwähnte Herr Ludenberg in unseren Gesprächen nicht ein einziges Mal, ebensowenig wie das Hakenkreuz. Er machte jedoch keinen Hehl daraus, daß er den Krieg für ein Mittel der nationalen Politik hielt, doch war er fest überzeugt, daß Hitler auch ohne Waffengewalt triumphieren würde. Der Kern seiner Botschaft bestand darin, daß Hitler seine Ziele erreichen würde, weil es anders gar nicht ging; sie repräsentierten die unwiderstehliche Kraft der Geschichte, und alle Menschen, die ihre sieben Sinne beisammen hätten – so wie ich und meine britischen Freunde –, würden einsehen, daß man Deutschland nicht länger seine historischen Rechte vorenthalten könne. Sobald diese Rechte zurückgewonnen seien, wäre der Weg zu mehr Gerechtigkeit und Harmonie in der Welt frei. Während der gesamten Zeit unserer Bekanntschaft hörte ich Ludenberg niemals mit dem Säbel rasseln und vernahm aus seinem Munde nicht eine Drohung.

Angesichts der Verachtung, mit der meine deutschen Wanderkameraden über die Juden hergezogen waren, verblüffte es mich, daß Ludenberg dieses Thema nie erwähnte. Vielleicht, dachte ich, ist dieser Antisemitismus eine auf die deutsche Oberschicht beschränkte Verirrung. Doch dann sprach ich Ludenberg eines Tages direkt darauf an: »Wie passen die deutschen Juden in Ihre neue Ordnung?« Seine Miene verdüsterte sich, als sei er ungehalten darüber, daß ich dieses unangenehme Thema aufgebracht hatte. Ein-, zweimal setzte er zu einer Erklärung an, hielt aber jedesmal wieder inne und überlegte. Schließlich gab er es auf, musterte mich kritisch, als prüfe er, ob er mir trauen könne. Er gelangte offenbar zu einem negativen Ergebnis, denn er sagte: »Sie werden möglicherweise diszipliniert werden müssen.«

Nun erreichte ich einen gefährlichen Wendepunkt in meinem Leben. Ich hatte es mir zur Gewohnheit gemacht, immer wieder einmal mit einer der renommierten Kanalfähren, die regelmäßig zwischen England und den Hafenstädten des Kontinents wie Calais, Dünkirchen, Ostende, Antwerpen und Amsterdam verkehrten, aufs europäische Festland überzusetzen, und dies nicht nur, um die berühmten Gemäldegalerien jener Städte zu besichtigen, sondern auch, um andere junge Leute kennenzulernen, die ähnlich reisten wie ich und deren Interesse am Zeitgeschehen mindestens ebenso groß war wie das meine. Ich suchte also stets bewußt nach neuen Bekanntschaften, von denen ich etwas lernen konnte. So kam es, daß ich mich einmal in einer großen Kunstgalerie einer Gruppe belgischer Studenten anschloß, die gerade zu einem großen Studententreffen in Brüssel unterwegs war.

In der belgischen Hauptstadt empfingen uns zwei junge Frauen mit Armbinden und führten uns in einen großen, leeren Versammlungsraum, bei dem es sich um eine Art Schulaula zu handeln schien. Dort wurde ich, ohne daß ich dies beabsichtigt hätte, in die dynamische kommunistische Studentenbewegung eingeführt. Unversehens fand ich mich umgeben von Kommilitonen aus einem guten Dutzend verschiedener Nationen, aus Spanien, Italien, Griechenland, Schweden, Norwegen, Dänemark usw. Auch die mittel- und osteuropäischen Länder waren gut vertreten. Ich war der einzige Amerikaner im Saal und obendrein rein zufällig dabei. Die anderen waren Kommunisten, und sie meinten es ernst.

Es folgten zwei oder drei Tage höchst intensiver intellektueller Turnübungen. Ältere Redner aus diversen Ländern erläuterten die relative Lage der Bewegung in ihren jeweiligen Heimatstaaten und äußerten sich zu der Wahrscheinlichkeit einer baldigen Machtergreifung der Partei. Delegierte aus Rußland, die uns durchweg anredeten, als hätten wir uns alle der Revolution verschrieben, versicherten uns in allgemeinen Formulierungen ihrer Unterstützung und betonten, daß die Zeit auf unserer

Seite sei. Enthusiastische Redner aus Spanien behaupteten, in ihrem Land könne es jederzeit zum kommunistischen Umsturz kommen. Die Italiener beurteilten die langfristigen Chancen ebenfalls gut, gaben jedoch zu bedenken, daß Mussolini im Augenblick noch zu stark und gewiß nicht leicht zu stürzen sei. Die britischen Redner waren nicht optimistisch.

Ich befand mich auf jener machtvollen kommunistischen Veranstaltung in der gleichen Position wie damals, als ich mit einer faschistischen Sonderfahrkarte politische Ausstellungen in Italien besuchte. Auch während der Bergtour mit den nationalsozialistischen Wanderkameraden oder während der langen Gespräche mit Ludenberg, dem philosophischen Hitler-Sympathisanten, sah ich mich in einer solchen Situation: Ich wollte die Welt verstehen lernen. In Brüssel wollte ich wissen, was den Kommunismus für junge Menschen so attraktiv machte, und in jenen Tagen fand ich auch die Antwort.

Doch in den Diskussionsgruppen, an denen ich mich, soweit es meine beschränkten Sprachkenntnisse gestatteten, aktiv beteiligte, machte ich auch noch eine andere wichtige Entdeckung. Wenn die Delegierten aus den verschiedenen Ländern Europas über die unterdrückten Armen und die bittere Not der Unterprivilegierten sprachen, so bedienten sie sich lebensfremder Allgemeinplätze, die durch keinerlei persönliche Erfahrungen untermauert waren. Mir wurde rasch klar, daß ich über die wahre Armut in der Welt weit besser Bescheid wußte als die übrigen Teilnehmer. In amerikanischen Kleinstädten hatte ich die schlimmsten Auswüchse wirtschaftlicher Not erlebt, hatte gesehen, wie Menschen ohne Arbeit und Hoffnung ihr Dach über dem Kopf verloren und ziellos im ganzen Land umherstreiften. Auch die anderen gesellschaftlichen Verwerfungen, deren einziges Heilmittel angeblich der Kommunismus war, kannte ich. Ich war, um es kurz zu sagen, weit besser über soziale Gegensätze informiert als die anderen.

Ich hatte nicht das Selbstvertrauen, in einem so großen Kreis zu verkünden, daß es, zumindest in den Vereinigten Staaten, andere Möglichkeiten zur Bereinigung armutsbedingter Mißstände gebe als den Kommunismus. Doch *daß* dem so war, das wurde mir immer klarer, je mehr ich über die Situation und die mögliche zukünftige Entwicklung in Europa erfuhr.

Die dreitägige Konferenz in Brüssel gehörte zu den interessantesten und lohnendsten Erfahrungen meines ganzen Lebens. Unter dem Strich absolvierte ich einen Intensivkurs zur Auffüllung der Lücken im Lehrplan meines Studiums, in dem Karl Marx nicht vorkam. Und keiner meiner Professoren schien zu erkennen, daß eine titanische Eruption bevorstand, die ganz Mitteleuropa erfassen sollte. Ohne jene Reise nach Brüssel wäre mein Leben ärmer gewesen.

Im Jahre 1932 setzte mich ein britisches Handelsschiff an der spanischen Ostküste ab: Von dort aus reiste ich in die abgelegene Bergstadt Teruel, die später im Bürgerkrieg zum Schauplatz erbitterter Kampfhandlungen werden sollte. Dort und in Valencia erkannte ich, daß Spaniens fragile Demokratie sowohl von links als auch von rechts bedroht war. Wer sich am Ende durchsetzen würde, war noch nicht abzusehen. In Teruel traf ich Menschen, die entschlossen waren, die antidemokratischen Kräfte nicht obsiegen zu lassen. Als ich sie fragte, ob sie imstande seien, die Armee in Schach zu halten, falls diese beschließe, mit Waffengewalt gegen die Republik vorzugehen, erhielt ich die Antwort: »Ganz Europa wird uns zu Hilfe eilen. Die Europäer werden nicht zulassen, daß man uns unser Land stiehlt.« Unter »ganz Europa« verstanden meine Gesprächspartner natürlich »alle Linken und alle kommunistischen Sympathisanten«. Zur Verteidigung ihrer neugewonnenen Freiheiten waren sie bereit, Hilfe von jeder Seite anzunehmen.

Dies also war meine politische Bildung in Europa: Ich sah entsetzliche Armut und Arbeitslosigkeit in Großbritannien, einen auftrumpfenden Faschismus in Italien und die Anfänge des Nationalsozialismus in Deutschland. Ich sah, wie der Kommunismus überall in Europa neue Anhänger gewann, und erlebte Spanien in der Vorphase des Bürgerkriegs. Es waren die großen Herausforderungen meiner Zeit – und ich lernte sie alle aus erster Hand kennen.

Der dunkelste Tag meines Lebens kam Jahre später, an einer verschneiten Straßenecke in Washington, D.C. Es war auf dem Höhepunkt der infamen McCarthy-Ära.

Ein ehemaliger Lehrerkollege von mir, Bill Vitarelli, hatte ursprünglich erwogen, Priester zu werden, war dann aber Experte für Holzbearbeitung, Keramik und Puppenmacherei geworden. Ich war Vitarelli begegnet, als ich einmal einen Sommer lang als Puppenspieler bescheidener Güte durch die amerikanischen Oststaaten getingelt war. Wir stellten ein Programm zusammen und gaben Vorstellungen in den großen Kaufhäusern. Bill war unglaublich geschickt mit seinen Händen und äußerst vielseitig interessiert. Er freute sich darauf, junge Menschen zu unterrichten. Es war leicht, ihn zu mögen, und schwer, ihn vor dem Überschwang seiner eigenen Begeisterung zu bewahren. Unter anderem war er es gewesen, der mich 1953 dazu brachte, als professioneller Wahrsager anzufangen. Ich erkannte bald, was für ein Freigeist er war und daß er es nicht leicht haben würde, sich in einer spießbürgerlichen Umgebung zurechtzufinden.

Bill steckte in Schwierigkeiten, aber das war nichts Neues, denn irgendwelchen Ärger hatte er ja immer. Nur war die Sache diesmal ernst – so ernst, daß seine gesamte Laufbahn, ja sogar seine wirtschaftliche Existenz auf dem Spiel stand. Ich hatte ihm einen Regierungsjob als Lehrer auf Guam und Palau in meinem alten südpazifischen Wirkungskreis verschafft, wo er hervorragende Arbeit leistete. Doch dann kam aus Washington die Nachricht, daß ihn ein namentlich nicht genannter Ankläger formell beschuldigte, Kommunist zu sein. Bill wurde nach Washington zurückgebracht und mußte sich vor einem jener infamen Untersuchungstribunale des Senats verantworten, dessen drei Mitglieder über die Bedeutung der Anklage zu entscheiden hatten. Wenn die drei Männer – die keine Anwälte waren – zu dem

Schluß kamen, daß Bill die Frage, ob er Kommunist sei, vorsätzlich falsch beantwortet hätte, dann war es mit der Lehrerkarriere vorbei.

Auch Vitarelli ließ man, wie in solchen Fällen üblich, über den genauen Wortlaut des gegen ihn erhobenen Vorwurfs im unklaren. Er durfte nicht wissen, wer ihn angeschwärzt hatte, was der Kern der Anklage war, auf welchen Zeitabschnitt seiner wechselvollen Karriere die Vorwürfe Bezug nahmen, ja nicht einmal, welcher konkreten Schandtat man ihn überhaupt bezichtigte. Das einzige, was man ihn wissen ließ, war, daß einer von zweihundert Millionen amerikanischen Bürgern zu einem anderen gesagt hatte: »Bill Vitarelli ist ein Kommunist.« Es war eine dürftige, schattenhafte Anklage, der er sich gegenübersah, und nun verlangte man von ihm den Beweis, daß er kein Kommunist sei.

Für Bill kam es in seiner verzweifelten Lage darauf an, möglichst zuverlässige Leumundszeugen beizubringen. Nachdem er sich mit einem großartigen alten Quäker-Anwalt beraten hatte, wurde beschlossen, mich als ersten Leumundszeugen in die Anhörung zu schicken.

Ich war natürlich verpflichtet, diesem Ansinnen Folge zu leisten, wurde aber von furchtbarer Angst gepackt: Angenommen, ich schwor vor dem Senatsausschuß, niemals in kommunistische Aktivitäten irgendwelcher Art verwickelt gewesen zu sein, und die Leute, die entschlossen waren, Vitarelli aus dem öffentlichen Leben zu entfernen, machten sich die Mühe, in meiner europäischen Vergangenheit herumzuschnüffeln... Es würde ihnen nicht schwerfallen, herauszufinden, daß ich zweimal engen Kontakt zu deutschen Nazis gepflegt und einmal – und das war unvergleichlich schlimmer – an einem großen Kommunistentreffen in Brüssel teilgenommen hatte. (Irgendwie war ich dort sogar in die Akten geraten, denn die Schottische Post schickte mir noch eine ganze Weile Unterlagen der Kommunistischen Partei Schottlands nach.)

Vor dem Anhörungstermin litt ich also wochenlang Höllenqualen. Und dann stand ich an diesem trüben Wintertag im Schatten eines grauen Regierungsgebäudes auf der Straße, und Bill Vitarelli flehte mich an, sein erster Leumundszeuge zu sein. Weder konnte ich ihm anvertrauen, wie verwundbar ich selber war, noch gab es irgendeine plausible Entschuldigung für einen Verzicht auf die Aussage. Ich druckste also herum wie ein Feigling, der sich nicht entscheiden kann, bis Bill mich schließlich anschrie: »Mein Gott, Jim! Es geht um mein Leben! Was soll ich tun, damit du endlich zusagst?« Sein Ausbruch verriet eine so verzweifelte Angst, daß ich meine eigenen Bedenken zurückstellte und sagte: »Ich komme mit.«

Die drei Ausschußmitglieder, einfache Regierungsbeamte aus dem gleichen Ministerium, dem auch der Angeklagte unterstand, saßen in einem großen, schmucklosen Zimmer hinter einem langen Tisch auf einem Podium. Anwesend waren Protokollanten und Gerichtsreporter, die jedes Wort, das ich sagte, festhielten. Die Atmosphäre war ernst und feierlich.

Zu Beginn der Verhandlung fragte der Vorsitzende nach dem ersten Zeugen, worauf Vitarellis grauhaariger Anwalt auf mich verwies. Der Vorsitzende fragte mich nach meinen Arbeitgebern, worauf ich wahrheitsgemäß sagen konnte, daß ich in jüngster Zeit für *Reader's Digest*, *The Saturday Evening Post* und die *New York Herald Tribune* tätig gewesen war, drei der konservativsten Presseorgane Amerikas. Da stand ich nun – wegen meines Verhaltens in Europa viel verdächtiger als Vitarelli selbst – und galt lediglich aufgrund der Tatsache, daß ich für Organisationen mit blütenweißer Weste arbeitete, als standfester amerikanischer Patriot und zuverlässiger Zeuge.

Ich blieb fast den ganzen Tag im Zeugenstand. Meine Verteidigungsrede für Bill erwies sich als so stark, nahm auf so viele verschiedene Aspekte seines Lebens Bezug und war so unerschütterlich, daß das Tribunal vermeinte, es müsse einigen meiner Argumente widersprechen. Und so geschah es dann auch. Ich erkannte damals zum erstenmal – später nahm ich noch an anderen Anhörungen teil –, daß diese drei ganz normalen Männer an einem bestimmten Punkt anfingen, sich für die Solons unserer Tage zu halten und auf einmal die Verhaltensweisen kluger Richter in ihren Lieblingsfilmen imitierten. Das ganze juristische Verfahren war natürlich eine reine Farce: Bill war angeklagt, also mußte er schuldig sein.

Das Drama hatte ein profanes Zwischenspiel. Während einer Sitzungspause traf man sich in der Herrentoilette, wo jeder der drei Richter mich um ein Autogramm bat und mir versicherte, wie gut ihm dieses oder jenes meiner Werke gefallen habe. Ich hielt die Annahme für berechtigt, daß ich Vit mit meiner Aussage zum Tagessieger gemacht hatte. Nach der Wiederaufnahme der Anhörung blieb ich bei meiner Linie und versicherte den Juroren, daß Vitarelli gar nicht zum Kommunisten geeignet sei; er sei schließlich ein eingefleischter Einzelgänger, der sich stets geweigert habe, sich irgend jemandem anzuschließen. Doch selbst während meiner leidenschaftlichen Verteidigungsrede wurde ich nie den unangenehmen Gedanken los: Mein Gott, ich habe ja gar keine Ahnung, gegen was ich ihn hier eigentlich verteidigen soll...

Meine Befürchtungen bewahrheiteten sich: Nach dem Urteil, das nach einigen Tagen verkündet wurde, war Vitarelli Kommunist. Er wurde daher auf Lebenszeit aus dem Staatsdienst entlassen und stand nun ohne einen Penny da, aber mit einer Frau und fünf Kindern, die von ihm abhängig waren.

Eine Weile danach traf ich einen der Beamten, die an der Verhandlung beteiligt gewesen waren. Er verblüffte mich mit der Bemerkung, daß meine Aussage zu Vits Verurteilung geführt habe. Ich war so sichtbar erschüttert, daß der Mann hinzufügte: »Mehr als dreimal haben die Richter Sie behutsam an jenen Punkt herangeführt, an dem Sie, wenn es Ihnen wirklich um die ganze Wahrheit gegangen wäre, jenen Vorfall in Georgia hätten erklären müssen. Aber Sie sind jedesmal ausgewichen. Es war daher für uns alle ganz klar, daß Sie entweder logen oder uns etwas verheimlichten.«

»Vorfall in Georgia? Ich habe in dieser Angelegenheit bis zu dieser Minute noch nie jemanden das Wort Georgia aussprechen hören. Was, verdammt noch mal, war denn der ›Vorfall in Georgia‹?«

»Das konnten wir Ihnen nicht sagen, weil Sie dann ja gewußt hätten, welche Beweise gegen ihn vorlagen. Ihr raffiniertes Schweigen hat ihn letztlich reingerissen.«

So wütend waren ich, der Anwalt und einige andere Freunde Vits über diese grauenhafte Rechtsbeugung, daß wir die Sache nicht auf sich beruhen ließen. Wir initiierten eine Kampagne, die dazu führte, daß letztlich der Oberste Gerichtshof über diese himmelschreiende Ungerechtigkeit entschied. Um Vit und seine Familie durchzubringen, machte ich ihn in der Zwischenzeit zu meinem persönlichen Angestellten. Und dann entbrannte ein titanischer Kampf zwischen einer Gruppe einfacher Bürger und der ganzen Majestät der Regierung, vertreten durch die ehrfurchtgebietende Macht des Senators McCarthy. Dank des unermüdlichen Einsatzes auch anderer Verteidiger einer freien Gesellschaft wurden allmählich die Richter am Obersten Gerichtshof auf diese elende Affäre aufmerksam. Am Ende war Bill Vitarelli das erste Opfer der infamen Tribunale, dessen Verurteilung von höchster Stelle aufgehoben wurde.

Vit wurde rehabilitiert und bekam seinen Verdienstausfall erstattet. Er konnte nach Palau zurückkehren und dort wieder seine Tätigkeit als Lehrer für die Eingeborenenkinder aufnehmen, die ihm so ans Herz gewachsen war. Ein Schandfleck der amerikanischen Geschichte der fünfziger Jahre war getilgt worden, soweit dies überhaupt möglich war.

Ich war in dieser dunklen Epoche nationaler Hysterie stolz darauf, zugunsten vieler Freunde aussagen zu können, denen man Illoyalität gegenüber ihrem Land vorwarf. In diesem Zusammenhang fiel mir auf, daß ich aufgrund des Lebens, das ich führte, einer ungewöhnlich großen Zahl von Männern und Frauen begegnet war, die die Grenzen des menschlichen Wissens erforschten. So verteidigte ich einen meiner ehemaligen Professoren in Harvard und fand es empörend, daß ich mich, der ich nicht einmal die Qualifikation besaß, ihn im Seminarraum zu vertreten, nun plötzlich in einer Situation befand, seinen Patriotismus zu beglaubigen. Ich setzte mich für einen Kommilitonen aus dem College ein, der einer Namensverwechslung zum Opfer gefallen war. Auch einen Journalisten verteidigte ich; er hatte einen Artikel geschrieben, der irgend jemandem nicht respektvoll genug und daher kriminell vorgekommen war.

Ein junger Mann in New York, der mich einmal über mehrere Monate hinweg wiederholt gedrängt hatte, der Kommunistischen Partei beizutreten, bekam ebenfalls große Schwierigkeiten. Er bat mich, vor dem Ausschuß zu schwören, daß er sich niemals für den Kommunismus interessiert habe. Ich lehnte das ab. Als er jammerte: »Warum denn nicht? Ich dachte, du wärest mein Freund!«, erinnerte ich ihn: »Du hast mir damals ganz schön zugesetzt, aber nicht einmal selbst daran geglaubt.« Ich wollte nichts mehr mit dem Mann zu tun haben.

Es war eine schlimme Zeit, eine der schändlichsten, die wir in meiner Lebenszeit durchgemacht haben. Dank meiner Verbindungen zu den drei konservativen Gralshütern *Digest*, *Post* und *Tribune* konnte ich als ein Zeuge auftreten, der über jeden Tadel erhaben war. Oft habe ich darüber nachgedacht, was mit mir geschehen wäre, hätte ich jene Jahre nicht in Europa, sondern in New York, in Chicago oder vor allem in Hollywood gelebt. Ich wäre dort möglicherweise unter den Einfluß von älteren, respektierten Freunden geraten und hätte an bestimmten Versammlungen oder Protestaktionen teilgenommen. Für weit geringere Verstöße als die Freiheiten, die ich mir in Europa herausgenommen hatte, hätte man mich auf die schwarze Liste gesetzt und vielleicht sogar ins Gefängnis gesteckt. Die Entrüstung, die ich im Fall Vitarelli an den Tag gelegt hatte, hätte sich leicht auch gegen den »Senatsausschuß gegen unamerikanische Umtriebe« richten und mir eine Klage wegen Mißachtung desselben eintragen können.

Jahre später gelang es mir endlich, das Geheimnis um jenen »Vorfall in Georgia« zu lösen, der zur Verurteilung meines Freundes Bill Vitarelli als Kommunist geführt hatte. In Georgia muß es eine Lehrerin mittleren Alters gegeben haben, die hinter jedem Leitartikel Subversion und in jedem schwarzen Gesicht aufflammende Gewalt sah. Sie hatte an einer Lehrerkonferenz in Atlanta teilgenommen, auf der ein Gastprofessor aus New York namens Vitarelli eine ungeheuerliche Äußerung machte: »Früher oder später werden die Umstände Sie zwingen, Ihre bourgeoisen Haltungen aufzugeben.« Kaum war das Wort »bourgeois« gefallen, da wußte die Dame, daß sie es mit einem Kommunisten zu tun hatte. Daß sie Vitarelli nicht kannte und nie ein Wort mit ihm gesprochen hatte, hinderte sie nicht daran, eine offizielle Beschwerde gegen ihn in die Wege zu leiten. Es war die einzige Beschwerde, die jemals gegen Bill vorgebracht worden war, doch hätte sie um ein Haar sein ganzes Leben ruiniert.

Die Feuerstürme meiner Generation erlebte ich nicht nur aus unmittelbarer Nähe, ich versuchte darüber hinaus auch, ihre Bedeutung zu ergründen. Mussolinis beredsame Sirenenklänge erschienen mir 1933 noch das Beste, was der italienische Faschismus zu bieten hatte, aber ich erkannte recht schnell seinen falschen Pomp und seine innere Leere. Da meine jungen deutschen Instruktoren sorgfältig darauf achteten, ihren abscheulichen Antisemitismus vor mir zu verbergen, erkannte ich die Brutalität des Nationalsozialismus erst verhältnismäßig spät, und als sie erzählten, sie wollten die Ungerechtigkeiten des Versailler Vertrags beseitigen, hatten sie sogar meine Sympathie. Doch als die Nazis dann Truppen nach Spanien schickten, um dort den Faschismus zu etablieren, als sie Österreich annektierten und in der Kristallnacht durchblicken ließen, was sie mit den Juden vorhatten, da wurde mir klar, daß wir Hitler eines Tages durch einen Krieg an der Verwirklichung seiner wahnsinnigen Pläne würden hindern müssen.

Der Kommunumus berührte mich tiefer als der Faschismus, weil er, anders als dieser, eine überprüfbare intellektuelle Basis besaß. Ich habe nie begriffen, welches gesellschaftspolitische Leitbild die Faschisten eigentlich propagierten. Die Kommunisten dagegen boten eine von Marx, Engels und Lenin entwickelte pseudowissenschaftliche Theorie an, die Millionen von Menschen in Europa und Hunderttausende in Nord- und Südamerika bereits zu der ihren gemacht hatten. Doch als ich mich mit der Praxis befaßte, erkannte ich, daß diese Theorie nicht nur mehr versprach, als sie halten konnte, sondern obendrein die Menschen ihrer Freiheit beraubte. Der Kommunismus machte mich zum Verteidiger von Liberalismus und Demokratie.

Im allgemeinen beeindruckt Spanien Besucher angelsächsischer Herkunft ganz besonders, und ich war da keine Ausnahme. Ich studierte sehr aufmerksam den spanischen Lebensstil und die spanische Politik. In den dreißiger Jahren strömten Idealisten aus vielen Ländern nach Spanien, um die faschistische Rebellion Francos zu bekämpfen. Bei mir hatte sich damals jedoch die Überzeugung gefestigt, daß eine zivilisierte Gesellschaft der inneren Ruhe bedarf. Dies war der Grund dafür, daß ich Franco, obwohl ich ihn verabscheute, allemal dem Chaos vorzog.

Meine Arbeit führte mich in ein Dutzend ehemaliger britischer Kolonien. Dort konnte ich mir ein Bild von dem Zustand machen, in dem England seine Besitzungen zum Zeitpunkt der erzwungenen oder freiwillig gewährten Unabhängigkeit zurückließ. Ich erkannte, daß von allen Mächten – einschließlich der Vereinigten Staaten – England seine einstigen Kolonien am besten auf die Eigenständigkeit vorbereitet hatte. Selbst in Südafrika mit seinem hartnäckigen Rassismus hinterließ England eine Tradition von Gerechtigkeit und Ordnung, Bildungseinrichtungen, finanzielle Stabilität und eine generelle Ehrlichkeit im öffentlichen Leben. Belgien benahm sich am schlechtesten, und auch die Vereinigten Staaten verdienten sich im Laufe ihrer befristeten Herrschaft auf den Philippinen und ihrer länger andauernden Oberhoheit über Guam, Samoa, Puerto Rico und die Jungferninseln keine Lorbeeren.

Als in der kurzen Phase des McCarthyismus die Freiheit in den USA gefährdet war, mußte ich oft an eine Vorhersage Mussolinis denken: »Jede Nation wird den Faschismus bekommen, den sie verdient.« Das schändliche Verhalten unserer Regierung in jenen Jahren bestätigte eine Vermutung, die ich schon seit einer ganzen Weile hegte: Bei einer entsprechend ungünstigen Entwicklung wäre es in den USA ein leichtes, in nahezu allen Teilen des Landes Nazi-ähnliche Konzentrationslager zu errichten und sie mit willigem Wachpersonal zu bestücken. Mir war klar, daß die ewige Wachsamkeit, die Thomas Jefferson und andere Patrioten beschworen hatten, stets erforderlich sein würde.

Im Zweiten Weltkrieg wurde ich einmal nach Manus auf den nördlich von Neuguinea gelegenen Admiralitätsinseln geschickt, wo wir einen großen Flottenstützpunkt unterhielten. Nachdem ich meine Pflichten erfüllt und überdies an der Bombardierung von Rabaul und Kavieng teilgenommen hatte, konnte ich einen kurzen Urlaub in Wewak an der Nordküste Neuguineas einschieben. Ich schloß mich einer Gruppe an, die auf dem düsteren Sepik River, einem der am wenigsten bekannten großen Flüsse dieser Erde, eine längere Kanutour unternahm.

Schon bald befanden wir uns im Grashüttenland der Kopfjäger und Kannibalen, hatten jedoch wenig Bedenken, da wir eine größere Gruppe von zehn oder zwölf Reisenden bildeten und gut bewaffnet waren. Außerdem wußten wir, daß die Eingeborenen unter dem beharrlichen, engagierten Druck der Australier allmählich ihre uralten Rituale aufgaben. So verbrachten wir schließlich sogar zwei Nächte in einem ihrer Dörfer und saßen mit ihnen am Feuer, bevor wir in unsere mit Moskitonetzen versehenen Schlafsäcke krochen. Sie erzählten uns Geschichten in einer Sprache, die wir natürlich nicht verstehen konnten. Ich hörte einem älteren Mann zu, der eine wunderschön geschnitzte Muschel als

Brustschmuck trug. Dann begann das Singen. Die gemischten Männer- und Frauenstimmen erinnerten mich an einen guten Kirchenchor in einer englischen Stadt.

Mir schoß der Gedanke durch den Kopf, daß der alte Mann, der mir seine Geschichte erzählte, der Mensch, der den Brustschmuck geschnitzt hatte, und die Sängerinnen und Sänger, die uns hier eine Vorstellung im Sinne ihrer traditionellen Stammesregeln gaben, ebenso gute Künstler waren, wie ich sie in anderen Weltgegenden kennengelernt hatte. Sie hatten erfolgreich eine Kultur bewahrt, die in ihrer Art ebenso reich war wie die meine. Ich fühlte mich diesen Menschen äußerst nahe und erlebte eine Offenbarung: »Wir sind alle Brüder. Wir haben alle die gleichen Probleme und die gleichen Freuden. Wir spielen zusammen in einem großen Orchester. Ich bin eins mit allen Menschen in allen Ländern, Klimazonen und Lebensverhältnissen. Da wir Brüder sind und die ganze Erde bevölkern, ist die ganze Welt unser Zuhause.«

Ich hatte bis zu jenem Zeitpunkt ungefähr die Hälfte der Welt gesehen. Ich kannte Europa und einen großen Teil Nordamerikas mit Kanada und Mexiko, die pazifische Inselwelt mit Neuseeland, Australien und einen Teil von Niederländisch-Indien, und schon bald sollten mich erste Erkundungsreisen nach Asien führen. Innerhalb weniger Jahre würde ich die ganze Welt gesehen haben – ausgenommen das Amazonasbecken, China und den Südpol. Den Amazonas und China sollte ich sehr viel später auf höchst ungewöhnliche Art und Weise kennenlernen, den Südpol zu meinem tiefen Bedauern jedoch nie.

Ich glaube, jene erste Reise auf dem Sepik River fand Anfang 1944 statt.[*] Noch heute, ein halbes Jahrhundert später und auf

---

[*] Vierzig Jahre später unternahm ich mit meiner Frau eine Bootsfahrt auf dem Sepik River. Wir besuchten dasselbe Dorf, wo es inzwischen zwar keine Kopfjäger mehr gibt, wo man aber nach wie vor Geschichten erzählt, singt und schnitzt. Wenn ich sie heute frage: »An welchen Ort auf der Welt, den wir gemeinsam besucht haben, möchtest du am liebsten noch einmal zurückkehren?«, lautet ihre Antwort stets: »An den Sepik River.«

der anderen Hälfte des Globus, spüre ich jenes Gefühl der Bruderschaft zwischen den Menschen, das mich in jener Nacht überkommen hatte. Auf meinen Reisen habe ich mich nie und nirgendwo auf der Welt als Fremder gefühlt, denn ich bemühte mich stets, alle Menschen als Verwandte zu sehen, und war überall imstande, ihre Hoffnungen, Ängste und politischen Ungewißheiten mit ihnen zu teilen.

Die Vorstellung, daß die Menschen aller geographischen Breiten und aller Kulturen meine Brüder und Schwestern sind, brachte ein Problem mit sich, das ich nie lösen konnte: Folgt aus der Tatsache, daß ich mich allen Menschen so verbunden fühle, nicht automatisch, daß ich allen Nationen auf der Welt zur Loyalität verpflichtet bin? Oder schulde ich die besondere Pflicht des Patriotismus nur meinem Heimatland? Ich konnte derartige Fragen nie kategorisch beantworten, denn ich bin zweifellos ein Weltbürger, der sich überall zu Hause fühlt, sich in allen Kulturen und Religionen zurechtfindet und mit den verschiedensten Menschen unter nahezu allen denkbaren Regierungsformen zusammenleben kann.

Die andere Seite der Medaille ist, daß ich von Kindesbeinen an eine starke Liebe zu meinem Heimatland empfunden habe und daß ich, obwohl mir von mehreren Ländern das Niederlassungsrecht angetragen wurde, niemals ernsthaft in Erwägung zog, meine Zelte über einen längeren Zeitraum hinweg außerhalb des Schutzes seiner Flagge aufzuschlagen. Aus diesem Grunde habe ich nie einen privaten Wohnsitz in Übersee erworben, nie mein Geld außer Landes angelegt und nie einem anderen Lebensstil Treue gelobt.

Meine unauslöschliche Heimatliebe hat einen zwingenden Grund: Nur das amerikanische System der freien, öffentlichen Ausbildung versetzte mich in die Lage, die Benachteiligungen einer schweren Kindheit und Jugend zu überwinden. Unter diesem System konnte ich auf Staatskosten acht verschiedene Colleges und Universitäten besuchen. Wieviel ich meinem Land also schulde, läßt sich in Zahlen gar nicht ausdrücken.

So verbunden bin ich meinem Heimatland, daß ich mich entmannt fühlen würde, wäre ich gezwungen, es zu verlassen. Und all meine Auslandsaufenthalte haben die Bindungen an die Heimat nur gestärkt. Ihr zu Ehren habe ich schätzungsweise dreitausend Bäume gepflanzt, vom fingerdicken Sämling bis zum großen Baum. Es war mir ein Anliegen, den Boden zu bereichern, der mich in so mannigfacher Weise ernährt hat.

Ich wußte instinktiv, daß ich den Kontakt zu meiner Heimat brauchte – zu der Anhöhe, auf der ich lebe, zum Bach an ihrem Fuße, zum breiten Delaware-Fluß, auf dem ich in meiner Jugend so viele Erkundungsreisen unternommen hatte. Auf dem parallel verlaufenden Kanal war ich oft als Passagier auf den großen Kohleschiffen mitgereist, mal nach Süden, mal nach Norden. Auf den Schiffen, die Kohle von den Abbaugebieten in Pennsylvania zu den Hochöfen von Philadelphia transportierten, lebten einige der interessantesten Familien, die ich damals kannte. Die Rückkehr an diese Schauplätze nach langen Auslandsaufenthalten war für mich jedesmal ein emotionales Erlebnis von ungebrochener Intensität.

Doch wenn mir das Land meiner Geburt so ans Herz gewachsen war, warum bin ich dann immer wieder fortgereist und habe über längere Zeiträume hinweg im Ausland gearbeitet? Mehr noch: Warum habe ich immer wieder über fremde Länder und Kulturen geschrieben? War das nicht ein geradezu schizophrenes Verhalten, das gravierende seelische Probleme mit sich bringen konnte und mit Sicherheit intellektuelle Widersprüche heraufbeschwor? Warum suchte ich außer Landes Inspiration, wenn ich mein Heimatland so liebte? Ich war mir dieses Problems durchaus bewußt und fragte mich oft nach den Ursachen.

Als ich der Sache schließlich ernsthaft auf den Grund ging, fiel mir etwas Merkwürdiges auf: Es hatte den Anschein, als wäre ich nicht der einzige amerikanische Schriftsteller, der mit diesem Widerspruch zu leben hatte. Es gab auch andere, darunter einige unserer ganz großen. Geboren und ausgebildet in den

Vereinigten Staaten, schufen sie ihre besten Werke erst, nachdem sie das Land verlassen hatten. Es war, als bräuchten sie, um die Subtilität des Lebens erfassen und darüber schreiben zu können, Distanz zur vertrauten Umgebung. Ich studierte die Biographien von sechs hervorragenden amerikanischen Schriftstellern, wobei ich bei der Auswahl auf möglichst unterschiedliche Typen achtete. Ich entschied mich schließlich für zwei elegante Stilisten – Henry James und T. S. Eliot –, einen außergewöhnlichen Mythenerschaffer – Herman Melville –, ein starkes Original – Ernest Hemingway – sowie einen Autor und eine Autorin von außerordentlicher Popularität – Jack London und Pearl S. Buck.

Ich entdeckte Erstaunliches: Alle sechs fanden ihre Hauptthemen außerhalb der Vereinigten Staaten: James und Eliot in England, Hemingway in Spanien und auf Kuba, Melville und London in der Südsee, Pearl Buck in China. Die drei Nobelpreisträger unter ihnen – Eliot, Buck und Hemingway – bekamen die Auszeichnung für Arbeiten, die außerhalb der Staaten entstanden waren, und alle sechs reiften sie geistig und künstlerisch im Ausland. Zwei der größten, James und Eliot, verzichteten sogar auf ihre amerikanische Staatsbürgerschaft und ließen sich in Großbritannien, einem Land, in dem sie sich wohler fühlten, naturalisieren.

Mit anderen Worten: Sechs hochtalentierte Berufskollegen von mir hatten sich in früheren Jahren aus Gründen, die in bemerkenswerter Weise meinen eigenen ähnelten, ganz ähnlich verhalten wie ich. Ich kam zu dem Schluß, daß ich mich dafür, daß ich sie imitierte, nicht zu entschuldigen brauchte. Wie Hemingway beschäftigte auch ich mich verschiedene Male mit amerikanischen Themen und Problemen. Und wenn ich auch ein Weltbürger war, so war ich doch keiner vom Schlage eines Gary Davis, der, um alle Kulturen in sich aufnehmen zu können, glaubte, sich seines amerikanischen Passes entledigen zu müssen. Statt dessen fühlte ich mich um so stärker in Amerika verwurzelt, je mehr Länder ich schätzen und lieben lernte.

Meine Ambivalenz im permanenten Konflikt zwischen globalen Ansprüchen und denen meines Heimatlandes erreichte ihren Höhepunkt, als mich die Regierung in späteren Jahren in Kommissionen berief, die mit geheimen Informationen umgehen mußten. Vor jeder Ernennung stand eine strenge Sicherheitsüberprüfung durch das F.B.I. Es gab eine relativ lange Phase in meinem Leben, in der ich fast jedes Jahr überprüft wurde. Leute, die sich in Washington auskannten, erklärten mir: »Das F.B.I. hat herausgefunden, daß es bessere Ergebnisse erzielt, wenn es seine Informanten bei der Befragung über den Grund der Untersuchung im unklaren läßt, ihnen also nicht sagt, ob es um die Beförderung in ein wichtiges Amt oder um eine Ermittlung in einem Kriminal- oder Spionagefall geht. Gewinnt die befragte Person den Eindruck, Sie könnten subversiver Tätigkeiten verdächtig sein, so denkt sie extra scharf nach, um wirklich jeden Ihrer möglichen Fehler angeben zu können.«

Eine dieser Untersuchungen war wirklich denkwürdig. Bei einem Treffen im Weißen Haus ließ Präsident Nixon mich wissen, daß er mir eine neue Aufgabe anvertrauen wolle; die erforderliche Sicherheitsüberprüfung sei bereits im Gange. Nur erhielt ich in den folgenden Wochen nicht die üblichen Warnsignale aus dem Freundeskreis. Warum das so war, erklärte mir später ein Washingtoner Bekannter: »Das Hauptquartier in Philadelphia erhielt die folgende Instruktion: ›Volle Sicherheitsüberprüfung von James A. Michener, Pipersville, Pennsylvania, wegen bevorstehender Aufnahme in eine außenpolitische Kommission.‹ Die Leute schlugen also im Telefonbuch nach, fanden Ihre Adresse heraus und begannen mit der Untersuchung – einer sehr gründlichen, wohlgemerkt.«

»Aber davon habe ich nie etwas mitbekommen. Sie haben mich nicht überprüft. Was war denn da los?«

»Nach einiger Zeit erstattete Philadelphia Bericht: ›Haben Michener überprüft. Völlig astrein. Aber wir können uns einfach nicht vorstellen, was für eine außenpolitische Kommission das sein soll.‹ Jetzt frage ich Sie: Was war da los?«

»Die alten Micheners waren ein fruchtbares Völkchen. Im Bucks County, wo ich aufgewachsen bin, gab es sechs James A. Micheners. Heute lebe ich in einem Dorf mit ungefähr fünfzehn Familien, und auch da gibt es außer mir noch einen anderen James A. Michener.«

»Dann war das wahrscheinlich der, den das F.B.I. überprüft hat. Was macht er beruflich?«

»Er arbeitet in einer benachbarten Herdfabrik. Ist übrigens ein ganz feiner Kerl.«

Ereignisse im Leben der anderen James A. Micheners sorgten auch in meinem für Spaß und Verwirrung.

Als einer von ihnen von einem Lastwagen angefahren wurde, hieß es, ich liege im Sterben, und meine Frau erfuhr zu ihrer grenzenlosen Verblüffung beim Friseur, daß sie die Scheidung eingereicht hatte. Solche Geschichten ließen mich darüber nachdenken, was wohl geschähe, wenn einer meiner Namensvettern tatsächlich einmal ein Verbrechen beginge, und ich mußte auch an einige erst kurze Zeit zurückliegende Fälle denken, in denen Amerikanerinnen und Amerikaner von einigem Ansehen in ihrer jeweiligen Gemeinde als Spione fremder Mächte agiert hatten.

Für mich ist Landesverrat das schlimmste Verbrechen überhaupt; es ist so etwas wie Vatermord, nur daß es immer wieder auch Fälle gegeben hat, in denen ein Vater so gewalttätig wurde, daß seine Kinder ihn in Notwehr töten mußten. Für Landesverrat gibt es keinerlei Rechtfertigung; er ist durch und durch verabscheuungswürdig.

Ein erfahrener Abwehrexperte der Marine nannte mir einmal einige Gründe, aus denen ein Mann zum Landesverräter werden kann: »Warum kommen der Armee immer Bedenken, wenn herauskommt, daß einer ihrer Offiziere hoch verschuldet ist? Weil man weiß, das solche Schulden – besonders Spielschulden – oft zu Landesverrat führen. Ausländische Spione bekommen sehr bald spitz, daß der Offizier in Geldnöten ist. Sie wissen dann, daß es sich möglicherweise lohnt, ihn anzusprechen. Homosexualität ist ein anderer Grund. Die Leute sind erpreßbar.«

Dann verriet er mir eine wahrhaft umwerfende Taktik der Spionageabwehr: »Nach gründlicher Analyse von Hunderten von Einzelfällen und der Korrelationen zwischen ihnen fanden wir heraus, daß ein Offizier, der auf linke Zeitschriften wie *The Nation* und *The New Republic* abonniert ist, gerne ausländische Filme sieht – vor allem russische – und außerdem seiner Frau erlaubt hat, ihren Mädchennamen beizubehalten, Anlaß zu Zweifeln an seiner Loyalität gibt.«

Als ich erwiderte, daß unter diesen Kriterien auch ich jederzeit überführt werden könnte, wechselte er das Thema: »Die meisten Sorgen haben wir, wenn die Streitkräfte bei einem allgemeinen Personalabbau soundso viele Offiziere entlassen. Einige von diesen Leuten sind dann so verbittert, daß sie versuchen, durch den Verkauf von Geheimnissen an den Feind ein bißchen von dem entgangenen Geld wieder hereinzubekommen. Die Streitkräfte sparen dabei also im Grunde gar nichts. Warum nicht? Weil sie eine fast ebensogroße Anzahl von Abwehrleuten einstellen müssen, um die unzufriedenen Offiziere im Auge zu behalten.«

Persönlich habe ich nie einen Spion der genannten Kategorien kennengelernt, doch habe ich die Prozesse gegen ein gutes Dutzend solcher Leute verfolgt. Besonders entsetzt war ich von dem Spionagering in Cambridge um Maclean, Burgess, Philby und vor allem Blunt.

Ich weiß, daß Millionen Mitbürger nie in ihrem Leben über das Problem des Landesverrats nachdenken. Sie haben auch keinen Anlaß dazu. Doch wer im Ausland arbeitet, fremde Länder liebt oder sich vom Gedanken eines Weltbürgertums faszinieren läßt, sollte diese Angelegenheit ernst nehmen und sich möglichst früh klarmachen, daß die Treue zum eigenen Land nicht verkäuflich ist.

Während des Zweiten Weltkriegs geriet ich versehentlich in eine Affäre, die von offizieller Seite als internationaler Spionagefall gewertet wurde.

Am Sonntag, dem 5. Mai 1940, also kurz vor Kriegseintritt der Vereinigten Staaten, fiel mir bei der morgendlichen Zeitungslektüre auf der ersten Seite der *New York Times* ein Artikel ins Auge, der mich wie ein Blitzschlag traf.

Der Bericht stammte aus der Feder des Wissenschaftsredakteurs der *Times*, William L. Laurence, und beschrieb mit einer Genauigkeit, die nicht mehr viele Fragen offenließ, die Anstrengungen deutscher Wissenschaftler in Peenemünde auf der abgelegenen Ostseeinsel Usedom, signifikante Mengen von »schwerem Wasser« herzustellen. Ich hatte diesen Begriff zwar schon einmal gehört, konnte mir aber nichts Konkretes darunter vorstellen. Ich beugte mich über die Zeitung und las den Artikel noch einmal Wort für Wort durch. So erfuhr ich, daß »schweres Wasser« Wasser war, bei dem jedes Molekül aus Deuterium (oder zwei Atomen schweren Wasserstoffs) besteht und Teil eines Prozesses zur Herstellung einer Bombe war. Weiterhin hieß es in dem Artikel, es sei nun klar, daß zwischen Wissenschaftlern auf deutscher und alliierter Seite ein Wettrennen im Gange sei, dessen Ausgang kriegsentscheidend sein dürfe.

Die Neuigkeit erschreckte mich sehr, und ich war obendrein überrascht, daß so ausführlich darüber berichtet wurde. Merkwürdigerweise begegnete mir weder damals noch später, als ich bereits die Uniform der Navy trug, irgendein Mensch, der diesen Artikel gelesen, geschweige denn seine historische Bedeutung erkannt hatte. Daß in der Folgezeit auch keine einzige Zeitung auf den *Times*-Artikel einging, ja daß nirgends auch nur die geringste Anspielung darauf erschien, verwirrte und frustrierte mich zusätzlich.

Auch als ich längst bei der Navy war, mußte ich immer wieder an den Bericht über das unvermeidbare Wettrennen um die Entwicklung einer Bombe denken, die ganze Städte zerstören konnte. Ich las deshalb mit besonderem Interesse Geheimberichte der Luftaufklärung über die Bedeutung des obskuren deutschen Forschungszentrums in Peenemünde – ein Ort, der in meinem Kopf schon bald zur fixen Idee wurde.\*

Doch ich befand mich in einer verzwickten Lage, denn in meinem Bekanntenkreis hatte kein Mensch je von Peenemünde und schwerem Wasser gehört. Ich hatte entweder die Bedeutung des Artikels völlig falsch eingeschätzt oder seine Aussagen mißverstanden. Bei meinem nächsten Besuch in New York begab ich mich in Navy-Uniform zu meiner geliebten alten öffentlichen Bibliothek in der Fifth Avenue und sagte zu dem mürrischen Mann an der Ausleihe: »Vor ungefähr einem Monat las ich einen Artikel auf der Titelseite der *New York Times*, in dem es um irgendwelche wissenschaftlichen Experimente der Deutschen ging. Können Sie vielleicht in Ihrem Katalog nachsehen und das genaue Datum des Artikels herausfinden, so daß ich ihn mir noch einmal durchlesen kann?«

Der Mann beschränkte sich keineswegs auf das Nachblättern im Katalog. Er starrte mich mit weit aufgerissenen Augen an – und drückte vermutlich gleichzeitig auf einen Alarmknopf. Jedenfalls sah ich mich kurz darauf von zwei Männern umgeben, die mich ohne viel Federlesens in einen Nebenraum führten und dort einem Verhör unterzogen: »Warum haben Sie sich ausgerechnet nach diesem Artikel erkundigt?« – »Sind Sie berechtigt, diese Uniform zu tragen?« – »Warum suchen Sie diese Bibliothek hier in New York auf, wo Sie doch eigentlich in Washington stationiert sind?« Vor allem aber bestanden sie hartnäckig auf der Beantwortung der Frage: »Was wissen Sie über schweres Wasser?«

Es war eine äußerst strapaziöse Sitzung, denn ich hatte nur eine ziemlich zusammenhanglose Erklärung für meinen Besuch in der Bibliothek parat. Was ich im einzelnen tun mußte, bis

---

\* Später las ich alles, was in englischer Sprache über diesen Ort verfügbar war, und machte Peenemünde zum Schauplatz eines großen Abschnitts in einem meiner Romane.

meine Unschuld bewiesen war und meine Verhörer mir glaubten, daß ich nicht im Dienst einer fremden Macht wie Deutschland oder Rußland stand, will ich hier nicht wiedergeben.

Später erfuhr ich, daß der *Times*-Artikel und sein Nachdruck in der *Saturday Evening Post* überall in Washington die Alarmglocken hatten schrillen lassen, waren darin doch – wie ich mir bei der Lektüre gleich gedacht hatte – sensible Informationen von höchster weltpolitischer Bedeutung enthüllt worden, nämlich die mögliche Konstruktion einer Atombombe. Ich war überzeugt, daß entweder unsere Forscher oder die Experten Hitlers über kurz oder lang eine solche Bombe entwickeln würden, und fand die Aussicht darauf ganz entsetzlich.

Außerdem erfuhr ich, daß sämtliche Presseagenturen von höchster Stelle die Direktive erhalten hatten, keinerlei Kommentar, keine redaktionellen Spekulationen und keine Folgeartikel zu dem Bericht von William Laurence zu veröffentlichen. Bibliotheken wurden alarmiert, alle Leser festzuhalten, die sich nach den betreffenden Ausgaben der *Times* und der *Post* erkundigten, und dieser Vorsichtsmaßnahme war ich zum Opfer gefallen. Das Verhör, obwohl durchaus vorsichtig geführt, hatte mir darüber hinaus genügend Informationen geliefert, die alle meine Verdachtsmomente bestätigten. Bei meinem Einsatz im Südpazifik war ich mir daher stets schmerzlich bewußt, daß meine Welt jederzeit in die Luft fliegen konnte. Und als sie dann über Hiroshima tatsächlich explodierte, war es für mich keine Überraschung.

1955 war ich in Indien und wartete in Neu-Delhi auf einen Gesprächstermin bei Jawaharlal Nehru, dem damaligen Ministerpräsidenten. Da er erst in einigen Tagen Zeit für mich haben würde, schlug mir sein Büro vor, in der Zwischenzeit doch einen Ausflug nach Simla, der ehemaligen Sommerresidenz der Engländer zu unternehmen. Zu Zeiten der britischen Herrschaft zogen jedes Jahr um die Mitte des Frühlings sämtliche Ministerien mit allen Angestellten und allen wichtigen Dokumenten in den knapp dreihundert Kilometer nördlich gelegenen Gebirgsort, um den Sommer in der kühlen Bergluft zu verbringen.

Simla gefiel mir sehr gut. Auf der Reise begleitete mich ein alter indischer Freund, Sohan Lal, eine Art Verleger und ein prächtiger Bonvivant, der sich in Paris und New York ebensogut auskannte wie in Neu-Delhi und Simla. Als kurz nach meiner Abreise die Hochzeit seines Sohns anstand, charterte Sohan vier Sonderzüge, um alle Gäste von Neu-Delhi nach Simla zu bringen. Die Festlichkeiten dauerten eine ganze Woche.

Dank Sohans Gastfreundschaft bekam ich einen Eindruck davon, wie Simla in den Tagen Rudyard Kiplings ausgesehen haben mußte. Eines Tages wanderte ich mit meiner Frau weit hinter Simla die Straße entlang, die Richtung Tibet führte. Als wir uns der Grenze näherten – sie war mit einem kleinen Holzschild gekennzeichnet, auf dem in mehreren Sprachen »NICHT WEITERGEHEN« stand –, hörte ich ein klapperndes Geräusch, das von Insekten oder anderen Tieren zu stammen schien. Doch hinter der nächsten Kurve waren wir schlauer: Auf der zweispurigen Straße erblickten wir an die tausend Frauen. Kniend schlugen sie mit kleinen Hämmern Felsgestein in Stücke, die darauf von anderen Frauen in Handarbeit auf der Straße verlegt wurden. Jeder einzelne Stein wurde in eine genau passende Lücke eingefügt und vorsichtig festgeklopft.

Nie zuvor hatte ich eine solch massierte Konzentration manueller Arbeit gesehen. Ich mußte an die Pyramiden von Gizeh und die große Tempelanlage von Angkor Wat denken, die auf ähnliche Weise entstanden waren. Der Unterschied zwischen den alten Gebäuden und dem Bau dieser Straße bestand darin, daß letzterer auch ohne diese arbeitsintensiven Methoden möglich gewesen wäre. Ein einziger Bulldozer hätte in einer Stunde das gleiche geleistet, was die vielen Frauen einen ganzen Tag kostete. Diese für mich völlig unakzeptable Verschwendung menschlicher Arbeitskraft fesselte mich so sehr, daß ich mich, als meine Frau ins Hotel zurückkehrte, entschloß, noch etwas länger zu bleiben und das Mammutprojekt genauer unter die Lupe zu nehmen.

Die großen Steine wurden mit Lastwagen von der Endstation einer weit entfernten Bahnlinie herangekarrt. Da die Lkw keine Kippvorrichtung besaßen, mußten die Steine einzeln von der Ladefläche heruntergeworfen werden. Der Mann, der diese Arbeit verrichtete, ließ jeden Stein an dem für ihn bequemsten Fleck fallen. Dort hob ihn ein anderer Mann auf und trug ihn eine kurze Strecke näher an die Straße heran. Bis der Stein endlich die Frauen mit den Hammern erreichte, hatte er noch zwei weitere Träger beschäftigt. Ehe die Bruchstücke dort eingebettet wurden, wo sie hingehörten, wanderte meiner Zählung nach ein Stein durch die Hände von bis zu elf Personen.

»Mein Gott!« rief ich. »Das ist ja ein riesiges Puzzlespiel!« Als Sohan Lal mich ein paar Stunden später abholte, erkundigte ich mich nach den näheren Umständen. »Warum bekommen die Leute keinen Bulldozer?«

»O nein! Bei einer so riesigen Bevölkerung muß man sich was einfallen lassen, um die Leute zu beschäftigen.«

»Aber das ist doch verschwendete Mühe! Mit einem Bulldozer und sechs guten Kippern, die ihn mit Steinen versorgen, ginge das doch viel schneller.«

»James, du überraschst mich! Wenn die Regierung morgen früh Kipplaster und einen Bulldozer zur Verfügung stellen würde, dann würden die Menschen hier bis zum Mittag die Laster demoliert und obendrein vielleicht sogar die Fahrer getötet haben. Warum? Weil man sie ihres Lebensunterhalts beraubt hätte.«

»Aber wenn die Straße von Lastwagen und Bulldozern gebaut würde, könnten die Menschen hier bei sinnvolleren Projekten eingesetzt werden.«

»Bei welchen Projekten denn? Und wer würde ihnen garantieren, daß sie bei der neuen Arbeit wenigstens den gleichen Hungerlohn erhalten wie hier auf der Straße?« Nach einer kurzen Pause fügte er hinzu: »Die Regierung zahlt ihnen ohnehin fast nichts. Sie sind so billig, daß wir es uns leisten können, Tausende von ihnen einzustellen.«

Simla besaß zwei berühmte Attraktionen, die mich angesichts der Höhenlage und der kalten Winter sehr erstaunten: eine Vielzahl schöner Bambushaine und zahllose Vertreter einer Affenart namens Simla, die sich an die kühle Witterung angepaßt hatte. Wenn ich allein durch die Haine wanderte, leisteten die schwatzenden Affen mir Gesellschaft. Ein paar ältere Kameraden schimpften mich aus, weil ich ihnen nichts zu fressen mitgebracht hatte. Sie kamen auf mich zugerannt, hielten kurz vor mir inne und schoben die Unterkiefer vor, als wollten sie mich dazu bringen, nach ihnen zu schlagen. Hob ich jedoch die Hand, rückten sie mir noch näher auf den Pelz.

An jenem Nachmittag beachtete ich die Tiere nicht, weil ich über die Erlebnisse des Vormittags und jene menschlichen Automaten nachdenken wollte. Allmählich begann sich ein Gedanke zu formen: Billige Arbeitskräfte gehören zu den teuersten Gütern einer Nation. Und aus dieser Erkenntnis ergab sich ein ganzer Schwarm von logischen Schlußfolgerungen.

- Wer Arbeitskraft für einen Spottpreis erhält, dem fehlt der Anreiz, teure Werkzeuge zu kaufen. Außerdem wird die Qualität seiner Produkte stets hinter der anderer Nationen hinterherhinken, die mit den besten auf dem Markt verfügbaren Werkzeugen arbeiten.

- Wer seine Arbeitskräfte mit manuellen Tätigkeiten beschäftigt, die besser von Maschinen erledigt würden, sorgt dafür, daß sie nie jene Fähigkeiten entwickeln, die ihnen mehr Einkommen verschaffen würden.

- Wer zehn Personen für eine Arbeit einstellt, die von einer einzigen geleistet werden kann, erreicht damit, daß keiner der zehn effektiv arbeitet, denn alle merken, daß es auf ihren jeweiligen Einzelbeitrag nicht ankommt.

➤ Wer keine guten Löhne zahlt, kann nicht erwarten, daß einem die Arbeitnehmer die Ware abkaufen. Sie können es sich einfach nicht leisten. Durch schlechte Bezahlung reduziert man seinen potentiellen Markt um mindestens fünfzig Prozent. Verhalten sich alle Arbeitgeber in der Region genauso, kann der Markt völlig zusammenbrechen.

➤ Der Wohlstand einer Nation entsteht, wenn Lohngelder rasch in Umlauf kommen, denn dadurch wird die Produktion weiterer Waren angeregt. Echter Wohlstand besteht in der Herstellung und im Austausch von Waren.

Und dann machte ich folgende Entdeckung: »Ricardo irrte sich. Es gibt keine feststehende Geldmenge in der Welt oder innerhalb eines Landes. Der Reiche erleidet keine Einbußen, wenn die Arbeitnehmer einen größeren Anteil bekommen, bedeutet doch der Zuwachs für sie auch ein größeres Gesamteinkommen für ihn.«

Am Ende kam ich zu dem Schluß: »Die Arbeitnehmer sollten den höchstmöglichen Lohn erhalten und dann zur Finanzierung von Krankenhäusern, Museen, Bibliotheken, Schulen, Straßen und all den anderen Dingen, die das Leben sicherer, besser und angenehmer gestalten, hoch besteuert werden.«

Einen der aufschlußreichsten Tage meines Lebens erlebte ich gegen Ende des Zweiten Weltkriegs. Ich arbeitete damals in Japan, einem Land, das fast vollkommen zerstört war. Man brachte mich in eine der wenigen unbeschädigten Stahlfabriken. Ich rechnete damit, daß der leitende Direktor – ein intelligenter Bursche, der in Schweden ausgebildet worden war – mir erzählen würde, wie sehr es ihn freue, daß seine Fabrik den amerikanischen Bombern entgangen sei. Doch davon konnte keine Rede sein. Während vor unseren Augen Hunderte von qualifizierten Arbeitern bei großer Hitze das rotglühend aus dem Ofen kommende Stahlband mit langen Zangen an jene Stelle zogen, an der es in weiterverwendbare Stücke geschnitten wurde, sagte er zu mir: »Wir stecken hier in größten Schwierigkeiten. Die Produktionsanlagen aller unserer Konkurrenten sind von euren Flugzeugen zerbombt worden. Jetzt bauen sie sie mit den besten Maschinen aus Schweden und Kanada wieder auf. Und sie rationalisieren. Dieser ganze manuelle Unfug wird abgeschafft ...« Er deutete auf seine Arbeiter, die den Stahl forttrugen. »Der Innovationsvorsprung macht sie wahrscheinlich uneinholbar.« Traurig schüttelte er den Kopf. »Es wäre viel besser gewesen, wenn Ihre Flugzeuge diese Fabrik bombardiert hätten. Dann könnten wir jetzt mit neuen Konzepten von vorne anfangen.«

»Aber ist es denn kein großer Vorteil für Sie, daß Sie schon wieder arbeiten können, während die anderen Fabriken noch längst nicht soweit sind?« fragte ich. »Und haben Sie nicht dadurch, daß Sie nichts wiederaufbauen mußten, viel Geld gespart? – »Fürs erste ja«, erwiderte er, »aber wenn ich durch Tokio fahre und sehe, wie die anderen ihre neuen Fabriken errichten, wird mir angst und bange.«

Seine Aussage traf den Nagel auf den Kopf: »Oft ist es vernünftiger, alte Anlagen abzuwracken und mit neuen Verfahren von vorn anzufangen, auch wenn die Kosten sehr hoch sind. Wenn man zäh am Althergebrachten festhält, wird man eines Tages genauso altmodisch wie die heruntergekommene Fabrik, die man mühsam über Wasser hält.«

Zu meiner Schande muß ich gestehen, daß ich in Japan ein Wirtschaftswunder miterlebte, ohne dessen Bedeutung zu erkennen. Die Taxis waren damals für uns Amerikaner geradezu lächerlich: primitive Schrottkisten, die hinten eine Ladung Holzkohle mit sich führten. Die bei der Kohleverbrennung in einem kleinen runden Ofen entstehenden Gase trieben das Gefährt an. Später gab es die berühmten »Sechzig-Yen-Taxis« (der Grundpreis betrug ca. 16 Cent), die nicht viel größer waren als ein Kinderwagen. Die von Toyota hergestellten Fahrzeuge hießen »Toyopets« und waren ebenso gefährlich wie lächerlich.

Doch sobald dies nach dem Krieg wieder möglich war, stellte Toyota auch ein richtiges Auto her. Es schien überwiegend aus

Blech zu bestehen, war recht geräumig und fuhr anstandslos. Irgend jemand sagte damals zu mir: »In ein paar Jahren, Jim, werden diese Toyotas Detroit in Grund und Boden fahren.« Ich hätte ihm damals schriftlich gegeben, daß ich ihn für verrückt hielt. Mir war einfach noch nicht klar, daß durch harte Arbeit, Erfindungsgabe und geschicktes Management Waren entstehen konnten, die alle Welt gern kauft. Aber ich bin im Freundeskreis ja auch berühmt für die Vorhersage, daß die Pizza in Amerika keine Chance haben würde: »Zuviel Teig, zuwenig Leckerbissen – und wer, der seine fünf Sinne beisammen hat, mag schon Anchovis?«

Ideen, Ideen! Sie sind der Treibstoff unseres Gehirns und sorgen dafür, daß es auf hohem Niveau weiterfunktioniert. Glücklicherweise ist man nicht gezwungen, dauernd eigene Ideen zu entwickeln. Ausgewählte Ideen aus der Vergangenheit sind in jeder guten Bibliothek oder Universität leicht zugänglich, wenn man sich nur die Mühe macht, nachzusehen. Ideen waren mein Lebenselixier, und noch jetzt, in meinem neunten Lebensjahrzehnt, versuche ich zu begreifen, was mir bislang verschlossen war, und ziehe große Befriedigung aus allem, was ich begriffen habe.

Welche Kraft eine Idee entwickeln kann, wurde mir während des Zweiten Weltkriegs an einem medizinischen Beispiel deutlich. Ich landete auf einer von Malaria und Dengue-Fieber verseuchten Tropeninsel. Der Verseuchungsgrad pro tausend Personen lag anfangs bei 1500. Dies bedeutete, daß jeder Bewohner der Insel mit anderthalb Attacken dieser stark schwächenden und manchmal tödlich verlaufenden Krankheiten rechnen mußte. Hätten auch wir diesen furchtbaren Preis zahlen müssen, so wäre unsere Okkupation der Insel untragbar gewesen. Doch in den vergangenen Jahren hatten Mediziner Malaria und Dengue-Fieber erforscht und wußten inzwischen, wie man diese alten Menschheitsgeißeln bekämpfen konnte. Einer dieser genialen Experten kam auf die Insel und leitete den phantastischen Vernichtungsfeldzug gegen die beiden Krankheiten: »Zwanzig Mann werden mit Flammenwerfern die Oberfläche sämtlicher Wassergräben und Teiche im Gebiet bestreichen. Hundert Leute werden jeden Quadratzentimeter des besetzten Geländes durchkämmen und alle Schüsseln und Schalen, Büchsen und durchhängende Planen umdrehen und umstülpen, so daß es nirgendwo mehr stehende Wasserflächen gibt.« Auf seine Frage: »Und was bringt das?« erhielt der Inselkommandant die verblüffende Antwort: »Auf diese Weise werden alle Moskitoeier abgetötet. Und da wir wissen, daß ausgewachsene Moskitos nicht weiter als fünfzig Meter fliegen, werden in sehr kurzer Zeit sämtliche Moskitos in Ihrem Gebiet vernichtet sein. Es wird keine Malaria und kein Dengue-Fieber mehr geben.« Noch vor Jahresende war die Erkrankungsrate auf 0,003 bzw. drei Erkrankungen pro tausend Personen gesunken, wobei wir davon ausgingen, daß die Erkrankten in unbehandelten Gebieten umhergestreift waren. Der glückliche Umstand, daß irgendein heller Kopf in Friedenszeiten das Verhalten der Moskitos studiert hatte – eines jener Forschungsprojekte, über die sich vorlaute Zeitungskommentatoren immer gerne lustig machen –, trug also nicht unwesentlich zum erfolgreichen Kriegsausgang bei.

So endet der Bericht über meine Reisejahre und die Zeit der gedanklichen Reflexion. Unter dem Strich stehen nach all diesen Erfahrungen zwei entscheidende Grundgedanken: Erstens, daß alle Menschen Brüder und Schwestern sind und sich gleichermaßen bemühen, das Leben in seiner ganzen Komplexität zu begreifen; und zweitens, daß eine Gesellschaft dann prosperiert, wenn die Arbeitnehmer ordentlich bezahlt werden, weil auf diese Weise der Warenaustausch angeregt wird und neuen Wohlstand schafft. Meine dritte Idee kam später; sie hatte mit Reisen, Philosophie und Politik nichts zu tun.

Kapitel VIII

Schreiben

Wäre ich ein frommer Mann gewesen, so hätte ich mein Erlebnis auf der Landebahn von Tontouta sicher als Theophanie gedeutet. Der Zweite Weltkrieg neigte sich seinem Ende zu, als ich nach aufregendem Dienst auf den Fidschi-Inseln und einer stürmischen Inspektionsreise nach Bora Bora wieder in mein Hauptquartier auf der zu Frankreich gehörenden Insel Neukaledonien im südwestlichen Pazifik zurückkehrte. Meine Abenteuer hatten mich sehr angeregt. Ich brannte darauf, mich an die Schreibmaschine zu setzen, um über meine Erlebnisse zu berichten. Alle meine Sinne waren hellwach. Als sich unsere Maschine gegen Abend dem großen Luftwaffenstützpunkt Tontouta näherte, verdüsterte sich der Himmel unheilvoll, und mich beschlich die dumpfe Ahnung, daß uns möglicherweise eine ungewöhnlich riskante Landung bevorstand.

Meine Befürchtungen bewahrheiteten sich. Kurz vor Erreichen der Landebahn, die am jenseitigen Ende von einer niedrigen Bergkette begrenzt wurde, verloren wir die Sicht. Ich erinnere mich noch, wie ich zu mir sagte: »Am besten startet er durch und probiert's noch einmal.« Zu meiner Erleichterung kam der Pilot zu der gleichen Erkenntnis. Die Maschine senkte ihre linke Tragfläche, die Triebwerke röhrten auf, und schon schossen wir wieder empor, durchstießen die bedrohliche Wolkendecke, flogen eine weite Linkskurve, um den Bergen nicht zu nahe zu kommen, und versuchten dann vom Meer her einen neuen Landeanflug.

Während dieser Routinemanöver zur Vermeidung einer Risikolandung hatte die Dämmerung deutlich zugenommen. Die Sichtverhältnisse waren nach wie vor katastrophal. Meine Nerven waren gespannt, meine Muskeln verkrampften sich. Nichts zu machen. Sicht gleich Null! Wieder heulten die Triebwerke auf, wieder erfolgte die scharfe Linkskurve vor den Bergen, bei der die Tragflächen nahezu die Vertikale erreichten und einem fast übel wurde. Wieder flog die Maschine in weitem Bogen aufs

Meer hinaus und setzte über den kaum erkennbaren Wellen zum drittenmal zur Landung an.

Ich weiß heute nicht mehr, ob Tontouta mit Radar für Nachtlandungen ausgerüstet war – wahrscheinlich nicht, und wenn, dann war diese Ausrüstung mit Sicherheit ungenügend. Beim dritten Landeversuch waren meine Nerven zum Zerreißen gespannt, doch da ich schon Tausende gefährlicher Flugkilometer über dem Pazifik hinter mir hatte, geriet ich nicht in Panik. »Wenn's diesmal nicht klappt, schaffen wir's überhaupt nicht mehr«, sagte ich mir. Auf die Spekulation, ob unser Sprit für die Rückkehr nach Fidschi oder den Weiterflug nach Espiritu Santu im Norden reichte, verzichtete ich.

Mit Geschick, Nervenkraft und Entschlossenheit gelang unserem Piloten eine perfekte Landung. Auf den Beifall seiner Passagiere reagierte er nicht, wußte er doch noch besser als wir, wie knapp es gewesen war.

An jenem Abend hatte ich keinen Appetit. Mein Magen war so angespannt, daß er jede Nahrungsaufnahme verweigerte. Andererseits fühlte ich mich auch noch nicht bettreif. Ich stand, wie sich herausstellen sollte, vor einem Wendepunkt in meinem Leben. Da ich keine Ruhe fand, verließ ich mein Quartier und wanderte ziellos hin und her, bis ich mich auf dem langen, dunklen Rollfeld wiederfand. Hin und wieder gaben die in niedriger Höhe vorüberziehenden Wolkenfetzen für kurze Zeit den Blick auf die Berge frei.

Meine rastlose Wanderung auf dem Flugfeld von Tontouta währte einige Stunden und diente lediglich dem Zweck, meine Nerven zu beruhigen. Allmählich begann ich dann aber auch über meine Zukunft nachzudenken und mich bestimmten Problemen zu stellen: Was will ich mit dem Rest meines Lebens anfangen? Wofür stehe ich? Was will ich in den Jahren, die mir noch vergönnt sind, erreichen? Will ich wirklich wieder das gleiche tun wie früher? Mindestens zwei Stunden lang schlug ich mich mit diesen Fragen herum.

Vermutlich war ich damals keineswegs der einzige, der sich in einer kritischen Phase der Selbsteinschätzung und Überprüfung seiner Lebensplanung befand. Es gab damals im Südpazifik Tausende von Männern, die sich während langer Nachtwachen auf Schiffen und Flughäfen die gleichen oder ähnliche Fragen stellten. Eine erstaunlich große Zahl von ihnen beschloß damals: Nein, so wie bisher möchte ich nicht weitermachen. Ich kann mehr als das. Und dann entschieden sie sich, nach ihrer Rückkehr in die Staaten Pfarrer zu werden, ein begonnenes Jurastudium fortzusetzen, für ein öffentliches Amt zu kandidieren, sich mit einem riskanten Unternehmen auf eigene Füße zu stellen, eine Universitätskarriere anzustreben oder im Krankenhaus zu arbeiten. Auf den abgelegenen Inseln veränderte sich das Leben vieler Menschen, Horizonte erweiterten sich, es kam zu dramatischen Richtungswechseln. Den damaligen politischen Führern unseres Landes gereicht es zum ewigen Ruhm, daß sie solche Denkmuster voraussahen und den jungen Männern, die nach dem Krieg in dem festen Willen heimkehrten, ihrem Leben eine Wendung zum Besseren zu geben, finanzielle Unterstützung gewährten.

Nach langer, intensiver Beschäftigung mit der amerikanischen Geschichte und Gesetzgebung bin ich zu dem Schluß gekommen, daß der Kongreß in zwei Fällen tatsächlich zu einer Verbesserung der Lebenqualität in unserem Land beigetragen hat; interessanterweise geschah dies beide Male in Kriegszeiten.

Im Jahre 1862, in den düstersten Tagen des Bürgerkriegs, verabschiedete der Kongreß zwei Gesetze, die in einem engen Zusammenhang standen und die ich sogar als Einheit betrachte: den *Homestead Act*, der den Siedlern im Westen freies Land garantierte, und den *Morrill Act*, der die Einrichtung von sogenannten *land-grant colleges* beschloß, in denen die Ausbildung frei oder zumindest sehr billig war.*

---

* Der *Morrill Act* von 1862 schuf die Voraussetzung dafür, daß zur Errichtung »von mindestens einem College in jedem Staat« Grund und Boden zur Verfügung gestellt wurde. (Anm. d. Übers.)

Beide Gesetze waren in ihrer Art genial, gewährleisteten sie doch die Entwicklung einer freien, aktiven Gesellschaft, in der tatkräftige Bürger Land für ein eigenes Heim erwerben und eine fundierte Ausbildung genießen konnten. Beides kam nicht nur den Betroffenen selbst zugute; es stärkte auch die Nation in ihrer Gesamtheit.

Das zweite lobenswerte Gesetz verabschiedete der Kongreß während des Zweiten Weltkriegs; es wurde unter der Bezeichnung G. I. Bill bekannt und stellte für die Nachkriegszeit allen Männern und Frauen, die im Krieg gedient hatten, finanzielle Beihilfen in Aussicht, mit denen sie ihre Ausbildung fortsetzen und abschließen konnten. Millionen junger Menschen haben von dieser Möglichkeit Gebrauch gemacht. Ich halte dieses Gesetz für eine der besten Investitionen, die die öffentliche Hand zeit meines Lebens getätigt hat, stellte es doch die Fortbildung einer ganzen Generation intelligenter junger Leute sicher und half ihnen bei der Verwirklichung sinnvoller Lebensziele. Der Leistungsboom auf allen Gebieten, der in den Jahrzehnten nach dem Zweiten Weltkrieg in Amerika erkennbar war, läßt sich zum großen Teil auf die Energien zurückführen, welche die G. I. Bill freisetzte.

Ich war also in jener Nacht auf dem Flugplatz von Tontouta nicht allein in meinem Entschluß, mehr aus mir herauszuholen als das, was ich bisher geleistet hatte. In anderer Hinsicht bildete ich allerdings eine Ausnahme, da ich niemals im üblichen Sinne des Wortes ehrgeizig gewesen war. Ich hatte als Junge nicht davon geträumt, eines Tages diesen oder jenen Beruf zu ergreifen; Anerkennung und Reichtum hatten mich nie gereizt. Die beste Beschreibung von mir, die mir je zu Ohren gekommen ist, stammte von einem Kommilitonen am College: »Jim schlendert die Straße entlang, bohrt in der Nase und guckt in die Sterne.«

Insofern waren also die Bewertungen, zu denen ich in jener Nacht kam, doch nicht vergleichbar mit den Entscheidungen anderer Männer mit klareren Vorstellungen von sich und ihrer Zukunft. Ich wollte nicht Pfarrer werden, obgleich ich überzeugt war, recht gut für dieses Amt geeignet zu sein. Auch beabsichtigte ich nicht, beruflich eine völlig neue Richtung einzuschlagen, denn ich war mit meinem Job als Lektor in dem angesehenen Verlagshaus Macmillan sehr zufrieden. Mir fehlte jener feste Glaube an die eigene Bestimmung, der mich in die Politik oder den öffentlichen Dienst hätte führen können, und ich konnte in mir auch keine verborgenen Talente entdecken, die nur darauf warteten, aktiviert zu werden. Und da ich schon ein halbes Dutzend der besten Bildungseinrichtungen der Welt besucht hatte, verspürte ich auch nicht das Bedürfnis, noch einmal zur Schule zu gehen.

Ich sah auf jener Wanderung ein, daß ich nicht mit meiner beruflichen Tätigkeit unzufrieden war, sondern mit mir selbst. Die Entscheidung, die ich in dieser Nacht traf, ist mir inzwischen peinlich, klingt sie doch ohne die Einschränkungen, die ich damals sofort hinzufügte, geradezu lächerlich. Wie dem auch sei – als die Sterne herauskamen und ich den niedrigen Gebirgszug sehen konnte, an dem wir um ein Haar zerschellt wären, gelobte ich: »Ich werde den Rest meines Lebens so verbringen, als wäre ich ein großer Mann.« Trotz des ungeheuer angeberischen Tons dieser Worte war mir vollkommen klar, was ich damit meinte: »Ich werde Neid, Mißgunst und niedrige Gedanken eliminieren. Ich werde mein Leben auf die höchsten Ideale und Gedanken konzentrieren, mit denen umzugehen ich imstande bin. Ich werde die Gesellschaft von Menschen suchen, die mehr wissen als ich. Ich werde mich bedeutenden Aufgaben widmen.«

Ich ging weiter und legte mir zurecht, was ich künftig tun und lassen wollte. Dabei kam ich immer wieder auf einen alles andere überlagernden Entschluß zurück: »Ich werde mich stets für die Dinge einsetzen, an die ich glaube.« In den fast fünfzig Jahren, die seit jener Nacht vergangen sind, habe ich tatsächlich immer fest zu meinen Grundüberzeugungen gestanden.

Noch ehe der Tag anbrach, modifizierte ich mein erstes Gelübde: Nein, ich wollte nicht so handeln wie ein großer

Mann, das war einfach zu dick aufgetragen. Ich wollte so handeln, als wüßte ich, was wahre menschliche Größe ausmacht. Und nach diesem Grundsatz habe ich mein ganzes Leben eingerichtet.

War diese eindrucksvolle Erfahrung auf dem dunklen Flugfeld eine Theophanie im Wortsinne, eine Gotteserscheinung? Wie eingangs gesagt: Als tiefgläubiger Mensch hätte ich jeden Eid darauf geschworen, ja, ich hätte vielleicht sogar behauptet, daß nach dem Wunder jener sicheren Landung in der feierlichen Dunkelheit Stimmen zu mir gesprochen hatten. Aber so war es nicht. Die einzigen Stimmen, die ich hörte, kamen aus mir selbst, und sie sagten mir, daß ich das Ende eines bestimmten Pfades erreicht hatte und nun dringend einen neuen Weg und ein neues Ziel benötigte. Ich hatte die Beobachtung gemacht, daß manche Männer und Frauen so lebten, als hätten sie alles Unwichtige aus ihrem Leben getilgt und ihre Energien für die Dinge reserviert, auf die es wirklich ankam. Ihrem Vorbild wollte ich folgen.

Da der Leser vielleicht argwöhnt, ich hätte die Gefahren jener schwierigen Landepiste übertrieben dramatisch dargestellt, möchte ich noch etwas ergänzen: Ein paar Wochen später schnappte sich mein Nachfolger im Navy-Hauptquartier in Noumea ohne Genehmigung ein Flugzeug für eine kleine Spritztour. Bei der Rückkehr nach Tontouta flog er geradewegs gegen den Höhenzug, dem wir damals ausgewichen waren. Er selbst und alle meine ehemaligen Mitarbeiter kamen bei dem Absturz ums Leben.

Wie verhielt ich mich nach jener seelischen Selbsterforschung? Nach außen hin nicht anders als zuvor. Ich kehrte auf meine Heimatbasis Espiritu Santo zurück, übernahm wieder die Federführung über einen riesigen Berg von Akten und Dokumenten, der zur Fortsetzung des Luftkriegs gegen die Japaner erforderlich war, und kümmerte mich um die sechs mir unterstellten

Wehrpflichtigen, vor allem um Jim, den Schuster aus Tennessee, und Garcia, den glutäugigen Poeten aus Texas. Ich flog mit meinen wichtigen Unterlagen kreuz und quer im Pazifik herum, und mein vierzigster Geburtstag rückte näher, ohne daß ich irgend etwas Besonderes geleistet hätte.

Eine kleine Veränderung gab es allerdings. Bei meinen Dienstreisen auf den neunundvierzig Inseln, die ich – einschließlich meiner eigenen – zu betreuen hatte, hörte ich fortan aufmerksam zu, wenn abends in den billigen Hotels, in denen Durchreisende wie ich übernachteten, Geschichten erzählt wurden. Bewußt suchte ich den Kontakt zu Menschen mit ungewöhnlichen Erfahrungen – oder besser zu Menschen, die ihre gewöhnlichen Erfahrungen mit ungewöhnlicher Klarheit durchschauten. Aus dieser Mischung aus Information und Beobachtung erwarb ich mir mit der Zeit einen recht guten Überblick über das, was das pazifische Abenteuer in menschlicher Sicht bedeutete. Mit fast klinischer Deutlichkeit zog ich folgenden Schluß: Wenn einer ganzen Generation befohlen wird, den Mt. Everest zu besteigen, kann man davon ausgehen, daß diese Bergtour für alle Beteiligten eine Erfahrung fürs Leben sein wird. Die Leute werden während des Aufstiegs gottserbärmlich schimpfen und den Marschbefehl verfluchen. Doch wenn sie dann in späteren Jahren auf die Tour zurückblicken, werden sie erkennen, daß es ein großartiges Abenteuer war, und sich wünschen, es anhand entsprechender Lektüre noch einmal nachvollziehen zu können.

Von diesen Gedanken war es nur noch ein kleiner Schritt zu folgender Überlegung: In einigen Jahren werden all jene, die sich heute am lautesten beschweren, anderen erklären wollen, wie es hier draußen gewesen ist. Dessen bin ich mir ganz sicher. Also werde ich so einfach und ehrlich wie möglich niederschreiben, wie es wirklich war. Dann machte ich mir selbst Mut: Niemand kennt den Pazifik besser als ich, niemand kann die Geschichte präziser erzählen als ich... Es war keine Angeberei, sondern die schlichte Wahrheit und eine gute Voraussetzung für die Aufgabe, die ich mir stellen wollte.

Als leidenschaftlicher Cineast hatte ich noch nie einen Film gesehen, der so schlecht gewesen wäre, daß ich das Kino verlassen hätte, ohne das Ende abzuwarten. Jeden Abend um sieben gab es eine Vorstellung. Da saßen wir dann auf Kokospalmenstämmen unter freiem Himmel und sahen Betty Grable, Ann Sothern, Rita Hayworth, Dick Powell und John Payne zu, doch Punkt halb zehn begab ich mich dann in meine Nissenhütte, zündete die stinkende Laterne an, die die Moskitos fernhielt, setzte mich an meine Schreibmaschine und schrieb im Zweifingersystem die Geschichten auf, die mir auf meinen Reisen im pazifischen Raum zu Ohren gekommen waren. Im flackernden Laternenlicht – der Strom in den großen Hütten wurde abgeschaltet – rief ich mir die Abenteuer aus dem Luftkrieg in Erinnerung, an denen ich teilgenommen hatte; ich stellte mir die Strände vor, an denen wir an Land gegangen waren, die abgelegenen Außenposten, die herrlichen Eilande mit den sich neigenden Palmen, vor allem aber die tapferen Menschen, die mir begegnet waren: französische Plantagenbesitzer, australische Küstenwächter, Krankenschwestern der Navy, tonkinesische Arbeiter, einfache Matrosen und Soldaten, die alle ihre Pflicht taten, und die Eingeborenen, deren Dschungelrefugien ich aufgesucht hatte.

Rigoros hielt ich mich an das, was ich mir vorgenommen hatte, und berichtete über den Südpazifik, so wie er wirklich war. Große Worte lagen mir von Natur aus nicht, und ich neigte auch nicht zu Schwulst und bombastischen Schilderungen. Zwar hatte ich verschiedene Kriegshandlungen unmittelbar miterlebt, doch scheute ich davor zurück, zu ausführlich auf sie einzugehen. Auch fehlte mir gänzlich jener romantische Überschwang, der die Werke früherer Schriftsteller, die über den Pazifik geschrieben hatten, so farbig machte. Ich denke hier an Pierre Loti, Robert Louis Stevenson, James Norman Hall und insbesondere an den so überaus populären Frederick O'Brien, Autor von *White Shadows in the South Seas*. Was meine persönliche Vertrautheit mit den diversen Inseln betraf, so war ich wahrscheinlich jedem von ihnen voraus; an erzählerischem Geschick aber übertrafen sie mich zweifellos alle.

Ich tat, was ich auch bei allen späteren Büchern wieder tun sollte: Ich schuf ein Ambiente, das dazu angetan war, den Leser gleichermaßen zu unterhalten wie zu informieren. Die Personen, die ich erfand, waren so realistisch wie irgend möglich und nur in dem Maße »Helden«, wie ich es selbst erlebt oder für glaubwürdig gehalten hatte. Und für wen schrieb ich damals Nacht für Nacht? Nicht für die allgemeine Öffentlichkeit; es lag mir nichts daran, sie zu beeindrucken. Ich schrieb auch nicht für die Gralshüter der Literatur, von denen ich herzlich wenig wußte, und erst recht nicht für die Nachwelt – eine Vorstellung, die mir nie in den Kopf kam. Ich schrieb in erster Linie für mich selbst; es ging mir darum, die Realität des Pazifikkriegs festzuhalten, und ich schrieb für die jungen Männer und Frauen, die diesen Krieg erlebt hatten.

Nach sechs oder sieben Kapiteln war ich der Meinung, daß meine Arbeit mehr oder weniger das gewünschte Ergebnis zeitigte, aber mir fehlte jede Bestätigung von außerhalb, und daß ich am Ende einer langen Nacht – um drei oder vier Uhr morgens, weil ich viele Passagen mehrfach umschrieb – plötzlich laut ausgerufen hätte: »He, das ist ja echt gut!«, kam bestimmt nicht ein einziges Mal vor. Da ich also sowohl im wörtlichen als auch im übertragenen Sinne im Dunkeln arbeitete, beschloß ich, die Meinung anderer einzuholen. Aber an wen konnte ich mich wenden?

In der Hütte neben mir war ein junger Rekrut einquartiert, der sich nur mit Widerwillen zur Navy hatte einziehen lassen. Er verbrachte seine Zeit damit, Kaurimuscheln zu suchen, sie mit einer Mischung aus Baumwolle und Flugzeugkleber auszustopfen und dann auf Silberdraht aufzufädeln. Die so entstandenen hübschen Halsketten kauften ihm andere Navy-Soldaten für fünfzehn Dollar das Stück ab und schickten sie an ihre Ehefrauen und Freundinnen in der Heimat. Der junge Mann hieß Fred, und wenn er noch lebt, hoffe ich, daß er sich meldet, denn ich verdanke ihm sehr viel und würde mich für seine damalige Hilfsbereitschaft gerne erkenntlich zeigen.

Er war ein cleverer Bursche und machte ein Heidengeld mit seinen Halsketten. Ich hatte schon überlegt, ob ich ihm eines meiner Kapitel zu lesen geben sollte, als er mich eines Morgens mit der Bemerkung überraschte: »Lieutenant Michener, wenn ich nachts an meinen Halsketten sitze, sehe ich immer, daß Sie auch an irgend etwas arbeiten. Was ist denn *Ihr* Gewerbe?« Ich erklärte ihm, daß ich an einem Bericht über den Krieg im Südpazifik schrieb, worauf er antwortete: »Es interessiert mich, was Sie davon halten.« Eine Minute später drückte ich ihm ein Kapitel in die Hand und quälte mich dann ewig mit der Frage herum, ob das eine vernüftige Entscheidung gewesen war.

Am nächsten Morgen tauchte er mit dem Manuskript bei mir in der Hütte auf. »Das ist gar nicht schlecht«, sagte er, nicht mehr, und als ich ihm in der Folgezeit ein Kapitel nach dem anderen überließ, wiederholte er seinen Kommentar: »Nicht schlecht, wirklich, gar nicht schlecht.« Nie sprach er über die Handlung, die Entwicklung der Personen, den Stil oder über den Kontext und die Kohärenz der Texte im allgemeinen. Morgen für Morgen sagte er nur: »Nicht schlecht!« Und einmal über eine Kampfszene: »Sie wissen, was Sie tun.«

Seine Unterstützung war unbezahlbar, denn nur er wußte, was ich dort in der Dunkelheit trieb, während er seine Halsketten zusammenbastelte. Ich habe ihm nie eine abgekauft, und er versuchte nie, mir eine zu verkaufen. Hätte er es getan, so hätte ich mir mit Sicherheit die Kette genau angesehen, sie gebührend bewundert und sie ihm dann mit den Worten »Nicht schlecht, wirklich, gar nicht schlecht!« zurückgegeben.

Das Buch wurde unter dem Titel *Tales of the South Pacific*[*] veröffentlicht. Fred schrieb mir nie dazu. Ich bin sicher, er hielt es nicht für nötig, denn als ich seiner Hilfe bedurfte, hatte er sie

---

[*] dt. *Die Südsee. Erzählungen* (zuerst: *Im Korallenmeer*).

mir großzügig gewährt. Ich kann gar nicht sagen, wie wertvoll mir seine Unterstützung war. In einer leeren, von großen Schatten verdüsterten und moskitoverseuchten Hütte zu sitzen und zu schreiben, das ist eine Aufgabe, die geradezu nach moralischer Unterstützung schreit. Und Fred war der Mann, der sie mir bot.

So also begann meine Schriftstellerkarriere. Um den ziemlich ungewöhnlichen Schriftstellertyp zu verstehen, den ich verkörperte, muß man bestimmte Aspekte meines Vorlebens kennen. Drei Faktoren aus meiner Jugendzeit prägten mein Schreiben: Erstens hatte ich als Junge und als junger Mann ungeheuer viel gelesen; zweitens verfügte ich über eine sehr lebendige Erfahrung mit den harten Realitäten des amerikanischen Lebens; und drittens hatte ich eine intensive Lehrzeit als Lektor in einem der besten amerikanischen Verlage hinter mir. Mehr als alles andere prägte diese Zeit meine Einstellung zum Schriftstellerberuf.

Aufgrund meiner Erfahrungen bei Macmillan habe ich mich nie als »Autor« (*author*) bezeichnet; ich bin ein Schriftsteller (*writer*), und ich bin stolz darauf, daß die Schriftstellerei in jeder Gesellschaft zu den großen und wichtigen Berufen zählt. »Autoren« waren für mich aufgeblasene Wichtigtuer. Sie veröffentlichten ihre Werke im Londoner Haus unseres Verlags und kamen hin und wieder über den Atlantik zu uns, um den amerikanischen Bauern zu zeigen, wie grandios sie waren. »Schriftsteller« waren dagegen Leute wie Theodore Dreiser, Sinclair Lewis und Willa Cather, die zu Hause blieben und Bücher schrieben. »Autoren« waren auch Leute aus dem vorigen Jahrhundert, die drei Namen – James Russell Lowell, Henry Wadsworth Longfellow, John Greeleaf Whittier, Oliver Wendell Holmes – und lange Bärte trugen und in amerikanischen Klassenzimmern als Gipsbüsten herumstanden. »Schriftsteller« waren unbequeme Zeitgenossen wie Melville, Whitman und Upton Sinclair. Ich war ein Schriftsteller.

Drei meiner damaligen Kollegen bei Macmillan hatten einen prägenden Einfluß auf meine Einstellung zum Verlagswesen. Harold Latham, der Cheflektor, war ein unnahbarer Gelehrter mit einem scharfen Auge für potentielle Bestseller. Er heiratete nie; seine Braut und sein Erbe war das Haus Macmillan. Nicht nur wegen seiner riesenhaften Größe war er eine ehrfurchtgebietende Erscheinung. Obwohl Macmillan das Buch, das ich im Südpazifik begonnen hatte, veröffentlichte, sprach Latham nicht ein einziges Mal mit mir, denn ich war Lektor, der Lehrbücher bearbeitete, während er die echten Autoren betreute. Latham war für Macmillan von unschätzbarem Wert, und ich hatte große Achtung vor ihm, war er doch unter anderem der Entdecker von *Vom Winde verweht* und *Amber*, zwei Büchern, von deren Einkünften wir damals bei Macmillan alle lebten.

Auch sonst hatte sein Urteil immer Hand und Fuß. Er war ein mächtiger Mann, der mich gegen Cheflektoren im besonderen und gegen *tradebook publishers*\* im allgemeinen allergisch machte. Ich sollte auch später nie eine enge persönliche Beziehung zu einem Lektor oder Verleger entwickeln; ich respektierte sie, ja, und rechnete ihnen die guten Dienste, die sie mir erwiesen, hoch an, aber meine Brüder waren sie nicht. Ihre Bestimmung war es, mit »Autoren« zusammenzuarbeiten, nicht mit einfachen Schriftstellern.

Einer der einnehmendsten Lektoren, der mir je begegnet ist, arbeitete damals ebenfalls bei Macmillan. Es war Jim Putnam, ein hochgewachsener, stets tadellos gekleideter Mann, der mit britischem Akzent sprach und den Prototyp des New Yorker Lektors verkörperte. Gelassen, voller Charisma und niemals eingebildet, bezauberte Jim Putnam jeden Menschen, mit dem er zu tun hatte, und mich ganz besonders. Ich habe nur die besten Erinnerungen an ihn, und zwar nicht an den Lektor, sondern an den Gentleman Jim Putnam. Von allen *tradebook*-Lekto-

---

\* Verleger von im Buchhandel vertriebenen Büchern im Gegensatz zu Büchern, die über Versandbuchhandlungen verkauft werden. (Anm. d. Übers.)

ren bei Macmillan war er der einzige, der sich dazu herabließ, mit uns Fachbuch-Sklaven im ersten Stock zu sprechen, obwohl wir es waren, die für den Löwenanteil der Umsätze sorgten. Ich freute mich über sein zuvorkommendes Wesen und studierte aufmerksam seine Arbeitsweise.

Soweit ich es mitbekam, bestand seine Hauptaufgabe darin, im feinen englischen Anzug und mit einem Homburg auf dem Kopf zur Arbeit zu erscheinen und dann mit dem Taxi zu den Übersee-Piers in Zentral-Manhattan zu fahren, wo am frühen Morgen die großen Transatlantik-Dampfer anlegten. Er betrat das Schiff, bevor die Passagiere aussteigen konnten, suchte die Kabine auf, in der ein Autor oder eine Autorin unserer Londoner Dependance logierte, und eskortierte ihn oder sie dann zum Verlagsgebäude in der Fifth Avenue, das viel größer war als das Haus unserer englischen Vettern in London.

Jim geleitete seinen Autor durch die großen Haupttüren und führte ihn ins Chefzimmer im ersten Stock, wo ich die Prozession an meinem eher schäbigen Büro vorbeiziehen sah: Jim strahlend voran, der selbstzufriedene Autor hintendrein, gefolgt von den drei anderen *tradebook*-Lektoren, die dafür, daß sie die Nachhut bildeten, mit einem freien Essen belohnt wurden. Im Chefzimmer warteten unterdessen bereits eine Handvoll Manager. Später fand dann ein literarisches Mittagessen statt, an dem vielleicht auch ein oder zwei New Yorker Kritiker teilnahmen.

Am nächsten Tag begleitete Jim die reisende Koryphäe zur Grand Central Station. Dort bestieg der Autor den *Twentieth-Century Limited* nach Chicago, von wo aus er einem halben Dutzend amerikanischer Colleges und Universitäten literarische Visiten abstatten, über praktisch alle Themen, die gerade *en vogue* waren, dozieren und zahlreiche Interviews geben würde. Sobald das Programm abgespult war, eilte der Gast auf dem schnellsten Wege nach London zurück, um dort eine zweite Vortrags- und Interviewserie zu beginnen, in der das barbarische Leben in Amerika, der jämmerliche Zustand unseres Erziehungssystems und die generelle Flegelhaftigkeit der Bevölkerung im Mittelpunkt stehen würde. Mir kam das alles ziemlich albern vor.

Ich muß hier ein wenig abschweifen und über eine meiner eigenen Erfahrungen auf PR-Touren berichten. Nachdem ich einen gewissen Bekanntheitsgrad als junger Schriftsteller erworben hatte, von dem man sich noch einiges erwartete, erhielt ich die Einladung zu einem Vortrag an der Universität Cincinnati. Mein alter Dekan aus Swarthmore, Raymond Walter, war dort inzwischen Rektor. Zwei gutaussehende Männer, der Leiter der anglistischen Fakultät und sein Assistent, holten mich am Zug ab. Sie behandelten mich beim Mittagessen mit derart ausgesuchter Freundlichkeit und lasen mir jeden Wunsch von den Lippen ab, daß ich mir insgeheim sagte, vielleicht hat die Schreiberei ja wirklich etwas für sich. Schon bildete ich mir ein, ich könne über kurz oder lang zum echten »Autor« avancieren. Doch kaum hatte mich das Paar am Vortragssaal abgeliefert, da war es auch schon verschwunden

Mir kam das sehr merkwürdig vor. Als mich nach dem Vortrag ein anderes Professorenduo der anglistischen Fakultät eiligst zum Bahnhof brachte, damit ich den Zug zum nächsten Universitätstermin noch erreichen konnte, erkundigte ich mich bei meinen Begleitern nach dem Verhalten ihrer Kollegen. Der jüngere der beiden erklärte mir daraufhin: »Wir handeln auf Anordnung von Rektor Walter. Jede Fakultät, die einen Redner einlädt, muß dafür sorgen, daß ihn zwei Leute am Zug abholen, mit ihm zu Mittag essen und ihn oder sie nüchtern zum Podium bringen.« Als ich die Brauen hochzog, fügte der andere Mann hinzu: »Wir hatten vier Gastredner hintereinander, die sturzbetrunken zum Vortrag erschienen. Die schlimmste von allen war Dorothy Thompson. Jetzt reicht es uns. Steigen die Gäste schon betrunken aus dem Zug, machen wir sie wieder nüchtern. Sind sie nüchtern, sorgen wir dafür, daß sie es auch bleiben. Sobald wir Burschen von der zweiten Schicht sie wieder zum Zug gebracht haben, sind sie wieder sich selbst überlassen. Nun übernehmen die Leute am nächsten Bahnhof das Problem.«

Sie erwähnten drei Autoren männlichen Geschlechts, die sich danebenbenommen hatten (recht prominente sogar, aber ich habe die Namen vergessen), und Miss Thompson hatte mit ihrem skandalösen Verhalten das Faß zum Überlaufen gebracht. Kurz vor seinem Tode kam Truman Capote zu einem Vortrag an die Universität Maryland. Sternhagelvoll stürzte er auf die Bühne, brüllte herum, brach zusammen und kam nicht mehr auf die Beine. Später erzählte mir ein Professor jener Hochschule, daß danach ein ähnliches Verfahren wie in Cincinnati eingeführt worden war.

Die Karriere meines Helden Jim Putnam endete traurig, jedenfalls was seine Arbeit bei Macmillan betraf. Auf einer literarischen Cocktailparty begegnete er einem charmanten russischen Abenteurer und Möchtegern-Wissenschaftler namens Immanuel Velikovsky, der ein Manuskript mit dem Titel *Welten im Zusammenstoß* geschrieben hatte. Es war der spannende Bericht darüber, wie in einer noch nicht allzulange zurückliegenden Zeit diverse Himmelskörper mit der Erde kollidiert waren und eine Vielzahl von Phänomenen hervorgerufen hatten, für die konventionelle Wissenschaftler weit weniger spektakuläre Erklärungen präsentierten. Jim überredete die Verlagsleitung, das Buch zu kaufen. Es wurde ein heißer Bestseller und war eine Zeitlang quer durch die Staaten in aller Munde. Für Jim war es eine schmucke Feder am Hut, und wir freuten uns für ihn.

Doch dann brach der Zorn der gesamten Zunft über Macmillan herein. Professoren und Wissenschaftler, denen man eigentlich etwas mehr Vernunft zugetraut hätte, drohten, sie würden nie wieder ein Macmillan-Buch kaufen, wenn wir noch länger diesen infamen Blödsinn verbreiteten. Ich verteidigte Jim, indem ich laut verkündete: »Das Recht auf freie Meinungsäußerung verlangt von uns, standhaft zu bleiben und Velikovsky seine Auffassung vertreten zu lassen.« Kaum hatte ich mich in diesem Sinne geäußert, da meldeten sich Lektoren des Universitätsverlags – einer sehr einträglichen Abteilung des Hauses – und wiesen auf die möglicherweise katastrophalen Folgen eines

Boykotts unserer Lehrbücher durch die Professoren der naturwissenschaftlichen Fakultäten hin. Die Debatte im Hause wogte hin und her.

Die Professoren blieben unnachgiebig. Einige von ihnen, die früher des langen und breiten über die Redefreiheit als Eckpfeiler der amerikanischen Demokratie doziert hatten, wiederholten jetzt, daß der Verlag Macmillan dichtmachen könne, wenn er weiterhin Velikovskys Buch unter die Leute bringe. Als subalterner Lektor in der Schulbuchabteilung war ich am Entscheidungsprozeß nicht beteiligt, doch kann ich mich noch gut an jenen Frühlingsabend erinnern, an dem uns eine junge Frau aus dem Universitätsverlag beim Abendessen mitteilte, daß unser Freund Jim Putnam den Wölfen zum Fraß vorgeworfen worden sei. »Tja, man hat ihn gefeuert, damit die Wissenschaftler Ruhe geben. Außerdem haben wir uns bereit erklärt, das Buch einem anderen Verlag zu überlassen. Ein einmaliger Vorgang in der amerikanischen Verlagsgeschichte – einen Bestseller, man stelle sich vor! Aber die Wissenschaftler sind endlich zufrieden und haben zugesagt, auch in Zukunft Macmillan-Bücher zu benutzen.« Ich sah Jim Putnam niemals wieder.

Zweimal während meiner Tätigkeit für Macmillan hatte ich selber mit Zensur zu tun, und ein drittes Mal war ich Zeuge eines solchen Vorgangs. In allen drei Fällen ging es um Textpassagen religiösen Inhalts. In einem der von mir betreuten Bücher hatte ich dem Autor eine Behauptung über Mary Baker Eddy und ihre Christliche Wissenschaft durchgehen lassen. Ich war der Meinung gewesen, daß es sich dabei um eine historisch verbürgte Tatsache handelte. Aber das Buch war kaum auf dem Markt, als mich zwei distinguierte Herren aufsuchten und mir erklärten, daß man am Sitz der Kirche in Boston ernsthafte Einwände gegen das Buch habe. Als ich versuchte, mich zu verteidigen, erfuhr ich, daß die Bostoner Mutterkirche im Laufe der Jahre einen sehr sorgfältig formulierten Text über Mary Baker Eddy zusammengestellt hatte. Jeder einzelne Satz war von Experten genauestens überprüft worden, so daß nicht der geringste Anflug von Scharlatanerie, falschem Bekehrungseifer oder messianischen Ansprüchen darin enthalten war. Außerdem erfuhr ich, daß man als Außenstehender wie ich nie darauf kommen kann, was der offiziellen Doktrin zuwiderläuft und was nicht. Mit anderen Worten: Die Mutterkirche hatte bestimmt, was man über Mary Baker Eddy sagen konnte und was nicht, und mehr durfte auch nicht gedruckt werden. Ich mußte gar nicht erst nach den Strafen fragen, die auf uns warteten, sollten wir die anstößige Passage in folgenden Auflagen beibehalten, anstatt uns an die allgemeinverbindliche Lehre zu halten. Die Herren gaben auch unaufgefordert Auskunft.

Im zweiten Fall erhielt ich den Besuch von zwei Rechtsanwälten aus Utah, die den beiden Herren aus Boston so ähnlich sahen, daß ich sie heute gar nicht mehr auseinanderhalten kann, zumal sich auch ihre Missionen nicht voneinander unterschieden. Bei einem Buch über die Ausdehnung der Vereinigten Staaten nach Westen war ich einmal mehr auf ein Thema gestoßen, über das eine unumstößliche Lehrmeinung existierte. Diesmal stammte sie von der Mormonenkirche. Jeder, der seine Lehrbücher nicht strikt nach den Wünschen dieser erhabenen Körperschaft ausrichtete, geriet in ernsthafte Schwierigkeiten. Nicht nur, daß seine Bücher in Utah niemals verkauft wurden – er mußte auch mit gerichtlicher Verfolgung rechnen. In der Pionierzeit war es einmal, wie ich aus umfangreichem Quellenmaterial wußte, zu einem grauenhaften Vorfall gekommen. Eine Gruppe von Siedlern hatte auf dem Weg nach Westen aus irgendwelchen Gründen den Zorn der Mormonenführung erregt und war von Pistoleros umgebracht worden. Alles deutete darauf hin, daß es sich bei den Tätern um Mormonen handelte, doch wurde verfügt, daß nie etwas über diese Affäre gedruckt werden dürfe. Später erfuhr ich, daß jedes Buch, das diesen Vorfall erwähnte und von einer öffentlichen Bücherei oder einer Universitätsbibliothek eingekauft worden war, unmittelbar nach dem Erwerb auf geheimnisvolle Weise zu verschwinden pflegte. Die beiden Mormonen, die mich in meinem Büro besuchten, gehörten zu den freundlichsten Beschwerdeführern, die mir während meiner Lektorentätigkeit begegneten, aber es war unverkennbar, daß sie unter ihren dunkelblauen Anzügen Stahlpanzer trugen und sich, falls ich ihren Wünschen nicht entsprochen hätte, als äußerst hartgesottene Gegner entpuppt haben würden. Ich ließ es nicht darauf ankommen.

Der dritte Fall interessierte mich besonders, drehte es sich hier doch nicht um einen Verstoß gegen eine kirchliche Lehre oder um Dinge, die ich nicht ganz begriff, sondern um ein einziges Wort. In einem unserer College-Texte stand die unglückliche Formulierung »typisch jesuitische Gerissenheit« (*typical jesuitical cunning*), worauf die geballte Entrüstung der katholischen Erziehungsbürokratie in New York und anderen Staaten über uns hereinbrach. Für den Fall, daß wir diese Formulierung nicht aus dem betreffenden Buch strichen und darüber hinaus generell in allen Publikationen des Hauses auf den pejorativen Gebrauch des Wortes »jesuitisch« verzichteten, drohte man uns ganz unverhohlen mit dem Boykott des gesamten Verlagsprogramms, also nicht etwa nur der Lehrbücher. Auf den Gängen im Hause Macmillan wurde eifrig diskutiert – sowohl über das Wort als auch über das Recht auf freie Meinungsäußerung, doch am Ende fügte man sich. So indoktriniert war ich, daß mir der Gebrauch des Wortes »jesuitisch« bis auf den heutigen Tag Schwierigkeiten bereitet, wenngleich das neue *Random House Dictionary* als Zweitdefinition »sich spitzfindiger Argumente bedienen; schlau; gerissen; ränkevoll« (*using oversubtle reasoning; crafty; sly; intriguing*) vermerkt. Nun, vielleicht kann Random House sich das leisten. Macmillan konnte es damals nicht.

Das faszinierendste Zensurbeispiel betraf nicht die Religion, sondern den Staat Texas in seiner Gesamtheit. Als Lektor betreute ich u. a. eine Geschichte der Vereinigten Staaten von Edna McGuire, einer der brillantesten Schriftstellerinnen des Verlags. Ich war stolz auf diese Aufgabe und fest entschlossen, mein Bestes zu geben. Allerdings standen wir vor einem diffizilen Problem. Texas gehörte zu den wenigen Staaten, in denen alle Schulen die gleichen Bücher verwenden mußten. Angesichts der Größe dieses Staates waren alle Verlage wild versessen auf die äußerst verkaufsträchtigen und lukrativen »Texas-Aufträge«. Der Konkurrenzkampf war brutal. Wenn uns andere Verlage zuvorkamen, warfen wir ihnen regelmäßig vor, die Entscheidung durch den Einsatz bildhübscher Vertreterinnen in höchst unziemlicher Weise beeinflußt zu haben. Wir schworen, daß Macmillan sich niemals dieser Strategie bediente, doch als ich nach Texas reiste, um Edna McGuires Geschichtsbuch zu unterstützen, das in der entscheidenden Phase des Kampfes die besten Aussichten hatte, stellte ich zu meiner Erleichterung fest, daß unsere weiblichen Repräsentanten mindestens genauso gut aussahen wie die der Konkurrenz und einige von ihnen nach meiner Überzeugung sogar erheblich besser.

Dann berichteten unsere Vertreter von einem gefährlichen Gerücht: »Die Konkurrenz behauptet überall, Edna McGuire sei katholisch!« Im baptistischen Texas jener Zeit wäre dies das Todesurteil für das Buch gewesen, hätten wir nicht sofort einen pensionierten Politiker aus dem texanischen Westen dazu bringen können, als Koautor zu fungieren. Bei der Bearbeitung seines angeblichen Beitrags, den in Wirklichkeit Miss McGuire geschrieben hatte, lernte ich eine Menge über Texas.

Unsere Vertreter, deren Aufgabe darin bestand, das Buch an die örtlichen Schulbehörden zu verkaufen, waren allesamt Texaner. Sie glaubten verständlicherweise, uns innerhalb vernünftiger Grenzen auch inhaltlich beraten zu müssen. Ich wurde im New Yorker Lektorat zu ihrer Anlaufstelle.

»Jim, drei Männer müssen in diesem Buch unbedingt ausführlich dargestellt werden, sonst brauchen wir es gar nicht erst anzubieten: Sam Houston, Stephen Austin und David Crockett.* Von jedem ein Bild, so groß wie möglich, und eine

---

* Sam Houston (1793–1863), Präsident der unabhängigen Republik Texas von 1836 bis 1838; Stephen Fuller Austin (1793–1836), amerikanischer Kolonist in Texas; David Crockett (1786–1836), amerikanischer Pionier und Politiker.

ausführliche Biographie, glanzvolle Darstellungen ihres heldenhaften Lebens...«

»Aber es handelt sich doch um eine nationale Geschichte, die im ganzen Land verkauft werden soll, nicht bloß um die Geschichte von Texas.«

»Der Trick ist doch der: Lassen Sie eine Geschichte von Texas schreiben und geben Sie ihr einen nationalen Anstrich.«

Doch als wir versuchten, ihre Ratschläge zu beherzigen, fingen die Probleme erst richtig an: »Was tun Sie uns an, Jim? Da steht doch glatt das Wort ›Bürgerkrieg‹ drin! Das heißt ›der Krieg zwischen den Staaten‹ und sonst gar nichts. Wir waren damals keine Aufständischen, sondern souveräne Staaten. Unsere eigene Republik kämpfte gegen Ihre Republik.«

»War Texas denn auf der Seite des Südens?«

»O mein Gott! Sie sind wirklich nicht der richtige Mann für Ihren Job!«

Kritisch wurde es, als wir ein Porträt von Abraham Lincoln in das Buch aufnahmen. Als die Texaner erfuhren, daß ich ein schönes, ganzseitiges Bild unseres größten Präsidenten vorgesehen hatte, explodierten sie: »Damit geht uns der gesamte Texas-Auftrag flöten!« Wie sie uns erklärten, gab es in ganz Texas keinen schlimmeren Bösewicht als Abe Lincoln. »Ein Feind der gesamten Nation, vor allem aber ein Feind von Texas. Am besten erwähnen Sie ihn überhaupt nicht, und wenn Sie ihn schon unbedingt abbilden müssen, dann gefälligst klein und mickrig irgendwo in der Ecke!«

Als das Buch schließlich absolut keimfrei für texanische Leser auf den Markt kam, fragte ich mich, was für ein Geschichtsverständnis den Schülern und Studenten in Vermont durch Texte wie den folgenden vermittelt wurde: »Texas führte die Nation, und Neuengland zuckelte hinterher.« Aber darauf kam es in Wirklichkeit ja gar nicht an. Wichtig war, daß die Schulbehörden in Texas sich für unser Buch entschieden, und so verkaufte unser Verlag viele, viele Exemplare in Texas und sehr wenige in Vermont.

Die dritte Person, die in jener prägenden Phase bei Macmillan großen Einfluß auf mich hatte, war eine reizende, hart arbeitende junge Frau namens Betty. Sie verkörperte geradezu den Prototyp jener vielen phantasievollen jungen Frauen, die man in fast allen großen Verlagshäusern in den PR-Abteilungen findet. Sie sehen alle gut aus, sind zwischen zwanzig und vierzig Jahre alt, haben ein erfolgreiches Studium hinter sich, lieben Bücher und verfügen über eine machiavellistische Cleverneß. Von ihren Arbeitgebern hören sie nur: »Wir können Ihnen nur einen begrenzten Etat zur Verfügung stellen. Sehen Sie also zu, daß unsere Bücher soviel kostenlose Publicity bekommen wie möglich.«

Diese jungen Frauen sind Kommunikationsgenies und knüpfen sich mit großem Geschick ein Netz von Medienbeziehungen aller Art. Sie wissen, welche Buchgemeinschaften welche Art von Autoren mögen und welcher Buchhandlung in welcher Stadt man die Organisation einer respektablen Signierstunde zutrauen kann. Wenn sie einen jungen Autor oder eine Autorin mögen und eine realistische Chance sehen, ihn oder sie langfristig im Verlagsprogramm zu etablieren, können sie wahre Wunder vollbringen. Sie gehören zu den intelligentesten, charmantesten Persönlichkeiten im Verlagswesen. Ich habe mich in mindestens acht von ihnen verliebt, kann mich aber nicht mehr an ihre Namen erinnern, und ich habe den Verdacht, daß das in manchen Fällen auch umgekehrt der Fall ist. Wie dem auch sei – ich ziehe den Hut vor ihnen, denn sie haben mir viel Gutes getan und mit vielen klugen Einfällen dafür gesorgt, daß die Bücherwelt auf mich aufmerksam wurde.

Während ich auf der einen Seite ihr umtriebiges Wirken bewunderte, konnte mir auf der anderen Seite doch nicht entgehen, wie unproduktiv manche ihrer Bemühungen waren. Da gab es die Cocktailparty, zu der kein Mensch kam, den Rundfunkauftritt, bei dem der Interviewer das Buch nicht gelesen hatte, das Zeitungsinterview mit dem Journalisten, der keinen Hehl aus seiner Verachtung für Buch und Autor machte, die hektische

Suche nach irgend jemandem, der bereit war, ein paar gute Worte über das Buch zu sagen. Und doch – wenn alles klappte, konnte die PR-Frau Wunder wirken und den Durchbruch eines neuen literarischen Talents inszenieren.

Die Erfolgsstory von Bel Kaufmans Roman *Gegen den Strom die Treppe hinauf* ist das beste Beispiel dafür. Ich hatte weder von dem Buch gehört, noch kannte ich den Namen der Autorin, als ich eines Tages auf der Fahrt nach Doylestown ein Interview mit ihr im Autoradio hörte. So ansprechend war ihre Stimme, so einnehmend ihr Witz und so erfrischend ihr gesunder Menschenverstand, daß ich unwillkürlich ausrief: »Dieses Buch muß ich haben!« Offenbar erging es ein paar tausend anderen Hörern ähnlich wie mir. Ein Buch, das ansonsten unbekannt und unbetrauert dahingeschieden wäre, wurde zu einem Riesenerfolg – hauptsächlich, wie ich glaube, dank der geschickten Kampagne der PR-Abteilung des Verlags Prentice-Hall. Gewiß, das Buch war sehr gut geschrieben und die Autorin ungewöhnlich geistreich – aber ihre Rundfunkauftritte hatten in hohem Maße zu ihrem Erfolg beigetragen.

Auch an meinem Glück waren die PR-Abteilungen nicht unwesentlich beteiligt. In späteren Jahren geschah es dreimal, daß bei meinen Signierstunden die Polizei gerufen werden mußte, um den Massenandrang in geordnete Bahnen zu lenken: in Washington, Denver und Centreville, Maryland. Die Buchparty, die ich noch heute mit den lebendigsten und schmerzhaftesten Erinnerungen verbinde, fand jedoch anläßlich eines meiner früheren Romane bei Burdine's in einem Einkaufszentrum in Miami, Florida, statt. Die Angestellten des betreffenden Ladens hatten ihr Soll übererfüllt: Ein großes Schild wies auf das Ereignis hin, Krüge mit Orangensaft und Teller mit Gebäck standen bereit, und attraktive Verkäuferinnen und Verkäufer waren angetreten, um die erwarteten Massen unter Kontrolle zu halten. Der einzige Haken an der Geschichte: Die Massen blieben aus. Genauer gesagt: Während der ersten schlimmen Stunde bestanden sie nicht einmal aus einer einzigen Person und in der zweiten lediglich aus zwei Gästen. Irgendwann hörte ich, wie der verzweifelte Geschäftsführer seine Leute anbrüllte: »Jetzt lassen Sie doch wenigstens ein paar Verkäuferinnen durch den Laden laufen und guten Tag sagen!« Danach drückte er offenbar jemandem Geld in die Hand, denn ich hörte ihn sagen: »Da, nehmen Sie das und kaufen Sie eines von diesen verdammten Dingern!«

An jenem sonnigen Frühlingsabend bei Burdine's verkaufte ich ein Buch, aß eine Menge Gebäck und trank vier Gläser Orangensaft.

Nachdem ich bei Macmillan gesehen hatte, wie der literarische Publicity-Rummel funktionierte, entwickelte ich eine Aversion gegen das gesamte Verfahren und stellte mich oder meinen Namen immer nur sehr ungern dafür zur Verfügung. Diese vorsichtige Zurückhaltung bewahrte ich mir für die gesamte Dauer meiner Schriftstellerkarriere. Signiertouren sind furchtbar anstrengend; die Autofahrten von einem Übernachtungsort zum nächsten deprimieren mich; endlose Interviews lassen einen abstumpfen, und das ganze Geschwätz drum herum ist unangenehm. Ich beschränkte meine Auftritte auf das unvermeidliche Minimum.

Überheblichkeit steht mir indessen nicht zu. Wer als junger Mensch eine professionelle Schriftstellerkarriere anstrebt, hat eine ungeheuer schwere Aufgabe vor sich. Die Chancen, auf Akzeptanz zu stoßen, stehen ungefähr 1:1000. Es ist sein gutes Recht, mit allen zulässigen Methoden um die Aufmerksamkeit der Leser zu werben. Wenn ich noch einmal ganz von vorne anfangen müßte, wäre ich an drei Abenden in der Woche unterwegs und würde alles tun, was mir die PR-Abteilung meines Verlags riete. Ich stehe ewig in der Schuld jener Schutzengel, die mir damals den Einstieg ermöglichten, und es freut mich immer wieder, zu sehen, wie sie sich um die Bedürfnisse junger Schriftsteller kümmern.

Was ich von der Notwendigkeit öffentlicher Auftritte halte, läßt sich am Beispiel eines Telefongesprächs demonstrieren, das ich vor einigen Jahren mit Bob Bernstein, dem damaligen Verlagsleiter von Random House – dem Verlag, bei dem meine Bücher erscheinen – führte:

VERLAGSLEITER: Jim, ich weiß, daß Sie Ihr Versprechen erfüllt und die New Yorker Szene beackert haben. Hätten Sie denn etwas dagegen, auch in Washington zu signieren?

J.A.M.: Sie kennen unsere Abmachung. Ich toure *eine* Stadt und mache dort alles, was Sie mir aufdrücken. Aber dabei bleibt es dann auch.

VERLAGSLEITER: Ich verstehe.

...

VERLAGSLEITER (zwei Tage später): Jim, ich will Sie nicht unter Druck setzen. Sie waren in diesen Dingen immer sehr anständig. Aber Sie würden mir einen persönlichen Gefallen tun, wenn Sie vielleicht doch kurz nach Washington fahren und diese Signierstunde abhalten könnten...

J.A.M.: Ich bleibe bei meinem Nein. Ich habe getan, wozu ich verpflichtet war, und damit hat es sich.

VERLAGSLEITER: Ich verstehe.

...

VERLAGSLEITER (zwei Tage später): Jim, ich glaube, ich habe Ihnen die Sache nicht richtig erklärt. Wenn er Sie und das Buch mag, kann dieser Typ in Washington sechsunddreißigtausend Exemplare ordern, auf einer einzigen Bestellung.

J.A.M. (nach drei Sekunden Bedenkzeit): Ich fahre hin.

Worauf ich bei diesen Reminiszenzen an meine Einführung ins Verlagsgewerbe hinauswill, ist, daß ich dank meiner Insider-Erfahrung bei Macmillan den Schriftstellerberuf aus einer Perspektive kennenlernte, die nur wenigen meiner schreibenden Kollegen vertraut ist. Da ich wußte, wie Werbeetats aufgeteilt wurden, habe ich mich später nicht ein einziges Mal nach den Werbemaßnahmen für meine Bücher erkundigt, ja, ich habe nicht einmal verfolgt, welche Maßnahmen getroffen wurden. Weil ich sah, wie sinnlos Cocktailpartys für die meisten Schriftsteller sind, habe ich mich nie um eine solche bemüht. Ich schrieb lieber gute Manuskripte, lieferte sie ab und überließ die Entscheidung über Veröffentlichung, Vertrieb und Verkauf den Profis im Verlag. Meine Einstellung hat sich bis heute nicht geändert, und ich bin mit ihr immer sehr gut gefahren.

Meine Jahre bei Macmillan brachten mir zwei weitere große Vorteile ein. Ich begreife besser als fast alle anderen mir bekannten Gegenwartsschriftsteller, was ein Buch ist. Ich weiß, wie aus einem Manuskript ein Buch entsteht und wie das Buch gedruckt, gelagert, ausgeliefert, berechnet, beworben und verramscht wird. Mit der Zeit verstand ich auch den Mann mit dem Rechenschieber – heute arbeitet er mit dem Computer –, der gnadenlos die letzten Tage eines Buches zu berechnen pflegte. »Sehen Sie«, erklärte mir einmal einer dieser Männer und deutete auf seine Zahlen, »wir haben noch tausend Exemplare von diesem Titel übrig und verkaufen davon durchschnittlich zehn pro Jahr. Wenn Sie die Lagerkosten, die fortlaufenden Werbekosten – der Titel wird ja nicht aus dem Katalog genommen – und die Versandkosten für die paar Exemplare, die wir noch verkaufen, berücksichtigen, dann sehen Sie sofort, daß es billiger für uns ist, wenn wir das Buch verramschen.«

Ich sah auch, mit welchen Tricks sich die Vertriebsleute dieser kostspieligen, nutzlosen Bücher entledigten. Zuerst versuchten sie, die Exemplare für einen halben Dollar das Stück an Buchhandlungen loszuwerden, die sich auf den Verkauf von Restauflagen spezialisiert hatten und vom Kunden anderthalb Dollar verlangen würden. Fand sich niemand, der auf das Angebot einging, wurde der Stückpreis auf fünfundzwanzig Cent gesenkt; im Handel war das Buch dann für neunundneunzig Cent erhältlich. Die tiefste Erniedrigung für ein Buch bestand darin, für zehn Cent an den Mann mit der Stahlpresse verkauft zu werden. Der stanzte den Buchblock aus, klebte die Seiten zusammen, versah das Ganze mit einem neuen Schutzumschlag, auf dem die einladenden Worte standen: »Spannende Lektüre für den kalten Winterabend« und verkaufte das Machwerk für

4,50 Dollar das Stück. Wenn der Käufer das Buch aufschlug, fand er im Innern ein Fläschchen Gin versteckt. Hoffentlich sinkt nie eines meiner Bücher so tief, dachte ich, als ich diesen Verwertungsweg einmal näher betrachtete.

Die zweite wichtige Erfahrung betraf die Kosten der Bücher, die ich bei Macmillan als Lektor betreute. Für jedes Buch wurde ein Publikationsauftrag erteilt, den der Verlagsleiter unterschreiben mußte, bevor auch nur ein Cent für das Projekt ausgegeben werden konnte. Auf die linke Seite dieses Formulars trug ich ein, auf welche Summe sich nach meiner Schätzung die unvermeidlichen Fixkosten bis zur Druckreife des Manuskripts beliefen. Sie setzten sich aus den Lektoratskosten, den Kosten für Recherchen, den Honoraren für Illustratoren, Kartographen und die fachliche Beratung, den Kosten für Satz und Druckplattenerstellung sowie einem Dutzend anderer Posten zusammen, auf die ein Amateur wahrscheinlich nie kommen würde. All diese unveränderlichen Kosten mußten durch künftige Umsätze wieder eingespielt werden.

Auf der rechten Seite listete ich die Kosten auf, die entstanden, wenn ein Buch – sei es erstmals oder in einer Nachauflage – tatsächlich gedruckt wurde. Hierzu gehörten neben den eigentlichen Druckkosten die Kosten für das Papier, für den Transport von der Druckerei zum Lagerhaus, die Werbe- und Katalogkosten sowie – und das war bei Hardcover-Büchern manchmal der teuerste Faktor – für die Bindekosten samt der Kosten für den bunten Schutzumschlag. Allein diese Ausgaben addierten sich zu einer imposanten Gesamtsumme, doch der eigentliche »Hammer« kam erst unter dem Strich, wo es hieß: »Zusätzlich 35 Prozent für allgemeine Unkosten.« Darunter fielen die laufenden Betriebskosten für die großen Büros einschließlich Licht und Heizung, die Gehälter der Lektoren und Vertreter sowie die Kosten für die gesamte Verlagsbürokratie.

Ich entwickelte fast geniale Talente bei meinen Bemühungen, die Zahlen auf der linken und der rechten Seite möglichst niedrig zu halten – doch dieser furchtbare fünfunddreißigprozentige

Aufschlag zum Schluß gab mir immer wieder den Rest. Die Kunst des Bücherverlegens besteht darin, die Fixkosten so niedrig zu halten, daß sie durch die Einkünfte beim Verkauf einer realistischen Stückzahl ausgeglichen werden können.

Wenn sich also die Fixkosten eines Buchprojekts auf 41 000 Dollar belaufen und der Profit pro verkauftem Exemplar 0,52 Dollar beträgt, müßten insgesamt 78 846 Exemplare verkauft werden, um die Bilanz auszugleichen. Dabei darf man jedoch nicht vergessen, daß bei jedem verkauften Buch 35 Prozent vom Verlagsanteil des Verkaufspreises zur Deckung der allgemeinen Unkosten dienten. Der Verlag kann sich also auch dann, wenn der Verkauf von 78 000 Exemplaren unrealistisch erscheint, zur Publikation des Buches entschließen, da auch durch den Beitrag zur Unkostendeckung ein Profit erzielt wird.

Es gab einen weiteren Faktor, der mir und anderen Lektoren einen gewissen Spielraum ließ. Da sich die Druckkosten bei zehntausend Stück mehr oder weniger nur minimal änderten, konnten wir 78 000 Exemplare *drucken*, aber nur einen Teil davon binden lassen und den Rest in Form ungebundener Bögen auf Lager halten. Zogen die Verkaufszahlen an, wurden diese Bögen schnell zur Buchbinderei verfrachtet und sodann ausgeliefert. Erwies sich das Buch als Flop, konnte man die überschüssigen Bögen bei geringem Verlust einstampfen lassen.

Aus diesen mannigfaltigen Erfahrungen, die zu meiner schon als Kind erworbenen Bücherleidenschaft und meiner Bewunderung für die schönen englischen Bücher des ausgehenden 19. Jahrhunderts hinzukamen, erwuchs in mir eine bleibende Hochachtung für das Buch an sich. In ihm sah ich eines der edelsten Symbole unserer Kultur, ein zeitloses Versprechen an die Zukunft. Jedes Buch, das unter meiner Verantwortung erschien, sollte gut gedruckt und anständig gebunden sein, gut in der Hand liegen und attraktiv aussehen. Ich verwandte viel Mühe und Zeit darauf, an der Auswahl der geeigneten Schrifttypen, der Randbreite, des Zeilenabstands, kurzum aller Einzelheiten, die das Buch attraktiv machten, mitzuwirken. Die Entstehung eines Buches war für mich ein Akt der Hingabe, und dies schon lange bevor ich auch nur davon träumte, einmal selbst Bücher zu schreiben.

Als Verlagslektor und Schriftsteller habe ich die Bücherregale dieser Welt mit Millionen von Büchern bestückt, und auf jedes einzelne setzte ich mein volles Vertrauen. Es war das Beste, was ich zum jeweiligen Zeitpunkt zu leisten imstande war, sowohl was den Inhalt als auch was die äußere Ausstattung betraf. Kürzlich wurde ich einmal gefragt: »Wollen Sie als Romancier oder als Sachbuchautor angesehen werden?« Meine Antwort: »Ich schreibe Bücher.«


Zurück in die Südsee. Als eines Morgens um vier in der Nissenhütte mein erstes Manuskript fertig war, wickelte ich es sorgfältig in wasserdichtes Ölpapier und machte es versandfertig. Ich wollte das Paket per Feldpost an einen New Yorker Verlag schicken. Allerdings hatte ich zuvor eine schwierige Entscheidung zu treffen, denn bei Macmillan galt die eiserne Regel, Bücher von Angestellten des Hauses nicht zu verlegen. Allzuoft war es in solchen Fällen zu Interessenkonflikten gekommen. Wer sollte das Buch lektorieren? Welche Papierqualität sollte benutzt werden? Sollte das Buch im Frühjahrs- oder im Herbstprogramm erscheinen? Wie hoch sollte der Werbeetat sein? An welcher Stelle in der Verlagsvorschau sollte das Buch angekündigt werden? Der Verlag mußte mit schweren Vorwürfen rechnen, wenn er dem Buch nicht jene Aufmerksamkeit widmete, die sich der Autor und Angestellte wünschte. Entstand dagegen der Eindruck, das Buch würde bevorzugt behandelt, waren Animositäten aus Kreisen der Belegschaft zu erwarten.

Da also meine eigene Firma verbotenes Terrain für mich war, entschied ich mich für den Verlag Knopf, dessen Bücher ich immer mit großer Bewunderung gelesen hatte. Doch während ich die Adresse schrieb, fiel mir ein, daß ich im Augenblick, rein technisch betrachtet, ja gar nicht bei Macmillan angestellt war.

Und da ich meine Firma für einen der besten Verlage hielt, die es gab, schickte ich ihr mein Manuskript unter einem Pseudonym und mit einem getürkten Absender zu. Das Täuschungsmanöver gelang, und mein Buch wurde angenommen. Später hörte ich, daß Mr. Latham, der ehrfurchtgebietende Cheflektor, sehr ungnädig reagiert hatte, als er davon erfuhr.

Das Manuskript landete auf dem Schreibtisch eines sehr sympathischen Engländers namens Cecil Scott. Als ich im Februar 1946 aus dem Pazifik zurückkam, hatte er es lektoriert und druckfertig gemacht. Scott war ein leiser, begeisterungsfähiger Mann, der in England aufgewachsen und ausgebildet worden war. Er verhehlte seine Überraschung nicht, als er bei unserer ersten Begegnung erfuhr, daß ich ein Kollege aus dem Stockwerk über ihm war, gab sich jedoch große Mühe, mir zu zeigen, auf welche Weise sich das Manuskript verbessern und glätten ließ. Seine sittlichen Maßstäbe duldeten keinen Soldatenjargon, und als ich darauf bestand, fand er eine brauchbare Ersatzlösung. Alle seine Vorschläge hatten Hand und Fuß und kamen dem Buch zugute. Er wurde, in allen Bedeutungen des Wortes, dessen Sponsor.

Jeder junge Mensch, der den Schriftstellerberuf anstrebt, sollte sich einmal die bei Macmillan erschienene Erstausgabe meines Erstlings *Tales of the South Pacific* ansehen. Es war eines der häßlichsten Bücher, die je in diesem Verlag veröffentlicht wurden. Kriegsbedingte Einschränkungen brachten es mit sich, daß der letzte Restposten eines abenteuerlichen Papiers verwendet werden mußte, das nicht nur extrem dünn war, sondern auf Vorder- und Rückseite auch noch zwei völlig unterschiedliche Oberflächen aufwies. Hinzu kam noch die schmutzigbraune Färbung. Ich sah das Papier zum erstenmal, als mir das erste druckfrische Exemplar überreicht wurde. Der Vergleich zwischen diesem Buch und meinen Idealvorstellungen von einem Buch war vernichtend.

Als Lektor hatte ich immer auf den Rand und optisch attraktive Kapitelanfänge geachtet. Mein eigenes Buch hatte so gut wie gar keinen Rand, und das Kapitel mit jener Episode, die weltweit bekannt werden sollte, begann, um Platz zu sparen, vier Zeilen vor dem Ende einer linken Seite. Andere Geschichten fingen mitten auf der Seite an. Daß Macmillan bei der Herstellung des Buches an allen Ecken und Enden gespart hatte, war so offensichtlich, daß Scott sich sofort entschuldigte. »Ich habe getan, was ich konnte.« Es war ein grauenhaftes, scheußliches Buch, eine wahre Schande für eine Firma, die auf sich hielt, und eine Demütigung des Autors.*

Mein Buch sollte Ende 1946 erscheinen, doch Mitte September hörte ein Redakteur der *Saturday Evening Post* in Philadelphia einen begeisterten Bericht über einige der darin enthaltenen Geschichten und lud mich in sein Büro ein, um über einen möglichen Vorabdruck zu sprechen. Ich nahm die Einladung an, fand den Mann sehr nett und verkaufte ihm zwei Geschichten. Da diese jedoch nicht vor Anfang 1947 in der *Post* erscheinen konnten, mußte der Publikationstermin des Macmillan-Buches auf das Frühjahr 1947 verschoben werden. Ich werde Harold Latham ewig dankbar dafür sein, daß er der Änderung seiner wohlgeordneten Programmplanung zustimmte, obwohl Cecil Scott zu bedenken gab: »Wenn die *Post* vor Erscheinen des Buches publiziert, bekommt der Autor das gesamte Honorar, nach Erscheinen fällt die Hälfte an uns.«

Die *Post* präsentierte meine beiden Geschichten erstklassig. Die Seiten waren hübsch gestaltet und gut bebildert. Überhaupt wirkte sich die Veröffentlichung positiv auf mich aus. Ich war in jenen Wochen sehr stolz, wenn ich auf dem Weg zur Arbeit die Illustrierte mit meinem Text an allen Kiosken prangen sah. Ich erinnere mich noch genau an ein eher beiläufiges Ereig-

---

* Die eigenartige Paginierung findet sich auch noch in der aktuellen Macmillan-Ausgabe. Sogar die Farbe der Innenseiten des Buchdeckels, ein grauenhaftes Braunrot, wie es nur selten einem Buch angetan wurde, ist noch die gleiche. Besser geworden sind die Papierqualität und die Bindung. In Anbetracht der ehrenvollen Karriere dieses mißhandelten Buches gewann ich seine unansehnliche äußere Erscheinung im Laufe der Zeit lieb und wollte sie nicht mehr verändern.

nis in jenen Wintertagen, durch das ich zum erstenmal auf den Gedanken kam, ich könne eines Tages wirklich ein echter Schriftsteller werden. Die Abenddämmerung war bereits hereingebrochen, und ich befand mich nach getaner Arbeit auf dem Heimweg, als ich plötzlich im schneebedeckten Rinnstein eine drei Wochen alte Ausgabe der *Post* liegen sah. Ohne nachzudenken, rief ich: »He, das ist eine wichtige Zeitschrift. Da steht meine Story drin!« Schon bückte ich mich, um das Heft aufzuheben, doch als ich erkannte, wie verdreckt und zerrissen es war, nahm ich davon Abstand und stieß es mit dem Fuß noch weiter in den Rinnstein. Mit einemmal kam mir zu Bewußtsein, wie kurzlebig eine solche Illustriertengeschichte doch war: Zeitschriften sind rasch vergänglich, Bücher für die Ewigkeit bestimmt. Wenn du es schaffst, dein Buch unter die Leute zu bringen, dann bekommt es auf jeden Fall die Chance, sich durchzusetzen und seinen eigenen Weg zu machen.

Hunderten von Möchtegern-Schriftstellern habe ich folgenden einfachen Rat gegeben: »Hören Sie auf, vom großen Geld, vom Hollywood-Vertrag, von der glanzvollen literarischen Szene und den Anzeigen zu träumen. Ihre Aufgabe besteht darin, das ehrlichste Buch zu schreiben, das zu schreiben Sie imstande sind, einen Verleger zu finden, der es Ihnen zu welchen Bedingungen auch immer abnimmt, und dafür zu sorgen, daß es in die Regale der Bibliotheken kommt. Dann lassen Sie es seinen Weg alleine finden und setzen sich sofort ans nächste Buch. Strengen Sie Ihr Hirn an, damit dieses Buch noch besser wird als das erste. Alles andere ist irrelevant.«

Mein eigener Erstling schien nur geringe Chancen zu haben. Er wurde in aller Stille veröffentlicht, nur von wenigen Zeitungen rezensiert und nur an wenige Menschen verkauft. Er taumelte nur ungefähr fünf Wochen lang durchs Leben, bewies jedoch in jener kurzen Zeitspanne, daß ein Buch nicht unbedingt sofort eine riesige Leserschaft gewinnen muß, wenn es langfristig Erfolg haben will. Es genügt zum Überleben, wenn es ein paar Lesern in die Hände fällt, die Gefallen daran finden und sich für das Buch einsetzen. Bei meinem Buch waren es vier Leser, deren Reaktionen mein Leben veränderten: ein direkter Nachfahre des Marquis de Lafayette, der Doyen der New Yorker Literaturagenten, die couragierte Tochter eines amerikanischen Präsidenten und ein gutaussehender Hollywood-Schauspieler.

Der Lafayette-Nachfahre war Jacques Chambrun, ein eleganter Herr aus Manhattan und Chef einer literarischen Agentur, die einige bekannte Hommes de lettres betreute, darunter auch Somerset Maugham. Chambrun verfügte über Witz, Charme, literarische Bildung und ein waches Gespür für alles, was in New York geschah. Mein Buch war erst seit ein paar Tagen auf dem Markt, als ich ein bemerkenswertes Schreiben von Chambrun erhielt. Auf Briefpapier mit eingeprägtem Wappen teilte er mir mit, ihm seien so faszinierende Schilderungen meines Talents zu Ohren gekommen, daß er sofort zur nächsten Buchhandlung gelaufen sei, um sich ein Exemplar meines Buches zu besorgen, und dies habe die Gerüchte sogar noch übertroffen. Dank seiner langen Erfahrung im Umgang mit großen Autoren wie Somerset Maugham könne er Talente auf Anhieb erkennen. Bei mir sei er sich sicher, daß ich dazu bestimmt sei, in die honorigen Fußstapfen von ... zu treten (er führte die Namen von vier bedeutenden Schriftstellern auf, die alle von ihm repräsentiert wurden). Chambrun äußerte den Wunsch, mich möglichst noch am selben Nachmittag kennenzulernen und mit mir einen langfristigen Exklusivvertrag abzuschließen; er gab sich überzeugt, daß dieser uns beiden eine Menge Geld einbringen würde.

Ich fühlte mich wie im siebten Himmel angesichts der Vorstellung, noch am gleichen Nachmittag dem erlauchten Kreis der Unsterblichen beitreten zu können, und diese Hochstimmung hielt auch noch an, als ich in den Verlag kam. Sie änderte sich erst, als ich Cecil Scott begegnete. Er bat mich in sein Büro und sagte mir, daß er über die Reaktionen auf mein Buch sehr glücklich sei, insbesondere auch in Anbetracht der ja eher bescheidenen Werbemaßnahmen: »Es wird von wichtigen Leuten wahrgenommen, und genau aus diesem Grund muß ich Sie vor einer echten Gefahr warnen. Es gibt da einen Mann, der die Branchengerüchte sehr genau verfolgt und junge Autoren, ehe sie richtig aufgewacht sind, in die Falle lockt. Er schmiert Ihnen brieflich Honig ums Maul, und ehe Sie wissen, wie Ihnen geschieht, läßt er Sie einen langfristigen Vertrag unterschreiben.«

»Jacques Chambrun?« fragte ich. Scott stöhnte. »Ach, du liebe Güte! Hat er Sie bereits erwischt?« Ich zeigte ihm den Brief, worauf er brummte: »Dieses Schwein!«

Er erzählte mir daraufhin eine haarsträubende Geschichte aus dem literarischen Leben New Yorks: »Chambrun liest jede Rezension. Sofern sie auch nur halbwegs positiv ist, haut er zehn Minuten später einen Brief wie diesen hier in die Maschine, und immer wieder gibt es Naive, die nichts Böses ahnen und ihm auf den Leim gehen. Hatten Sie vor, sich mit ihm zu treffen?«

»Ja.«

»Dann danken Sie Gott dafür, daß ich Sie noch erwischt habe.«

»Was stellt er denn an?«

»Er behält alles Geld, daß Sie mit Ihrer Schreiberei verdienen, für sich.«

»Was soll das heißen?«

»Im Normalfall muß eine Zeitschrift oder ein Verleger sämtliche vereinbarten Zahlungen dem Agenten überweisen, also nicht dem Schriftsteller. Ein ehrlicher Agent überweist Ihnen dann sofort Ihre neunzig Prozent, aber Chambrun ist ein gemeiner Dieb. Er behält die gesamten hundert Prozent für sich und macht Ihnen dann mit Dutzenden von Ausreden klar, warum Sie erst im nächsten Monat einen Teil davon bekommen.«

»Verklagen ihn die Leute denn nicht?«

»Doch, das tun sie. Aber er kennt tausend Tricks.«

»Er sagt, er sei der Agent von Somerset Maugham.«

»Ist er auch. Und Maugham hält große Stücke auf ihn und sagt das auch, wenn man ihn fragt.«

»Wie können denn die Verlage mit einem solchen Mann zusammenarbeiten? Wieso unternehmen Sie nichts gegen ihn?«

»Er bringt uns Autoren. Und außerdem bestiehlt er *uns* nie. Ich verschaffe mir ein reines Gewissen, indem ich meine Autoren vor ihm warne.«

Alles, was Scott über Chambrun sagte, war korrekt. Somerset Maugham bewunderte ihn. Die Autoren unter seinen Klienten, die Rang und Namen hatten, erhielten ihr Geld rechtzeitig. Neulinge warteten jedoch jahrelang und in einigen Fällen ewig. Um seinen Zahlungsverpflichtungen nicht nachkommen zu müssen, hatte der schlitzohrige Chambrun eine Fülle von perfekt ausgefeilten Ausreden parat, die zur allgemeinen Bestürzung sogar vor Gericht standhielten. Hätte ich an jenem Tag den Termin wahrgenommen und mich auf einen Handel mit Chambrun eingelassen, so hätte ich meine Karriere als freier Schriftsteller höchstpersönlich zum Scheitern verurteilt. Ich werde Cecil Scott ewig dankbar dafür sein, daß er mich vor einer solchen Katastrophe bewahrt hat.

Zwei Wochen später zeigte ich Cecil einen anderen Brief. Er stammte vom Doyen der amerikanischen Literaturagenten, der nach Angaben seiner Bewunderer an die hundert der intelligentesten Talente New Yorks und Hollywoods repräsentierte. Als Cecil den Briefkopf sah, pfiff er anerkennend, denn dieser Mann befaßte sich nur mit den Besten. Der Brief ähnelte im übrigen durchaus dem Schreiben Chambruns, war im Ton jedoch gedämpfter. Ein Gentleman besprach mit einem anderen Gentleman Dinge von gemeinsamem Interesse. Ich hatte bei der Lektüre ein durch und durch positives Gefühl.

Er habe, so versicherte mir der Absender, einen ganzen Stall voller Autoren, sei aber stets auf der Suche nach talentierten jungen Männern und Frauen. Er glaube, daß ich, wenn wir uns einmal in aller Ruhe zusammensetzten und zu einem gegenseitigen Einvernehmen kämen, einen Agentenvertrag mit ihm unterzeichnen würde. Er jedenfalls wäre sehr daran interessiert. Scott versicherte mir, er habe noch nie erlebt, daß ein junger

Autor einen so ermutigenden Brief erhalten habe, und drängte mich, den Agenten sofort anzurufen. Ich tat es gleich von seinem Büro aus.

Das Treffen, zu dem es kurz darauf kam, war eine der angenehmsten Begegnungen, die ich je mit einem mir bis dato unbekannten Menschen gehabt habe. Der Meisteragent war ein großer Mann mit leiser Stimme, der die anspruchsvolle Kunst beherrschte, übersensible Schriftsteller und Dramatiker bei Laune und produktiv zu halten. Er erklärte mir, daß er keine Wunder wirken könne: »Weder kann ich einen schlechten Schriftsteller in einen guten verwandeln, noch bin ich imstande, einen Autor, der nicht mehr auf der Höhe der Zeit ist, mit einem Schlag zu verjüngen. Doch ich kann eine produktive Karriere managen und Ihnen in allen geschäftlichen Angelegenheiten mit Rat und Tat zur Seite stehen.«

Als ich begeistert nickte, warnte er mich: »All dies kann ich allerdings nur dann tun, wenn Sie produktiv sind, wenn Sie gerne, gut und zielgerichtet arbeiten und daran interessiert sind, sich einen Namen zu machen und kontinuierlich an der Verbesserung ihrer Reputation feilen.« Er war ein kenntnisreicher Fachmann, der genau wußte, zu welchen Höhenflügen und Abstürzen Schriftsteller fähig waren. Ich vermute, es war mein naiver Enthusiasmus, der ihn später daran zweifeln ließ, ob ich wirklich alle Erwartungen erfüllen könnte, die er anfangs in mich gesetzt hatte. Wenn er damals schon skeptisch war, so verstand er es zu verbergen. Wir unterzeichneten einen Exklusivvertrag. Als ich ging, begleitete er mich zur Tür, legte mir den Arm auf die Schulter und sagte: »Sie haben eine großartige Zukunft vor sich, Michener – vorausgesetzt, Sie lernen noch, wie man eine Geschichte erzählt.«

Meine Erfahrung mit diesem Mann war ein ungetrübtes Vergnügen; der lernbegierige Anfänger lauschte dem erprobten Profi. Unsere Zusammenarbeit konzentrierte sich auf das, was Hollywood schon als »kolossale Talentsuche mit kolossalem Finderlohn« bezeichnet hatte. Im Jahr zuvor hatte eine Filmgesellschaft landesweit nach einem neuen Roman und *dem* frischen, unverbrauchten Autor gesucht; für den Gewinner hatte man einen gigantischen Geldpreis ausgesetzt. Nach vielem Hin und Her war der Name des Glücklichen bekanntgegeben worden: Ross Lockridge. Dem jungen Mann aus Indiana war mit *Raintree County* ein meisterhafter Roman gelungen, der unglaubliche Lobeshymnen erhielt, teilweise in *Life* nachgedruckt wurde, sich hervorragend verkaufte und schließlich mit Elizabeth Taylor und Montgomery Clift in den Hauptrollen verfilmt wurde.

Mein neuer Agent glaubte, daß mein zweiter Roman *Frühlingsfeuer*, der damals in Manuskriptform vorlag, eine hervorragende Chance besäße, den zweiten 100 000-Dollar-Preis zu gewinnen, vorausgesetzt, ich arbeitete ihn nach seinen Vorschlägen um. Unter seiner geduldigen Anleitung arbeitete ich wochenlang jeden Tag von vier Uhr bis acht Uhr morgens an dem Manuskript, hatte dann einen normalen Achtstundentag bei Macmillan zu absolvieren und eilte am Abend noch zur Jugendherberge in der 23. Straße, wo ich in einem erfolgreichen Volleyballteam mitspielte. Um 21.30 Uhr ging ich zu Bett, um am nächsten Morgen Punkt vier wieder an der Schreibmaschine zu sitzen. Dieser Lebensstil beflügelte mich sehr, und es freute mich, als man mir sagte, daß die meisten ernsthaften Schriftsteller ihre ersten drei Romane entweder um vier Uhr morgens oder um elf Uhr in der Nacht schreiben, während sie tagsüber einen ganz normalen Beruf ausüben. Ich stand offensichtlich in der richtigen Tradition.

Nach harter Arbeit übergab ich das Manuskript meinem Agenten. Der ließ es vervielfältigen und schickte es nach Hollywood. Die dortige Auswahlkommission versprach eine rasche Entscheidung. Wochenlang wartete ich voller Besorgnis auf die Nachricht, die mein Leben verändern sollte. An einem Montagmorgen im Frühjahr war es dann soweit. Ein uniformierter Eilbote stand vor meiner Wohnungstür, um mir, wie ich glaubte, die erwartete Nachricht aus Hollywood zu überbringen. In meiner Aufregung entging mir, daß der Brief gar nicht aus Kalifornien kam. Noch im Nachthemd riß ich den Umschlag auf – und las einen der verheerendsten Briefe, die ich in meinem ganzen Leben erhalten sollte. Er war so niederschmetternd, daß ich ihn gleich nach der Lektüre in einem Wutanfall zerriß, doch kann ich mich noch heute, vierzig Jahre später, genau an die Worte erinnern, die sich mir damals in die Seele brannten.

Der Brief stammte von meinem Agenten und begann nicht mit dem vertrauten *Dear Jim*, sondern mit *Dear Mr. Michener*. Und er enthielt nicht etwa die Nachricht, daß ich den Preis gewonnen hatte, ja nicht einmal einen Hinweis darauf, ob ich noch im Rennen war. Mein Agent schrieb mir vielmehr, er sei zu dem bedauerlichen Schluß gekommen, daß ich als Schriftsteller keine Zukunft hätte. Aus diesem Grunde kündige er unseren Vertrag; das Manuskript würde mit getrennter Post an mich zurückgesandt. Als Grund für seine drastische Entscheidung gab der Agent an, daß ich offenbar nicht bereit sei, konstruktive Kritik anzunehmen. Das Manuskript sei durch meine Bearbeitung in keiner Weise besser geworden, und es bestehe keine Hoffnung mehr, daß ich mich jemals zu einem publikumswirksamen Schriftsteller entwickeln könne. Er ließ mich fallen, weil er, kurz gesagt, keine Chance sah, mit mir und meiner Arbeit Geld zu verdienen. Für mich war in seinem Stall keine Box mehr frei.

Dieses fachmännische Urteil über meine Fähigkeiten und die unpersönliche Form seiner Überbringung erschütterten mich tief, obwohl ich mich deutlich daran erinnere, daß ich auf den Agenten, der sich mir gegenüber immer fair verhalten hatte, gar nicht wütend war. Ich duschte, rasierte mich und zog mich an, um pünktlich zum Dienstbeginn ins Büro zu kommen. Zu meinem Ebenbild im Badezimmerspiegel sagte ich: »Ich denke, er weiß, was er tut.« Mir war bewußt, daß ich den Agenten schwer enttäuscht haben mußte, denn daß er mich anfangs gemocht und mir durchaus Erfolgschancen eingeräumt hatte, stand außer Frage. Als ich die Wohnung verließ, sah ich bereits ein, daß seine Hauptkritikpunkte berechtigt waren. Ich nahm nicht gerne fremde Ratschläge an, vor allem nicht, was das Schreiben betraf. Ich war entschlossen, meinen eigenen Weg zu gehen und die Konsequenzen zu tragen. Mir war im Laufe der Zeit klargeworden, daß ich nicht den Vorstellungen entsprach, die der Agent von seinen Klienten hatte. Ich würde stets eher ein ungeschliffener Diamant sein als ein geschliffener; es wäre sinnlos gewesen, an dieser Tatsache etwas ändern zu wollen. Den Vorwurf mangelnder Publikumswirksamkeit konnte ich nicht bestreiten, denn als kommerziellen Erfolgsschriftsteller sah ich mich damals nie. Ich war weder am »gut konstruierten englischen Roman« noch an dem mit dieser Art der Schriftstellerei verbundenen literarischen Leben interessiert. Meine Helden waren Balzac, Dreiser, Stendhal und eine Handvoll weniger bekannter Europäer wie der Pole Wladyslaw Reymont und der Niederländer Edouard Douwes Dekker.

Als ich mich an jenem Montag auf den Weg zur Arbeit machte, schwankte ich zwischen Niedergeschlagenheit und Hochstimmung. Mich deprimierte der Brief, der allem Anschein nach das Ende meiner Schriftstellerkarriere bedeutete und mit Sicherheit das Scheitern des Versuchs, meinem vom Glück begünstigten Erstling gleich das zweite Buch folgen zu lassen. Dieser Niedergeschlagenheit stand auf der positiven Seite eine prickelnde Lebendigkeit gegenüber. Ich hatte gerade in ausgezeichneter Gesundheit meinen einundvierzigsten Geburtstag gefeiert. Am Wochenende hatte ich in einem aufregenden Volleyball-Match gegen ein Team aus Harlem mitgespielt, das sich aus lauter Schwarzen zusammensetzte, die auf dem Bahnhof als Gepäckträger arbeiteten. Nach drei Satzverlusten hatte einer meiner Mannschaftskameraden geklagt, unsere Gegner könnten »höher in die Luft springen und länger oben bleiben als alle anderen«. Mein eigener Kommentar hatte gelautet: »Nach diesem Spiel muß ich mir die ganze Nacht Volleybälle aus den Zähnen puhlen.« Trotzdem war das Spiel ein rauhes Vergnügen gewesen, und im zweiten Satz hatten wir nur ganz knapp mit 13:15 verloren. Hinzu kam, daß ich meinen Dienst in der Navy hinter mir hatte – vor allem aber: Ich hatte ein Buch geschrieben, und das war trotz des bescheidenen Echos ein Erfolg, dessen sich keiner meiner Freunde rühmen konnte.

Als ich den Verlag erreichte, war ich in recht guter Stimmung. »Vergiß jetzt diesen Agenten und den Brief«, sagte ich mir, »du hast andere Dinge zu tun.« Ich rannte buchstäblich die breite Treppe zu meinem Büro hinauf, und stieß dort mit Phil Knowlton aus Madison, Wisconsin, zusammen, meinem dämonischen Vorgesetzten, der von Haus aus Geograph war. Da er seine allmorgendliche Bridgepartie im Vorortzug verloren hatte, war er nicht gut aufgelegt und offenbar drauf und dran, seine Wut an mir auszulassen.

Es war ein nervenaufreibender Vormittag. Knowlton ließ kein gutes Haar an meiner Arbeit und warf mir eine ganze Palette von Fehlern vor. Er war ein phantastisch guter Mann und nahm den Lektorenberuf sehr ernst. Seine Philippika konzentrierte sich im wesentlichen auf den Ton meiner Ablehnungsbescheide an Pädagogen, deren Manuskripte zur Veröffentlichung vollkommen ungeeignet waren. »Ich will in diesen Briefen keinen billigen Humor haben, keine neunmalklugen Bemerkungen. Da bekommt so ein Mann am Morgen diesen Brief, in dem Sie sein Manuskript ablehnen, für das er sein Herzblut vergossen hat. Am Nachmittag besucht ihn dann ein Macmillan-Vertreter und möchte ihm ein paar Bücher verkaufen. Da hat er kaum eine Chance, wenn Ihr Brief das Ego des Mannes verletzt hat.«

Knowlton zeigte mir eine Handvoll *seiner* Ablehnungsbriefe. Sie erweckten den Eindruck, als habe er sie praktisch mit Tränen in den Augen geschrieben. Niemals war *er* es gewesen, der dieses wunderbare Manuskript abgelehnt hatte; vielmehr hatte er sich bis in die höchste Etage dafür eingesetzt. Trotz seiner inständigen Appelle hatte aber immer wieder eine andere Instanz nein gesagt – »die Leute im oberen Stockwerk«, »die Lektoratskonferenz«, die »Experten im Außendienst« oder gar »meine betriebsblinden Kollegen«. Als ich die Lektüre seiner schmerzvollen Ablehnungsbescheide beendet hatte, glaubte ich, einen

Mann vor mir zu haben, der furchtbare Opfer zu bringen schien, wenn er nein sagen mußte.

Wir aßen gemeinsam zu Mittag und kehrten danach in sein Büro zurück, wo er seine Strafpredigt wieder aufnahm. Knowlton zeigte mir einen meiner Briefe, die ihn ehrlich betrübt hatten. Ich hatte einen Gelehrten, der an einem unserer Buchprojekte arbeitete, als »den berühmten Geographen Professor Blank« beschrieben. Phil tobte: »Sie benutzen manche Wörter richtig kaltschnäuzig. Berühmter Geograph! Ich kenne jeden bedeutenden Geographen in den Vereinigten Staaten und habe noch nie etwas von Ihrem Professor Blank gehört. Und wenn *ich* ihn nicht kenne, dann ist er auch nicht bekannt, geschweige denn berühmt!«

Ehe ich antworten konnte, klopfte es heftig an die Tür und Cecil Scott platzte herein. Laut rief er mir die sensationelle Nachricht zu: »Jim, Sie haben den Pulitzerpreis gewonnen!«

Im Handumdrehen wimmelte es in Knowltons Büro von Menschen. Außerdem klingelte unentwegt das Telefon, denn die Pulitzer-Jury hatte die ganze Nation damit verblüfft, daß sie den begehrten Preis für ein belletristisches Werk aus dem Jahr 1947 nicht, wie in der Stiftungsurkunde gefordert, einem Roman – und schon gar nicht einem, der in den Staaten spielte –, sondern einer Sammlung locker zusammenhängender Geschichten über fremde Weltgegenden und noch fremdere Menschen wie Kannibalen und tonkinesische Plantagenarbeiter verliehen hatte.

Ungefähr eine Viertelstunde lang herrschte das reine Chaos in Knowltons Büro. Rundfunkstationen riefen an und wollten Interviews, Literaturredakteure und Nachrichtenagenturen baten um Stellungnahmen. Es war einerseits beglückend, andererseits aber auch sehr verwirrend. Ich hatte in diesen ersten Augenblicken nicht den geringsten Begriff davon, was diese Nachricht bedeutete und was sie für Folgen zeitigen würde. Es blieb mir auch keine Zeit, darüber nachzudenken, denn kaum hatte sich das Büro wieder geleert, da machte Phil dort weiter, wo er aufgehört hatte, und kritisierte meine Arbeit: »Sie müssen sich stets vergegenwärtigen, daß wir ein Verlag sind – und wenn wir keine strengen Maßstäbe anlegen, wer dann?« Ohne auf den Pulitzerpreis einzugehen, setzte er zu einer umfangreichen Tirade gegen einen sprachlichen Mißgriff an, der ihm ein besonderer Greuel war: »Es ist unmöglich, wie Sie das Wort *lady* benutzen. Damit muß ein für allemal Schluß sein! Hier schreiben Sie: ›*She is one of our best lady writers.*‹ Tun Sie das nie, nie wieder! Das Wort ist doch degeneriert. Eine Frau (*woman*) als *lady* zu bezeichnen ist abwertend! Wörter nutzen sich ab, Michener...«

Dieser aufregende, herrliche Tag – am Morgen entlassen, gegen Abend hochgelobt – endete damit, daß Phil mich zum Rundfunksender WOR brachte, wo ich zum erstenmal in meinem Leben ein literarisches Interview gab. »Warum hat sich die Pulitzer-Jury für Ihr ungewöhnliches Buch entschieden?« lautete eine Frage. Das einzige, was ich darauf antworten konnte, war: »Ich weiß es wirklich nicht. Es kommt mir vor wie ein Wunder.«

Es war noch alles viel wundersamer, als ich ahnte. Jahre später, bei einem Gala-Empfang in Washington, flüsterte mir ein literarisch interessierter Journalist zu: »Kennen Sie die Frau dort drüben? Ihr verdanken Sie den Pulitzerpreis. Sie würde Sie gerne kennenlernen, hat sie gesagt.«

Und so begegnete ich Alice Roosevelt Longworth, Teddys Tochter und die große Dame der Washingtoner Politszene. Als sie den Journalisten mit mir an seiner Seite auf sich zukommen sah, rief sie aus: »Sie müssen Michener sein! Kommen Sie, setzen Sie sich zu mir!« Ich folgte ihrer Einladung, worauf sie mit sichtlichem Vergnügen bemerkte: »Der Preis, den wir Ihnen verliehen haben, hat Ihnen sicher gutgetan.« Und dann erzählte sie mir, wie sich die aufregende Geschichte damals im Jahre 1948 abgespielt hatte: »Mein lieber, vertrauter Freund Arthur Krock von der *Times* war damals entweder Vorsitzender der gesamten Pulitzer-Jury oder der literarischen Abteilung. Ich verfolgte damals die Beratungen immer sehr genau, denn der Pulitzer ist ein

Preis, mit dem man kein Schindluder treibt. Als ich den Titel des Buches hörte, das sie in die engere Wahl gezogen hatten, protestierte ich: ›Das ist ein nichtssagendes Werk, ohne jede Vitalität!‹ Arthur fragte mich: ›Weißt du was Besseres?‹ – ›Selbstverständlich!‹ gab ich zurück und bestand darauf, daß alle Jury-Mitglieder Ihr kleines Büchlein lasen, das ich in der Tat für sehr gut hielt. Nach Beendigung der Lektüre stimmten sie mir ausnahmslos zu. Ich muß sagen, Sie erhielten den Preis absolut zu Recht.« Sie ergriff meine Hände und fügte hinzu: »Ich bin stolz darauf, Michener, daß Sie uns nicht enttäuscht haben. Krock und seine Mannschaft haben mit Ihrer Auszeichnung damals einiges riskiert, aber so sollen Preise auch verliehen werden – an Leute, die am Anfang, nicht am Ende ihrer Karriere stehen. Doch das geht nicht ohne Mut. Woher können wir wissen, wer danach noch etwas bringt und wer nicht? Ich danke Ihnen dafür, daß Sie unser riskantes Spiel nachträglich legitimiert haben.«

Wie ich bereits erwähnte, war der Erscheinungstermin meines Buches von 1946 auf 1947 verschoben worden. Diese Verschiebung war für meine Schriftstellerkarriere von entscheidender Bedeutung: Der Pulitzerpreis wird jedes Jahr im Frühjahr für das nach Überzeugung der Jury beste Buch des vorausgehenden Kalenderjahrs verliehen. Wäre mein Buch, wie ursprünglich geplant, bereits 1946 erschienen, hätte es gegen Robert Penn Warrens großartigen Roman *Der Gouverneur* keine Chance gehabt. Und hätte sich die Veröffentlichung bis 1948 verzögert, so wäre es ebenfalls untergegangen, denn das war das Jahr von James Gould Cozzens' imposantem Werk *Guard of Honor*. Durch blanken Zufall stolperte mein Buch in den Wettbewerb von 1947, dem einzigen Jahr, in dem es eine Siegeschance besaß. Ich hatte einfach Glück gehabt.

Hier ist nun der geeignete Ort für ein paar Reflexionen über die Rolle des Glücks bei der Entwicklung einer beruflichen Karriere. Ich hatte in meiner Laufbahn geradezu erschreckend viel Glück, und dies schon seit frühester Kindheit. Diese war zwar in mancher Hinsicht ziemlich düster, wurde aber immer wieder durch glückliche Ereignisse wie durch ein Wetterleuchten aufgehellt. Angenommen, ich hätte das Kohlepapier nicht geschenkt bekommen, das mir eine Vorstellung davon vermittelte, wie Ideen gedruckt und verbreitet werden? Angenommen, unser Städtchen hätte damals keine Leihbibliothek eingerichtet, in der ich mir alle Bücher, die ich brauchte, vom Regal nehmen konnte? Und angenommen, mein erster Roman wäre, wie geplant, bereits 1946 erschienen – und nicht 1947, als Alice Longworth die Chance bekam, mein Schutzengel zu werden? Und angenommen, bei meinen drei Flugzeugabstürzen wären weniger fähige Piloten am Steuerknüppel und keine ausgebildeten Rettungsmannschaften in der Nähe gewesen?

Das Glück spielt eine so überwältigende Rolle im Leben mancher Menschen, daß jeder, der darüber nachdenkt, sich fragen muß: »Warum bin ich so ein Pechvogel, während andere überreich mit Glück gesegnet sind?« Glauben Sie mir, der Hans im Glück selbst fragt sich auch, warum ausgerechnet er vom Schicksal begünstigt wird. Was mich betrifft, so habe ich keine Erklärung dafür. Ich arbeitete hart, mein Charakter war gefestigt, ich war ein guter Student, und ich akzeptierte die Autorität meiner Vorgesetzten. Aber die vielen guten Dinge, die mir geschahen, wären durch keine noch so harte Arbeit, keine noch so hohen moralischen Prinzipien zu erreichen gewesen; die meisten von ihnen waren von schierem Glück bestimmt. Ich bin allerdings fest davon überzeugt, daß derjenige, der in einer irrationalen Welt einen vernünftigen Kurs steuert, überhaupt erst in eine Position gerät, in der er vom Glück profitieren kann. Wer gar nicht soweit kommt, merkt vielleicht gar nicht, daß das Glück in greifbarer Nähe ist. Und damit meine ich: Lernen Sie Maschineschreiben und Mathematik, lernen Sie, wie man einen überzeugenden Brief zu Papier bringt, bilden Sie sich weiter und drücken Sie sich nicht vor Herausforderungen. Sich vorbereiten und sich bereit halten, so daß man das Glück packen kann, falls es vorbeikommt – das ist die einzige vernünftige Strategie, die mir einfällt. Seien Sie bereit, aus jedem Glückszufall, der Ihnen widerfährt, das Beste zu machen – und sollte das Glück ausbleiben, so lohnt die Vorbereitung doch allemal.

Um diese Geschichte abzuschließen: Zwei Tage nach Bekanntwerden der Entscheidung der Pulitzer-Jury klingelte es wieder frühmorgens an meiner Wohnungstür, und wieder überbrachte mir der Eilbote ein Schreiben meines ehemaligen Agenten. Diesmal gratulierte er mir herzlich und äußerte mit betonter Großzügigkeit die Hoffnung, daß mir, wenn ich weiterschriebe, vielleicht noch andere Erfolge bevorstünden. Davon aber, daß er inzwischen seine Meinung geändert hätte und mich als künftigen Autor vielleicht doch nicht mehr für eine Totgeburt hielt, stand in dem Brief kein Wort.

Die vierte Person, die in den frühen Tagen meiner Schriftstellerkarriere eine wichtige Rolle in meinem Leben spielte, war Kenneth McKenna. Der ehemalige Hollywood-Schauspieler leitete inzwischen die Literaturabteilung bei Metro-Goldwyn-Mayer und war in dieser Funktion für den Ankauf von Theaterstücken und Romanen zuständig. Er war ein gutaussehender, gebildeter junger Mann mit großem Sprachgefühl. Er verfügte über eine überdurchschnittliche schauspielerische Begabung, fand aber größeren Gefallen daran, gute Filmstoffe zu entdecken. Wie ich später von ihm erfuhr, hatte er bereits beim flüchtigen Durchlesen meines Buches dessen dramatisches Potential erkannt (mir war es völlig entgangen) und es Metro mit Nachdruck zum Ankauf empfohlen. Aber der große Boß warf nur einen Blick auf das äußerlich häßliche Buch, sah darin nichts weiter als ein Sammelsurium lose miteinander verknüpfter Seemannsgeschichten und sagte zu McKenna: »Keine Spur dramatisches Potential, keine Handlung.« Worauf McKenna eingestehen mußte, daß diese Einschätzung im Hinblick auf eine Verfilmung durchaus zutraf.

Doch McKenna hatte einen Halbbruder, der an einem New

Yorker Theater beschäftigt war. Der Bühnenbildner Jo Mielziner hatte bereits solche Hits wie *Endstation Sehnsucht* und *Tod eines Handlungsreisenden* ausgestattet. Er war ein Künstler par excellence. Eines Abends sagte er zu mir: »Mein Bruder in Hollywood hat mich angerufen. ›Jo, besorg dir ein Exemplar von *Tales of the South Pacific*. Der Autor ist ein G. I., Michener heißt er. Da steckt einiges drin. Das Studio hat abgelehnt, aber ich glaube, am Broadway ließe sich was draus machen.‹ Ich bin seinem Rat gefolgt und habe Ihr Buch gelesen. Mir war sofort klar, was mein Bruder gemeint hat.«

»Und was haben Sie dann getan?«

»Ich brachte es Dick Rodgers und sagte zu ihm, es sei genau das Richtige für ihn. Oscar und ich wären bereit, das Bühnenbild zu machen.«

Nachdem Rodgers das Buch gelesen hatte, rief er Oscar Hammerstein an. Der verliebte sich auf Anhieb in die abenteuerlichen, bunten Geschichten. Es folgte eine Kette von komischen Mißverständnissen, in deren Verlauf Hammerstein verzweifelt versuchte, mich ans Telefon zu bekommen, um einen Vertrag mit mir abzuschließen. Daß er mich partout nicht erreichte, war eigenartig, denn ich war mittlerweile in die Harvey Avenue in Doylestown gezogen, und er lebte auf einer Farm am östlichen Stadtrand, vielleicht anderthalb Kilometer von mir entfernt. Wir stammten aus derselben Stadt und hatten uns nie kennengelernt, und auf einmal waren wir aufeinander angewiesen.

Rodgers hatte inzwischen Kontakte zu zwei anderen Spitzenkönnern geknüpft, dem Regisseur Josh Logan und Leland Hayward, dem charismatischen Produzenten. An einem verschneiten Nachmittag im März 1948 spürte mich Hayward in meinem Büro bei Macmillan auf und unterbreitete mir einen vertraulichen Vorschlag: »Ich glaube, Ihr Buch besitzt dramatisches Potential. Ich möchte sämtliche Bühnenrechte erwerben. Fünfhundert Dollar, alles für Sie.«

Da ich Geld brauchte, war das Angebot durchaus verlockend, doch meine harte Kindheit und meine Teenagerjobs, bei denen es um hohe Summen gegangen war, hatten mich recht gut über finanzielle Dinge aufgeklärt. Nach einigen Minuten Bedenkzeit antwortete ich Hayward: »Ich hab' mich bei allem, was ich tue, immer fürs Risiko entschieden. Eine Pauschale kommt nicht in Frage. Nur Tantiemen.«

»Sie sind ein kluges Köpfchen, Michener«, sagte Hayward. »Sie werden von uns hören.« Ich habe diese Episode bisher nie erzählt. Auch mit Hayward, mit dem ich mich später befreundete, habe ich nie wieder darüber gesprochen, daß er einst hinter dem Rücken seiner Partner versucht hatte, sich die Exklusivrechte an einem Stoff zu sichern, der sich später als wahre Goldgrube erweisen sollte.

Rodgers und Hammerstein behandelten mich besser. In mehreren Vorgesprächen, die wir miteinander führten, erwähnten sie immer wieder, für wie gut sie das Buch hielten – teilweise, glaube ich, um sich selbst Mut zu machen. Doch immer wenn die beiden mir Honig ums Maul geschmiert hatten, nahm mich der altgediente, mit allen Wassern gewaschene Leiter ihrer Finanzabteilung beiseite und machte mein Buch madig: »Wissen Sie, Michener, Ihr Buch hat ja überhaupt keine Handlung. Es fehlt jede Dramatik. Das, was wir Lynn Riggs für *Green Grow the Lilacs*, der Vorlage für *Oklahoma!* gezahlt haben, können wir Ihnen wirklich nicht anbieten. Das war ein echtes Theaterstück und hatte Struktur.«

Der Vergleich zwischen Riggs und Michener hatte durchaus seine Berechtigung, denn mittlerweile wußte ich, daß Riggs Tantiemen in Höhe von 1,5 Prozent erhielt, während man mir lediglich ein Prozent anbot. Für alle, denen diese Zahl erschreckend niedrig vorkommt, sei gesagt, daß der Anteil für Vorlage, Libretto, Liedtexte und Musik lediglich 10 Prozent von den Gesamtkosten eines normalen Musicals ausmacht. Mein eines Prozent vom Gesamtbudget entsprach also zehn Prozent des gesamten künstlerischen Budgets. Bei einem Hit konnte da schon einiges Geld zusammenkommen. Riggs anderthalb Prozent bei einem Kassenschlager wie *Oklahoma!* summierten sich zu einem

Vermögen, und die Quelle sprudelt bis auf den heutigen Tag. Ich akzeptierte ein Prozent und habe es nie bereut.

Rodgers und Hammerstein bei der Arbeit zuzusehen war ein besonderes Privileg. Dick, der Komponist, war das Genie in allen Fragen, die das Geschehen auf der Bühne betrafen. Er besaß ein unheimliches Gespür fürs Machbare, wußte genau, wie man eine Szene hervorhob und welche Szene man radikal kürzen oder sogar völlig streichen mußte. Er hatte eine Höllenangst vor Überlängen: »Vorhang runter um 23.10 Uhr, so daß die Leute noch die Bahn erwischen, und der Hit ist perfekt. Vorhang runter um 23.20 Uhr: Sie verpassen den Zug, und wir haben einen Flop.«

Um mich kümmerte er sich bei unseren Diskussionen wenig, denn das Buch fiel seiner Meinung nach in Oscars Verantwortung. Einmal stellte er mir während einer dreistündigen Sitzung nur eine einzige Frage: »Muß ich Gitarren und Ukulelen verwenden?« Ich erwiderte: »Das einzige Musikinstrument, das ich bei den Eingeborenen hörte, waren zwei Keulen, mit denen sie wie wild auf einem Benzinfaß herumtrommelten.«

»Danke«, sagte Rodgers und atmete tief durch. »Ich hasse Gitarren.«

Ein andermal saß ich mit ihm und Oscar in Josh Logans New Yorker Apartment zusammen, als Hammerstein sagte: »Etwas ganz Wesentliches fehlt uns noch: ein Song, der die Stimmung der Südsee überbringt. Irgend etwas, das zu Micheners genialem Ortsnamen Bali Ha'i paßt.« Ich kann mich dafür verbürgen – und Mary Martin, die dabei war, ist meine Zeugin –, daß Rodgers eine Minute später bereits am Klavier saß und mit zwei Fingern die Noten heraussuchte, die dem Klang des Wortes Bali Ha'i entsprachen. Binnen zehn Minuten war das Lied fertig. Später fragte ich Hammerstein: »War das alles Schau, um Mary und Josh zu beeindrucken? Hatte er das Lied in Wirklichkeit nicht schon längst fertig?«

Oscar lachte und erwiderte: »Ich hab' das bei Richard schon ein dutzendmal erlebt. Ich plage mich im Schweiße meines Angesichts mit den Texten ab – und er schüttelt seine Musik aus dem Ärmel.«

Hammerstein machte es sich nie leicht. Erfüllt von der brennenden Sehnsucht, sein Publikum emotional zu rühren, rackerte er sich ab, um die richtigen Worte und Bilder zu finden. Seine Texte hütete er eifersüchtig. Als ich ihn einmal in einem Artikel zitieren wollte, verweigerte er seine Zustimmung. »Wenn Sie vier Zeilen zitieren, Jim, dann ist das das halbe Lied. Würden Sie mir gestatten, die Hälfte eines Ihrer Bücher zu zitieren?«

Das Stück war halb fertig, als Oscar die Nerven verlor. Er wußte nicht, wie er die verschiedenen Handlungsfäden miteinander verknüpfen sollte. Zum erstenmal hörte ich die Klage, die ich seither von Theater-, Film- und Fernsehleuten immer wieder gehört habe: »Sie haben einen so tollen Stoff, Michener, aber es fehlt der rote Faden, an den man sich halten kann.« Künstler aus anderen Branchen, die mit einem meiner Bücher arbeiten müssen, haben sich ihr Geld sauer verdient – und meine Dankbarkeit dazu. Die Schwierigkeiten, mit denen sie sich konfrontiert sehen, erklären, warum so viele meiner größeren Werke nie für ein anderes Medium bearbeitet wurden.

Der Retter im Falle von *South Pacific* war Josh Logan, dieser überschwengliche Manipulator von Stimmung und Bewegung. Er kam auf dem schnellsten Wege nach Doylestown und beruhigte Hammerstein: »Das kriegen wir schon hin...« Und gemeinsam packten sie es. Logan fand schließlich Anerkennung als Koautor des Buches und erhielt den Pulitzerpreis.

Sie schufen ein temperamentvolles Musikdrama um eine Gruppe amerikanischer Seeleute und Soldaten auf einer Südseeinsel, die eine schwere militärische Auseinandersetzung mit japanischen Truppen erwarten. Im Mittelpunkt stehen zwei Liebesgeschichten: die einer Navy-Krankenschwester mit einem französischen Plantagenbesitzer und die eines Navy-Lieutenants mit einem tonkinesischen Mädchen. Die Handlung war laut, romantisch und tragisch und fand sofort großen Anklang in der Öffentlichkeit.

Meine persönliche Rolle bei der Erstellung der Bühnenfassung beschränkte sich auf einen einzigen Beitrag: Auf Logans Ersuchen schrieb ich in erzählerischer Form nieder, wie sich der ruppige Komödiant Luther Billis als Geschäftsmann verhalten würde; wer die sympathische Figur des Captain Brackett erfand, weiß ich nicht mehr. Es war auf jeden Fall ein genialer Schachzug, denn er hielt die ganze Erzählung zusammen. Auch der Name war hervorragend gewählt; er klang nach Disziplin und Verantwortung.

Weder damals noch in den zehn, zwölf anderen Fällen, da ein Text von mir für die Bühne oder den Film adaptiert wurde, war ich an der eigentlichen kreativen Arbeit beteiligt. Da ich das Theater liebe, ein leidenschaftlicher Cineast bin und gute Fernsehsendungen mag, würde ich gerne auch auf diesen Gebieten tätig sein – doch leider fehlt mir die dramatische Note.

Ein einziges Mal – meine Schriftstellerlaufbahn nahm gerade ihren Anfang – rief Hollywood. Ich sollte das Drehbuch für einen monumentalen Südseefilm schreiben – und brachte nichts zustande. Dafür machte ich die Bekanntschaft eines erstaunlichen ungarischen Schriftstellers. Einmal wies er mich voller Verachtung auf ein Schild hin, das an prominenter Stelle in den Büros der Paramount hing. Darauf stand: »In diesen schweren Zeiten genügt es nicht länger, Ungar zu sein. Sie müssen jetzt auch arbeiten.« Wie mir mein Kollege versicherte, hätte uns jeder gute ungarische Schriftsteller eine Katastrophe wie *The Spirit of St. Louis*\* ersparen können – einer der langweiligsten Filme, die je gedreht wurden. Ich sagte: »Nicht einmal Sie hätten da noch etwas retten können«, worauf er strahlend erwiderte: »In meiner Version fliegt Lindbergh nicht nach Paris. Sein Flugzeug stürzt in Südfrankreich wegen Treibstoffmangels ab. Lindbergh rettet sich mit dem Fallschirm und landet im Garten eines Nonnenklosters. Die Äbtissin ist Deborah Kerr – und

---

\* dt. *Lindbergh: Mein Flug über den Ozean*

schon haben wir eine ganz neue Show!« Seine Phantasie kannte keine Grenzen. Als wir einmal über eine Hamlet-Verfilmung diskutierten, fragte er mich allen Ernstes: »Angenommen, sie ist gar nicht Hamlets Mutter? Sie könnte seine Tante sein, und er verliebt sich in sie. Was machen wir dann?«

Die Zusammenarbeit mit ihm war ein Vergnügen. Er war ein listiger Bursche, der sich im Kampf mit den großen Filmgesellschaften zu behaupten wußte. Eines Tages sagte er zu mir: »Die haben ja keine Ahnung. Sie bezahlen mich unter Wert, obwohl der Drehbuchautor das Herz und die Seele eines jeden Films ist. Lassen Sie sich nie von Regisseuren und Schauspielern auf der Nase herumtanzen!« An der Wand in seinem Büro hing ein großes Schild mit der Aufschrift: »Vergiß nie, daß Lincoln von einem Schauspieler ermordet wurde!«

Nach sechs Wochen gemeinsamer Arbeit wußte ich, daß mir der spezielle »Hollywood-Touch« fehlte. Ich habe es nie wieder probiert und überließ es fortan anderen, meine Werke zu dramatisieren. Sie alle – beginnend mit Rodgers und Hammerstein – haben gute Arbeit geleistet und mir sehr geholfen. Ich habe denjenigen, die meine Geschichten umarbeiteten, stets jeden Penny gegönnt, den sie damit verdienten. Sie kannten das Geheimnis, wie man Worte in Bilder verwandelt, und ich kannte es nicht. In *South Pacific* grenzte die Umwandlung an ein Wunder.


Als allmählich bekannt wurde, daß Rodgers und Hammerstein die Hand auf einem der größten Hits aller Zeiten hatten, kam das Gerücht auf, sie hätten mich mit dem einen Prozent Tantiemen bewußt übers Ohr gehauen. Von mir wurde dieser Vorwurf nie erhoben – wäre es mir doch ursprünglich nicht im Traum eingefallen, daß diesem häßlichen Entlein von einem Buch eine Bühnenkarriere bevorsteht. Auf jeden Fall rief mich eines Tages der Kolumnist Walter Winchell an, um mir mitzuteilen, daß er die Angelegenheit an die Öffentlichkeit bringen wolle. Ich bat ihn inständig, den Erfolg einer der, wie man hoffen durfte, triumphalsten Broadway-Premieren aller Zeiten nicht zu trüben, und er versprach mir, sich noch ein paar Tage zurückzuhalten.

Noch in der gleichen Nacht, nach der Generalprobe, rief mich Oscar Hammerstein an. »Jim, das wird ein toller Hit. Ihre Tantiemen können wir nicht mehr verändern, aber wir wollen, daß Sie in die Show investieren. Ein absolut sicherer Tip. Fünftausend Dollar.«

»Ich habe nicht mal tausend.«

»Wir leihen Ihnen das Geld – heute abend noch. Sie können es zurückzahlen, wenn die ersten Profite eintrudeln.«

Mir traten Tränen in die Augen, und ich glaube, Oscar merkte es, denn er schien auf meine Antwort regelrecht zu warten: »Das ist wirklich sehr großzügig... Ein Junge aus Doylestown hilft dem anderen...« Er hielt Wort. Er lieh mir das Geld, so daß ich Anteile kaufen konnte, die andernfalls ihm und Rodgers zugefallen wären. Ich profitierte nicht unerheblich von diesem Geschäft.

Auch Winchell stand zu seinem Wort.* Die Premiere war ein rauschhaftes, phantastisches Ereignis. Das Publikum blieb in den Gängen stehen und applaudierte, daß es kein Ende nehmen wollte. In den folgenden Jahren bezog ich aus meinen Tantiemen und den Einkünften aus den Anteilen, die Oscar mir überlassen hatte, ein Einkommen, das zwar nie extrem hoch war, das mir aber den Einstieg in meine Karriere als freier Schriftsteller ermöglichte.

Es kam der Sommer, in dem ich selber in *South Pacific* mitsingen sollte. Für die Aufführung im Lambertville Music Circus hatte ich die Rolle des griechischen Professors übernommen, die eigens für mich erheblich erweitert worden war. Während der Vorbereitungen besuchte ich Hammerstein, der damals bereits an Krebs erkrankt war und im Sterben lag. Er wünschte mir alles Gute und bedauerte sehr, daß er mich nicht sehen könne;

---

* Am Premierenabend war er völlig aus dem Häuschen und prägte den Ausdruck, der zum Schlagwort der Saison werden sollte: *South Terrific.*

er sei leider nicht mehr in der Lage, das nur sieben Kilometer entfernte Theater aufzusuchen. »Ich bin überzeugt, daß Sie die Sache ernst nehmen, Jim«, sagte er. »Machen Sie keinen Klamauk draus.« Worauf ich erwiderte: »Ich nehme alles ernst.« Dann amüsierten wir uns noch über einen absurden Zwischenfall aus der Zeit der Erstinszenierung. Am Morgen nach der Probevorstellung in New Haven war ich am Bahnhof von ein paar aufgeregten Neuengländern gewarnt worden: »Wenn Sie diesen Song über Rassenvorurteile nicht streichen, wird Ihr Stück ein Flop. Er ist häßlich, unzeitgemäß und entspricht nicht dem, was Sponsoren hören wollen, wenn sie sich ein Musical ansehen. Bitten Sie Rodgers und Hammerstein, diesen Song herauszunehmen.« Ich hatte Oscar von diesem Vorschlag berichtet, worauf er lachend erwiderte: »Aber darum dreht sich doch das ganze Stück!« Ich dankte ihm für seine Entscheidung.

»*You've Got to be Carefully Taught* machte die Show unvergeßlich«, sagte Hammerstein. »Darüber schrieben alle – die Liebesduette haben sie ignoriert.«

Der Anblick dieses Mannes, der das Leben so geliebt hatte und nun todkrank darniederlag, bewegte mich tief. Ein paar Minuten lang schwelgten wir in Erinnerungen an die schöne Zusammenarbeit mit Mary Martin und Ezio Pinza, mit Josh und Leland und der phantastischen Besetzung. »Es waren goldene Tage und Nächte«, sagte ich.

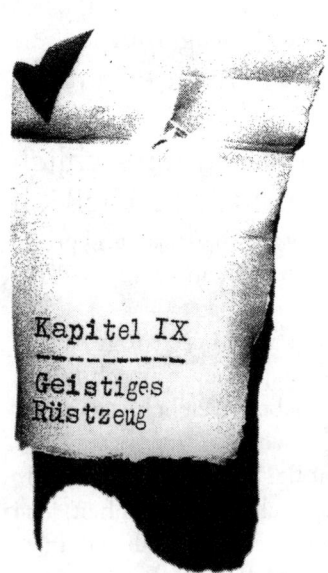

Kapitel IX

Geistiges
Rüstzeug

Der verspätete, bescheidene Erfolg meines ersten Buches *Tales of the South Pacific* ermutigte mich, darüber nachzudenken, ob ich, sollte mir das Glück weiterhin treu bleiben, tatsächlich Schriftsteller werden könnte. Natürlich ließ ich mir für diese kritische Nabelschau einige Monate Zeit und prüfte alles ganz genau – meine Persönlichkeit, mein geistiges Rüstzeug, mein Kunstverständnis.

Ich sah ein, daß die Gedanken, die mich beschäftigt hatten, als mir zum allererstenmal die Idee gekommen war, ich könne vielleicht schriftstellerische Talente haben, ziemlich schäbig, ja lächerlich gewesen waren.

Kurz bevor ich 1942 meine Arbeit bei Macmillan unterbrach, um in den Südpazifik zu gehen, bekam ich die Gelegenheit, jene fünf unbedeutenden englischen Romane zu prüfen, die wir in jenem Jahr zur Vervollständigung unseres Programms übernommen hatten. Immer wenn es unseren Lektoren in New York nicht gelungen war, genügend zufriedenstellende amerikanische Romane zu finden, warfen wir traditionsgemäß einen Blick auf das Programm unseres Londoner Verlags und suchten uns vier oder fünf Titel aus, die dort bereits publiziert waren. Dieses Vorgehen war durchaus legitim und vernünftig, handelte es sich doch um Bücher, die im Manuskriptzustand von den hervorragenden Londoner Lektoren bearbeitet worden waren. Wir brauchten also nichts weiter zu tun, als das englische Buch einem jungen Lektoratsassistenten in die Hand zu drücken und ihn Wörter mit englischer Schreibweise amerikanisieren zu lassen: Aus *favourite* wurde *favorite*, *aluminium* zu *aluminum* und so weiter.

Bei der Lektüre dieser Bücher – sie stammten von drei Autoren und zwei Autorinnen – machte ich plötzlich eine Entdeckung, die mich wie ein Blitzschlag traf: »Mensch, du kannst doch besser schreiben als all diese Clowns!« Das war alles andere als ein literarisches Urteil; es wahr einfach die spontane, gefühlsmäßige Reaktion eines hart arbeitenden Lektors, der zahlreiche Lehrbuch-Manuskripte über die verschiedensten Themen bearbeitet hatte, damit sie lesbar wurden. Mit dem Inhalt oder dem Erzählfluß der Romane hatte es nichts zu tun. Immerhin – meine Reaktion war ehrlich und sie war nicht ohne Bedeutung.

Ohne daß ich dieses Gefühl genau hätte definieren können – ich spürte, daß ich besser schreiben konnte als die fünf Romanautoren. Diese Bewertung beschäftigte mich lange Zeit und erhielt durch das Erlebnis in Tontouta neue Nahrung. Doch nach den *Tales of the South Pacific* war eine gründlichere Selbsteinschätzung erforderlich, und so fing ich in der mir eigenen methodischen Art an, die Pros und Kontras einer Schriftstellerlaufbahn gegeneinander abzuwägen. Wer die Vierzig überschritten hat, überlegt sich ganz genau, ob er die bezahlte Anstellung aufgibt und sich kopfüber in die Unwägbarkeiten einer Schriftstellerexistenz stürzt.

Zu Beginn meiner Selbstprüfung stellte ich mir folgende Fragen: »Interessiere ich mich für Menschen? Finde ich neue Ideen aufregend? Weiß ich genug über Romane, um selber einen schreiben zu können?« Es gab sicher noch andere Fragen, aber die fallen mir jetzt nicht mehr ein.

Zu meinen frühesten Erinnerungen gehört, daß ich eines unter vielen Kindern war. Ich wuchs also nicht in einem egozentrischen Bewußtsein auf. Dank der vielen Jobs, die ich in meiner Jugend ausgeübt hatte, verfügte ich über eine recht große Lebenserfahrung. Ich war als junger Kerl in Amerika weit herumgekommen, hatte während meines Studiums Europa und als Erwachsener den pazifischen Raum kennengelernt – vor allem aber hatte ich stets die Menschen geliebt, ihre Traditionen, die merkwürdigen Dinge, die sie taten oder sagten, und besonders die Geschichten, die sie über sich selbst zu erzählen wußten. So neugierig war ich auf Informationen über jeden Menschen, der mir begegnete, daß ich praktisch zum Voyeur geworden war. Und immer ging es mir um *ihre* Berichte, nicht um die meinen, denn ich war von Haus aus ein Zuhörer und kein Redner. Wenn das Schriftstellerhandwerk darin bestand, über das Verhalten der Menschen zu schreiben, dann kam ich sicher dafür in Frage, denn ich mochte nicht nur die Geschichten der Menschen, sondern auch sie selbst.

Auch an Ideen und Themen sollte es mir nicht fehlen. Ich interessierte mich für alles, ja, ich war eine Art geistiger Staubsauger, der nicht nur die denkbar absurdesten und merkwürdigsten Fakten aufnahm, sondern auch solides Grundlagenmaterial über die elementaren Dinge des Lebens. Im College hatte ich drei Hauptfächer belegt – Englisch, Geschichte, Philosophie – und in allen einen guten Abschluß gemacht, doch meine eigentliche Bildung erwarb ich erst auf Reisen, durch kunstgeschichtliche Studien, spekulative Gedanken über die Natur der Regierung und den Einstieg ins Geschäftsleben. Ich kannte kaum jemanden, der über ein so breit gefächertes Wissen verfügte wie ich, nur plagten mich des öfteren Zweifel über dessen Tiefe. Immer wieder begegneten mir Männer und Frauen meines Alters, die auf ihrem Spezialgebiet wahre Gelehrte und mir weit überlegen waren. Doch als Geschichtenerzähler, als Mann, der einen Stoff zu bearbeiten und zu gliedern hatte, brauchte ich immer nur bestimmte Ideen in meine Erzählungen aufzunehmen.

Erst die Frage, ob ich die nötige Intelligenz für den Beruf des Schriftstellers besaß, konnte ich mit einem uneingeschränkten Ja beantworten. Meine Intelligenz war über die Jahre mehrfach wissenschaftlich getestet worden – zum erstenmal in der Grundschule, in der mich einmal ein Lehrer beiseite nahm und mir erklärte: »Wir sollen dir das eigentlich nicht sagen, James, aber deine Werte bei den Intelligenztests vergangenen Monat waren sehr hoch. Du kannst alles erreichen, was du dir in den Kopf setzt. Mach so weiter wie bisher.«

Auch später gab es immer wieder Beweise für meine Eignung. Im Swarthmore College gehörte ich zu den Studenten, die wegen herausragender Leistungen für einen experimentellen Studiengang ausgewählt worden waren, der für die letzten beiden Jahre nicht mehr Klassen, sondern Seminare und Tutorien vorsah. Keine Studiengruppe, an der ich teilnahm, bestand aus mehr als fünf Studenten, und da die Seminare zweieinhalb Stunden dauerten, konnte jeder Anwesende sicher sein, daß er auch drankam und nicht nur von seinem Professor, sondern auch von seinen Kommilitonen kritisch begutachtet wurde.

Am Ende jener aufregenden zwei Jahre fanden die Abschlußprüfungen statt. Die Prüfer waren nicht etwa unsere eigenen Professoren aus Swarthmore, sondern ein ganzer Schwarm auswärtiger Experten, die uns nie zuvor gesehen hatten. Mich sollten ein Besucher aus Oxford, ein Philosoph aus Harvard, ein Historiker von der University of Pennsylvania und der Leiter der anglistischen Fakultät der Princeton University prüfen. Eine Woche lang saß ich vormittags und nachmittags über den sehr anspruchsvollen schriftlichen Aufgaben. Danach mußte ich mich im Mündlichen den vier Prüfern stellen und alle Fragen beantworten, die ihnen dabei halfen, ihr Urteil über meine Fähigkeiten und die Gründlichkeit meiner Vorbereitung zu präzisieren.

Bei solchen Prüfungen wurden nicht nur der Student, sondern auch seine Professoren beurteilt. Ich fand im Verlauf der Woche heraus, daß die von den auswärtigen Experten gestellten Aufgaben in geradezu idealer Weise meinen Kenntnissen entsprachen, und so sickerte allmählich durch, daß ich auf einen außergewöhnlich guten Abschluß zusteuerte. Zu Professor Manning, der die Geschichtsseminare geleitet hatte, sagte ich: »Die fragen ja alles, was wir gelernt haben.« Er und ich bildeten ein Team.

Die mündlichen Prüfungen fanden an einem Samstagnachmittag im Juni statt, und zahlreiche Studenten versammelten sich im Saal, um zu sehen, wie ich mich schlug. Glücklicherweise wurden mir in Philosophie, Geschichte und Englisch wieder nur Fragen gestellt, auf die ich gut vorbereitet war. Als das Examen schon fast vorüber war, fragte der Anglistikprofessor aus Princeton: »Meine letzte Frage, Mr. Michener, hat keinen

Einfluß mehr auf das Prüfungsergebnis, sondern entspringt rein persönlichem Interesse. Unter den schriftlichen Aufgaben befand sich eine Liste mit zehn nicht gekennzeichneten Zitaten aus großen Werken der englischen Literatur, von denen Sie zwei auswählen und interpretieren sollten. Sie haben diesen Teil des Examens gut, ja hervorragend gelöst, weshalb ich mich frage, ob es reines Glück war, daß Sie zufällig zwei Zitate fanden, auf die Sie sich vorbereitet hatten. Oder hätten Sie auch über die anderen Zitate so gut schreiben können?« Er reichte mir meine Prüfungsarbeit mit der Liste, und mein Blick fiel auf jene Passage aus Shakespeares *Othello*, in der Jago seine abgrundtiefe Verworfenheit offenbart:

> Er kommt! Nicht Mohnsaft noch Mandragora
> Noch alle Schlummersäfte dieser Welt
> Verhelfen je dir zu dem süßen Schlaf,
> Den du noch gestern schliefst.\*

Kurioserweise konnte ich die ganze Passage nicht nur auf Englisch, sondern auch in französischer, spanischer und deutscher Übersetzung zitieren. Ich hatte mich zu Beginn meiner Jahre in Swarthmore in große Unkosten gestürzt und eine *Othello*-Ausgabe erworben, in der die erstaunliche Textstelle in ungefähr zwei Dutzend Fremdsprachen zitiert wurde. Drei dieser Zitate hatte ich auswendig gelernt. Danach erläuterte ich, woher Shakespeare nach Ansicht der Gelehrten sein Wissen über Drogen bezogen hatte, und wies darauf hin, daß ihm das Wort »Mandragora« – wahrscheinlich seines Wohlklangs wegen – gefallen haben mußte, da er es auch in *Antonius und Kleopatra* verwendet hatte. Zum Schluß meiner Ausführungen sagte ich: »Von den Theorien einmal ganz abgesehen, liegt der bleibende Wert dieser Zeilen in ihrer majestätischen Poesie. Diese Wörter singen.«

---

\* William Shakespeare: *Othello*, in: *Die großen Dramen*, herausgegeben und übersetzt von Rudolf Schaller, Frankfurt 1981, Bd. 3, S. 80.

Der Mann aus Princeton erwiderte: »Das haben Sie recht gut gemacht. Könnten Sie das auch mit den übrigen Zitaten?« Ich sah mir noch einmal die Liste an und antwortete: »Ja, bei vieren von ihnen vielleicht schon.« In diesem Moment klatschten die mir durchwegs wohlgesinnten Studenten und einige Professoren im Auditorium Beifall, weil in Swarthmore nicht nur Sportlern, sondern auch Akademikern applaudiert wird.

Als uns per Post die Prüfungsergebnisse zugestellt wurden, sah ich, daß ich *highest honors* erhalten hatte – das Swarthmore-Äquivalent für »summa cum laude«. Einer meiner Professoren erklärte mir: »Ihre Englisch- und Geschichtsnoten sind die besten, die nach unseren Unterlagen in Swarthmore je erzielt wurden.« Als ich mir kürzlich einmal die Themen heutiger Abschlußprüfungen an meinem ehemaligen College ansah, machte ich allerdings die Feststellung, daß das wissenschaftliche Niveau inzwischen gewaltig gestiegen ist. Heute würde ich die Prüfung wahrscheinlich gar nicht mehr bestehen – und erst recht nicht mit Auszeichnung.

Eine andere Demonstration angelernten Wissens war regelrecht dramatisch. Während meines Graduiertenstudiums in Harvard wurde landesweit eine umfangreiche, sehr detaillierte Testserie eingeführt, mit der nicht nur die intellektuellen Fähigkeiten der Magister- und Promotionskandidaten, sondern auch die Leistungsfähigkeit der verschiedenen Colleges und Universitäten überprüft wurde.

Die pädagogische Fakultät in Harvard fürchtete diesen Test, bestand doch die Gefahr, der von manchen Juristen und Medizinern erhobene Vorwurf, nur Frauen und Männer »niederer Intelligenz« studierten Pädagogik, könne bestätigt werden. Da der Test an mehreren hundert Hochschulen durchgeführt wurde, waren seine Ergebnisse aussagekräftig. Wenn ich mich recht entsinne, wurde unser Wissen in sieben Fächern überprüft, drei naturwissenschaftlichen, zwei geisteswissenschaftlichen und zwei anderen (vielleicht Wortschatz und Allgemeinwissen). Es war eine sehr erschöpfende Untersuchung. Nervös erwarteten ich und meine Professoren die Ergebnisse. Als sie endlich eintrafen, hatten wir Grund sowohl zur Enttäuschung als auch zur Freude.

Zu meinem großen Mißvergnügen erfuhr ich, daß ich in Chemie unter dem landesweiten Durchschnitt lag. Fünfundfünfzig Prozent der Studenten waren besser gewesen als ich. Erfreulicher war, daß meine Leistungen in allen anderen Fächern deutlich über dem Durchschnitt lagen, und in drei Fächern zur allgemeinen Verwunderung sogar Spitzenwerte erreichten. In den beiden besten – allgemeine Geisteswissenschaften und Literatur, glaube ich, es kann aber auch Geschichte gewesen sein – waren meine Noten so überragend, daß es keine Vergleichszahlen gab.

Mein Gesamtergebnis war, wie man mir mitteilte, das beste in Harvard und lag auch überregional mit an der Spitze. Am Abend lud mich die stolze Fakultät zur Feier des Tages zum Essen ein, und ich bekam zum erstenmal in meinem Leben süßsaure chinesische Krabben vorgesetzt. Noch heute denke ich bei diesem Gericht stets an jenen ruhmreichen Abend.

Drei solcher Proben meiner Leistungsfähigkeit und die fast ungebrochene Kette von Bestnoten in Seminaren und Kursen hätten als Entschuldigung angeführt werden können, wenn ich mich eines Tages für genial gehalten hätte. Doch soweit kam es nicht. Ich spürte intuitiv, daß meine Intelligenz eher kumulativer als spekulativer Natur war. Ich war dazu geschaffen, in formellen Prüfungen zu brillieren, sobald mir die Parameter der Prüfungskriterien bekannt waren, bezweifelte jedoch, daß ich über die vollendeten Geistesgaben des wahren Ausnahmeintellekts verfügte.

Schon in jungen Jahren war mir aufgefallen, daß ich räumliche Dimensionen anders sah als andere Kinder, weshalb mir Geometrie und Geographie viel mehr bedeuteten als ihnen. Ich denke, daß ich an achtzehn von vierundzwanzig Stunden des Tages genau weiß, wo Norden ist und wo die Sterne am Himmel stehen. Am jeweiligen Monatsersten präge ich mir anhand der

Zeitung die Planetenkonstellationen ein. Wenn ich mich in einer fremden Stadt aufhalte, suche ich mir auf dem Atlas die Breiten- und Längengrade heraus und tippe mir eine Liste mit vielleicht einem Dutzend Orten in aller Welt, die auf der gleichen geographischen Länge oder Breite liegen. Das Wissen, mit wem ich mich auf der gleichen Höhe befinde, gibt mir ein Gefühl der Sicherheit.

Zahlen haben mir immer sehr viel bedeutet. Ich erinnere mich noch sehr lebhaft an eine große Enttäuschung in der vierten Grundschulklasse, als unsere Lehrerin, Miss Ward, das Geheimnis des Kürzens erklärte, während ich gerade nicht aufpaßte. Dann schrieb sie eine Aufgabe an die Tafel, die ungefähr der folgenden entsprach:

$$\frac{491}{5634} \times 5634$$

und fragte mich nach dem Ergebnis. Da ich nicht aufgepaßt hatte, konnte ich die Aufgabe nicht lösen. Sprachlos mußte ich mit ansehen, wie Eggs Hayman und Jimmy Groff sofort die richtige Antwort parat hatten: 491. Da ich wußte, daß ich im Rechnen normalerweise besser war, fragte ich nach dem Unterricht Miss Ward, wie die beiden es geschafft hatten, mit so hohen Zahlen so schnell zu rechnen. Die Lehrerin erklärte mir den Trick und fügte hinzu: »Du mußt eben nicht nur rechnen können, sondern auch aufpassen.«

Als Erwachsener habe ich immer wieder bewiesen, daß ich mir bei Themen, für die ich mich besonders interessiere, Einzelheiten in bis zu fünfhundert verschiedenen Büchern merken kann. Ich mache mir keine Notizen, sondern liste bei manchen Büchern auf der hinteren Innenseite des Einbands Seitenzahlen mit jeweils einem Referenzwort auf, so daß ich die betreffende Stelle bei Bedarf rasch finde. Doch selbst ohne diese Hilfe entdecke ich ein gewünschtes Buch und die Seite mit den gesuchten Daten meist sehr schnell. Wenn ich versage, versage ich total und habe keine Ahnung, wie ich die betreffende Seite finden soll, und das bedeutet, daß ich sie mir nicht scharf genug eingeprägt habe. Das sind keine theoretischen Überlegungen. Bei meinen umfangreichen Romanen habe ich immer so gearbeitet, habe mir Hunderte von Figuren gemerkt und in einem Gewirr von zahlreichen Handlungssträngen nie den Überblick verloren. Dabei glaube ich nicht einmal, daß es sich um eine besonders bemerkenswerte Eigenschaft handelt. Viele Geistliche sind mit der Bibel ebenso vertraut, und manche Rechtsanwälte haben eine riesige Zahl von Präzedenzfällen im Kopf. Allerdings ist mir diese Fähigkeit auf den verschiedensten Gebieten zugute gekommen: in der Astrophysik, der Geographie, im Studium alter Religionen und moderner Revolutionen, in der Kunstgeschichte, der Politik und in der Unterhaltungsmusik.

In der Woche vor der Beendigung eines langen Romans weiß ich soviel über das Thema und die Fachliteratur dazu, daß ich ein Oberseminar darüber abhalten könnte. Doch wenn Sie mich heute nach den Titeln dreier verläßlicher Bücher über den polynesischen Hintergrund der Geschichte von Hawaii fragen würden, müßte ich passen. Ich gerate immer wieder in Verlegenheit, wenn mir begeisterte Leser Fragen über eines meiner früheren Bücher stellen. Sie haben es erst vor einer Woche gelesen und kennen es daher viel besser als ich.

Daß mein Gehirn recht leistungsfähig war, stand also fest, doch wo genau seine Qualitäten oder seine spezielle Kapazität lagen, merkte ich erst im Krieg, als ich mich einem Test von geradezu teuflischer Raffinesse unterwarf. Er war vom Militär entwickelt worden, um einem speziellen Notstand abzuhelfen: »Wir brauchen dringendst Kryptographen oder Entschlüßler, die imstande sind, feindliche Codes zu dechiffrieren und unsere eigenen zu schützen. Für diese Aufgabe sind nur Frauen und Männer geeignet, die über ganz spezielle Fähigkeiten verfügen.«

In harter Arbeit entwickelte ein kleines Team von Genies einen völlig neuartigen Test. Hunderte von Uniformträgern männlichen und weiblichen Geschlechts, die als besonders begabt galten, wurden diesem Test unterzogen. Von der Navy ausgewählt, meldete auch ich mich zu der Prozedur. Der leitende Offizier sagte: »Dieser Test dient dazu, Sie in drei Gruppen aufzuteilen. Er besitzt, wie wir es nennen, eine ›präzise Unterscheidungskapazität‹, das heißt, daß viele von Ihnen fünf, viele fünfundsechzig und sehr wenige fünfundneunzig Punkte erreichen werden. Er ermittelt Ihre sogenannte ›Rohintelligenz‹, überprüft also nicht Ihr Schulwissen in Chemie oder die Kenntnisse, die Sie sich während der Berufsausbildung und im Studium angeeignet haben. Er prüft die Fähigkeit Ihres Gehirns, mit abstrusen Problemen fertig zu werden, und die Denkgeschwindigkeit. Ein entscheidender Faktor in diesem Test ist die Zeit, und auch hier ermittelt er klare Unterschiede: Einige von Ihnen werden ihn in einer Stunde beendet haben, einige werden fünfzig Minuten brauchen, und die paar, die wir suchen, schaffen es schon in einer halben Stunde.«

Das war ganz schön starker Tobak. Unser Prüfer merkte, daß wir nervös waren. Er lächelte freundlich und beruhigte uns: »Mit Ihrer allgemeinen Intelligenz oder der Qualifikation für Ihren gegenwärtigen Job hat der Test nicht das geringste zu tun. Ein Nichtbestehen im herkömmlichen Sinn gibt es daher gar nicht. Daß Sie intelligente Menschen sind, wissen wir ja. Wir wollen nur eines herausfinden: Besitzen Sie die speziellen Fähigkeiten des Kryptographen?«

Es war ein fürchterlicher Test. Zwar kam ich mit allen Fragen, die in Worte gefaßt waren, ganz gut zurecht und wurde auch schnell damit fertig damit. Bei anderen wußte ich indessen beim besten Willen keine Antwort. Ich sah, wie ein paar Leute aus meiner Gruppe in Windeseile den Testbogen ausfüllten, während andere nur dasaßen und an den Fingernägeln kauten, und kam zu dem – korrekten – Schluß, daß ich mich am Ende im Mittelfeld wiederfinden würde.

Hier eine der Testfragen, die verdeutlicht, wie bei diesem Verfahren gesiebt wurde: »Es gibt drei Zahlensequenzen, bei denen Summe und Produkt jeweils gleich sind. Finden Sie sie!« Voraussetzung war zunächst, daß man wußte, was *Zahlensequenzen* (7, 8, 9), eine *Summe* (Ergebnis einer Addition) und ein *Produkt* (Ergebnis einer Multiplikation) waren, sonst bekam man nicht einmal die Chance, sich überhaupt an der Problemlösung zu versuchen. Wer es nicht wußte, suchte nach einem Blick auf den obskuren Text das Weite und landete am Ende unter »ferner liefen«. Die mittlere Gruppe, zu der auch ich gehörte, kämpfte sich durch eine schwierige Gleichung und fand mit Verspätung das richtige Ergebnis heraus: +1, +2, +3; −3, −2, −1 sowie die verblüffende Folge −1, 0, +1. Die Genies − und künftigen Kryptographen − dachten dagegen nur kurz über das Problem nach, erkannten sofort, daß die Produkte nur bei extrem niedrigen Zahlen im vorgegebenen Rahmen blieben, und fanden die Antwort mit Hilfe der sogenannten Iteration, einer schrittweisen Ermittlung immer besserer Näherungswerte. Mit Hilfe der Iteration findet zum Beispiel der mathematisch nicht so Beschlagene die Quadratwurzel aus 19: »4 ist zu niedrig, 5 ist zu hoch, also muß das Ergebnis irgendwo dazwischen liegen, vielleicht bei 4,5.« Durch Herumprobieren kommt er schließlich auf annähernd 4,4 oder, sofern er die Quadratwurzel auf vier Stellen hinter dem Komma korrekt berechnen will, auf 4,3588. Das Mathematikgenie führt die Iteration im Sekundentempo durch.

Die schnellen Denker fanden rasch die Sequenz +1, +2, +3 heraus, und da sie in positiven wie in negativen Zahlen dachten, folgte die zweite fast unmittelbar danach. Die dritte, in deren Mitte die Null stand, bereitete selbst diesen Supergehirnen einiges Kopfzerbrechen. Aber da man ihnen gesagt hatte, daß es drei Sequenzen gab, kamen sie im Ausschlußverfahren bald darauf, daß es ohne die Null nicht ging. Ich benötigte ungefähr fünf Minuten, um meine Gleichung aufzustellen und zu lösen; die Genies fanden die Lösung in der gleichen Anzahl von Sekunden.

Am Ende des Tests gab es, wie vom Prüfer vorausgesagt, eine ganze Reihe von Kandidaten, deren Ergebnis bei fünf Punkten lag, darunter einige unserer besten Offiziere. Ich befand mich in der immer noch recht stark besetzten Mittelgruppe mit Ergebnissen zwischen sechzig und siebzig Punkten. Kaum jemand war auf fünfundsiebzig bis neunundachtzig Punkte gekommen; man hatte entweder fünfundsechzig oder neunzig. Den Spitzenwert erreichten allerdings nur einige wenige.

Was mich etwas beunruhigte, war, daß sich unter den »Neunzigern« Saul Dreditch befand, ein Freund von mir, von dem ich wußte, daß er nicht annähernd so gebildet war wie ich. Er verstand nichts von Musik, hatte nur wenig gelesen, interessierte sich nicht für das politische Geschehen und war nicht imstande, sich gewählt auszudrücken. Und doch hatte er mit siebenundneunzig Punkten das beste Ergebnis erzielt. Es war mir ein Rätsel.

Eine Art von Aufgaben schien unseren Prüfern besonders gut gefallen zu haben, waren sie doch in verschiedener Form gleich mehrfach im Test enthalten gewesen. Ich hatte mich mit ihnen besonders schwer getan und längst nicht alle lösen können. Dreditch dagegen hatte offenbar keine Probleme mit ihnen gehabt und sie schnell bewältigt. Es handelte sich um präzise Strichzeichnungen von Pyramiden oder ähnlichen Figuren, die sich aus vielen einzelnen, gleichgroßen Bausteinen zusammensetzten. Eine Ecke der Figur zeigte nach vorne, so daß der Betrachter die Seite A und die Seite B, nicht aber die Seiten C und D sehen konnte. Die Frage war immer die gleiche: »Wie viele Bausteine sind für die nicht sichtbaren Seiten mindestens erforderlich, damit die Konstruktion stehenbleibt?« Ich konnte damit überhaupt nichts anfangen. Wie sollte ich um die Begrenzung der Zeichnung herumsehen können? Als ich Dreditch fragte, wie er solche Fragen löste, antwortete er: »Konntest du denn nicht *sehen*, daß es drei oder sechs oder wie viele Steine auch immer waren?« Nein, das konnte ich nicht. Ich konnte nicht um die Ecke sehen, doch er konnte es – und zwar auf Anhieb.

Während des Krieges begegnete mir Dreditch mehrere Male. Er war einer der Kryptographen Admiral Halseys. Angehörige des Stabes hielten ihn, wie sie mir sagten, für ein Genie: »Nimitz in Honolulu schickt uns eine kodierte Nachricht. Sie kommt völlig entstellt an. Entweder ihr Sende- oder unser Empfangsgerät spielt verrückt. Oder der Mann am Apparat hat nicht aufgepaßt. Wir geben Dreditch den Salat und fordern Honolulu auf, die Nachricht noch einmal zu senden. Weil es aber auf Sekunden ankommt, warten wir ab, ob Dreditch was herausfindet. Kann er das Rätsel lösen, sind wir schneller einsatzbereit. Ich habe ihn ein dutzendmal beobachtet. Er sitzt über seiner Schlüsselmaschine und läßt die Hände über der Tastatur schweben wie ein Pianist, der anfangen will zu spielen. Ohne eine Taste zu berühren, legt Dreditch los und spielt ›Was, wenn...?‹ Was, wenn der Bursche in Honolulu vergessen hat, diesen Schalter anzuknipsen? Was, wenn die Finger seiner linken Hand ein, zwei Tasten zu weit nach links geraten sind? Mit den Händen in der Luft spielt er hundert Möglichkeiten durch, und oft genug findet er den Fehler. Er dekodiert die Nachricht und leitet sie an Halsey weiter. Wenn dann die korrigierte Version aus Honolulu eintrifft, haben wir bereits entsprechende Vorbereitungen getroffen. Wir müssen natürlich die Bestätigung abwarten und können uns nicht allein auf Dreditchs Vermutungen verlassen – aber Dreditch liegt ja fast immer richtig.«

Durch den eindrucksvollen Test gelang es also, jene Leute herauszufiltern, die die zur Kryptographie erforderliche »Rohintelligenz« besaßen. Und es stellte sich heraus, daß Saul Dreditchs Gehirn über eine spezielle Fähigkeit verfügte, die bei mir weit weniger stark ausgeprägt war. Mit seiner besonderen Begabung trug er zu unserem Erfolg im Kriege bei – ich mit meinem weniger spezialisierten Hirn leistete keinen so wichtigen Beitrag.

Aus den verschiedenen Tests, denen ich mich unterzog, ging eindeutig hervor, daß ich zwar Intelligenz besaß, diese jedoch nicht zum abstrakten Denken geeignet war. Wozu taugte sie dann? Nach langer Überlegung kam ich darauf, daß mein Intellekt im wesentlichen germanisch geprägt war. Ich gehörte zu jenen Menschen, die sich jahrelang abmühen, bis sie – um ein Beispiel zu nennen – eines Tages mit einer neuen Theorie über die Autoren der ersten fünf Bücher des Alten Testaments an die Öffentlichkeit treten. Ich speicherte unermüdlich Detailkenntnisse und liebte das Spiel mit Ideen, für das ich auch die entsprechende Geduld aufbrachte, so daß ich es Tag für Tag stundenlang spielen konnte.

Was mir fehlte, war jener sprühende Intellekt, wie man ihn so oft bei Franzosen, Iren und indischen Weisen findet. Ihre intellektuellen Geistesblitze und ihre geistreiche Konversation begeistern mich. Ich beneide sie um die Eleganz ihrer Sprachbeherrschung und ihre Fähigkeit, Ideen anschaulich darzustellen. Ich selbst empfinde mich eher als Dickhäuter denn als Kolibri und schätze daher alle Dinge, die ich nicht beherrsche, besonders hoch ein. Den flammenden Aufruf, die zündende Enthüllung überlasse ich anderen – nicht, weil ich es will, sondern weil ich es muß. Daß ich nie einen brillanten, spontanen Intellekt besitzen würde, sah ich ein, war auf der anderen Seite aber ebenso überzeugt, über jene robuste Intelligenz zu verfügen, die mich dazu befähigte, jene Art von Büchern zu schreiben, die ich schreiben wollte.

»Rohintelligenz« ist eine Sache, das Beherrschen von handwerklichen Fähigkeiten und Techniken eine ganz andere. Dank meiner frühen, sehr intensiven Klassikerlektüre liebte ich einen flüssigen Stil. Von unschätzbarem Wert war auch meine Zeit als Englischlehrer.

Im College hatte ich gelernt, umfangreiche Semesterarbeiten zu schreiben, und ich muß in diesem Zusammenhang allen jungen Leuten, die gerne Schriftsteller werden wollen, sagen, daß effektives Lernen, vor allem im schreibenden Gewerbe, oft mit der harten Arbeit im College beginnt. Professoren, die keine gut durchdachten Semesterarbeiten verlangen, bringen die Begabteren unter ihren Studenten nicht weiter, und jedes Geschichts-, Englisch- oder Philosophieseminar ohne ausführliche schriftliche Arbeiten ist Betrug, da ein wichtiger Aspekt des Faches einfach übergangen wird.

Ich hörte bei drei hochangesehenen Professoren: in Philosophie bei dem goßen Brand Blanshard, in Literatur bei dem bekannten Experten Robert Spiller und in Geschichte bei dem unverwüstlichen Freddie Manning, der mit der Tochter des früheren US-Präsidenten William Howard Taft verheiratet war. Bei Blanshard und Spiller lernte ich viel über das Schreiben an sich, doch was eine gute Forschungsarbeit ist, das brachte mir Manning in seinen beiden Seminaren zur englischen Geschichte bei.

Ich hatte einen vierzigseitigen Aufsatz über die Reform-Bill, das Wahlrechtsreformgesetz von 1832, geschrieben und darin Lord Brougham, einen chamäleonhaften Politiker aus jener Zeit, zu meinem Helden erkoren. Am Ende des Seminars bat mich Professor Manning, noch einen Augenblick zu bleiben, und sagte zu mir: »Michener, das war erstklassig. Sie könnten Schriftsteller sein. Zwei Kritikpunkte: Der Aufsatz ist ein bißchen zu lang – und in dieser eher dürftigen Passage über Ihren Helden Brougham, den man, wie Sie schreiben, ›der Vergessenheit auf dem Wollsack anheimfallen ließ‹, haben Sie etwas grundlegend mißverstanden. Sie interpretieren die Wertewelt der englischen Politik falsch. Als Brougham ›den Wollsack nahm‹, wie es heißt, bedeutete dies, daß er sich auf den altehrwürdigen Wollballen setzte, auf dem alle Lordkanzler in ihrer Eigenschaft als oberste Richter des Landes Platz nehmen. Der Wollsack ist eine Erinnerung daran, daß der Reichtum einer Nation vom Land kommt, und wer auf ihm sitzt, ist in eine der höchsten Stellungen aufgestiegen, die es im politischen Leben Englands gibt. Sie müssen auf die Details achten und ihnen gegebenenfalls auf den Grund gehen.«

Besonders begeistert war ich von dem Tadel nicht, doch was wirklich Fortbestand hatte, waren seine nächsten Worte: »Als meine Frau und ich vor zwei Jahren den Obersten Bundesrichter Taft auf einer Englandreise begleiteten, waren die politischen

Führer jenes Landes sehr daran interessiert, mit ihm ins Gespräch zu kommen. Sie wollten aber nicht den ehemaligen Präsidenten treffen, sondern den Obersten Bundesrichter. Das bedeutete ihnen etwas.«

Warum ist mir diese Erinnerung so lieb? Weil sie mit einem Schlag alles, was ich geschrieben hatte, erhellte. Brougham war ein realer Mensch gewesen, der eine reale Aufgabe übernommen hatte, bei deren Ausübung er auf einem Wollsack saß. Howard Taft war ein lebender amerikanischer Politiker, der zwei sehr unterschiedliche Ämter ausgeübt hatte, und es bestand die realistische Möglichkeit, daß ich ihn eines Tages kennenlernen konnte. Ich spürte die geschichtliche Vergangenheit und die Gegenwart an jenem Tag hautnah – und dies nur deshalb, weil ich in eine lange Seminararbeit alles hineingepackt hatte, was ich wußte, und all meine Gefühle über edle Bösewichter und ehrwürdige Helden offengelegt hatte. In gewisser Weise war mir diese Arbeit eine Prophezeiung.


Kein Schriftsteller kennt genügend Wörter, aber er muß auch nicht unbedingt versuchen, alle Wörter, die er kennt, zu benutzen. Tests würden beweisen, daß ich einen sehr großen Wortschatz besitze, der über die Jahre noch gewachsen sein muß. Dennoch hatte ich nie den Wunsch, ihn nach Art eines John Updike, eines William Buckley oder eines William Safire zur Schau zu stellen. Wie diese drei mit Worten umgehen, ist spektakulär – ich hingegen bemühte mich, wenn auch nicht immer erfolgreich, Ernest Hemingway nachzueifern, dessen eindrucksvoller Stil von kurzen, geläufigen Wörtern geprägt ist.

Ich kämpfe immer um das richtige Wort und habe stets das größte Wörterbuch parat liegen, das ich an meiner jeweiligen Arbeitsstätte unterbringen kann. Ich glaube, daß ich es sechs- bis siebenmal pro Arbeitstag konsultiere, denn Englisch ist eine Sprache, die man nie ganz zu beherrschen lernt. Greifbar ist außerdem immer ein Exemplar von Rodale's *Synonym Finder*, dem unbestreitbar besten Thesaurus, der je veröffentlicht wurde. Er ist äußerst umfassend und hervorragend aufgebaut. Was ich im übrigen nie verstanden habe, ist, warum manche Bücher die Hälfte ihrer Seiten auf Antonyme verschwenden, denn soweit ich mich entsinne, habe ich diesen Service nie in Anspruch genommen. Sosehr ich den Rodale auch schätze – ich habe ihn nie dazu benutzt, um mir aus reiner Effekthascherei ein besonders brillantes Wort herauszusuchen, sondern immer nur zur Erinnerung an das eine oder andere mir bekannte Wort, das mir gerade nicht einfiel.

Wörter faszinierten mich schon als Kind. In George Murray's Ferienlager am Delaware River, wo ich die Sommerferien verbrachte, fiel mir am Ende der Brücke, die von Pennsylvania nach New Jersey führt, ein Eisenbahnschild mit dem Namen BYRAM auf. Dabei kam mir spontan der Gedanke: »Wenn der Mann, nach dem dieses Nest hier heißt, eine Tochter Mary hatte, dann hätte sie ihren Namen vorwärts wie rückwärts buchstabieren können!« (Mary Byram) Ich fand das so phantastisch, daß ich, als die Schule wieder anfing, mit meiner Entdeckung angab. Aber Mary Armstrong, unsere Klassenbeste, erwiderte in ihrer herablassenden Art: »So etwas nennt man ein Palindrom. Die beiden berühmtesten sind: *Able was I ere I saw Elba* und, noch toller, *A man, a plan, a canal. Panama!*«

Mir gefällt die herrliche Flexibilität des Englischen, und ich lese in jedem Jahr mindestens ein Buch über die Geschichte unserer Sprache. Besonders interessieren mich die Jahre nach Christi Geburt, als sich die englische Sprache herausbildete. Einmal verglich ich die Standardwörterbücher von vier oder fünf großen Gegenwartssprachen und fand folgendes heraus: Das von der spanischen Akademie geförderte Wörterbuch beschränkte sich auf annähernd sechzigtausend Wörter. Das französische enthielt schon doppelt so viele; das englische jedoch, ein Konglomerat aus allem Möglichen, bot fünfhundertfünfzigtausend Wörter an. In den Jahren, in denen Charles de Gaulle versuchte, das Französische von englischen Wörtern zu reinigen, nahm das Englische Wörter aus allen Weltsprachen in seinen Wortschatz auf, darunter auch französische. Jahrelang führte ich ein Notizbuch, in dem jeweils sechs Wörter aus fast achtzig Sprachen aufgeführt waren, die inzwischen das Englische bereicherten – z. B. *dinghi* aus dem Hindi, *cannibal* aus dem Karibischen, *safari* aus dem Suaheli und *trek* aus dem Afrikaans.

Dank des Wortreichtums der englischen Sprache kann jeder, der in dieser Sprache schreibt, fast jeden Gedanken, den er vermitteln will, entweder mit einem etwas längeren Wort lateinischen Ursprungs oder mit einem kurzen, knappen Wort angelsächsischer Herkunft ausdrücken (z. B. *precipitous* oder *steep* für »steil«). Ein gelungener Stil ist oft das Ergebnis einer klugen Mischung beider Elemente.

Da ich eine altsprachliche Ausbildung genossen habe, neige ich dazu, meinen jeweils ersten Entwurf vorwiegend mit Wörtern lateinischen Ursprungs abzufassen, wobei ich eine Vorliebe habe für drei- und viersilbige, die mir angenehm im Ohr klingen. Allerdings verführen sie mich zu langen Sätzen und nicht enden wollenden Gedankenketten. Die Lektoratsarbeit besteht dann darin, die erhabenen Wortschönheiten zum großen Teil durch kurze Wörter solider angelsächsischer Provenienz zu ersetzen. Beim letzten Durchgang, bei dem ich darauf achte, daß die Sätze »singen«, greife ich dann aber doch nicht selten auf ein lateinisches Wort zurück, das genau auf den Kontext zugeschnitten ist und an der betreffenden Stelle einfach am besten paßt.

Die englische Sprache war für mich mein ganzes Leben lang ein steter Quell der Freude, und ich bin stolz darauf, daß ich in ihr publizieren durfte. Ich hätte in keiner anderen Sprache glücklich werden können, obwohl ich die Eleganz des Französischen, die Kraft des Deutschen und die zarte Schönheit des Spanischen respektiere.

Der englische Satz kann ein Gebilde von großer Schönheit und Wandlungsfähigkeit sein. Der Schriftsteller, der durch ihn seine Gedanken, Bilder und Gefühle vermitteln will, muß ihn mit großer Sorgfalt und Genauigkeit behandeln. Treffende Sätze können so kurz und deutlich sein wie bei Hemingway in *Die Killer*, das während meiner Studentenzeit mit revolutionärer Kraft über uns hereinbrach, oder so scheinbar endlos wie bei William Faulkner in seinen Geschichten aus dem Süden, die anfangs kaum wahrgenommen und später so hoch gelobt wurden. In meinen eigenen Werken zog ich den einfacheren Satz vor, denn mein Ziel war stets absolute Klarheit. Ich neige dazu, linear zu denken, mit einem starken Satzbeginn, einem reinen, scharfen, aktiven Verb und einem vernünftigen Schluß. Doch wenn ich den Text dann überarbeite, offenbart sich eine gattungstypische Schwäche: Ich habe die Unart, zu viele erklärende Sätze mit dem Wort »und« aneinanderzureihen. Um dies zu vermeiden, beginne ich oft mit einem beigeordneten Satzteil, so daß ich mit einem starken, unabhängigen Schluß enden kann.

Die zweite Änderung gegenüber meiner jeweils ersten Fassung besteht darin, überflüssige oder unwirksame Wörter am Satzende zu streichen. Der Möchtegern-Satz ohne Verb ist mir ein Graus, aber manchmal fällt mir keine gute Alternative ein. Sätze, die aus dem Ruder laufen und dabei Form und Kraft verlieren, trachte ich zu vermeiden – und doch legen meine Lektoren immer großen Wert darauf, die schlimmsten verbliebenen Verstöße gegen diese Regel zu korrigieren, indem sie sie in zwei oder gar drei kürzere Sätze aufteilen. Ich beuge mich ihrem überlegenen Geschmack. Obwohl ich mein ganzes Leben lang mit dem englischen Satz gerungen habe, sehe ich inzwischen ein, daß es mir nie gelang, ihn vollendet zu beherrschen. Ich glaube allerdings, den Ringkampf mit einem achtbaren Unentschieden abgeschlossen zu haben, und manchmal kam es sogar vor, daß ich ihn zu meinem Vorteil nutzen konnte, als wäre ich – und nicht mein Widersacher – Herr der Situation.

Mein Hauptausdrucksmittel – es zählt, wie ich glaube, zu den einfachsten – ist der Absatz. Ich bemühe mich, möglichst abwechslungsreiche und effektvolle Absätze zu gestalten. Jüngeren Autoren habe ich wiederholt gesagt: »Ich bin überzeugt, daß ich als Schriftsteller nur ein einziges Talent habe: Ich kann einen wirkungsvollen Absatz schreiben.« Zu den Fragen, die mich ständig beschäftigen, wenn ich an der Schreibmaschine sitze, gehört die folgende: Wie kommt der Absatz voran? Wird er zu lang oder zu kurz? Sind die Sätze variabel genug? Solange ich das Gefühl habe, daß irgend etwas nicht stimmt, ist der Absatz für mich nicht abgeschlossen. In jedem meiner Manuskripte streiche ich Dutzende von fehlerhaften Absätzen, die meinen Maßstäben nicht genügen.

Ich kenne keine Stilübungen, mit deren Hilfe ein angehender Schriftsteller seine Technik verbessern könnte. Vielleicht wäre die alternierende Lektüre der sehr kurzen Absätze bei Hemingway und der sehr langen und stichhaltigen in den Essays des Magazins *The New Yorker* ein guter Anfang, aber man kann diese Beispiele ja nicht einfach imitieren. Meine Absätze liegen irgendwo dazwischen. Ist ein Absatz endlich rundum stimmig, bin ich manchmal richtig glücklich.

Was die Interpunktion betrifft, so stand ich – wie viele andere Schriftsteller meiner Generation – unter dem Einfluß eines bissigen und furchtbar sexistischen Artikels mit dem bezeichnenden Titel *Feminine Punctation* (›Weibliche Interpunktion‹), der vor Jahrzehnten in einer großen Illustrierten erschien. Der Verfasser machte sich darüber lustig, daß bei Autoren billiger Liebesromane die Neigung bestand, Ausrufezeichen, Gedankenstriche, Klammern, Auslassungspunkte, Kursiv- und Fettschreibung und ähnliche Kunstgriffe aus Gründen der Effekthascherei überzustrapazieren. Manchmal setzten sie zur Hervorhebung eines ironischen Nebensinns sogar ein Ausrufezeichen in Klammern: (!). Der Kritiker hielt dies alles für billige, pubertäre Mätzchen und empfahl allen Schriftstellern – besonders männlichen, die ernst genommen werden wollten –, tunlichst darauf zu verzichten. In Wirklichkeit gibt es all diese

Zeichen und typographischen Hilfsmittel, über die er sich lustig machte, deshalb, weil sich im Laufe der Jahrhunderte herausgestellt hat, daß selbst Autoren mit großem sprachlichen Feingefühl ohne sie nicht auskommen. Abzulehnen ist lediglich ihr Mißbrauch, denn ein langes Manuskript mit ungenauer oder unzureichender Interpunktion irritiert. Bei richtigem Gebrauch können Satzzeichen das Salz in der Suppe sein; sie können Akzente setzen und den Stil verfeinern.

Ich bemühe mich, Ausrufezeichen auf Dialogpassagen zu beschränken. Manche Sätze schreien geradezu danach, daß ein betontes Wort durch Kursivsatz hervorgehoben wird. Ich benutze Gedankenstriche (vielleicht zu oft), kennzeichne Zeitsprünge oder längere Pausen mit Auslassungspunkten und verehre geradezu das Semikolon, das ich möglicherweise ebenfalls zu oft verwende.

Für die Rechtschreibung habe ich ein kleines Wörterbuch zur Hand, das keine Erklärungen bietet, dafür aber die korrekte Schreibweise von fünfundzwanzigtausend Wörtern enthält. Gäbe es ein vergleichbares mit fünfunddreißigtausend Wörtern, würde ich es mir sofort kaufen, denn ungefähr die Hälfte aller Wörter, die ich suche, ist in meinem Nachschlagewerk nicht enthalten. Dies gilt vor allem für Wörter, die mit Bindestrich geschrieben werden. Meine Rechtschreibung ließ immer zu wünschen übrig, und ich glaube, daß ich im Laufe der Jahre an die fünfhundertmal nachgeschlagen habe, wie die korrekte Pluralform von *hero* (›Held‹) lautet, was der Unterschied ist zwischen *flaunt* (›zur Schau stellen‹) und *flout* (›sich über etwas hinwegsetzen‹), zwischen *gantlet* (›Gleisverschlingung‹) und *gauntlet* (›Spießrutenlauf‹), und wie man *minuscule* (›winzig‹) buchstabiert. Es freut mich zu hören, daß moderne Textverarbeitungssysteme über integrierte Rechtschreibprogramme verfügen – nur helfen sie mir nicht viel, denn ich bin ein altmodischer Maschineschreiber, der weder von seinem Zwei-Finger-System noch seiner mechanischen Schreibmaschine läßt. Allerdings nutzt meine Sekretärin, eine Zauberkünstlerin im Umgang mit der Textverarbeitung, das Programm zur Überprüfung meiner Rechtschreibung.

Ich habe während meiner gesamten Schriftstellerlaufbahn versucht, aus aussagekräftigen, aber nicht zu ungewöhnlichen Wörtern nicht zu lange Sätze zu bilden und aus diesen Absätze zu konstruieren, welche sich in ihrer Gesamtheit zu einer Erzählung summieren, die den Leser unablässig von einer Seite zur nächsten lockt.

Bei meiner kritischen Selbsteinschätzung im Jahre 1947 kam ich zu dem Schluß, daß ich über eine recht solide Kenntnis der englischen Sprache und dessen, was das Wesen eines Buches ausmacht, verfügte. Doch nicht einmal durch den Gewinn des Pulitzerpreises gewann ich die Überzeugung, daß es mir gelingen könne, einen guten Erzählstil zu entwickeln. Mein Agent hatte mir schließlich mit der ausdrücklichen Begründung, ich hätte keinen, die Zusammenarbeit aufgekündigt. Von daher ist es verständlich, daß mich, was die Möglichkeit einer Schriftstellerlaufbahn betraf, noch immer einige Bedenken plagten.

Wenn ich lange Bücher mit verwickelten Handlungen schreiben wollte – und das wollte ich –, so mußte ich zwangsläufig einen Stil entwickeln, der dieser Aufgabe angemessen war. Ich entdeckte, daß ein solcher Stil in überraschend hohem Maße davon abhängig ist, wie gut man die einzelnen Absätze miteinander verknüpft, so daß der Leser sich gerne von einem zum anderen führen läßt. Die besten Übergänge enthalten am Ende des alten Absatzes den einen oder anderen Hinweis, der zu Beginn des neuen Absatzes wiederaufgenommen wird, hängen also nicht nur von einem gut getroffenen einleitenden Bindewort ab. Wie dicht meine Sätze miteinander verknüpft sind, merke ich oft erst, wenn ich irgendwo eine Korrektur anbringen möchte. Das Streichen eines einzigen Satzes zerstört oft den gesamten Zusammenhang. Da die Übergänge so gebaut sind, daß sie nicht ohne weiteres auseinandergerissen werden können, bleibt mir oft nichts anderes übrig, als den Satz wiederaufzunehmen und beide betroffenen Absätze zu überarbeiten.

Ich habe einmal gesagt: »Ich bin vielleicht nicht der größte Dichter der Welt, aber sicher einer der größten Umdichter.« Was für eine harte Arbeit die Schriftstellerei ist, hatten mich meine Lektorenjahre bei Macmillan gelehrt. Die dritte Fassung eines meiner Manuskripte ist ein Konvolut aus bekritzelten, zerschnittenen und zusammengeklebten, immer wieder korrigierten und überarbeiteten Seiten. Das fertige, gut lesbare Buch hat schon manche zu dem irrigen Glauben verführt, so ein Text sei leicht geschrieben. Erst meine in allgemein zugänglichen Bibliotheken hinterlegten Manuskripte verraten, welche Sorgfalt erforderlich war, um den Erzählfluß kontinuierlich aufrechtzuerhalten.* Von alleine ging da nichts. Gelegentlich höre ich von Schriftstellern, die sich an die Maschine setzen, ein Kapitel schreiben und dieses dann, lediglich mit ein paar Rechtschreibkorrekturen versehen, in Satz gehen lassen. Wenn ich dann jedoch die veröffentlichten Texte lese, vergeht mir jedes Neidgefühl. Ich gebe allerdings zu, daß John O'Hara dem Verlag Random House Manuskripte lieferte, die außer den Auszeichnungen für den Setzer so gut wie gar keine Lektoratsbetreuung erforderten. Seine hervorragenden Short Stories waren nahezu perfekt. Die meisten von uns müssen hart arbeiten, wenn sie optimale Ergebnisse erzielen wollen.

Ich glaube, meine Einstellung gegenüber dem schöpferischen Prozeß läßt sich am ehesten mit der von Alexandre Dumas d. Ä. vergleichen. Er wurde einmal von einem jungen, ehrgeizigen Mann angesprochen, der stolz von sich behauptete, er wolle einen Roman schreiben, der *Die drei Musketiere* und *Der Graf*

---

* Frühe Manuskripte: The Library of Congress; *Colorado Saga*: University of Northern Carolina; *Die Bucht*: Public Library, Easton, Maryland; *Verheißene Erde*: Swarthmore College; *Texas*: University of Texas; *Alaska*: University of Alaska; *Karibik*: University of Miami. Wo die Manuskripte von *Sternenjäger, Polen, Havanna, Die Welt ist mein Zuhause* und *Workbook* aufbewahrt werden sollen, habe ich noch nicht entschieden.

*von Monte Christo* weit in den Schatten stellen würde.« Haben Sie attraktive Schauplätze?« fragte der alte, erfahrene Schriftsteller höflich. »Die besten!« antwortete der junge Mann. »Rätselhafte Inseln, schimmernde Schlösser, waldreiche Täler mit eleganten Herrenhäusern...«

»Haben Sie auch interessante Personen?«

»Könige, schöne Prinzessinen, fragwürdige Kardinäle...«

»Und wie steht es mit der Handlung, die alles logisch miteinander verknüpft?«

»Die ist absolut genial, mit lauter überraschenden Wendungen, die das Publikum verblüffen und begeistern werden.«

Worauf Dumas erwiderte: »Sie sind wirklich auf dem besten Wege, junger Mann. Ihnen fehlen jetzt nur noch zweihunderttausend Wörter – und zwar die richtigen.«

Ich kam zur entscheidenden Frage: Wußte ich genug über die Kunstform Roman, um mich selber daran zu versuchen? Drei Faktoren spielten hier eine Rolle. Erstens war da – und das sprach für mich – meine außergewöhnliche Literaturkenntnis, die ja auch in den Spitzenergebnissen im Examen ihren Niederschlag gefunden hatte. Mit vierundzwanzig Jahren hatte ich, wie ich glaube, die meisten guten Romane der Weltliteratur gelesen, darunter vor allem auch die Werke europäischer Schriftstellerinnen und Schriftsteller, die sonst bei Amerikanern wenig Beachtung finden. Einige Namen: Pérez Galdós, Gontscharow, Manzini, Nexø, Lagerlöf, Reymont, Couperus. Auch die japanische Dichterin Murasaki war mir nicht unbekannt.

Der zweite wichtige Faktor bestand darin, daß ich, da mein College notorisch anglophil war und ich lange Zeit in Übersee studiert hatte, die Werke dreier amerikanischer Giganten – Scott Fitzgerald, William Faulkner und Thomas Wolfe – überhaupt nicht kannte. Sie konnten mich folglich auch nicht beeinflussen, und das war sicherlich ein Manko. Aus denselben Gründen waren mir auch Schriftstellerinnen wie Susan Glaspell und Edith Wharton nahezu entgangen. Meine literarische Bildung war also sehr breit, aber auch einseitig.

Beim dritten Faktor handelte es sich um ein ernster zu nehmendes Defizit: Ich hatte nie einen systematischen Kurs über literarisches Schreiben belegt und so auch die philosophische Diskussion über die Werke von Henry James, E. M. Forster, André Gide und andere Schriftsteller von Rang verpaßt. Um James' Richtlinien hinsichtlich der Erzählperspektive habe ich mich nie gekümmert. Auch habe ich nie richtig beurteilen können, inwieweit psychologische Kenntnisse einem Roman zusätzliche Tiefe und Bedeutung verleihen. Merkwürdigerweise habe ich mich nie näher mit der Frage befaßt, wie es einem begabten Romancier – ich denke z. B. an Flaubert – gelingt, eine Gruppe von Personen innerhalb enger räumlicher Grenzen zu versammeln und daraus einen Roman von universaler Bedeutung zu schaffen. Das sprühende Wortspiel von renommierten Schriftstellern wie Aldous Huxley ging so gut wie spurlos an mir vorüber; ich wußte, daß ich nicht wie sie schreiben würde, und ich wollte es auch nicht.

Meine literarische Bildung war allerdings groß genug, um unter den Praktikern der Zunft auch einige Vorbilder finden zu können: Männer wie Henry Fielding, Alain René Lesage, Eugène Sue und William Thackeray; erwähnen sollte ich auch die epischen Romane Tolstois und Sigrid Undsets und eindrucksvolle Werke wie Theodore Dreisers *Eine Amerikanische Tragödie* und Arnold Bennetts *Konstanze und Sophie oder Die alten Damen*. Mit anderen Worten: Ich wollte große, handfeste, ausführliche Romane schreiben, obwohl ich mir stets der Tatsache bewußt war, daß ich mit dieser Wahl einem Stil abschwor, dem die Kritiker gemeinhin den Vorzug gaben. Victor Hugo war mir – und vielen anderen Lesern, wie ich fand – stets lieber als Jane Austen, und die Behauptung mancher damaliger Kritiker, die Charles Dickens für einen Schriftsteller minderer Güte hielten, war nach meiner Überzeugung lächerlich.

Nicht minder wichtig als das beruhigende Wissen, daß ich wahrscheinlich über ein gewisses Schreibtalent verfügte, war auf der anderen Seite die Notwendigkeit, jene Fähigkeiten zu definieren, die ich *nicht* besaß. Die negativen Schlüsse, zu denen ich kam, waren sehr speziell und hatten Hand und Fuß. Aus meiner umfangreichen Lektüre wußte ich, daß die besten Schriftsteller der Welt über bestimmte Qualitäten vefügten, die ich nie erreichen konnte, und es kam für mich nun darauf an, möglichst schnell jedem falschen Ehrgeiz auf diesen Gebieten zu entsagen.

Ich habe keine psychologische Ausbildung, und es fehlt mir sowohl an Begabung als auch an Interesse, mich ausführlich mit dem Seelenleben meiner Romanfiguren auseinanderzusetzen oder sie gar durch jene Irrungen und Wirrungen zu treiben, die andere Schriftsteller so effektvoll ausnutzen. Ich neige dazu, meine Figuren so zu nehmen, wie sie sind. Mir ist es lieber, wenn sie sich selbst und auf ihre eigene Art offenbaren. Dieser Technik verdanke ich einige Charaktere, die mir ausgezeichnet gefallen; wenn der Leser psychologische Analysen wünscht, sollte er sie woanders suchen.

Ich habe versucht, Frauen und Männer zu kreieren, die die Vorstellungskraft dauerhaft zu fesseln vermögen. Jedesmal, wenn meine Frau mir erzählt, daß wieder einmal ein Kritiker wegen der angeblichen Klischeehaftigkeit meiner Romanfiguren über mich hergezogen ist, denke ich an Nellie Forbush und Emile de Becque, die die ganze Welt bezauberten, und an Elly Zahm, deren Tod durch Schlangenbiß so viele Leser zu Protestbriefen animierte. Wenn dies Klischeefiguren sind, dann kann ich mir vorstellen, daß es viele Schriftsteller gibt, die liebend gerne wissen würden, woher ich die Ware beziehe.

Ich habe mich intensiv mit Dialekten befaßt und war oftmals versucht, mich ihrer zu bedienen. Doch wenn ich zurückblicke, fällt mir auf, daß Büchern, die anfangs als Musterbeispiele der Dialekterzählung begrüßt wurden, im allgemeinen kein anhaltender Erfolg beschieden war. Trotzdem kommt es vor, daß ich bei der Lektüre von Thomas Hardy über dieses oder jenes ungemein effektvoll plazierte Wort aus der bäuerlichen Umgangssprache stoße und mir insgeheim wünsche, ich könnte ihm nacheifern.

Das Entwerfen komplizierter Romanhandlungen gehört ebenfalls nicht zu meinen besonderen Stärken oder Interessen, und wenn es mir gelingt, profitieren meine Bücher nicht sonderlich davon. Ich habe großen Respekt vor den raffinierten Plots der spannenden Spionageromane John le Carrés, bin aber nicht neidisch darauf. Übertriebene Verwicklungen wie bei Hardy empfinde ich als ermüdend. Ich bin wegen meiner Schwäche auf diesem Gebiet mehrfach kritisiert worden. Einige Kritiker und Leser haben mir auch vorgeworfen, daß meine Bücher in den letzten Kapiteln auseinanderfallen. Ich glaube nicht, daß das stimmt. Eine erzählerische Handlung ist für mich ein endloses, bewegliches Geflecht, welches der Schriftsteller, einer Norne gleich, an einem beliebigen Punkt durchschneidet, um sein Buch zu Ende zu bringen. Mir ist durchaus bewußt, daß ein im Handlungsaufbau versierter Schriftsteller sein Anliegen viel eleganter verpacken kann als ich, doch habe ich beim Schreiben – genauso wie bei der Wahl meiner Kleidung – nie besonders großen Wert auf Eleganz gelegt.

Der Symbolismus ist ein weiteres Element, das in meinen Werken zu kurz kommt, während andere mit seiner Hilfe große mystische Wirkung erzielen. Ich muß allerdings gestehen, daß ich bei der Lektüre solcher Bücher manchmal vor mich hin murmele: »Jetzt wird es aber ziemlich preziös.« Ich wollte, ich hätte jenes Geschick, das für den Umgang mit Symbolen erforderlich ist, aber dem ist nun einmal nicht so. Ja, es gibt bestimmte Themen, die davon profitieren, läßt sich die Story doch so auf eine höhere Ebene heben. Aber ich habe so viele schlechte Texte in diesem Sujet gelesen, daß ich das Feld gerne anderen überlasse. Persönlich baue ich lieber darauf, den »mythischen Effekt« durch sorgfältige Auswahl der Fakten zu erzielen. Und wenn jemand meinen Roman *Mazurka* liest und nicht erkennt, daß das Thema und die handelnden Personen sowohl heroische als auch mythische Dimensionen haben, dann kann ich ihm, fürchte ich, auch nicht weiterhelfen.

Ich liebe beim Schreiben das Understatement, weiß aber, daß ich es oft nicht schaffe, dem Durchschnittsleser das, was ich damit sagen will, verständlich zu machen. Tausende haben *Hawaii* gelesen, ohne zu erkennen, daß dieses Buch ein starkes Plädoyer für die Rassenintegration ist. Bei anderen Büchern, namentlich bei *Verheißene Erde* und *Die Quelle*, machte ich dieselbe Erfahrung. Es überrascht mich daher nicht mehr, wenn es Leser gibt, die nicht verstehen, was ich ihnen über Hunderte von Seiten zu erklären versucht habe. Trotz solcher Fehlschläge weigere ich mich, aus Effekthascherei auf die Pauke zu hauen oder mich und meine Figuren mit billigem Ruhm zu schmücken, und wenn ich oft mißverstanden werde, so ist dies die Strafe, die ich für meine Art des Schreibens auf mich nehmen muß.

Angesichts so vieler Defizite stellt sich natürlich die Frage, auf welchen Gebieten ich *besser* war als der Durchschnitt. Ich konnte eine Geschichte erzählen. Manchmal vergessen wir, was für eine starke Begabung dies ist. Als in der Frühzeit der Menschheitsgeschichte die Männer auf die Jagd gingen, um ein Mammut zu erlegen, von dem ihr Clan ein halbes Jahr leben mußte, da gab es, dessen bin ich mir sicher, einen unter ihnen – es muß nicht unbedingt der klügste und tapferste gewesen sein –, der am Abend vor dem Lagerfeuer über die Ereignisse des Tages berichtete. Er erzählte von der heldenhaften Entschlossenheit der Beute, einem edlen Tier, das sich mit bisher ungeahnter Entschlossenheit verteidigt hatte. Er berichtete, welche Jäger den Angriff geführt hatten und wer es gewesen war, von dem in jenem kritischen Moment, als das Mammut zu entkommen drohte, alles abhing. Der Berichterstatter am Lagerfeuer verlieh dem Tag einen Glorienschein, den er ansonsten nie erhalten hätte.

Die Fähigkeit, eine aufregende, sinnvolle Geschichte zu erzählen, ist ein Kulturgut von bleibendem Wert. Ich weiß nicht, wie das Buch, das mir so ans Herz gewachsen ist, im nächsten

Jahrhundert aussehen wird; vielleicht löst sich seine jetzige Form in elektronische Signale auf und die Bibliotheken verwandeln sich in zentrale Datenbanken mit lauter Mikrofilmen und Disketten. Doch es ist ganz gleich, wie die Erzählung unter die Leute kommt – ihre Schöpferinnen und Schöpfer werden auch weiterhin unersetzlich sein, davon bin ich überzeugt. Jede Gesellschaft braucht Chronisten, die die gesammelten Erfahrungen aufzeichnen; sie braucht ihre Spötter, die sich über aufgeblasene und hohlköpfige politische Führer lustig machen; sie braucht ihre Balladen, die die junge Liebe besingen, und sie bedarf der Interpretation jener Wertvorstellungen, die der menschlichen Gemeinschaft heilig sind. Die Kunst des Geschichtenerzählers ist von historischem Wert, und ich bin stolz darauf, daß ich sie ausgeübt habe.

Meine Lehrer waren nicht die Poeten und Phantasten des französischen Mittelalters, sondern die ausdrucksvollen Träumer, die die norwegischen Sagas oder die isländische *Edda* ersannen. Ich fand keinerlei Bezug zu Jane Austen, fühlte mich aber Alain René Lesage nahe, spürte keine Affinität zu Henry James und Scott Fitzgerald, aber eine starke Neigung zu Miguel Cervantes und Mark Twain. Ich war ein Geschichtenerzähler und tat mein Bestes, um der Kette, die uns mit den Höhlenmenschen verbindet, ein paar neue Glieder hinzuzufügen. Ich empfand große Hochachtung für jene Künstler, die nicht auf meiner Linie lagen, war aber nicht bereit, sie als Lehrer zu akzeptieren.

Ich besitze offenbar auch ein gewisses Talent für das Ambiente meiner Geschichten – die Schilderung von Landschaften, Jahreszeiten, klimatischen Gegebenheiten, das Rauschen des Ozeans, die Endlosigkeit der Wüste. Ich hatte niemals Angst vor konventionellen Beschreibungen, die bei mir meist größeren Raum einnehmen als in den Werken anderer Schriftsteller, achtete aber sorgfältig darauf, daß sie den Erzählfluß nicht über Gebühr ins Stocken brachten. Deskriptive Passagen wurden daher bei der Überarbeitung eher gestrichen als erweitert. Ich war immer der Überzeugung, daß ein Mensch oder eine Gesellschaft nur dann wirklich verstanden und akzeptiert werden kann, wenn man sie als Teil ihrer natürlichen Umgebung begreift – gleichgültig, ob es sich dabei um eine amerikanische Großstadt, ein Burenstädtchen in Südafrika oder eine Farm in Nebraska handelt.

Große Beachtung schenkte ich dem Broterwerb meiner Romanfiguren. Sie haben bestimmte Berufe, verdienen bestimmte Summen, haben mit bestimmten Problemen zu kämpfen und finden dafür bestimmte Lösungen. Es hat mich immer – vor allem in vielen europäischen Romanen – irritiert, daß keine der handelnden Personen je auch nur einen einzigen Tag gearbeitet hat; man sollte zumindest sehen, wie diese Leute die arbeitenden Menschen manipulieren. Ich bin sicher kein »Arbeiterdichter«, verfüge aber zweifellos über gewisse proletarische Instinkte. Den Aufstieg und Fall persönlicher Karrieren und den Erfolg oder das Scheitern von Dynastien habe ich immer mit Interesse verfolgt. Meine Figuren sollen aktiv tätig sein – bei der Jagd, der Ernte, auf dem Marktplatz, im Konferenzsaal. Bei den Recherchen für *Texas* lernte ich sieben Multimillionäre kennen, zu denen ich teils engere, teils weniger enge freundschaftliche Beziehungen unterhielt. Es waren vitale Männer, die Geschäftemacher und Strippenzieher in diesem riesigen Staat. Mehrere von ihnen verschafften mir die Möglichkeit, die inneren Abläufe ihrer geschäftlichen Unternehmungen aus nächster Nähe zu beobachten. Als in späteren Jahren die Öl- und Immobilienpreise abstürzten, erlebte ich auch ihren Bankrott mit. Bei vieren von ihnen waren nur Teile des Vermögens betroffen, drei verloren alles, was sie besaßen. Mit ansehen zu müssen, wie das Wirtschaftsimperium eines Freundes zusammenbricht, ist eine ernüchternde Erfahrung.

Das Verhältnis meiner Romanfiguren zur Religion hat mich immer sehr interessiert, weshalb ich darüber auch mehr geschrieben habe als viele andere Schriftsteller. Dies geschah jedoch meist sehr behutsam und oft nur indirekt. Mein Israel-Roman *Die Quelle* dreht sich zur Gänze um dieses Thema, des weiteren ein Großteil des Südafrika-Romans *Verheißene Erde* und längere Passagen in *Hawaii* und *Colorado Saga*. Nur wenige erinnern sich daran, daß ich in der Figur des Dr. Strabismus in meinem Roman *Sternenjäger* die Probleme und Schandtaten unserer Fernsehprediger vorausahnte, lange bevor deren Fehlverhalten publik wurden. Obwohl man mich in den letzten Jahren mehrmals gefragt hat, ob ich nicht nach Irland ziehen will, um über dieses geschundene Land zu schreiben, habe ich davon Abstand genommen, weil ich über die Ursprünge der religiösen Spannungen dort nicht genug weiß. Ich glaube allerdings, daß ich den Islam kenne, und es tut mir leid, daß ich nie ein größeres Buch darüber schreiben konnte. Als ich zu Beginn meines Studiums einmal erwog, dieses Thema zu bearbeiten, traf ich für mich bereits die Entscheidung, daß ich kein Parteigänger der Schiiten sein würde.

Über die Probleme der Rassenintegration bin ich ziemlich gründlich unterrichtet, weil ich in den verschiedensten Gesellschaftsformen unter Männern und Frauen unterschiedlichster ethnischer Herkunft gelebt habe. Von Kind auf habe ich für alle die größte Sympathie empfunden und mich immer bemüht, mich in ihre jeweilige Situation hineinzuversetzen. Ich hatte in vielen Teilen der Welt gute Freunde. Daß ich mindestens sieben- oder achtmal für längere Zeit mit Menschen zusammenlebte, die kein Wort Englisch verstanden und deren Sprache mir ebenso fremd war, ist für viele Amerikaner fast unbegreiflich. Ich erinnere mich an eine Taxifahrt in Warschau, die ich gemeinsam mit einem Geschäftsmann aus Boston unternahm. Wir hatten ein sehr angeregtes Gespräch mit dem Fahrer. Obwohl dieser kein Englisch konnte und wir kein Polnisch, erfuhren wir, daß er zwei Kinder hatte, sein eigenes Taxi fuhr, Chopin liebte, die Russen nicht mochte und Verwandte in Chicago hatte.

Die Zuneigung zu Menschen aller Rassen hat in großem Maße mein Verhalten bestimmt. Als ich meinen Tanten in Bucks County – nicht gerade einem Zentrum der Ökumene – meine junge Frau vorstellte, wunderten sie sich nicht darüber, daß sie

Japanerin war, denn sie wußten ja, daß ich in Japan gearbeitet hatte. Nur daß sie Demokratin war, entsetzte die Damen. Als Mari fragte: »Hast du eigentlich je einen Demokraten gekannt, Tante Laura?« bekam sie zur Antwort: »Ja, ich glaube schon. Eine Familie da draußen am Stadtrand ... Aber das waren nicht sehr nette Leute.«

Wenn ich als Schriftsteller je von einem Thema besessen war, dann war das die Stellung der Frauen in Amerika und anderswo. Ich fand, daß sich alle Gesellschaften und alle Religionen den Frauen gegenüber furchtbar unfair verhalten, und habe, wo immer es mir möglich war, versucht, die Ungerechtigkeiten auszugleichen. Als sich eine junge Anwältin in unserer Stadt niederließ – ich frage mich noch heute, wer ihr *diesen* Tip gegeben hat –, bekam sie ihren ersten Auftrag von mir. Ich hatte eine Agentin, eine Buchhalterin, eine Büroleiterin – und über dreißig Jahre bewahrte eine Lektorin von Random House meine Manuskripte vor Anachronismen, fehlerhaftem Satzbau und Rechtschreibfehlern.

Ich habe viel daran gesetzt, in alle meine Geschichten Frauen aufzunehmen. Manchmal mußte ich ganze Kapitel umschreiben, um die Ausgewogenheit zu bewahren. Es war dies nicht zuletzt das Ergebnis einer Erfahrung, die ich während der Vorbereitungen auf meine erste Südafrikareise gemacht hatte. Ich las damals ungefähr ein Dutzend Bücher über das Land und stellte fest, daß die holländischen Siedler zwar schon in den fünfziger Jahren des siebzehnten Jahrhunderts dort eingewandert waren, daß aber Frauen und Kinder in diesen Büchern erst ab ungefähr 1820 vorkamen. Bis dahin existierten sie offenbar überhaupt nicht. Beim Leser entstand der Eindruck, daß die heroischen Siedler allesamt Produkte der Urzeugung waren und weder Mütter noch Schwestern noch eine Kindheit gehabt hatten, sondern nur in reifer männlicher Majestät das Land beherrschten.

Verstärkt wurde mein Widerwille gegen die Degradierung der Frauen während der Arbeit an *Karibik* in Yucatán. Ich arbeitete mit einem führenden Maya-Forscher zusammen. Er war schockiert, als ich ihm mitteilte, daß ich in dem Kapitel über die Mayas eine Mutter schildern wollte, die mit ihrem Sohn eine Pilgerreise zu drei heiligen Stätten unternimmt, an denen die Menschen den Rat der Götter suchten. Der Gelehrte meinte, dies sei doch ganz unmöglich; man hätte Frauen eine solche Reise niemals gestattet, und es sei eine Tatsache, daß Frauen in der Maya-Gesellschaft nicht die geringste Rolle gespielt hatten. »Sehen Sie sich doch die Fresken an, auf denen Szenen aus dem Leben der Mayas dargestellt sind. Es gibt ja genug davon. Aber Frauen werden Sie darauf keine finden. Sie hatten nichts zu sagen, und die Vorstellung, man hätte einer Mutter erlaubt, mit ihrem Sohn an einen Ort wie Palenque zu reisen, ist geradezu ... «

»In meinem Roman wird diese Frau sowohl nach Chichén Itzá als auch nach Palenque reisen«, bekräftigte ich.

»Damit machen Sie sich lächerlich«, erwiderte er.

Die Frau reiste dennoch – und ich hatte für den Spott nicht zu sorgen.

Ich habe eine solche Unterordnung der Frauen nie verstehen können, genausowenig wie ich begreife, warum der jüdische Glaube die Frauen so arg verunglimpft, warum die Katholische Kirche sie als Bürger zweiter Klasse betrachtet, warum die Mormonen sie nur höchst ungern in Führungspositionen aufrücken lassen, warum die Quäker in ihren Versammlungen Geschlechtertrennung praktizieren und warum vor allem der Islam sie so abscheulich behandelt. Vor vielen Jahren hielt ich mich mehrfach für längere Zeit in Afghanistan auf. Ich bereiste alle Landesteile und wurde überall mit großer Gastfreundschaft empfangen. Doch nirgendwo gestattete man mir, eine Frau zu sehen. Überall verbargen sie sich hinter ihren Tschadors, die sie vom Scheitel bis zu den Knöcheln verhüllten.

Es will nicht in meinen Kopf, warum die Vereinigten Staaten den Verfassungszusatz zur Gleichberechtigung nicht verabschiedet haben. Ein Freund erklärte es mir so: »Die Mullah-Gesinnung gibt es bei uns auch, in allen unseren Religionen:

Frauen sind böse, man kann ihnen nicht trauen, sie müssen stets dem Manne untertan sein.«

Das Problem der Frauenemanzipation war für mich besonders schwierig, da die englische Sprache furchtbar sexistisch ist. Alles Tugendhafte ist maskulin, alles Böse und Verderbte feminin; positive Aspekte sind gewöhnlich männlichen, negative weiblichen Geschlechts. Jedesmal, wenn ich mich an die Schreibmaschine setze, sehe ich mich mit dem Problem konfrontiert, daß unsere Sprache nicht über die geeigneten Mittel verfügt, der Gleichberechtigung zwischen den Geschlechtern gerecht zu werden. Jeden Tag muß ich ein Dutzendmal oder öfter entscheiden, wie ich einen ganz normalen Gedanken formuliere, und finde einfach keine gute Lösung. Ich bin ein Gefangener der Vorurteile meiner eigenen Sprache.


Es gibt zwei Probleme, mit denen sich jeder Romanschriftsteller tagtäglich auseinanderzusetzen hat. Erstens: Aus einem Roman, der explizit *über* ein Thema geschrieben wird, kann nichts werden, weil er zwangsläufig zu einer Abhandlung wird. Gute Romane können einen zentralen Gedanken haben, ihre Geschichte muß aber durch die Handlungen und Überzeugungen der Figuren erzählt werden.

Des zweiten Problems bin ich mir zwar stets bewußt, doch habe ich nie eine vollauf befriedigende Lösung gefunden. Die Kunst des Erzählens besteht darin, daß man weiß, wie man am geschicktesten zwischen zwei Erzählformen wechselt, die ich als »Unterbau« (*carry*) und »Szene« (*scene*) bezeichnet habe. Der Unterbau ist das weniger aufregende, dafür aber oft geistig anspruchsvollere Segment, in dem der Autor so unterschiedliche Informationen vermittelt wie die Schilderung von weiter zurückliegenden Ereignissen, der Lebensziele seiner Personen, der Lage der Nation oder der Beschreibung des Gebiets, auf das die Polizei ihre Nachforschungen konzentriert. Gut ausgeführt, können diese Partien ungemein lohnend sein; die Unterbau-Abschnitte in *Krieg und Frieden* gehören zu den besten, die je geschrieben wurden. Dialoge enthalten diese Passagen normalerweise nicht (und wenn, dann nur kurze). Szene besteht dagegen aus der Schilderung von Personen und deren Kontakten untereinander: eine Teegesellschaft bei Jane Austen zum Beispiel, ein Überfall bei Raymond Chandler, ein Streit unter Soldaten bei Stendhal. In solchen Szenen dominiert der Dialog, und wenn er geschickt aufgebaut ist, sorgt er für Spannung, enthüllt bislang verborgen gebliebene Charakterzüge und treibt die Handlung voran. Flüchtigen Lesern sind diese Passagen die liebsten; oft überspringen sie in ihrer Ungeduld die Unterbau-Partien und suchen hastig die nächste Szene. Dabei entgehen ihnen allerdings einige der besten Passagen des Buches, nämlich die Beobachtungen des Schriftstellers.

Ich glaube, daß die meisten Romanciers intuitiv entweder die eine oder die andere Erzählform bevorzugen. Doctorow schrieb einen ganzen Roman ohne Dialog – eine *tour de force*. Dickens beherrschte die Szene-Form so gut wie wenige außer ihm; Faulkner war ein Meister im Unterbau, Hemingway wiederum in der Szene. Was mich betrifft, so lag meine Stärke eindeutig im Unterbau, doch wenn ich meine Texte überarbeite, muß ich entsprechendes Material oft in die Szene-Form umschreiben, obwohl diese mir weit weniger liegt.

Irgendwann Ende der fünfziger Jahre kam mir eine Idee, die außer mir noch nie jemand vorgebracht hatte. Für mich bedeutete sie sehr viel, und ich war bereit, meine berufliche Existenz darauf zu setzen.

Ich hatte wegen meiner langen Arbeitsaufenthalte in Übersee nie die Gelegenheit, mich über einen längeren Zeitraum hinweg mit dem Medium Fernsehen vertraut zu machen. Dies hatte zur Folge, daß es sich bereits zu einer ausgereiften Kunstform entwickelt hatte, als ich mich endlich ernsthaft damit befassen konnte. Abend für Abend starrte ich in die Röhre und hatte meine Freude an der schon damals reichhaltigen Themenauswahl. Was mir dabei auffiel, war, daß das Fernsehen innerhalb eines brutalen Zeitkorsetts operierte. Eine typische einstündige Sendung begann pünktlich zur vollen oder halben Stunde, doch standen ihr wegen der Werbeeinblendungen unter dem Strich nur achtundvierzig Minuten zur Verfügung.

Zur gleichen Zeit erkannte ich, daß das übliche Lesefutter von Zeitschriften wie *The Saturday Evening Post*, die Fortsetzungskrimis und Westernserien, keine Zukunft mehr hatten. Das Fernsehen würde diese Form der Unterhaltung noch mundgerechter servieren. Ich bedauerte den Untergang jener Zeitschriften, die mir einst den Einstieg ins Schreiben ermöglicht hatten. Die überlebenden Blätter kauften keine Belletristik mehr, und schon ertönten die ersten Unkenrufe der Kritiker: »Das Fernsehen macht das Lesen überflüssig. Das Buch ist generell auf dem Rückzug, und der Roman wird spurlos verschwinden.«

Eines Abends – Mysterium und Magie der Bildröhre waren mir inzwischen wohlvertraut – überkam mich eine Vision von ungewöhnlicher Klarheit. Mir war, als habe jemand die Worte *Mene, mene tekel, upharsin* vor mir an die Wand geschrieben. »Wenn die Leute dieser achtundvierzigminütigen Fernsehromane überdrüssig sind, werden sie sich nach einem gehaltvollen Buch sehnen, in dessen fiktiver Welt sie wochenlang leben können. Weil die Leser es so wünschen, wird der breit angelegte Roman des 18. Jahrhunderts eine Renaissance erleben.«

Von diesem Urteil bin ich niemals abgewichen. Einen Punkt muß ich allerdings noch klarstellen: Ich schrieb meine langen Romane nicht, weil ich wußte, daß es einen Markt für sie geben würde; dies entspräche nicht meiner Denkweise. Auf den Markt fixiert war ich nie. Meine Entdeckung bedeutete vielmehr, daß mir nun freistand, jene Art von Büchern zu schreiben, wie sie mir schon seit jener Nacht in Tontouta vorschwebte: lange, solide Schilderungen von Land und Leuten in interessanten Weltgegenden. Gelang mir dies mit einigem Geschick, würden die Leser mich unterstützen. Die nachfolgenden Ereignisse sollten beweisen, daß meine Zuversicht gerechtfertigt war.

Meinen Entschluß, die ganze Erde, alle Länder, alle Völker und alle Lebewesen zum Thema meiner Bücher zu machen, traf ich schon früh und bin ihm in meinen Hauptwerken auch ziemlich nahe gekommen. Ich liebe die Erde und ihre Vieldeutigkeit und tue, was ich kann, um sie zu bewahren. Ich habe die großen Berge bestiegen, die Wüsten erforscht und alle Ozeane erkundet. Wer die Erde so kennt, wie ich sie kennenlernen konnte, weiß um ihre unermeßliche Großartigkeit. Es war stets mein Wunsch, dieses Gefühl auch anderen mitzuteilen.

Da ich fast die ganze Welt bereist hatte, stand mir die gesamte Palette der Möglichkeiten zur Verfügung. Es stellte sich jedoch heraus, daß ich mich immer auf jene Gebiete konzentrierte, bei denen ich vorhersah, daß sie in absehbarer Zeit internationale Bedeutung gewinnen würden: Afghanistan, das auf einen furchtbaren Krieg gegen die Sowjetunion zusteuerte; Hawaii, das mit seiner vielschichtigen Sozialstruktur als neuer Bundesstaat Teil der Vereinigten Staaten werden sollte; Polen, das Schlachtfeld der Geschichte, stand kurz vor einer Explosion, in der die verschiedensten Kräfte freigesetzt wurden; Südafrika, dem eine gewalttätige, düstere Zukunft bevorzustehen schien; Israel, Wiege und erwähltes Land von drei großen Weltreligionen; und Alaska, wo Kontinente und Ideologien einander begegnen und aufeinanderprallen.

Weil ich so oft über Länder und Regionen schrieb, die danach in die Schlagzeilen gerieten, hat man mir gelegentlich eine geradezu unheimliche Sehergabe attestiert. Doch davon kann keine Rede sein. Was ich besaß, waren fundierte geographische Kenntnisse, die ich mir im Laufe der Zeit alleine, aber sehr zielstrebig angeeignet hatte. Einmal fragte mich eine Studentengruppe: »Wenn Sie sich für die ganze Welt interessieren – wie entscheiden Sie dann, über welches Land Sie als nächstes schreiben?« Worauf ich antwortete: »Unter Qualen.«

Ich habe immer sechs oder sieben Ideen im Hinterkopf, von denen ich überzeugt bin, daß sie sich für ein Buchprojekt eignen. Wenn ich mich dann näher mit ihnen befasse, stelle ich fest, daß allenfalls zwei oder drei von ihnen wirklich brauchbar sind. Ein größeres Buch erfordert einen Zeitaufwand von mindestens drei Jahren, und als Schriftsteller lebt man stets mit dem Risiko, daß man mittendrin das Interesse verliert und somit aus dem ganzen Projekt nichts wird. Meist habe ich deshalb Themen gewählt, mit denen ich mich schon seit zehn, zwölf Jahren immer wieder einmal beschäftigt habe, und nur selten kommen in meinen Büchern Schauplätze vor, an denen ich nicht selber eine Zeitlang als normaler Bürger gelebt habe.*

Aus persönlichen Notizen geht hervor, daß ich ein potentielles Thema oftmals bis zu zwanzig Jahre lang mit mir herumtrug, ehe ich mich kompetent genug fühlte, es anzugehen, ja, es gibt sogar attraktive, überzeugende Themen, von denen ich noch nach vier oder fünf Jahrzehnten glaube, daß es ein Versäumnis war, sie nicht bearbeitet zu haben.

Intensive Vorstudien und sogar schon ein recht umfangreicher Anfang liegen zum Beispiel von einem Roman über die Belagerung Leningrads vor. Die Planungen für drei weitere Bücher waren ebenfalls weit fortgeschritten. Ich hätte alle anderen Arbeiten einstellen, vorübergehend nach Südamerika gehen und die Geheimnisse des Subkontinents entschleiern sollen; *Iberia*, mein bereits vorliegendes Buch über die Kultur Spaniens, wäre ein hervorragender Einstieg gewesen. Ein Buch über Südamerika, wie ich es schreiben wollte, aber nicht schrieb, fehlt bis

---

* Südafrika habe ich während meiner Arbeit an *Verheißene Erde* insgesamt viermal besucht und bereist. Wegen der strengen Gesetze, denen Schriftsteller damals unterworfen waren, habe ich dort allerdings nicht längere Zeit gelebt. Ich war zwar sicher, daß man sie nicht gegen mich anwenden würde, fürchtete aber Nachteile für einen Mitarbeiter. Auch in Polen, das ich fast ein dutzendmal ausgiebig bereiste, ergab sich nie die Gelegenheit, dort auch länger zu wohnen.

heute. Ich stand kurz davor, einen umfassenden Roman über die gesamte arabische Welt zu schreiben, die ich aus erster Hand kenne. Ich bin vielleicht der einzige amerikanische Schriftsteller, der in allen Winkeln dieses faszinierenden Gebiets gelebt hat – von Indonesien und Malaysia im Osten bis nach Spanien im Westen, ausgenommen nur Saudi-Arabien, wo man mich nicht einreisen ließ. In den beiden stürmischen letzten Jahrzehnten wäre ein solches Buch unschätzbar gewesen. Außerdem wollte ich immer gerne einen kurzen, poetischen Roman über die Türkei schreiben, die ich früher einmal recht gut kannte. Manchmal hatte ich den Eindruck, es gebe dort mehr schöne Baudenkmäler aus dem griechischen Altertum als in Griechenland selbst. Man kann natürlich nicht alles leisten. Dennoch wurmen einen solche Versäumnisse, und ich kann gar nicht sagen, wie sehr mich die Erkenntnis ärgert, daß ich diese Projekte nicht mehr in Angriff nehmen werde.

Als ich als junger Mann in einem Alter, in dem man für Eindrücke leicht empfänglich ist, den Java-Roman *Max Havelaar* von Eduard Douwes Dekker las, war ich sehr erstaunt darüber, mit welcher Freiheit der Schriftsteller Material in die Handlung einflocht, das in seiner Art revolutionär war: Preislisten, Daten über den Zuckerrohranbau, lange Abhandlungen über das Leben in Indonesien und politische Analysen. Nie zuvor hatte ich einen so »unordentlichen« Roman gelesen. Ich erkannte aber bald, daß Dekker mit Hilfe dieses chaotischen Materials ein unwiderstehliches Ambiente schuf, und zog für mich daraus eine Lehre, von der ich nie wieder abgewichen bin: »Ein Roman ist ein Behälter, in den der Schriftsteller alles hineinwirft, was er für wichtig hält. Den Leser wird er jedoch nur locken, wenn ihm dieser Wurf mit Kunstfertigkeit und Geschick gelingt.« Ich sah, daß Dekkers Roman technisch miserabel war, emotional dagegen ein Meisterwerk. In den fünfzig Jahren, die seit jenem Urteil vergangen sind, ist mir außerhalb Hollands nie ein Mensch begegnet, der dieses Buch kannte. Vor nicht allzu langer Zeit sah ich aber den großartigen niederländischen Film, der nach *Max*

*Havelaar* gedreht wurde, und erfuhr, daß einfühlsame Kritiker in ganz Europa das Buch für einen Meisterroman hielten.*

Wie Eduard Douwes Dekker war ich bereit, über alles zu schreiben, das meine Neugier fesselte. Ich ging davon aus, daß das, was mich fesselte, auch meine Leser verzaubern würde. Also schrieb ich über Dinosaurier, Bären, Gänse, die Kontinentaldrift, die Entstehung der Gletscher und unterseeische Beben.

Voller Zuversicht, daß ich die mir angemessene Schreibform erkannt und definiert hatte, begann ich einen langen Roman zu schreiben, der meine Theorien auf den Prüfstand stellen sollte. Als dann allmählich die Manuskriptseiten auf meinem Schreibtisch zu einem großen Stapel heranwuchsen, bekam ich es mit der Angst zu tun: Wer wird sich die Zeit nehmen, ein so langes Buch über Korallen zu lesen, die Inseln entstehen lassen, und Plantagenarbeiter, die Zuckerrohrfelder bewässern? Doch bevor ich in Panik geraten konnte, meldete sich die innere Zuversicht: Wenn ich mich dafür interessiere, interessieren sich auch meine Leser dafür. Also schuftete ich weiter, kürzte nicht ein einziges Kapitel und strich natürlich erst recht keines. Es war ein riskantes Spiel, doch als der Erfolg von *Hawaii* schließlich alle Voraussagen übertraf, merkte ich, daß meine Zuversicht berechtigt gewesen war.

Bei der Frage, *wie* ich schreiben wollte, mußte ich zuerst an den großartigen *Zug der Könige* des Benozzo Gozzoli in der Kapelle des Palazzo Medici zu Florenz denken. Gozzoli begriff die Kunst des Erzählens aus der gleichen Perspektive wie ich: als

---

* Merkwürdigerweise machte ich die gleiche Erfahrung auch noch mit einem anderen europäischen Roman, der mir sehr viel bedeutete, nämlich mit *Pelle der Eroberer* von Martin Andersen Nexø. Ich lernte während meiner Reisejahre nicht einen Menschen kennen, der diesen großen dänischen Roman gelesen hatte, und begann mich schon zu fragen, ob ich seine Bedeutung überschätzt hatte. Dann lief, gerade als ich diese Zeilen niederschrieb, ein Film über die Abenteuer von Pelles eher nichtsnutzigem Vater an und beeindruckte die Welt. »Ein tolles Buch«, konnte ich sagen. »Kenne ich schon lange.«

grandiose Folge von Menschen, Schauplätzen und Naturwundern. Ich wollte mit Worten große Wandgemälde erschaffen – wie Gozzoli würde ich meine Erzählung in Tafelbilder aufteilen, und wie Gozzoli dem Betrachter, würde ich es dem Leser überlassen, das Ganze zu einer Einheit zu verschmelzen.

Auf der Suche nach Themen kam ich auf die *Buddenbrooks* zurück. Thomas Mann beschreibt das Schicksal einer großen deutschen Bürgerfamilie und verfolgt ihr Wirken und Werden über mehrere Generationen hinweg. Dabei schildert er auch den Teil der Welt, in der diese Familie lebt. Ich wollte meine Themen ebenfalls über längere Zeiträume, ja über Jahrhunderte hinweg verfolgen und sah bei den Menschen, wo immer sie leben mochten, die enge Verbindung zu denen, die vor ihnen waren, und jenen, die nach ihnen kamen.

Großen Einfluß auf die Art und Weise, wie ich meine Bücher plante, hatte Beethovens Viertes Klavierkonzert mit seinem sehr langsamen, maßvollen Anfang, bevor das Klavier einsetzt und das Drama beginnt. Ich leitete daraus die Erkenntnis ab, daß es sich ein Künstler, der sein Ziel genau kennt, nicht nur leisten kann, seine Eröffnung hinauszuzögern, sondern daß er von einer solchen Verzögerung sogar enorm profitiert. Ich entschloß mich daher ganz bewußt, meine langen Romane mit umfangreichen Einleitungen zu beginnen, um den Leser emotional auf den Hauptteil einzustimmen. Es war durchaus nicht unüblich für mich, vor der Einführung meiner ersten Romanfiguren zunächst einmal auf Dutzenden von Seiten den geologischen Hintergrund, das Gesicht der Landschaft und die Tierwelt der Gegend zu schildern, über das ich schreiben wollte. Ich glaube, daß ich ohne meine intimen Beethovenkenntnisse – der feurigen Eröffnungen der Fünften Symphonie und des Fünften Klavierkonzerts in Es-Dur im Gegensatz zu den eher zurückhaltenden Anfängen der beiden Vierten (Symphonie und Klavierkonzert) – nie den Wert des leisen, zurückhaltenden Anfangskapitels entdeckt hätte. Meine Einleitungen schrecken Leser ab, die keinen Sinn für breit angelegte Erzählungen haben, und oftmals denke ich: »Ich hätte sie wahrscheinlich ohnehin nicht bei der Stange halten können.« Ich weiß nämlich, daß viele Leser meine Bücher zwar anfangen, aber es nicht schaffen, sie zu Ende zu lesen.

Angenommen, irgend jemand hätte im Jahre 1962 die fünfzehn cleversten Frauen und Männer aus dem Verlagsgewerbe – Lektoren und Buchhändler, Kritiker, Universitätsexperten und ein paar begeisterte Leser – zusammengerufen und ihnen folgenden Auftrag erteilt: »Sagen Sie uns, nach was für einer Art von Roman sich das amerikanische Publikum sehnt.« Ob dieses Gremium nach reiflicher Überlegung zu folgendem Schluß gekommen wäre: »Das Publikum lechzt nach drei Büchern zu folgenden Themen: Ein Archäologe gräbt in einem Hügel in Israel; ein Kaninchen auf Reisen nördlich von London; ein unheimliches Geheimnis um einen schottischen Mönch in einem mittelalterlichen italienischen Kloster...«?

Ich glaube es nicht. Und doch wurde mein Buch zum erstgenannten Thema – *Die Quelle* – begeistert aufgenommen,* ebenso wie ein paar Jahre später *Watership Down* von Robert Adams, ein Buch über Kaninchen. Und wieder einige Jahre später war es Umberto Ecos *Der Name der Rose* und mit ihm eine Serie von Verbrechens in einem mittelalterlichen Kloster. Zu den Unterschieden zwischen Romanen und Sachbüchern gehört der Umstand, daß letztere oft aus klugen Lektoratsanregungen heraus entstehen. Die besten Romane dagegen entspringen den oftmals

---

* In den Verlagen gab es damals das entwürdigende Ritual, daß ein Autor sein Buch vor den versammelten Verlagsvertretern verteidigen mußte. Als ich *Die Quelle*, so gut es eben ging – und das war offenbar nicht sehr überzeugend –, vorgestellt hatte, sagte der Leitwolf der Vertreter, der mit seinem Kommentar die Richtung für die Reaktion der anderen vorgab, voller Selbstmitleid: »Machen wir uns nichts vor, Leute. Das ist schon wieder so ein Band mit Erzählungen...« Worauf die ganze Vertreterrunde aufstöhnte. Es war natürlich allgemein bekannt, daß Sammlungen mit Erzählungen, die oft nur dazu dienten, die Eitelkeit eines bereits etablierten Autors zu befriedigen, nur schlecht verkäuflich waren. Obwohl ich wußte, daß die Random-House-Vertreter zu den versiertesten Bücherkennern Amerikas gehörten, schwor ich damals, nie wieder den Versuch zu unternehmen, eines meiner Werke in diesem Kreise vorzustellen. Und daran habe ich mich auch gehalten.

grotesken Phantasien von Menschen mit Erzähltalent, und nur selten läßt sich ihr Erfolg durch clevere Analysen und Planungen programmieren.

Welche Zukunft hat die fiktive Erzählung, der Roman? Öfter wahrscheinlich, als Sie denken, werde ich gefragt: »Glauben Sie, daß der Roman tot ist?« Worauf ich lächelnd erwidere: »Glauben Sie wirklich, daß ich für diese Frage der Richtige bin?«

Kapitel X

Trios

Zwei Tatsachen gilt es in Hinblick auf meine Schriftstellerkarriere im Auge zu behalten. Erstens: Ich habe mich nie einer gerade vorherrschenden literarischen Richtung angeschlossen und dies auch nie bereut. Im Gegenteil: Ich handelte mit Bedacht, denn ich kannte meine Ziele und war mir im allgemeinen auch im klaren darüber, wie sie sich am besten erreichen ließen. Ein Vorbild für junge Schriftsteller bin ich gewiß nicht, und es liegt mir völlig fern, irgend jemandem mein Verhalten oder meine Art zu schreiben zu empfehlen. Ich bin ein Einzelgänger, und zwar in einem Maße, wie es die meisten Menschen erschrecken würde. Ich habe mich immer strikt an meine eigene Linie gehalten – eine Verhaltensweise, die enorme Risiken birgt, aber auch das Tor zu großen Erfolgen öffnet.

Zweitens: Durch meine Lehrzeit bei Macmillan kannte ich das Verlagswesen, wußte, wie das Schriftstellerleben aussah – und zog es daher vor, mich von der literarischen »Szene« fernzuhalten. Sie reizte mich nicht; ich versprach mir nichts von ihr; ich empfand sie eher als ablenkend denn als produktiv. Vor allem aber hätte ich von meiner Persönlichkeit und meinen Ansichten her kaum in diesen Kreis gepaßt. Also blieb ich für mich, so daß es heute fast erschreckend klingen mag, wenn ich im Alter von fünfundachtzig Jahren sage, daß ich im Laufe meines Lebens kaum andere Schriftsteller kennengelernt habe, weder amerikanische noch fremde.

Gore Vidal, E. L. Doctorow und Robert Ludlum wurden mir vorgestellt; unsere Bekanntschaft beschränkte sich auf dreißig Sekunden. Mein Treffen mit James Clavell in einem Amsterdamer Restaurant dauerte nur zwanzig Sekunden. Halb so lange sah ich Yukio Mishima, als ich ein Geisha-Haus in Tokio in dem Augenblick verließ, da er es betrat. Und die Hälfte *dieser* Zeit nahm meine Begegnung mit Evelyn Waugh in einem Istanbuler Restaurant in Anspruch. Er sah auf, ignorierte meine ausgestreckte Hand und sagte: »Ich mag es nicht, wenn Amerikaner, die meine Bücher gelesen haben, mich beim Essen stören.« Mit seinem Bruder Alec Waugh, den ich in Honolulu kennenlernte, verbrachte ich dagegen viele schöne Tage. Er verehrte mir ein Exemplar seines Romans *Island in the Sun* und sagte: »Wirklich, Michener, als alter Inselfreund sollten Sie unbedingt mal in die Karibik reisen.« Er war der erste, der mir diesen Vorschlag machte. Jahre später beherzigte ich ihn. William Faulkner, dem ich im Verlag Random House vorgestellt wurde, knurrte nur, und Ernest Hemingway, den ich an einem Winternachmittag bei Toots Shor's in New York kennenlernte, nickte zweimal in meine Richtung, dieweil ich seinen faszinierenden, sich über mehrere Stunden erstreckenden Monologen lauschte. Ein angenehmes Mittagessen verbrachte ich mit John O'Hara, und einen schönen Abend in Rom mit Tennessee Williams, der mich mit ehrfürchtiger Scheu erfüllte. Ich hatte zwei kurze gemeinsame Fernsehauftritte mit Norman Mailer und Allen Drury, und auf einer Leonard-Lyons-Party unterhielt ich mich einmal zwei Minuten lang mit Herman Wouk. Und damit sind meine Begegnungen mit Literaten auch schon gezählt, abgesehen davon, daß ich einmal auf Island eine weite Reise auf mich nahm, um Halldór Laxness zu besuchen, den Nobelpreisträger, dessen Werk ich schon lange, bevor er die hohe Auszeichnung erhielt, kennen- und schätzen gelernt hatte.

Selbst im großen Verlag Random House mit seinen vielen Unterabteilungen habe ich lediglich drei Lektoren persönlich kennengelernt – neben Albert Erskine und Kate Medina, die für meine eigenen Bücher zuständig waren, nur noch Jason Epstein, einen der experimentierfreudigen literarischen Lektoren. Einmal betrat ich das Büro, in dem ich normalerweise Fahnenkorrekturen las, und stellte zu meinem Erstaunen fest, daß es bereits von einer gutaussehenden schwarzen Frau besetzt war. Ich zog mich zurück und erkundigte mich: »Wer ist denn das?« Die Antwort lautete: »Toni Morrison. Sie arbeitet für uns als Lektorin und schreibt Bücher für Knopf.« Ich glaube, Frau Morrison hat mich überhaupt nicht wahrgenommen. Ich kenne keine Lektoren aus anderen Verlagen, keinen anderen Agenten als meinen eigenen – Owen Laster von der William Morris Agency –, keinen anderen Kritiker als den netten John Barkham, der sich viele, viele Jahre lang um die amerikanische Literatur verdient gemacht hat, und ganz gewiß kenne ich keine Oberkellner in den Restaurants der literarischen Schickeria. Auch von akademischen Zirkeln habe ich mich ferngehalten, denn weder lese ich aus Werken, an denen ich gerade arbeite, noch halte ich Vorlesungen.

Für mein Abseitsstehen habe ich büßen müssen, und ich würde es anderen Schriftstellern nicht empfehlen. Ich habe nicht die Rolle in der amerikanischen Literatur gespielt, die mir zugestanden hätte, und meine Stimme wurde nicht durch Komitees und Verbände verstärkt. Zu den traurigsten Aspekten meiner Schriftstellerlaufbahn zählt die Tatsache, daß mir nie ein junger Mensch mit unverkennbarem literarischem Talent begegnet ist, dem ich Starthilfe hätte geben können. Ich wurde mit Manuskripten bombardiert und von vielen Anwärtern persönlich aufgesucht, und doch gelang es mir nie, junge, vielversprechende Schriftstellerinnen oder Schriftsteller zu finden, die ich in die New Yorker Verlagskreise hätte einführen können. Eine Ausnahme von dieser traurigen Regel hätte ein schüchterner junger Mann sein können, der mir während der amerikanischen Besatzungszeit in Japan begegnete. Er hieß Oliver Statler und bekleidete eine untergeordnete Funktion im riesigen Stab von General MacArthur. Statler lebte in Japan, war von einer verzehrenden Liebe zu diesem Land besessen und wollte darüber schreiben. Ich hätte ihm weiterhelfen können, doch als wir uns kennenlernten, hatte er sein Buch *Japanese Inn* bereits geschrieben. Es wurde ein kleiner Klassiker, weshalb Statler meine Hilfe nicht mehr benötigte.

Der Fall zeigt, daß ein junger Mann oder eine junge Frau mit zuverlässigem Talent keines Anschubs von anderer Seite bedarf, um sich durchzusetzen. Einmal erhielt ich nachmittags Besuch von einer Gruppe von Schriftstelleraspiranten einer Universität aus Philadelphia. Sie wollten mit mir über das Schreiben diskutieren. Es waren kluge Köpfe unter ihnen, und sie waren mir auch sympathisch – nur war ich am Ende doch sehr skeptisch, ob auch nur einer von meinen Gästen es tatsächlich zum Schriftsteller bringen würde. Als sie den Hügel, der zu meinem Haus hinaufführt, wieder hinuntergingen, hörte ich einen von ihnen maulen: »Er war ja höflich und alles – aber zeigen hat er mir nicht viel können.« *Der* Mann, dachte ich bei mir, *hat* eine Chance, Schriftsteller zu werden. Denn wenn ein junger Mensch nicht intuitiv spürt, daß er mindestens so gut ist wie einige seiner Vorgänger, dann hat er nur wenig Chancen, sie zu übertreffen.

Ich spreche hier nicht von Arroganz – einer im übrigen gar nicht so schlechten Eigenschaft für junge Menschen, die versuchen, in einem künstlerischen Beruf Karriere zu machen –, sondern von der ehrlichen Selbsteinschätzung, mit der ich befand, besser schreiben zu können als die Autorinnen und Autoren jener fünf britischen Romane, die Macmillan damals aus London übernahm. Ich weiß nicht, wie junge Leute ohne solides Selbstbewußtsein den Mut und die Entschlossenheit aufbringen sollen, um die Enttäuschungen der Lehrjahre in einem künstlerischen Beruf zu überwinden. Auch wenn sie sich wirklich durchsetzen und professionelle Schriftsteller werden sollten, sind sie, aus Gründen des Selbstschutzes, auf ihr Selbstbewußtsein angewiesen. Mein freiwilliges Abstandhalten von der literarischen Szene läßt sich am ehesten als eine solche Selbstschutzmaßnahme verstehen.

Der Leser sollte aber nicht zu dem Schluß gelangen, ich hätte eine Einsiedlerexistenz geführt. Im Gegenteil, mein Leben war sehr reich an gesellschaftlichen Beziehungen zu Unternehmern, Politikern im In- und Ausland sowie führenden Sportfunktionären und Trainern. Ich befand mich oftmals sehr nahe am Mittelpunkt der Ereignisse – wenngleich nicht der literarischen. Die Entscheidung zur selbstauferlegten Verbannung aus der literarischen Szene war, rückblickend gesehen, richtig. Ich habe meine Ruhe und meine Unabhängigkeit genossen.

Trotz meiner Isolierung blieb ich an der literarischen Entwicklung des Landes interessiert. Ich war immer ein aufmerksamer Leser von *Publishers Weekly* und der montäglichen Verlags- und Literaturbeilage der *New York Times*. Wie der begeisterte, glanzäugige Literaturfan in einer obskuren Kleinstadt in der Provinz verschlang ich alle Nachrichten über das Leben, die Erfolge und Mißerfolge von Berufskollegen und las eine große Zahl von literarischen Biographien und Autobiographien. Wenn im Fernsehen Auftritte von Schriftstellern angekündigt waren, hielt ich mir die entsprechenden Termine frei. Ich erinnere mich noch heute an ein Interview mit S. J. Perelman, das ein Schlaglicht auf dessen einzigartiges Talent warf. Von anspruchsvollen Sendungen über Faulkner, Hemingway, Dreiser, Lewis, Fitzgerald, Cather, Wharton und Kerouac profitierte ich allerdings mehr. Ich hatte natürlich auch schon die Biographien der meisten großen Europäer gelesen und bedauerte es sehr, daß mir keine Lebensbeschreibung der japanischen Dichterin Murasaki Shikibu zugänglich war, die im elften Jahrhundert das Meisterwerk *Genji-Monogatari* geschrieben hatte. Aus meiner Lektüre und den Fernsehsendungen entwickelte sich mein Verständnis vom Leben eines Schriftstellers sowie meine sehr persönliche Berufsauffassung.

Im vorliegenden Kapitel werde ich sechs Männern meiner Generation Tribut zollen, deren Erfahrungen mich in jungen Jahren beeinflußten. Sie haben mein Bild vom Leben eines Schriftstellers und seiner Vorbildfunktion geprägt. Die ersten drei starben vorzeitig, und zwar auf so erschütternde und tragische Weise, daß mich ihr Schicksal entsetzte. Die anderen drei entwickelten sich zu wahren Zierden unseres Berufsstands, und oftmals lag ein Hauch von Heiterkeit über ihrem Leben, um den ich sie beneidete. Zum Schluß werde ich drei Schriftstellerinnen meine Reverenz erweisen. Sie waren ebenso begabt wie die Männer und dabei wesentlich gefestigter.

Das tragische Schicksal der ersten drei Schriftstellerkollegen half mir bei der Suche nach meiner persönlichen Einstellung zur

Literatur, zu plötzlichem Reichtum und zur Selbsterhaltung. Eine kritische Einschätzung ihrer Biographien und der Gründe, die zu ihrem frühen Tod führten, veranlaßte mich, mir Wirkungskreise zu suchen, die mit den ihren nichts zu tun hatten.

Ich hatte – und dies gilt es festzuhalten – sehr großes Glück, daß mir unerwarteter, früher Ruhm erspart blieb. Das Scheinwerferlicht der Prominenz brach nicht blitzartig über mich herein; es blendete mich nicht und nahm mir nicht die Orientierung. Ich mußte mich nicht an die neuen Verhältnisse anpassen, hatte keine Veranlassung, meinen Lebensstil zu ändern, und brauchte auch nicht den Versuchungen zu widerstehen, denen ein von einem Tag auf den anderen reich gewordener junger Mann ausgesetzt sein kann. Der Zeitplan spielt hier eine große Rolle. Ich hatte das unverschämte Glück, daß die erfreulichen Ereignisse in meinem Leben nach und nach eintraten, so daß ich immer genügend Zeit hatte, mich auf sie einzustellen. Die Freude über das eine hatte sich gesetzt, ehe das nächste geschah. Die drei Männer, von denen ich hier spreche, hatten dieses Glück nicht. Sie wurden so sehr von ihren Erfolgen überwältigt, daß sie daran zerbrachen.

Schon Ende 1946 war ich bereit, mein erstes Buch, *Tales of the South Pacific*, der Öffentlichkeit vorzustellen. Doch wie ich bereits schilderte, führte der glückliche Verkauf von zwei darin enthaltenen Geschichten an die *Saturday Evening Post* zu einer Verschiebung des Publikationstermins ins konkurrenzschwache folgende Jahr, so daß es im Frühjahr 1948 den Pulitzerpreis für 1947 gewinnen konnte. Zwischen der Erstveröffentlichung und dem Gewinn des Preises verstrich also mehr als ein Jahr, und in dieser Zeitspanne geriet das Büchlein in Vergessenheit. Es hatte nicht einmal einen bescheidenen kommerziellen Erfolg genossen und war von der Kritik so gut wie überhaupt nicht wahrgenommen worden (acht der neun wichtigsten Rezensionsmedien hatten es ignoriert).

Der Mut, den das Preiskomitee mit meiner Auszeichnung an

den Tag gelegt hatte, wurde nicht gewürdigt. Es gab einflußreiche Stimmen, die ihm einen Verstoß gegen die eigenen Statuten vorwarfen. Mein Buch, so hieß es, sei gar kein Roman, und unter den echten Romanen, die zur Auswahl gestanden hätten, wäre ein halbes Dutzend wesentlich besser als *South Pacific*. Anders als bei früheren Preisverleihungen nahm das Interesse an dem Buch in diesem Fall nicht schlagartig zu, und es konnte auch keine Rede davon sein, daß die Verkaufszahlen der gebundenen Ausgabe, wie bei früheren Gewinnern, urplötzlich von Null auf Bestsellerniveau schnellten. Der Grund dafür war schlichtes Pech: Im Monat der Preisvergabe war eine brutal gekürzte Taschenbuchausgabe zum Preis von fünfundzwanzig Cent auf den Markt gekommen.

Ein weiteres Jahr verging, in dem nichts geschah, das die Bäume meines Egos in den Himmel hätte wachsen lassen können. Als *South Pacific* 1949 in einer wundervollen Inszenierung auf die Bühne kam, wußte kaum jemand etwas von der Existenz des Buches, und die wenigen, die es kannten, erwähnten es nicht mehr. Einige wichtige Kritiker, die sich fragten, welch geheimnisvollem Samen die Blume entsprossen war, kauften sich die Taschenbuchausgabe, für die man ausgerechnet die beiden Geschichten gestrichen hatte, auf deren Handlung das Musical aufbaute. In den Kritiken hieß es dann, Rodgers und Hammerstein verdienten doppeltes Lob, weil sie aus so dürftigem Material eine so zu Herzen gehende Handlung konstruiert hätten. Ich kann mich nicht entsinnen, daß mich auch nur ein Kritiker lobend erwähnt hätte. Es herrschte die allgemeine Ansicht, daß R. & H. irgendwo im Rinnstein einen miserablen Fetzen Stoff gefunden und daraus ein goldenes Gewand gemacht hatten. Ein paar Tage nach der Premiere kommentierte ich die Situation mit einem abgewandelten Byron-Zitat: »Unbekannt ging ich zu Bett, und als ich erwachte, war Ezio Pinza ein berühmter Mann.«*

---

* Byron äußerte sich in diesem Sinne nach der Veröffentlichung von *Ritter Harolds Pilgerfahrt*.

Mein großes Glück lag damals darin, daß sich die Tage, die man sich im Kalender rot anstreicht, über einen Zeitraum von insgesamt vier Jahren verteilten. Ich mußte mich nicht an krasse Schwankungen in der Publikumsgunst gewöhnen, stand nicht vor der Verlegenheit, mit einem unerwarteten Geldsegen fertig werden zu müssen, und mußte mich auch nicht gegen eine Flut drängender Einladungen zur Wehr setzen. Meine Karriere als Schriftsteller begann also recht langsam. Ich setzte mich nicht groß in Szene und ließ mich durch nichts von meiner Hauptaufgabe ablenken, die darin bestand, meine schriftstellerischen Fähigkeiten zu verbessern.

Der Leser sollte an dieser Stelle das Buch beiseite legen und sich in der Bibliothek John Leggetts *Ross and Tom* besorgen, ein hervorragendes Werk über die Probleme junger amerikanischer Schriftsteller. Da das Buch aber möglicherweise nicht so ohne weiteres aufzutreiben ist, werde ich die Passagen, auf die es hier ankommt, kurz zusammenfassen.

Leggett war ein junger Mann aus New York mit beachtlichem schriftstellerischem Talent. Er studierte in Andover und Yale und diente im Pazifik als Navy-Offizier. Nach der Demobilisierung versuchte er sich als Schriftsteller und bot seinen ersten Roman dem angesehenen Bostoner Verlag Houghton Mifflin an. Die Verantwortlichen enttäuschten ihn tief, da sie das Manuskript ablehnten. Immerhin setzten sie Vertrauen in seine anderen Talente, indem sie ihm eine Stellung als Lektor anboten.

Als er 1954 als Dreiunddreißigjähriger die neue Stelle antrat, fand er bald heraus, daß der Verlag noch immer unter Schock stand. 1948-49 waren zwei seiner hoffnungsvollsten jungen Autoren innerhalb eines Jahres auf tragische Weise ums Leben gekommen. Leggett begann sich für die Hintergründe zu interessieren. Ganz Amerika sprach damals über diese beiden Ereignisse, die starke Parallelen aufwiesen und überdies in kurzem zeitlichem Abstand voneinander geschehen waren. Dieselbe

Frage, die mich im College so verwirrt hatte, als ich über den Tod von Thomas Chatterton\* nachdachte, ließ nun auch Leggett nicht mehr los: »Welch teuflische Kraft hat diese jungen Männer getötet?«

Sie waren einander so ähnlich, Ross Lockridge und Tom Heggen. Beide waren sie begabt, sahen ungewöhnlich gut aus und wirkten sehr anziehend auf Frauen. Beide kamen sie aus dem mittleren Westen, beide kannten und schätzten die amerikanischen Werte und Traditionen, und beide hatten mit ihren ersten Romanen sensationellen Erfolg. Triumph und Tragik der amerikanischen Literaturszene spiegelten sich in ihren Schicksalen beispielhaft wider.

Ross stammte aus Indiana. Seine Familie gehörte der gehobenen Mittelschicht an, hatte kulturelle Ambitionen und konnte auch schon kleinere Erfolge vorweisen. Ross sah aus wie Tyrone Power, hatte üppiges, schwarzes Haar, makellose weiße Zähne, einen schlanken, aufrechten Körper, dunkle Augen und ein strahlendes Lächeln. Er war in Bloomington, Indiana, auf eine gute Schule gegangen und hatte an der dortigen Universität überdurchschnittliche Leistungen gezeigt. Ein einjähriger Studienaufenthalt in Frankreich verwandelte den Jungen vom Lande in einen Intellektuellen, und das Graduiertenstudium in Harvard hätte fast einen Gelehrten aus ihm gemacht. Fünf harte, schlecht bezahlte Jahre unterrichtete Ross am Simmons College in Boston. Er heiratete seine ehemalige Schul- und Collegefreundin, eine blendend aussehende Frau von großem Charme und noch größerer Charakterstärke. Das Paar hatte vier Kinder, was wegen des geringen Einkommens ernstliche finanzielle Probleme mit sich brachte. Ross war ein liebevoller, fürsorglicher Vater und kam seinen familiären Pflichten verantwortungsvoll nach. Er war ein stiller junger Mann, innerlich jedoch von brennendem Ehrgeiz besessen.

---

\* Englischer Dichter (1752–1770), schrieb unter dem Pseudonym Thomas Rowley. Als die Tarnung aufflog, beging er Selbstmord. (Anm. d. Übers.)

Schon überraschend früh – in einem Alter, in dem ich noch kaum Gedanken auf eine berufliche Karriere, geschweige denn auf die eines Schriftstellers verschwendete –, hatte Ross sich in den Kopf gesetzt, einen großen amerikanischen Roman zu schreiben, der sich in seinen Tagträumereien allmählich in *den* großen amerikanischen Roman verwandelte. Von diesem Moment an konzentrierte er seine beachtliche Begabung und seine überdurchschnittliche mentale und physische Energie auf Entwurf und Erstfassung eines großen Werkes, das in gedruckter Form schließlich über tausend Buchseiten umfassen sollte.

Die Arbeit ging nicht leicht von der Hand. Die Familie lebte in sehr beengten Verhältnissen. Ross war meist von lärmenden Kindern umgeben, und außerdem pendelte er dauernd zwischen Boston und Bloomington hin und her.

Aber nach sieben harten Jahren lag schließlich ein Manuskript vor, das seinen Erwartungen entsprach. Es war zweifellos ein guter Roman – das Problem lag jedoch darin, daß Ross felsenfest davon überzeugt war, einen *großen* Roman geschrieben zu haben. Die schlimmen Dinge, die er sich in der Folgezeit leistete, hingen alle ursächlich damit zusammen, daß er sich einbildete, der größte englischsprachige Schriftsteller seit William Shakespeare zu sein.

Ross Lockridge hatte eine Kusine in Indiana, die Schriftstellerin Mary Jane Ward, deren kurz zuvor erschienener autobiographischer Roman *Die Schlangengrube* sich als sensationeller Erfolg entpuppt hatte. Das Buch, eine erschütternde Darstellung des Lebens in einer psychiatrischen Klinik, basierte auf den persönlichen Erfahrungen der Autorin nach einem Nervenzusammenbruch. Miss Ward kannte Bennett Cerf, den Verleger von Random House, und versprach Ross, ihm dort ein Entree zu verschaffen. Der bekam allerdings durch Vermittlung eines anderen Schriftstellerfreunds Kontakt zu dem angesehenen und alteingesessenen Verlag Houghton Mifflin und zog es vor, sein Manuskript dort anzubieten.

An diesem Punkt meiner Schilderung muß ich auf John Leggetts Buch zu sprechen kommen. Ich hatte mich schon lange sehr für Lockridge interessiert; wir waren Angehörige der gleichen Generation (ich wurde 1907, er 1914 geboren) und hatten fast gleichzeitig unsere »Erstlinge« publiziert. Als Leggetts Buch auf den Markt kam, besorgte ich mir eines der ersten Exemplare. Die Lektüre war für mich erschreckend, ja, sie widerte mich stellenweise geradezu an.

Lockridges Einstellung zum Schriftstellerberuf und zur Frage der Buchveröffentlichung war der meinen diametral entgegengesetzt. Zu einem Interviewer sagte ich damals: »Wenn Sie eine klare Vorstellung von mir bekommen wollen, dann kaufen Sie sich Leggetts Buch und schlagen Seite 86 auf. Das ist die Stelle, wo Lockridge das Manuskript von *Raintree Country* bei Houghton Mifflin einreicht. Lesen Sie weiter, und schreiben Sie überall da, wo Lockridge sich eine neue Unverschämtheit herausnimmt, ›–180°‹ an den Rand. Sie wissen dann, daß ich in dieser Situation das absolute Gegenteil getan hätte.« Leggett zeichnete das Porträt eines besessenen jungen Mannes ohne einen Funken gesunden Menschenverstands, ohne Demut und ohne jede Zurückhaltung. Kein Wunder, daß sein Buch sämtliche Nervenenden meines Körpers aktivierte, vor allem aber diejenigen in meinem Gehirn.

1989, während der Vorstudien zu meinen Memoiren, las ich Leggetts Buch noch einmal von A bis Z durch und machte dabei eine erstaunliche Erfahrung. Als alter Mann, der inzwischen die Schriftstellerei, das Verlagswesen und verwandte Torheiten recht gut kannte, begriff ich die grotesken Eskapaden Lockridges besser als zuvor. Es sah so aus, als habe von vornherein eine selbstzerstörerische Absicht dahintergesteckt. Die Schilderung seines haarsträubenden Verhaltens, das sich fast bis zum Wahnsinn steigerte, erstreckte sich über viele Seiten und endete erst mit seinem Selbstmord. Nach der Lektüre war mir schlecht vor Wut über diesen großen Verlust. Ich saß da wie betäubt, und Tränen standen mir in den Augen.

Nachdem Houghton Mifflin das Manuskript begeistert angenommen hatte, hielt Lockridge dem Verlag unentwegt Vorträge darüber, wie er mit diesem Juwel von einem Roman umzugehen habe. Sein Lektor war Paul Brooks, damals einer der fähigsten Männer seines Fachs im ganzen Lande. Lockridge beschimpfte ihn, stellte sein Urteilsvermögen in Frage und kritisierte ihn und seine Arbeitsweise in beleidigender, besserwisserischer Manier. Niemand im Verlag blieb von seiner Raserei verschont. Jeder erhielt ungefragt Ratschläge, wie er mit dem unsterblichen Manuskript umzugehen habe; es war, nach Lockridges Beschreibung, das bedeutendste, das Houghton Mifflin je erhalten hatte.

Dann zettelte er eine wahnwitzige Kampagne an, deren Ziel es war, die Illustrierte *Life* dazu zu bewegen, zusätzlich zu einem Romanauszug einen Bildbericht über den Autor in seinem Heimatort in Indiana zu bringen. Er schaffte es sogar: In der *Life*-Ausgabe vom 18. August 1947 erschien ein hübsch bebilderter Textauszug mit einem redaktionellen Kommentar, der das Buch als einen der besten amerikanischen Romane seit vielen Jahren beschrieb. Diese Empfehlung bescherte dem Roman ein großartiges Debüt.

Lockridge hatte unterdessen den Book-of-the-Month-Club ins Visier genommen und erklärte dem Verlag, was zu tun sei, damit die Buchgemeinschaft *Raintree Country* zum Hauptvorschlagsband bestimme. Außerdem fand er fast täglich die Zeit, Houghtons Presseabteilung über den Umgang mit seinem Buch zu belehren, wobei er die Tatsache, daß sich der Verlag auch noch um ein paar andere gute Bücher zu kümmern hatte, vollständig ignorierte.

Jedem, der es hören wollte, verkündete Lockridge, daß *Raintree Country* besser sei als der *Ulysses* von James Joyce. In späteren Auslassungen stellte er es sogar mit Shakespeare auf eine Stufe. Grotesk war auch sein Verhalten gegenüber Hollywood. Als MGM die Filmrechte erwarb, schrieb Lockridge einen beleidigenden Brief an Louis B. Mayer, in dem er dem altgedienten Filmemacher bescheinigte, daß seine Streifen wesentlich schlechter seien als die der europäischen Konkurrenz und daß ihm die Verfilmung von *Raintree Country*, sofern sie nur gut gemacht sei, die Chance biete, seinen ramponierten Ruf wiederherzustellen. Ein solcher Film könne dann ohne weiteres *Vom Winde verweht* in den Schatten stellen. Als die Besetzung bekannt wurde, war Lockridge damit nicht zufrieden. Er ließ durchblicken, daß man ihn nur zu rufen brauche. Er sei bereit, sofort nach Hollywood zu kommen und die Sache selbst in die Hand zu nehmen; schließlich kenne niemand sein Buch besser als er. Die Geldflut aus Hollywood, die über ihn hereinbrach, schien seinen Verstand zu verwirren. In einer Reihe bösartiger Attacken warf er seinem Lektor Brooks, der ihm gute, ehrliche Dienste geleistet hatte, finanzielle Verfehlungen vor.

Was mich für diesen arroganten, egozentrischen Schriftsteller Mitleid empfinden ließ, war die traurige Art und Weise, wie er den Wert seines Buches und dessen Bedeutung für sich persönlich überschätzte. Unter den zwanzig, dreißig guten Romanen, die pro Jahrzehnt erscheinen, gibt es nur selten einen, der das Leben des Autors grundlegend verändert. Niemand warnte Ross Lockridge so, wie mich einst mein Mentor Hugh MacNair Kahler gewarnt hatte: »Denken Sie dran, Jim: Egal, ob Sie ein einziges Buch oder ein ganzes Dutzend schreiben – es macht aus Ihnen keinen anderen Menschen, es wirkt keine Wunder. Wenn Sie am nächsten Morgen aufwachen, sind Sie genau derselbe Armleuchter wie am Tag vorher. Schreiben ist Arbeit. Wenn Sie gute Arbeit leisten, sind Sie fein heraus. Patzen Sie dagegen, werden die Enttäuschungen Sie umbringen.«

Lockridge hatte sich seinem Buch mit Leib und Seele ausgeliefert. Es beherrschte ihn völlig. Als es ihm mit der Veröffentlichung entglitt, wuchs sich der Verlust zu einer lebensbedrohlichen Krise aus. Niemand hatte Ross gesagt, daß man als Schriftsteller das fertige Buch am besten ignoriert und sich schleunigst ans nächste begibt. Binnen kurzem verfiel Ross in eine tiefe Depression, aus der es, wie er fürchtete, kein Entrinnen gab, und danach in eine trostlose Verzweiflung, die wesentlich intensiver war als die zuvor empfundene Euphorie. In dieser jämmerlichen Verfassung irrte er eine Weile umher und versuchte, sein Leben wieder in Ordnung zu bringen. Aber er wußte nicht mehr, wie. An einem stillen Samstagnachmittag im März 1948 hörte er sich im Radio noch die Übertragung der Endspiele um die Basketball-High-School-Meisterschaft von Indiana an. Dann fuhr er den Wagen in die Garage, schloß alle Türen, ließ den Motor an und fand im Alter von nur vierunddreißig Jahren schmerzlos den ewigen Frieden wieder, den er seit acht Jahren vermißte – seit dem Tag, an dem er mit dem Roman, der ihn am Ende zerstören sollte, begonnen hatte. Lockridge hatte sein Buch zu ernst genommen. Es war gut, aber eben doch nur ein Buch, dazu eines, das heute niemand mehr liest, und wenn gelegentlich im Nachtprogramm der Film gezeigt wird, merkt man ihm sein Alter an. Was mich betrifft, so respektiere ich sowohl das Buch als auch den Film. Und wenn ein Schriftsteller wie Ross Lockridge nach vierundvierzig Jahren auch nur einen treuen Leser findet, so gewinnt er letztlich vielleicht doch jene Unsterblichkeit, nach der er strebte.

Lockridges Leben erscheint im nachhinein wie eine konstruierte Fallstudie für Schriftstellereleven: »Prägen Sie sich genau ein, was er getan hat, und tun Sie dann exakt das Gegenteil.« Zwischen seinem unglücklichen Leben und meinen eigenen Bemühungen gab es eine kleine Querverbindung. Als Ross noch an seinem Buch arbeitete, schrieb Metro-Goldwyn-Mayer in Hollywood einen Romanpreis aus. Sie suchten einen hervorragenden amerikanischen Roman, der sich zur Verfilmung eignete. Der Preis betrug, einschließlich Prämien, insgesamt 250 000 Dollar. Lockridge gewann ihn hauptsächlich deshalb, weil *Raintree Country* allen Konkurrenten weit überlegen war. Mit dieser riesigen Geldsumme – sie war damals unvergleichlich mehr wert als heute – begann der Absturz, der in die totale Katastrophe führte. Zufällig war die literarische Agentur in New York, die hinter dem MGM-Wettbewerb stand, die gleiche, die mich damals als Klienten akzeptiert hatte – wohl in der Hoffnung, der Sieger könne im folgenden Jahr James Michener heißen. Auf jeden Fall umwarb man mich heiß und bot mir seitens der Agentur jede Hilfe an. Ich glaube, der Grund für jenen vernichtenden Brief des Agenten, der mich am Morgen jenes Tages erreichte, an dem ich den Pulitzerpreis gewann, war meine Unfähigkeit, das Manuskript meines zweiten Romans hollywoodgerecht umzuarbeiten. Ross gewann den MGM-Preis, aber nicht den Pulitzer. Bei mir war es – zu meinem großen Glück – umgekehrt.

Der Fall Tom Heggen lag, trotz mancher Parallelen, anders. Zum erstenmal hörte ich den Namen, als mein Chef bei Macmillan eines Montags in der Früh in mein Büro kam. Er strahlte über das ganze Gesicht und sagte: »Das Buch hier müssen Sie lesen, Michener! Ich habe es gerade eingekauft. Es spielt in Ihrem Teil der Welt und ist das komischste, das mir seit Mark Twain in die Hände gefallen ist.« Bis ungefähr zur Hälfte von *Mister Roberts* stimmte ich ihm zu, doch je weiter ich las, desto mehr fielen mir die strukturellen Ähnlichkeiten zwischen Heggens Buch und meinem eigenen auf. Sie spielen beide im Südpazifik, und in beiden wird das Leben eines Wehrpflichtigen in der Navy geschildert. Beide bestanden aus einer Reihe locker miteinander verbundener Einzelerzählungen. Beide konzentrierten sich mehr auf die stumpfsinnige Routine des Alltagslebens als auf Heldensagen vom Schlachtfeld. Hinzu kam ein echter Zufall: Der Held war in beiden Büchern ein hochgewachsener, schlaksiger, lockerer und couragierter Unteroffizier, der aus der Sicherheit der Etappe ausbricht, um an der fernen Front auf dem Schlachtfeld den Tod zu finden. In beiden Büchern wird sein Tod nicht unmittelbar dargestellt, sondern in einem Brief bzw. einer amtlichen Meldung an seinen Stützpunkt weitergegeben. Das Merkwürdigste und damals völlig Unvorhersehbare war jedoch, daß das Theatergenie Josh Logan beide Bücher – erst Heggens und dann meines – unter seine Fittiche nehmen und dramatisieren würde. Auf diese Weise entstanden zwei der größten Kassenhits der damaligen Zeit – *Mister Roberts*[*] und *South Pacific*.

Weder Ross Lockridge, dessen Lebensgeschichte mir so vieles klargemacht hat, noch Tom Heggen lernte ich persönlich kennen, und ich glaube, das war auch ganz gut so. Einerseits ist es kaum anzunehmen, daß Ross oder Tom mich interessant gefunden hätten, und andererseits wäre ich von ihrem selbstzerstörerischen Verhalten entsetzt gewesen. Doch da Heggen und ich mit unseren beiden Büchern auf so auffallend parallelen Pfaden gewandelt waren, blieb mein Interesse an ihm geweckt. Damals wußte ich lediglich, daß er zu dem Zeitpunkt, als sein Manuskript eingekauft wurde, als Lektor bei *Reader's Digest* arbeitete oder zumindest noch kurz vorher dort gearbeitet hatte. Für einen jungen Mann mit schriftstellerischen Ambitionen war das ein sehr guter Posten, denn nach allem, was ich weiß, wurden dort fürstliche Gehälter gezahlt.

Der zweite Teil von Leggetts aufschlußreichem Buch enthielt die erste ausführliche Lebensbeschreibung Heggens, die ich zu Gesicht bekam. Leggett hatte bei seinen Recherchen über Heggens Herkunft und Jugend keine Mühen gescheut und eine Menge Informationen zusammengetragen. Er stammte aus einer norwegischen Familie in Fort Dodge, Iowa, und war der geborene Rebell, ein ständiger Störenfried, später auch Saufbold und Rowdy. Während Lockridge sehr auf seine Kleidung achtete und wie ein typischer Vertreter des konservativen Bürgertums im Mittelwesten wirkte, war Tom stets scheußlich – manchmal sogar empörend scheußlich – gekleidet. Seine wichtigste Eigenschaft bestand in der unkontrollierbaren Neigung, überall und jederzeit anzuecken. Wo immer er sich aufhielt oder hinkam, widersetzte er sich aufs heftigste dem Establishment und brachte die herrschende Ordnung mit einfallsreichen Streichen durcheinander.

---

[*] *Mister Roberts* wurde auch verfilmt. Der deutsche Titel lautet *Keine Zeit für Heldentum*. (Anm. d. Übers.)

Seine Familie sah sich durch die Weltwirtschaftskrise gezwungen, nach Süden zu ziehen, und landete schließlich in Oklahoma City, wo Tom sich an der streng methodistischen City-Universität immatrikulierte. Dort aber duldete man seine Faxen nur kurze Zeit und warf ihn dann hinaus. Der Achtzehnjährige schrieb sich darauf an der Universität von Stillwater, Oklahoma, ein, lernte wenig, trieb auch dort viel Unfug – und verliebte sich in ein stilles, hübsches Mädchen namens Carol Lynn Gilmer. Die junge Fau muß gewußt haben, daß mit Heggen nur ein stürmisches Verhältnis möglich war. Sie bemühte sich nach Kräften, sich *nicht* in ihn zu verlieben, tat es aber dann doch.

Die Familie kam auch in Oklahoma auf keinen grünen Zweig und beschloß, ihr Glück in Minnesota zu versuchen. Tom schrieb sich auch an der dortigen Universität ein und fand in deren lebendiger, offener intellektueller Atmosphäre zu sich selbst. Er knüpfte eine turbulente, lebenslange Freundschaft zu Max Shulman, geistiger Kopf und Geißel der Universität, wurde durch seine Mitarbeit an der College-Zeitschrift schon fast zum professionellen Schriftsteller und blieb auch in dieser Funktion ein Unruhestifter par excellence.

Als er sein Examen machte, überredete er Carol Lynn zur Heirat, und während er im Südpazifik auf den alten Seelenverkäufern der Navy diente, die er später berühmt machen sollte, ging sie zum Roten Kreuz. In der Hoffnung, in seiner Nähe bleiben zu können, folgte sie ihrem Ehemann über die Inseln, doch kamen die beiden nie zusammen. Nach dem Krieg geriet ihre Ehe in eine schwere Krise, und Tom war nicht imstande, die durch die Kriegsjahre entstandene Kluft zu überbrücken.

Im folgenden schildert Leggett in kurzen Zügen Toms schlimme Jahre bei *Reader's Digest*, wo ein Mann wie er, dem jede nüchterne Autorität so abgrundtief zuwider war, nun wirklich nichts zu suchen hatte. Leggett berichtet über Toms Roman und dessen Veröffentlichung, über seinen total mißlungenen Versuch, zusammen mit Max Shulman eine Bühnenversion von

*Mister Roberts* zu schreiben, und schließlich auch über seine dreimonatige Zusammenarbeit mit Josh Logan, deren Ergebnis ein makelloses Bühnenstück war.

Als am Premierenabend der Vorhang fiel, stand der siebenundzwanzigjährige Tom Heggen auf dem Höhepunkt seines Ruhms und war auf dem besten Weg, Millionär zu werden. Es gibt sicher nur wenige Männer seines Alters, die so mit Lobeshymnen, kriecherischen Schmeicheleien und verlockenden beruflichen Angeboten überhäuft wurden. Doch in den Becher der Freude fiel ein Wermutstropfen: Die Kritiker waren fast ausnahmslos der Meinung, Josh Logan habe aus einer trivialen Buchvorlage eine der intelligentesten amerikanischen Komödien gemacht. Einige Illustrierten brachten in ihren Reportagen über das Stück nur Fotos von ihm und ignorierten Heggen.

Der Abstieg vom Parnaß war schnell und grausam. Leggett enthüllt die Merkwürdigkeit des Problems:

»Später an jenem 19. Februar las Tom den Rest der Zeitung. Auf der Seite nach der *Mister-Roberts*-Rezension stand ein Bericht über Joshua Logans Zukunftspläne. Er hatte Richard Rodgers und Oscar Hammerstein angeboten, Buch und Text für ein Musical nach James Micheners *Tales of the South Pacific* zu schreiben. Leland Hayward war als Produzent vorgesehen, und Logan wollte die Regie übernehmen; die Premiere sollte in der nächsten Spielzeit stattfinden.

Tom wußte zwar, daß Logan nicht nur *Mister Roberts*, sondern auch Micheners Buch auf sein dramatisches Potential abgeklopft hatte, hatte aber keine Ahnung, wie weit Logan schon war und daß er selbst gänzlich von der Sache ausgeschlossen werden sollte. Das war besonders schmerzhaft für ihn, da er der Überzeugung war, daß Logans Interesse an dem Buch Micheners zum großen Teil auf *Mister Roberts* zurückzuführen war und daß Logan in Heggens Elysium erstmals die dramatischen Möglichkeiten erkannte, die in des Nordstaatlers Traum vom Paradies verborgen lagen.

Tom tat sich den Tort an, den Artikel noch einmal zu lesen. Calta, der Theaterredakteur der *Times*, war von Logans plötzlichem Entschluß ebenso überrascht, hatte ihm der Regisseur doch gerade erst anvertraut, daß er für die unmittelbare Zukunft noch keine Pläne habe. Tom fragte sich, ob die Ankündigung eine Kritik an ihm und eine öffentliche Demütigung sein sollte.

So zogen bereits am Tage seines Triumphs dunkle Wolken über ihm auf. Alle Kritiker in der Stadt blätterten hektisch in ihren Wörterbüchern, um geeignete Superlative für sein Stück zu finden, doch ihn berührten ihre Lobeshymnen nicht. Schlimmer noch: Sein masochistischer Nerv lag auf einmal frei. Die Begeisterungsstürme der vergangenen Nacht kamen ihm auf einmal gönnerhaft und herablassend vor.

Alle Rezensenten stimmten offenbar darin überein, daß sein eigener Beitrag an dem Erfolg der kleinere war, ein Sprungbrett für die akrobatischen Künste Logans, sonst nichts. Brooks Atkinson schrieb in der *Times*, das Stück sei so glänzend besetzt und mit solcher Spontaneität inszeniert worden, daß man den Eindruck gehabt habe, es sei überhaupt nicht geschrieben, sondern ›unter Mr. Logans idiomatischer Regie‹ während der Proben auf der Bühne improvisiert worden.

In den *News* schrieb John Chapman, da er (Logan) einer der besten Regisseure des amerikanischen Theaters sei und genau wisse, welche Stoffe ein Regisseur brauche, trage jede Zeile der Bühnenversion ›die Unterschrift Mr. Logans‹.

Die Rezension im Nachrichtenmagazin *Time* war beherrscht von einem Logan-Foto mit fragendem Blick und gerunzelter Stirn. Es war eingerahmt von einem Kommentar, in dem es hieß, daß an *Mister Roberts* von der Story her und als Show nicht viel dran sei, daß es jedoch einen großartigen Bilderbogen der Menschlichkeit darstelle, was weitgehend der brillanten, wirkungsvollen Regie des Mitautors Joshua Logan zu verdanken sei.

Und so schilderte *Time* die Zusammenarbeit der beiden: ›Autor Heggen brachte Logan letzten August seinen erfolgreichen Kurzroman, nachdem er sich dazu durchgerungen hatte, seine eigene Bühnenfassung nicht zu mögen. Drei Monate lang feilten sie daran herum. Logan: »Nichts konnte es mehr aufhalten. Es richtete sich auf und lief von ganz alleine.« Genauer gesagt, der 1,90 m große und 90 kg schwere Josh Logan brachte das Stück in Form...‹

Logan, inzwischen vollauf mit *South Pacific* beschäftigt, versuchte Tom dafür zu interessieren. Er überredete ihn, das Drehbuch zu lesen und eigene Vorschläge dazu zu machen. Als Tom es zurückgab, wies er Logan auf den Ausdruck *Hey, fellah* hin; er halte ihn für sentimental und könne sich nicht vorstellen, daß die Seesoldaten ihn untereinander benutzt hätten. Das war alles. Tom wollte mit *South Pacific* nichts zu tun haben. Er kam zu keiner Probe und empfand schon allein die Gegenwart von Leuten, die mit der *South-Pacific*-Produktion zu tun hatten, als Quälerei. Manchmal glaubte er, an seiner Eifersucht zu ersticken.

Er konnte sich des Eindrucks nicht erwehren, daß *South Pacific* das illegitime Kind von *Mister Roberts* war. Der Pazifik war *sein* Ozean, und man hatte ihn ihm weggenommen, ohne auch nur danke schön zu sagen.«

Von nun an ging es rasch bergab: Nach der Scheidung von Carol Lynn und diversen kurzlebigen Affären mit anderen Frauen reiste er auf einem Trampdampfer fluchtartig nach Frankreich, um seine einstige Faszination für alte Schiffe wiederzubeleben. Doch es half alles nichts. Seine Welt brach zusammen. Wie ein geprügelter Hund kehrte Tom Heggen nach Amerika zurück.

In der Wohnung des Schauspielers Alan Campbell findet er Unterschlupf, während der Eigentümer in Hollywood weilt. Er sucht sein Heil im einsamen Suff und erteilt allen Freunden, die ihm helfen wollen, eine grobe Abfuhr. Er ist jetzt völlig allein. Zwei niederschmetternde Zurückweisungen von Freundinnen – er hatte in beiden Fällen schon an Heirat gedacht – kommen hinzu. Eine junge Amerikanerin, der es nicht gelungen war, Tom wieder unter die Leute zu bringen, geht allein auf eine Cocktailparty, die Jim Putnam vom Verlag Macmillan zu Ehren des soeben aus London eingetroffenen Arthur Koestler gibt. Es ist Liebe auf den ersten Blick; die junge Frau will von Tom nichts mehr wissen. Noch schlimmer für ihn ist der Korb, den ihm Leueen MacGrath gibt, die irische Schauspielerin, die er sehr umworben hat. Sie teilt ihm am Telefon mit, daß sie George Kaufman, den berühmten Dramatiker und Autor unzähliger Erfolgsstücke, heiraten wird. Er ist sechzig Jahre alt.

So sitzt der neunundzwanzigjährige Tom Heggen völlig vereinsamt in der leeren Wohnung und sieht eine trostlose, ihm unerträglich erscheinende Zukunft vor sich: sein Talent verkümmert, sein Geist leer, seine Hoffnungen zerstört, seine Freunde ihm entfremdet. Tom geht ins Badezimmer, legt sich die Tabletten zurecht, läßt sich ein heißes Bad ein und sucht im lindernden Wasser Frieden. Der Bericht des Coroners nennt die Details: »Ertrunken in Badewasser. Wahrscheinlich Selbstmord, ausgelöst durch eine Überdosis Schlaftabletten.«

Fast unmittelbar nach dem beispiellosen Erfolg von *South Pacific*, der Logan für seinen Anteil am Libretto auch noch einen Pulitzerpreis einbrachte, erschien in einer New Yorker Zeitung ein Artikel, aus dem hervorging, daß Mr. Logan sich bereits mit einem neuen Projekt beschäftigte. Es sei gut möglich, daß es sich um eine Broadway-Fassung von Barnaby Conrads *Matador* handele. Bei der Lektüre dieser überraschenden Nachricht empfand ich auf einmal einen starken Schmerz in meiner Brust. *South Pacific* war der größte Broadway-Hit seit Jahren. Wie konnte einer seiner Väter sich von ihm abwenden und mit einer schimärenhaften Geschichte über einen spanischen Stierkämpfer liebäugeln? Logan ist *South Pacific* – und darüber hinaus auch mir – verpflichtet, dachte ich und empfand die Vorstellung, er könne sich abwenden und sogar das Land verlassen, als absolut niederschmetternd. Ich konnte die bestürzende Nachricht kaum glauben. Was ich damals nicht wußte: Ich reagierte ganz genauso wie Tom Heggen, als er erfuhr, daß Logan in sitzengelassen hatte und zu mir übergelaufen war.

Ich war mehrere Tage sehr unglücklich und durcheinander, wenngleich meine Betroffenheit natürlich nicht jene qualvolle Verzweiflung erreichte, die sich Heggens bemächtigt hatte. Doch ich lief ziellos in den Straßen New Yorks umher oder suchte beim Volleyball Ablenkung, bis mich schließlich mein altvertrauter Freund John Milton rettete. Ich erinnerte mich an die letzten Zeilen seines großen Gedichts *Lycidas*:

> *Da schied er, umgelegt den Mantel blau,*
> *Der Morgen ruft zu neuem Glück die Au.*\*

Diese Zeilen hatte ich schon, als ich sie zum erstenmal las, zur Richtschnur für mein Leben erkoren: »Okay, die Sache ist abgeschlossen. Gehen wir an die nächste Arbeit.« Ich halte diesen Grundsatz für einen der wichtigsten überhaupt: Er verhindert, daß wir endlos an unseren Niederlagen leiden oder angesichts unserer Erfolge in Hybris verfallen. Lockridge und Heggen waren beide nicht imstande, ihre Bücher zu schließen und sich von deren großartigem Erfolg zu lösen. In ihrer Unfähigkeit, sich neuen Wäldern und Weidegründen zuzuwenden, verdammten sie sich zu Seelenqualen, die für jemanden, der so etwas nicht selbst erlebt hat, ganz unvorstellbar sind. Obwohl den meisten Schriftstellern der Sturz in solche Abgründe erspart bleibt, werden selbst die besten unter ihnen gelegentlich von nagenden Selbstzweifeln heimgesucht: Was geschieht, wenn ich nichts Gutes mehr zustande bringe?

Als ich die Karrieren von Ross und Tom nachvollzog, fiel mir auf, daß sie in den ersten Tagen nach ihren Erfolgen ihre üppigen Honorare so freigebig unter die Leute gebracht hatten, daß sie

---

\* John Milton: *Lycidas*, übersetzt von Immanuel Schmidt, in: *Poetische Werke*, Leipzig 1909; S. 199ff.

schon bald vor dem Problem standen, sich neue Geldquellen zu suchen. Ein einziges Erfolgsbuch ist nur höchst selten Garant für ein Leben ohne Geldsorgen. Im Normalfall sorgen selbst mehrere Bücher nur für eine vernünftige finanzielle Grundsicherheit. Ein junger Schriftsteller ahnt gar nicht, wie schnell ihm die erste Geldflut zwischen den Fingern zerrinnen kann.

Wer die Schicksale dieser beiden Männer verstehen will, muß ihre erste Erfahrung mit dem Ruhm berücksichtigen, der mit einer überwältigen Wucht und Plötzlichkeit über sie hereinbrach. Beide wußten sie nicht damit umzugehen. Lockridge stieg der Ruhm zu Kopfe, Heggen wurde unleidlich. Am Ende erwies sich ihre Prominenz als wenig dauerhaft. In der neuesten Ausgabe von *Webster's Biographical Dictionary* wird Lockridge, der sich für besser hielt als James Joyce, gar nicht mehr aufgeführt, und von Heggen ist natürlich auch keine Rede mehr.

Beide waren bereits tot, als die Herausgeber von *Time-Life* mich zu einem ihrer traumhaften Mittagessen einluden. Bei diesen Gelegenheiten saß ungefähr ein Dutzend leitender Redakteure und Lektoren mit am Tisch und nahm Personen, die jüngst ins Scheinwerferlicht der Öffentlichkeit geraten waren, unter die Lupe. Ich saß, meiner damaligen Gewohnheit bei solchen Anlässen entsprechend, ziemlich steif auf meinem Stuhl, beantwortete knapp und höflich ihre Fragen und machte insgesamt wohl keinen allzuguten Eindruck. Ein Redakteur fragte mich unverblümt: »Mr. Michener, wie, glauben Sie, wird der große Erfolg von *South Pacific* Sie persönlich beeinflussen?« Ich kann mich an meine Antwort noch gut erinnern, denn ich wurde in den kommenden Jahren noch des öfteren mit ihr konfrontiert: »Ich hoffe, überhaupt nicht. Auf gar keinen Fall möchte ich mich in die hysterische Welt von Josh Logan, Richard Rodgers, Oscar Hammerstein oder gar Leland Hayward hineinziehen lassen, obwohl ich sie allesamt bewundere und ihnen zu großem Dank verpflichtet bin. Ich werde mich aus alldem heraushalten, weil ich glaube, daß mich ein solches Leben zerstören würde.«

Meine kleine Rede sorgte für einiges Aufsehen – und wurde

offensichtlich bis zum Abend den Männern, auf die sie Bezug nahm, kolportiert, denn jeder von ihnen forderte mich in den nächsten Tagen auf seine Weise zu einer Stellungnahme auf. Ich entschuldigte mich und sagte, wir würden doch hoffentlich Freunde bleiben, was dann auch der Fall war. Doch in den entscheidenden Jahren meiner Schriftstellerkarriere, als es ums Überleben in diesem Beruf ging, achtete ich stets ganz bewußt darauf, jene Fehler zu vermeiden, die Lockridge und Heggen zugrunde gerichtet hatten.

Schade, daß John Leggett seinem Buch über das Schicksal junger Schriftsteller nicht noch ein drittes Porträt hinzugefügt hat. Gerne hätte ich nämlich mehr über Leben und Tod von John Horne Burns erfahren, der in meinem Leben eine nicht unbedeutende Rolle gespielt hat und bis auf den heutigen Tag nicht vergessen ist. Ich hatte in jenen Jahren, in denen ich als Vortragsreisender die literarischen Zirkel abklapperte – ich bemühte mich damals, genug Geld zu verdienen, um mich als hauptberuflicher Schriftsteller niederlassen zu können –, den Organisationen, die mich engagierten, drei Themen zur Auswahl offeriert. *Die Südsee* war das populärste, *Junge amerikanische Schriftsteller* das mir persönlich liebste. Vom dritten sind mir Titel und Thema entfallen.

In meinem Vortrag über die literarische Szene behandelte ich die Werke von ungefähr sechs Schriftstellern, legte aber besonderen Wert auf zwei von ihnen, die meine Vorstellungskraft gefesselt hatten und auf die ich große Erwartungen setzte. Ich verkaufte eine Menge Bücher für die beiden jungen Männer. Der erste war ein Absolvent der Universität Princeton und wollte damals presbyterianischer Pfarrer werden, ein Beruf, in dem er später große Leistungen vollbrachte. Frederick Buechner schrieb einen sehr eleganten Stil, der mich in seiner Geschliffenheit an die besten Passagen von Edith Wharton erinnerte. Er liebte lange Sätze, in denen er – um ein Beispiel zu nennen – die

Gefühle gebildeter Eltern schilderte, die ihre Söhne nach Princeton oder an vergleichbare Orte schickten. Es war immer sehr effektvoll, wenn ich Auszüge aus seinem Roman *A Long Day's Dying* laut vorlas. Manche Sätze erstreckten sich über eine halbe Seite. Am Ende jeder Passage sagte ich dann zu meinem Publikum: »Nicht in hundert Jahren könnte ich schreiben wie Mr. Buechner. Ich will es auch gar nicht. Aber ich schätze ihn als einen unserer besten jungen Schriftsteller und bin sicher, daß er auch in den kommenden Jahrzehnten diesem Ruf gerecht werden wird.«[*]

Um des Kontrastes willen trug ich als nächstes heitere Passagen von Frederick Wakeman vor: zum einen aus seinem köstlichen Roman *Shore Leave*, dessen Helden rauhbauzige Air-Force-Piloten im Pazifikkrieg sind, und zum anderen aus *The Hucksters*, einem Roman, der die Werbebranche beleuchtete und wenig später in großer Starbesetzung mit Clark Gable an der Spitze höchst erfolgreich verfilmt wurde. Dieser Teil meines Vortrags war sehr beliebt. Je öfter ich ihn hielt, desto mehr versetzte ich mich in die verschiedenen Rollen und spielte sie unter Aufbietung aller mir zu Gebote stehender Dialekte vor.

Ihren Höhepunkt erreichte meine Darbietung jedoch, wenn ich mit aufrichtiger Zuneigung auf jenes Buch zu sprechen kam, das ich für den bis dato besten Roman über den zu Ende gegangenen Krieg hielt. Es handelte sich um John Horne Burns' *Die Galerie*. In ungewöhnlich anspruchsvollem Stil schilderte der Roman den Dienst der G.I.s in Neapel. Im Mittelpunkt stehen die berühmten Einkaufspassagen der Stadt, die *gallerie*. Hier begegnen sich Menschen verschiedenster Herkunft, schließen flüchtige Bekanntschaften, lassen sich treiben, kehren wieder zurück, die einen nach Hause, die anderen in ihre Lager, wieder andere finden den Tod. Zu den beeindruckendsten Passagen des Romans gehören die Abschnitte, die er an das Ende jedes Kapi-

---

[*] Er wurde es tatsächlich. Seiner fleißigen Feder entsprang eine einzigartige Mischung aus intelligenten Romanen und meisterhaft durchdachten religiösen Essays.

tels oder jeder Einzelgeschichte gestellt hat. Unter der Überschrift *Promenade* führt Burns den Leser durch seine *galleria*. Wir sehen, was es zu sehen gibt, riechen die Gerüche, spüren die gegenläufigen Strömungen. Wo immer ich eine oder zwei dieser bemerkenswert poetischen Passagen vortrug, reagierte das Publikum mit großer Begeisterung.

Bei meiner ersten Vortragsreise im Spätherbst 1947 war die Öffentlichkeit noch nicht darauf vorbereitet, mit jemandem wie mir, einem Fremden in der Gemeinde, über die homosexuellen Untertöne in Burns' Roman zu diskutieren. Ich ging auf diesen Aspekt nicht ein, weil ich das Gefühl hatte, dadurch Leser abzuschrecken, denen das Buch ansonsten vielleicht gut gefallen würde. Auch erwähnte ich nicht, daß ich das Buch gerade wegen seines gewagten Themas mochte und den Autor für ein amerikanisches Äquivalent zu E. M. Forster und André Gide hielt. Wenn ich abends mit Literaturfreunden zusammensaß, die die Werke dieser beiden Schriftsteller kannten, ließ ich des öfteren die Bemerkung fallen, Burns könne eines Tages deren Statur erlangen. »Es wäre auch an der Zeit«, pflegte ich dann gerne zu sagen.

Auf jener Vortragsreise wurde ich mehrfach gefragt, wer von meinen jungen Hoffnungsträgern wohl den Pulitzerpreis für 1948 gewinnen würde. Meine Antwort war immer dieselbe: »John Horne Burns. Er ist eindeutig der beste.« Manchmal fragte ich mich allerdings, ob die Juroren die schriftstellerische Brillanz trotz des heiklen Themas anerkennen würden.

Meine Vortragsreise führte mich kreuz und quer durchs Land. Ich war Burns nie begegnet und wußte nichts über seine Erscheinung und seine Herkunft. Was ich besaß, war ein Zeitungsausschnitt oder eine Buchanzeige mit einem Foto, auf dem das gutaussehende, etwas reizbar wirkende Gesicht eines Mannes zu sehen war, der einige Jahre jünger war als ich und das ein wenig höhnische Lächeln des distanziert-amüsierten Beobachters zur Schau trug. In dem knappen Begleittext hieß es, daß Burns nach einem sehr guten Harvard-Abschluß in Literatur fünf Jahre lang unterrichtet und dann in Italien seinen Militärdienst absolviert habe. Das war alles, was ich von ihm wußte, und dabei blieb es auch. Einmal erhielt ich allerdings über meine Agentin Helen Strauss einen Brief von ihm, in dem er sich für meine lobenden Worte bedankte. Der Brief kam aus New York.

Mein Vortrag endete mit einem enthusiastischen Bericht darüber, wie der junge Gore Vidal seinen erzwungenen Militärdienst auf den tristen Aleuten zur Grundlage seines ausgezeichneten Romans *Williwaw* gemacht hatte. Das Beispiel zeige, sagte ich ziemlich salbungsvoll, »wie ein Mann, der dazu verurteilt ist, in Kriegszeiten auf einem trostlosen, sturmgepeitschten Eiland zu dienen, seine Erfahrung in eine starke, kreative Aussage verwandeln kann.« Ich hoffte, daß das Publikum den Bogen zu einem etwas älteren Mann schlagen würde, der seine Dienstverpflichtung auf einsamen Inseln in der Südsee ebenfalls vorteilhaft genutzt hatte ...

Der Tag, an dem die Pulitzerpreisträger für 1948 bekanntgegeben werden sollten, rückte näher – und ich muß gestehen, daß ich mir dessen gar nicht bewußt war. Freunde erzählten mir später, daß man John Horne Burns mit *Die Galerie* – vor allem in Kreisen, in denen Literatur ernstgenommen wurde – für den klaren Favoriten hielt. Als er den Preis dann doch nicht bekam, war er, wie ich später erfuhr, vor Enttäuschung fast am Boden zerstört und entwickelte vom Augenblick der Preisverkündung an einen flammenden Haß gegen mich. Ich hätte ihm, so glaubte er, einen Preis gestohlen, der rechtmäßig ihm gebühre. Was mich betrifft, so habe ich diese Meinung stets geteilt.

Kurze Zeit danach kam die Illustrierte *Life* auf die Idee, an die zwanzig junge Schriftsteller zu versammeln, die Bücher über den Krieg geschrieben hatten. Die Redakteure baten mich um einen längeren Aufsatz über diese Gruppe. Das Projekt stand unter der redaktionellen Leitung von Josh Logans Schwester, Mary Lee Weatherbee, einer Frau mit klugem Urteilsvermögen.

Als ich noch vor dem Fototermin mein Manuskript ablieferte, las sie es und sagte: »Den Mann, dem wir hier bei *Life* die besten Zukunftsaussichten von allen einräumen, haben Sie vergessen – Saul Bellow und sein Buch *Mann in der Schwebe*.« Als ich sagte: »Das habe ich nicht gelesen«, erwiderte sie: »Sollten Sie aber.«

Außerdem machte sie mir unmißverständlich klar, daß ein Abschnitt gestrichen werden müsse. »Und zwar der, in dem Sie sich so lobend über Pearl S. Buck auslassen, ihren Nobelpreis erwähnen und sagen, sie sei geradezu ein Paradebeispiel für junge Schriftsteller, die starke Romane schreiben wollen.«

»Aber es ist alles wahr! Sie können es nachprüfen.«

»Wahr ja, aber nicht ratsam. Henry Luce hat uns strikte Anweisungen erteilt. Wir dürfen kein gutes Wort über Pearl S. Buck verlieren. Es gab da irgendeine Auseinandersetzung zwischen seinen und ihren Eltern, als sie Missionare in China waren.« Sie senkte die Stimme. »Außerdem hält er sie für eine Kommunistin.«

Auf Druck der *Life*-Mitarbeiter, die sich für die Monomanie ihres Arbeitgebers entschuldigten, mußte ich Miss Bucks Namen aus meinem Aufsatz streichen, obwohl ich mit ihr persönlich befreundet war. Ich fühlte mich verpflichtet, ihr zu beichten, wozu man mich gezwungen hatte. Pearl lachte, als sie es erfuhr: »Alte Feindschaften sterben nur mühsam. Wenn Mr. Luce mich mit einem Machtwort aus seinem Reich zu verbannen trachtet, so befriedigt er damit einen uralten Missionarsgroll.« Sie vergab mir.

Dann kam der Tag, an dem sich die ungefähr zwanzig jungen Schriftsteller in New York versammelten. Man arrangierte sie auf einem Gerüst mit drei verschiedenen Ebenen, so daß alle Gesichter zu sehen waren, und im Schein von einem halben Dutzend Lampen wurde eine Aufnahme nach der anderen gemacht. Leider erschien mein Aufsatz nie. Ich erhielt ein kleines Ausfallhonorar für meine Bemühungen. Die Fotos wurden ebenfalls nie gedruckt. Sie müssen sich noch immer im Archiv von *Life* oder auf dem Dachboden irgendeines Fotografen befinden. Heute ließe sich gut ein Artikel daraus machen – vielleicht unter der Überschrift *Was ist aus ihnen geworden?* Ob mein Aufsatz damals von Weitsicht geprägt war, läßt sich nicht mehr feststellen – es sei denn, *Life* besitzt nach vierzig Jahren noch ein Exemplar des Manuskripts.

Daß ich das Foto so hervorhebe, hat folgenden Grund: Als mein Aufsatz bei *Life* im Gespräch war, versuchte Logans Schwester, mich mit Burns bekannt zu machen. Dieser aber verweigerte mir den Handschlag und entfernte sich, obwohl er mir eigentlich wegen der vielen Lobeshymnen und der damit verbundenen Buchverkäufe verpflichtet war. Das zersetzende Gefühl, bei der Verleihung des Pulitzerpreises unfair behandelt worden zu sein, ließ ihn alles andere vergessen. Als ich mit Mary auf dem Bürgersteig auf ein Taxi wartete, versuchte sie Burns' unhöfliches Verhalten mit der abfälligen Bemerkung: »Er ist eben ein Schwuler« zu erklären. Als wir uns umdrehten, stand er unmittelbar hinter uns. Sein Gesicht war aschgrau.

Es war noch keine Woche vergangen, als mich Norman Cousins, Chefredakteur der ehrwürdigen *Saturday Review*, anrief und mir mit dem Ausdruck des tiefsten Bedauerns mitteilte: »Wir haben eine schlechte Nachricht für Sie, Michener. Wir hatten eigentlich vor, nächste Woche eine Titelgeschichte über Sie zu bringen. Aber ich bekam eben die Besprechung Ihres neuen Romans *Frühlingsfeuer*. Sie stammt von John Horne Burns und ist, offen gesagt, vernichtend. Da sie keine einzige positive Zeile enthält, können wir sie kaum entschärfen. Wir können Sie unmöglich mit einem tollen Spruch auf dem Titel abbilden und dann im redaktionellen Teil so eine Rezension abdrucken, das sähe verrückt aus. Wir müssen Sie daher kippen, tut mir leid.«

Ich erinnere mich noch an meine Antwort: »Das ist in der Tat eine schlechte Nachricht, Mr. Cousins. Aber ich muß jetzt wieder an die Arbeit. Hoffen wir, daß der nächste Roman besser wird.« Ich hatte mir geschworen, mir durch Lob nicht den Kopf verdrehen und mich durch Kritik nicht unterkriegen zu lassen, und dies war die erste Probe aufs Exempel. Ich hielt mich an meine Worte und setzte mich wieder an die Schreibmaschine, denn es gab noch viel zu sagen über meine Welt.

Als Burns' Rezension von *Frühlingsfeuer* erschien, war mir, als habe er sie mit vergifteter Tinte geschrieben. Doch seine Attacke blieb fast ohne Auswirkungen auf mich und meinen Roman, der die in ihn gesetzten – nicht allzu hohen – Verkaufserwartungen annähernd erfüllte. Später erwies er sich als dasjenige meiner Bücher, auf das ich mehr Leserzuschriften erhielt als auf alle anderen.

Verglichen mit dem, was die älteren, etablierten Literaturkritiker über *seinen* zweiten Roman schrieben, war das, was Burns mir angetan hatte, allerdings noch freundlich. Ich konnte mich nicht erinnern, daß sie jemals zuvor das Werk eines Schriftstellers so entsetzlich verrissen hätten. *Lucifer with a Book* war ein wüster, verdrehter, rachsüchtiger Bericht über eine Privatschule sadistisch veranlagter Knaben. Das Buch war so avantgardistisch, so sexfixiert und teilweise exhibitionistisch, daß es die Kritiker abstieß. Mindestens eine große Zeitung fiel nicht nur über Burns, sondern auch über den Verlag her, der die Unverfrorenheit besessen habe, dieses Buch in den Handel zu bringen und damit die öffentliche Moral aufs gröblichste zu beleidigen. Ich las den Roman ebenfalls und empfand ihn als konsequente Fortführung jener Themen und Richtungen, die Burns bereits in seinem ersten Buch eingeschlagen hatte. Daß ein Kritiker und eine Zeitung ihre Macht dazu mißbrauchten, einen Schriftsteller wegen einer ernstzunehmenden Arbeit zu beleidigen, die in Frankreich, Deutschland oder Schweden ohne Murren akzeptiert worden wäre, empörte mich sehr. (Heutzutage würde das Buch kaum noch Aufsehen erregen.)

Ich schrieb einen Leserbrief an den Leiter der betreffenden Literaturredaktion, in dem ich gegen den eklatanten Zensurversuch protestierte. Abgedruckt wurde dieser Brief nie, und, soviel ich weiß, kam auch kein anderer Schriftsteller Burns zur Hilfe, weshalb sein Ansehen in der Öffentlichkeit durch diese Affäre etwas Schaden nahm.

Danach verlor ich Burns aus den Augen. Wahrscheinlich hätte ich ihn, wenn er mir auf der Straße entgegengekommen wäre, gar nicht erkannt, denn wir waren uns ja nur einmal, bei jenem Fototermin, kurz begegnet. Später hörte ich, daß er nach den mörderischen Kritiken außer Landes gegangen war und inzwischen Europa bereiste. Gerüchteweise soll er auch in Nordafrika aufgetaucht sein. Wieder einige Jahre später hieß es, er habe sich zum Schreiben in ein Dorf in Frankreich zurückgezogen. Da ich in jenen Jahren selber viel unterwegs war, verlor ich den Überblick über sein Woher und Wohin. Ich hörte lediglich, daß er mit dem Schreiben nicht so recht vorankam – und dann machte die Nachricht von seinem Tod die Runde. Wo und wie und unter welchen Umständen er gestorben war, habe ich nie genau erfahren. Wieder gab es allerhand Gerüchte, die sich vor allem auf die Frage konzentrierten, ob er Selbstmord begangen habe oder nicht. Ein Zyniker drückte es so aus: »Er hat den Selbstmord billigend geschehen lassen.« Den gleichen Kommentar hatte man auch schon nach Tom Heggens Tod gehört. Schließlich ging eine halbamtliche Meldung durch die Presse: »John Horne Burns, amerikanischer Romancier, starb im italienischen Livorno im Alter von sechsunddreißig Jahren an einer Gehirnblutung.« Was immer die Ursache seines Todes gewesen sein mag – ein brillantes Talent war dahin.

Mir wurde erst allmählich klar, was für einen großen Verlust sein Tod für mich bedeutete, denn manche Menschen blühen erst in der Konkurrenz mit Ebenbürtigen richtig auf. Hätte Burns länger gelebt, so wären wir gewiß zeitlebens achtbare und starke Konkurrenten gewesen. Jeder hätte des anderen Tun und Lassen kritisch verfolgt; gelegentlich wären wir uns als Gegner und mit der Zeit wohl auch als Freunde begegnet. Jeder wäre seinen eigenen, unverwechselbaren Weg gegangen, gewissermaßen als Spiegelbild des jeweils anderen. Er hätte zu den bedeutenden Ästheten gezählt; ich als beständiger Repräsentant der soliden Mittelklasse gegolten. Er wäre ein Schriftsteller des Filigranen, der schattenhaften Beklemmungen gewesen; ich schilderte Konflikte im grellen Licht der Sonne. Er wäre Oberhaupt einer literarischen Gemeinde mit großer Anhängerschaft in akademischen Kreisen geworden, in denen man seinen bitteren Witz verstanden und geschätzt hätte; ich hätte mich abseits gehalten und meine eigenen Ziele verfolgt. Seite an Seite wären wir durch die Dezennien geschritten. Die Tränen steigen mir in die Augen, wenn ich an den großen Verlust denke, den ich und die Welt durch seinen Tod erlitten haben. Mein Alter ego verschwand im Dunst der untergehenden Sonne. Keine Woche in meinem Leben vergeht, in der ich nicht an John Horne Burns denke.

Lockridge, Heggen und Burns bildeten mein tragisches Trio und waren während der ersten Jahre meiner Schriftstellerkarriere sehr wichtig für mich. Doch es gab auch noch ein anderes, ein heiteres Trio, ein treffliches Gegengewicht zur Tragödie. Die Bedeutung dieser drei Schriftsteller liegt darin, daß sie sich meisterhaft auf Public Relations verstanden. Sie verwandelten sich in Personen des öffentlichen Interesses und verhundertfachten damit ihre relative Bedeutung. Ich beneidete sie um ihre Auftritte, denn sie waren die Andy Warhols der Schriftstellerzunft.

Norman Mailer, Gore Vidal und Truman Capote waren von großer Bedeutung für mich, weil sie sich in der Öffentlichkeit in einer Weise darzustellen vermochten, wie es mir niemals gegeben war. Um genau zu verstehen, was ich damit sagen will, müssen Sie mich in General MacArthurs besetztes Japan der Jahre 1947–1957 begleiten. Dort errang eine Gruppe ganz normaler amerikanischer Soldaten und ihrer Ehefrauen enormen gesellschaftlichen Einfluß und lebte in schönen, enteigneten Häusern. Um der kultivierten japanischen Oberschicht zu zeigen, daß nicht alle Amerikaner unzivilisierte Hinterwäldler waren, luden sie zu ihren Partys einen tüchtigen Klavierspieler mit einem beschwingt-klassischen Repertoire sowie einen französischen

Holzdruckmeister ein, der schon seit vielen Jahren in Japan lebte und sowohl seiner extravaganten Kunst als auch seiner schockierenden Erscheinung wegen berühmt war. Paul Jacolet war ein korpulenter Genußmensch, der sein Gesicht mit dem weißen Reispuder-Make-up der Kabuki-Schauspieler bedeckte. Seine Kleidung war provozierend: Er trug mit Vorliebe buntgemusterte japanische Kimonos, wie man sie eher von Frauen gewohnt war. Manchmal sah man ihn aber auch in grellgrünen oder violetten Samtjacken mit hautengen Hosen in schreienden Farben und phantastischen, leuchtendroten Schuhen. Sein trippelnder Gang wirkte geziert. Ein Blick auf seine erstaunliche Garderobe oder in sein Gesicht genügte, und man wußte: Das ist ein Künstler. Auf den Partys der amerikanischen Militärs gehörte er schon bald zum Inventar. Nur wenige konnten sich seinen Namen merken – er war einfach »der Künstler«, und damit gab man sich zufrieden.

Jacolet war unschätzbar, da er in der strengen militärischen Gesellschaft eine Gegenwelt repräsentierte, der die Generale und Obersten selbst nie angehören konnten, von der sie aber, da sie vernünftige Männer waren, wußten, daß sie sie respektieren sollten. Jede Gesellschaft braucht zur steten Erinnerung an die schönen Dinge im Leben ihre Künstler. Zwei Aspekte dieses Problems haben mich immer fasziniert: Auch wenn sie sich daheim nie für die schönen Künste interessiert haben, fühlen sich amerikanische Geschäftsleute und Politiker samt Ehefrauen auf Europareisen stets verpflichtet, die Orte zu besuchen, an denen Balzac, Dickens, Tolstoi und Beethoven lebten. Instinktiv spüren sie, daß dies die Leute waren, auf die es in ihrer jeweiligen Epoche wirklich ankam. Die meisten von uns sind mit Vincent van Gogh in Arles und Paul Gauguin auf Tahiti vertraut, als handele es sich bei ihnen um leicht verrufene, aber unendlich faszinierende Nachbarn, können aber keine zwei französischen Generale oder Kaufhausbesitzer jener Epoche nennen. Ich bin sehr stolz darauf, mich als Künstler betrachten zu können und damit zu den »Notwendigkeiten« zu gehören.

Das Bild des schreibenden Künstlers in der amerikanischen Öffentlichkeit wurde in meiner Generation ganz entscheidend von Mailer, Vidal und Capote geprägt. Wer assoziiert schon automatisch den Begriff »Künstler« mit Saul Bellow oder John Updike? Sie kommen einem eher wie Universitätsprofessoren oder Börsenmakler vor, mit denen man Norman Mailer oder Truman Capote niemals verwechseln könnte. Diese beiden benahmen sich wie unverschämte Kobolde, die uns mit ihren Faxen unterhielten. Außerdem waren sie freimütige Kritiker und raffinierte Kommentatoren, wenngleich sie in dieser Rolle von Gore Vidal noch übertroffen wurden, dessen patrizischer Hohn und beißender Witz ein wahrer Balsam waren. Mir sind viele Menschen begegnet, die Vidals Bücher nicht oder nur sehr oberflächlich kennen, seine Fernsehauftritte aber über alles schätzen. »Sie sind wie eine frische Brise«, sagen sie. Seine politischen Kommentare sind unbezahlbar.

Als Norman Mailer im Alter von fünfundzwanzig Jahren *Die Nackten und die Toten* veröffentlichte, hielt ich ihn eine Zeitlang für eine sensationelle literarische Eintagsfliege, und seine nächsten Romane schienen mir zunächst auch recht zu geben. Doch Mailer erwies sich als proteischer Mann mit einem gewaltigen Interessenhorizont, der allen Themen, denen er sich stellte, gewachsen war – von sachdienlichen politischen Kommentaren bis hin zur Marilyn-Monroe-Biographie. Und als ob dies noch nicht genügt hätte – er führte auch ein kühnes, exhibitionistisches, skandalträchtiges Leben. Der Harvard-Absolvent war zweifellos ein Künstler und entsprach mit seinem widerspenstigen Haarschopf und seinem provozierenden Auftreten auch dem Bild des Künstlers in der Öffentlichkeit. Als authentische Stimme Amerikas kommt Norman Mailer im Leben dieses Landes eine Bedeutung zu, die sich kaum überschätzen läßt.

Gore Vidal schrieb *Williwaw* mit neunzehn. Auch er gehörte zu jenen, deren erstes Buch ohne weiteres auch ihr letztes hätte sein können. Statt dessen schrieb er eine Reihe von Büchern über so unterschiedliche Gebiete wie die kritischen Tage des frühen Christentums, die dramatischen Epochen der amerikanischen Geschichte und haarsträubende Sexspiele. Ich beneide ihn um zwei seiner Romane, die sich mit Themen befaßten, mit denen auch ich mich intensiv auseinandergesetzt habe: Um *Julian*, in dessen Mittelpunkt der römische Kaiser Flavius Claudius Julianus steht, der den Beinamen »Apostata« (Abtrünniger) erhielt, weil er im alten Antiochien das Christentum wieder abschaffen wollte; und um 1876, jenen Roman, der sich mit der erstaunlichen amerikanischen Präsidentenwahl von 1876 beschäftigt, bei der der Republikaner Rutherford B. Hayes dem Demokraten Samuel J. Tilden den Sieg stahl. Vidal versteht aus allen Quellen und jedem Material das Beste zu machen, und ich wäre stolz darauf, wenn mir eines dieser beiden Bücher gelungen wäre. Besonders beeindruckt mich auch seine Fähigkeit, in der Politik mitzumischen. Seine periodischen Ausflüge auf politisches Terrain sind gleichermaßen unterhaltsam wie lehrreich. Der einstige Kongreßkandidat und Nachfahre von Persönlichkeiten nationalen Rangs verfügt über weitreichende Informationen, einen köstlichen Schuß Voreingenommenheit und eine flinke Zunge – und diese Mischung sorgt immer wieder für recht lebendige Ergebnisse. Er ist eine wichtige und erfrischende Stimme bei den Diskussionen auf nationaler Ebene.

Truman Capote war ein verwegener Bursche, der sein Leben in den Dienst der Eigenwerbung stellte. Die allerdings besaß dank seines eleganten Stils auch eine solide Basis und war daher keineswegs nur reiner Exhibitionismus. Sein erstes Buch – *Andere Stimmen, andere Stuben* – erschien, als er vierundzwanzig war, und wurde begleitet von jenem berühmten Foto, das ihn lang ausgestreckt auf einer Chaiselongue zeigt. Es machte ihn im Handumdrehen zu einer literarischen und gesellschaftlichen Berühmtheit, und er blieb bis zu seinem vorzeitigen Tod eine prominente Persönlichkeit. Mit seinem einnehmenden Lispeln, seiner hohe Stimme, seiner lässigen Art und seinem sprühenden Witz avancierte er zum Liebling der Fernseh-Talkshows. In unvergleichlicher Weise verkörperte er den Schriftsteller, der sich zum öffentlichen Darsteller gemausert hat. Er war der amerikanische Jean Cocteau, konnte aber, im Gegensatz zum reinen Poseur, seine öffentlichen Auftritte auf ein gediegenes schriftstellerisches Œuvre stützen. In *Kaltblütig*, seiner Tour de force, verblüffte mich Capote mit der Fähigkeit, sich selbst so gut wie vollständig aus der Erzählung herauszuhalten, wodurch ein fast völlig unpersönlicher Bericht entstand. Daß ein Mann, der sich so gern in Szene setzte, so zurückhaltend schreiben konnte, beeindruckte mich tief.

Ich kannte Capote flüchtig und hatte eine amüsante Begegnung mit ihm. Als sein *Frühstück bei Tiffany* nach der Verfilmung mit Audrey Hepburn bekannt wurde, strengte eine New Yorkerin, deren Name dem der Heldin, Holly Golightly, sehr ähnlich war, ein Verfahren wegen Verletzung der Intimsphäre gegen Capote an. Wie es der Zufall wollte, war ich mit dem Mädchen, das Truman als Vorbild gedient hatte, befreundet gewesen. Ich schrieb daher Bennett Cerf einen langen Brief, in dem ich erklärte, daß mir die junge Frau, die Trumans wirkliches Vorbild gewesen war, persönlich bekannt sei und daß ich deshalb zu einer entlastenden Aussage bereit wäre. Als Bennett mein Schreiben gelesen hatte, griff er zum Telefon und brüllte mich an: »Um Gottes willen, Jim, vernichten Sie sofort alle Kopien dieses Briefes! Truman befürchtet, daß Ihr junges Mädchen ihm *auch* einen Prozeß anhängt.« Ich weiß nicht, ob das Verfahren eingestellt oder zu Ende geführt wurde; zumindest blieb Truman von weiteren Drohungen seitens der betroffenen jungen Damen verschont.

Eines Nachmittags – ich hatte im Verlag Random House die Korrekturfahnen eines meiner Romane gelesen – fiel mir beim Verlassen des Gebäudes am Kiosk unten in der Lobby die Titelseite einer Zeitung ins Auge. Ich blieb stehen und hielt die Luft an. Ein Foto zeigte Truman, wie er anzüglich unter der Krempe seines verwegenen Borsalino hervorlugt. Darunter standen großgedruckt vier Zeilen:

Ich bin Säufer
Ich bin rauschgiftsüchtig
Ich bin schwul
Ich bin ein Genie

Diesmal ist Truman mit seiner Selbstreklame ein bißchen zu weit gegangen, dachte ich. Doch dann kam mir ein anderer Gedanke: John Horne Burns nahm sich 1949 ein Hundertstel von dem heraus, was Capote sich 1979 geleistet hat. Burns wurde öffentlich gegeißelt – und Capote wird man wahrscheinlich wegen seiner Ehrlichkeit mit Beifall überschütten.

Die amerikanische Literatur wäre ohne die drei hier geschilderten Männer eine ziemlich dröge Affäre gewesen. Im Gegensatz zu anderen, zurückhaltenderen Schriftstellern erinnerten sie die Öffentlichkeit kontinuierlich daran, daß Künstler ein besonderer Menschenschlag sind, daß sie viel freie Luft zum Atmen benötigen und daß sie manchmal nicht an normale Verhaltensregeln gebunden sind.

Was bewegt junge Menschen dazu, Schriftsteller zu werden? Die Frage hat mich immer interessiert. Nach vielen Gesprächen kam ich zu dem Schluß, daß die meisten gar keine Schriftsteller mit einem acht- bis zehnstündigen, oftmals nicht sehr produktiven Arbeitstag *sein*, sondern nur *gewesen sein* wollen; sie wollen die Früchte eines erfolgreichen Manuskripts ernten und sehen, wie ihr Buch die Bestsellerliste erklimmt. Der Lohn des Schriftstellers reizt sie, nicht seine Arbeit.

Anderen wiederum genügt es, ihr Werk veröffentlicht zu sehen. Zu ihnen zählte ein Zahnarzt namens Dr. Deppard aus Denver, Colorado, mit dem mich eine langjährige Freundschaft verband. Nachdem ihm ein dankbarer Patient 4800 Dollar vermacht hatte, wandte sich Dr. Deppard schüchtern an mich und vertraute mir an, daß er schon immer ein Buch habe schreiben wollen, ja sogar schon damit begonnen habe. Es handele von den Beziehungen zwischen einem Zahnarzt und seinen Patienten, sei gleichermaßen herzerfreuend wie informativ und gliedere sich in kurzweilige Episoden, in deren Mittelpunkt jeweils eine interessante Persönlichkeit stehe. Dr. Deppard war überzeugt, daß Millionen Käufer auf dieses Buch geradezu warteten. Mir fiel auf, daß er bereits kommerziell dachte, denn er sagte *Käufer*, nicht *Leser*.

Als Dr. Deppard mir sein Manuskript zeigte, genügte die Lektüre von drei Seiten, um die Hoffnungslosigkeit seines Unterfangens zu erkennen. Es bestand jedoch zwischen mir, meinem Lektor bei Random House und meinem Agenten eine Vereinbarung, nach der ich alle Manuskripte, die mir angeboten wurden, an sie weiterreichte. Nach einer Schonfrist schrieb der Lektor dem Zahnarzt, daß »Random House zum gegenwärtigen Zeitpunkt nicht an dem Manuskript interessiert« sei.

Doch Dr. Deppard war ein entschlossener Mann. Ich besorgte ihm die Adressen sämtlicher New Yorker Verlage, die allesamt so reagierten wie Random House. Ungefähr nach der sechsten Absage kam er zu mir und fragte mich niedergeschlagen, was er als nächstes tun könne. Daß sein Manuskript zur Veröffentlichung völlig ungeeignet war, ging nicht in seinen Kopf. Als ich ihm sagte, ich könne leider nichts mehr für ihn tun, reagierte er eingeschnappt und erwiderte: »Ich dachte, du wärest mein Freund.«

Einige Wochen später erschien J. Pitt Barclay in Denver, Eigentümer und Geschäftsführer der Vanitatis Press mit Sitz in der Madison Avenue, New York. Er setzte eine kleine Anzeige in die Lokalpresse, in der er allen Möchtegern-Schriftstellern von Denver seine Anwesenheit kundtat. Er würde gerne Leute mit unveröffentlichten Manuskripten kennenlernen und erwarte in seiner Suite im Brown Palace Hotel ihren Besuch. Einer der ersten, die bei ihm anklopften, war Dr. Deppard. Unglücklicherweise begann er das Gespräch mit der Bemerkung: »Vor einigen Monaten starb ein lieber Patient und vermachte mir unerwarteterweise eine Summe von viertausendachthundert Dollar. Da habe ich mir gesagt: ›Deppard, das ist deine Chance! Jetzt kannst du endlich das große Buch schreiben, das du schon immer schreiben wolltest.‹ Ja, und nun wüßte ich gerne, ob Sie vielleicht Interesse hätten...«

»Klingt mir ganz nach der Sorte Buch, hinter der wir schon lange her sind«, erwiderte Barclay. »Es gibt ein gesundheitsbewußtes Publikum, das auf solche Titel geradezu versessen ist und sie im Freundeskreis weiterempfiehlt.« Er erklärte sich bereit, das Manuskript mit nach New York zu nehmen und seinen Cheflektor F. X. Grimble, einen der landesweit führenden Buchverkaufsexperten, um eine ehrliche Meinung zu bitten.

Nach einem überraschend kurzen Zeitraum von nur wenigen Tagen erhielt Dr. Deppard ein wahres Meisterwerk moderner Briefkunst, das er mir prompt zeigte. Ich las das Schreiben und dachte bei mir: Kein Wunder, daß Deppard so aus dem Häuschen ist!

Sehr geehrter Herr Dr. Deppard,
 als ich gestern abend im Begriff stand, unser Büro im Herzen New Yorks zu verlassen, wurde ich von unserem Cheflektor, F. X. Grimble, aufgehalten. Atemlos kam er auf mich zu und sagte: »J. P., endlich haben wir ein Buch, mit dem wir was anfangen können! Sie erinnern sich doch an das Manuskript jenes Zahnarztes aus Denver, das Sie mir kürzlich zu lesen gaben. Es hat alles, wirklich alles, wonach wir schon lange suchen. Bitte tun Sie alles, damit uns dieser Knüller nicht entgeht.«
 Wenn ich in meiner dreißigjährigen Laufbahn als Leiter eines großen Verlagshauses irgend etwas gelernt habe, dann das, daß man auf F. X. hören soll, wenn er sich für ein Projekt engagiert. Er hat mich noch nie enttäuscht. Ich nahm also das Manuskript mit nach Hause. Es war einer der größten Fehler meines Lebens, hatte ich doch ursprünglich vorgehabt, mich mit Joseph Conrads *Sieg* und einem heißen Most in meinen Lehnstuhl vor

dem Kamin zurückzuziehen. Von Conrad bekam ich an
jenem Abend aber kein Wort zu sehen, denn ich schlug
zuerst Dr. Deppards Manuskript auf. Gegen vier Uhr
morgens – das Kaminfeuer war längst niedergebrannt und
der Most ausgetrunken –, erreichte ich die letzte Seite
und sagte zu mir: »F. X. hat recht. Das ist wahrhaftig ein
Buch, mit dem wir was anfangen können.«

Der Brief enthielt weitere fünf Absätze mit honigsüßen Schmei‑
cheleien, wie sie mir seit Jahren nicht unter die Augen gekom‑
men waren. J. Pitt Barclay und F. X. Grimble taten so, als könn‑
ten sie Verlagsgeschichte schreiben, sofern es ihnen nur gelänge,
dieses Manuskript an Land zu ziehen. Zum Schluß rückte Bar‑
clay mit einem höchst verlockenden Angebot heraus:

> Lieber Herr Dr. Deppard,
> F. X. und ich haben sich heute vormittag mit unseren
> Herstellern zusammengesetzt. Es sei durchaus möglich,
> Ihr schönes Manuskript zu drucken, meinten sie, sofern
> Sie uns nur bei den Papierkosten ein wenig unterstützen
> könnten. 4800 Dollar würden genügen – eine Summe,
> die nach unserer festen Überzeugung durch die Verkäufe
> mehrfach eingespielt werden wird.

Hinter der Schlußzeile des Briefs steckte die Absicht, Dr. Dep‑
pards Herz höher schlagen zu lassen: »Reichtum und flüchtigen
Ruhm vermag ich Ihnen nicht zu garantieren. Doch ich kann
Ihnen etwas unendlich viel Wertvolleres versprechen: Unsterb‑
lichkeit.«

Voller Zuversicht, daß Vanitatis einen dicken Fisch an der
Angel hatte, zog J. P. sein Netz mit einem Trick, der sich schon
öfter als sehr wirksam erwiesen hatte, noch enger. Seinem Brief
lag, als sei er versehentlich in den Umschlag hineingeraten, der
Durchschlag einer mit dem Vermerk »vertraulich« versehenen
Hausmitteilung bei, in der eine gewisse Eleanore, die offenbar in

der Presseabteilung arbeitete, zwanzig der bekanntesten Zeitschriften des Landes als Adressaten von vorab per Luftpost zu versendenden Rezensionsexemplaren aufgelistet hatte. Aufgeführt waren ferner ein Dutzend Fernsehsender und die sieben umsatzträchtigsten Städte, in denen der Autor auftreten sollte – »aber nur bei den besten Radiosendungen und den größten Buchhandlungen.« Eleanores Bericht endete mit den Worten: »Bitte, J. P., sorgen Sie dafür, daß wir dieses Buch bekommen! Wir haben geradezu Heißhunger darauf und wollen kräftig reinhauen!«

Kaum hatte Dr. Deppard diesen Brief erhalten, da vervielfältigte er ihn und schickte den seriösen Verlagen, die zuvor mit Formbriefen sein Manuskript abgelehnt hatten, eine Kopie zu, die mit folgendem Kommentar versehen war: »Sehen Sie, es stimmt, was ich Ihnen damals schrieb. Es ist ein hervorragendes Buch mit ungeheuren Möglichkeiten, genau wie Mr. Barclay sagt. Wollen Sie Ihre Entscheidung noch einmal überdenken?« Niemand wollte es. Statt dessen erklärte mir mein Lektor, Albert Erskine, ziemlich unverblümt: »Die Crux mit Barclays Geschäft ist die, daß diese armseligen Figuren, wenn sie seinen Brief bekommen haben, immer noch einmal bei uns anklopfen – und wir müssen darauf auch noch antworten.« Erskine beschwor mich zwar nicht, ihn in Zukunft mit solchen Zusendungen zu verschonen, doch ich verzichtete fortan von alleine darauf.

Für seine 4800 Dollar – die heute etwa einer Summe von 8500 Dollar entsprechen würden – erhielt Dr. Deppard sechs Exemplare eines ordentlich, aber billig gedruckten Buchs, auf dessen Rückseite sein Foto prangte. Vanitatis verschaffte ihm den Auftritt in einer lokalen Fernsehshow. Die Zeitungen in Denver und verschiedene andere in der Umgebung erhielten eine interessante Pressemitteilung, und ein Blatt machte sogar Gebrauch davon. Niemand unterzog sich der Mühe, das Buch zu besprechen, aber darauf kam es auch gar nicht mehr an, denn drei Stunden, nachdem er seine Belegexemplare erhalten hatte, stand Dr. Deppard vor meiner Wohnungstür. Sein Gesicht war purpurrot vor Wut: »Sieh mal, was die gemacht haben!« rief er und zeigte mir mit zitternden Händen, daß der »Verlag« die vier mittleren Kapitel des Buches einfach ausgelassen hatte. Man hatte offenbar gemerkt, daß die 4800 Dollar die Papierkosten nicht decken würden, und folglich Abhilfe geschaffen.

Da Dr. Deppard seinen Protestanruf von meinem Telefon aus führte, erlebte ich mit, wie J. Pitt Barclay sich diesmal aus der Affäre zog. Wie sich herausstellte, war er der unangenehmen Aufgabe mehr als gewachsen: »Aber, Dr. Deppard, erkennen Sie denn nicht unsere Strategie? Wenn Ihnen das Fehlen dieser Seiten auffiel, dann werden auch die Leser sie vermissen und ungeduldig den zweiten Band Ihrer Memoiren erwarten. Ein Fehler? Davon kann gar keine Rede sein! Die besten Köpfe hier im Verlag haben diese Strategie ausgearbeitet! Wie ich gerade von F. X. Grimble erfahre, gibt es bereits die ersten Nachfragen seitens der Buchhändler.« Einige Monate später endete die erbärmliche Geschichte genauso unverschämt, wie sie begonnen hatte. Daß Dr. Deppard bei alldem kein übler Geschmack im Munde verblieb, war erneut der meisterhaften Briefkunst des J. Pitt zu verdanken:

> Als heute morgen F. X. Grimble ohne sein sonst so freundliches Lächeln und mit gesenktem Blick mein Büro betrat, wußte ich sogleich, daß er keine guten Nachrichten hatte. Dennoch war ich überrascht, als ich erfuhr, worum es ging. Wegen eines Streiks der Fluggesellschaften, der unseren Teil des Landes zwei Wochen lang lahmlegte, und wegen eines höchst bedauerlichen Markteinbruchs exakt zum Erscheinungszeitpunkt Ihres Werkes blieben die Verkaufszahlen Ihres schönen Buches leider hinter den Erwartungen zurück.

Es folgten noch sechs weitere raffinierte Ausreden. So waren etwa die Rezensionsseiten sowohl der *New York Times* als auch der *Washington Post* an jenem Wochenende angeblich schon voll gewesen; es habe schlichtweg keinen Platz mehr für die begeisterten und druckfertigen Rezensionen gegeben. Der Brief endete mit folgendem Absatz:

> So verfügen wir nun noch über zweitausend Exemplare Ihres schönen Buches, und F. X. Grimble weigert sich, sie aus dem Lager zu entfernen. »Ich habe mein Herzblut in sie investiert«, sagte er zu mir, »und ich meine, sie sollten weiterleben.« Die Verlagskonferenz hat daher entschieden, daß wir unsere Verluste tragen und Ihnen die Bücher für 1,50 Dollar das Stück anbieten. Die Frachtkosten nach Denver würden wir übernehmen.

So wurde Dr. Deppard sowohl für die Herstellung des Buches als auch für die gedruckten Exemplare, die von Rechts wegen längst sein eigen waren, zur Kasse gebeten. Doch er war mit dem Ausgang der Geschichte nicht einmal unzufrieden. Die ursprünglichen 4800 Dollar waren ein unerwartetes Geschenk gewesen, und auch das Geld für die unverkauften Exemplare war nicht verschwendet. Er hatte ein Buch veröffentlicht, besaß nun ein gutaussehendes Geschenk für seine Patienten und war im Fernsehen aufgetreten. Und die Bücher, die sich in seinem Keller stapelten, trugen auf der Rückseite ein recht gut gelungenes Porträt des Autors.

Als ich mich mit zeitgenössischen amerikanischen Schriftstellern zu beschäftigen begann, fiel mir gar nicht auf, daß ich ausschließlich junge Männer in die engere Wahl gezogen hatte. Dies war insofern nichts Ungewöhnliches, als ich mich bei jener Vortragsreise auf Kriegsliteratur beschränkt hatte. Wie *macho* dieses Verhalten und wie sexistisch meine literarische Auswahl waren, realisierte ich erst später. Ich nahm mir daraufhin einen Sommer frei, in dem ich ausschließlich die Bücher junger Schriftstellerinnen las, und erst da wurde mir klar, daß ich zuvor buchstäblich Scheuklappen vor den Augen gehabt hatte.

Mein böses Versäumnis überraschte mich um so mehr, als Schriftstellerinnen in meiner intellektuellen Entwicklung eine große Rolle gespielt hatten. Murasaki Shikibu, Selma Lagerlöf und Sigrid Undset hatten mich in fremdsprachige Welten eingeführt. George Eliots *Middlemarch* und Emily Brontës *Sturmhöhe* gehörten für mich zum besten, was die englische Literatur zu bieten hat. Verspätet entdeckte ich Edith Whartons Erzählungen und ließ mich von Carson McCullers *Das Mädchen Frankie* verzaubern. In Schottland las ich mit großem Gewinn zwei ausgezeichnet geschriebene kleine Romane, die heute vergessen sind, sich damals aber einer großen Leserschaft erfreuten: Margaret Kennedys *Die treue Nymphe* und Mary Webbs *Die Liebe der Prudence Sarn*. Jetzt wollte ich auch bei den amerikanischen Schriftstellerinnen Anschluß gewinnen, und wieder schälte sich für mich eine Dreiergruppe heraus; es war, als ob der Dreizahl, dem Trio, mystische Bedeutung innewohnte. Da ich mich ursprünglich auf britische Schriftsteller konzentriert hatte, waren mir drei hervorragende Amerikaner (Fitzgerald, Faulkner, Wolfe) entgangen. Dann hatte mich das tragische Leben dreier amerikanischer Zeitgenossen (Lockridge, Heggen, Burns) in Bann gehalten, während ein anderes amerikanisches Trio (Mailer, Vidal, Capote) mich mit seinem öffentlichen Schabernack unterhielt. Nach alldem mußte man davon ausgehen, daß ich meine Untersuchung mit drei Frauen fortsetzen würde.

Die erste, die meine Aufmerksamkeit erregte, war Sylvia Plath. Sie war mir bereits mehrfach empfohlen worden, doch hatte ich nie die Zeit gefunden, *Die Glasglocke* zu lesen. Als ich mir das Buch jetzt vornahm, erkannte ich sofort, daß es glänzend geschrieben, einfühlsam und voller Anspielungen, aber auch so durch und durch feminin war, daß ich mir nicht vorstellen konnte, auch nur ein Wort davon selber geschrieben zu haben. Die herzlose Art und Weise, wie die Autorin jene Schriftstellerin verspottete, die ihr Stipendiengelder verschafft hatte, stieß mich ab, und mir mißfiel auch, wie sie mit ihrer Mutter umging. Am Ende hatte ich das Gefühl, es mit einem Menschen zu tun zu haben, der eine Grenzexistenz führte, und es überraschte mich nicht, daß sie noch in jungen Jahren Selbstmord beging.

Das zweite Buch, auf das ich bei meinem Ausflug in die Frauenliteratur stieß, war ein weiterer Volltreffer: Mit Toni Morrisons *Teerbaby* entdeckte ich ein Buch, in dem in meisterhafter Form kraftvolle Dialoge und philosophische Betrachtungen abwechseln. Ich gewann den Eindruck, daß diese Frau, wenn sie die von ihr eingeschlagene Richtung beibehielt, ganz zwangsläufig zur führenden schwarzen Schriftstellerin unserer Zeit werden würde.

Die dritte in meinem erlauchten Trio war eine Frau, die mir aufgrund ihres glänzenden Rufs längst ein Begriff war. Gelesen hatte ich bis dato allerdings noch nichts von Joyce Carol Oates. Nun vertiefte ich mich in ihre Bücher und stellte fest, daß sie genau meinem Geschmack entsprachen: minuziös im Detail, fest verankert im Milieu der Mittelklasse und reich an starken Charakteren, in die ich mich hineinversetzen konnte. Sie kam mir vor wie ein amerikanischer Zola. Joyce Carol Oates war sich ihres Talents absolut sicher und bildete von daher den absoluten Gegenpol zu Sylvia Plath. In ihren Texten floß eine Art zerlassener Granit, und ich erkannte, daß diese Schriftstellerin eine lange Karriere vor sich hatte und mit der Zeit immer stärker werden würde. Ich hatte nicht den Eindruck, daß sie primär Frauenliteratur schrieb, sondern sah in ihr immer nur die gute, solide Erzählerin.

Ich lernte in jenem Sommer noch eine ganze Reihe anderer Bücher kennen, die ich allen zur Lektüre empfehlen möchte, die ihr Wissen über moderne amerikanische Schriftstellerinnen erweitern wollen. Anne Rice' *Gespräch mit dem Vampir* ist eine phantasievolle Geschichte über zwei männliche Vampire aus New Orleans, die auf der Suche nach einer Partnerin aus Versehen an ein vierzehnjähriges Mädchen geraten, das ihnen die Hölle heiß macht. Das Buch ist ein Meisterwerk seines Genres.

Bei Joan Didions *Spiel dein Spiel* beeindruckte mich vor allem der hervorragende Umgang mit der Sprache. Judith Rossners explosiver Roman *Auf der Suche nach Mr. Goodbar* warf mich in seiner sexuellen Unverblümtheit fast um und zeigte mir, wie weit wir uns doch schon von jener Zeit entfernt haben, in der ich meine ersten literarischen Unterweisungen erhielt.

Ich wollte meinen Exkurs mit dem Werk einer Schriftstellerin meiner eigenen Generation abschließen und tat dies mit ausgewählten Erzählungen von Eudora Welty, in deren Werk ich in stürmischer Zeit bewundernswerte Ruhe fand. Mit geringem Einsatz erreicht sie enorm viel, mit äußerster Präzision schafft sie sich ihr Ambiente und führt ihre Südstaatler-Besetzung mit müheloser Eleganz durch die Handlung. Sie ist eine Künstlerin, die Doyenne ihrer Zunft, und manchmal muß es sie wohl amüsieren oder gar erschrecken, wenn sie sieht, was von jenen produziert wird, die in ihrem Fahrwasser einherschwimmen.

Ich werde wahrscheinlich auf einige Jahre hinaus nicht die Zeit zu einem neuen Ferienseminar für Literatur von Frauen haben, doch wenn ich es wieder einmal schaffe, werde ich sicherlich wieder sehr erstaunt darüber sein, was sich während meiner Abwesenheit alles getan hat.

Wenngleich ich in der Öffentlichkeit auch nie eine solche Rolle gespielt habe wie Norman Mailer und meine andere Helden, so blieb ich auf der anderen Seite doch nicht ganz unbeachtet. Dreimal wurde mir sogar eine öffentliche Ehrung zuteil. Als ich an meinem Roman *Die Bucht* arbeitete, in dessen Mittelpunkt die von mir so geliebte Chesapeake Bay steht, erhielt ich die Einladung, beim Crisfield Crab Festival, einem Volksfest zu Ehren der Krabbenfischerei, die in der Region einen der wichtigsten Wirtschaftszweige darstellt, das Amt des Großmarschalls zu übernehmen. Crisfield ist ein kleines Küstenstädtchen am weniger wohlhabenden Ostufer der Bucht. Doch beim alljährlichen Krabbenfest organisiert es immer eine große Show, bei der dem Großmarschall die Aufgabe zufällt, die Beiträge der zwei Dutzend Finalisten im Wettbewerb um das schmackhafteste Krabbengericht persönlich zu testen.

Krabbenfleisch kann in der Kasserolle gebraten, in schwimmendem Fett und delikatem Teig frittiert, mit grünem Pfeffer, Tomaten und anderen leckeren Ingredienzien vermischt oder zu einem köstlichen Salat mit einer Auswahl verschiedener Soßen verarbeitet werden. Wenn die Götter droben fleißige Fischer haben, werden sie wahrscheinlich auch so etwas Ähnliches wie Krabben essen. Daß man ausgerechnet mich zum Schiedsrichter in diesem bedeutenden Wettbewerb wählte, hatte einen kuriosen Grund.

Als ich mich auf dem Ostufer niederließ, wollte ich nicht überall erklären, daß ich daran dachte, ein Buch zu schreiben. Statt dessen ließ ich das Gerücht aufkommen, ich hätte einen Test vor: »Wer bäckt die besten Krabbenpasteten an den Gestaden der Chesapeake Bay?« Es war einer der raffiniertesten Tricks, die ich je ausgeheckt habe, denn in den folgenden Jahren baten mich Hausfrauen und Restaurants aus allen Teilen der Region, ihre Schöpfungen zu beurteilen. Ich benotete alle Produkte auf einer Skala von 1 bis 10 und erwarb mir im Laufe der Zeit den Ruf eines sehr strengen Richters, da ich durchaus imstande war, einer minderbegabten Hausfrau ins Gesicht zu sagen: »Tut mir leid, aber das ist unmöglich mehr als 2,9!« Ich benutzte stets Dezimalstellen. Gelegentlich geriet ich aber auch in Verzückung, stand auf, küßte die Köchin und verkündete: »Madam, das ist mindestens eine 8,7 – und wenn Sie Ihre Nachbarn belügen und behaupten wollen, ich hätte Ihnen eine 8,9 gegeben, so sei's drum.«

In Oxford lebte ein Ehepaar, Bob und Mary Inglis, das seine Krabben selber fing und deren zartes Fleisch zu Gerichten verarbeitete, die geschmacklich alles andere in den Schatten stellten: ein Soufflé mit der Note 9,6, eine tadellose Pastete mit einer 9,5. Als man mich fragte, warum ich ihnen, wenn ich sie schon über den grünen Klee lobte, nicht mindestens eine 9,9 gab, antwortete ich: »Ich denke, daß es da oben im Himmel einen Meisterkoch gibt, und möchte mir daher meine besten Noten aufsparen.«

Noch heute bestelle ich im Restaurant in Erinnerung an die ambrosischen Mahlzeiten an der Ostküste oft Krabbenpastete, doch meine Enttäuschung ist meist grenzenlos. Vor einiger Zeit platzte mir einmal der Kragen. In einem teuren Restaurant wurden mir Krabbenpasteten aufgetischt, die nach der Crisfield-Norm allenfalls eine 2,1 verdient hätten, dafür aber fünfzehn Dollar kosteten. Ich schob den Teller beiseite und rief: »Dieser Mistkerl gehört doch erschossen!« Die Kellner blickten mich verdutzt an. Meine Frau, nicht weniger überrascht als sie, erklärte ihnen, was ich meinte: »Mein Mann nimmt Krabbenpasteten sehr ernst. Und der Koch, der diese hier fabriziert hat, sollte in der Tat erschossen werden.«

Ich war also durchaus ein geeigneter Kandidat für den Job des Großmarschalls und höchsten Autorität in Sachen Krabbendelikatessen. Doch kurz vor Beginn des festlichen Umzugs kamen wohlmeinende Freunde zu mir an den Wagen und flüsterten mir zu: »Wundern Sie sich nicht, wenn plötzlich Eier und Tomaten geworfen werden. Die gelten nicht Ihnen, sondern dem Bürgermeister. Wir haben ein Absetzungsverfahren gegen ihn eingeleitet, und er versucht, den Umzug unbeschadet zu überstehen, indem er Sie als Schutzschild nimmt. Er denkt, daß die Leute Sie nicht beschmutzen werden.«

Es war einer der kühlsten Festzüge, die ich je erlebt habe, und mit Sicherheit der häßlichste, an dem ich je persönlich teilnahm. Todesstille begleitete uns auf unserem Umzug durch Crisfield. Wo immer ich auch hinsah, nach rechts oder nach links, überall empfingen mich nur versteinerte und haßerfüllte Blicke. Kein Klatschen, nicht einmal ein Zischen, nur diese bösen Blicke. Doch die Unannehmlichkeiten des Vormittags waren vergessen, als gegen Mittag der Wettbewerb begann. Begeistert schritt ich von Beitrag zu Beitrag, kostete reichlich von jedem einzelnen Gericht und verteilte mehrmals die 8,5, einige Male die 8,8 und die 8,9 und zweimal niedrige Neuner. Es war ein Ehrentag, an den ich mich oft erinnere – deprimierend am Vormittag, erhebend am Nachmittag und höchst zufriedenstellend auf der Heimfahrt.

Eine andere Ehrung, die mir zuteil wurde, erwies sich im nachhinein als etwas zweifelhafter Segen. Es kam alles ganz plötzlich. Die Sitzung einer Washingtoner Kommission, der ich angehörte, wurde vorverlegt, weil jemand aus dem Weißen Haus mich sprechen wollte. »Können Sie morgen abend nach Japan fliegen, Michener?«

»Mit meiner Frau?«

»Selbstverständlich. Wir möchten Sie als persönlichen Repräsentanten von Präsident Ford und Botschafter ehrenhalber zum internationalen Ozeanfestival nach Okinawa schicken.«

»Das wäre eine große Auszeichnung.«

Am Flughafen gesellte sich Clifford Forster zu meiner Frau und mir, ein sehr zuvorkommender Enddreißiger, der als diplomatischer Kurier für das Außenministerium tätig war. »Ich werde Sie nach Okinawa begleiten«, sagte er. »Ich nehme an, Sie wissen ohnehin Bescheid, worum es geht, oder?«

»Ich habe keine Ahnung. Das Weiße Haus hat mir lediglich versichert, daß mein Auftrag mit an Bord sei.«

»Ist er auch«, sagte Forster und klopfte auf seine Diplomatentasche. »War ja ein äußerst peinliches Hin und Her. Ursprünglich sollte einer unserer führenden Senatoren Ihren Auftrag übernehmen. Aber das Weiße Haus machte einen bösen Schnitzer. Man hatte ihn ausgewählt, weil er sich sehr für Japan interessiert, doch als die Gästeliste für den gestrigen Galaempfang im Weißen Haus zu Ehren des japanischen Kaiserpaars bekanntgegeben wurde, stand sein Name nicht darauf...«

»Wir waren dort«, sagte Mari, »und es stimmt, Ihr Mann war nicht da.«

»Der Senator war fuchsteufelswild und brüllte: ›Wenn ihr mich auf dem Empfang nicht haben wollt, dann wollt ihr mich auch nicht in Okinawa.‹ Wir hatten ein Riesenglück, daß Sie so kurzfristig verfügbar waren.«

Nach einem phantastischen Flug legten wir in Anchorage eine knapp eintägige Pause ein, die ich dazu nutzte, mich ein wenig zu entspannen und das herrliche Bergpanorama zu genießen. Danach setzten wir unsere Reise fort. Der Flug führte uns über die Aleuten, auf die ich mit dem Gedanken hinabsah, daß ich eines Tages vielleicht ein Buch über sie schreiben würde. Bei der Zwischenlandung in Tokio stieg eine Gruppe Amerikaner zu. Es waren durchwegs kräftig gebaute Männer in den Vierzigern, die alle blaue Anzüge trugen. Sie ließen sich samt und sonders auf Plätzen nieder, von denen aus sie mich in ihrem Blickfeld hatten.

Erst jetzt ließ Mr. Forster die Katze aus dem Sack. »Die Männer da hinten sind amerikanische Sicherheitsagenten, die aus dem gesamten pazifischen Raum zusammengetrommelt wurden. Aus japanischen und amerikanischen Geheimdienstquellen verlautete nämlich, daß die Kommunisten möglicherweise ein Attentat auf Sie vorhaben. Es wäre äußerst peinlich für alle Seiten, wenn dies ausgerechnet während des Besuchs von Kaiser Hirohito in Washington geschehen würde. Sowohl der Kaiser als auch Präsident Ford würden das Gesicht verlieren.«

»Mein Mann würde ein bißchen mehr verlieren als nur sein Gesicht«, bemerkte Mari.

»Um dies zu verhindern, bin ich bei Ihnen«, gab Forster zurück und reichte mir meinen Auftrag. Der Präsident bat mich, ihn auf allen Gebieten zu vertreten, den japanischen Offiziellen mit der üblichen Höflichkeit zu begegnen und die amerikanische Teilnahme an der Veranstaltung so normal und unauffällig wie irgend möglich zu gestalten. Bei der Landung auf Okinawa begrüßte uns William Lane, der weltgewandte Verleger und Herausgeber des *Sunset Magazine*, der regulärer Botschafter bei dem Fest war.

Abends gingen wir mit den sympathischen Lanes zum Essen. Bei der Rückkehr ins Hotel stellten wir fest, daß im Vorzimmer unserer Suite drei sehr große, starke Männer einquartiert waren. Auf unsere Frage, was sie dort zu suchen hätten, erwiderten sie: »Wir übernachten hier. Sie werden jetzt ständig Leute von uns bei sich haben.« Es waren anstrengende drei Tage, die uns durch die Information, daß vor einiger Zeit auf den Kronprinzen geschossen worden war, als dieser Okinawa besuchte, nicht gerade leichter gemacht wurden. Immerhin, *ihn* hatten sie verfehlt...

Das Festival war mit einer Ausstellung verbunden, auf der sich die Japaner von ihrer besten Seite zeigten. Die japanischen Offiziellen waren sehr davon angetan, sich mit meiner Frau in ihrer Muttersprache unterhalten zu können. Ich erinnere mich vor allem an die Säulen, die den Haupteingang säumten: Es waren zwei riesige, zylindrische Aquarien, jedes mindestens ein Stockwerk hoch. In der rechten Säule schwammen mehrere Tausend leuchtendblaue Fische, in der linken die gleiche Anzahl in ebenso leuchtendem Rot. Ich sehe sie noch immer vor mir, diese gigantischen, bunt schimmernden Säulen; sie allein lohnten die Reise.

Bei meinen öffentlichen Auftritten ging also meistens etwas schief, und so sollte man annehmen, daß ich mich künftig von solchen Veranstaltungen fernhielt. Tatsächlich hatte ich fest vor, solche Ehrungen nicht mehr anzunehmen. Doch justament als ich begann, meine Memoiren niederzuschreiben, erfuhr ich, daß mein Heimat-Landkreis, Pennsylvanias historisches Bucks County, eine Aktion plante, die mich so begeisterte, daß ich ihr meine Unterstützung einfach nicht versagen konnte. Das alte Gefängnis an der Ashland Street gegenüber dem schönen Mercer Museum sollte zu einem Kunstmuseum umgebaut werden. Gleich daneben war die Errichtung einer neuen großen öffentlichen Bibliothek geplant. Das Museum hieß nach Henry Mercer, dem führenden – und, wie manche behaupten, einzigen – Intellektuellen unserer Stadt; die Bibliothek sollte den Namen von Pearl Buck tragen, unserer Nobelpreisträgerin und Philanthropin, das Gefängnis aber sollte umbenannt werden in »Michener

Art Museum«. Ich hatte mich bis dahin immer geweigert, Gebäude nach mir benennen zu lassen, doch dieses liebenswürdige Angebot konnte ich einfach nicht ablehnen – schon wegen der Ironie, die darin lag, daß mir in meinen Lausbubenjahren viele Bürger der Stadt prophezeit hatten, ich würde eines Tages in diesem Gefängnis landen. Achtzig Jahre später sollte ihre Prophezeiung nun tatsächlich in Erfüllung gehen.

Ich wäre sehr glücklich, würde man mich in meiner Heimatstadt als den Mann im Gedächtnis behalten, der dazu beitrug, ein Gefängnis in ein Kunstmuseum umzuwandeln.

Kapitel XI
Bestseller

Wenn man mich einen »Bestsellerautor« nennt, zucke ich zusammen, denn ich sehe weder die erste noch die zweite Hälfte des Wortes gern auf mich bezogen. Die erste hat natürlich eine ganz bestimmte Bedeutung: Ein Buch, von dem mehr als hunderttausend Exemplare der gebundenen Ausgabe verkauft werden – manchmal genügen auch nur fünfzig- oder dreißigtausend –, ist ein Bestseller. Passiert dies nur mit einem Buch eines Autors, so ist das zwar bemerkenswert, aber möglicherweise handelt es sich lediglich um eine »Eintagsfliege«. Erst im wiederholten Falle wird der Autor zum Bestsellerautor. Inzwischen hat das Wort jedoch einen negativen Beiklang: Es impliziert, Autor oder Autorin seien ausschließlich an hohen Verkaufszahlen interessiert und entsprechend geldgierig. Mehr noch, der Begriff suggeriert, daß die Bücher nichts taugen. Beide Unterstellungen sind unfair, aber sie sind verständlich, und man entkommt ihnen einfach nicht mehr.

Die zweite Hälfte gefällt mir auch nicht, und ich habe mein Leben lang versucht, mich nicht als Autor (*author*) zu sehen. Der Grund dafür lag darin, daß man mir – wie an früherer Stelle bereits erwähnt – schon als Kind beibrachte, »Autoren« seien wichtigtuerische, bärtige Amerikaner aus dem vorigen Jahrhundert, die umständliche Dreifach-Namen wie Henry Wadsworth Longfellow und Oliver Wendell Holmes trugen. Ich wollte Schriftsteller (*writer*) werden wie Thomas Hardy, Charles Dickens, Gustave Flaubert und Leo Tolstoi und habe stets versucht, dieses ehrwürdige Wort für mich zu reklamieren. Wer mich nach meiner Tätigkeit fragt, erhält die Antwort: »Ich schreibe Bücher.«

Aber wie konnte dann, angesichts einer solchen Einstellung, aus mir ein »Bestsellerautor« werden? Ich glaube, es lag daran, daß ich von der Leidenschaft besessen war, gute Bücher in der großen Tradition jener bewundernswerten Werke zu schreiben, die gegen Ende des vorigen Jahrhunderts in London publiziert wurden. Außerdem hatte ich das Glück, daß einige meiner Bücher auf große Resonanz stießen. Und immer ließ ich mich von dem einfachen Credo leiten: »Erst die Veröffentlichung vervollständigt das Schreiben.« Die drei Schlüsselworte dieses Satzes erfordern natürlich eine Erläuterung.

»Schreiben« ist für mich eine bequeme Kurzform für das gesamte Spektrum literarischer Ausdrucksformen: Gedichte, Opernlibretti, Romane, Dramen, Essays, Biographien.

Der am schwersten zu erklärende Begriff ist »vervollständigt«. Ich habe die künstlerische Erfahrung immer als eine Art moralischen und ästhetischen Vertrag zwischen dem Kunstschaffenden und seinem Publikum verstanden, und je eingehender ich ihr Verhältnis zueinander untersuche, desto mehr bin ich von der Richtigkeit dieser Vorstellung überzeugt. Wer einen Roman beginnt, setzt stillschweigend voraus, daß am Ende ein Buch entstehen wird, das ein anderer Mensch erwerben, behalten, lesen und genießen kann. Bleibt die zweite Hälfte des Vertrages unerfüllt, ist die gesamte Operation gescheitert.

Unter »Veröffentlichung« verstehe ich nicht nur das Erscheinen der gedruckten Version eines Manuskripts, sondern bereits das *Kursierenlassen des Manuskripts im Kreise kritischer Freunde und Bekannter*. Ein entsprechendes Beispiel lieferte die amerikanische Dichterin Emily Dickinson. Sie schrieb viele wunderbare Gedichte, weigerte sich jedoch zeitlebens, sie in Buchform erscheinen zu lassen. Genauer gesagt: von 1775 Gedichten wurden nur 7 publiziert, und auch diese nur in einer kleinen Lokalzeitung mit beschränkter Auflage. Emily Dickinson befleißigte sich jedoch einer anderen Form der Veröffentlichung, indem sie einen Teil ihres Werkes unter Freunden und Ratgebern, an deren Meinungen ihr gelegen war, zirkulieren ließ. Trotz ihrer außerordentlichen Schüchternheit verliebte sie sich mehrmals – meistens in verheiratete Männer – und schrieb an die zweitausend Briefe von ebensolcher Eleganz wie ihre Gedichte. Bis heute gehört sie unter den großen Künstlerinnen dieser Welt zu jenen, die sich nur sehr schwer einordnen lassen. In meiner breitgefaßten Interpretation »veröffentlichte« sie jedenfalls recht viel, wenngleich nur unter jenen, die sie ihrer Werke für würdig hielt und bei denen sie davon ausgehen konnte, daß sie auch verstanden wurde.

Noch einmal: Erst die Veröffentlichung vervollständigt das Schreiben. Dazu eine unverblümte Ergänzung: Was im sogenannten Elfenbeinturm entsteht, einzig und allein für den Schreibenden selbst und in der Absicht, es niemandem mitzuteilen, ist unvollständiges Schreiben. Wer es für vollständig hält, macht sich selber etwas vor, weil die stillschweigende Übereinkunft mit dem Leser unerfüllt bleibt. Das Schreiben im Elfenbeinturm mag als Therapie oder als Fingerübung vor dem eigentlichen Schreiben seinen Nutzen haben, ist jedoch als Selbstzweck wertlos und läßt den außenstehenden Beobachter zu dem Schluß kommen, daß der oder die Schreibende Angst davor hat, das Werk auf dem Prüfstand der Realität zu erproben.

Nachdem ich diesen Sachverhalt so hart dargestellt habe, wie ich es vermag, beeile ich mich hinzuzufügen, daß ich das Wort »veröffentlichen« im Zusammenhang mit einem geschriebenen Manuskript sehr weit auslege, und dies mit voller Überzeugung. Wer drei unverheirateten älteren Tanten sein Manuskript vorliest, veröffentlicht es. Wer es in einem Altersheim kursieren läßt oder es den Mitgliedern eines Kurses für dichterisches Schreiben vorträgt, veröffentlicht es. Wer es einem kostenlosen Lokalblättchen ohne Bezahlung zum Abdruck überläßt, veröffentlicht es. Auch Dr. Deppards selbstfinanziertes Buch ist veröffentlicht. Jede anständige und legale Methode, mit der der Schriftsteller sein Werk anderen Menschen mitzuteilen versucht, ist genauso eine Veröffentlichung wie die schöne gebundene Buchausgabe bei Knopf.

Ich kenne keine Werteordnung, nach der eine Veröffentlichung lediglich in bestimmten, allgemein akzeptierten Formen zulässig wäre. Die Aufgabe besteht darin, das, was man geschrieben hat, anderen Menschen mitzuteilen, ihm also den Charakter des exklusiven Privatbesitzes zu nehmen. Einen Rat kann ich

Ihnen jedoch geben: Stellen Sie, sobald Ihnen eine gedruckte Reproduktion Ihres Manuskripts vorliegt, je ein Exemplar ihrer örtlichen Bibliothek sowie der historischen Gesellschaft ihres Heimatbezirks zur Verfügung. Ich habe mich bei meiner Arbeit immer wieder auf historische Bücher gestützt, die zum Teil unter sehr ungewöhnlichen Umständen entstanden waren, und dabei hervorragende Ergebnisse erzielt. Ich meine hier ausdrücklich nicht *gute* historische Bücher und ganz bestimmt nicht *gut aussehende*. Es gibt geradezu aberwitzig aussehende Bücher, deren unschätzbarer Wert in ihrer Authentizität liegt und denen man die Liebe ansieht, die ihr Schöpfer vor meinetwegen zweihundert Jahren in sie investierte. Und wenn in sechzig Jahren einer wie ich kommt und versucht, das Leben eines Zahnarzts in den achtziger Jahren des zwanzigsten Jahrhunderts zu verstehen, wird ihm Dr. Deppards Buch äußerst wertvolle Dienste leisten können. Ein Archivieren dieser Art ist also auch eine Form der Veröffentlichung und dient der künftigen Verbreitung des Werks.

Die öffentliche Reaktion ist mir allerdings nicht so gleichgültig, daß ich mich zu der Behauptung versteigen würde, die trivialste Form der Veröffentlichung sei der eindrucksvollsten ebenbürtig. Es gibt qualitative Abstufungen, die ich am Beispiel eines begabten Musikers, der eine Oper komponiert hat, illustrieren möchte. Ihm stehen mehrere Möglichkeiten frei, mit seinem Werk an die Öffentlichkeit zu treten. Er kann Libretto und Partitur unter Freunden, die Noten lesen und sich die Bühnenaufführung vorstellen können, zirkulieren lassen, und sie können ihm bestätigen, daß ihm ein erstklassiges Werk gelungen ist. Die Freunde können auch einen Probedurchgang mit dem Komponisten am Klavier und ein paar ausgewählten Sängerinnen und Sängern arrangieren. Ein Orchester kann eine konzertante Fassung der Gesamtpartitur mit sechs guten Stimmen, aber ohne Bühnenbild und Handlung auf die Beine stellen. Keine dieser verdienstvollen Lösungen kann eine komplette Aufführung auf einer großen Opernbühne mit voller Besetzung, hervorragender Inszenierung und einem Siebzig-Personen-Orchester, geleitet von einem opernerfahrenen Dirigenten, ersetzen. Alle eingangs genannten Alternativen haben ihre Berechtigung, doch wenn schon jemand sagt: »X hat eine Oper komponiert«, dann ist das erstrebenswerte Ziel natürlich die vollständige, professionelle Aufführung vor einem Publikum.

Wenn ich den Satz »X hat einen Roman geschrieben« höre, wünsche ich dem Werk alles Gute und hoffe, daß es – ein ausreichendes intellektuelles Niveau und eine leserfreundliche Form vorausgesetzt – von einem kommerziellen Verlag angenommen wird, der dann seinen Teil dazu beiträgt, daß das Buch einen Platz in den Regalen der Buchhandlungen und Bibliotheken findet. Ich bin dankbar, daß ich an die dreißig Bücher veröffentlichen konnte, die dieser Beschreibung mehr oder weniger entsprechen. Ich bin mir allerdings sicher, daß ich auch dann weitergeschrieben hätte, wenn es mir nicht gelungen wäre, bei einem Verlag unterzukommen. Mein Vertrauen in meine Schreibversuche wäre so groß gewesen, daß möglicherweise auch ich ein unerwartetes Erbe von 4800 Dollar bei J. Pitt Barclays Vanitatis Press investiert hätte. Meine Überzeugung, daß das Endziel des Schreibens in der Veröffentlichung liegt, ist nämlich so stark, daß ich so gut wie jede Form der Publikation akzeptieren würde.

Im folgenden möchte ich nun die Ereignisse nachvollziehen, die mich, ausgehend von meinem Wunsch, gut lesbare Bücher zu schreiben, zum »Bestseller-Schriftsteller« machten. Meine Karriere begann, wie geschildert, mit dem überaus glücklichen Gewinn des Pulitzerpreises, der mir aber in gewisser Weise auch schadete: Mein Erfolg hatte die Buchwelt so überrascht und teilweise auch erbost, daß die Leute, auf die es ankam, beim Erscheinen meines zweiten Buches schon auf der Lauer lagen. Als *Frühlingsfeuer* auf den Markt kam, war es ein gefundenes Fressen für sie: »Michener hat einmal mehr bewiesen, daß auf einen akzeptablen Erstling gewöhnlich ein inakzeptables zweites Buch folgt.« Mein Agent war so enttäuscht von dem Buch, daß er es rundweg ablehnte, und George Brett, der Chef von Macmillan, verhielt sich nicht anders. John Horne Burns schrieb eine vernichtende Kritik. Die unfreundliche Aufnahme war teilweise gerechtfertigt. *Frühlingsfeuer* gehörte zu jener Art Bücher, mit der junge Schriftsteller normalerweise debütieren. Es war ein Entwicklungsroman über einen jungen Mann, der Schriftsteller werden möchte. Ich hätte ihn eigentlich zuerst schreiben müssen, und daß er gewissermaßen *ex post facto* erschien, schlug offenbar den falschen Ton an.

Das Herausragende an meiner Schriftstellerkarriere besteht darin, daß ich sie so lange aufrechterhalten konnte, von der fünften Dekade meines Lebens bis in die neunte, und ich hoffe, sie auch in den neunziger Jahren noch fortsetzen zu können. Dies gelingt nicht vielen, und ich kann es mir in meinem Fall nur so erklären: Für alles, was um mich herum geschieht, bin ich stets aufnahmebereit geblieben, und ich habe mich immer bemüht, mit jungen Leuten in Kontakt zu bleiben; vor allem aber bin ich bis heute von dem brennenden Wunsch beseelt, ein produktives, kreatives Leben zu führen, suche stets neue Herausforderungen und verzichte darauf, mich in der Erinnerung an vergangene Triumphe zu verlieren, die vom heutigen Standpunkt aus belanglos erscheinen. Ich war damals entschlossen, *Frühlingsfeuer* gleichsam außer der Reihe zu schreiben, weil ich das Gefühl hatte, es sei ein Buch, das einfach geschrieben werden müsse, obwohl ich damals bereits deutlich über vierzig war und solche Bücher normalerweise in den Zwanzigern oder Dreißigern entstehen. Bereut habe ich diese Entscheidung nie, denn dieses Buch hat mir im Laufe der Jahre wahrscheinlich mehr Leserbriefe eingebracht als jedes andere meiner Bücher. Es fesselte die Vorstellungskraft junger Menschen, die sich Gedanken über ihren künftigen Lebensweg machten. Ich glaube, daß nicht einer der Leserbriefschreiber älter als fünfunddreißig war, abgesehen von jenen, die sich im nachhinein daran erinnerten, daß die Lektüre des Buches in jungen Jahren ihrem Leben eine andere Richtung gab.

Sobald absehbar war, daß ich mir mit meiner Schreiberei einen bescheidenen Lebensunterhalt verdienen konnte, beschloß ich, mich auf den verschiedensten Gebieten schriftstellerisch zu betätigen. Meine unstillbare Liebe zur Kunst veranlaßte mich dazu, insgesamt fünf Bücher über japanische Kunst zu schreiben. In jedem einzelnen Fall stieß das Manuskript beim Verlag zunächst auf große Skepsis, doch ich ließ mich dadurch nicht entmutigen und griff manchmal sogar in die eigene Tasche, um die Veröffentlichung möglich zu machen. Als die Bücher schließlich doch einen weiten Leserkreis fanden, war ich hocherfreut. Einige von ihnen erlebten mehrere Auflagen und wurden in verschiedene Sprachen übersetzt. Die Erstausgaben sind heute schon recht wertvoll.

Ich schrieb auch noch über eine Handvoll anderer Themen, die mich interessierten, und glaube, daß diese breite thematische Palette mit dazu beitrug, meinen Geist rege zu halten. Es ist nicht leicht, eine literarische Karriere über einen längeren Zeitraum hinweg aufrechtzuerhalten. Den meisten geht über kurz oder lang der Atem aus. Oft liegt das, glaube ich, nicht an nachlassender Gesundheit oder schwindender Leistungskraft des Gehirns, sondern daran, daß der Schwung verlorengeht. Meine häufigen Themenwechsel waren nicht das Ergebnis von Sprunghaftigkeit, Zufällen oder Orientierungslosigkeit, sondern entsprangen vielmehr der bewußten Absicht, mein Gehirn aktiv und meine Phantasie beschäftigt zu halten. So besorgte ich mir zum Beispiel jedesmal, wenn ich Platten mit klassischer Musik – noch immer eine meiner großen Leidenschaften – kaufte, zwei der jeweils modernsten Kompositionen auf dem Markt, um zu hören, worin sich meine Zeitgenossen versuchten. Aus demselben Grund tendierte ich auch bei der Ergänzung meiner Kunstsammlung zu den jeweils jüngsten Werken.

Sehr aufregend war für mich die Arbeit an *Die Brücken von Toko-Ri*, einem für meine Schriftstellerkarriere entscheidenden

Buch, denn ich wollte wissen, ob ich die Disziplin und das Talent besaß, einen, wie es hieß »gut aufgebauten englischen Roman« zu schreiben. Ich erinnere mich gerne an die abenteuerlichen Recherchen zu diesem kurzen Roman. Um mich sachkundig zu machen, diente ich auf einem Flugzeugträger, informierte mich über Düsenbomber neuerer Bauart und verbrachte vor und nach Bombereinsätzen gegen feindliche Ziele in Korea viele Stunden in den Lagezentren. Als ein übereifriger PR-Offizier den Admiral warnte: »Wenn wir Michener auf einem dieser Einsätze verlieren sollten, würde uns die negative Publicity sehr schaden«, brummte dieser: »Er sagte, er wolle einer von uns sein. Wenn er zu allen Schandtaten bereit ist, bin ich es auch ...«

Und so startete ich mehrfach vom Träger aus, ließ mich in die Luft katapultieren und bei den Landungen von den Fangseilen einfangen. Ich wußte nie, was schlimmer war – der plötzliche Ruck nach vorn, um vom Träger fortzukommen, oder der abrupte Halt nach erfolgter Rückkehr. Dennoch gehörten diese Erfahrungen zu den aufregendsten meines Lebens, und ich denke gern an sie zurück. Als ich den Roman schließlich schrieb, wußte ich genau, was in den Flugzeugen vorging und wie die Piloten reagierten. Ich bemühte mich, jede gewaltsame Aktion und ihre Bedeutung festzuhalten.

Als *Die Brücken von Toko-Ri* in voller Länge in *Life* erschien, schrieb eine Kritikerin: »*Life* behauptet, bei Mr. Michener einen großen Roman in Auftrag gegeben zu haben, und es sei das erste Mal, daß man so etwas gemacht habe. Die Frage ist: ›Haben sie tatsächlich einen bekommen?‹« Die Kritikerin war nicht dieser Meinung, doch der Roman schlug sich ganz achtbar und gewann dauerhafte Anerkennung in Fliegerkreisen. Und ein hochkarätiges Kritikergremium, das kürzlich eine Zusammenfassung aller bisher über die Navy gedrehten Filme erstellte – darunter immerhin solche Knüller wie *Keine Zeit für Heldentum* und *Die Caine war ihr Schicksal* – kam zu dem Urteil, daß *Die Brücken von Toko-Ri* wahrscheinlich der ehrlichste war und der Wahrheit am nächsten kam.

Für mich lag die Bedeutung von *Toko-Ri* allerdings nicht so sehr in der lebendigen Wiedergabe einer interessanten Geschichte als vielmehr darin, daß ich mit strenger Selbstdisziplin versucht hatte, einen kurzen Roman zu schreiben, der sowohl die aristotelischen Einheiten als auch die Prinzipien des gut geschriebenen englischen Romans berücksichtigte. Es sah so aus, als könne es mir mit der Zeit gelingen, die Feinheiten dieser anspruchsvollen Form zu beherrschen. Vielleicht, so dachte ich, kann ich bis an mein Lebensende alle zwei bis drei Jahre einen akzeptablen Roman dieser Art vorlegen. In späteren Jahrzehnten habe ich mich dann oft gefragt, ob ich nicht auf größere Zustimmung bei der Kritik gestoßen wäre, wenn ich mich an dieses Programm gehalten hätte.

Aber ich bekam gar nicht die Chance, in diesem Stil weiterzuarbeiten. Der enge Rahmen von *Toko-Ri* machte es erforderlich, große Aufmerksamkeit auf die strukturellen Eigenheiten eines Romans zu verwenden, und das befriedigte mich nicht. Mir schwebte eine ganz andere Art von Buch vor. Und als ich schließlich mit den umfassenden Recherchen für *Hawaii* begann, war ich emotional bereits auf ein beinahe episches Werk eingestellt.

In diesem kritischen Lebensabschnitt, als ich mich von den eher herkömmlichen Romanformen abwandte und mich erstmals an so umfangreichen Büchern wie *Hawaii* und *Die Quelle* versuchte, sah ich mich unvermittelt mit einer beunruhigenden Tatsache konfrontiert: Während ich die Vorstellungen und Erwartungen von Verlegern, Lektoren und Lesern sehr gut kannte, wußte ich nur sehr wenig von den intellektuellen Problemen, die sich dem Schriftsteller selber stellen.

Glücklicherweise fielen mir an diesem Scheideweg drei Bücher in die Hände, die mir aus dem Dilemma heraushalfen. Das erste hatte die Schreibkunst als solche zum Thema. Ich verdanke es einem riesigen Glückszufall, daß ich einen gebildeten Freund sagen hörte: »Wenn man nur seinen Auerbach hat, besitzt man alles, was man über die erzählende Form wissen muß.«

Da mir der Name völlig unbekannt war, lief ich schleunigst in die Bibliothek und brachte dort in Erfahrung, daß Erich Auerbach (1892–1957) ein deutscher Bibliothekar und Literaturwissenschaftler war. Während des Zweiten Weltkriegs saß er in Istanbul fest und hatte nichts zu tun. Sich ausschließlich auf sein ausgezeichnetes Gedächtnis verlassend, schrieb er eine umfangreiche Abhandlung über die Kunst, mit Hilfe von Worten menschliche Charaktere und menschliches Verhalten zu imitieren oder darzustellen. Das Werk trug den Titel *Mimesis. Dargestellte Wirklichkeit in der abendländischen Literatur*. Vereinfacht bedeutet »Mimesis« soviel wie »erzählen«. Beginnend mit Homer und endend mit Virginia Woolf, führte Auerbach an ausgewählten Beispielen aus den Werken der besten Erzähler der Weltliteratur – Dante, Boccaccio, Rabelais, Shakespeare, Cervantes, Stendhal – die Kunstgriffe vor, mit denen diese Meister ihres Fachs so wunderbare Resultate erzielten. Ich verschlang Auerbachs Buch, weil es eine Zusammenfassung und Analyse jener Kunst darstellte, der ich nachzueifern trachtete, und ich habe es auch später wiederholt zur Hand genommen.

Das zweite Buch – *I Wanted to Write* – stammte von dem Schriftsteller Kenneth Roberts (1885–1957), der in den dreißiger, vierziger und fünfziger Jahren mit seinen historischen Romanen sensationelle Erfolge erzielt hatte. Auf vierhunderteinundfünfzig amüsanten Seiten gibt er seine innersten Gedanken über seine Erfahrungen und Überzeugungen preis. Er schildert, wie er als humoristischer Autor an der Cornell Universität beginnt, dann eine Art Mädchen für alles bei einer Zeitung in Boston wird und sich bei der *Saturday Evening Post* vom unterbezahlten Anfänger zur veritablen Stütze des Blattes mausert. Endlich zum Star avanciert, beginnt er einige seiner Auftraggeber zu verleumden, macht sich über Kollegen lustig, gesteht offen seinen Neid auf andere ein, die sich gerade größerer Beliebtheit erfreuen als er, und breitet eine Fülle delikater Details über das Auf und Ab einer Schriftstellerexistenz vor uns aus. Ein Beispiel für seine Klagen: »Kann (meinen Roman) *Arundel* auf keiner

Bestsellerliste finden, dafür aber Zane Grays *Fighting Caravans*, ein unsäglich grauenhaftes Machwerk. Und Chic Sales *The Specialist* steht (nun schon seit vierzig Wochen) an der Spitze. Bin furchtbar deprimiert, daß von *Arundel* vielleicht nur ein paar hundert Exemplare verkauft werden könnten, während von absolut kurzlebigem Quatsch Hunderttausende über die Theke gehen.« (...)

»Habe in (Thornton Wilders) *Die Brücke von San Luis Rey*\* nichts gefunden, das auch nur entfernt die gesunde Atmosphäre des amerikanischen oder auch des peruanischen Lebens wiedergibt.« An anderer Stelle führt er aus, daß 1938 bei einer Umfrage unter den einflußreichsten amerikanischen Kritikern eine überwältigende Mehrheit seinen Roman *Die Nordwestpassage* klar favorisierte. Doch dann gewann John P. Marquand mit *Der selige George Apley* den Pulitzer.

Eine Passage des Buches verblüffte mich besonders, war mir aber auch persönliche Bestätigung. Kurz zuvor hatte ich behauptet, daß ich jedes meiner Manuskripte mindestens fünfundzwanzigmal Wort für Wort durchlese, bevor ich es beim Verlag einreiche. Ich war auf ungläubiges Gelächter gestoßen. Doch bei Roberts stand: »Ich kann nicht genau sagen, wie oft *Arundel* im hand- und maschinenschriftlichen Manuskript, samt aller Korrekturen, bei der Fahnen- und Umbruchkorrektur und später bei der Vorbereitung der Neuauflagen gelesen worden ist, bestimmt jedoch mehr als neunzigmal.« Er meinte damit natürlich seine eigenen Korrekturgänge. Der Bericht ist wahrscheinlich glaubhaft, denn Roberts führte normalerweise über alles peinlich genau Buch; so notierte er unter anderem die Einkünfte aus seinen diversen Büchern bis hin zum letzten Dollar und listete auf zehn erstaunlichen Seiten mehr als achthundert Briefe auf, die er 1935 geschrieben hatte – im gleichen Jahr also, da er täglich zwölf

---

\* Das Buch hatte gerade den Pulitzerpreis für 1928 gewonnen. Der hochgradig eifersüchtige Roberts wurde trotz seiner phänomenalen Publikumserfolge nie mit dem Pulitzer ausgezeichnet – sieht man sich einmal einige der tatsächlich prämierten Bücher an, so ist dies ein geradezu groteskes Versäumnis.

Stunden an *Die Nordwestpassage* arbeitete. Ich kann *I Wanted to Write* nur empfehlen, denn mir ist kein vergleichbar detaillierteres Selbstporträt eines Schriftstellers bei seiner Arbeit bekannt. Wer den Ehrgeiz hat, Bücher zu schreiben, die mit Roberts' besten Werken konkurrieren können, muß auch bereit sein, so hart zu arbeiten wie Roberts.

Das dritte Buch, *Writing – From Idea to Printed Page* (1949), war das Ergebnis einer gemeinsamen Arbeit von Fakultätsmitgliedern der angesehenen Hochschule für Journalismus an der Universität von Missouri und Redakteuren der *Saturday Evening Post*. Es enthält großformatige Reproduktionen der ersten maschinenschriftlichen Notizen und Fingerübungen des Autors, des ersten abgetippten Manuskripts, der Lektoratskorrekturen und Änderungsvorschläge sowie der zahlreichen Revisionen und Korrekturgänge.

Der Wert dieses Buches, das ich jedem angehenden Schriftsteller empfehlen möchte, liegt darin, daß es mit unausweichlicher Deutlichkeit zeigt, welch harte Arbeit das ständige Korrigieren und Feilen an einem professionellen Manuskript erfordert. Die jungfräulichen Seiten der getippten Erstfassung werden vom Autor oder vom Lektor nach Strich und Faden zerlegt, falsche Anfänge gestrichen, Beschreibungen präzisiert, die Handlung gestrafft.

Das Buch ist natürlich mehr oder weniger ein Handbuch und von daher Lichtjahre entfernt von Auerbachs tiefschürfenden Analysen. Sein praktischer Wert ist jedoch enorm. Auerbach ließ mich von Größe träumen; Roberts zeigte mir, daß auch harte, ganz normale Männer Bücher schreiben, und die Aufsätze aus Missouri trieben mich wieder an den Schreibtisch. Ich wäre ein unendlich viel schlechterer Schriftsteller, wenn mir auch nur eines dieser drei bemerkenswerten Werke entgangen wäre. Meine Autobiographie als Schriftsteller kann an diesem Punkt enden, denn der Rest handelt davon, wie ich die Lehren aus diesen drei Büchern in die Tat umsetzte.

Die drei Jahrzehnte zwischen dem Erscheinen von *Hawaii* (1959) und *Karibik* (1989) waren für mich eine umgemein aufregende Zeit. Es gelang mir, *Hawaii* ziemlich genau nach Plan fertigzustellen, und das Buch stieß bei den Lesern auf positive Resonanz. Für mich war es der vorsichtige Einstieg in ein Genre, das sich vor allem an eine wachsende Zahl von Lesern richtete, die sich für fremde Länder und Kulturen interessierten und dabei vor umfangreichen Büchern nicht zurückschreckten. Ich lernte nicht nur ständig Neues über die Völker dieser Welt, sondern hatte auch das Privileg, mit einer großen Zahl intelligenter Leser über meine Interpretation der Vergangenheit und Zukunft dieser Völker sprechen zu können. Meine Grundeinstellung blieb stets die gleiche: Ich glaubte an die Gemeinschaft aller Menschen, den Wert und die Bedeutung eines anständigen Lebens, das Recht jedes Menschen auf Arbeit und einen ordentlichen Lebensstandard sowie an die Ehrenhaftigkeit allen Strebens nach Frieden und gesellschaftlicher Stabilität. Meine Bücher warben für diese Werte, und ich vertrat sie von Buch zu Buch mit wachsendem Nachdruck. Zu Beginn meiner Schriftstellerkarriere wäre die Annahme, ich könne jemals ein thematisch so breit angelegtes Buch wie *Die Quelle* oder *Colorado Saga* schreiben, reine Arroganz gewesen. Daß es mir letztlich gegeben war, ein Dutzend solcher Bücher zu schreiben, kommt mir im nachhinein wie ein Wunder vor.

Oft ist mir die Frage gestellt worden, nach welchen Kriterien ich mir, sobald ich das eine abgeschlossen habe, das Thema des nächsten Buches aussuche. Ich verhalte mich in dieser Hinsicht, wie ich glaube, vollkommen der Norm entsprechend; viele Schriftsteller jeder Couleur sehen sich ja mit diesem Problem konfrontiert und lösen es auf die gleiche oder eine ganz ähnliche Weise. Meine Methode hat also in gewisser Hinsicht universalen Charakter.

Mein Geist produziert in unglaublicher Vielfalt Ideen, aus

denen sich Geschichten oder Bücher machen ließen. Wo ich gehe und stehe, sehe ich Möglichkeiten für dramatische Entwicklungen oder verwertbare Situationen. Ich bin sicher, daß es vielen Schriftstellern ebenso ergeht. Wo aber kommen diese Ideen her? Teils entstammen sie der Arbeit eines fruchtbaren Gehirns, teils dem aufmerksamen Zuhören bei Gesprächen interessanter Menschen, teils Spekulationen über die gesellschaftliche Realität. Und einige von ihnen sind so überzeugend, daß sie sich zu einer schriftstellerischen Umsetzung geradezu aufdrängen.

Habe ich jemals am Ende einer anstrengenden Arbeit das Schreiben eine Zeitlang sein lassen und die Hände in den Schoß gelegt? Nein, nie. Anthony Trollope hat gesagt, wenn er am Vormittag einen Roman beendet, beginnt er am Nachmittag mit dem nächsten. Mir geht es genauso. Das Schreiben ist mir so wichtig, das unmittelbare Schreiberlebnis eine solche Freude, daß ich mich immer schon nach kurzer Pause der nächsten Aufgabe zuwende. Die Ideen drängen ungeduldig darauf, aus dem Gefängnis des Kopfes entlassen zu werden. Doch ein langes Buch beansprucht mindestens drei Jahre Zeit. Ich muß daher sorgfältig darauf achten, mir eine Materie zu wählen, die mich über einen längeren Zeitraum hinweg fesseln und begeistern kann. Vordergründige, »fixe« Ideen kommen also von vornherein nicht in Frage.

Habe ich je ein begonnenes Projekt abbrechen müssen? Ja, mindestens zweimal: Ich hatte vor, einen längeren Roman über die Belagerung von Leningrad zu schreiben, aber nachdem ich bereits ein gutes Stück vorangekommen war, sah mich aus gesundheitlichen Gründen gezwungen, das Projekt abzubrechen. Im zweiten Fall handelte es sich um eine anfangs recht plausibel erscheinende Idee für einen kleineren Roman über einen Professor. Mit der Zeit stellte sich jedoch heraus, daß die Geschichte zu geschraubt war, und ich verlor das Interesse daran. Glücklicherweise ermöglichten mir damals die Einkünfte aus *South Pacific* den Abbruch dieser Projekte, obwohl ich bereits viel

Zeit und Arbeit in sie investiert hatte, und so habe ich beide Entscheidungen nie bereut.

In welchem Stadium der Arbeit an einem Roman kann man guten Gewissens bereits an den nächsten denken? In keinem. Es ist gefährlich, sich mitten im schöpferischen Prozeß mit anderen wichtigen Dingen zu beschäftigen, und ich habe mich rigoros bemüht, diesen Fehler zu vermeiden. Natürlich muß man, wenn die Hauptarbeit geleistet und das Ende eines Projekts absehbar ist, damit rechnen, daß der Geist gelegentlich auf Abwege gerät und über zukünftige Aufgaben spekuliert, vor allem wenn, wie in meinem Fall, eine neue Aufgabe meist auch mit einem vorübergehenden Umzug verbunden ist. Nun ist es allerdings so, daß mein New Yorker Verlag, wenn ich ein Manuskript abliefere, in das ich mein gesamtes inhaltliches, stilistisches und konzeptionelles Können inverstiert habe, noch vierzehn Monate harte Arbeit benötigt, ehe das fertige Buch auf den Markt kommt. Eine solche Zeitspanne vertut man nicht einfach. Das alte Projekt läuft also allmählich aus, während das neue langsam anläuft, und nicht selten sind, wenn das letzte Buch endlich erscheint, die Vorarbeiten zum nächsten schon recht weit gediehen.

Sieht man von einigen wenigen Büchern ab, die ich ziemlich schnell nach aktuellen Ereignissen wie dem Ungarnaufstand oder der blutigen Tragödie an der Kent State University schrieb, so habe ich mich fast immer nur mit Themen beschäftigt, die mir schon jahre- oder gar jahrzehntelang im Kopf herumgingen. Ich beginne also neue Projekte meist schon mit einem verhältnismäßig hohen Wissensstand. Aus meinen Notizbüchern geht hervor, daß ich mich oft schon ein Jahrzehnt, bevor ich mich zur intensiven Bearbeitung entschließe, mit einem Thema auseinandergesetzt habe. Es war also keine verschwendete Zeit, da mein Verständnis für die Thematik in aller Ruhe reifen und durch anfangs noch nicht erkennbare neue Sichtweisen bereichert werden konnte.

Doch am Ende des inneren Reifeprozesses und der Abwägung des Für und Wider kommt dann unweigerlich der Tag, an dem ich mich unter drei oder vier in die engere Wahl gezogenen Themen für jenes entscheide, das zum gegebenen Zeitpunkt das naheliegendste zu sein scheint. Ich spanne einen Bogen Papier in die Maschine, fasse unterhalb des Datums kurz zusammen, welche Gründe mich zur Wahl des Themas veranlaßt haben, und skizziere anhand von Kapitelüberschriften das geplante Buchprojekt so, wie es mir in diesem Augenblick vorschwebt. Niemals gelingt es mir, gleich alle richtigen Zwischenüberschriften zu finden; niemals ist mehr als eine falsch. Diese erste Gliederung ist für die nächsten Jahre mein Leitbild. Mit überraschender Genauigkeit sehe ich schon zum Zeitpunkt jener Entscheidung stets die »große Linie« und die wichtigsten Zusammenhänge zwischen den einzelnen Komponenten des Buchs voraus.

Ist die große Entscheidung erst einmal gefallen, blicke ich nicht mehr zurück. Niemals bedauere ich, daß ich mich nicht für eines der anderen Themen entschlossen habe. Selbstverständlich bleiben die Alternativen in meinem geistigen Archiv erhalten, so daß ich zu einem späteren Zeitpunkt gegebenenfalls auf sie zurückgreifen kann. Meine unmittelbare Aufgabe liegt jedoch darin, mich auf dem Gebiet, das ich mir ausgesucht habe und mit dem ich ja schon seit einigen Jahren einigermaßen vertraut bin, so gründlich wie irgend möglich kundig und kompetent zu machen. Schon während des Auswahlprozesses habe ich mich intensiv mit den konkurrierenden Themen und der entsprechenden Literatur darüber befaßt. Allerdings mache ich mir keine Notizen und bemühe mich nur, mir bestimmte Einzelheiten einzuprägen – was zur Folge hat, daß ich mich, wenn ich später am ausgewählten Thema arbeite, oftmals sehr ärgern muß, weil mir partout nicht einfallen will, woher ich diese oder jene Information habe. »In welchem Buch stand das nur? Ich weiß doch genau, daß ich es gelesen habe ...« Oft läßt sich die Quelle tatsächlich nicht mehr finden.

Nach der Entscheidung über das Thema kommt eine andere Form des Literaturstudiums. Diesmal bin ich so konzentriert bei der Sache, daß ich mich fast immer genau an die entsprechende Stelle erinnern kann. Ich weiß, in welchem Buch ein bestimmter Gedanke steht, weiß auch, *wo* in diesem Buch ich danach zu suchen habe und ob die betreffende Passage auf einer linken oder rechten Seite stand – letzteres ist insofern ganz nützlich, weil ich immer nur jede zweite Seite überfliegen muß.

Natürlich kann ich bei meinen Recherchen nicht jedes wichtige Buch von A bis Z durchlesen. Ich weiß jedoch inzwischen, wie man Inhaltsverzeichnisse liest – ich möchte jedem angehenden Schriftsteller empfehlen, sich diese Fertigkeit anzueignen. Inhaltsverzeichnisse erinnern mich nicht nur an einzelne Stichpunkte, sondern weisen mich auch auf Nebenaspekte hin, auf die ich von allein gar nicht gekommen wäre.

Sobald ich mich anhand der Literatur mit den allgemeinen Grundzügen vertraut gemacht habe, erforsche ich vier oder fünf nebengeordnete Themenkomplexe sehr detailliert und ziehe zu diesem Zweck alle möglichen Untersuchungen und Quellen heran. Die Intensität meiner Detailstudien entspricht ungefähr der eines Universitätsseminars. Bei meinen Vorbereitungen für *Die Bucht* konzentrierte ich mich beispielsweise auf den Schiffbau, die Handelsbeziehungen zu England, die Sklaverei in einem Grenzstaat, die Geschichte einer typischen Kleinstadtkirche und auf den Eisenbahnbau.

Von den diversen Spezialgebieten, mit denen ich mich befaßt habe, gibt es kein einziges, das mir keinen Gewinn gebracht hätte. Allerdings habe ich immer auch nur einen Teil des erworbenen Detailwissens verwendet. Bei den Vorstudien zu *Colorado Saga* war ich sicher, daß ich mich auf den Eisenbahnbau konzentrieren müßte, doch als ich dann am Manuskript saß, erwähnte ich das Thema, glaube ich, kein einziges Mal. War also die Mühe umsonst gewesen? Keineswegs, denn das Hintergrundwissen über die Bahn öffnete mir die Augen für die Erfahrungen und Probleme anderer Industrien in der damaligen Zeit. Ich muß zugeben, daß ich mit zwanzig Detailstudien noch besser vorbereitet gewesen wäre als mit fünf, doch gibt es angesichts der vielen anderen Probleme, die mit dem Schreiben einhergehen, bestimmte vernünftige Einschränkungen: Ein Schriftsteller, der von seiner Arbeit leben muß, kann sich in fünf Spezialthemen einarbeiten; für zwanzig fehlt ihm ganz einfach die Zeit.

An dieser Stelle muß ich den Historikern meine Reverenz erweisen, auf deren Werke sich Schriftsteller wie ich in großem Umfange stützen. Der Unterschied zwischen einem Historiker und jemandem wie mir liegt darin, daß erstgenannter sich auf eine Vielzahl wichtiger und mitunter auch recht schwieriger Themen konzentrieren muß, während ich die kritischen Punkte umgehen kann. Ich bemühe mich allerdings, niemals historische Fakten zu verfälschen oder Situationen zu erfinden, die im Widerspruch zu den historisch bekannten Verhältnissen stehen. Die Aufgabe des Historikers ist um ein Mehrfaches schwieriger als meine, und ich bin mir dessen durchaus bewußt.

In gleichem Maße wie den Historikern bin ich auch den Geographen verpflichtet. Beim ersten Buch, das ich mir zu Gemüte führe, wenn ich mich intensiv mit einem neuen Thema beschäftige, handelt es sich unweigerlich um die jeweils modernste geographische Untersuchung über das betreffende Gebiet, die ich finden kann. Besonders interessieren mich dabei solche Werke, die nicht nur rein statistische Daten enthalten, sondern auch auf ökologische Aspekte eingehen. Ich konzentriere mich auf die geographischen Rahmenbedingungen, weil ich die natürlichen Einschränkungen und Vorteile kennenlernen will, mit denen sich meine Figuren auseinanderzusetzen haben. Dazu gehören die vor Ort vorhandenen Bodenschätze, das Klima einschließlich der jeweiligen Höchst- und Niedrigsttemperaturen, die Wachstumsperioden und die Bedrohung durch anhaltende Trockenheiten oder Wirbelstürme, aber auch jene weniger auffallenden Zeichen, die den Wissenden auf potentielle Probleme der Region aufmerksam machen – wie beispielsweise der Pollengehalt der Luft und die Möglichkeit eines verzögerten Frühlingsbeginns mit nachfolgender Hungersnot durch Ernteausfälle bei Obst und Getreide.

Ich bin ein erdverbundener Mann und weiß genau, wie sehr unsere Erde das Wohlbefinden der Menschen begünstigen oder beeinträchtigen kann. Sonnenwende und Tagundnachtgleiche vergesse ich nie, und obgleich ich Feiertage wegen ihrer kommerziellen Aggressivität nicht mag, gibt es drei Kalendertage, die ich stets in Ehren halte: den 21. Dezember und den 21. Juni – den kürzesten und den längsten Tag auf der Nordhalbkugel – sowie den 23. April – Shakespeares Geburtstag. Ich begehe ihn stellvertretend für alle Beethovens, Tizians und Balzacs dieser Welt, denen ich so viel zu verdanken habe.

Die Vögel und die anderen Tiere, mit denen wir uns die Erde teilen, haben mich immer sehr interessiert. Die Kanadagänse in Maryland zählten zu den attraktivsten Bewohnern jenes wunderschönen Landstrichs. Meine Frau und ich schlossen enge Freundschaft mit einem Reiherpaar, das im Sumpfgelände weiter hinten auf unserem Gelände zu fischen pflegte, und dem herrlichen Fischadler, der auf einem Mast am Ende des Anlegers seinen Wohnsitz nahm, warfen wir oft Fischstücke zu. Die Adler waren durch den Einsatz von DDT schon fast ausgerottet. Dann schlugen erboste Naturfreunde Alarm, und wir hatten das Privileg, mitzuerleben, wie sie sich in der Niederung unseres salzhaltigen Flusses allmählich wieder vermehrten.

Ich kannte Büffel in Wyoming und Rappenantilopen auf Privatfarmen in Texas. Sechs glückliche Jahre lebte unter unserem Haus in Pennsylvania eine über zwei Meter lange Schwarznatter. Sie sonnte sich gerne auf dem zu unserem Haus führenden Fußweg und erschreckte unsere Besucher. An uns – oder zumindest an mich – gewöhnte sie sich und blieb, wenn ich ihr gut zuredete, im Schatten. Eines Tages besuchte uns ein Professor von der Pennsylvania State University. Bei seiner Ankunft war ich gerade nicht zu Hause. Er sah die Natter, hielt sie für eine hochgiftige Kupferkopfschlange und hackte sie mit einem zufällig in der Nähen befindlichen Gartengerät in Stücke. Später demonstrierte er uns voller Stolz, was er getan hatte, um uns vor einer großen Gefahr zu bewahren. Wenn ich an ihrem Sterbeort vorübergehe, befällt mich oftmals die Trauer um unsere tote Freundin.

Ich habe nie von mir behauptet, ich könne besonders gut auf Tiere eingehen oder mich mit ihnen anfreunden. In einem Wildpark in Tansania aber fraternisierte ich einmal mit einer Hyäne. Diese Tiere gehören zu den häßlichsten Lebewesen der Welt. Es sind große, mißgestaltete Kreaturen, deren Köpfe und Körper wie deformiert wirken. Läßt man ihnen aber ein wenig Zuneigung zuteil werden, so gehören sie schnell zu den besten Haustieren, die es gibt. Es sind robuste, ruppige Raufbolde und verspielte Beißer, die mit ihren starken Kiefern Äste zermalmen können. Die afrikanische Hyäne, die ich kannte, war ganz und gar dem Bier verfallen. Joseph – so hieß sie – streunte im Camp und auf dem angrenzenden Motelgelände umher, schnappte sich von jedem Tisch die letzte halbvolle Flasche Bier und trank sie gluckernd aus wie ein alter Säufer. Am Ende war er immer sichtlich angetrunken. Wenn ihm an manchen Spätnachmittagen der Kopf besonders dröhnte, verabschiedete er sich von uns, indem er von einem zum anderen taumelte, als wollte er sagen: »Danke fürs Bier!« Schließlich trollte er sich in eine der Gästehütten, um seinen Rausch auszuschlafen. Kehrten abends die Touristen zurück, die tagsüber die Wunder der Serengeti bestaunt hatten, so verrieten uns die Schreckensschreie rasch, auf welchem Bett Joseph diesmal in Tiefschlaf verfallen war. Er und ich waren dicke Freunde, weshalb mich später ein Brief aus Tansania sehr bewegte, in dem es hieß: »Sie erinnern sich doch gewiß an Joseph. Wir konnten ihn nicht länger behalten und waren daher sehr froh, daß wir in einem schönen Zoo in Edinburgh ein neues Heim für ihn fanden. Wenn jemand von uns in diese Stadt kommt, besucht er ihn immer. Joseph erinnert sich dann an unseren Geruch. Am Ende des langen Besuchs weinen wir, und er weint auch. Vielleicht gehen wir künftig nicht mehr hin. Die Leute in Edinburgh berichten uns nämlich, daß Joseph jedesmal, wenn wir dort waren, tagelang dasitzt und Trübsal bläst.«

Ich habe mich immer um wahrheitsgetreue, liebevolle Schilderungen jener Tiere bemüht, mit denen ich meine Welt geteilt habe. Man hat mir deshalb manchmal vorgeworfen, ich verfiele dem »erbärmlichen Irrtum«, Tieren geistige und emotionale Reaktionen zuzuschreiben, zu denen nur Menschen imstande seien. Realisten sehen darin den Beleg für intellektuelle Schludrigkeit, wie sie jeder aufmerksame Schriftsteller tunlichst vermeiden sollte. Ich frage mich allerdings, wie man bei Beherzigung dieser Kritik schildern soll, wie Joseph von Tisch zu Tisch torkelte, um sich für sein Bier zu bedanken.

Der Pflanzenwelt bin ich ebenso zugetan wie der Tierwelt. Meine Liebe zu den Bäumen hat mein Leben enorm bereichert. Ich habe, indem ich Tausende von Bäumen pflanzte, mit dazu beigetragen, daß sich die Hügel von Pennsylvania und die Ebenen Marylands in reizvolles Waldland verwandelten. Und meiner engen Beziehung zu einer Kakaoplantage auf einer abgelegenen Südseeinsel, auf der gemischte Bestände von Kakaobäumen und Kokospalmen angepflanzt wurden, war einer der Hauptgründe dafür, daß ich über jenen Teil der Welt so schreiben konnte, wie ich letztlich schrieb. Und als man mich nach meinem Flugzugabsturz mitten im Pazifik fragte, ob ich Angst gehabt hätte, erwiderte ich: »Nein, ich rechnete stets damit, gerettet zu werden. In meinen Büchern habe ich nur Gutes über diesen Ozean gesagt und erwartete von daher eine kleine Aufmerksamkeit als Gegenleistung.«

Ein letztes Wort zur Themenwahl: Niemals habe ich ein Buch über ein Gebiet geschrieben, auf dem ich hochkarätiger Experte gewesen wäre. Es gab immer Dutzende von Spezialisten, die für eine solche Aufgabe viel besser qualifiziert gewesen wären als ich. Von Fachleuten bin ich sogar oft beschimpft worden, weil ich angeblich in ihrem Revier gewildert hatte. In Jerusalem gab es hundert Gelehrte, die von ihrer Qualifikation her *Die Quelle* viel eher hätten schreiben können als ich, und nicht viel anders sah es auf Hawaii, in Polen, Alaska und der Karibik aus. Auch auf dem Gebiet der japanischen Kunstdrucke gab es viele, die das Thema mit größerer wissenschaftlicher Genauigkeit hätten abhandeln können, und in Texas müssen es zwei- oder dreihundert Leute gewesen sein, denn dort unten hält sich ja jeder für einen Historiker. Doch wenn ich auch nie die führende Autorität auf einem bestimmten Gebiet war, so war ich doch derjenige, der wußte, wie man eine Geschichte erzählt, Fachwissen strukturiert und sich drei Jahre lang aufs intensivste in sein Thema hineinzuknien versteht. Mit anderen Worten: Ich war – im Gegensatz zu den echten Fachleuten – ein engagierter Schriftsteller, und das ist ein ganz gewaltiger Unterschied.

Wenn ich ein neues, größeres Buchprojekt in Angriff nehme, benehme ich mich fast wie ein Zen-Meister in Japan kurz vor der rituellen Teezeremonie. Ich wasche mir das Gesicht, befreie meinen Geist von überflüssigen Gedanken, esse nur wenig, halte mich Abend für Abend mit langen Spaziergängen fit und gehe früh zu Bett. Morgens stehe ich um sieben Uhr auf und setze mich an meine Schreibmaschine. In den zwei Jahren, in denen ich mit dem eigentlichen Schreiben beschäftigt bin, arbeite ich sieben Tage in der Woche und dulde Unterbrechungen nur sehr ungern. Am Vormittag empfange ich keinen Besuch und gehe auch nicht ans Telefon, denn Schreiben ist harte, erschöpfende Arbeit. Wenn ich um 12.30 Uhr aufhöre, bin ich nicht selten völlig verschwitzt. Normalerweise trage ich weite Bermuda-Shorts, ein sehr lockeres T-Shirt oder ein weites Sporthemd, weite Socken und schlappenartige Sandalen. Diese Uniform empfinde ich als äußerst bequem; sie engt mich in keiner Weise ein und gewährt Armen und Händen größtmöglichen Spielraum. Ich trage überdies eine Lesebrille mit dicken Gläsern und arbeite so intensiv, daß ich manchmal, wenn ich eine Pause mache und aus dem Fenster blicke, die Welt nur verschwommen sehe, weil meine Augen so lange auf die allernächste Nähe konzentriert waren.

Fast jeden Tag in meinem Leben, egal, ob ich arbeite oder

nicht, höre ich Musik. Allerdings nicht, wenn ich an der Schreibmaschine sitze, sondern bei der Ablage, beim Nachschlagen in einem alten Buch oder schlichtweg zum Zeitvertreib. Seit es die Compact Discs gibt, neige ich dazu, ein bewährtes Lieblingsstück in den Apparat zu schieben – Schuberts Oktett, Bartóks Orchesterkonzert, Mahlers Erste, Beethovens Fünftes Klavierkonzert in Es-Dur, Palestrinas *Missa Papae Marcelli* oder einige Walzer von Chopin – und mir dieses dann vielleicht fünfzehn- oder zwanzigmal hintereinander anzuhören. Ich weiß ja, daß es mir gefallen wird, und bin zu faul, um dauernd die CDs zu wechseln, um so mehr, als die Gefahr besteht, daß ich das nächste Stück nicht so gerne mag.

Viele Arbeitstage vergehen mit Recherchen und mehr noch mit dem Umschreiben von Passagen, die eigentlich schon ganz gut sind, oder aber der Neufassung von Kapiteln, die mir von vornherein nicht recht gefallen haben. Wenn mir die Arbeit leicht von der Hand geht, schaffe ich bis zu fünf Schreibmaschinenseiten pro Tag. Selten sind es mehr, oftmals weniger. Die Überarbeitung der Texte – Lektorats- und andere Korrekturen, die Suche nach besseren Ausdrücken usw. – erfordert ungefähr noch einmal den gleichen Zeitaufwand wie die Erstfassung. Unter dem Strich komme ich also auf ungefähr zwei fertige Seiten pro Tag, und es ist mir nie gelungen, diese Quote zu erhöhen.

Die Arbeit an der jeweils ersten Fassung ist mörderisch. Oft brauche ich für eine schwierige Passage von weniger als einer Seite Länge mehr als einen ganzen Tag. Die Überarbeitung dagegen macht mir Spaß. Ich weiß dann, daß Vollendung und Veröffentlichung des Buches näherrücken, und spüre, wie das Manuskript durch meine Korrekturen immer besser wird. Zu den schönsten und erfreulichsten Arbeiten, die ich kenne, gehört der letzte Feinschliff des Textes, wenn bereits die Druckfahnen vorliegen und ich die Möglichkeit habe, den einen oder anderen Gedanken, der mir zuvor entgangen war, noch festzuhalten. Schreiben ist harte Arbeit, kann aber auch viel Spaß machen.

Habe ich jemals Schreibblockaden? Hauptberufliche Schriftsteller können es sich gar nicht leisten, sich dieser dramatischen Erfahrung auszuliefern, die sich bei Schriftstellern, die über Schriftsteller schreiben, und besonders auch bei Filmemachern, die sich diesem Thema widmen, so großer Beliebtheit erfreut. Natürlich hat man manchmal einen schlechten Tag, an dem einem partout nichts einfallen will, oder man wird von Ängsten und Selbstzweifeln heimgesucht. Davon darf man sich aber nicht unterkriegen lassen. Was mich betrifft, so suche ich in solchen Fällen Zuflucht bei einer späteren, meiner Einschätzung nach unproblematischen Szene des Buches und gewinne aus der robusten Leichtigkeit, mit der ich sie bewältige, neues Selbstbewußtsein. Allerdings muß ich gestehen, daß ich diese Passage, wenn ich später die betreffende Manuskriptstelle erreiche, nicht mehr verwenden kann; sie läßt sich nicht mehr in die Geschichte einfügen, weil sie aus einem subtilen Grund, den andere Schriftsteller gut verstehen werden, einfach nicht mehr hineinpaßt: Der Erzählfluß des außer der Reihe Geschriebenen stimmt nicht; der Ton ist nicht getroffen; Wörter haben nicht den richtigen Klang und in den Personen spiegeln sich nicht die in den dazwischenliegenden Kapiteln vollzogenen Veränderungen wider. Dennoch war die Arbeit nicht vergeblich. Es gibt immer eine ganze Reihe von Bestandteilen, die sich retten lassen, und was die allgemeine Richtung des Handlungsverlaufs und das Verhalten der Romanfiguren angeht, lassen sich ebenfalls Schlüsse ziehen. Ich gehe also guten Mutes an die Überarbeitung. Zeit habe ich mit dem Versuch, der Schreibblockade durch die Arbeit an einer vermeintlich leichteren Passage zu entgehen, keine gewonnen – im Gegenteil, ich habe sogar eine Menge Zeit verloren. Aber ich bin auf diese Weise wieder ins richtige Fahrwasser gelangt – und darauf kam es an.

Wo immer es möglich war, habe ich mit einer schweren, altmodischen, mechanischen Schreibmaschine mit 10-Punkt-Typen gearbeitet, um möglichst viele Wörter in eine Zeile und möglichst viele Zeilen auf eine Seite zu bringen. Im Zeitalter der wundersamsten elektronischen Schreibmaschinen und Textverarbeitungsgeräte wird es zusehends schwieriger, solche alten Maschinen zu finden. So ließ sich zum Beispiel in ganz Alaska keine auftreiben, weshalb ich gezwungen war, dort mit einer 8-Punkt-Maschine zu arbeiten, deren Schriftbild mir arg profan vorkam. In Texas und Florida wurde ich erst nach intensiver Suche fündig. Ein Händler sagte zu mir: »In fünf Jahren finden Sie überhaupt keine mehr, weder die eine noch die andere.« Mit meinen Schreibmaschinen gehe ich mittlerweile also sehr sorgfältig um.

Eine meiner Eigenheiten zeigt, wie Schriftsteller gewisse Fixierungen entwickeln. Mir zum Beispiel graut es bei der Überarbeitung von Manuskripten vor Veränderungen der ursprünglichen Paginierung. Die Seitenfolge und ihr Inhalt haben sich in meinem Kopf festgesetzt; jede Störung wäre destruktiv. Ich halte daher an jeder Seite fest. Ergänzungen und Streichungen finden auf der vorgegebenen Seite statt, was zur Folge hat, daß manche Seiten doppelt und andere nur halb so lang sind wie üblich. Wenn ich mit meinen Korrekturen – und oft sogar noch mit den Korrekturen meiner Korrekturen – fertig bin, sehen deshalb viele Seiten chaotisch aus, doch ihre Reihenfolge hat sich seit der Erstschrift nicht verändert. Ich weiß also immer genau, an welcher Stelle im Manuskript bestimmte Themen angesprochen werden.

Eigenartigerweise habe ich Umstellungen und Einschübe nie mit Auslassungszeichen markiert, sondern immer Wert darauf gelegt, daß jede Passage im Manuskript an der richtigen Stelle steht. Ich arbeite folglich viel mit Schere und Kleber. Ein altmodischer Kleistertopf gehörte lange Zeit zum Standardinventar meines Schreibtischs und wurde erst vor kurzem durch eine Flasche mit stark verdünntem Alleskleber ersetzt.

Wenn ich ein Kapitel überarbeitet und abgeschlossen habe, gebe ich das Manuskript natürlich meiner Sekretärin. Alle weiteren Korrekturen geschehen dann am Bildschirm. Wäre ich heute ein junger Mann und wollte Schriftsteller werden, so würde ich mir einen Sommer freinehmen, um mich mit der modernen Textverarbeitung vertraut zu machen. Ich habe mir diese Fähigkeiten leider nie erworben und bedauere das sehr. Ohne sie wird künftig kein junger Mensch mehr in den schreibenden Berufen unterkommen, und es ist absehbar, daß man als Schriftsteller schon bald zwei Manuskriptversionen beim Verlag abliefern wird: neben einem Textausdruck auch eine Diskette, so daß die Lektoratsarbeit am Bildschirm erfolgen kann. Das fertige Manuskript kann per Internet der Setzerei und Druckerei übermittelt werden, die es dann in der gewünschten Schriftart zu Papier bringt.[*]

Habe ich alles getan, was in meiner Macht steht, um das Manuskript so lesenswert und interessant wie möglich zu machen, beauftrage ich auf eigene Kosten diejenige Person in meinem Bekanntenkreis, von der ich weiß, daß sie die umfangreichsten Fachkenntnisse über das Thema meines Buches besitzt, mit der kritischen Durchsicht des Textes. Ihre Aufgabe besteht darin, grobe Irrtümer und lächerliche Fehleinschätzungen aufzudecken und mich auf jüngste, mir unbekannt gebliebene Entwicklungen hinzuweisen. Dieser Arbeitsgang ist für mich von unschätzbarem Wert. Oft blieb mir durch Randbemerkungen wie: »Wollen Sie wirklich, daß dieser Satz so klingt, als läge Kanada westlich von Alaska?«, eine große Blamage erspart. Bei einigen meiner Bücher habe ich mir nicht einen Allround-Experten, sondern für verschiedene Kapitel die jeweiligen Spezialisten gesucht, was bei meinem Südafrika-Roman dazu führte, daß zu einem bestimmten Zeitpunkt auf vier Kontinenten – Afrika, Europa, Australien und Nordamerika – verschiedene Kapitel gelesen wurden.

Daß führende Wissenschaftler gerne dazu bereit sind, Schriftstellern bei der Vermeidung von Irrtümern zu helfen, mag dem Laien auf den ersten Blick nicht plausibel erscheinen. Der

---

[*] Kurz nachdem ich diesen Absatz schrieb, übermittelte ich einem ausländischen Verleger das gesamte Manuskript eines Romans auf Diskette. Die Zukunft hat mich also längst eingeholt.

Grund dafür liegt darin, daß es diese hochangesehenen Fachleute gar nicht gerne sehen, wenn ihre Spezialgebiete falsch oder verzerrt dargestellt werden. Zu den schönsten Erfahrungen, die mir mein Schriftstellerleben beschert hat, gehören die vielen Verbindungen zu gelehrten Männern und Frauen; die Lektüre ihrer gedankenreichen Kommentare ist ein besonderes Privileg. Ebenso erfreulich ist aber auch die Tatsache, daß mich pro Jahr ungefähr ein Dutzend Nachfragen von Wissenschaftlern aus aller Welt erreichen. Sie bitten mich um Klarstellungen oder Ergänzungen zu bestimmten Fragen, bei denen ich über Spezialkenntnisse oder einzigartige Erfahrungen verfüge. Ich beantworte diese Briefe sehr detailliert, denn wer sich für ähnliche Gedanken und Ideen interessiert, gehört zur gleichen Bruderschaft.

Habe ich die Expertenkritik verdaut und eingearbeitet, so ist das Manuskript der Wahrheit schon wieder ein Stückchen näher gerückt. Ich schicke es dann an Random House, wo sich ein Lektor seiner annimmt. Während des größten Teils meiner Schriftstellerkarriere war dies ein brillanter Gentleman aus dem Süden unseres Landes. Drei oder vier Monate lang widmete er sich meinem Werk, korrigierte Fehler und entdeckte Schwächen in der Handlung oder bei der Schilderung von Personen. Albert Erskine, ein studierter Altphilologe der alten Schule, hatte schon mit so vielen berühmten Schriftstellern zusammengearbeitet – William Faulkner, John O'Hara, Robert Penn Warren, Ralph Ellison –, daß man ihm als Neuling kein Problem bieten konnte, mit dem er nicht schon einmal befaßt gewesen war. Unsere Zusammenarbeit währte ungefähr fünfunddreißig Jahre, und stets war er mir ein guter Ratgeber.

Wenn Erskine mit einem längeren Manuskript von mir beschäftigt war, schrieb er mir im Laufe von sechs oder sieben Monaten zwanzig bis dreißig lange Briefe voller Fragen. Ich mußte jede einzelne genau beantworten. Oft schrieb ich ganze Passagen um, und stets mußte ich in Dutzenden von Fällen unklare Sätze oder Wörter, die eben nur beinahe den gewünschten Sinn trafen, austauschen. Sein berühmtes »Erstes Erskinesches Gesetz«, das unzähligen Schriftstellern geholfen hat, lautete: »Hast du einen Absatz dreimal verbessert, und er knirscht noch immer, schmeiß ihn raus.« Auch ich habe diesem Diktum nur Gutes zu verdanken.

Entsprach mein Manuskript nach langwierigem Bemühen den Erwartungen Erskines, reichte er es an Bert Krantz weiter, eine bemerkenswerte, ganze eins fünfzig große Frau mit geradezu magischem Sprachgefühl. Sie war die letzte Instanz in Stilfragen. Der flüchtige Leser ahnt ja nicht, wie oft man beim Schreiben die Wahl zwischen zwei absolut korrekten Optionen hat: *fulfill* oder *fulfil*, *dishabille* oder *deshabille*, *paillasse* oder *palliase*. Schlimmer ist die Neigung des durchschnittlichen Schriftstellers – und ein solcher bin ich –, bestimmte Wörter in einem Manuskript zu oft zu wiederholen und andere nicht korrekt anzuwenden (z. B. *presently* im Sinne von »jetzt« anstatt von »in Kürze«). Es gibt noch hundert andere kritische Fragen, die Geschmack und Urteilsvermögen erfordern. Berts Aufgabe war es, dafür zu sorgen, daß ein Random-House-Produkt ein Buch wurde und keine sprachliche Wundertüte. Unpassendes oder Inkorrektes entdeckte sie mit genialer Findigkeit, und sie war unerbittlich in ihrer Entschlossenheit, diese Dinge auch zu verbessern. Als Lektorin gehörte sie zu den besten ihres Fachs, und ich wäre unglücklich gewesen, wenn eines meiner Manuskripte ohne vorherige Überprüfung durch Berts scharfe Augen an die Druckerei gegangen wäre.

Wenn Bert und Erskine mit ihrer Arbeit fertig waren, machten sich die Anwälte des Verlags über das Manuskript her und kontrollierten, ob es auch juristisch hieb- und stichfest war. Unsere Gesellschaft ist in den letzten Jahren zunehmend streitsüchtiger geworden. Heutzutage wird alles, was gedruckt wird, auf mögliche Schadenersatzforderungen abgeklopft, darunter auch Passagen, die früher keinen Menschen gestört hätten. Am Ende wird der verdutzte Schriftsteller oft zur Kasse gebeten. Es gibt viele Dinge, die ein Schriftsteller nicht sagen darf, und es ist die Aufgabe der Rechtsanwälte, die betreffenden Stellen aufzuspüren und vor ihren möglichen Folgen zu warnen.

Wenn schließlich die Korrekturfahnen von der Setzerei zurückkommen, geht ein Satz davon an einen für seine Kleinlichkeit berühmten Außenkorrektor. Er liest den Text so unbeteiligt, als handele es sich um das Telefonbuch der Bronx, und korrigiert vor allem – aber nicht nur – Fehler in Rechtschreibung und Zeichensetzung. Es ist unglaublich, was gute Korrektorinnen und Korrektoren noch alles entdecken. Wenn Sie mitgezählt haben, dann wissen Sie, daß das Manuskript inzwischen von mir selbst, von meiner erfahrenen Sekretärin, von allen Mitarbeiterinnen und Mitarbeitern in meinem Büro, von dem bezahlten Experten, von Erskine, Krantz und den Anwälten gelesen worden ist. Von daher sollte man eigentlich annehmen, daß der Text nunmehr fehlerfrei ist. Trotzdem findet der Außenkorrektor noch Dutzende von Einzelheiten, die ihm nicht gefallen, und nicht selten auch echte Fehler, die allen früheren Lesern entgangen sind. Diese großartigen Handwerker des Worts sind freiberuflich tätig, das heißt, sie arbeiten eine Woche für diesen, die nächste für jenen Verlag. Jedesmal, wenn ich ein Manuskript einreiche, hoffe ich, daß Random House einen der ganz großen Meister seines Fachs mit den Korrekturen beauftragt. Ich bin diesen Lebensrettern – von denen ich bisher noch keinen persönlich kennengelernt habe – außerordentlich verpflichtet.

Mir ist klar, daß es sich die meisten anderen Verlage gar nicht leisten könnten, soviel Zeit wie Random House auf die Bearbeitung eines Manuskripts zu verwenden. Den meisten Schriftstellern wäre das auch gar nicht recht. Doch wenn ich mir die Früchte der harten Arbeit ansehe, scheint sich der Aufwand doch gelohnt zu haben. Ein Grund für die große Akzeptanz und die relative Langlebigkeit meiner Bücher liegt in der Sorgfalt, mit der sie geschrieben und produziert werden, und dies ist zur Hälfte das Verdienst des Verlags. Ich war allerdings doch ziemlich verärgert, als mir eine besonders clevere Mitarbeiterin der *New York Times* einmal folgende Frage stellte: »Stimmt das

Gerücht, daß Random House jedes Ihrer Manuskripte von einer Handvoll hausinterner Experten umschreiben läßt, damit es überhaupt veröffentlicht werden kann?« Wer immer ihr das erzählt haben mochte, hatte die traditionelle Lektoratsbetreuung mit einem vom Verlag gesponsorten Ghostwriting verwechselt. Jedes Wort in meinen Büchern schreibe ich selbst, und wenn ich manchmal die falschen Wörter benutze, so ist es Aufgabe des Lektors, mich darauf hinzuweisen.

Wenn das Buch schließlich erscheint, entdecke ich fast ausnahmslos gleich am ersten Tag zwei Druckfehler. Soviel zur unendlich großen Aufmerksamkeit unendlich sorgfältiger Lektoren und Korrektoren. Schlimmer sind die ein oder zwei sachlichen Fehler, die sich einfach nicht vermeiden zu lassen scheinen. Bei *Colorado Saga* übersahen fünf Leser mit guten Kenntnissen in englischer Geschichte, daß ich Winston Churchills Vater Randolph an einer Stelle um die Hand einer amerikanischen Erbin anhalten ließ, die er doch schon längst geheiratet hatte. Und gegen Ende des Buches nenne ich meinen mexikanischen Helden *Triunfador* Marquez, obwohl er lange vorher als *Tranquilino* Marquez eingeführt wurde. Irrtümer dieser Art gehen auf mein Konto. Jeder einzelne von ihnen ist mir furchtbar peinlich, doch glücklicherweise gelang es, ihre Zahl auf ein Minimum zu reduzieren.

Nach langen Lehrjahren und intensiver Unterstützung durch einen tüchtigen Verlag wurde meinen Büchern stets eine beneidenswerte Behandlung zuteil: Man konnte mit großer Sicherheit davon ausgehen, daß sie am Tag der Veröffentlichung auf die Bestsellerliste kamen und sich dann erfreulich lange dort hielten. Wie ich schon zu Beginn dieses Kapitels sagte, habe ich mich selbst nie als »Bestsellerautor« bezeichnet und finde es eher amüsant, wenn man mich einen »kommerziellen Schriftsteller« nennt. Gewiß, meine Bücher waren – anders als von meinem ersten Agenten vorausgesagt – kommerzielle Erfolge, doch sie waren es nicht deshalb, weil ich es von vornherein darauf abgesehen hätte. Ich habe schwierige Bücher über schwierige Themen geschrieben, und meine Leser müssen schon über eine gewisse Willenskraft verfügen, um bis zur letzten Seite durchzuhalten. Der kommerzielle Erfolg war ein glücklicher Zufall, und ich bin überzeugt, daß ein halbwegs erfolgreicher Schriftsteller besser dran ist als ein erfolgloser.

Ein anderer Ausdruck gefällt mir dagegen recht gut, und es freut mich immer wieder, wenn ich ihn im Zusammenhang mit einem meiner Bücher lese: »ein kleiner Klassiker«. Gemeint ist ein Buch mit beschränkter Verkaufszahl, das ohne großes Aufsehen durch Mund-zu-Mund-Propaganda weiterverbreitet wird.

*Zen und die Kunst, ein Motorrad zu warten* von dem amerikanischen Philosophen Robert M. Pirsig ist ein solches Buch. Als es auf den Markt kam, fand es kaum Beachtung. Es zeigte sich dann aber, daß es den emotionalen Problemen einer großen Klientel offenbar entgegenkam. Sie pflegten eine Art Untergrund-Kult, durch den immer mehr Leser auf das Buch aufmerksam gemacht wurden. Oliver Statlers *Japanese Inn* war ein ähnlicher Fall – ein Essay, der so charmant präsentiert war, daß jeder, der sich die Mühe machte, hineinzuschauen, sich unweigerlich festlas und ihn weiterempfahl. Ein unscheinbares Büchlein mit dem Titel *Wings at My Window* aus der Feder der Amateur-Ornithologin Ada Clapham Govan war unter Vogelkundlern sehr populär. Es gab sogar professionelle Wissenschaftler, die bekannten, erst durch die Lektüre dieses heiteren, unverkrampften Buches auf die Ornithologie gebracht worden zu sein. Vor einigen Jahren wurde ein weiteres, ebenso kurioses wie liebenswertes Buch von seinen Fans in den Rang eines »kleinen Klassikers« erhoben: *84 Charing Cross Road* von Helene Hanff gewann als »Kultbuch« eine so große Anhängerschaft, daß später sogar ein poetischer Film daraus gemacht wurde, der seinerseits neue Anhänger mobilisierte.

Ich selbst habe drei Bücher geschrieben, die eventuell für diesen Ehrentitel in Frage kommen. Sie entsprechen der Definition insofern, als sie nicht vom allgemeinen Publikum gelesen wurden, sondern »von jedem, der sie gelesen haben sollte«. Das erste ist *The Floating World*, mein von großer Sympathie getragener Bericht über die Entstehung japanischer Drucke und ihre Einführung im Westen. Noch heute erstaunt es mich, daß ich damals ohne Kenntnis der japanischen Sprache und der großen Traditionen dieser Kunst die Kühnheit besaß, mich an einem solchen Buch zu versuchen. Heute hätte ich diesen Mut nicht mehr, doch ich bin froh, daß ich ihn in jüngeren Jahren besessen habe.

Mein Buch *Sports in America* wurde wenig beachtet und nicht gut verkauft, entwickelte sich aber zu einem Nachschlagewerk, das bei Leitern von Universitätssportvereinen, Trainern, Sportredakteuren und all jenen auf großes Interesse stieß, die sich über die Zukunft des Sports in einer Gesellschaft Gedanken machen, die mit dem Sport und seinen vielen, zum Teil äußerst häßlichen Begleitumständen nicht umzugehen weiß. An diesem Buch, an das ich keine großen Erfolgserwartungen knüpfte, habe ich sehr lange gearbeitet. Später freute ich mich, daß ich diese Zeit investiert hatte, denn wenn ich erfahre, daß auch nur eine Sporthochschule mein Buch als provokativen Seminartext verwendet, ist mir dies Lohn genug.

Am ehesten von allen meinen Büchern verdient die Bezeichnung »kleiner Klassiker« jedoch *Karawanen der Nacht*. Bei seiner Veröffentlichung erregte es wenig Aufsehen, doch wer sich für das obskure Land Afghanistan und die merkwürdigen Dinge interessierte, die sich dort zutrugen, dem mußte es früher oder später in die Hände fallen. Überall auf der Welt sind mir Menschen begegnet, die mir sagten, sie wären nie nach Afghanistan gereist, wenn sie nicht zufällig über mein Buch gestolpert wären. Oder sie waren bereits im Lande und wurden dort auf ein mit zahlreichen Eselsohren versehenes Exemplar aufmerksam gemacht, das von Hand zu Hand ging, weil es besser als alles andere in die afghanischen Geheimnisse einführte. Ich bin auf dieses Buch ziemlich stolz, obgleich es von den Verkaufszahlen her kaum Neid erregen dürfte.

Mit Sicherheit *kein* »kleiner Klassiker« ist *Die Brücke von Andau*, mein Buch über die ungarische Revolution von 1956. Ich schildere darin meine abenteuerlichen Erlebnisse bei der Rettung ungarischer Flüchtlinge vor dem kommunistischen Terror. Oftmals hinter den russischen Linien operierend, wurde ich mit Unterstützung eines großartigen katholischen Priesters zum Experten, wenn es darum ging, Rabbinern eine falsche Identität zu verschaffen: Sie mußten sich ihre Bärte abrasieren und die richtigen Antworten auf ein paar Fragen auswendig lernen, um als gläubige Katholiken durchzugehen. Das Täuschungsmanöver war notwendig, weil die Vereinigten Staaten zwar eine große Anzahl von Katholiken ins Land ließen, aber nur sehr wenige Juden. Da es absehbar war, daß die Katholiken die ihnen zugebilligten Einwanderungsquoten nicht erfüllen würden, sorgten der Priester und ich für vorübergehende Ad-hoc-Konversionen. Auch bei der Umwandlung von Juden in Presbyterianer – für die es ebenfalls noch freie Plätze gab – war ich federführend. Noch heute geschieht es hin und wieder, daß irgendwo auf der Welt jemand an meine Hotelzimmertür klopft, um mich daran zu erinnern, daß ich einst ihm, seiner Mutter oder seiner Schwester half, die wackelige Brücke bei Andau zu überqueren, und ihnen später Zuflucht in Amerika, Venezuela oder Australien verschaffte.

Der denkwürdigste Rettungsplan, den wir in jenem kalten Winter in die Tat umsetzten, entstand im Hotel Bristol im Herzen Wiens, das russischen Spionen, polnischen Emigranten, amerikanischen Rotkreuzmitarbeitern, dem künftigen U.S.-Senator Claiborne Pell und amerikanischen Journalisten als Hauptquartier diente. Ich hatte einen streng geheimen Kurierdienst organisiert, der weder über den großen österreichisch-ungarischen Grenzkontrollpunkt Nickelsdorf noch über den kleinen bei Andau operierte, sondern über den Bahnhof in der Nähe von

Sopron. Für nicht unerhebliche, von mir und Gleichgesinnten gesammelte und verteilte Dollarbeträge kehrten einige heldenhafte ungarische Flüchtlinge über die grüne Grenze nach Budapest zurück, um Angehörige von Familien zu retten, die bereits ins sichere Österreich geflohen waren. Der enorme Aufwand für dieses riskante, kostspielige Unternehmen war durch die Rettung vieler Menschenleben gerechtfertigt.

Eines Nachmittags traf ein bemerkenswerter Mann aus Hollywood in Wien ein: Tors Istvan – in Amerika unter dem Namen Ivan Tors bekannt – war der geniale Pionier der Unterwasserfotografie und Produzent der sensationell erfolgreichen Fernsehserie über den Delphin *Flipper*. Tors wünschte mich zu sehen und wollte über die von uns eingerichtete Fluchthilfeorganisation informiert werden. Dann rückte er mit seinem eigentlichen Anliegen heraus: Für fünfhundert Dollar sollten wir Tors' Mutter zunächst nach Sopron und von dort aus über die Grenze nach Österreich schleusen. Als Ungar *und* Hollywood-Produzent mußte Tors die Verläßlichkeit aller Beteiligter – inklusive meiner – zwangsläufig in Zweifel stellen, und so war er am Ende seiner Fragestunde mit den erhaltenen Auskünften nicht zufrieden. Er griff zum Telefon und befahl dem österreichischen Fräulein vom Amt: »Geben Sie mir Budapest!« Ich hielt die Luft an, weil in der Stadt zu eben jenem Zeitpunkt russische Panzer auffuhren. Nach überraschend wenigen Minuten kam die Verbindung zustande. »Mama!« brüllte Tors auf ungarisch ins Telefon (er übersetzte mir später den Inhalt des Gesprächs). »Hier spricht Istvan! Ja, in Hollywood läuft es ganz gut. Ich bin gerade in Wien, Mama. Ich schicke dir einen jungen Mann mit fünfhundert Dollar rüber. Er holt dich raus und bringt dich in Sicherheit. Ich habe ihm gesagt, daß er dich in der...« – er nannte die volle Anschrift – »... treffen wird. Geh mit ihm mit. Er ist ein ehrlicher Kerl, glaube ich. Ich warte hier auf dich.« Er gab uns Geld für den Kurier. Dann fuhr ich los Richtung Sopron und sah den jungen Burschen über die Grenze verschwinden. Da kurz darauf ein ernsteres Problem meine volle Konzentration beanspruchte, erfuhr ich nie, ob die kühne Strategie, eine kriminelle Fluchthilfeaktion per Telefonat mit der Hauptstadt eines besetzten Landes abzusprechen, von Erfolg gekrönt war.

Meine Aufmerksamkeit war von einem ziemlich betrüblichen Fall abgelenkt worden. Bei meinen Ausflügen hinter die russischen Linien begleitete mich eine geradezu tollkühne amerikanische Fotografin namens Dickie Chapelle, deren Bereitschaft, die Wachsamkeit der russischen Besatzungstruppen auf die Probe zu stellen, mich als reinsten Hasenfuß erscheinen ließ. Dickie war damals ungefähr fünfunddreißig Jahre alt und hatte schon die abenteuerlichsten Eskapaden hinter sich. Nach Wien war sie als freie Mitarbeiterin von *Time-Life* gekommen, doch als man in der Redaktion mitbekam, auf was für verrückte Abenteuer sie sich einließ, ließ man sie mehr oder weniger fallen. Ich nahm sie bei einer nächtlichen Fahrt an die ungarische Grenze mit und konnte ihren Wagemut zunächst einmal ein wenig eindämmen.

Wir aßen in jenen Tagen schon früh zu Abend, verließen die Stadt gegen 21.30 Uhr und erreichten Andau deutlich vor Mitternacht. Nachdem wir die Brücke ausgespäht und festgestellt hatten, wie viele russische Wachposten Dienst taten, schlüpften wir über die Grenze und bemühten uns, mit den Flüchtlingen Kontakt aufzunehmen, die aus der ungefähr 150 km weiter östlich liegenden Hauptstadt eintrafen. Schon bald war mir die Vermutung gekommen, daß die Russen über die Flucht dieser Dissidenten gar nicht unglücklich waren, denn hätten sie sie aufhalten wollen, so wäre ihnen das sicherlich nicht schwergefallen. Doch so, wie sich die Situation darstellte, konnten Dickie und ich die Flüchtlinge – Eltern, Kinder und ein paar Mitläufer – einsammeln, abwarten, bis die Russen anderweitig beschäftigt waren, und dann mit ihnen in die Freiheit rennen. Wenn gegen vier Uhr morgens der Strom der Flüchtlinge abebbte, kehrten wir wieder nach Wien zurück, wo meine Frau uns mit heißer Schokolade und kaltem Bier erwartete.

Es war ein mühseliges Geschäft. Dickie und ich retteten

Hunderte, doch mit der Zeit wurde meine Begleiterin übermütig und sah mit solcher Verachtung auf die Russen herab, daß mir angst und bange wurde und ich sie bat, wieder größere Vorsicht walten zu lassen. Als sie darauf bestand, ohne mich hinter die russischen Linien zu gehen, warnte ich sie: »Sie sind nicht unsterblich, Dickie. Sie vagabundieren dann mutterseelenallein in Ungarn herum. Wenn man Sie mit dieser Fotoausrüstung erwischt, haben Sie sofort ein Spionageverfahren am Hals.«

Dickie war der tapferste Mensch, der mir je begegnet ist. Sie hatte an vorderster Front bei den Marines gedient, war mit Luftlandetruppen über feindlichem Gebiet abgesprungen, hatte sich an den Fronten der kubanischen Revolution herumgetrieben und suchte überall die Gefahr. Einer unserer Mitstreiter in Wien sagte einmal zu mir: »Sie ist eine Einzelkämpferin, die beweisen will, daß sie genauso gut ist wie ein Mann.« Ich glaube, das war ihr Geheimnis: Dickie Chapelle war eine überzeugte Feministin und als solche ihrer Zeit weit voraus.

Dann kam der Tag, an dem ich, wie ich zu meiner Schande gestehen muß, Dickie für einen Moment aus den Augen ließ. Die Arbeitsbelastung war immens gewesen: In der Nacht retteten wir die Flüchtlinge, und tagsüber brachte ich ihnen bei, wie man sich als Katholik oder Presbyterianer verhält. Ich hatte Dickie ganz einfach vergessen. Anders Mari, meine Frau: Nachdem zwei Tage lang niemand etwas von Dickie gesehen oder gehört hatte, wurde sie nervös und begann sich zu erkundigen. Ja, es stimmte, Dickie war verschwunden. Zwei Zeitungsreporter hatten gesehen, wie sie sich in Richtung Grenze entfernt hatte. Doch sie war nicht zurückgekehrt. Diese ominöse Nachricht veranlaßte meine Frau, ihre Nachforschungen zu forcieren.

So schwer es mir fällt, in diesem Punkt bei der Wahrheit zu bleiben: Niemand von unseren Freunden in Wien und auch keine der dort ansässigen Organisationen nahm sich des Falles an; Mari war tatsächlich die einzige. Die zuständigen Stellen bei *Time-Life* reagierten ausweichend: »Wissen Sie, Frau Chapelle war ja eigentlich nicht bei uns angestellt« – sie wuschen ihre

Hände in Unschuld. An der Botschaft hieß es: »Alle Welt weiß, daß sie ein Hitzkopf war und über kurz oder lang in Schwierigkeiten geraten würde.« Aber Mari ließ nicht locker und fand trotz heftigster bürokratischer Widerstände schließlich heraus, daß Dickie weit hinter der Front von russischen Soldaten festgenommen worden war und inzwischen in einem Budapester Gefängnis in Einzelhaft saß.

In Wien interessierte ihr Fall noch immer kaum jemanden. Mari blieb jedoch hartnäckig. Ich erlebte mit, wie sie Behördenvertreter und andere Offizielle bearbeitete, und dachte insgeheim: »Sollte ich jemals verschwinden, wünsche ich mir, daß sie meinen Fall übernimmt.« Ihrer Beharrlichkeit und zweifellos auch dem Druck, den höhere Stellen letztlich doch ausübten, war es zu verdanken, daß die Russen nach langer, langer Zeit Dickie aus der Haft entließen. Mari fühlte sich für sie verantwortlich und lud sie zu einem Genesungsaufenthalt in unser Haus in Bucks County ein. Dort stellte ich ihr mein Büro und meine Schreibmaschine zur Verfügung, so daß sie ihre Geschichte aufschreiben und an *Reader's Digest* verkaufen konnte.

Damit begann ihr beruflicher Aufstieg: neue Aufträge von den Marines, neue Fronterlebnisse in Afrika und anderswo, neue Fallschirmabsprünge – und am Ende, wir alle hatten es irgendwie geahnt, ein Schritt rückwärts auf eine kommunistische Landmine in Vietnam. Sie war auf der Stelle tot.

Aus solch verwickelten Ereignissen und Erfahrungen stammt das Material, das Schriftsteller in ihren Büchern verwenden. Das Suchen, Zuhören und Trösten hört nie auf.

Bisher sprach ich ausschließlich von meinen kleineren Büchern, die nur für Leser mit besonderem Interesse an dem jeweiligen Thema von Bedeutung waren. Nun komme ich zur wahrscheinlich wichtigsten Phase meiner Schriftstellerkarriere. Als das Fernsehen aufkam, gelangte ich, wie schon an anderer Stelle erwähnt, zu dem Schluß, daß künftig immer mehr Leser nach längeren, inhaltsreichen Büchern verlangen würden. Diese Überzeugung war es, die mich in der Folgezeit dazu veranlaßte, mehrere sehr umfangreiche Romane zu schreiben, dank derer ich allmählich den Status des fleißigen, aber nicht sonderlich erfolgreichen Schriftstellers überwand und in den Kreis jener verhältnismäßig wenigen Berufskollegen aufsteigen konnte, die in der glücklichen Lage sind, von ihren Einkünften gut leben zu können. Es ist immer wieder ernüchternd, wenn man sich vor Augen führt, wie vielen hervorragenden Schriftstellern dies *nicht* vergönnt war: Herman Melville verdiente seinen Lebensunterhalt als kleiner Angestellter im New Yorker Zollamt, Thornton Wilder war Schullehrer, Robert Penn Warren College-Professor. Die Zahl der ausgezeichneten Lyriker mit unbedeutenden, kräftezehrenden Berufen ist Legion. Ihr Schicksal ist eine ständige Erinnerung an die Zufälligkeit und Ungerechtigkeit, mit der die Früchte der Schriftstellerei verteilt werden.

Bei der Themenauswahl für meine großen Romane war ich von einer einzigen Zielvorstellung geleitet: Ich wollte ein Buch schreiben, das ich auch selber gerne lesen würde und das ein Thema von mehr als nur vorübergehendem Interesse behandelte. Meine Neigung zu großen, umfangreichen Themen rührt daher, daß ich den Leser dazu bewegen will, sich intensiv und über einen längeren Zeitraum hinweg mit bestimmten Ideen und Vorstellungen von Gewicht auseinanderzusetzen, und wenn meine Bücher eine gewaltige Datenfülle enthalten, dann deshalb, weil ich dem Leser die Freude einer ständigen Wissenserweiterung vermitteln möchte.

Dank dieser etwas abgehobenen Ziele war es mir möglich, jene reißerischen Themen zu ignorieren, die gemeinhin für bestsellerträchtig gehalten werden. Ich habe mich stets geweigert, extreme Gewalt, exhibitionistischen Sex, Pornographie, Sadismus und abartige, allein der Schockwirkung dienende psychische Verirrungen zu schildern. Dergleichen war, so fand ich, unter meiner Würde und außerdem nicht notwendig, um jene Leser zu erreichen, die ich mir wünschte und deren Interesse nach meiner Überzeugung ganz woanders lag: Sie wollten etwas über die Hoffnungen und Enttäuschungen ganz normaler Menschen erfahren, wollten neue Gedanken und Ideen sowie entlegene Länder und Regionen kennenlernen und interessierten sich für althergebrachte Themen der soliden Erzählkunst: das Heranreifen eines menschlichen Geistes, die Herausforderungen des Erwachsenwerdens, den Kampf ums Dasein, das Älterwerden in Würde oder Verzweiflung und das Mysterium des Todes. Ich wollte die menschlichen Leidenschaften schildern: meine Romanfiguren würden sich verlieben, Kinder bekommen, von anderen betrogen und vor schwierige moralische Entscheidungen gestellt werden. Sie würden den Krieg, schwere Wirtschaftskrisen und große Siege erleben und allen emotionalen Fallstricken begegnen, die auch im realen Leben auf uns lauern. Nur sehr wenige von ihnen sollten echte Heldinnen oder Helden werden und keiner ohne Fehl sein.

Ich habe mich bemüht, einfache, aber einprägsame Charaktere in den Mittelpunkt meiner Erzählungen zu stellen; Menschen, von deren Leben eine gewisse Strahlkraft ausging, deren Tun und Lassen, ob gut oder schlecht, mein Anliegen erhellte und deren ehrenhaftes, feiges, gottgleiches oder teuflisches Verhalten stellvertretend war für das Verhalten von Menschen aus dem Bekanntenkreis der Leserinnen und Leser. Da es in der Belletristik nichts Lohnenderes gibt, als auf einer Buchseite echte Menschen agieren zu sehen, habe ich mit allen mir zu Gebote stehenden Mitteln versucht, meinen Figuren Leben einzuhauchen. Wie ein Schriftsteller dies schafft, bleibt ein geheimnisvolles Rätsel, aber manchmal gelingt es ihm eben – und wenn es klappt, ist es eine großartige Sache.

An einen Schriftsteller, der einen relativ hohen Bekanntheitsgrad erreicht hat, werden die verschiedensten Bitten herangetragen. Keine war seltsamer als jene, mit der ich mich während der berühmten Stierkämpfe in Pamplona konfrontiert sah. Eines Abends kamen drei junge, intelligente Australierinnen an meinen Tisch und sprachen mich an: »Mr. Michener, wir haben erfahren, daß Sie in Kürze nach Tanger reisen wollen. Es gibt dort eine schwer drogensüchtige junge Engländerin, die nicht mehr lange zu leben hat. Könnten Sie vielleicht bei ihr vorbeischauen und versuchen, sie zu ihren Eltern nach England zurückzuschicken?«

Als ich in Tanger eintraf, war die junge Frau schon tot. Ich sorgte für die Überführung des Leichnams nach England und stürzte mich danach in die Drogenszene von Marrakesch. Das aus dieser Erfahrung entstandene Buch *Die Kinder von Torremolinos* irritierte viele meiner Leser, die der Meinung waren, ich sei damit doch sehr weit von meinem bis dato eingeschlagenen Pfad abgewichen. Andere, die jede abwertende Bemerkung über Drogen ablehnten, waren sogar sehr böse auf mich. Doch in den Jahren nach dem Erscheinen des Buches wurde ich nach jedem öffentlichen Auftritt von besorgten Eltern – Richtern, Professoren, Anwälten, Geistlichen, einfachen Hausfrauen und vielen anderen – angesprochen. Sie nahmen mich beiseite, erzählten mir von ihrem verlorenen Sohn oder der verlorenen Tochter und baten mich um Rat. Meine Antwort war stets die gleiche: »Nach meiner Erfahrung kommen fünfundachtzig Prozent dieser jungen Leute wieder aufs rechte Gleis – und sind dann vielleicht viel stärkere Persönlichkeiten als zu dem Zeitpunkt, da sie aus der Bahn gerieten.«

»Und die anderen fünfzehn Prozent?«

»Das sind die, die Sie vergessen können.« Ich benutzte diesen häßlichen, rüden Ausdruck immer wieder, um den guten Leuten die schockierende Erkenntnis zu vermitteln, daß ihre Kinder vielleicht wirklich verloren waren und entweder bald sterben oder den Rest ihres Lebens in permanenter Ziellosigkeit verbringen würden. Doch zum Schluß sagte ich stets: »Fünfundachtzig gerettet, fünfzehn verloren. Die Chancen stehen nicht schlecht. Es besteht berechtigter Anlaß zur Hoffnung.«

Ich war auf ein Thema gestoßen, das für Tausende von Eltern enorm wichtig war. Die Resonanz des Buches war in Ländern wie Deutschland, Schweden und Holland größer als in den Vereinigten Staaten, da das Phänomen der »driftenden« Jugendlichen in diesen Ländern weiter verbreitet war als bei uns. Rückblickend halte ich dieses Buch für eines der nützlichsten, das ich je geschrieben habe, denn es öffnete vielen Menschen die Augen und gab ihnen Hoffnung.

Still und leise, ja von mir fast unbemerkt, stiegen die Verkaufszahlen meiner großen Romane bis zu jenem Punkt, an dem ich den unschönen Beinamen »Bestsellerautor« erhielt. Da ich mich selbst lediglich in die Tradition hart arbeitender Schriftsteller einordnete, war ich mit dieser Bezeichnung höchst unzufrieden. Ich stand vor einem Dilemma: Einerseits freute es mich natürlich außerordentlich, daß ich so viele Leser gewonnen hatte, und ich war auch keineswegs unglücklich über das gestiegene Einkommen – andererseits aber ärgerte ich mich darüber, daß nun unweigerlich der Schluß gezogen wurde, ich arbeitete ausschließlich für Geld und Ruhm.

Mein Unbehagen ging teilweise zurück auf ein groteskes Erlebnis in einem in seiner Art einzigartigen Antiquariat in der tiefsten Provinz nicht weit von Cape Canaveral in Florida. Ich war damals in meiner Eigenschaft als Mitglied des NASA-Komitees mit Problemen der Weltraumfahrt beschäftigt, und da ich zu diesem Zweck Ausgaben des *World Almanac* aus früheren Jahren brauchte, schickte man mich in dieses Geschäft.

Als ich den aus allen Nähten platzenden Laden betrat, sah ich an allen Ecken und Enden Bücher in schier chaotischer Überfülle. Doch der Ladenbesitzer wußte genau, was er besaß, und als ich ihn nach alten Ausgaben des *Almanac* fragte, verwies er mich unverzüglich auf ein wackeliges Regal, wo ich tatsächlich drei Exemplare fand, die ich gebrauchen konnte. Als es ans Bezahlen ging, fragte er mich nach meinem Beruf. Ich erwiderte, daß ich in Cape Canaveral – oder Cape Kennedy, wie die Regierung es genannt haben wollte – arbeitete, worauf er mich für einen Ingenieur hielt.

»Nicht direkt«, sagte ich. »Ich bin Schriftsteller.« Als er auf meiner Kreditkarte meinen Namen las, hellte sich sein Blick auf. »Ich habe immer ein paar von Ihren Büchern da. Sie gehen ziemlich gut.« Auf einem anderen Regalbrett standen tatsächlich vier gebrauchte Romane von mir. Die Befriedigung, daß meine Bücher auch gebraucht noch im Umlauf waren, war indessen nicht das entscheidende Erlebnis. Dicht neben dem Regal mit meinen Büchern stand nämlich ein großer Bücherschrank. Der Leser muß sich, um die Situation richtig einschätzen zu können, die Dimensionen dieses Schrankes vergegenwärtigen: Er war fast zweieinhalb Meter hoch und reichte somit bis an die Decke. Die acht großen Bücherbretter waren annähernd zwei Meter breit. Jeder Zentimeter dieses eindrucksvollen Möbels war ausgefüllt mit schmalen Taschenbüchern, deren Rücken sich dem Betrachter darboten – und was für eine lebendige, farbenfrohe Riege sie waren!

»Was ist denn das?« fragte ich, worauf der Ladenbesitzer stolz erwiderte: »Das ist unser Barbara-Cartland-Schrank.« Ich fragte: »Und wer ist Barbara Cartland?« Worauf sein Unterkiefer herunterklappte.

»Sie kennen Barbara Cartland nicht, die beliebteste Schriftstellerin der Welt?« Nein, bisher sei mir die Dame unbekannt, gab ich zurück. Er lachte. »Na, dann wird's aber Zeit!« Worauf er mich auf diese riesige Sammlung an Taschenbüchern losließ. Nachdem ich mir ungefähr ein Dutzend davon näher angesehen hatte, war mir klar, daß diese Barbara Cartland – wer immer sie sein mochte – eine erfindungsreiche Feder führte, denn erst nach zwei Regalbrettern fiel mir ein Roman auf, der mehr als einmal vertreten war. Den knallig bunten Titelseiten nach zu urteilen, handelten die meisten von schönen, jungen, oft in Chiffon gekleideten Mädchen, die in Herzensangelegenheiten mit gutaussehenden jungen Männern verbunden waren, unter denen sich allerdings auch einige zweifelhafte Charaktere zu befinden schienen.

»Wer ist denn diese Frau?« fragte ich. Der Ladenbesitzer gab mir Auskunft: »Eine Engländerin mit entfernten verwandtschaftlichen Beziehungen zum Adel. Sie schreibt vier bis fünf Romane pro Jahr und hat die treueste Lesergemeinde der Welt. Die Frauen lesen ihre Bücher nicht, sie verschlingen sie.« Kurz nachdem er dies gesagt hatte, betrat eine ältere Dame den Laden. Sie verkörperte den Typ Großmutter, wie ihn Norman Rockwell auf einem Thanksgiving-Day-Bild hätte darstellen können. Die Dame hatte eine Einkaufstasche mit fünf Romanen von Barbara Cartland bei sich, und es wurde bald klar, wie das Geschäft funktionierte: Sie gab die gelesenen Bücher in Zahlung und legte für jedes neue, das sie mitnahm, zehn Cent drauf. Doch zunächst gab sie ihre Bücher zurück, steuerte schnurstracks auf den Cartland-Schrank zu und griff sich rasch fünf neue Bücher heraus, deren Wert sie nach der Lebendigkeit des Umschlagbilds beurteilte.

An der Kasse fragte sie den Ladenbesitzer: »Habe ich diese hier schon gelesen?« Kurz entschlossen sortierte er ihre Auswahl in zwei Stapel: »Die drei hier sind neu, glaube ich. Die anderen zwei hatten Sie schon einmal.« Er holte seiner Kundin zwei Ersatztitel und versicherte ihr, daß sie ihr gefallen würden. Wenn der Ausdruck *Bestsellerautor(in)* fällt, denke ich nicht an mich selbst, sondern an Barbara Cartland, und so sehr ich die Lady nach allem, was ich über ihre kühnen öffentlichen Auftritte als *grande dame* gelesen habe, schätze, so möchte ich doch nicht mit ihr in der gleichen Kategorie geführt werden.

Wie kann nun aber ein Schriftsteller, wenn er von der Öffentlichkeit als »Bestsellerautor« abgestempelt wird, der negativen Einstufung entkommen, die mit diesem Begriff einhergeht? Sagt jemand »Jones ist ein Bestsellerautor«, so meint er damit eigentlich »Jones ist *nur* ein Bestsellerautor« – mit all der damit verbundenen Herablassung. Balzac war und ist ein Bestsellerautor, genauso wie Dickens, Camus, Hemingway und Pearl S. Buck, aber auch Harold Bell Wright und Barbara Cartland Bestsellerautoren und -autorinnen waren bzw. sind. Auch ich war zu meiner Zeit gewiß einer. Dies führt nun zwangsläufig zu zwei

Fragen, über die Schriftsteller in der Öffentlichkeit nicht gerne sprechen, obwohl sie privat eine ganze Menge darüber reden. »Was haben Sie mit all Ihren Tantiemen gemacht?« und »Wie sehen Sie sich selbst als Schriftsteller?« An dieser Stelle will ich mich, wie andere auch, vor diesen impertinenten Fragen drücken, doch in den letzten beiden Kapiteln werde ich sie beantworten.

Jetzt möchte ich auf ein paar andere Fragen eingehen, die einem immer wieder gestellt werden.

»Bei welchem Ihrer Bücher hat Ihnen die Arbeit am meisten Spaß gemacht?« – Die größte Herausforderung war *Die Quelle*. Hier ging es um unsterbliche Themen, die Recherchen in drei Sprachen erforderten, die ich nicht lesen kann: Hebräisch, Russisch, Deutsch. Jedesmal wenn ich an dieses Buch denke, schicke ich ein kleines Dankgebet dafür gen Himmel, daß ich mich an dieses Projekt frühzeitig herangewagt habe. Heute wäre ich zu alt für eine derart arbeitsintensive Aufgabe.

»In welchem fremden Land haben Sie am liebsten gearbeitet?« – Ich glaube, daß jeder, der als junger Mann in der von mir geschilderten Zeit Afghanistan und das so extrem rauhe und vorbiblische Leben dort kennengelernt hat, darin einen Höhepunkt seines Abenteurerlebens sehen wird.

»In welcher Stadt haben Sie am liebsten gearbeitet?« – Eindeutig in Denver, wo ich während der Arbeit an *Colorado Saga* mein Quartier aufgeschlagen hatte. In östlicher Richtung erreicht man nach einer halben Stunde Fahrtzeit die großen Flatlands, die mich so faszinierten; in westlicher Richtung ist man in der gleichen Zeitspanne schon in den hohen Vorbergen der Rocky Mountains und ein paar Minuten später bereits auf den höchsten Plateaus. Darüber hinaus lag mein Arbeitszimmer nur fünfzehn Minuten von einem großen internationalen Flughafen entfernt – und zehn Minuten von einer stattlichen Bibliothek mit einer Quellensammlung zur Geschichte des amerikanischen Westens, die ihresgleichen sucht. Allerdings hat dieses Bergparadies auch einen lähmenden Nachteil, und das ist der unerträgliche Smog, der dort herrscht. Nicht einmal die abgasspuckenden Auspuffrohre von Los Angeles bringen etwas Vergleichbares zustande. Gäbe es dort keinen Smog, würde ich in Denver leben, zumal es infolge der zahlreichen wichtigen Bundesbehörden, die sich dort angesiedelt haben und über eine Vielzahl außergewöhnlich intelligenter Mitarbeiter verfügen, ohnehin die Ersatzhauptstadt der Vereinigten Staaten ist.

»Wie viele Rechercheure auf Vollzeitbasis beschäftigen Sie?« – Einen, und der bin ich selber. Für mein Sportbuch und *Colorado Saga* stand mir jeweils ein aufgeweckter junger Mann als Teilzeitkraft zur Seite; beide Helfer waren mir jedoch von Leuten, die mir einen Gefallen schuldig waren, zur Verfügung gestellt worden, und ich muß betonen, daß sie für mich als Rechercheure und kritische Sichter von Daten und Fakten, nicht aber als Schriftsteller arbeiteten. Ich bin es, der das von solchen Zuarbeitern gesammelte Material lesen, beurteilen und schriftstellerisch verarbeiten muß. In den meisten Fällen hatte ich nicht einmal Helfer bei der Literatursuche; gab es sie doch, wußte ich ihre Unterstützung zu schätzen. Außerdem hatte ich das Glück, bei allen schrifstellerischen Tätigkeiten, die ich in meinem Leben übernahm, Sekretärinnen zu finden, die wahre Zauberinnen an der Schreibmaschine und, später dann, am Computer waren. Jeder Schriftsteller weiß, daß die Arbeit an einem umfangreichen Manuskript ohne solche Hilfe kaum möglich wäre.

Eine Sekretärin ragt heraus. In Israel arbeitete eine Frau für mich, die ihre jüdische Religion ernst nahm. Als ich Jehova einer meiner Romanfiguren einen schweren Schicksalsschlag versetzen ließ, hielt sie dies für ungerechtfertigt, schrieb an den Rand des Manuskripts: »Das war aber nicht sehr nett von Gott!« und weigerte sich, die betreffende Passage abzutippen. Mir, der ich der Meinung war, daß Jehova bisweilen recht willkürlich handeln konnte, blieb nichts anderes übrig, als die Stelle noch einmal mit der Hand abzuschreiben und sie der betreffenden Manuskriptseite anzuheften. Danach fürchtete ich mich, der Sekretärin zu zeigen, was ich getan hatte.

»Welches Ihrer Bücher ist Ihr Lieblingswerk?« – Immer das nächste. Ich hoffe, daß es mir diesmal gelingen wird, die Handlungsfäden beisammenzuhalten, die Figuren einigermaßen realitätstreu zu gestalten, das Thema einleuchtend darzustellen, den einen oder anderen Absatz zum Klingen zu bringen – kurz: daß ich es diesmal »schaffe«. Es ist dies, denke ich, eines jeden Schriftstellers immerwährender Ehrgeiz und sein ständiges Gebet; auf jeden Fall aber ist es das meine. Die Angst vor einem möglichen Scheitern befällt einen, gerade wenn man mitten in der Arbeit steckt und mit seinem Thema ringt, viel häufiger und viel schlimmer, als der außenstehende Betrachter ahnen dürfte. Welcher andere Künstler als der Autor eines sehr umfangreichen Buches kennt die beklemmende Furcht, drei Jahre unermüdlicher Schufterei könnten sich am Ende als reine Energieverschwendung entpuppen? Der Lyriker sitzt nicht drei Jahre lang an einer Ode; der Maler, der mit einem normal großen Bild beginnt, investiert darin nicht die gleiche Zeit und Energie wie der Romancier in seinen Roman, und er hat, wenn er versagt, auch nicht die gleichen Konsequenzen zu tragen. Ich denke, der Dramatiker lebt in gleicher Ungewißheit, ja vielleicht in noch größerer, denn er muß einen Sponsor, ein Theater, einen Regisseur, einen Produzenten, eine Starbesetzung und, wenn er ein Musical geschrieben hat, einen Komponisten sowie einen Dramaturgen finden, der das Stück kürzt, wenn es eine halbe Stunde zu lang ist. Ich halte den Beruf des Dramatikers für den kompliziertesten, den des Romanschriftstellers für den einsamsten und gefährlichsten und den des Lyrikers, dessen Werke unter den gegenwärtigen Verhältnissen von traditionellen Verlagen kaum noch angenommen werden, für den aussichtslosesten.

Obwohl ich viele Bücher geschrieben habe, die sehr beifällig aufgenommen wurden, plagen mich bei größeren Projekten auch heute noch schlimme Ängste und Selbstzweifel: »Wer will schon so viele Seiten über die Suche nach einer Goldmine lesen – selbst wenn ich dabei etwas zustande bringe, das mir persönlich ganz gut gefällt?« Das Echo der Angst ist immer gegenwärtig. Zwar hat die Öffentlichkeit meine Bücher zu Bestsellern gemacht, doch ich habe in meinem Bestreben, die Bücher dorthin zu bringen, wo das Publikum sie finden kann, oft in bedrückendem Schweigen vor mich hin geschwitzt.

Bei der Auswahl meiner Themen habe ich mich stets geweigert, Zugeständnisse an meine Leser zu machen und um ihre Gunst zu buhlen. Dagegen habe ich immer sehr darauf geachtet, daß meine Bücher gut aussehen und angenehm in der Hand liegen. Ich verehre schöne – ich meine nicht: teure – Bücher und bin stolz darauf, wenn ich meinem Verlag erfolgreich bei der Herstellung eines respektablen Produkts helfen konnte. Dazu gehören starke Einbanddecken, eine passende Schrift in angemessener Größe; gutes, undurchsichtiges Papier; eine ordentliche Spationierung der Buchstaben, so daß das Auge ganze Zeilen erfassen kann, ohne über Gießbäche zu stolpern; exzellente Karten, falls erforderlich, sowie rundum der Eindruck von handwerklicher Gediegenheit. Manchmal überkam mich reumütige Einsicht, wenn ich sah, daß wegen der Überlänge eines Buches eine ungewöhnlich kleine Schrift gewählt werden mußte. Ich nahm mir dann vor, mich das nächste Mal etwas kürzer zu fassen. Mit anderen Worten: Ich habe ein Faible dafür, ästhetisch ansprechende Bücher zu produzieren. Ein oder zwei in Asien hergestellte Bücher erwiesen sich in dieser Hinsicht als wahre Juwelen, und sämtliche Originalausgaben meiner Bücher in Amerika konnten sich durchaus sehen lassen. Es gab auch einige sehr hübsche, teure Spezialausgaben. Die meisten Nach- oder Neuauflagen waren akzeptabel – und einige wenige so unprofessionell, daß sie mir Schande machten.

Was die herstellungstechnische Seite meiner Bücher betrifft, so habe ich mich früher vor allem um die Innenansichten, das heißt um die Schrift und das Papier gekümmert. Erst in späteren Jahren lernte ich auch die Bedeutung des äußeren Erscheinungsbilds zu schätzen. Den Titeln meiner Bücher habe ich, da mich dieser Aspekt generell wenig interessiert, nie große Aufmerksamkeit gewidmet. Ich denke mir sieben oder acht mögliche Titel aus, die mir alle gleich recht wären, und lasse Random House das letzte Wort. Es kam auch vor, daß der Verlag von sich aus einen überzeugenden Gegenvorschlag machte. Mir fehlt das Talent, große, eingängige Titel wie *Vom Winde verweht* oder *Endstation Sehnsucht* zu ersinnen, und so kam ich mit der Zeit zu dem Schluß, daß ein guter Titel das ist, was auf dem Umschlag eines guten Buches steht.

Wie wichtig ein schöner, bunter Umschlag für ein gebundenes Buch und ein möglichst schreiender für ein Taschenbuch ist, wurde mir, fürchte ich, erst anläßlich eines lehrreichen Erlebnisses in London klar. Während eines unerwarteten Aufenthalts in der britischen Hauptstadt legte mein dortiger Verleger großen Wert darauf, daß ich dem Taschenbuchverlag, der mit meinen Büchern recht gute Geschäfte machte, einen Besuch abstattete. Ich sah dazu keine Veranlassung, aber mein Verleger ließ nicht locker: »Ein Höflichkeitsbesuch, Jim, nur um den Leuten zu zeigen, daß Sie Ihre Unterstützung zu schätzen wissen! Sie haben wahnsinnig viel für Sie getan.«

Wir fuhren also hinaus in die reizvolle, ländliche Umgebung Londons. Beim Betreten des Verlags wurde ich sogleich in ein nicht sehr großes, aber auch nicht gerade winziges Zimmer geführt, das ich nie vergessen werde, da ringsum alle vier Wände mit Bücherregalen gesäumt waren, in denen die diversen Auflagen meiner Bücher zur Schau standen. Nehmen wir einmal an, es gab jeweils zehn Versionen von fünfzehn verschiedenen Büchern, alle von der gleichen Größe. Alle Titel waren in der chronologischen Reihenfolge ihres Erscheinens eingeordnet – die erste Auflage links, die letzte, vom vergangenen Monat, rechts, und alle in den buntesten Farben. Nachdem ich meine erste Überraschung angesichts dieser farbenfrohen Parade überwunden hatte, fiel mir auf, welches Prinzip dahintersteckte: Auf dem Cover der Bücher befand sich jeweils ein attraktives junges Mädchen, das mit fortlaufender Auflage immer weniger Kleider am Leibe trug. Am Ende fragte ich mich, wie das bei den nächsten drei, vier Neuauflagen weitergehen sollte.

Ein Manager klärte mich auf: »Wir verfolgen die Buchhandelsverkäufe sehr aufmerksam. Wenn wir merken, daß einer Ihrer Titel ein wenig nachläßt, geben wir ihm schleunigst ein neues Cover – und schon werden Ihre Worte wieder quicklebendig.« Ich glaube, es gab an die fünfzehn Auflagen von *South Pacific* (es kann auch *Hawaii* gewesen sein). Sie boten einen grauenhaften Anblick. Aber auch bei einigen anderen Büchern prangten üppige Schönheiten im Negligé auf den Umschlägen, von denen im Buch nirgends die Rede war, .

Beim Mittagessen lernte ich den für die Schutzumschläge verantwortlichen Graphiker kennen. »Ich verdanke Ihnen fast eine Dauerstellung«, sagte er zu mir. »Gelesen habe ich noch keines Ihrer Bücher. Die Lektoren nennen mir die Stellen, auf die es ankommt, und ich kümmere mich um den Rest.« Er schätzte, daß er inzwischen schon an die hundert Cover für Michener-Bücher produziert hatte. Ich war definitiv nicht begeistert von soviel nackter Haut, doch fehlte mir jede Handhabe für einen erfolgreichen Protest.

Zu meiner aufschlußreichsten Begegnung mit einem ausländischen Verleger kam es während eines Zwischenaufenthalts in Istanbul. Ein netter türkischer Gentleman, der aus der Presse von meiner Anwesenheit erfahren hatte, suchte mich in meinem Hotel auf. Er hatte fünf oder sechs meiner Bücher dabei, für die ich, da die Türkei sich nicht an das Internationale Copyright-Abkommen hält, nie einen Penny gesehen hatte. Nachdem er seine Raubdrucke stolz vor mir ausgebreitet hatte, fragte er mit fast väterlicher Neugier: »Was meinen Sie? Welches Ihrer Bücher soll ich als nächstes bringen?« Ich antwortete nicht direkt, sondern wies auf eines der türkischen Bücher, das sich durch einen besonders grellen Schutzumschlag auszeichnete, und bat ihn, mir dieses schockierende Kunstwerk zu erklären. »Wir hatten in der Türkei eigentlich noch nie einen wirklich guten Lesbenroman«, antwortete er. »Ich dachte mir also, wenn wir Ihre Geschichte ein wenig umformulieren...« Er nahm das Buch auf und präsentierte es mir auf beiden Händen wie ein wertvolles Juwel.

Die letzte Frage: »Nützt es was, auf der Umschlagrückseite ein Foto des Autors abzubilden?« – Mir nicht, denn ich sehe ganz einfach nicht aus wie ein Autor oder sonst etwas Besonderes. Ich überlasse New York die Auswahl der jeweiligen Pose und halte manchmal erschrocken die Luft an, wenn ich das Ergebnis sehe: »Mein Gott, bin das wirklich *ich*?« Stammt das Buch dagegen aus der Feder eines gutaussehenden jungen Mannes mit markanter Kieferpartie oder einer bildhübschen jungen Frau mit einem herausfordernden Lächeln, kann das Rückseitenfoto tatsächlich eine wichtige Verkaufshilfe sein, vor allem bei Erstlingen. Es gibt anscheinend einen lebhaften Handel mit den Fotos junger Schriftsteller, denn erst unlängst hat eine unternehmungslustige Firma ein Foto von mir aus dem Jahr 1946 ausgegraben und einen schönen Hochglanzdruck davon angefertigt, der für ungefähr drei Dollar pro Stück verkauft wird. Er geht offenbar ganz gut, denn ich bekomme ihn immer wieder mit Autogrammwünschen zugeschickt. Ich versehe ihn dann mit meinem Geburtsdatum – 3. Februar –, dem aktuellen Jahr – also zum Beispiel 1991 – sowie mit einer Unterzeile »Porträt des Schriftstellers an seinem vierundachtzigsten Geburtstag« – und überlasse es dann anderen, aus diesem Rätsel schlau zu werden.

Äußerliche Aspekte eines Buches können also fotogenen Autoren, die sich geniale Titel haben einfallen lassen, durchaus weiterhelfen. Die Titel, Schutzumschläge und Porträtfotos meiner Bücher waren indessen nur in geringem Maße für meinen Erfolg verantwortlich. Die entscheidenden Faktoren waren, und so sollte es bei Büchern ja auch sein, der verbale und intellektuelle Inhalt. Doch über diesen Satz hinaus habe auch ich keine detailliertere Erklärung dafür anzubieten, was es nun eigentlich war, das meine Leser anzog und bei der Stange gehalten hat. Ich kann hier nur beschreiben, was ich tue, und muß es dem Leser oder der Leserin überlassen, seine eigenen Schlußfolgerungen daraus zu ziehen.

Ich habe sorgfältig daran gearbeitet, mir einen fließenden Erzählstil anzueignen; der Leser soll sich am Ende von Seite eins animiert fühlen, zu Seite zwei umzublättern. Das gleiche gilt auch für Kapitel. Ich neigte zu einem klassischen Präsentationsstil und hoffte stets, daß das Buch inhaltlich kohärent war und am Ende das Gefühl eines befriedigenden Abschlusses vermittelte. Dies sind bescheidene stilistische Ziele, die zu verwirklichen indes recht schwer ist.

Kritiker haben gelernt, Bestsellern gegenüber mißtrauisch zu sein, und das durchaus zu Recht. Ich bezweifle, daß die fünfzig letzten Romane der Barbara Cartland auch nur einen ernsthaften Rezensenten gefunden haben. Die Kritiker kamen schon bald dahinter, daß dies nicht nötig war. Aus ganz ähnlichen Motiven halten einige Rezensenten es für überflüssig, Bücher von Schriftstellern zu besprechen, die – wie ich – bereits auf eine Reihe von Verkaufserfolgen zurückblicken können. Ich bin davon überzeugt, daß diese frühe Abqualifizierung mir geschadet hat.

Dennoch möchte ich an dieser Stelle auf die öffentliche Reaktion auf vier meiner Bücher etwas näher eingehen. *Hawaii* löste auf der Insel einen Sturm der Entrüstung aus. Die dortigen Zeitungen veröffentlichten seitenweise erboste Leserbriefe, in denen ich diffamiert wurde. Ein Blatt brachte sogar einen langen Leitartikel, in dem mir geraten wurde, die Insel zu verlassen und nie wieder zurückzukehren. Die Verdammung war allerdings nicht so schlimm wie jene, die Robert Louis Stevenson ein Dreivierteljahrhundert zuvor beim Verlassen der Insel getroffen hatte. Weil er sich sehr lobend über Pater Damien äußerte, einen katholischen Priester, der die Leprakranken auf Molokai gepflegt hatte, fühlten sich einige Missionarsfamilien

so beleidigt, daß ein Zeitungsredakteur der Hoffnung Ausdruck verlieh, das Schiff, mit dem Stevenson unterwegs war, möge untergehen. Doch die freundliche Aufnahme, die *Hawaii* anderswo erfuhr, sowie der Umstand, daß das Buch Tausende von Besuchern auf die Insel lockte, brachte die Animositäten zum Abklingen. Im Laufe der Jahre erkannten die Einwohner, daß mein Buch sogar zu den positiven Ereignissen auf ihren Inseln zählte. Ein freundlicher Leitartikler schlug auf einmal ganz andere Töne an: »Komm nach Hause, Jim. Es ist alles vergeben.«\*
Die erstaunlichsten Konsequenzen aus der Veröffentlichung des Buches ergaben sich aber für die größte Kirche der Insel. Eine Vielzahl von Urlaubern, die das Buch gelesen hatten und sich daran erinnerten, daß der Protagonist Priester gewesen war, belästigten das Kirchenpersonal mit der Frage, wo Abner Hale denn nun begraben liege. Die Fragerei war so penetrant, daß sich die Kirche genötigt sah, ein kleines Faltblatt zu veröffentlichen, welches die Besucher geduldig und in aller Höflichkeit daran erinnerte, daß Pfarrer Hale nur eine fiktive Person war. Ein Kirchenvertreter sagte zu mir: »Die Leute lesen es und sagen: ›Hochinteressant! Aber wo ist sein Grab?‹ Kann sein, daß wir eines Tages die Versuche, sie vom Gegenteil zu überzeugen, aufgeben.«

*Iberia*, mein Spanien-Buch, war das erste von dreien meiner Werke, die in den Ländern, die sie thematisch behandelten, offiziell verboten wurden. Dem Franco-Regime gefielen meine Bemerkungen über die mächtige Guardia Civil und die quasi-religiöse geheime Bruderschaft Opus Dei nicht. Ganz ähnlich war die Situation in Polen; mein Roman *Mazurka* wurde verboten, weil die kommunistischen Machthaber meine Kommentare über ihre sowjetischen Herren für inakzeptabel hielten. Besonders lehrreich war jedoch der Fall Südafrika. *Verheißene Erde* fiel der

---

\* Ein großer Buchhändler, der zum Teil von der führenden intellektuellen Institution der Inseln gesponsort wird, weigerte sich allerdings, *Hawaii* in sein Sortiment aufzunehmen – angeblich, weil das Buch nichts tauge. Dennoch kommen dauernd Kunden in den Laden und verlangen *Hawaii*.

regierungsamtlichen Zensur wegen angeblicher »Irrtümer und Verdrehungen« zum Opfer.

Die Behörden der ersten beiden Länder machten die Erfahrung, daß die von ihnen verbotenen Bücher im Gepäck vieler ausländischer Besucher zu finden waren und daß viele Reisende aussagten, sie seien hauptsächlich deshalb gekommen, weil sie diese Bücher gelesen hätten. So wurde das Verbot in beiden Ländern nach einiger Zeit stillschweigend aufgehoben, und die jeweiligen Regierungen luden mich sogar ein und ehrten mich, weil meine Bücher für so viel internationalen Goodwill gesorgt hatten.

Der Fall Südafrika war schwieriger, aber auch amüsanter. Nachdem mein Buch auf den Index gekommen war und – zur Besänftigung der Rechtsradikalen – jedem, der es ins Land brachte, polizeiliche Sanktionen angedroht worden waren, hob die Regierung den Bann, wenngleich ohne öffentliche Ankündigung, wieder auf, und zwar mit der Begründung: »Mr. Micheners Buch ist so schlecht geschrieben, daß es sich gar nicht lohnt, es zu verbieten. Es wird ohnehin niemand kaufen oder lesen wollen.« Zum Zeitpunkt dieser Stellungnahme hatte ich bereits Dutzende von Leserbriefen aus Südafrika erhalten, in denen mir Bürger des Landes mitteilten, wie sehr sie mein Buch schätzten, weil es wahrheitsgetreu über ein ihnen wohlbekanntes und heißgeliebtes Land berichtete. Ich rechne eigentlich damit, daß ich eines Tages auch nach Südafrika eingeladen werde – von Leuten, die wissen, wie weit mein Buch verbreitet ist und wieviel Gutes es bewirkt hat. Wenn meine Gesundheit es zuläßt, werde ich hinreisen.


Die Kluft zwischen ersten Reaktionen auf einen »Bestseller« und späteren Einschätzungen wird jedoch durch nichts deutlicher illustriert als durch die Ereignisse nach dem Erscheinen von *Texas*. Als das Buch auf den Markt kam, wurde es von drei wichtigen Meinungsmachern dieses Staates mit einer Bösartigkeit verrissen, wie sie mir nie zuvor widerfahren war. Sie scheuten selbst vor persönlichen Angriffen und Verdrehungen ihrer eigenen texanischen Geschichte nicht zurück, und viele ihrer Kommentare hatten nur wenig mit dem Buch oder einem Gedankenaustausch darüber zu tun. Einer alten Gewohnheit folgend, las ich diese gedruckten Rufmorde nicht. Meine Frau und meine Freunde waren nicht so zurückhaltend und bestanden darauf, daß ich ihren Zorn mit ihnen teilte. Ich war jedoch der Auffassung, daß ich mich nicht beschweren sollte – denn ich mußte an die Ermahnung meines alten Mentors Hugh Kahler denken: »Wenn Sie auf 1322 Seiten ausbreiten, was Sie von Texas halten, dann haben andere das Recht, Ihnen auf 6 Seiten mitzuteilen, was sie von Ihnen halten.«

Wettgemacht wurden diese öffentlichen Tiefschläge durch Hunderte von Briefen, die mir auf den Schreibtisch flatterten. Sie stammten überwiegend von Texanern, die mir versicherten, daß mein Roman eine der schönsten Darstellungen ihres Staates überhaupt war. Der Chor der Zustimmung hielt an. Nach einigen Jahren notierte ich mit stiller Befriedigung, daß 1,3 Millionen Exemplare im Umlauf waren und ein breites Lesepublikum erreichten. Unter solchen Umständen gehört für einen Schriftsteller nicht viel Mut dazu, anfängliche Verrisse widerspruchslos einzustecken.

Ich muß nun noch auf eine bittersüße Erfahrung meiner Karriere zu sprechen kommen und dabei einiges klarstellen. Stets war ich finster entschlossen, niemals Eigenwerbung zu betreiben, mich vor anderen niemals selbst zu loben und auch sonst in keiner Weise das Rampenlicht der Öffentlichkeit zu suchen oder von mir aus Aufsehen zu erregen. Viele Medienvertreter haben nach Interviews mit mir gesagt: »Mr. Michener hat nur eine bescheidene Meinung von sich selbst und gibt zu, daß er kein sehr guter Schriftsteller ist.« Diese Schlußfolgerungen waren alles andere als abwegig, denn wann immer ich direkt nach meiner Meinung über mich selbst gefragt wurde, habe ich nur mit den Schultern gezuckt, gelächelt und es dem Fragesteller überlassen, sich seine eigene Meinung zu bilden. Wer mich buchstäblich zu einer Stellungnahme nötigte, bekam zur Antwort: »Ich kenne Dutzende von Schriftstellern, die genauso gut sind wie ich – nur hatte ich eben Glück.« Ich kann mich nicht an einen einzigen Fall erinnern, bei dem ich sagte, eine bessere Beurteilung verdient zu haben als diejenige, zu der ein Interviewer von sich aus gekommen war. Das höchste der Gefühle waren Sätze wie: »*Die Brücke von Toko-Ri* ist ein guter Kurzroman.« – »*Die Quelle* war eine ganz schöne Anstrengung.« Oder: »*Iberia* wird sich wahrscheinlich recht lange halten – nicht, weil es besonders gut geschrieben wäre, sondern weil es eine der mitreißendsten Kulturen der Welt zum Thema hat.«

Zeitungs- und Fernsehkommentatoren haben mich als einen Menschen beschrieben, der »eher wie ein kleinstädtischer Geschäftsmann oder ein bescheidener Professor an einem zweitrangigen College wirkt als wie ein Autor«. Oder: »Er scheute vor jeder Diskussion über seine Meriten zurück, als wüßte er, daß er seinen Erfolg nicht verdient hat.« Diese Leute mißdeuteten meine Höflichkeit ihnen gegenüber als Indifferenz und meine Weigerung, für mich selbst die Werbetrommel zu rühren, als Mangel an kritischer Einsicht. Doch es war meine, nicht ihre Schuld, wenn sie in die Irre geleitet wurden. Mein Job bestand darin, Bücher zu schreiben, und nicht darin, diese zu verteidigen.

# Kapitel IV
## Gesundheit

# KAPITEL XII

Als ich mich einmal in Ägypten herumtrieb, begegnete ich einer ungewöhnlich begabten Wahrsagerin, die unter dem Namen »die Prinzessin« bekannt war und alle, die sich in ihre Bar wagten, mit der Präzision ihrer Vorhersagen verblüffte. Sie war Zigeunerin, ging auf die Fünfzig zu und verfügte über eine äußerst schnelle Auffassungsgabe sowie ein sehr scharfes Auge. Die Prinzessin arbeitete mit einem normalen Kartenspiel. Zunächst forderte sie ihren Kunden auf, zweimal abzuheben, so daß sie selbst die »Aussage« nicht manipulieren konnte. Dann legte sie die Karten in sechs senkrechten Reihen zu je acht aus, und zwar so, daß jede Karte vollständig sichtbar war.

Es lagen also achtundvierzig Karten offen aus, und vier blieben übrig. Wie die Wahrsagerin die beiden Gruppen interpretierte und benutzte, war Teil ihrer Kunst. Bevor sie die achtundvierzig Karten auslegte, sagte sie zu dem neugierigen Kunden: »Da ich ja *Ihr* Schicksal erkunde und nicht meines, müssen Sie mich beim Auslegen viermal unterbrechen. Dann legen wir die nächste Karte mit der Bildseite nach unten beiseite. Mit diesen vier Karten werde ich am Ende weit in Ihr Schicksal blicken können.« An dieser Stelle lächelte sie herzlich. »Außerdem verschiebt sich die Reihenfolge der Karten in Ihrem Sinne und nicht so, wie ich es mir vielleicht wünsche.« Sie sagte dies mit so eindringlicher, von Herzen kommender Aufrichtigkeit, als sei ihr jedes Doppelspiel fremd. Ihr Zuhörer war überzeugt, daß ihm die wissenschaftlich genaueste und moralisch ehrlichste Schicksalsvorhersage bevorstand, die er je erhalten würde.

Die Prinzessin begann nun, verblüffende Einzelheiten aus Vergangenheit, Gegenwart und Zukunft ihres Objekts zu enthüllen. Ihre Angaben waren mitunter derart präzise, daß es dem oder der Betroffenen buchstäblich den Atem verschlug. Eines Abends erlebte ich mit, wie sie einem englischen Seemann die Karten legte, dessen Schiff gerade den Suezkanal passiert hatte oder passieren wollte. Sie sagte zu ihm: »Vergangene Woche hatten Sie ein phantastisches Abenteuer, junger Mann. In Lourenço Marques verliebten Sie sich in eine schöne Portugiesin und kauften ihr ein wundervolles Geschenk.«

»Mein Gott!« stammelte der Seemann. »Wer hat Ihnen das erzählt?« Worauf die Prinzessin mit leiser Stimme und einem Lächeln, das einen Eisberg hätte zum Schmelzen bringen können, erwiderte: »Sie! Ich spürte es schon an der Art, wie Sie an meinen Tisch traten. Sie waren entweder unerwartet zu Geld gekommen, oder es war die Liebe, Sie Glückspilz!« Er bezahlte ihr den doppelten Preis für die glückliche Eröffnung.

Nachdem ich ihr einige Abende lang zugesehen hatte, merkte die Prinzessin, daß mein Interesse an ihrer Kunst über das normale Maß hinausging. Sie stellte mir Fragen und merkte schnell, daß ich doch einige Bedenken hatte, was ihre Fertigkeit betraf. Auch ich stellte ihr eine ganze Reihe neugieriger Fragen und lernte so ihr bemerkenswertes Vorhersagesystem kennen.

»Sie sehen ja, daß ich das Objekt die Karten abheben lasse, damit es sein Schicksal ist und nicht meines. Ich lege sie dann in sechs senkrechten Reihen oder Spalten aus – oder eigentlich tut es ja der Betroffene durch das Abheben selbst. Die Spalten haben von links nach rechts folgende Bedeutung: Kopf, Herz, Haus, Gesundheit, Wohlstand und Reise. Die oberen beiden Karten in jeder Reihe fassen die Vergangenheit zusammen, die unteren beiden die Zukunft und die beiden mittleren – von denen eine der oberen und eine der unteren Hälfte angehört – die Gegenwart. Die vier Karten, die am Ende übrigbleiben, führen, wie Sie ja schon mitbekommen haben, zum Kern der Sache.«

»Aber wie verrät sich nun das Schicksal?«

»Es gibt einige ganz klare Aussagen: As, König und Dame sind günstig, wobei das As die reine Kraft, der König männliche und die Dame weibliche Züge symbolisiert. Die Zwei bedeutet Unglück, während die Drei nicht nur negativ, sondern ausgesprochen böse ist. Der Bube ist ein echter Schurke, die Zehnen dagegen sind wie die Mutterliebe – groß, solide und zuverlässig.« Die sechs weniger spektakulären Karten hatten vergleichbare Eigenschaften.

Als nächstes kam die Prinzessin auf die Farben zu sprechen: »Pik bedeutet Macht, Herz Liebe und Karo Wohlstand. Kreuz repräsentiert die großen Widersprüche des Lebens, seine Vielschichtigkeit. Kreuz Drei ist eine der stärksten Karten im Spiel, die Herz Zehn eine der beruhigendsten. Ich liebe diese Karte und freue mich immer, wenn sie an der richtigen Stelle auftaucht.«

Sie klopfte auf den Tisch und fuhr fort: »Nun liegen also achtundvierzig Karten in der von Ihnen bestimmten Reihenfolge vor Ihnen, und hier sind die vier geheimen ...« Sie begann nun jede der sechs offenen Spalten zu studieren, allerdings nicht in einer erkennbaren Abfolge. »Achten Sie darauf, daß das Objekt nie merkt, welche der Reihen Sie ansehen, wenn Sie ihm etwas sagen. Es weiß natürlich nicht, was Sie wissen. Es weiß nicht, was die sechs Reihen im einzelnen bedeuten.«

Mit diesen Worten, und ohne daß ich je die Chance hatte, nachzuvollziehen, wohin sie gerade sah, fing sie an, mir mein Schicksal zu prophezeien. Sie war souverän im Umgang mit der Vergangenheit, der Gegenwart und zukünftigen Zielen, und es gelangen ihr einige unglaublich zutreffende Kommentare zu vielen Aspekten meines Lebens, über die sie niemand in dieser Bar oder sonstwo in Ägypten hätte in Kenntnis setzen können. Gegen Ende dieser beachtlichen Demonstration von Weitblick, klugen Mutmaßungen und gesundem Menschenverstand deutete sie auf die letzte senkrechte Kartenreihe auf der rechten Seite: »Dies ist, wie ich Ihnen schon sagte, die Spalte, die über Ihre vergangenen und zukünftigen Reisen Aufschluß gibt. Aber sie betrifft nicht nur die eine oder andere Flugreise oder einen Wanderurlaub, sondern schließt auch Ihre spirituelle und berufliche Lebensreise mit ein und ist daher besonders wichtig.« Die Prinzessin klopfte auf die vier zusätzlichen Karten, die sorgfältig verdeckt auf einem eigenen Stapel lagen. »Diese Karten hier enthüllen die Geheimnisse Ihres innigsten Wunsches. Denken Sie daran, aber nennen Sie ihn mir nicht. Ich darf in keiner Weise beeinflußt werden.« Nachdem ich mich für eine Angelegenheit, die mit meiner Schreiberei zusammenhing, entschieden und mir einen für mich günstigen Ausgang gewünscht hatte, deckte die Prinzessin die Karten nacheinander auf. Sie tat dies langsam und mit Bedacht und achtete gewissenhaft darauf, daß die von mir gewählte Reihenfolge nicht verändert wurde. Es handelte sich um Karo Sieben, Herzbube, Herz Neun und Kreuz Drei. Kaum hatte sie die Karten in ihrer Gesamtheit erfaßt, da ergriff sie meinen linken Arm und sagte: »Mein Freund! Was immer Sie sich gewünscht haben mögen – schlagen Sie es sich aus dem Kopf. Es würde Sie zerstören, Sie vernichten! Sehen Sie sich doch nur diese furchtbaren Karten an!« Sie erklärte mir nicht, worauf genau sich ihr Entsetzen gründete, aber ich konnte mich noch daran erinnern, was sie über die Kreuz Drei und die Buben gesagt hatte. Die Prinzessin sammelte die Karten wieder ein und bemerkte dabei zu meinem Erstaunen: »Sie bringt Sie um Kopf und Kragen, wenn Sie diesen Weg einschlagen.« Mein Wunsch hatte nichts mit Frauen zu tun; es ging lediglich um ein verlegerisches Problem. Gerade wollte ich der Prinzessin sagen, daß ihre Hauptaussage überraschend zutreffend gewesen war, die Hiobsbotschaft der vier Extrakarten jedoch völlig ins Leere ging, als mir einfiel, daß es da in New York eine Frau gab, mit der ich geschäftlich zusammenarbeitete. Wenn diese Frau bestimmte Dinge nach ihrem Gusto und gegen mich entschied, geriet ich in Schwierigkeiten.

Bei späteren Treffen verriet mir meine Lehrerin einige ihrer Grundregeln: »Machen Sie sich nie über die Karten lustig. Sagen Sie dem Objekt immer genau, was die Karten Ihnen verraten, und wenn es Ihnen noch so lächerlich vorkommt. Machen Sie sich alle Informationen zunutze, die das Objekt unbewußt preisgibt, aber versuchen Sie nicht, den Überschlauen zu spielen. Halten Sie sich an die Karten, die nehmen Ihnen die Arbeit schon ab. Denken Sie immer daran, daß alle Menschen ein vitales Interesse an den sechs Hauptfragen haben: ›Bin ich intelligent genug für den neuen Job?‹ – ›Wird sie mich wirklich lieben?‹ – ›Ist mein Heim sicher?‹ – ›Muß ich bald sterben?‹ – ›Wie, um alles in der Welt, kann ich nur mehr Geld verdienen?‹ Und schließlich aus Gründen, die ich nie begriffen habe: ›Werde ich mal von diesem verdammten Fleck hier fortkommen?‹ Geben Sie Ratschläge zu diesen Themen, und Sie werden ein großer Wahrsager sein.«

»Ich habe keinerlei Ehrgeiz in dieser Richtung«, sagte ich, worauf die Prinzessin ihre Hände auf die meinen legte und erwiderte: »O doch, den haben Sie! Ich habe noch nie einen Fremden in diesem Stuhl erlebt, der so großes Interesse gezeigt hätte wie Sie! Sie könnten schon morgen an meinem Platz sitzen und die Karten genausogut legen wie ich.«

»Wie kommen Sie denn darauf?«

Ihre Antwort verblüffte mich: »Weil geborene Schriftsteller die gleichen Interessen und Einsichten haben müssen wie ich. Sonst wären Sie nie imstande, etwas Vernünftiges zu Papier zu bringen.«

»Woher wissen Sie, daß ich Schriftsteller bin?« fragte ich.

»Bei Ihrer großen Neugier müssen Sie Detektiv, Steuerfahnder oder Schriftsteller sein.«

Dann verriet sie mir eines der großen Geheimnisse ihrer Profession: »Sagen Sie nie, nie so etwas Törichtes wie: ›Sie werden eine Reise machen.‹ Damit gewinnen Sie keinen Blumentopf. Geben Sie immer genau an, wohin die Reise geht, also zum Beispiel: ›Sie werden am Donnerstag nach Zypern reisen.‹«

Mir blieb die Luft weg. »Wieso gerade Zypern?« rief ich aus, denn genau das hatte ich vor: Ich wollte am Donnerstag nach Zypern abreisen.

»Sie haben durchblicken lassen, daß Sie sich für die Bibel interessieren und daß Sie möglicherweise in Jerusalem zu tun haben. Es war eine reine Vermutung.«

»Aber warum sagen Sie dann Zypern?«

Die Prinzessin lächelte. »Weil ich weiß, daß es keine direkte Flugverbindung zwischen Kairo und Jerusalem gibt. Araber und

Juden sind doch verfeindet. Sie müssen also den Umweg über Zypern machen. Und wieso am Donnerstag? Die ägyptische Regierung gibt keine unbegrenzten Visa aus, und Sie sind schon eine ganze Weile hier. Sie müssen bald ausreisen.«

Nachdem ich dies alles verarbeitet hatte, fügte sie hinzu: »Denken Sie immer daran, wie verdutzt der englische Seemann war, als ich ihm etwas über die portugiesische Schönheit in Lourenço Marques erzählte. Es war ganz einfach. Wenn er auf einem Schiff arbeitet, das durch den Suezkanal fährt, dann ist er entweder auf der Heimreise oder unterwegs nach Indien oder Australien. Was soll ich da noch Punkte verlieren mit einer Frage wie: ›Sind Sie auf Besuch hier?‹ Das ist doch selbstverständlich, also suche ich mir gleich etwas Vernünftiges. Vielleicht legt er noch auf Malta an, vielleicht geht die Reise nach Neuseeland. Und ist man schon einmal so weit, kann man auch gleich eine konkrete Stadt nennen. Lourenço Marques ist ein so schön klingender Doppelname. Also, nur Mut. Und Mädchen gibt es überall, das steht fest.«


Ein paar Jahre später beschloß mein Heimatbezirk in Pennsylvania, ein Kunstfestival ins Leben zu rufen. Es sollte fortan jedes Jahr an einem Sommerwochenende stattfinden. Mein Freund Bill Vitarelli stürzte sich voller Enthusiasmus auf die Organisation, und unter seiner Leitung wurde das Festival zu einem großartigen Erfolg – auch für die lokalen Wohlfahrtsverbände, die bei dieser Gelegenheit immer viele Spendengelder sammelten. Alle Bürger wurden aufgefordert, mit einem persönlichen Beitrag zum Gelingen des Festes beizutragen. Irgendwer, der einmal dabeigewesen war, als ich von meinen Erlebnissen mit der ägyptischen Prinzessin erzählte, schlug vor, ich sollte auf dem Fest die Zukunft vorhersagen. Man besorgte mir also ein Zelt und stellte es in zentraler Lage auf dem Festplatz auf. Und darin saß ich dann, auf dem Kopf einen unerhörten Hut und um den Hals einen Schal, den man bei nachsichtiger Betrachtung hätte »ägyptisch« nennen können. Ich führte den Künstlernamen *Mitch the Witch* (›Michener der Hexer‹) und hielt mich, soweit ich mich erinnern konnte, an die Instruktionen meiner Lehrmeisterin. Ich forderte meine Kunden auf, die Karten abzuheben und mich beim Auslegen viermal zu unterbrechen. Ich hielt mich an die sechs Reihen, wobei ich darauf achtete, daß kein Zuschauer erfuhr, was sie jeweils bedeuteten. Dann vertraute ich meinem System mit der guten Herz Zehn und der bösen Kreuz Drei und gab einige der abenteuerlichsten Zukunftsvorhersagen von mir, die im ländlichen Pennsylvania je verkündet worden waren. Es ging um Sex, Kriminalität, Dokumentendiebstahl und entlaufene Ehefrauen.

Meine Wahrsagerei erwies sich als sensationelle Attraktion. Der pure Zufall wollte es, daß gerade so viele meiner Vorhersagen zutrafen oder zumindest der Wahrheit sehr nahe kamen, daß Nachbarn sich bemüßigt sahen, einander von meiner eindrucksvollen Trefferquote zu erzählen. Schon bald galt ich als ein Mann, der tatsächlich in die Vergangenheit und in die Zukunft sehen konnte. Damals erkannte ich das eigentliche Geheimnis, das die Prinzessin mir noch vorenthalten hatte: Der Wahrsager macht pro Sitzung ungefähr fünfundvierzig Einzelaussagen, von denen mindestens fünfunddreißig völlig abwegig sind. Doch wenn es ihm bei den restlichen zehn gelingt, auch nur einen einzigen Volltreffer zu landen, dann ist es diese eine Aussage, die der Betroffene sich merkt. Er verläßt das Zelt und sagt zu seinen Freunden: »Woher konnte er bloß wissen, daß ich Aktien der Milch-AG gekauft habe?« Eine Reihe solcher Glückstreffer trug mir einen beachtlichen Ruf ein, und ich hatte bald Klienten, die von weither anreisten, um sich von mir beraten zu lassen.

Mit der Zeit enthüllte sich mir ein weiteres Geheimnis der Wahrsagerei: Die Betroffenen *wollen* einfach glauben, was ihnen erzählt wird, und nehmen manchmal große Mühen auf sich, um die Prophezeiungen wahr werden zu lassen. Mein Ansehen wuchs beträchtlich durch meine Voraussage für einen Mr. Kenderdine. Seine Reisespalte deutete auf eine Reihe von Aktivitäten in nächster Zukunft hin. Den Rat der Prinzessin befolgend, sagte ich zu ihm nicht: »Sie werden vermutlich dieser Tage eine Reise unternehmen«, sondern: »Ich sehe, daß Sie nächsten Dienstag nach Omaha fahren, und es freut mich, Ihnen sagen zu können, daß die geschäftlichen Angelegenheiten, die Sie dort zu erledigen haben, einen für Sie günstigen Verlauf nehmen werden.«

Die Wirkung auf Mr. Kenderdine war verblüffend. Er sah mich an, schüttelte ungläubig den Kopf und ging. Welchen Nagel ich auf den Kopf getroffen hatte, sagte er mir nicht. Nachbarn klärten mich später auf: »Also, was Sie Kenderdine da vorausgesagt haben... Am Dienstag ist er abgereist, genau wie Sie gesagt hatten. Und er fuhr tatsächlich nach Omaha und war dort sehr erfolgreich.« Diese dreifache Bestätigung schien mir die Wahrscheinlichkeitsgesetze aus den Angeln zu heben. Als ich der Sache nachging, erfuhr ich dann, was wirklich geschehen war: Kenderdine war von seiner Firma in den Westen geschickt worden – freilich nicht nach Omaha, sondern nach Kansas City. Doch nachdem er seinen dortigen Auftrag erledigt hatte, begab er sich auf eigene Faust nach Omaha, wo ihm ein für seine Firma nicht unbedeutender Geschäftsabschluß gelang, mit dem zuvor niemand gerechnet hatte. Wieder zu Hause, verkündete er überall: »Dieser Michener – einfach unglaublich!« Und mein Ruf als Wahrsager wuchs und gedieh.

Nachdem ich dieses Phänomen einer sich selbst bewahrheitenden Voraussage mehrfach beobachtet hatte, kam mir der Gedanke, daß sich die Leser seriöser Belletristik ganz ähnlich verhalten wie die Klienten eines Wahrsagers: Sie sind geneigt, das, was man ihnen vorsetzt, für bare Münze zu nehmen, und wenn der Schriftsteller sie nicht übel hinters Licht führt, folgen sie ihm bereitwillig, ja manchmal sogar voller Eifer. Seine Aufgabe besteht natürlich darin, die Erzählung so aufzubauen, daß der Leser sie ihm abnehmen kann. Außerdem sollte er mit aller gebotenen Sorgfalt jede Aussage und jede Situation vermeiden, die seinen Lesern die Augen dafür öffnet, daß alles nur Fiktion ist.

Nie habe ich bei meiner Wahrsagerei gegen eine der Grundregeln der Prinzessin verstoßen: »Machen Sie sich nie über die Karten lustig.« Ich erzählte meinen Klienten immer nur das, was die Karten mir verrieten, und dies wiederum bedeutete, daß ich den Karten überallhin folgte. Diese Treue führte zu einigen meiner erstaunlichsten Treffer. Eines Abends betrat eine wunderschöne junge Dame mein Zelt. Sie war ganz offensichtlich stolz auf ihre Erscheinung und befand sich in Begleitung von drei oder vier jungen Männern ihres Alters. Während ich ihr die Karten legte, erzählte sie mir, daß sie in Somerville, New Jersey, also am anderen Ufer des Delaware River, zu Hause sei.

Sie gehörte zu jenen attraktiven Objekten, die die Schicksalsvorhersage sehr ernst nahmen, und beugte sich vor, damit ihr ja keines meiner Worte entging. Ich mochte die junge Frau intuitiv – nicht nur ihrer Schönheit wegen, sondern auch aufgrund ihrer unverkennbaren Intelligenz –, und so lieferte ich einen Bericht, der in seiner Ausführlichkeit alle vorherigen übertraf. Die Kopfspalte belegte ihre überdurchschnittliche Intelligenz. Ihre häusliche Situation war gut, Gesundheit und Wohlstand zeigten sich überdurchschnittlich positiv. Auch einige Reisen standen ihr bevor. Die Herzspalte jedoch verriet eine fürchterliche Konfusion, und als ich sie genauer ansah, erkannte ich, daß die scheinbar positiven Hinweise in der Gesundheitsreihe in Wirklichkeit Zeichen einer schweren Störung waren und auf jeder Ebene mit ebensolchen Störungen in der Herzspalte korrespondierten. Irgend etwas – ich weiß heute nicht mehr, was genau es war – deutete auf ein schwerwiegendes Problem hin und beunruhigte mich sehr. Die Auskunft, die ich der jungen Frau gab, ist mir dagegen noch heute gegenwärtig, denn sie wurde in den folgenden Wochen viel diskutiert: »Junge Frau, ich sehe eine äußerst ernste Komplikation in Ihrem Liebesleben. Sie sind innerlich hin- und hergerissen zwischen zwei gegensätzlichen Polen, und dies schon seit längerer Zeit. Wenn Sie sich nicht entscheiden, welcher dieser prächtigen jungen Männer Ihnen der liebste ist, können Sie in ernste Schwierigkeiten geraten. Was mir aber die meisten Sorgen macht, ist die Tatsache, daß diese Verwirrung im Herzensbereich anscheinend auch Ihre Gesundheit und Ihr Wohlbefinden beeinträchtigt.«

Im Zelt herrschte auf einmal Schweigen. Die junge Frau starrte mich an und wandte dann den Blick ab. Auch ihre männlichen Begleiter sahen weg. Selten hatte eine meiner Vorhersagen eine solche Niedergeschlagenheit hervorgerufen. Als die jungen Leute, einer nach dem anderen, das Zelt verließen, hatte ich das Gefühl, sie unbewußt beleidigt zu haben. Später kehrte einer der Männer zurück und teilte mir unter vier Augen mit, daß meine schöne Klientin in Wirklichkeit ein professioneller Transvestit war, der in Nachtklubs auftrat und dessen Gefühlsleben, genau wie ich ermittelt hatte, ein einziges Chaos war.

Meine Wahrsagerei, die unserem Festival inzwischen erkleckliche Summen einbrachte, nahm ein böses Ende. Ich hatte es mir – wie vermutlich viele andere Hellseher – zur Gewohnheit gemacht, die schlimmsten Kartenkombinationen für mich zu behalten, vor allem also jene, die dem Betroffenen einen baldigen Tod prophezeiten. Ich scheue mich allerdings nicht, Sätze wie den folgenden auszusprechen: »Sie wären gut beraten, wenn Sie diese Operation in den nächsten zwei Monaten durchführen ließen. Zögern Sie sie nicht hinaus.« Eines meiner schönsten Erlebnisse in der Wahrsagerei, die fast zu einem Beruf ausartete, war die Beratung einer Einundneunzigjährigen, die von ihren Enkeln in mein Zelt gebracht worden war: »Sie werden siebenundneunzig Jahre alt, Madam.« Jahre später schrieben mir die Enkel einen Brief: »Was Sie damals zu unserer Großmutter sagten, Mr. Michener, war mit das Beste, was Sie je getan haben: ›Sie werden siebenundneunzig Jahre alt, Madam. Besorgen Sie sich ein neues Gebiß und ein paar hübsche neue Kleider.‹ Wir hatten sie bis dato nicht dazu bewegen können, auch nur einen Penny für sich selbst auszugeben. Immer sagte sie: ›Ich bin ja doch bald nicht mehr da. Das lohnt sich doch gar nicht mehr.‹ Ihre Auskunft gab Großmutter eine ganz andere Perspektive. Sie ließ sich tatsächlich ein neues Gebiß machen, was ihr das Leben sehr erleichterte. Und sie kaufte sich drei neue Kleider, die sie sehr mochte. Großmutter starb, geliebt und zufrieden, im Alter von sechsundneunzig Jahren.«

Das böse Ende kam abrupt. Vor mir saß eine Frau in den Fünfzigern. Ihre Karten wiesen eine Konstellation auf, die ich zuvor noch nie gesehen hatte: Unten in der Gesundheitsspalte lagen Kreuz Zwei und Kreuz Drei und an der gleichen Position in der Reisespalte Pik Zwei und Pik Drei. Das war die schlimmste aller möglichen Kombinationen. Ehe ich auf irgend etwas anderes einging, sagte ich der Frau mit einigem Nachdruck: »Sie und Ihr Mann, Madam, fahren nächstes Wochenende nach Iowa. Ich beschwöre Sie, bleiben Sie zu Hause!« Meine Klientin hielt den Atem an, entschloß sich dann aber, meine Bemerkung zu ignorieren. Im nächsten Jahr kam sie wieder zu mir: »Erinnern Sie sich noch an mich, Mr. Michener? Im vergangenen Jahr warnten Sie mich vor jenem Ausflug nach Iowa. Wir sind dann doch gefahren. Am ersten Abend dort wurde unser Wagen von einem Laster gerammt. Mein Mann kam bei dem Unfall ums Leben.«

Dieses Ereignis, aber auch noch andere außergewöhnliche Zufallstreffer, die auf reinen Vermutungen beruhten, brachten mich zu der Erkenntnis, daß das, was ich da trieb, unverantwortlich war. Es war inzwischen weit mehr als ein albernes Spiel, und ich spürte, daß es an der Zeit war, mit diesem Unfug aufzuhören. Denn selbst wenn ich mich weigerte, ihn ernst zu nehmen – andere taten es nicht.

Gänzlich aufhören durfte ich allerdings nicht. Auf Partys erzählte meine Frau manchmal von meinen Erfahrungen als »Mitch the Witch«, worauf die Gäste mich bedrängten, ihnen an einem Beispiel zu verdeutlichen, wie das System funktionierte; man zwang mich förmlich, die Karten auszulegen und den Humbug vorzuführen. In Hawaii war einmal der berühmte, auf Oahu ansässige Industrielle Henry J. Kaiser Ehrengast auf einer solchen Party. Kaum hatte er von meiner Fertigkeit gehört, als er sich auch schon als begeisterter Anhänger dieser Kunst zu erkennen gab und darauf bestand, daß ich ihm die Zukunft vorhersagte. Als die Karten gelegt waren, ergaben sie eine interessante Konstellation. Die ersten Worte, die ich an Kaiser richtete, lauteten: »Bis zum nächsten Wochenende müssen Sie einen Kredit von viereinhalb Millionen Dollar auftreiben, oder Sie geraten in ernste Schwierigkeiten.« Er war sprachlos. Ich sollte nie erfahren, *wie* nahe ich der Wahrheit gekommen war; *daß* ich nicht weit gefehlt hatte, war offensichtlich.

An jenem Abend adoptierte Kaiser mich als seinen lokalen Seher. Manchmal besuchte er mich in meiner Wohnung, um mich in seine Karten blicken zu lassen, und jedesmal wenn wir uns bei gesellschaftlichen Ereignissen begegneten, nahm er mich beiseite und wollte kurz wissen, was die Karten meinten. Beinahe adoptiert hatte Kaiser in jener Zeit einen charismatischen hawaiianischen Tenor namens Alfred Apaka, dessen Schallplatten mit melodiösen Liedern aus seiner heimatlichen Inselwelt sich sowohl auf Hawaii als auch auf dem Festland hoher Verkaufszahlen erfreuten. Kaiser hatte Apaka, der sehr erfolgreich in Kaisers großem Touristenhotel auftrat, ein weißes Continental Kabriolett geschenkt, und gelegentlich kam es vor, daß die beiden Männer gemeinsam bei mir auftauchten, wenn Henry J. seine Karten gelegt haben wollte. Eines Nachmittags beobachtete ich eine hochgradige Konzentration schlechter Nachrichten in der Gesundheitskolumne. Den Karten nach zu schließen, stand ein Todesfall bevor. Es war nicht ganz von der Hand zu weisen, denn Henry J. war Mitte siebzig und leicht übergewichtig. Ich hielt mich jedoch streng an die Regel: »Egal, was die Karten sagen – lassen Sie nie jemanden wissen, daß er sterben muß.« Es war in diesem Fall gar nicht schwer, über die entsprechende Konstellation hinwegzugehen, weil ich benachbarten Kartenreihen entnehmen konnte, daß nicht Kaiser selbst, sondern ein Freund von ihm betroffen war. Bei Menschen fortgeschrittenen Alters darf man damit rechnen, daß sie noch ältere Freunde haben, so daß ich zu ihm sagte: »Henry J., ein Freund, den Sie in der Vergangenheit sehr geschätzt haben, wird sterben. Sie werden den Verlust sehr bedauern.«

Ein paar Tage später fiel Alfred Alpaka, ein junger Mann im Vollbesitz seiner ungewöhnlichen Kräfte, tot um. Von jenem Tag an legte ich niemandem mehr die Karten.

Ich habe diese Wahrsager-Episode vielleicht ausführlicher als erwartet dargestellt. Aber sie gibt mir die Gelegenheit zu diversen Anmerkungen. Das Wahrsagen, so wie die Prinzessin es mich lehrte, weist einige auffallende Ähnlichkeiten mit dem Geschichtenerzählen auf. Bei beiden Tätigkeiten bedient man sich seiner Beobachtungsgabe, cleverer Spekulationen und eines entsprechend gefühlsbetonten Vokabulars, dessen Zweck darin besteht, eine Art Vertrauensverhältnis zu schaffen. Die besten Leistungen vollbringt man, wenn man obendrein Spaß daran hat, normale Sterbliche jupitergleich auf einem großen Schachbrett hin und her zu schieben.

Doch hier enden auch schon die Gemeinsamkeiten zwischen meiner Wahrsagerei und meiner Prosa. Niemals, auch zu jener Zeit nicht, da man mich überall als großen Seher pries, habe ich auch nur ein einziges Wort von dem, was ich meinen Klienten erzählte, geglaubt, und bei der Prinzessin war es nicht anders. Wir beide verfügten über eine Art animalische Verschlagenheit und erkannten Dinge, die anderen nicht auffielen. Beide besaßen wir einen überdurchschnittlichen Sinn für Humor und liebten die abenteuerlichen Widersprüchlichkeiten dieser Welt. Auf weiten Reisen in fremde Länder hatten wir eine große Liebe zum Fabulieren entwickelt. Uns war beiden vollkommen klar, daß unsere »Wahrsagerei« nichts weiter war als ein reizvolles Gauklerspiel.

Wann immer Menschen, die an eine Welt voller Geister und Tarotkarten glaubten, den Versuch machten, mich in ihre Kreuzzüge einzuspannen – und das geschah ziemlich häufig –, erhob ich Einwände. Oft forderte man mich – oder drängte mich gar dazu – zu dem Eingeständnis auf, übernatürliche Kräfte oder einen direkten Draht zur Geisterwelt zu besitzen und irgendwann in die Schwarze Magie eingeführt worden zu sein. Doch ich war nie auch nur entfernt dazu bereit, solchen Unsinn für bare Münze zu nehmen, und zog mich immer rasch zurück, wenn ich merkte, daß andere die Wahrsagerei ernster nahmen als ich. Ich verfüge nicht über die geringsten spirituellen Kräfte. Tarot, I Ging und Astrologie finde ich abscheulich. Zeitungen, die jeden Tag Horoskope veröffentlichen, halte ich für Feinde der geistigen Gesundheit, und vor der Frage: »Was ist Ihr Sternzeichen?« graut mir.


Weil sich meine Mutter während der Schwangerschaft offenbar nur unzureichend ernähren konnte, kam ich mit einem vor allem im Bereich des Brustkorbs geschwächten Knochenbau auf die Welt. Wegen Kalziummangels hatte ich schwache Zähne, und außerdem litt ich an schwerem Astigmatismus, was zur Folge hatte, daß ich mir, nachdem ich erst einmal begonnen hatte, Brillen zu tragen, häufig neue verschreiben lassen mußte.

Auf der anderen Seite war mein Körper bemerkenswert ausdauernd und belastbar. Zweimal durchwanderte ich innerhalb von zwei Tagen ganz Schottland, wobei ich beim erstenmal die ungefähr hundert Kilometer lange Strecke von St. Andrews nach Oban nonstop zurücklegte. Ähnlich harte Touren bewältigte ich in Afghanistan und beim Trampen quer durch die Vereinigten Staaten. Dreimal fuhr ich allein von New York nach San Francisco, und nur wenn mich die Müdigkeit überfiel, legte ich ein paar kurze Schlafpausen am Straßenrand ein. Ein Schwächling war ich nie.

Dank einer Verkettung äußerst glücklicher Umstände habe ich nie in meinem Leben geraucht, getrunken, mich ungesund ernährt oder mit Drogen experimentiert. Mein Körper konnte also mit allen Kräften, die mir genetisch mitgegeben waren, sorgfältig haushalten. Daß es so kam, war überwiegend reinem

Glück zu verdanken, denn als Kind ohne Vater oder Vaterersatz hätte ich leicht schlechten Gewohnheiten verfallen können. Als ich in ziemlich jungen Jahren anfing, in Frank Mitchs verlockender Spielhalle herumzuhängen, nahmen mich glücklicherweise zwei Bürger unserer Stadt, Henry Ullman und Russell Gulick, die ebenfalls dieses Etablissement frequentierten, beiseite und sagten zu mir: »Jim, du bist nicht der Typ für so was, du bist was Besseres. Halt dich von hier fern, und laß die Finger von den Zigaretten.« Ich gehorchte ihnen.

Kurz danach fiel ich einem ausgezeichneten Basketballtrainer in die Hände. Allan Gardy war einer jener entschlossenen Männer, für die es nur gut oder schlecht gab, und er kannte nicht nur die Unterschiede, sondern war auch sehr darauf versessen, sie anderen beizubringen. Rauchen war schlecht. Alkohol war schlecht. Fettes Essen war schlecht. Mädchen und Demokraten waren schlecht. Gut waren Männlichkeit und Basketball, und in beidem war er unser Lehrmeister. Am Abend vor einem wichtigen Spiel blickte Trainer Gardy durch das Fenster einer Hot-Dog-Bude, die kürzlich ein neues Produkt auf den Markt gebracht hatte, die sogenannte »Texas-Wiener«. Sie kostete zehn Cent anstatt der üblichen fünf, war größer und dicker als die anderen und schwamm in üppig mit Chili angereicherter Buttersauce. Ich wollte sie probieren.

Trainer Gardy sah mich nur an. Seine Miene war voller Abscheu. Er ging weiter – und mir blieb meine Chili-Wurst im Hals stecken. Wenn ich sehe, wie meine Freunde vorzeitig an Emphysemen, Krebs, den Folgen ihres Übergewichts und an Alkoholismus zugrunde gehen, denke ich oft daran, wie gut es war, daß meine Lehrer mich in jungen Jahren von destruktiven Gewohnheiten fernhielten.

Ich habe immer darauf geachtet, meinen Körper kräftig und gesund zu halten. Ich war ein leidenschaftlicher Mannschaftsspieler und wurde in der High-School zu einem kleinen Sportstar. Später spielte ich eine Zeitlang halbprofessionell Basketball und schloß mich einem Volleyballteam an, das in New Yorker

Turnhallen um Meisterehren kämpfte. Als ich älter wurde, spielte ich sehr vielTennis, eine Sportart, die ich erst aufgab, als ich weit über Siebzig war. Vor allem aber ging ich immer viel zu Fuß und legte, wo immer ich gerade wohnte, Woche für Woche viele Meilen zurück. Daran hat sich bis heute, da ich bereits auf die Fünfundachtzig zugehe, nichts geändert. Ich habe einmal sehr zutreffend gesagt: »Wenn's beim Schreiben nicht richtig läuft, dann liegt das daran, daß ich am Abend vorher nicht weit genug gewandert bin.« Auf meinen stillen Streifzügen entspannte sich die Muskulatur, und ich bekam wieder einen klaren Kopf – doch nicht nur das: Ich überlegte mir die Grundzüge dessen, was ich am nächstenVormittag schreiben wollte. Hunderte von Romanfiguren, deren Leben ich in meinen Büchern geschildert habe, durchlebten an vielen Sommer- undWinterabenden, jeweils zwischen neunzehn und zwanzig Uhr, ihre Existenz mit mir gewissermaßen im voraus.

In meinen ersten fünf Lebensdekaden blieben mir körperliche Verletzungen weitgehend erspart, abgesehen von drei üblen Nasenbeinbrüchen. Ich zog sie mir bei drei verschiedenen Gelegenheiten zu, bei denen es jeweils besser gewesen wäre, wenn ich mich, anstatt drauflos zu reden, aufs Zuhören beschränkt hätte. Einer der Hauptunterschiede zwischen Jungen und Mädchen ist der, daß jeder Bursche, egal wie groß und stark er ist, mit absoluter Sicherheit früher oder später einem größeren und stärkeren begegnet, und in solch demütigenden Situationen gehen dann eben Nasenbeine zu Bruch. Als Erwachsener hatte ich stets Schwierigkeiten, durch diese einst so zerschlagene Nase zu atmen, lernte aber allmählich auch, mit den Männern in meiner Umgebung einigermaßen harmonisch zusammenzuleben.

Bei einer Rauferei unter Schulbuben brach ich mir einmal meinen rechten Ellenbogen. Dieser Vorfall beeinflußte in merkwürdigerWeise meine sportlichenAmbitionen. Der Arm wurde von einem unfähigen Arzt schlecht gerichtet, weshalb ich ihn danach nicht mehr normal benutzen konnte. Meine Laufbahn als Pitcher beim Baseball war somit beendet, doch mein Arm wurde enorm stark und hart wie eine Eiche. Und wenn ich mit ihm auch nie mein rechtes Ohr kratzen und keine gute Tennis-Vorhand entwickeln konnte, so eignete er sich doch für sehr akkurate Korbwürfe beim Basketball, verhalf mir beim Tennis dank seiner außergewöhnlichen Kraft zu einer starken Rückhand sowie beim Volleyball zu einem nicht minder starken Schlag in die ungedeckte Ecke des gegnerischen Felds.

Ich war dreiundfünfzig, als ich den berühmten Kardiologen Paul Dudley White kennenlernte; damals war er ein vitaler Endsiebziger. Wir nahmen in Leningrad an einer Konferenz sowjetischer und amerikanischer Privatleute teil. In einer Sitzungspause erzählte er mir von einem ungewöhnlichen Auftrag, den er gegen Ende des Zweiten Weltkriegs vom amerikanischen Militär bekommen hatte: »Ich sollte mir ein Team von Herzspezialisten zusammenstellen und mich auf einen großen Luftwaffenstützpunkt in Alaska begeben. Dort hatten sich mehrfach junge, kriegserfahrene Colonels zum Dienst gemeldet und tadellose Arbeit geleistet, bis sie eines Tages zum Skifahren hinaus auf die Piste gingen und tot umfielen. Es traf erstklassige Männer in den Vierzigern und Fünfzigern – ein schlimmer Verlust.«

White erkannte, daß mich das Thema ungewöhnlich fesselte, weil ich der gleichen Generation angehörte wie die armen Colonels. »Die genaue Ursache haben wir nie herausgefunden«, erklärte er. »Und wahrscheinlich gelingt es uns auch erst im nächsten Jahrhundert, wenn wir Computer haben, die unsere gesammelten Datenmengen statistisch auswerten können.«

»Was haben Sie denn herausgefunden?«

»Wir haben sieben Faktoren entdeckt – am Ende werden es vielleicht siebzehn sein –, die ganz fraglos tödliche Herzattacken hervorrufen. Die ersten vier kann man selber kontrollieren: Bluthochdruck, erhöhte Cholesterinwerte, starkes Übergewicht und Rauchen. Die letzten drei sind ererbte Eigenschaften, die man nicht loswerden kann: Diabetes, familiäre Veranlagung – der Vater oder ältere Brüder sind frühzeitig an Herzversagen gestorben – und schließlich den Somatotyp.« Auf meine Frage, was das sei, erwiderte er: »Körperbau, Muskeln, Struktur des Brustkorbs – alles zusammen. Drei unterschiedliche Typen konnten identifiziert werden: Ektomorphe, das sind die langen, schlanken Typen wie John Kenneth Galbraith da drüben auf der anderen Tischseite. Sie bekommen niemals oder nur sehr selten einen Infarkt. Dann sind da die Endomorphen, das heißt die rundlichen, pummeligen Typen wie Pierre Salinger. Er hat kein Pfund Übergewicht am Leibe. Gott hat ihn so gemacht, wie er ist, und solche Menschen wie er bekommen auch nur selten einen Infarkt.«

»Und der dritte Typ?«

White deutete auf mich: »Mesomorphe wie Sie. Starker Brustkorb, die Arme ein bißchen wie ein Affe angesetzt, beim Gehen immer ein wenig vornübergeneigt, grobknochig, Typen, bei denen der Urmensch durchschlägt. Die meisten Spitzensportler sind Mesomorphe, auch viele starke politische Führer. Menschen, die dauernd unter Spannung stehen und mit plötzlichen Infarkten dafür bezahlen.«

Ich erinnere mich, daß ich ihm noch eine Reihe anderer Fragen stellte. Wir hatten beiläufig über eine mögliche Zusammenarbeit gesprochen, und ich erwog, über dieses faszinierende Thema etwas zu schreiben. Gegen Ende unserer Begegnung in Leningrad fragte ich ihn direkt: »Also, wie ist das jetzt? Ich rauche nicht, bin nicht zuckerkrank, habe kein Übergewicht, mein Cholesterinspiegel ist in Ordnung und mein Blutdruck extrem niedrig. Kann ich mich relativ sicher fühlen?«

»Da Ursache und Wirkung noch nicht eindeutig bekannt sind, können wir keine Garantien geben«, sagte er. »Wie sieht es denn bei Ihrem Vater und Ihren Brüdern aus?«

»Ich habe meinen Vater nie gekannt.«

»Sie könnten durchaus gefährdet sein – zumal Sie ein fast prototypischer Mesomorph sind.«

Nach dieser Begegnung war ich leicht verunsichert. Später entdeckte ich dann, daß ich White, was die Diabetes betraf, nicht die ganze Wahrheit gesagt hatte – allerdings nicht, um ihm etwas zu verbergen, sondern ganz einfach deshalb, weil ich davon nichts wußte.

Ich war Mitte vierzig, als ich beim CVJM in Honolulu an einem nachmittäglichen Basketballmatch teilnahm, bei dem es ziemlich temperamentvoll zuging. Beim Betreten des Duschraums nach dem Spiel stieß ich mir an der leicht erhöhten Türschwelle heftig den großen Zeh meines linken Fußes. Auf dem Rückflug nach New York in der kommenden Nacht wurden die Schmerzen so unerträglich, daß die Fluggesellschaft per Funk einen Krankenwagen bestellte, der mich im Morgengrauen auf dem Flughafen von San Francisco abholte. Ich hielt den Zeh für gebrochen.

Während ich die schlimmsten Schmerzen meines Lebens durchlitt, brachte man mich schleunigst zum nächsten Krankenhaus. Dort stellte mir ein kluger Arzt nur vier Fragen: »Wo haben Sie sich Ihren Zeh gebrochen?« Im CVJM. – »Und um wieviel Uhr ist es passiert?« Ungefähr gegen 16.30 Uhr. – »Sind Sie abends noch zum Essen gegangen?« Ja. – »Wie weit mußten Sie zu Fuß gehen, um das Restaurant zu erreichen?« Ungefähr fünf Häuserblocks.

Der kundige Leser weiß inzwischen, was mit mir los war. Ich wußte es damals noch nicht. Der Arzt lächelte beruhigend und sagte: »Ich habe eine gute und eine schlechte Nachricht für Sie. Die gute besteht darin, daß Ihr Zeh nicht gebrochen ist. Die schlechte ist, daß Sie Gicht haben.«

Er informierte mich im Schnellverfahren über diese äußerst unangenehme Krankheit, die manche, die von ihr verschont bleiben, immer wieder zu wenig einfühlsamen Spötteleien verleitet. »Sie entsteht durch eine Überproduktion von Harnsäurekristallen, die mit dem Urin nicht ausgeschieden werden können. Der Genuß von üppigen Speisen, schweren Weinen und Sekt verstärkt das Leiden. Gichtanfälle treten zwei- bis dreimal jährlich auf und können gemildert werden, indem man Leber, Hirn, Nieren, schwere Saucen und Limabohnen von der Speisekarte streicht und auf den Genuß von Rotwein und Sekt verzichtet.

Außerdem sollten Sie viel Mineralwasser trinken, das einen Teil der Harnsäure ausschwemmt.«

»Und der akute Schmerz? Läßt sich der nicht behandeln?«

»Doch. Ich gebe Ihnen diese kleinen weißen Pillen mit. Das ist Colchicin. Nehmen Sie alle halbe Stunde eine mit viel Wasser, bis Sie sich übergeben müssen. Dann hören Sie auf.«

Auf dem Weiterflug nach New York war der Schmerz kaum noch zu ertragen, und die Colchicin-Behandlung sorgte obendrein dafür, daß mir dauernd speiübel war. Später zog ich andere Spezialisten zu Rate, die aber die Angaben des Arztes in San Francisco nur bestätigen konnten. »Es ist ein chronisches Leiden, das oft unerträgliche Schmerzen hervorruft. Bauen Sie sich ein kleines Zelt über Ihrem Zeh, damit er nicht von der Bettdecke berührt wird. Und trösten Sie sich, soweit es geht, mit der bekannten Tatsache, daß Gicht die Krankheit der Genies ist.« Ein Arzt las mir aus einem Artikel die Namen großer Männer vor, die an dieser Krankheit gelitten hatten. Zumindest statistisch schien tatsächlich ein Zusammenhang zwischen übernervösen, brillanten Geistern und der Gicht zu bestehen. Doch da ich eigentlich überhaupt nicht nervös bin und den Genies nicht das Wasser reichen kann, hielt sich der Trost in bescheidenen Grenzen.

Beschreiben lassen sich die schlimmen Gichtschmerzen nur schwer. Sie überkommen einen während des vier oder fünf Tage dauernden Gichtanfalls wie glühende Wellen. Der Patient wird in dieser Zeit von entsetzlichen Visionen heimgesucht: Er denkt an Amputation, möchte sich den entzündeten Zeh abschießen und wird sogar von Selbstmordgedanken geplagt.

Neben den folkloristischen Aspekten der Gicht nannten mir die Ärzte auch substantielle Fakten: »Die Übeltäter in den Nahrungsmitteln, die Gicht hervorrufen, sind komplexe chemische Verbindungen namens Purine. Sie treten zum Beispiel in Limabohnen, Anchovis und Sekt in konzentrierter Form auf. Der Puringehalt läßt sich durch einen einfachen Bluttest feststellen; zu hohe Werte sind eine Warnung.«

Nach meiner ersten Bekanntschaft mit der Krankheit hatte ich innerhalb von zwei Jahren vier heftige Anfälle und dachte schon, für den Rest meines Lebens in regelmäßigen Abständen durch die Hölle zu müssen. Eine gewisse Erleichterung boten die über die Jahrhunderte hinweg erprobten Strategien der Gichtkranken: Ich stellte mir einen Hocker zum Hochlegen des Zehs bereit, wodurch der pulsierende Schmerz ein wenig gelindert wurde; ich trank literweise Wasser, um die Purine auszuschwemmen; ich schnitt einen Schuh an der Vorderseite auf, um wenigstens ein bißchen umherhumpeln zu können. Und ich schlief in der Nacht mit jenem kleinen Zelt über dem Zeh, denn ich wußte inzwischen, wie zutreffend jene berühmte Beschreibung der Gicht war, die da lautete: »Schon ein seidenes Taschentuch, das auf einen gichtkranken Zeh fällt, ruft unerträgliche Schmerzen hervor.«

Ich hatte damals eine sehr mitfühlende Haushälterin, der es großen Kummer bereitete, andere Menschen leiden zu sehen. Sie tat, was sie konnte. Erst probierte sie es mit alten Volksheilmitteln, dann aber sagte sie eines Tages: »Meine Schwester kennt jemanden, der Gicht heilen kann.«

Ich stellte mir eine Kräuterhexe mit Molchblut und Haaren vom neugeborenen Kalb vor und erwiderte: »Nein, nein, mein Arzt hat das schon im Griff.«

»Den Eindruck habe ich aber ganz und gar nicht«, sagte sie empört und ging. Ein paar Tage später, als die Schmerzen ihren Höhepunkt erreichten, wiederholte sie mit strengen Worten ihr Angebot: »Meine Schwester kann Ihnen helfen.« In meiner Verzweiflung rief ich: »Schon gut, schon gut! Holen Sie sie her!« Noch am gleichen Abend trat eine ungewöhnlich schöne junge Frau in den Zwanzigern an mein Lager und sagte: »Ich bin Krankenschwester bei einem bekannten Arzt in Philadelphia. Er und sein Team haben eine Therapie gegen Gicht entwickelt.«

Kurze Zeit später lernte ich diesen Wunder wirkenden Mann kennen, und er erzählte mir: »Wir haben in den vergangenen beiden Jahren ein Medikament speziell für die Gichttherapie entwickelt. Die Arbeiten wurden in Schweden durchgeführt. Dort koppelten ein paar kluge Kerle Radioisotope an die Purine der Limabohnen an und verfolgten diese dann mit Röntgenaufnahmen auf ihrem Weg durch den Körper. Sie fanden heraus, daß die Gicht durch die Funktionsstörung einer winzigen Drüse verursacht wurde, die andere bisher übersehen hatten. Unser vollkommen neues Medikament regt diese Drüse dazu an, wieder normal zu funktionieren.«

Der Arzt gab mir ein kleines Tablettengläschen und ein Rezept, mit dem ich mir in jeder Apotheke Nachschub besorgen konnte. Das Medikament hieß Benemid, und die Gebrauchsanweisung war einfach: »Einmal pro Tag für den Rest Ihres Lebens. Im Verlauf von ungefähr sieben Jahren wird sich ein Purinrückstand ansammeln, der zu einem leichteren Anfall führen kann, aber den können Sie dann wie gehabt mit Colchicin behandeln.«

Ich atmete befreit auf und lächelte der Schwester meiner Haushälterin fröhlich zu. Eine beklemmende Frage blieb: »In all diesen Bücher heißt es immer wieder, daß Gicht eine Krankheit ist, die durch einen wüsten Lebensstil, üppige Speisen und übermäßigen Sektgenuß hervorgerufen wird. Ich habe stets einfache pennsylvanische Kost zu mir genommen und Alkohol nie angerührt.«

Der Arzt lachte. »Die Legende, Gicht sei die Krankheit der Prasser, ist so alt wie die Menschheit! Ebenso lange wissen die Ärzte, daß genau die Hälfte ihrer Patienten Abstinenzler sind wie Sie. Wir haben uns diesen Widerspruch nie richtig erklären können. Fälle wie den Ihren nennen wir ›Arme-Leute-Gicht‹.«

Seine Vorhersagen erwiesen sich als absolut korrekt. Eine Benemid-Tablette am Tag – keine Gicht mehr. Ich brauche auch keine Diät mehr einzuhalten. Und auch das stimmt: Ungefähr alle sieben Jahre zwickt mich der Zeh ganz gewaltig, aber da hilft dann eine Colchicinkur: alle halbe Stunde eine Tablette, bis ich mich übergeben muß, was ungefähr bei der neunten der Fall ist. Ich danke meinem Schutzheiligen dafür, daß meine Haushälterin eine Schwester hatte, deren Chef mich von diesem gräßlichen Leiden befreien konnte.

An einem Septembernachmittag des Jahres 1965 spielte ich an der Seite meiner langjährigen Tennispartnerin Mary Place ein Doppel über drei Sätze. Danach ging ich nach Hause, arbeitete ein wenig an einem Roman über die Belagerung von Leningrad und legte mich schlafen. Gegen vier Uhr morgens erwachte ich mit einer derart üblen Magenverstimmung (jedenfalls hielt ich es dafür), daß ich einen Arzt anrief. »Nehmen Sie Natron«, sagte er zu mir, »und rufen Sie mich im Laufe des Vormittags wieder an.« Ich erinnere mich noch, daß ich Natron einnahm und kurz darauf ins Badezimmer ging und in den Spiegel sah. Eine geisterhafte Gestalt starrte mich an. Ich spürte, daß mir die Sinne schwanden, und sagte zu mir: »Komm, alter Junge, reiß dich zusammen. Nicht jetzt. Nicht jetzt...« Ich schaffte es zurück ins Bett. Inzwischen stand fest, daß ich ärztliche Hilfe brauchte. Um Viertel vor sechs kam schließlich ein Doktor vorbei, sah mich an, fühlte meinen Puls und rief den Krankenwagen.

»Herzattacke«, sagte er. »Passiert oft in den frühen Morgenstunden.«

Die Herzexperten im Krankenhaus studierten mein EKG und kamen zu dem Schluß, daß ich einen schweren myokardialen Infarkt erlitten hatte: Irgendeine Ader, die das Herz versorgte, war blockiert und hatte damit die Blutzufuhr zu einem Teil des Herzens unterbrochen. Die meisten Menschen, die vor ihrem fünfzigsten Geburtstag einen solchen Infarkt erleiden, überleben ihn nicht. Wer über Fünfzig ist und nicht sofort ins Krankenhaus kommt, ist auch nicht besser dran. Ich war Ende Fünfzig und hatte, wie mir die Ärzte sagten, dank meiner ungewöhnlich guten körperlichen Verfassung und dank der Tatsache, daß ich weit länger als die meisten anderen Männer meines Alters regelmäßig Sport getrieben hatte, diese schwere Attacke überstehen können.

Es geht in diesem Kapitel nicht um die Schilderung eines Herzinfarkts als solchem, sondern darum, wie sich gesundheitliche Probleme auf einen Schriftsteller auswirken. Die erfahrenen Ärzte im Krankenhaus von Doylestown taten das Notwendige, wurden in ihren Entscheidungen aber von Paul Dudley White unterstützt, der, kaum daß er von meinem Infarkt gehört hatte, aus Massachusetts angeflogen kam. Als er mein Krankenzimmer betrat, war es, als ob wir unser Leningrader Gespräch wieder aufnahmen. »Tja, nun wissen Sie, wie das mit der Wahrscheinlichkeit so ist. Ohne jedes Warnzeichen! Aber Sie mit Ihrer Konstitution werden es überleben, da bin ich ganz sicher.«

Das waren Worte, die ich hatte hören wollen. White fuhr fort: »Wenn Sie die ersten drei Stunden überleben, Jim, dann haben Sie alle Chancen, auch die ersten fünf Tage zu überstehen. Und wenn Sie die überleben...« Seine Stimme verlor sich. Es ging nur schrittweise voran, soviel war klar. »Früher haben wir Männer in Ihrem Zustand wie Amputierte behandelt. Strenge Bettruhe, kein Treppensteigen, kein üppiges Essen, kein Sex. Im Liegestuhl auf die Terrasse und brav den Krüppel spielen, sonst nichts. Sobald *Sie* dieses Bett verlassen, was, wovon ich überzeugt bin, bald der Fall sein wird, möchte ich, daß Sie alles tun, was Sie vorher auch getan haben. Maßvoll erst, doch wenn Sie wieder bei Kräften sind, genauso wie vorher. Sollten Sie dabei tot umfallen, wäre es wahrscheinlich sowieso geschehen.« Er wollte mir nichts vormachen und ich mir auch nicht.

Unter seiner fürsorglichen Pflege und von den guten Ärzten vor Ort jederzeit unterstützt, erholte ich mich wieder, reiste mehrmals um die Welt, spielte wieder schwungvoll Tennis, schrieb acht meiner besten Bücher und stellte mich für diverse öffentliche Aufgaben zur Verfügung. Ich achtete allerdings darauf, mich nicht mehr übermäßig aufzuregen, zwang mich nicht mehr dazu, weiterzumachen, wenn mich plötzlich die Müdigkeit überkam, verzichtete auf den Genuß von Eiern in jeder Form, trank keine Vollmilch mehr und aß nur noch wenig Käse. Wenn irgend möglich, genehmigte ich mir täglich ein Nachmittagsschläfchen und ging um elf Uhr abends zu Bett. Es war ein strenges Reglement, von dem ich keinen Fingerbreit abwich.

Während meiner Rekonvaleszenz machte ich allerdings eine schlimme Erfahrung, an die ich noch heute mit Schrecken zurückdenke. Als ich nach sechs Wochen relativer Immobilität im Krankenhaus nach Hause kam, bemühte ich mich, langsam und vorsichtig wieder zu meinem alten Lebensstil zurückzufinden. Eines Tages – ich spürte, daß ich einigermaßen bei Kräften und wieder Herr meiner selbst war –, betrat ich mein Arbeitszimmer und nahm das Manuskript meines Rußlandromans zur Hand, an dem ich vor dem Infarkt gearbeitet hatte. Zu meinem Entsetzen konnte ich mich nicht mehr auf das Material konzentrieren. Ich wußte nicht mehr, an welcher Stelle ich die Erzählung unterbrochen hatte und in welcher Richtung ich die Handlung weiterführen wollte. Verzweifelt bemühte ich mich, den roten Faden wiederzufinden. Genau wie an jenem kritischen Morgen im Badezimmer versuchte ich, mir selbst Mut zu machen: »Komm alter Junge, gib nicht auf!« Aber es half alles nichts. Mein Leben hatte eine tiefgreifende Änderung erfahren. Vollkommen niedergeschlagen verließ ich das Arbeitszimmer.

Über eine Woche lang beherrschte mich die Angst, ich könne nie wieder die geistige Kontrolle über meine schriftstellerische Arbeit zurückgewinnen. Als ich wieder etwas Selbstvertrauen geschöpft hatte, setzte ich mich neuerlich an den Schreibtisch – nur um festzustellen, daß ich genauso blockiert war wie beim ersten Versuch. Der Leningrad-Roman, in den ich schon soviel Arbeit und Mühe investiert hatte, war ein für allemal verloren. Voller Bedauern, aber ohne Selbstmitleid klappte ich die Notizbücher zu und legte die bereits fertigen Kapitel beiseite. In der Furcht, nie wieder schreiben zu können, unterwarf ich mich einer langsamen, stetigen Rehabilitation. Ich machte lange Spaziergänge mit meinen Hunden, kümmerte mich um die Bäume, die ich auf dem Hügel gepflanzt hatte, und nahm in aller Ruhe wieder erste gesellschaftliche Kontakte zu hilfsbereiten Freunden auf. Einmal ergriff ich sogar wieder den Schläger und spielte vorsichtig ein wenig Tennis mit Mary Place. Sie muß gespürt haben, wie wichtig dieser Versuch für mich war, auch wenn ich noch wenig zustande brachte. Einer meiner Ärzte, der von meinen Fortschritten hörte, fragte mich, ob ich ihm nicht helfen und mit einem seiner Patienten sprechen könne. »Reden Sie mit ihm«, bat er, »und erzählen Sie ihm, was Dr. White Ihnen erzählt hat.« Ich fuhr zum Krankenhaus und unterhielt mich mit dem Patienten.

Der Mann – viele Jahre jünger als ich, Cornell-Absolvent und ein leidenschaftlicher Skifahrer – hatte in einer, wie ich wußte, extrem gefährlichen Lebensphase einen schweren Herzinfarkt erlitten. Ich saß in seinem Krankenzimmer und sagte zu ihm: »Dr. White – der Arzt, der Eisenhower das Leben gerettet hat –, erzählte mir, daß Herzinfarkte im Alter zwischen zwanzig und dreißig Jahren fast immer tödlich enden, weil der Schock für das Herz zu groß ist. Zwischen dreißig und vierzig stehen die Chancen ebenfalls sehr schlecht. Zwischen vierzig und fünfzig liegt die Überlebenschance ungefähr bei fünfunddreißig zu fünfundsechzig. In meiner Altersgruppe, zwischen fünfzig und sechzig, wendet sich das Blatt, und die Überlebenschancen überwiegen. Wer zwischen sechzig und achtzig einen Infarkt bekommt, merkt es mitunter gar nicht. Die Rekonvaleszenzzeit entspricht dann ungefähr der bei einer starken Erkältung.«

Den Cornell-Mann beeindruckte das alles nicht. Er fragte lediglich: »Und woher kommen diese altersbedingten Unterschiede?«

»Wenn Sie älter werden, hat das Herz schon öfter mal einen Knacks bekommen und mit dem Aufbau alternativer Versorgungsleitungen für den Tag vorgebeugt, an dem mal was Ernstes passiert.«

»Hatten Sie einen schlimmen Infarkt?«

»Einen der schlimmsten, die es gibt, hat man mir gesagt.«

»Und sind Sie wieder auf dem Damm?«

»Nein. Aber ich bin auf dem Weg dahin. Wenn Sie's ruhig angehen, wie die Ärzte es sagen, schaffen Sie es sicher auch.«

»In einem Monat stehe ich wieder auf der Piste«, erwiderte der Patient arrogant. Ohne ein Wort des Dankes für meine Hilfsbemühungen, ja ohne Abschiedsgruß, ließ er mich gehen. Nach einem Monat stand er tatsächlich wieder auf der Skipiste – und fiel tot um.

Nachdem ich den Schock über mein Unvermögen, den Rußlandroman fortzusetzen, und die Angst vor dauerhafter Arbeitsunfähigkeit einigermaßen überwunden hatte, beschloß ich, die neue Kraft meines Herzens und meine neue geistige Verfassung einem Test zu unterziehen. Es war schon immer mein Wunsch gewesen, einmal über meine tiefe Zuneigung zu Spanien zu schreiben. In diesem herrlichen Land, dessen Sitten, Gebräuche und Geschichte ich so gut kannte, konnte ich meine Fähigkeiten am besten auf den Prüfstand stellen.

Als junger Mann war ich, wie schon erwähnt, eine Zeitlang mit einer Stierkämpfertruppe umhergezogen. Einer der Kämpfer war Domingo Ortega, der später sehr bekannt wurde. Jetzt wollte ich Spanien wiedersehen, wollte mit den Stieren in Pamplona um die Wette laufen und die traditionelle Reise nach Santiago de Compostela unternehmen, dem alten Wallfahrtsort im äußersten Nordwesten des Landes. Wenn du das alles problemlos schaffst, dachte ich mir, dann kannst du allmählich auch wieder an die Fortsetzung deiner Schreibarbeiten denken. Meine Rückkehr nach Spanien war für mich eine geistige und körperliche Pilgerfahrt von allerhöchster Bedeutung.

Auf verschiedenen Etappen meiner langen Reise begleiteten mich drei sympathische Weggefährten aus alter Zeit: Robert Vavra, der angesehene Naturfotograf, dessen Aufnahmen meinen Reisebericht später illustrieren sollten; John Fulton, ein amerikanischer Stierkämpfer, der in Sevilla seine *alternativa* (gewissermaßen den Doktorgrad im Fach Stierkampf) gemacht hatte; und Kenneth Vanderford, der bärtige Ölexperte, der aussah wie Hemingway. Wir reisten kreuz und quer durchs Land und frischten alte Bekanntschaften mit Frauen und Männern auf, die wir Jahre zuvor kennengelernt hatten. Wir fuhren nach Pamplona zum berühmten Stiertreiben, und ich entsinne mich, daß ich dort wie durch ein Wunder um Haaresbreite dem Tod entging. Es war reine Dummheit meinerseits: Meine Liebe zu Spanien und meine Bekanntschaft mit den Toreros hatten mich zu einem *aficionado* des berühmten Stiertreibens am Tag des heiligen Firmin werden lassen. Der Tag ist ein besonders glücklicher – der siebte im siebten Monat, also der 7. Juli. Alljährlich findet an diesem Datum der Auftakt zu einem großen achttägigen Fest statt. Jeden Morgen um sieben werden wilde Kampfstiere durch die engen Straßen und Gassen der Stadt in die ungefähr zwei Kilometer entfernte Arena getrieben, und ein paar Zentimeter vor ihnen her laufen tapfere junge Männer. Die Schilderung dieses Ereignisses in Ernest Hemingways Roman *Fiesta*, vor allem aber auch dessen Verfilmung mit Tyrone Power, Ava Gardner und Errol Flynn, haben die Phantasie von Millionen Lesern und Zuschauern gefesselt. Alle träumten sie davon, mit den Stieren von Pamplona um die Wette zu laufen.

Mit Ende Fünfzig hielt ich den Zeitpunkt für gekommen, dem Stiertreiben nicht nur zuzusehen, sondern auch einmal mitzurennen. Und das tat ich dann auch, wenngleich nur eine kurze Strecke. Denn als die Bullen mich aufs Korn nahmen, suchte ich rasch im Toreingang eines Krankenhauses Zuflucht und sah die sieben riesigen Stiere in unmittelbarer Nähe an mir vorbeidonnern, was selbst aus der Sicherheit meines Schlupfwinkels ein ungemein spannendes Erlebnis war.

Die Straße, in der ich stand, ist auf der linken Seite von einer langen, hohen Steinmauer begrenzt, die an keiner Stelle einen Ausweg bietet. Auch heute versammeln sich an dieser Stelle nur die Allertapfersten, sei es, um zuzuschauen, sei es, um vor den Stieren herzulaufen. Ungefähr alle vier Jahre kommt es vor, daß ein Stier an diesem Streckenabschnitt aus der Herde ausschert, mit seinem linken Horn an der Mauer entlangstreift – *limpiando la murella* (›die Mauer tünchend‹) – und die dort stehenden Männer umrennt und verletzt. An den ersten drei Festmorgen hatte ich es problemlos geschafft, meine Zufluchtstätte zu erreichen. Am vierten Morgen jedoch »tünchte ein Stier die Mauer«, verlor die Orientierung, stürmte quer über die schmale Gasse und tötete keine zwei Meter vor mir einen Mann. Dann wirbelte er herum und tötete einen zweiten Mann, der vor meinen Füßen zusammenbrach. Völlig verwirrt blieb er dann stehen und verharrte, die Hörner fünfzehn Zentimeter vor meiner Brust, eine schreckliche Sekunde lang – um dann zu schnauben und hinter seinen Kameraden herzugaloppieren.

Drei oder vier Fotografen aus Pamplona, die an jener Stelle postiert waren, knipsten den Stier, als er auf mich zukam. Sie erwischten ihn zwar nicht, als er unmittelbar vor mir stand, doch gelangen ihnen ein paar verblüffende Aufnahmen von einem Stier Auge in Auge mit einem Mann, der wie erstarrt vor ihm steht. Bei einem späteren Besuch in Pamplona zeigten mir spanische Bekannte voller Bewunderung eine Ausgabe des *Esquire*, in der diese Fotoserie abgedruckt war. Ich konnte es gar nicht glauben, daß der Mann in dem Toreingang ich war und daß der Stier mich verschont hatte.

Über den alten Pilgerpfad gelangte ich nach Santiago de Compostela, wo ich über eine Woche blieb, um die großen Skulpturen zu studieren, die das Portal der aus dem zwölften Jahrhundert stammenden Kathedrale schmücken. Und dann begann ich im Überschwang einer neu gewonnenen Sicherheit jenes Buch zu schreiben, das wahrscheinlich von all meinen Werken am längsten auf dem Markt sein wird. *Iberia* ist eine Hommage an ein geliebtes Land und an meine eigene Genesung. Das Buch wird sich nicht deshalb so lange halten, weil es besonders gut geschrieben wäre oder weil ich es geschrieben habe, sondern eher deshalb, weil es von einem Land handelt, das Europäer und Amerikaner aus kälteren Klimazonen stets faszinieren wird. *Iberia* ist mein Zeugnis des Dankes an meine berühmten Vorgänger: an George Borrow, der mit *Fünf Jahre in*

*Spanien* eines der vortrefflichsten Reisebücher überhaupt schrieb, an Prosper Mérimée, der nach einem denkbar kurzen Besuch seine Novelle *Carmen* schrieb, an Georges Bizet, der diese Geschichte auf unvergängliche Weise vertonte, und an Miguel Unamuno, den Philosophen, der über Spaniens Einstellung zur Welt schrieb.

*Iberia* spielte nicht nur bei meiner schriftstellerischen Genesung eine entscheidende Rolle, sondern war auch eine wichtige Einführung in die geheimnisvolle Beziehung zwischen Schriftsteller und Leser. Das Buch fand in den Vereinigten Staaten weite Verbreitung als Begleittext im Spanischunterricht und in Kursen und Seminaren über spanische Kultur. Im Laufe der Zeit erhielt ich zahlreiche Leserbriefe von Leuten, die das Buch entweder während des Studiums oder als Reiselektüre unterwegs in Spanien gelesen hatten. Die Briefeschreiber nahmen dabei immer wieder auf drei Episoden Bezug. Man hätte meinen können, die betreffenden Passagen wären in Rotdruck erschienen.

Die erste Episode betraf die Herstellung englischer Marmelade aus Orangen von Valencia, eine faszinierende, aber in keiner Weise außergewöhnlich dargestellte Geschichte. Die zweite war die amüsante – und im Grunde ziemlich triviale – Anekdote von dem texanischen Touristen, der ungenügend gekochten eingelegten Fasan ißt, und die dritte die Schilderung, wie ich auf dem Weg nach Santiago de Compostela in der Abenddämmerung die kleine romanische Kirche in dem winzigen Bergdorf Cebrero erreichte. Ich hatte die betreffenden Absätze mehrfach umgeschrieben und geglättet, wäre aber nie auf die Idee gekommen, daß mir damit etwas Besonderes gelungen sein könnte. Und doch waren es genau diese Abschnitte des Buches, auf die die Leser immer wieder Bezug nahmen – und zwar sowohl schriftlich als auch im Gespräch.

Daß scheinbar Nebensächliches von anderen hoch geschätzt wird und mühsam erarbeitete Höhepunkte ignoriert werden, kommt immer wieder vor, und der Autor ist der letzte, der imstande wäre, dies im voraus zu beurteilen. Die anschaulichsten Beispiele dafür bietet mein Roman *Die Quelle*. Zum Besten, was ich je geschrieben habe, gehört der Bericht über den Einfluß des Königs Herodes auf die Juden. Es ist ein originelles und handwerklich gelungenes Buch, doch in all den Jahren seit Erscheinen des Werkes hat mir nicht ein Leser persönlich geschrieben oder gesagt, daß ihm die Geschichte ernsthaft etwas gebracht hätte.

Doch während meine Leser diese schöne Episode vollkommen ignorierten, stürzten sie sich wie Honigbienen auf eine Rosenblüte auf ein Wort, das rein zufällig ins Buch geraten war. Auf der Suche nach einem Namen für eine junge Jüdin, die in der Geschichte König Davids eine gewisse Rolle spielt, erinnerte ich mich vage an eine Bibelstelle, in der der »Bach Kerith« (*the Brook Kerith*) erwähnt ist. Ich wußte noch, daß mir der Name spontan gefallen hatte, und hielt ihn für sehr attraktiv. Wo genau dieser Bach lag und welche Bedeutung er hatte, wußte ich dagegen nicht.

Jahrzehnte nachdem ich zum erstenmal auf den Namen aufmerksam geworden war, fiel er mir wieder ein. Ohne viel darüber nachzudenken, taufte ich eine meiner Romanfiguren Kerith. Doch kaum war das Buch erschienen, als ich auch schon die ersten Leserbriefe erhielt, deren Absender sich nach Herkunft und Bedeutung dieses schönen Namens erkundigten. Meist hieß es in den Briefen: »Wir nennen unsere Tochter Kerith. Wenn sie älter wird, wollen wir ihr sagen, wie Sie ihren Namen erklärt haben.«

Im Laufe der Zeit erhielt ich so viele derartige Schreiben, daß ich sie nicht mehr individuell beantworten konnten und einen Formbrief aufsetzte.

In meinem Brief an die Eltern der vielen kleinen Keriths sagte ich: »Vor Jahren stieß ich irgendwo im Neuen Testament auf den Ausdruck ›der Bach Kerith‹. Er blieb offenbar in meinem Gedächtnis haften, denn als ich einen klangvollen Namen für eine meiner Romanfiguren suchte, fiel er mir sogleich ein. Ihre

Tochter heißt also nach einem schönen, fließenden Bach im Heiligen Land.«

In Wirklichkeit war mein Gedächtnis schlecht und jedes Wort meiner Erklärung schlichtweg falsch. Nirgendwo in der englischen Bibel findet sich der Ausdruck *the Brook Kerith*. Dagegen erscheint zweimal die Version *the Brook Cherith* – allerdings nicht im Neuen, sondern im Alten Testament (1. Könige 17, 3 und 5) an jener Stelle, an der berichtet wird, wie der Prophet Elia während einer Dürre von Raben ernährt wurde. So »schön« und »fließend« konnte der Bach demnach nicht sein, heißt es doch in der Bibel wörtlich: »Nach einiger Zeit aber vertrocknete der Bach; denn es fiel kein Regen im Land.«

Daß ich meine Briefpartner falsch informiert hatte, war mir sehr peinlich. Ich versuchte nun herauszufinden, wie ich auf den Namen gekommen war. Meine Suche blieb lange erfolglos, doch schließlich erfuhr ich von jemandem, dem ich die Geschichte erzählt hatte, daß es von dem angesehenen irischen Romancier George Moore, dessen Roman *Esther Waters* ich mit Begeisterung gelesen hatte, ein Spätwerk mit dem Titel *The Brook Kerith* gab. Ich hatte in dieses Buch, das zur Zeit Jesu spielt, hineingeschaut, es aber nicht zu Ende gelesen, da es mir weniger zusagte als *Esther Waters*. Moore war an der besagten Stelle im ersten Buch der Könige auf die Worte *the Brook Cherith* gestoßen, hatte Gefallen daran gefunden und das *Ch* in ein *K* abgeändert. Die Macht der Wörter ist so geheimnisvoll, daß ich mich oft gefragt habe, ob Moore oder ich sich auch dann so lange mit diesem ausgetrockneten Bächlein beschäftigt hätten, wenn es in der Bibel *Cherith Brook* oder gar *Cherith Stream* geheißen hätte? Ich bezweifle es. Der Charme des Ausdrucks rührt einerseits von der Umstellung der Wörter und andererseits von der ungewöhnlichen Schreibweise her. Moore hatte *Cherith* offenbar nicht gefallen; mit *K* geschrieben, fesselte es dagegen sowohl seine als auch meine Phantasie.

Ich hoffe nun sehr, daß alle Keriths, die es infolge meines Romans heute gibt, mit dieser Korrektur den fehlerhaften Brief überkleben, den ich einst ihren Müttern und Vätern geschickt habe.*

Nachdem ich mich von meinem Herzinfarkt nicht nur erholt hatte, sondern vollständig davon genesen war und dank *Iberia* auch die Gewißheit hatte, daß ich wieder arbeiten konnte, unterwarf ich mein Leben einem strengen Reglement, das aus Reise-, Recherchier- und Schreibphasen bestand. Das Ergebnis waren zahlreiche Bücher. In jüngerer Zeit erschienen meine Bücher aufgrund von Pannen im Verlagsbereich, auf die ich keinen Einfluß hatte, in ziemlich schneller Folge, was jedoch nicht heißt, daß sie hastig geschrieben wurden.

Was ist produktiv und was nicht? Eine Reihe von bukolischen Erlebnissen bestimmte meine Einstellung zu dieser Frage. Im Jahre 1976 zog ich an die Chesapeake Bay, da ich ein größeres Buch über diese prachtvolle Wasserfläche und die Ortschaften an ihren Gestaden zu schreiben beabsichtigte. Ich hatte das Glück, ein kleines Häuschen an der Küste zu finden, das ich mieten konnte. Ich erinnere mich besonders gerne an dieses Domizil, weil sich in seinem Garten ein Teich befand, der von Victor und Victoria bewohnt und befischt wurde, zwei großen Reihern, die wir im Laufe der Zeit zähmten. Die beiden waren prächtige, wenngleich ein wenig ungelenke Vögel, die wir bald als sympathische Nachbarn liebgewannen.

Im Vorgarten des Häuschens patrouillierte Brandy, die irische Jagdhündin unserer Hauswirtin. Brandy war eine bernsteinfarbene Schönheit, die schon bald herausfand, daß sie abends mit einem langen Waldspaziergang rechnen konnte. Dann galoppierte sie mit halsbrecherischer Geschwindigkeit zweihundert Meter vorneweg, drehte sich um, raste noch schneller zu mir

---

* 1991 erhielt ich drei Briefe von Keriths mit dem Geburtsjahr 1966. Die Frauen erkundigten sich bei mir nach der Herkunft ihres Namens. Und jedes Jahr höre ich von der einen oder anderen Familie, die ihre neugeborene Tochter Kerith nennen möchte und Informationen darüber sucht.

zurück, um zu sehen, wie ich vorankam, und war im nächsten Augenblick schon wieder fort. Ihr zuzusehen erschöpfte mich meistens mehr als meine eigene körperliche Anstrengung.

Auf unseren Wanderungen stieß ich auf eine verlassene Farm. Ein uralter Apfelbaum hinter dem baufälligen Zaun erinnerte mich an jenen, der mich in meiner Jugend so beeindruckt hatte. Ich dachte an das enorme Arbeitspensum, das ich als alter Mann noch bewältigte, und beschäftigte mich auch mit dem gelegentlich erhobenen Vorwurf, ich sei »überproduktiv«. Doch die kleine Bibliothek, in der ich *Die Bucht* – meinen Roman über die Chesapeake Bay – schrieb, lehrte mich, was das Wort »produktiv« in meinem Beruf eigentlich bedeutet. Das Zimmer, in dem ich saß, war ringsum von Bücherregalen gesäumt, in denen die Werke der großen Romanciers des neunzehnten Jahrhunderts standen: Dickens, Thackeray, Kingsley und – am beeindruckendsten – Sir Walter Scott. Wenn ich mich in einer Arbeitspause von meiner Schreibmaschine zurücklehnte und meinen Blick über die in vielen Reihen angeordneten Bände schweifen ließ, mußte ich mich zur Ordnung rufen: »Zurück an die Arbeit, Kamerad! An diesen Maßstäben gemessen, bist du noch weit im Rückstand!«

Wer sich für Bücher interessiert und die modernen Trends beurteilen möchte, sollte unbedingt einen Vormittag in dieser kleinen Bibliothek verbingen. Er wird nicht nur einen klaustrophobischen Schock erleiden, weil ihn von allen Seiten Literatur umschließt, sondern auch in erfrischender Weise daran erinnert, daß die großen Schriftsteller der Vergangenheit vor allem *geschrieben* haben; sie schrieben viele, viele Bücher, und wir profitieren heute von ihrem unermüdlichen Fleiß.

Das Bemerkenswerte an meiner eigenen Produktion in dieser intensiven Schaffensphase war die Tatsache, daß ich in jener Zeit ständig unter lähmenden Schmerzen litt. Wahrscheinlich als Folge meiner vielen langen Wanderungen in jungen Jahren oder der häufigen Tennisspielerei auf Hartplätzen, als ich älter wurde, hatte sich der Zustand meiner linken Hüfte stark verschlechtert. Der schützende Knorpel zwischen dem Femurkopf meines Oberschenkelknochens und der Hüftgelenkpfanne war aufgebraucht, so daß die Knochen direkt aufeinanderstießen. Daraus ergab sich nicht nur eine unbeholfene Steifheit beim Gehen, sondern auch ein fast unerträglicher Schmerz, sobald ich, aus welchem Grunde auch immer, stehenbleiben mußte. Nach maximal zweiminütigem Aufrechtstehen mußte ich mich einfach bewegen oder mir – besser noch – einen Sitzplatz suchen. Merkwürdigerweise genügten zwei Minuten, in denen ich meine Füße entlastete, um den Schmerz zu lindern, doch sobald ich wieder aufstand, kehrte er mit doppelter Intensität zurück. Das Leben mit permanenten Schmerzen dieser Art war nicht einfach, und das Schreiben unter solchen Umständen erforderte Willenskraft. Aber das Bücherschreiben ist mir ein todernstes Anliegen. Es ist eine edle Profession, die gleichermaßen aufklären wie unterhalten möchte.

Ich komme jetzt zu einem Abschnitt meines Lebens, über den zu schreiben nicht leicht ist. Als ich mich bei anderen über die Natur meines Hüftschadens erkundigte, hörte ich bald von den historischen Experimenten eines Lord Charnley in London. Der hatte die Hüfte der ersten Patienten, die sich ihm freiwillig als Versuchskaninchen zur Verfügung gestellt hatten, aufgeschnitten, den Femurkopf abgesägt und diesen durch eine Stahlprothese ersetzt, deren Schaft tief in den großen Oberschenkelknochen versenkt wurde. Auch die abgenutzte Hüftgelenkpfanne wurde ausgeräumt und durch eine Metallpfanne ersetzt, in die der neue Stahlkopf des Knochens nahtlos hineinpaßte. *Voilà!* Der Patient hatte eine neue Hüfte, die nicht nur perfekt, sondern auch schmerzlos funktionierte, und das war genauso wichtig. Es war eine phantastische Operation, die Wunderheilungen bewirkte.

Warum also reiste ich angesichts der lähmenden Schmerzen, unter denen ich litt, nicht auf dem schnellsten Wege zu Lord Charnley und ließ mir eine neue Hüfte einsetzen? Die Antwort auf diese Frage ist komplex und verdeutlicht recht anschaulich meine Vorstellung von der Rolle und Verantwortung eines Schriftstellers.

Ich hielt mich gerade in Südspanien auf und studierte den Stierkampf und die Sherryherstellung, als ich erstmals von den Operationskünsten Charnleys hörte. Ein sympathischer Engländer namens John Culverwell besaß in der Nähe von Puerto de Santa María ein *rancho*. Er stellte einen besonders guten Honig her, den er unter dem schönen Markennamen *Oropéndola* (›Pirol‹) verkaufte. Cecilia, seine zierliche englische Ehefrau, hatte lange Zeit das gleiche Hüftleiden gehabt wie ich und war eine der ersten Patientinnen Lord Charnleys gewesen. Doch während die Operation als solche erfolgreich verlaufen war, verlief der Genesungsprozeß nicht unproblematisch. Als ich Cecilia Culverwell kennenlernte, merkte ich, daß sie mit dem neuen Hüftgelenk nicht zurechtkam. Auch waren die Schmerzen nicht verschwunden, sondern hatten sich lediglich auf andere Körperpartien verlagert.

Insgesamt befragte ich zwölf Bekannte, die sich ebenfalls der Operation unterzogen hatten. Acht von ihnen waren schlichtweg begeistert: »Die Operation war sehr erfolgreich.« Doch die Berichte der übrigen vier – darunter auch Cecilia Culverwell – waren negativ und klangen ziemlich trübselig: »Bei mir hat es nie richtig geklappt.«

Die Aussichten auf einen guten Operationsverlauf standen also zwei zu eins. Doch obwohl ich zeit meines Lebens solche Risiken akzeptiert habe, entschloß ich mich nicht zu einer sofortigen Operation. Warum? Nun, unter den acht Bekannten, bei denen der Eingriff technisch erfolgreich gewesen war, litten vier unter gravierenden und völlig unerwarteten Nebenwirkungen. Einer bekam eine entsetzliche Thrombose in dem betroffenen Bein und wäre um ein Haar daran gestorben. Beim zweiten kam es zu einer schweren geistigen Störung. Der dritte litt seither unter einer hartnäckigen Venenentzündung, die ihn sehr behinderte, und beim vierten hatte sich der Allgemeinzustand kontinuierlich verschlechtert.

Dies bedeutete unter dem Strich, daß die Operation nur bei vier Betroffenen rundum erfolgreich verlaufen war. Vier meiner Bekannten hatten nach wie vor mit der Hüfte zu tun; vier weitere waren nicht mehr in der Lage, produktiv zu arbeiten. Für einen Menschen wie mich, der im Vollbesitz seiner geistigen Fähigkeiten bleiben muß, standen die Chancen also nur eins zu zwei – und dieses Risiko wollte ich nicht eingehen.

Ich konnte meine Einstellung genau definieren: »Ich möchte noch viele Bücher schreiben und darf daher keine ungerechtfertigten Risiken eingehen, bei denen die Gefahr besteht, daß ich danach nicht mehr schreiben kann. Es steht mir nicht an, zu sagen, ob ich ein guter oder ein schlechter Schriftsteller bin. Aber ich habe bewiesen, daß ich zu äußerst umfangreichen und anspruchsvollen Recherchen imstande bin und diese so spannend umsetzen kann, daß Leser in vielen Ländern willens und bereit sind, meine Gedanken mit mir zu teilen. Ich habe nicht die Absicht, diese Fähigkeit vorzeitig aufs Spiel zu setzen, schon gar nicht einer geringfügigen Schmerzlinderung wegen. Im Augenblick ist mir das Risiko noch zu groß. Vielleicht lasse ich mich operieren, wenn die Ärzte Verfahren mit größeren Erfolgsaussichten entwickelt haben.«

Streng an diesen Grundsätzen orientiert, lehnte ich die Hüftoperation ab und widmete mich weiterhin dem Schreiben. Es entstand eine Reihe von Romanen, die auch im Ausland auf große Akzeptanz stießen. Doch als umsichtiger Mann konsultierte ich jedes Jahr die besten orthopädischen Chirurgen der Welt, die meine Hüfte regelmäßig röntgen ließen und mich über den Grad der Abnutzung auf dem laufenden hielten. Es waren hervorragende Leute – gewissenhaft, bestens informiert und hilfsbereit. Alle sagten sie mir das gleiche: »Ich an Ihrer Stelle würde mich sofort operieren lassen. Doch solange Sie den Schmerz ertragen, können Sie auch noch warten. Wir haben sehr gute Operationsergebnisse bei Personen, die bereits die Siebzig oder Achtzig überschritten haben.« Nicht einer versuchte, mich zu einer Operation zu nötigen, und alle sagten:

»Eines Morgens werden Sie nicht aus dem Bett kommen. Dann wird Ihre Frau mich anrufen und sagen: ›Jim meint, jetzt ist es wohl soweit. Sie können ihn operieren.‹« Ein Arzt sah sich die Röntgenfotos an und bemerkte dann: »Meine Güte! Und damit laufen Sie noch herum? Ich hätte mir das schon vor Jahren richten lassen!« Doch während ich den Termin immer weiter hinausschob, entwickelten hochqualifizierte Forscher neue und bessere Operationstechniken, bei denen nicht soviel geschnitten und gesägt wurde. Es entstanden Prothesen aus ungewöhnlichen Metallen, und neue Kunststoffe sorgten dafür, daß sie auch an der richtigen Stelle blieben. Die Operationsrisiken verringerten sich drastisch: aus der unsicheren Chance von eins zu zwei war eine Wahrscheinlichkeit von annähernd 98 Prozent geworden, daß der Eingriff zu meinen Gunsten verlaufen würde.

Der eingeplante Aufschub des chirurgischen Eingriffs brachte es mit sich, daß ich meine wichtigsten Bücher unter Schmerzen schrieb. Sie plagten mich morgens beim Aufstehen, begleiteten mich im Haus überallhin, und wenn ich abends ausging, warteten sie auf der Straße oder an einem Veranstaltungsort auf mich. Zwar wurden sie nicht von Woche zu Woche schlimmer, aber sie hörten auch niemals auf. Besonders akut wurde das Problem am frühen Abend, denn ich war nie bereit, auf meine Spaziergänge zu verzichten. Ich brauchte sowohl die körperliche Ertüchtigung als auch die geistige Erfrischung durch die Herumtollerei mit den Hunden und den Wandel der Jahreszeiten in der Natur.

Wenn ich, den Stock in der Hand, das Haus verließ, dachte ich manchmal: Lange halte ich das nicht mehr aus. Es tut einfach verdammt weh – zu weh. Doch wenn ich dann – je nach dem Projekt, an dem ich gerade arbeitete – in den Wäldern rings um die Chesapeake Bay, in der Umgebung von Cape Canaveral, auf einer Ranch in Texas oder auf den bergigen Straßen von Sitka, Alaska, den richtigen Rhythmus gefunden hatte, stellten sich die scheuernden Knochen vorübergehend aufeinander ein, so daß ich mich bei der Rückkehr nach Hause immer wieder darüber freute, wie relativ schmerzlos doch die letzte Etappe des einstündigen Marsches gewesen war. Doch eine Stunde später war der Schmerz wieder da.

Man hat mir gesagt, daß meine Schmerztoleranz ungewöhnlich hoch ist. Das heißt, daß ich einiges aushalte, bevor ich zu jammern anfange. Verschiedene Erlebnisse haben mir diese Behauptung bestätigt. Wie dem auch sei – auf jeden Fall arbeitete ich unter den geschilderten Bedingungen und würde mich in einer vergleichbaren Situation genauso entscheiden, anstatt mich auf das Risiko schwerer Nebenwirkungen einschließlich der Beeinträchtigung meiner intellektuellen Fähigkeiten einzulassen.

1985 sah ich mich mit einem sehr viel ernsteren Problem konfrontiert. Da die ausgezeichnete Behandlung, die mich nach meinem Herzinfarkt mehr oder weniger geheilt hatte, offenbar allzu lange zurücklag, fand ich mich unversehens in einem Notarztwagen wieder, der mich in ein Krankenhaus in Austin, Texas, transportierte. Eine flüchtige Untersuchung zeigte, daß fünf der wichtigsten Koronararterien, die das Herz bei seiner Arbeit unterstützen, gefährlich blockiert waren. Bei einer Bettrand-Konferenz um fünf Uhr nachmittags stellte ich einige Fragen.

»Sind irgendwelche Faktoren bekannt, die eine Bypass-Operation in meinem Fall besonders gefährlich machen würden?« – Nein.

»Wie viele solcher Operationen haben Sie schon durchgeführt?« – Das vierköpfige Ärzteteam verfügte über große Erfahrung.

»Wie viele Bypässe werden, Ihrer Einschätzung nach, bei mir erforderlich sein?« – Wahrscheinlich drei.

»Ist das üblich?« – Ja.

»Dann ans Werk!«

Sie operierten mich. Nicht drei, sondern fünf verstopfte Venen wurden entfernt und durch Venen aus meinem linken Bein ersetzt. Alles verlief wunschgemäß und ohne Komplikationen.

Am dritten Tag nach der fünffachen Bypass-Operation war

ich mit meinen achtundsiebzig Jahren wider Erwarten schon wieder so kräftig, daß man mich zu einem kleinen Ausflug in den Flur ermunterte. Begleitet von einer Krankenschwester, begegnete mir dort ein dunkelhäutiger Mann Ende Dreißig, der mich mit einem breiten Lächeln fragte, wie ich mich fühlte. »Ganz prima«, antwortete ich und war recht zufrieden mit mir. Wieder in meinem Zimmer, fragte mich die Krankenschwester: »Haben Sie ihn erkannt?« Ich verneinte. »Das ist der Mann mit der Herztransplantation. Der ersten in diesem Krankenhaus. Zwölf Stunden lag er auf dem Operationstisch – und jetzt ist er fast schon wieder so fit wie in seinen besten Zeiten.«

Der Schwarze und ich wurden schnell Freunde. Gemeinsam arbeiteten wir während der Rehabilitation an den raffinierten Übungsgeräten. Er war der Hauptgrund dafür, daß ich mich mit meinem trivialen kleinen Fünffachen nie bemitleiden durfte.


Der Plan, einen guten Alaska-Roman zu schreiben, schwebte mir von dem Tag an vor, da ich mein erstes Buch, *Tales of the South Pacific*, fertiggestellt hatte. Dieser Wunsch ging auf meinen Cheflektor bei Macmillan, Philip Knowlton, zurück, der Alaska noch in der harten alten Zeit kennengelernt und mir viel darüber erzählt hatte. In diesen und den folgenden Jahren spielte ich daher oft mit dem Gedanken, in den hohen Norden aufzubrechen und das Alaska-Projekt in Angriff zu nehmen. Was mich immer wieder davon abhielt, war mein Alter: Mit vierzig, dachte ich, bist du viel zu alt, um jenen grauenhaft kalten Temperaturen zu trotzen, von denen Knowlton berichtet hat. Vor allem ein Satz von ihm war mir im Gedächtnis geblieben und schüchterte mich ein: »In Fairbanks, wo ich wohnte, war es so windstill und kalt, Jim, daß man an einem klaren Morgen den Dampf sehen konnte, der dreißig Kilometer weiter aus den Außentoiletten aufstieg.« Ich war auf eine solche Kälte nicht eingestellt, und da ich nur über Gegenden schrieb, die ich aus eigener Anschauung gut kannte, kam ich mit großem Bedauern zu dem Schluß, daß es mit dem Alaska-Buch wohl nichts werden würde, was wiederum Knowlton sehr entrüstete.

Doch dann erhielt ich immer wieder Leserpost, unter anderem von offizieller Seite in Alaska: »Sie haben für den Südpazifik gute Arbeit geleistet. Es ist Ihre Pflicht, nun auch etwas für den Norden zu tun.« Obwohl ich nie von meiner Grundeinstellung, mich im arktischen Gebiet auf nichts einzulassen, abwich, legte ich, wenn sich die Gelegenheit ergab, auf meinen Reiserouten Zwischenstops in Alaska ein, so daß ich mich mit einer Region vertraut machen konnte, die mich schon immer sehr fasziniert hatte. So überraschte ich die zuständigen Behörden zum Beispiel einmal damit, daß ich mich bereit erklärte, eine Festrede zur Verabschiedung der Graduierten an der Universität von Alaska in Fairbanks honorarfrei zu halten, vorausgesetzt, sie würden für mich einen Abstecher zum neu erschlossenen Ölfeld Prudhoe Bay an der Nordmeerküste organisieren, was dann auch geschah. Unter diesen aufregenden Umständen sah ich zum erstenmal die gefrorene See, ja, ich wagte mich sogar aufs Eis und lief vielleicht anderthalb Kilometer weit hinaus, weil ich sehen wollte, ob sich Land und Meer aus der Entfernung noch unterscheiden ließen. Ich konnte die Grenze zwischen beidem nicht mehr erkennen.

Ein schönes Erlebnis war auch eine Jagdreise nach Kodiak Island auf der Suche nach dem Grizzlybär, die ich zusammen mit meinem alten Freund aus Korea, Admiral Parry, unternahm. Ein besonderes Erlebnis auf meinen Dienstreisen nach Japan waren immer die Zwischenlandungen auf der unglaublich windigen Air Base Shemya Island im äußersten Westen der Aleuten. Einmal mußte ich dort einen Zwangsaufenthalt einlegen, denn der Nebel war so dicht, daß man die Hütten nicht mehr sehen konnte. Ich konnte mir lebhaft vorstellen, unter welchen Bedingungen dort damals Krieg geführt worden war: die benachbarten Inseln Kiska und Attu wurden seinerzeit von den Japanern gehalten.

Obwohl sich mein Wissen über Alaska ständig erweiterte, hielt ich mich auch mit sechzig noch für zu alt, um in ewiger

Nacht Fröste von bis zu −52°C auszuhalten. Als ich jedoch auf die Achtzig zuging, mit renoviertem Herzen und einem linken Bein, dem es auch nicht schlechter ging als in den vielen Jahren zuvor, überwog dann schließlich die Einsicht, daß es nun endlich an der Zeit wäre, mir jene Wünsche zu erfüllen, die ich seit meinem einunddreißigsten Lebensjahr hegte. Nachdem dieser Entschluß erst einmal gefaßt war, brachte mich nichts mehr davon ab. Ich schickte meine energische Frau voraus, um uns eine geeignete Wohn- und Arbeitsstätte zu suchen. Bis es soweit war, blieb ich in Texas, führte noch verschiedene Projekte zu Ende und hörte aufmerksam zu, wenn mir meine Frau am Telefon berichtete, wie es ihr in Sitka ergangen war. »Auf dem Campus eines kleinen Colleges hier oben gibt es eine phantastische Blockhütte. Genau das richtige für uns!« Kurz darauf war ich in Alaska – und ein neues Leben begann.

Alle Behinderungen ignorierend, stürzte ich mich in ein Rundreiseprogramm, das mich im Laufe der Zeit in fast alle Regionen dieses riesigen neuen Staates führen sollte. Um mich selbst zu testen, fing ich am kürzesten Tag des Jahres, dem 21. Dezember, gleich dort an, wo die härtesten äußeren Bedingungen herrschten – in den Landstrichen nördlich des Polarkreises. Die Temperatur lag bei -52°C. Das Sommerhotel in Fort Yukon hatte zu jener Zeit nur einen recht mageren Vorrat an Konservennahrung vom vergangenen September übrig, aber das war nicht einmal ein Problem. Was mir mißfiel, war lediglich das ewige An- und Ausziehen, da die in dieser Kälte erforderliche Kleidung aus insgesamt fünf Schichten bestand. Wenn die Temperatur gelegentlich auf angenehme -22°C anstieg, begnügte ich mich mit einem dicken Hemd.

Ich liebte Alaska: die furchterregende Leere des Nordens, die einsame Lachsfischerei im äußersten Süden, die Goldfelder an der kanadischen Grenze, vor allem aber die aufregende Kette der bis an die Grenze Sibiriens reichenden kleinen Aleuteninseln. Bei einem Besuch auf der Kleinen Diomedesinsel, nur drei Kilometer von der russischen Schwesterinsel entfernt, redete ich vor den Einwohnern so lange und intensiv über Bücher und mußte so überraschend viele meiner als Lesevorrat für lange Wintermonate eingeführten Bücher signieren, daß ich zu meinem Entsetzen die Abfahrt des Kreuzfahrtschiffes verpaßte, mit dem ich unterwegs war. Bis das nächste kam, konnten Monate vergehen. Glücklicherweise waren ein paar Eskimos zugegen, die meine Not erkannten und schnell schalteten: Sie brachten den Außenbordmotor ihres Robbenfell-Umiaks auf Touren und überholten den auslaufenden Dampfer. Irgend jemand auf dem Schiff bemerkte unser kleines Boot und bat den Kapitän, die Maschinen zu drosseln. Ich drückte dem Bootsmann zehn Dollar in die Hand und war wieder sicher an Bord.

Auf jener Reise liefen wir acht verschiedene Aleuteninseln an, und jedesmal legte ich die letzten fünfzig Meter durch die Brandung zu Fuß zurück. Die entferntesten Außenposten erreichte ich auf dem Luftweg. Mit dem Hubschrauber landete ich auf jenem verlorenen Fleck am Rande des Arktischen Meeres, an dem 1935 der Weltumflieger Wiley Post und sein Passagier Will Rogers abgestürzt und ums Leben gekommen waren. Ich sammelte Steine am Strand, um den Umriß eines für ihn zu errichtenden Denkmals darzustellen, genauso wie ich es einst mit den einsamen Monumenten für James Cook an einem entlegenen Strand auf Hawaii, für Robert Louis Stevenson auf Samoa, Pierre Loti auf Tahiti und Ernie Pyle auf dem winzigen Eiland Ie-jima bei Okinawa getan hatte. Auf anderen Reisen und in anderer Form hatte ich den Gräbern von Chopin in Paris, Henry Fielding in London und Wladislaw Reymont in Warschau meine Reverenz erwiesen. Ich empfinde eine starke Affinität zu jenen Männern und Frauen, die meine Phantasie beflügelt haben, und bemühe mich immer, ihr Andenken zu ehren.

Der Umzug nach Alaska war eine der klügsten Entscheidungen, die ich je getroffen habe, und dies nicht nur deshalb, weil ich damit endlich eine Selbstverpflichtung einlöste, die ich jahrzehntelang ignoriert hatte. Hinzu kam, daß sich auf meinen langen abendlichen Spaziergängen in Sitka – sie führten mich unter anderem auf die Anhöhe, von der aus einst der russische Gouverneur Alexander Baranow auf sein Reich hinabgesehen hatte –, die Schmerzen in meiner Hüfte sehr verschlimmerten. Eines Abends schaffte ich es nur noch mit Mühe zurück in unser Blockhaus an der Jefferson Davis Avenue. Ich humpelte in das Zimmer, in dem meine Frau schon auf mich wartete, und sagte zu ihr: »Jetzt reicht's. Rufen wir den Arzt an.«

Nachdem ich mich zur Operation entschlossen hatte, zog ich nähere Erkundigungen ein und brachte dabei in Erfahrung, daß sich die Operationstechnik inzwischen radikal verbessert hatte. Ein Fachmann erklärte mir: »Wir gehen jetzt vollkommen anders an die Sache heran. Die Stahlprothesen, die wir benützen, sind nicht mehr blankpoliert, und sie werden auch nicht mehr mit einem Spezialklebstoff im Innern des Knochens verankert; trotz seiner Stärke löste er sich nach zehn oder elf Jahren wieder. Heute rauhen wir die Oberfläche des Stahls so weit wie möglich netzartig auf und benützen überhaupt keinen Klebstoff mehr. Der Knochen wird angeregt, in die Zwischenräume hineinzuwachsen und verbindet sich auf immer und ewig mit der Prothese.«

Ein unparteiischer Schiedsrichter in einem größeren Klinikum in Boston sagte mir: »Das Verfahren ohne Klebemittel scheint gut zu funktionieren und unbegrenzte Haltbarkeit zu versprechen. Aber langfristige Studien fehlen uns bisher noch. Wir wissen sicher, daß die gegenwärtige Methode mit epoxinfixiertem Glattstahl funktioniert. Allerdings hält das gehärtete Klebemittel nicht unbegrenzt, sondern zerbröckelt schließlich und muß ersetzt werden. Wir geben unseren Patienten folgenden Rat: ›Wenn Sie noch keine fünfzig sind, sollten Sie unbedingt die neue Methode ausprobieren und darauf setzen, eine Dauerlösung gefunden zu haben. Sind Sie älter als fünfundsiebzig Jahre, empfehlen wir Ihnen ebenso angelegentlich die alte Methode. Wenn Sie Glück haben, sind Sie fünfzehn Jahre lang beschwerdefrei – und wer denkt schon darüber hinaus?‹« Auf meine Frage: »Und was empfehlen Sie Leuten zwischen fünfzig und fünfundsiebzig?«, erwiderte er: »Die sollen eine Münze werfen – Kopf oder Zahl.«

Als ich den entsprechenden Spezialisten für die Operation gefunden hatte, gab mir dessen Oberschwester eine beruhigendere Auskunft: »Unser Mann ist ein Phänomen. Er kann Ihre gesamte Hüfte entzweischneiden, ohne einen einzigen Muskel zu beschädigen. Sie glauben nicht, wie schnell Sie nach der Operation wieder aufstehen können. Und wenn Sie entlassen werden, brauchen Sie zum Gehen keine Krücken, sondern nur ein vierbeiniges Laufgestell.«

Ich unterzog mich dem Eingriff in Miami, dessen flache Umgebung und mildes Klima mir das lange Gehen während der Rehabilitation erleichtern würden. Ich entschied mich für die »altmodische« Lösung mit glattem Stahl und viel Epoxin. Am zweiten Abend nach der Operation tappte ich bereits mit Hilfe meines großartigen Laufgestells zur Kommode in meinem Krankenzimmer. Der Krankenpfleger sagte zu mir: »Sie ahnen ja nicht, Mr. Michener, wie rasch die Leute wieder auf den Beinen sind, wenn sie mich mit der Bettpfanne kommen sehen.«

Eine unerwartete, aber angenehme Begleiterscheinung der Hüftoperation war die bildhübsche haitianische Krankenschwester, die mir bei meiner Genesung behilflich war. Sie war ein prächtiges Beispiel für die zahlreichen Frauen aus der Karibik, ohne die in den Vereinigten Staaten manches Krankenhaus schließen müßte. In der Zeit, in der ich ans Bett gefesselt war, plante ich einen Roman über die Karibik. Meine Krankenschwester diente mir als Vorbild für Thérèse, die Redcliffe-Absolventin und sympathischste Heldin des Buches, die im Mittelpunkt des Schlußkapitels steht.

Als ich nach zehn Tagen das Krankenhaus verließ, wurde ich im Wagen nach Hause gefahren, wäre aber auch selber schon wieder dazu in der Lage gewesen. Schon bald nahm ich, wie geplant, im flachen Gelände meine Spaziergänge wieder auf und dehnte sie allmählich auf eine Strecke von einer Meile aus. Bei der Manuskriptkorrektur des vor Ihnen liegenden Buches habe ich ausgerechnet, daß ich bei durchschnittlich fünf abendlichen Wanderungen pro Woche in vier Jahren wohl über tausend Meilen gelaufen bin. Ja, so weit bin ich mit meiner neuen schmerzfreien Hüfte schon gewandert – und ich denke, ich werde diesen Rhythmus beibehalten, solange es mir möglich ist, denn wenn ich nur sitze, fällt mir das Schreiben schwer.

Ich habe mich sehr ausführlich über das Thema Gesundheit ausgelassen, weil ich andere Menschen, die unter körperlichen Behinderungen leiden, ermuntern möchte, sich dennoch um ein produktives Leben zu bemühen. Wer weiß, daß ich während der Arbeit an den meisten meiner langen, anspruchsvollen und im wesentlichen optimistischen Romane unter starken Schmerzen gelitten habe, merkt, was alles möglich ist. Ich bilde mir nicht ein, etwas Besonderes zu sein, denn ich weiß von vielen Männern und Frauen, die sich trotz gravierender körperlicher Behinderungen nicht unterkriegen lassen und erfolgreich ihren Weg gehen.

Wie lange kann ein gesunder Mensch künstlerisch tätig sein? Tizian und Verdi waren beide bis zu ihrem achtundachtzigsten Lebensjahr aktiv, und Hokusai sagte, als er auf die Neunzig zuging, daß er, wäre ihm nur ein bißchen mehr Zeit vergönnt, vielleicht noch richtig zeichnen lernen würde. Ich habe nicht den Ehrgeiz, so lange zu arbeiten. Oft denke ich mir, daß ich, wenn ich vor zweihundert Jahren gelebt hätte, wahrscheinlich schon im Alter zwischen vierzig und fünfzig gestorben wäre. Als mich kürzlich jemand fragte, wie viele Bücher ich noch schreiben wolle, erwiderte ich: »Ungefähr dreißig. Doch wenn man für einen langen Roman drei Jahre rechnet, muß ich hundertsiebzig Jahre alt werden, und es gibt in der Geschichte doch nur wenige Menschen, von denen bekannt ist, daß sie bis zu diesem Alter geschrieben haben.«

Vor vielen Jahren wurde meine Frau von einer wohlmeinenden Freundin gefragt: »Warum setzt sich Ihr Mann nicht zur Ruhe?« Mari fragte zurück: »Warum sollte er?« Da sagte die Freundin: »Weil er dann reisen und interessante Leute kennenlernen könnte!« Worauf Mari mir zuflüsterte: »Wir dürfen ihr nicht sagen, daß du das schon seit einem halben Jahrhundert tust.«

Natürlich ist die Gesundheit ein Faktor, der die Arbeitsfähigkeit einschränken kann. Bei schwerer erblicher Vorbelastung kann die schöpferische Tätigkeit blockiert werden. Ich glaube, daß ich den Körper, der mir mitgegeben wurde, akzeptiert, ihn schonend behandelt und mit ihm gearbeitet habe, so gut es ging. Verwöhnt habe ich ihn allerdings nie.

Mein Lebensstil und meine intensive Arbeitsweise haben mich für bestimmte Risiken empfänglich gemacht, namentlich was die nervliche Belastung betrifft. Doch ich wollte Belastungen nicht vermeiden; im Gegenteil, ich habe sie bewußt gesucht. Mir wurde im Laufe der Jahre nämlich klar, daß alles, was ich zu Papier brachte, nichts taugte, wenn ich am Morgen lustlos oder gleichgültig an die Arbeit gegangen war. Nur wenn ich angespannt und konzentriert ans Werk ging, kam etwas Brauchbares dabei heraus. Auch wenn ich für dieses selbstauferlegte Risiko schwer bezahlt habe, würde ich mich, hätte ich drei Leben, die nächsten beiden Male für die gleiche Option entscheiden.

Kürzlich hörte ich den bekannten politischen Berater Clark Clifford, der inzwischen auch schon über achtzig sein muß, sagen: »Wenn Sie über achtzig sind und eines Morgens ohne Schmerzen aufwachen, dann heißt das, daß Sie gestorben sind.« Und mir kam der Gedanke, daß eine passende Überschrift für das vorliegende Kapitel eigentlich »Auf dem Weg zur Einschläferung« hätte lauten können. Ich habe sehr dezidierte Ansichten zu dieser Frage. Das qualvolle Dahinsiechen mehrerer enger Freunde veranlaßte mich zu folgenden strikten Anweisungen: »Ich bin dafür, daß total hilflose und unheilbar kranke Menschen, darunter auch ich selbst, Freunde bitten dürfen, ihnen bei der Beendigung ihres sinnlosen Leidens behilflich zu sein. Ich verbitte mir aber ausdrücklich, daß dem Gremium, das über mich entscheidet, Literaturkritiker, Gläubiger oder konservative Republikaner angehören.«

Kapitel XIII
Wohlstand

Nachdem ich ungewöhnlich freimütig über die vierte Spalte meines Wahrsagesystems – Gesundheit – berichtet habe, werde ich jetzt versuchen, die noch sensiblere Rubrik »Wohlstand« ebenso ehrlich abzuhandeln. Normalerweise machen Schreiber von Memoiren einen weiten Bogen um dieses nicht ganz unproblematische Thema.

Bei mir liegt die Sache etwas anders: Vom Glück begünstigt, wie ich nun einmal war, hat man mir immer wieder den Vorwurf gemacht, ich schriebe nur des Geldes wegen. Ich muß daher einiges richtigstellen. Meine atypische Herkunft brachte es zwangsläufig mit sich, daß Geld – oder Geldmangel – oft der Dreh- und Angelpunkt meiner Existenz war. Ich konnte zwar niemals besonders gut mit Geld umgehen, habe mich aber zumindest bemüht, es einigermaßen vernünftigen Verwendungszwecken zuzuführen.

Wenden wir uns zunächst der intellektuellen Basis zu, die meine Einstellung zum Geld bestimmte. In meiner Jugend hatte ich das Glück, das Werk eines englischen Romanciers kennenzulernen, der zur damaligen Zeit recht bekannt war, dessen Renommee seither aber ein wenig verblaßt ist. George Gissing, geboren 1857, war ein junger Mann von beachtlichem Talent. Er schrieb ein halbes Dutzend hochkalibriger Romane. Durch zwei von ihnen arbeitete ich mich durch, obwohl sie für mich damals noch etwas zu anspruchsvoll waren. Irgendwo las ich dann, daß Gissing schon 1903, mit nur sechsundvierzig Jahren, infolge totaler Verarmung gestorben war. Es war ihm nie gelungen, genug zu verdienen, um ein ordentliches Leben zu führen. In seinem besten Buch, *Zeilengeld*, das in Londons Literaturszene spielt, schildert er das demütigende Leben von Menschen mit schriftstellerischem Talent, denen nur ein bescheidener oder gar kein finanzieller Erfolg vergönnt war, und irgendwo schreit er sich seine Not von der Seele, indem er sagt, wie schön es doch wäre, wenn jeder Schriftsteller mit einem garantierten Einkommen von ein paar hundert Pfund im Jahr rechnen könne. Gissings Geschichte spielte eine wichtige Rolle in meinem Leben.

Wir waren auf dem Weg nach Alaska. Der Kapitän des Kreuzfahrtschiffs *Royal Princess*, John Young, bat mich zum Dinner an seinen Tisch. Ein anderer Gast fragte ihn: »Wo kommen Sie her, Captain?« Young antwortete: »Bristol, England.« Erinnerungen wallten in mir auf, und ich platzte heraus: »St. Mary Redcliffe!«

Der Kapitän starrte mich an und fragte: »Woher kennen Sie diese Kirche?« Ich verwies auf das Ereignis, das sie in der englischen Literatur berühmt gemacht hatte: »Dort wurde die Truhe mit den Manuskripten gefunden.« Worauf der Kapitän erwiderte: »Ja, da haben Sie recht.« Irgend jemand am Tisch fragte, worüber wir eigentlich redeten. Ich sagte: »Chatterton«, und der Kapitän ergänzte: »Ja, er ist der Geist von St. Mary Redcliffe.«

Nun war die Neugier der Tischgesellschaft geweckt. Weitere Fragen wurden gestellt. Der Kapitän deutete auf mich, und ich erzählte, daß ich – und mit mir viele andere Angehörige meiner Generation – seit langem im Banne des unglückseligen englischen Dichters Thomas Chatterton stünden, der 1752 auf die Welt gekommen war und nach einem stürmischen Leben im Alter von nur achtzehn Jahren starb. »Schon als Jugendlicher in Bristol«, erklärte ich, »entwickelte Thomas Chatterton ein brennendes Interesse für das Mittelalter. Beim Herumstöbern in längst in Vergessenheit geratenen Räumen von St. Mary Redcliffe, der Hauptkirche seiner Heimatstadt, stieß er auf eine alte Truhe, die uralte Dokumente auf Pergament enthielt. Spontan ersann er eine der berühmtesten – oder, wenn Sie so wollen, berüchtigtsten – literarischen Fälschungen der Geschichte. Auf altes Papier und mit einer Tinte, die er für alt hielt, schrieb er eine Reihe von Gedichten, die er einem imaginären Mönch aus dem fünfzehnten Jahrhundert namens Thomas Rowley zuschrieb.«

»Flog der Schwindel auf?« fragte ein Zuhörer. Ich überließ es Kapitän Young, die Geschichte zu Ende zu erzählen: »Der Junge war äußerst frühreif. Schon mit zehn Jahren hatte er hervorragende religiöse Gedichte geschrieben. Seine Rowley-Gedichte waren ebenfalls sehr gut, ja sogar ausgezeichnet, doch als die Experten sie sich näher ansahen, erkannten sie sehr bald, daß zwar das Papier echt war, Tinte, Groß- und Kleinschreibung, Orthographie und allgemeiner Stil dagegen zu Mißtrauen Anlaß gaben, und so flog der Betrug rasch auf. Doch in Bristol ist Chatterton bis auf den heutigen Tag ein Held geblieben.«

Andere Zuhörer wollten wissen, wie die Geschichte ausgegangen war. Aus einem guten Grund, den ich aber erst später enthüllte, konnte ich die Frage beantworten: »Er legte die Fälschungen, die ihn bekannt gemacht hatten, beiseite und zog nach London, um dort als Dichter aus eigenem Recht zu leben. Er hatte Erfolg, aber kein Geld. Er lebte in einer Mansarde, schrieb wie gehetzt, fand aber keinen Verleger und keine Käufer für seine Werke. Er hatte keine Freunde und nichts zu essen. Und so nahm dieses junge Genie eines Tages Arsen und starb.«

Kapitän Young beendete das betroffene Schweigen mit einer Frage: »Woher wissen Sie so gut über Bristol und Chatterton Bescheid?« Obwohl mir die Antwort etwas peinlich war, blieb ich bei der Wahrheit: »Mit achtzehn stieß ich in der Bibliothek des Swarthmore College auf Chattertons Lebensgeschichte. Sie berührte mich so tief, daß ich meine Studien völlig vernachlässigte und ein Stück über ihn zu schreiben begann, in Blankversen. Irgendwo fand ich einen Stich, der die Kirche St. Mary Redcliffe so zeigte, wie sie damals ausgesehen hatte. Ich konnte mir jeden Stein und jede Mauerritze des alten Gebäudes vorstellen. Noch heute sehe ich meinen Chatterton mit der messingbeschlagenen Truhe lebhaft vor mir.«

»Und was wurde aus Ihrem Stück?« fragte jemand.

»Ich mußte einsehen, daß ich einer solchen Aufgabe noch nicht gewachsen war«, erwiderte ich und lachte. »Es war mein zweiter Versuch als Schriftsteller und mein zweiter Fehlschlag.«

Einer der Gäste erkundigte sich nach dem ersten Versuch. »Mit ungefähr acht Jahren empfand ich die Niederlage der ehrenhaften Trojaner im Krieg gegen die ehrlosen Griechen als so unfair, daß ich in zwei Notizbüchern den gesamten Schluß der *Ilias* umschrieb und Achilles und seinen Haudegen Saures gab. Aber, um ehrlich zu sein, ich war auch dieser Aufgabe nicht gewachsen.«

Gissings *Zeilengeld* stellt die Frage mit erschütterndem Realismus: Wie verdient der seriöse Künstler genug Geld, um über die Runden zu kommen? Ich würde allen Schreibschulen und -kursen raten, ihren Schriftsteller-Aspiranten diesen lesenswerten Roman zur Lektüre zu empfehlen. Anfänger müssen einfach wissen, wie es Leuten ergehen kann, die – wie Chatterton und Gissing – kein Geld verdienen. Das tragische Schicksal der beiden prägte meine Lebenseinstellung, bestätigte es doch, was ich bereits wußte. Als Kleinkind lebte ich in einer Familie mit lauter Frauen, in der es täglich ums liebe Geld ging und darum, daß nicht genug davon vorhanden war. Meine Mutter, Mrs. Mabel Michener aus Doylestown, Pennsylvania, verdiente ihren Lebensunterhalt, indem sie Waisenkinder großzog – eine Tätigkeit, für die ihr das Sozialamt damals einen Hungerlohn zahlte. Außerdem wusch sie für andere Familien die Wäsche, was ihr noch weniger einbrachte. In der Familie, in der ich aufwuchs, lebten noch vier oder fünf, ja manchmal sechs andere Kinder. Das Essen war knapp. In manchen Jahren war sogar Weihnachten eine trostlose Angelegenheit. Dafür gab es Liebe im Überfluß, und obwohl ich als halbwegs intelligenter Junge sehr wohl merkte, daß andere Kinder vieles bekamen, was uns versagt blieb, grübelte ich nie darüber nach, warum ausgerechnet wir in so armseligen Verhältnissen leben mußten.

Das Hauptmerkmal meiner Kinder- und Jugendzeit waren die ständigen Umzüge von einem billigen Mietshaus ins andere. Noch heute erinnere ich mich in allen Einzelheiten an sämtliche acht Häuser in sieben verschiedenen Straßen, die wir nacheinander bewohnten. Ich erinnere mich, daß wir zu den verschiedensten Tageszeiten umzogen – manchmal mitten in der Nacht, um irgendwelchen Unannehmlichkeiten aus dem Weg zu gehen, und einmal auch um die Mittagszeit, wobei uns irgendwer anbrüllte. Unsere Lebensverhältnisse wurden durch die ständige Umzieherei weder besser noch schlechter. Wir hielten unser Niveau, könnte man sagen. Ein Experte, der sich näher mit jener Epoche befaßt hat, lieferte mir in meinem achtzigsten Lebensjahr eine Erklärung, die mir recht plausibel erscheint: »Der Besitzer mehrerer Häuser ließ Ihre Mutter die Häuser in Schuß bringen, so daß sie potentiellen Mietern in ordentlichem Zustand präsentiert werden konnten. Der Lohn Ihrer Mutter bestand darin, daß sie mietfrei in den Häusern wohnen konnte.«

Wie die Wäscherei funktionierte, weiß ich recht gut, denn es war meine Aufgabe, bei den Kunden meiner Mutter in der Nachbarschaft die Bündel mit der Schmutzwäsche einzusammeln. Gut bekannt war ich auch mit dem Mann, der regelmäßig mit der Straßenbahn von Philadelphia nach Doylestown fuhr, um meiner Mutter Leinensäcke mit unfertigen Hemden zu bringen, an deren Seiten aufgefädelte Knöpfe baumelten. Meine Mutter nähte die Hemden fertig und brachte die Knöpfe an. Oft blieben dabei ein paar Knöpfe übrig, die sie in einem Marmeladenglas mit grünem Deckel aufbewahrte. Die ersten Spiele, an die ich mich erinnern kann, sind Spiele mit jenen Knöpfen, die ich in hundert verschiedenen Mustern auslegte. Oft habe ich mir gedacht, daß meine Liebe zu Geometrie und Karten auf diese frühen Spielereien mit bunten Knöpfen zurückgeht, durch die ich ein Gefühl für räumliche Dimensionen gewann. Ein Marmeladenglas voller Knöpfe ist für mich noch heute ein Symbol für zu Hause.

Tatsache ist, daß Geldmangel für mich, soweit ich zurückdenken kann, ein schlimmes Leiden war, von dem sich manche Familien niemals erholten. Wir hatten nie Geld übrig, nicht eine Münze. Und doch gab es festliche Tage und Nächte voller Musik für uns, die ich nie vergessen habe. Ich erinnere hier nur an Onkel Arthur, der einen Job hatte und uns eines Tages das Victrola und die Red-Seal-Schallplatten schenkte.

Die üblichen Kindheitsgeschenke waren uns dagegen nicht

vergönnt. Im Hinblick auf spätere Entwicklungen sollte man wissen, was ich *nicht* besaß: Ich hatte niemals einen Leiterwagen, keine Rollschuhe, keinen Baseballhandschuh, keinen Tennisschläger, kein Radio, kein Fahrrad und keine Schlittschuhe. Ich besaß nie mehr als einen guten Anzug – er mußte Jahre halten – und nie mehr als ein Paar Schuhe. Wie ich auf diese Entbehrungen reagierte, weiß ich noch so genau, als wäre es erst gestern gewesen. Ich hörte mir an, wie meine Mutter uns erklärte, warum andere Kinder so etwas haben konnten und wir nicht. Danach beschloß ich, mir all diese Dinge ein für allemal aus dem Kopf zu schlagen. Es war ein purer Willensakt, stark wie eine zuschnappende Bärenfalle aus Stahl. Ich sehnte mich nie nach einem Fahrrad, weil es keine Fahrräder gab. Ich bedauerte nie, daß ich keine Rollschuhe besaß, weil ich keinen vernünftigen Grund dafür sah, mir welche anzuschaffen. Ich machte *tabula rasa* und blieb das anspruchsloseste Kind, das man sich vorstellen kann. Später, als alle jungen Burschen unbedingt ein Auto haben wollten, da existierten solche Fahrzeuge für mich nicht. Ich begehrte kein Auto. Noch heute langweilen mich olympische Eislaufwettbewerbe, weil ich mich vor achtzig Jahren davon überzeugt hatte, daß es keine Schlittschuhe gibt.

Es liegt auf der Hand, daß diese Verdrängung mir psychischen Schaden zufügte, doch daß ich mit den damit verbundenen Schwierigkeiten zu leben lernte, ist ebenfalls offensichtlich. Wir werden beim Thema Geld sehen, wie wichtig das für mich war, denn ich entwickelte auf diesem Gebiet die gleiche Rigorosität wie bei den Fahrrädern. Ich habe mich niemals in meinem Leben um eine Stelle beworben, niemals um eine Gehaltserhöhung gebeten, mir niemals den Kopf über Vergleichsgehälter oder den Kaufpreis für meine Arbeitskraft zerbrochen und auch die Honorare für meine Bücher niemals mit jenen verglichen, die andere Leute erhielten. Ich konnte solche Themen einfach aus meinem Kopf eliminieren, was jedoch nicht heißen soll, daß ich an einer gerechten Entlohnung für geleistete Arbeit nicht interessiert gewesen wäre. Ich verlange sie sogar, überlasse jedoch anderen die Entscheidung darüber, wie hoch sie sein soll und wann ich sie erhalte. Bekam ich zufällig Geld für etwas, hinter dem ich nicht voll und ganz stehen konnte oder das nicht auf meine Initiative zurückging, so war es schon vor Sonnenuntergang wieder ausgegeben. Auch für diese Einstellung habe ich wahrscheinlich einen hohen psychischen Preis bezahlt; darüber zu jammern hieße jedoch, die Tatsache ignorieren, daß ich nie eine andere Wahl hatte. Hat man sich einmal zu einer festgefügten Geisteshaltung durchgerungen, die automatisch unerfreuliche Fakten verdrängt, dann wirkt diese unabhängig von den Zeitläuften fort, und der mögliche Schaden wird durch die innere Ruhe, derer man sich erfreut, ausgeglichen.

Die üblichen Kindheitsgeschenke blieben mir zwar versagt, aber ich erhielt, fast zufällig, bestimmte andere Dinge, die das großartig kompensierten. An einem trostlosen Weihnachtstag ließ mich eine gutherzige Frau, die mich kaum kannte, zu sich in die Wohnung kommen und gab mir das einzige Geschenk, das sie sich leisten konnte. Es war eine flache Pappschachtel mit aufklappbarem Deckel, die einen dünnen Stapel gebrauchter Kohlepapierbögen enthielt. Meine Gönnerin zeigte mir, wie man mit diesem Zauberwerk umging. Das ganze Weihnachtsfest über war ich von dem Gedanken hingerissen, man könne einen niedergeschriebenen Satz unendlich vervielfältigen. Es beeindruckte mich so sehr, daß ich noch heute stille Freude empfinde, wenn ich eine dieser flachen Schachteln mit aufklappbarem Deckel öffne und die glänzend schwarzen Bögen sehe, mit denen ich so viel Gutes oder Schlechtes anrichten kann.

Schon überraschend früh erhielt ich ein anderes Geschenk, dessen Wert sich gar nicht abschätzen ließ. In unserer Stadt eröffneten zwei nette, stille Schwestern, die Fräulein Price, eine kleine Bücherei, und es ist eine historische Tatsache, daß die ersten beiden Kinder, die eine Leihkarte beantragten, Margaret Mead und ich waren. Manchmal begegneten wir einander, wenn wir gerade wieder einen Armvoll neuer Bücher davontragen wollten. Eines Tages sagte das ältere Fräulein Price: »Meine

Güte, James, ich glaube, du hast jetzt alle Kinderbücher, die wir haben, ausgelesen! Wenn du willst, kannst du jetzt bei den anderen Regalen anfangen.« So las ich schon vor meinem elften Geburtstag schwierige Erwachsenenbücher. Kein Fahrrad, aber alle großen Bücher dieser Welt! Was für ein ungleicher Tausch – und was für ein Segen für einen Jungen ohne Geld!

Das dritte unerwartete Geschenk erhielt ich gewissermaßen auf Umwegen. Ein gerissener Vertreter in Detroit drehte meiner dort als Lehrerin tätigen Tante Laura eine komplette gebundene Ausgabe der Romane Balzacs in englischer Übersetzung an. Er hatte ihr vermutlich versichert, die Lektüre dieser Bücher würde sie in eine hochgebildete Frau verwandeln und ihre beruflichen Aufstiegschancen an den Detroiter Schulen vergrößern. Auch wenn dies nur ein Verkaufstrick gewesen sein mag – er half: Tante Laura wurde schon wenig später zur Rektorin befördert. Der für mich wichtigere Aspekt der Geschichte war jedoch der, daß sie die ungefähr vierzig Bände in ein Paket packte und uns schickte, was zur Folge hatte, daß ich noch vor meinem zwölften Geburtstag *Vater Goriot*, *Tante Bette* und alle Romane, in denen Rastignac vorkommt, gelesen hatte. Rastignacs Reise aus der Provinz nach Paris veranlaßte mich dazu, mir einen amerikanischen Rastignac vorzustellen – mich – und nach New York zu trampen. Keine Rollschuhe und kein Fahrrad, aber die komplette *Menschliche Komödie*! Die Muse Thalia persönlich mußte diesen Tausch arrangiert haben.

Da meine Mutter unentwegt arbeitete, war es ganz natürlich, daß ich ihr helfen wollte, und so kam ich im Alter von neun Jahren zu meinem ersten Job. Damals gab es noch die Amerikanischen Kastanien, die später von einer gnadenlosen Pilzkrankheit hinweggerafft wurden. Wir Kinder wußten genau, wo in den Wäldern diese herrlichen Bäume zu finden waren. Sie waren groß und astreich und über und über behangen mit stacheligen goldenen Früchten, die einen süßen, nußartigen Kern umschlossen. Mit Knüppeln schlugen wir sie von den Bäumen. Ich sammelte sie ein und ging in der Nachbarschaft von Tür zu Tür, um sie zu verkaufen. Gekocht waren die Kastanien so nahrhaft und mehlig, daß ich keine Schwierigkeiten hatte, meine Ware unter die Leute zu bringen. Fast alle Haushalte, bei denen ich es versuchte, kauften mir welche ab, so daß ich in der Erntezeit über ein gar nicht schlechtes, stetiges Einkommen verfügte.

Ich muß ungefähr elf gewesen sein, als ich meinen ersten regelmäßigen Job bekam. Ich stand im Sommer täglich um sechs Uhr auf und ging zu Fuß zur Burpee Seed Farm, die dreieinhalb Kilometer von uns entfernt am Westrand der Stadt lag. Dort schuftete ich – und ich wähle das Wort mit Bedacht – von sieben Uhr morgens bis fünf Uhr nachmittags für siebeneinhalb Cent die Stunde in der heißen Sonne und pflegte die Phloxkulturen.

Phlox ist ein armseliges Blümchen, das in verschiedenen Farben blüht und dessen Samen bei Hobbygärtnern damals offenbar sehr begehrt waren. Ich habe Phlox gesät, Phlox ausgedünnt, Phlox gehackt, Phlox gepflückt und weiß der Himmel was sonst noch alles. Hätte ich morgen Geburtstag und irgend jemand käme auf die Idee, mir einen Strauß mit diesen grauenhaften Blumen zu schenken, so bekäme er von mir eins auf die Nase. Nach einem Zehnstundentag hatte ich bei der miserablen Bezahlung gerade einmal fünfundsiebzig Cent verdient. Bei sechs Arbeitstagen in der Woche kamen viereinhalb Dollar zusammen, und da wir vierzehn Wochen lang im Phlox arbeiteten, sammelten sich insgesamt dreiundsechzig Dollar an. Ich gab die ganze Summe meiner Mutter, die so großzügig war, mir ab und an kleinere Beträge zurückzugeben, damit ich mir ein paar Dinge besorgen konnte, die ich dringend brauchte.

Schon in sehr jungen Jahren ging ich bei einem Klempner in die Lehre, dessen düstere Werkstatt im Keller von Barrets Eisenwarenhandlung untergebracht war. Einmal arbeitete ich einen ganzen Sommer lang für ihn, und da ich mich nicht ungeschickt anstellte, sah es vorübergehend so aus, als sollte ich die Schule verlassen und Klempner werden. Ich konnte besonders gut mit einem großen Schraubenschlüssel umgehen, der dazu diente, Wasserrohre zurechtzubiegen. Am besten erinnere ich mich jedoch, daß bei diesem Job die Mittagspause zu Ende war, wenn die 13-Uhr-Straßenbahn nach Philadelphia auf der abschüssigen Straße vor der Werkstatt vorbeiratterte. Noch heute kann ich den Fahrplan der Linie auswendig. Die erste Bahn fuhr schon vor Einbruch der Morgendämmerung, und dann ging es im 36-Minuten-Rhythmus weiter bis nachts um eins. 13.00 Uhr – 13.36 Uhr – 14.12 Uhr – 14.48 Uhr – 15.24 Uhr – 16.00 Uhr. Es faszinierte mich, daß sich die Minutenzahl nach fünf Bahnen immer wiederholte.

Meine Klempnerlehre endete mit einem Paukenschlag. Als Onkel Arthur bei einem seiner regelmäßigen Besuche erfuhr, daß ich daran dachte, die Schule zu verlassen und Klempner zu werden, erhob er vehement Einspruch und bestand darauf, daß ich den Job sofort aufgab: »James, zum Klempner bist du nicht geschaffen!« Das war alles, was er sagte, aber er wiederholte es mehrfach, das letzte Mal mit Tränen in den Augen. Als ich mich in späteren Jahren als unterbezahlter Lehrer durchschlug, während das Klempnerhandwerk überall florierte, wünschte ich mir oft, er hätte sich damals nicht eingemischt.

Nur angenehme Erinnerungen verbinde ich mit meinen Tagen als Zeitungsjunge. Von der siebten bis zur zwölften Klasse stand ich um vier Uhr morgens auf und eilte nach einem schnellen Frühstück zum Zeitungsstand. Kenneth Rufe, der Besitzer, holte mit seinem kleinen Lastwagen die Morgenzeitungen aus Philadelphia vom Bahnhof Reading im Süden der Stadt ab und brachte sie zu seinem Stand. Dort sortierten wir, insgesamt fünf junge Burschen, die Gazetten, stopften sie in Schultertaschen aus Segeltuch, die der Chef uns zur Verfügung gestellt hatte, und schwärmten aus in die noch schlafende Stadt, um jedem Bürger pünktlich zum Frühstück die Zeitung vor die Tür zu legen. Da ich im Laufe der Zeit alle fünf Touren machte, lernte ich die Bewohner sämtlicher Häuser der Stadt kennen. Bei den Straßen, die ich am längsten bediente, kann ich mich noch heute an jeden Familiennamen erinnern. Ich gewann auf meinen Touren einen

Einblick in das Kleinstadtleben, wie ihn nicht viele Jungen bekamen: Ich wußte, wer Selbstmord begangen hatte, wer seinem Ehepartner davongelaufen, wessen Geschäft in Schwierigkeiten geraten, wem der Kredit gekündigt worden war und wo die attraktiven Mädchen wohnten. Das letztere war freilich ohne Bedeutung, denn ich fand alle Mädchen attraktiv.

An Samstagen arbeitete ich für Nick Power, den charismatischen Manager unseres heimatlichen Filmtheaters. Ich verteilte Handzettel mit den Vorankündigungen und denke gerne daran zurück, wie schön es war, nach getaner Arbeit im Büro auszuruhen und das verlockende Werbematerial zu studieren, das immer zwei Wochen vor den Filmen eintraf. So erhielt ich meinen ersten Einblick in die Filmindustrie, an der ich später selbst nicht unerheblich beteiligt sein sollte. Ich habe sie von Anfang an vom Standpunkt der Vorführer aus beurteilt. Mein Mitgefühl galt einem geplagten Kinobesitzer, der das Pech hatte, mit einer Folge von historischen Dramen geschlagen zu sein, die im Grunde kein Mensch sehen wollte. In seiner Verzweiflung schrieb er an seinen zentralen Filmverleih: »Schicken Sie mir bloß keinen mehr von diesen Streifen, in denen der Held mit dem Gänsekiel schreibt.«

Geld bekam ich für das Verteilen der Handzettel nicht, wohl aber Freikarten. Damals entwickelte sich meine leidenschaftliche Begeisterung für den Film. Es gab Zeiten, zu denen ich über ein geradezu enzyklopädisches Wissen über dieses Thema verfügte. Am liebsten ist mir jedoch die Erinnerung an die ziemlich unglaubwürdigen Serienfilme am Samstagnachmittag. Das Geheimnis einer guten Serie lag, wie ich bald entdeckte, darin, in der ersten von fünfzehn Folgen einen Helden, eine Heldin und einen Bösewicht einzuführen, die so tapfer, verletzlich und verschlagen waren, daß die Kinder auch die nächsten vierzehn Folgen besuchten, um zu sehen, wie sich die guten Menschen aus der Affäre zogen. Mir ist vor allem eine Anfangsepisode lebhaft im Gedächtnis geblieben; sie war die Formel für die gesamte dramatische Handlung.

Dem Regisseur kam es darauf an, von vornherein deutlich zu machen, daß der schwarzgewandete Bösewicht auch wirklich böse war. Also trat der Übeltäter seinen Hund, schlug seine Mutter und riß auf der Suche nach einem Zettel, auf den er eine Lösegeldforderung schreiben konnte, eine Seite aus der Bibel. Ein Schriftsteller kann oftmals nicht vorhersagen, welches seiner Signale der Leser aufnimmt. Auch wenn drei Missetaten vielleicht etwas übertrieben erscheinen, ist die eine oder die andere Wiederholung für diejenigen, die nicht ganz so schnell schalten, sicher gerechtfertigt.

Vor kurzem erinnerte ich mich mit ungewöhnlicher Klarheit an eine Predigt, die ich mit neun oder zehn Jahren gehört haben muß, denn ich war bereits alt genug, um jedes einzelne Wort des Textes, auf dem sie beruhte, zu verstehen und auszukosten. An einem Wintertag begleitete ich meine Mutter als einziges Kind in die Presbyterianerkirche, die wir besuchten, da die Quäker zu jener Zeit in Doylestown keine Versammlungen abhielten. Pfarrer Steckel hielt eine Vor- oder Nachweihnachtspredigt und leitete sie, was ungewöhnlich war, nicht mit einem Bibeltext ein, sondern mit einem kurzen Vorwort: »Ein tragischer Todesfall hat sich in unserer Gemeinde ereignet. Ein kleiner Junge wurde, noch nicht einmal in der Blüte seines Lebens, dahingerafft. Ich möchte nicht, daß dieses traurige Ereignis und seine Bedeutung für uns im Feiertagsgeschehen übersehen werden, und beginne meine Predigt daher mit dem letzten Satz der Weihnachtsgeschichte aus dem Lukas-Evangelium, Kapitel 2, Vers 19.« Und mit trostreicher Stimme, die mir noch immer in den Ohren klingt, las er: »Maria aber bewahrte alles, was geschehen war, in ihrem Herzen und dachte darüber nach.«

Er erzählte dann von der großen Bedeutung der Geburt Jesu für Joseph, die Hirten und die drei Könige aus dem Morgenland, insbesondere aber für König Herodes, der sich so sehr vor dem Kind und allem, wofür es stand, fürchtete, daß er dessen Ermordung anordnete. Besonders aber sorgte Maria sich um das Jesuskind. Sie hörte alle Gerüchte über sein mögliches Schicksal, behielt sie aber für sich und sagte kein Wort. Die Frauen in Doylestown, so Pfarrer Steckel, seien wie Maria. Ständig bewege sie das Schicksal ihrer Söhne, aber sie behielten ihre Ängste und Hoffnungen für sich: »Wie Maria, bewegen sie diese Dinge in ihren Herzen und denken darüber nach.«

Seine Botschaft schien an jenem traurigen Vormittag allein mir zu gelten. Sie offenbarte mir den Grundcharakter der Beziehung zwischen Müttern und Söhnen und wirkte auf mich wie eine Herausforderung: Ich wollte etwas aus mir machen, damit sich meine Mutter nicht um mich zu sorgen brauchte. Es war wahrscheinlich die bedeutungsvollste Predigt, die ich in meinem ganzen Leben gehört habe.

In meinem nächsten Job wurden die guten Vorsätze, die ich nach Pfarrer Steckels Predigt gefaßt hatte, auf den Prüfstand gestellt. Es war ein Erlebnis wie aus einem Charles-Dickens-Roman. In unserer Stadt lebte ein Rechtsanwalt, zu dessen Klienten auch die Straßenbahngesellschaft gehörte, deren 13-Uhr-Zug mich in der Klempnerwerkstatt nach der Mittagspause wieder zur Arbeit gerufen hatte. Irgend jemand hatte ihm erzählt, daß ich ein fleißiger Arbeiter und Sohn einer ehrbaren Witwe war. Also fragte er mich, ob ich nicht in Willow Grove, dem berühmten Vergnügungspark der Gesellschaft, arbeiten wolle. In jenen Jahren kauften sich viele Transportbetriebe größere Grundstücke draußen vor der Stadt und bauten dort Karussells, Würstchenbuden und andere Attraktionen auf. Der Hauptzweck der Übung lag auf der Hand: Man wollte die Bevölkerung dazu bringen, mit der Straßenbahn hinaus in den Park zu fahren. Willow Grove war insofern etwas Besonderes, als es dort nicht nur billige Karussellfahrten und erschwingliches Essen, sondern in einem hübschen Pavillon am Seeufer auch noch vier kostenlose Konzerte am Tag gab. Die Großen der amerikanischen Unterhaltungsmusik jener Zeit gaben sich dort ein Stelldichein: der weltmännische Victor Herbert, der vitale Giuseppe Creatore und der königliche John Philip Sousa, dazu klassische Musiker hohen Ranges wie Wassili Leps, der zwischen den Auftritten der U-Musik-Helden Beethoven, Johann Strauß und Lehár spielte.

Meine Abenteuer in dieser schillernden Arena und meine Jugendfreundschaft mit Herbert, Sousa und den Musikern des Philadelphia Orchestra, das dort der sommerlichen Einnahmen wegen auftrat, waren eine Sache. Die andere war das Geld. Die Berührung mit der Unterwelt-Struktur dieses großen Vergnügungsparks, den viele für den schönsten und bestgeführten in Amerika hielten, war für einen vierzehnjährigen Jungen eine höchst aufschlußreiche Erfahrung – und so alt war ich, als ich mich zum Dienstantritt als Karussellkassierer meldete.

Das System war einfach. Die Direktion des Parks zahlte erwachsenen Männern, die ihren Job beherrschten, fünfzehn Dollar die Woche, wobei sie stillschweigend duldete, daß die Kassierer den arglosen Besuchern soviel Geld wie möglich zusätzlich aus der Tasche zogen. Legte eine Frau eine der damals vielbenutzten Zweidollarnoten auf den Tresen, gab ihr der Kassierer schnell das Wechselgeld für einen Dollar heraus und scheuchte sie weiter, ehe sie den Betrug merkte. Ein geschickter Kassierer auf einem vielbesuchten Karussell konnte bei diesem Verfahren, das unter der Bezeichnung »ehrliches Stehlen« bekannt war, vierzig bis fünfzig Dollar pro Tag verdienen – und noch erheblich mehr durch »unehrliches Stehlen« beim Veranstalter. Die wirklich guten Kassierer, von denen der Park abhängig war, bestahlen nur das Publikum. Die anderen hatten weniger Skrupel. Sie verkauften Eintrittskarten zweimal, indem sie sich die Tickets von den Kontrolleuren, die sie einsammelten, heimlich zurückgeben ließen. Sie manipulierten die Drehkreuze. Sie verlangten das Doppelte, ja das Dreifache des regulären Preises und steckten die Differenz in die eigene Tasche. Mit der Raffinesse und dem Erfindungsgeist von Meisterdieben bestahlen sie alles und jeden. Erwachsene Männer nahmen weite Anfahrtswege in Kauf, um mit kriminellen Machenschaften ein offizielles Tagesgehalt von 2,14 Dollar auf bis zu 100 Dollar pro Tag aufzubessern.

Ich fürchtete mich davor, der Firma Geld zu stehlen, gehörte aber bereits gegen Ende meines ersten Sommers zu den fortgeschrittenen Wechselgeldjongleuren. Ich war mir meiner Sache so sicher, daß ich jedem vierten Kunden, der bei mir Karten kaufte, einen Zuschlag abknöpfte. In meinem zweiten Jahr, ich war inzwischen fünfzehn, hatte ich dann aber ein Erlebnis, das mich zu größerer Vorsicht bei meinen Geschäftspraktiken veranlaßte. Als ich gegen Mitternacht den Vergnügungspark verließ, trat unvermittelt ein Mann aus dem Schatten. Es war einer der Kartenkontrolleure. In der Hand hielt er einen Schwung numerierter Eintrittskarten, die ich an jenem Tag verkauft und er danach eingesammelt hatte. Sein Vorschlag war einfach: »Anstelle eines neuen Tickets verkaufst du morgen ab und zu eines von den alten hier. Weil du nur die neuen abrechnen mußt, bleibt am Abend ein hübsches Sümmchen übrig. Das teilen wir uns dann fifty-fifty...« Die Karten, die er mir zuschob, repräsentierten einen Gegenwert von annähernd fünfzig Dollar. Wenn alles glatt ging, sprang für jeden von uns ein Bonus von fünfundzwanzig Dollar heraus. Der Plan ging auf, und um Mitternacht teilten wir die Beute.

Ungefähr um die gleiche Zeit war jedoch die Parkleitung auf die erheblichen Diebstahlverluste aufmerksam geworden. Um dem Unwesen Einhalt zu gebieten, ließ man einen Mann, der es besonders arg getrieben hatte, verhaften. Der Fall erregte einiges Aufsehen, und die anderen Kassierer bekamen kalte Füße. Ich erkundigte mich, warum man nicht schon längst eingeschritten war. Einer der Veteranen im Geschäft klärte mich auf: »Schlechte Publicity ist von Übel. Mehr von diesen Verhaftungen und dann noch Presseberichte darüber – da bleiben die Leute aus, und das Management verliert viel mehr Geld durch den Besucherschwund als durch uns. Die lassen uns unsere ›Freifahrten‹, solange wir nicht raffgierig werden. Max wurde raffgierig, und deshalb mußten sie ihn aus dem Verkehr ziehen.«

Mit der heimlichen mitternächtlichen Kartenübergabe war es nun aus. Als mein Lieferant mich fragte, warum, sagte ich, ich hätte Angst, und weil ich noch so jung war, versuchte er nicht, mich umzustimmen. Danach geschah etwas Merkwürdiges, dessen Tragweite ich zunächst gar nicht begriff. Als ich eines Morgens in das Büro kam, wo wir die neuen Eintrittskarten und den Beutel mit dem Wechselgeld abholten, fragte mich ein grauhaariger Mann, ob ich nicht »Einsatzkassierer« werden wolle. »Du sitzt dann nicht mehr an deinem eigenen Schalter, sondern springst ein, wo immer du gebraucht wirst – also wenn irgendwo einer fehlt oder wenn der reguläre Mann gerade beim Abendessen ist.« Als ich sagte, das klinge ja ganz gut, fügte der Grauhaarige hinzu: »Wir wollen allerdings, daß du uns Bescheid sagst, wenn dir irgendwelche Unregelmäßigkeiten auffallen, das heißt, wenn irgendwo Tickets doppelt verkauft werden oder etwas mit den Drehkreuzen nicht stimmt.« Auf diese seltsame Weise wurde ich also zu einer Art Privatdetektiv.

Warum hatte man ausgerechnet mir diesen Job angeboten? Von Zeit zu Zeit notierte das Management die Seriennummern der ersten Eintrittskarten des Tages für eine bestimmte Attraktion des Parks und überprüfte später an Hand der verkauften Karten, ob nicht ein paar alte eingeschmuggelt worden waren. Bei mir war den Prüfern aufgefallen, daß ich ein paar Tage lang tatsächlich alte Karten noch einmal veräußert, nach der Verhaftung des anderen Kassierers aber damit aufgehört hatte. Außerdem hielt sich der durch mich verursachte Schaden noch in Grenzen. Ich war genau der Typ, den sie suchten: ein junger Mann, der bereits in der Mühle gesteckt hatte, alle Tricks kannte und aus freiem Willen wieder ehrlich geworden war.

Die berühmten alten Schlachtrösser unter den Kassierern – sie saßen an den großen, umsatzträchtigen Publikumsattraktionen – brachten ihren eigenen Proviant mit, damit sie auch zur Essenszeit in ihren Hüttchen bleiben konnten und niemand ihnen das System verdarb. Ich lernte ihre Tricks daher nie kennen. Einmal jedoch fiel der Kassierer an einer der größten Attraktionen des Parks aus – er lag im Krankenhaus –, und ich nahm seinen Platz ein. Kurz vor der Mittagspause zählte ich das eingenommene Geld und verglich die Summe mit den zu erwartenden Einnahmen, die sich mit einem Zähler im Drehkreuz berechnen ließen. Ich hatte über hundert Dollar zuviel – und das bedeutete, daß ich einem Riesenschwindel auf der Spur war. Ich hielt mich an die Strategie der Veteranen und verließ mein Kassenhäuschen auch zur Abendbrotzeit nicht. Gegen 22 Uhr, zur geschäftigsten Zeit des Tages, hatte sich bei mir schon ein kleines Vermögen angesammelt.

Ich fand schließlich heraus, wie der Trick funktionierte. Ein Drehkreuz besteht aus einer senkrechten Stange, an der kreisförmig sechs Metallarme angebracht sind. Die Zwischenräume sind so bemessen, daß sich jeweils nur ein Mensch hindurchquetschen kann. Am Grunde der rotierenden Stange befindet sich, für den Kunden unsichtbar, ein kleines Zahnrad mit sechs Zacken. Hat jemand seine Eintrittskarte für fünfzehn Cent gelöst und zwängt sich durchs Drehkreuz, aktiviert das Zahnrad einen Zählmechanismus. Nach Feierabend zieht der Kassierer die beim morgendlichen Betriebsbeginn notierte Zahl vom aktuellen Zählerstand ab, multipliziert die Differenz mit fünfzehn Cent und erhält somit die Summe, die er der Firma abliefern muß. Überschüsse gehören ihm, Fehlbeträge muß er aus eigener Tasche ausgleichen. Er wird also darauf achten, daß immer ein Überschuß erwirtschaftet wird.

Das Drehkreuz vor meiner Kasse war, als es die Drehkreuzfabrik verlassen hatte, tatsächlich mit einem sechszackigen Zahnrad ausgestattet gewesen. Doch der Kassierer, den ich an jenem Tag vertrat, hatte eine Zacke abgefeilt, so daß eine von sechs Drehungen zwar bezahlt, aber nicht gezählt wurde. Der Mann konnte also am Abend sechzehn Prozent der Tageseinnahmen für sich selbst verbuchen. Wie lange diese Gaunerei schon funktionierte, konnte ich nicht sagen, aber sie war natürlich eine Goldgrube. So, wie es aussah, konnte ich an dem einen Tag mit fast zweihundert Dollar Überschuß rechnen.

Gegen 23 Uhr kam ein Botschafter aus dem Krankenhaus zu meinem Kassenhäuschen gelaufen und flüsterte mir atemlos zu:

»Er kommt morgen wieder. Du kannst alles behalten, meint er, aber verrate nichts!« Ich behielt die Hälfte und verriet alles. Als der Mann am nächsten Morgen wieder zur Arbeit kam, wurde ihm diskret bedeutet, daß man an seiner weiteren Mitarbeit nicht interessiert sei.

Ich arbeitete viele Sommer lang in Willow Grove und leistete den Veranstaltern als relativ ehrlicher Kassierer gute Dienste. Am Ende hatte ich einen kleinen Einblick in die Funktionsweise unseres Finanzsystems gewonnen. Ich wußte, wie man über unerfreuliche Zustände den Mantel des Schweigens breitete und auf hinterlistige Weise die Öffentlichkeit ausbeutete. Ich wußte, daß es ein paar Aufrechte gab, die sich darum bemühten, den Betrieb einigermaßen sauber zu halten, und kannte den Druck, der auf jenen lastete, die aufgrund ihrer eigenen Raffgier selbst in die eine oder andere Falle getappt waren. Dennoch verließ ich Willow Grove nicht als hartgesottener Zyniker – das verhinderte allein schon die herrliche Musik, die ich viermal am Tag hörte –, und ich ließ auch meine Einstellung zur Geschäftswelt und zum persönlichen Engagement nicht durch meine dortigen Erfahrungen beeinflussen.

Bevor ich erwachsen wurde und ins eigentliche Berufsleben eintrat, hatte ich noch einen weiteren Job, der sich ebenfalls als sehr lehrreich erwies. Als Student im College hielt ich einmal eine politische Rede, die einem meiner Zuhörer so gut gefiel, daß er am Ende der Veranstaltung zu mir kam und sagte: »Beeindruckend! Leute mit einer solchen Einstellung suche ich.« Er bot mir einen Job an, den ich vier Jahre lang ausübte, und hätten mich nicht andere Interessen wieder davon abgebracht, wäre vielleicht eine Lebensstellung daraus geworden.

Mein Arbeitgeber war Frank Scheibley, der temperamentvolle Besitzer des hochangesehenen Strath Haven Inn in Swarthmore, der Stadt, in der ich das College besuchte. In diesem Hotel, dem führenden Haus seines Unternehmens, arbeitete ich als Nachtwächter. Es war ein weitläufiges, gänzlich aus Holz errichtetes Gebäude, weshalb ich aus Feuerschutzgründen gehalten war, jede Stunde einen Kontrollgang durch alle Flure, Ecken und Winkel zu machen. Dabei führte ich eine Stechuhr mit, in die ich an den etwa dreißig kritischen Punkten einen vor Ort hängenden Schlüssel einführen mußte, um zu beweisen, daß ich tatsächlich zur vorgeschriebenen Zeit dort gewesen war. Am Morgen kam der Buchhalter, überprüfte den Lochstreifen und bescheinigte der Versicherung meine Zuverlässigkeit.

War ich nicht unterwegs oder irgendwo im Notfalleinsatz, gehörte auch der Telefondienst am Empfang zu meinen Pflichten. Es war ein ruhiger Job; nicht selten döste ich über der Konsole ein. Was mich an meinem Job faszinierte, war das Gewerbe, auf das sich »Onkel Frank« spezialisiert hatte (er bestand auf dieser Anrede und wollte mich adoptieren, womit ich jedoch nicht einverstanden war). Er hatte aus dem Strath Haven Inn ein ausgesprochen erfolgreiches Hotel gemacht, das ihn in die Lage versetzte, sich auch in der näheren und weiteren Umgebung umzutun. Er suchte die Eigentümer auf und sagte zu ihnen: »Hören Sie, Ihr Hotel ist in einem miserablen Zustand. In vier oder fünf Jahren können Sie zumachen. Mein Angebot: Ich rücke mit meinem Team an, bringe diesen Schuppen auf Vordermann, bewahre Ihnen Ihre Investitionen und sorge dafür, daß Sie 'ne Menge Geld verdienen.« Er wollte kein Bargeld, sondern fünfzehn bis zwanzig Prozent Aktienanteile. War man sich handelseinig, hielt Onkel Frank sein Versprechen immer ein. Er war ein Genie im Renovieren heruntergewirtschafteter Hotels und hatte sich damit ein kleines Vermögen verdient.

Ich half ihm bei unterschiedlichen Gelegenheiten in diesem Hotel oder einem anderen und erfuhr dabei auch, daß er ein halbes Hundert Lehrsätze für gutes Hotelmanagement besaß. Den folgenden fand ich am interessantesten: »Wenn Sie ein Essen servieren wollen, sammeln Sie, nachdem die Gäste bestellt haben, sofort die Speisekarten ein, damit die Frauen sich nicht wieder anders entscheiden.« Er war ein Sauberkeitsfanatiker und brachte seinem Empfangspersonal unter anderem bei, sich bei der Begrüßung vorzubeugen, um den Gästen auf diese Weise zu signalisieren, daß man nur so darauf brenne, ihnen behilflich zu sein. Von Onkel Frank erfuhr ich, daß sich jedes Unternehmen durch schlechtes Management bis hin zum Verlust sämtlicher Investitionen zugrunde richten läßt, daß aber ein cleverer Sanierer, der sich aufs Wesentliche konzentriert, Wunder wirken kann. Onkel Frank war das Wesentliche in Person.

So gab es also zwischen meinem neunten und meinem zweiundzwanzigsten Lebensjahr kein einziges, in dem ich nicht in dem einen oder anderen bezahlten Job gearbeitet hätte. Ich arbeitete ungezählte Stunden. In derselben Lebensphase unterzog ich mich einer rigorosen Ausbildung, bei der ich regelmäßig Bestnoten erzielte, stand als aktiver Sportler in verschiedenen Meistermannschaften und bewältigte ein umfangreiches Leseprogramm. Ein Faulenzer war ich nie.

Meine nächsten Konfrontationen mit dem unvermeidbaren Problem, den eigenen Lebensunterhalt bestreiten zu müssen, ließen nicht lange auf sich warten. Ich werde auf die Ereignisse nur kurz eingehen, was jedoch nicht heißen soll, daß sie für mich weniger richtungweisend waren als frühere Erfahrungen; sie erschütterten mich vielmehr zutiefst und prägten meine Ansichten auf Dauer.

Im Jahre 1929 bestand ich die Abschlußprüfungen im College. Es war Juni, und die Welt schien allenthalben aufzublühen. Vor allem in den Vereinigten Staaten sah es so aus, als stünde eine Epoche unbegrenzten Wohlstands bevor. Doch schon im Oktober desselben Jahres stürzten die Wolkenkuckucksheime in sich zusammen. Viele Graduierte meines Jahrgangs, darunter solche von den angesehensten Colleges des Landes, fanden trotz verzweifelter Bemühungen keine Arbeit. Für einige von ihnen dauerte die Arbeitslosigkeit Jahre. Mir blieb das Trauma erspart, weil ich kurz vor dem großen Börsenkrach eine gute Anstellung als Lehrer in Pottstown, Pennsylvania, gefunden hatte. Die Institution hieß *The Hill* und war eine Privatschule für

Söhne wohlhabender Eltern. Wie viele andere tatendurstige Junglehrer lernte ich in der Anfangszeit viel mehr als ich lehrte. Auf dem Höhepunkt der Wirtschaftskrise, als es schlichtweg unmöglich war, eine Arbeitsstelle zu finden, bekam ich die Gelegenheit zu einer Europareise und verblüffte alle Welt mit der Ankündigung, ich wolle den Dienst quittieren, um ein paar Jahre im Ausland zu studieren. Ältere Lehrerkollegen warnten mich: »Sie machen den größten Fehler Ihres Lebens, wenn Sie mitten in einer Depression eine gute Stellung aufgeben! Kann sein, daß Sie danach nie wieder einen Job finden!« Ich hörte nicht auf sie und reiste, versehen mit einem großzügigen Swarthmore-College-Stipendium über 600 Dollar und den Ersparnissen aus meinem Lehrergehalt, nach Schottland, wo ich zwei herrliche Studienjahre an der Universität St. Andrews verbrachte. Außerdem lernte ich auf Frachtschiffen das Mittelmeergebiet und den Ostseeraum kennen. Mit dem kühnen Entschluß, die Sicherheit einer gutbezahlten Stellung aufzugeben, um in die Ferne zu schweifen, legte ich die Grundlage für die Erweiterung meines Horizonts. Es war eine der klügsten Entscheidungen, die ich in meinem Leben je getroffen habe.

Einmal verbrachte ich sechs Wochen in Italien und ernährte mich von nichts anderem als von billigen Nudelgerichten, frischen Pfirsichen und Milch. Die Frachtdampfer brachten mich in Weltgegenden, die ich sonst nie kennengelernt hätte. Mein Gehalt betrug einen Shilling pro zehnwöchiger Fahrt, und ich war zu verschiedenen Arbeiten an Bord verpflichtet. Doch da wir in allen Häfen Landurlaub bekamen, hielt ich die Bezahlung für durchaus fair.

Nach meiner Rückkehr in die Staaten wurde mir eine Stelle an der hervorragenden, von Quäkern geleiteten George School in der Nähe von Philadelphia angeboten, die mit neuen Lehrmethoden experimentierte. Das Gehalt betrug 1200 Dollar. Ich machte dort die Bekanntschaft mit drei exzellenten jungen Lehrern – Rees Frescoln, Bill Vitarelli und Jack Talbot, die jeweils 500 Dollar pro Jahr erhielten und froh darüber waren. Ich erinnere mich an einen besonders kalten Januarmorgen. Ich ging zu Fuß zum Unterricht; die Strecke war ungefähr anderthalb Kilometer lang und führte über eine Landstraße. Meine Gedanken waren bei einem Anzeigenplakat, das ich an jenem Morgen gesehen hatte. Es zeigte ein glücklich verheiratetes Paar in den Fünfzigern und trug die Unterzeile: »Wie wir unseren Ruhestand genießen – mit 2500 Dollar im Jahr.« Ich weiß noch aufs Wort genau, was ich mir auf jenem Fußmarsch sagte: Junge, das wäre was, 2500 Dollar im Jahr für den Rest des Lebens. Mein Gott, was man damit alles tun könnte! Die Überfahrt nach Europa mit dem berühmten polnischen Transatlantikschiff *Batory* kostete für Studenten damals fünfzig Dollar. Meine Idealvorstellung von Wohlstand blieb auf Jahre hinaus mit einem Einkommen von 2500 Dollar jährlich verbunden.

Als ich beschloß, meine sichere Stellung an der George School aufzugeben und statt dessen ans College of Education in Greeley im Osten Colorados zu gehen, wurde ich neuerlich gewarnt: »Sie machen den größten Fehler Ihres Lebens. Der Wüstensand ist weiß von den Knochen vielversprechender junger Männer, die in den Westen zogen und später vergeblich versuchten, sich wieder nach Osten durchzuschlagen.« Mir erging es glücklicherweise nicht so. Im Gegenteil: Qualifizierte Leute genossen in einem Staat wie Colorado enorme Vorteile. Bei der Bildung prestigeträchtiger staatlicher Ausschüsse oder Untersuchungskommissionen wurden Kandidaten von der Ostküste mehr oder weniger automatisch gewählt. Auch stieß man rasch auf kluge Köpfe aus der Mississippi-Ebene und von der Pazifikküste. Dagegen klaffte im westlichen Binnenland immer eine Lücke, was zur Folge hatte, daß über kurz oder lang jemand sagte: »Da gibt es doch in Greeley diesen cleveren Burschen...« Man mußte gar nicht besonders gut sein; es genügte, da zu sein. Als das Weiße Haus einmal im kleinen Kreis bildungspolitische Fragen erörtern wollte, kamen ich und vier andere auf diese Weise in den Genuß eines langen Abendessens mit Franklin und Eleanor Roosevelt.

Das für das vorliegende Kapitel relevante Erlebnis während meiner Zeit in Colorado war jedoch ziemlich niederschmetternd. Ich hatte einen kleinen Posten in der für das College zuständigen Abteilung der National Youth Administration, die von einem großherzigen Soziologieprofessor namens Hal Blue geleitet wurde. Der Kongreß hatte den löblichen Versuch unternommen, vielversprechenden Studenten die Fortsetzung des Studiums zu ermöglichen. Wohl wissend, daß man deren Fähigkeiten in Zukunft dringend benötigen würde, zahlte er ihnen fünfunddreißig Dollar im Monat für kleinere Hilfsarbeiten. Meine Aufgabe war es, bei der Auswahl geeigneter Studentinnen und Studenten mitzuwirken und dafür zu sorgen, daß sie ihr Geld bekamen und es einem sinnvollen Verwendungszweck zuführten.

Die Aufgabe war alles andere als leicht, und manchmal brach sie mir fast das Herz. Die Streichung des NYA-Stipendiums konnte für manche das Ende der Ausbildung bedeuten. Ich wurde bekannt als jemand, der nicht nein sagen konnte, denn wenn ich sah, daß ein besonders begabter junger Mensch aus diesem oder jenem Grunde die Qualifikationshürden nicht schaffte, gab ich ihm aus eigenen Mitteln ein Überbrückungsgeld, bis er den Rückstand aufgeholt und sich wieder für den NYA-Zuschuß qualifiziert hatte.

Unter den von mir betreuten Studenten befanden sich ein junger Mann und eine junge Frau, deren Leistungen im Studium über Gebühr zu wünschen übrig ließen. Mit Zustimmung von Professor Blue mußte ich die beiden – die einander nicht kannten – zu mir bitten, um ihnen mitzuteilen, daß wir fest entschlossen waren, sie von der Liste der Stipendienempfänger zu streichen. Ich zählte ihnen ihre Sünden auf: versäumte Seminare, unzureichende, zu spät abgelieferte Arbeiten und dergleichen mehr. Auf einmal brach die junge Frau zusammen und erlitt einen Weinkrampf. Als ich sie beruhigt hatte, kam heraus, daß sie die Hälfte ihrer monatlich fünfunddreißig Dollar nach Hause schickte. Die Familie lebte in dem Gebiet, das von der großen Dürre heimgesucht wurde, und hatte sonst absolut nichts, womit sie ihren Lebensunterhalt hätte bestreiten können. Die Studentin hungerte, um ihre Angehörigen zu ernähren.

Auch der junge Mann legte mir Unterlagen vor, aus denen hervorging, daß er regelmäßig zwanzig Dollar seines Stipendiums an seine Eltern überwies. Ich stellte noch weitere Nachforschungen an und fand heraus, daß diese Fälle zwar keineswegs typisch, aber auch nicht einzigartig waren. Wer die Große Depression in einem von der Dürre betroffenen Staat wie Colorado überstanden hatte, kannte die Hölle.

Ich glaube, der Leser kann sich inzwischen schon denken, wie mein Verhältnis zum Geld aussah, als ich im Alter von fünfzig Jahren durch meine schriftstellerische Tätigkeit allmählich recht gut zu verdienen begann. Ob die Einkünfte in dieser Höhe vollauf gerechtfertigt waren, möchte ich dahingestellt lassen, doch mag es ganz nützlich sein, die wichtigsten Punkte hier noch einmal zu rekapitulieren.

In meiner Jugend war Geld immer furchtbar wichtig, und Geldmangel bedeutete eine echte Entbehrung. Allerdings eliminierte ich Geld schon in sehr jungen Jahren als dominierenden Faktor aus meinem Denken und lehnte es ab, mich von ihm tyrannisieren zu lassen. Seit meinem neunten Lebensjahr hatte ich in den verschiedensten Berufen gejobbt und dabei die Bedeutung des Geldes im Alltag kennengelernt. Dennoch achtete ich es so gering, daß ich mir zweimal die Freiheit nahm, gutbezahlte Stellungen aufzugeben, um neue Horizonte zu erforschen. Niemals ließ ich es zu, daß finanzielle Erwägungen Karriereentscheidungen bestimmten, und niemals bat ich um eine Anstellung, eine Beförderung oder eine Gehaltserhöhung. Mein Verhältnis zum Geld war widersprüchlich und exzentrisch.

Sobald ich mich jedoch nicht mehr nur mit mir selbst, sondern auch mit meiner Umgebung beschäftigte, fand ich mich in einer Welt wieder, in der das Geld regierte. Geldmangel beschwor mitunter Katastrophen herauf, trieb Menschen in den

Selbstmord und beeinflußte auch persönliche Beziehungen – zum Beispiel, wenn einer über den anderen laut nachdachte, manchmal sogar in gedruckter Form: »Wieso hat er soviel Glück und ich nur Pech? Zumal ich doch doppelt so begabt bin wie er...?« Solche Ungerechtigkeiten kommen vor und entziehen sich jeder Erklärung.

Einen Tag, nachdem bekanntgegeben worden war, daß ich den Pulitzerpreis erhalten hatte, wurde mir Einblick in eines der großen Geheimnisse der Verlagswelt gewährt. Phil Knowlton, mein Chef, kam morgens nicht ins Büro; vielleicht hatte ihm die Feier, auf der er mir von Alaska erzählt hatte, zu sehr zugesetzt. In seiner Abwesenheit oblag es mir als seinem Assistenten, die Honorarabrechnungen, die das Haus Macmillan seinen Autoren in Kürze zuschicken würde, zur Kenntnis zu nehmen und zu überprüfen. Es handelte sich um eine Vorsichtsmaßnahme zur Vermeidung eklatanter Über- oder Unterbezahlung – und, wie sich bald herausstellte, um eine ernüchternde Erfahrung für jemanden, der gerade als Schriftsteller debütierte.

Ein berühmter Name aus der britischen und amerikanischen Literatur nach dem anderen fiel mir ins Auge, als ich die Liste überflog, denn Macmillan verfügte über einen sehr noblen Autorenstamm. Zu meinem Entsetzen mußte ich jedoch feststellen, daß sich die jährlichen Honorarabrechnungen auf sehr kleine Beträge beliefen: »John Masefield, $ 289,63.« Bei anderen, ebenso angesehenen Schriftstellern standen Zahlen wie »$ 111,57« oder »$ 988,94«.

Doch dann stolperte ich über einen Namen, von dem ich noch nie etwas gehört hatte: »Michael O'Toole, $ 89468,52«. Ich war so verblüfft, daß ich Knowltons langjährige Sekretärin Miss Habekorst anrief. Sie erklärte mir, daß O'Toole einer der Autoren unseres berühmten Werkes *Beginning Chemistry* von Dorsett, O'Toole und Ginsburg war. Ich überprüfte die Einkünfte der beiden anderen und stellte fest, daß den Erben des seit langem verstorbenen Dorsett noch immer satte 20000 Dollar überwiesen wurden und daß der junge Isadore Ginsburg 48000 Dollar erhielt. Nähere Erkundigungen ergaben, daß *Beginning Chemistry* ein College-Lehrbuch für angehende Chemiker war und einen hervorragenden Ruf genoß.

Die Honorarlisten verrieten mir weiterhin, daß Charles Duckworth, der einen sehr einfühlsamen Roman über einen jungen Anwalt in Louisville geschrieben hatte, mit 1109,93 Dollar rechnen konnte, während Lemnitzer und Riley, von denen der brandneue Text für *Beginning Psychology* stammte, pro Person deutlich über 60000 Dollar verdienen würden. Die Zahl der mir bekannten Schriftsteller mit Einkünften von unter tausend Dollar im Jahr war erschreckend hoch. Mein eigenes Buch, das erstmals auf dieser Liste stand, brachte mir so wenig Geld ein, daß ich mich schäme, die genaue Summe zu nennen. Als ich mit der Überprüfung der Liste fertig war, war ich ziemlich erschüttert, sah aber ein, daß es für mich nur gut sein konnte, wenn ich die schaurige Realität rechtzeitig kennenlernte.

Wir stehen nun am Beginn meiner beruflichen Karriere als Schriftsteller. Er war, wie ich einräumen muß, ziemlich bescheiden. Ich hatte ein ganz ordentliches Buch – *Tales of the South Pacific* – veröffentlicht, das mir jedoch außer dem Pulitzerpreis und ein paar guten Rezensionen wenig eingebracht hatte. Kaum eine der großen Zeitungen hatte es wahrgenommen, und von nennenswerten finanziellen Einkünften konnte überhaupt keine Rede sein. Ungefähr um die gleiche Zeit nahm der Autorenverband in New York die Einkommensverhältnisse professioneller Schriftsteller im Rahmen einer umfangreichen Studie unter die Lupe. Die Ergebnisse waren deprimierend; der Durchschnitt lag bei einem Jahresverdienst von nicht einmal zweitausend Dollar. Die Liste mit den Macmillan-Abrechnungen bestätigte die Untersuchung.

Auch wenn ein Buch seinem Autor im Durchschnitt nur wenig Geld einbrachte, so konnte es doch sein Ansehen mehren und die Aufstiegschancen in seinem Brotberuf verbessern. Und überraschend oft ergaben sich auch ganz andere, nicht vorhersehbare Einkommensquellen. So meldete sich nach der einigermaßen positiven Reaktion auf mein Buch der führende Agent für Redner und Referenten bei mir, ein Meister seines Fachs namens Colston Leigh, und nahm mich langfristig unter Vertrag. Aus Gründen, die uns beiden schleierhaft blieben, kam ich, wie sich herausstellte, beim Publikum recht gut an. Einmal gewährte er mir einen faszinierenden Einblick ins Vortragsgeschäft: »Denken Sie immer an den Fall John Doe, man kann eine Menge daraus lernen. Das meiste Geld in diesem Geschäft steckt bei den jüdischen Frauenclubs. Sie zahlen anstandslos, und man kann hervorragend mit ihnen arbeiten. Um bei ihnen Erfolg zu haben, muß man ihnen aber auch Themen anbieten, die sie interessieren. Sie kennen doch Doe, oder? Der schrieb ein einziges Buch, dessen Erfolg sich in Grenzen hielt, *Israel in Jeopardy* (Israel in Gefahr), doch als Vortragsreisender ist er sensationell. Er ist der Liebling aller Clubs und verdient mit meiner Hilfe eine Menge Geld. Dabei hat er nur zwei Themen − die meisten anderen guten Redner haben vier. Die seinen sind: ›Neue Hoffnung in Israel‹ und ›Donnergrollen in Afrika‹. Beide äußerst erfolgreich, aber auch ziemlich bald erschöpft, weil er ja dauernd unterwegs ist. Die Clubs wollten was Neues, also bot er ihnen ›Donnergrollen in Israel‹ und ›Neue Hoffnung in Afrika‹ an. Absolute Kassenfüller. Inzwischen ist er wieder bei den Originalvorträgen angelangt und neuerlich unser Spitzenreiter.«

Da ich vage mit dem Gedanken spielte, meinen Job bei Macmillan aufzugeben und mich als hauptberuflicher Schriftsteller zu versuchen, arbeitete ich sehr hart für Leigh. Seine Bedingungen waren einfach: »Sie haben die Wahl, müssen sich aber schon zu Beginn des Semesters für die eine oder andere Möglichkeit entscheiden. Wir teilen uns die Vortragshonorare fifty-fifty, und ich übernehme die Fahrt- und Hotelkosten. Oder aber wir teilen siebzig zu dreißig zu Ihren Gunsten, dafür müssen Sie aber die Unkosten selber tragen.« Das Problem lag darin, daß Leigh bei der Halbe-halbe-Vereinbarung seine Leute an fünf

Abenden hintereinander in Buffalo auftreten ließ, nur einmal die Fahrtkosten zahlte und dabei ein Vermögen verdiente. Im nächsten Jahr entschied man sich folglich für siebzig zu dreißig – mit dem Ergebnis, daß man dann am ersten Abend in Buffalo, am zweiten in Ames, Iowa, und am dritten in Dallas, Texas, aufzutreten hatte. Es war ein sehr hartes Brot, wenn man davon leben wollte, und wirkte sich auf mich dahingehend aus, daß ich, nachdem ich Leighs Stall verlassen hatte, nur noch äußerst ungern Reden hielt. Wurde ich dazu genötigt, verschenkte ich das Honorar noch am gleichen Tag, meistens an eine schwarze Kichengemeinde. Ich habe auf diese Weise einige tausend Dollar unter die Leute gebracht.

Aber wenn ich noch einmal als junger Schriftsteller anfangen müßte, wäre ich drei- bis viermal in der Woche unterwegs. Vortragsreisen verschaffen einem persönlichen Kontakt zu Menschen, die gerne Bücher lesen, und sind ein ehrenwerter Einstieg in die Zunft.

Für Leigh arbeitete ich einige Jahre lang. Es war eine harte Zeit, da ich ja meinen Ganztagsjob als Lektor bei Macmillan nicht aufgegeben hatte. Am Ende bekamen wir einen heftigen Streit und hätten uns fast vor Gericht wiedergetroffen. Nachdem sich die Gemüter wieder abgekühlt hatten, blieben wir Geschäftsfreunde, und ich habe mindestens ein dutzendmal alte Freunde oder ausländische Autoren, die einen Agenten für Vortragsreisen suchten, an ihn vermittelt.

Ungefähr zur gleichen Zeit, da ich meine Zusammenarbeit mit Colston Leigh beendete, verabschiedete ich mich auch von einer anderen Konstante meines Lebens. Verlagschef bei Macmillan war George P. Brett jun., ein in vieler Hinsicht schwieriger Mann. Er war der Sohn jenes dynamischen Unternehmers, der den unbedeutenden New Yorker Ableger des traditions- und einflußreichen Londoner Verlags in eine Firma verwandelt hatte, die inzwischen längst größer war als das Stammhaus. Der »junge Mr. Brett«, wie er allgemein genannt wurde, hatte mich persönlich angestellt, nachdem zuvor landesweit nach einem

Lektor gesucht worden war, »der nicht gut, aber fünfunddreißig sein muß« und einen freigewordenen Posten in der Verlagshierarchie übernehmen sollte. Drei Namen waren ihm wiederholt genannt worden – und der dritte in der Reihe war der meine. Doch nachdem der erste Kandidat einen bedeutenden Lehrstuhl übernommen hatte und der zweite irgendwo zum Vorsitzenden gewählt worden war, blieb nur noch ich übrig. Im Einstellungsgespräch hatte Brett wiederholt betont: »Denken Sie immer daran, daß wir kein Wohltätigkeitsverein sind, Michener. Wir publizieren Bücher, um Geld zu verdienen.« Doch dann fügte er hinzu: »Und das ist meines Wissens nur zu schaffen, wenn wir die bestmöglichen Bücher veröffentlichen.«

In den folgenden acht Jahren hatte Brett kein persönliches Wort mehr mit mir gewechselt, da er mit Narren und subalternen Untergebenen nichts zu schaffen hatte. Macmillan war in mancher Hinsicht eine unglaubliche Firma: Das schöne graue Verlagsgebäude an der Fifth Avenue verfügte über zwei Eingänge. Den imposanten Haupteingang durften nur die höheren Chargen benutzen; das – zahlenmäßig sehr große – Fußvolk betrat das Haus durch den kleinen Nebeneingang und ließ seine Stechkarte stempeln. Irgendwann kam dann der unvergeßliche Tag: Ein älterer, weiter oben in der Hierarchie angesiedelter Lektor – niemals Mr. Brett persönlich – nahm den Neuling beiseite, legte ihm mannhaft die Hand auf die Schulter und sprach die bedeutenden Worte: »Wir haben Sie beobachtet, Michener. Es sieht so aus, als gehörten Sie zu uns. Sie können jetzt den Haupteingang benutzen.«

An einem denkwürdigen Abend sprach Mr. Brett ein zweites Mal mit mir. Wir speisten zusammen im dunkel getäfelten Vorstandszimmer, von dessen Wänden die großen Gründerväter der Firma auf uns herabschauten. Am Ende des Mahls überraschte mich Mr. Brett mit einer unerwarteten Geste: Er legte das Manuskript meines zweiten Buchs – *Frühlingsfeuer* – vor mich auf den Tisch und sagte: »Michener, ich habe schlechte Nachrichten für Sie. Wir haben beschlossen, dieses Buch nicht zu machen.« Und ehe ich etwas erwidern konnte, fügte er hinzu: »Meine Frau hat es gelesen. Es gefiel ihr überhaupt nicht.«

Ich wußte nicht, wie ich auf diesen zweiten vernichtenden Angriff auf meine schriftstellerischen Fähigkeiten reagieren sollte. Der führende Literaturagent New Yorks hatte mich gefeuert – und nun bekam ich eine Absage von George P. Brett, dem Vorstandsvorsitzenden von Macmillan. Ich war zutiefst erschüttert.

Doch unsere Unterredung war damit noch lange nicht beendet, denn auf einmal wurde Mr. Brett jovial. Er schob das inkriminierte Manuskript beiseite und sagte: »Ich habe Sie genau im Auge behalten, Michener, habe mir Ihre Berichte angehört und die Verkaufsziffern der von Ihnen angekauften und lektorierten Bücher studiert. Ich bin inzwischen überzeugt, daß Sie eine brillante Zukunft als Verleger haben, und möchte, daß Sie ab sofort als meine rechte Hand arbeiten. Ich sehe in Ihnen den künftigen Verlagsdirektor.«

Ich brachte kaum ein Wort heraus, so erstaunt war ich über diese Eröffnung. Sie paßte in die Reihe der Erfolgserlebnisse, die mich seit meiner Kindheit begleitet hatten. Kenneth Rufe hatte mich zu einem seiner Zeitungsjungen gemacht, der Anwalt von Willow Grove mir einen Job angeboten, ein großartiger Lehrer in Swarthmore meine Stipendienbewerbung eingereicht. John Lester hatte mich im College aufgesucht und mich als Lehrer in The Hill angeworben, und ähnlich war es mir im Fall der George School, des Greely College of Education und der Universität von Harvard ergangen. Ich hatte meine Stelle bei Macmillan bekommen, ohne zu wissen, daß ich überhaupt auf der Kandidatenliste stand – und nun bot sich mir auf einmal die Chance, Verlagschef zu werden! »Ich kann Ihnen natürlich nichts versprechen, das werden Sie verstehen.« Es kam wie ein Paukenschlag. Meine Einstellung, mich auf keinen internen Konkurrenzkampf einzulassen, sondern lediglich zu versuchen, meine Arbeit so gut wie möglich zu erledigen, hatte sich einmal mehr ausgezahlt. Als wir an jenem Abend auseinandergingen, hallten Mr. Bretts Worte in meinen Ohren nach: »Als Schriftsteller,

Michener, haben Sie wirklich keine Zukunft – als Verleger aber eine sehr große.«

Ich habe mich oft gefragt, wie mein Leben ohne jenen völlig unerwarteten Anruf verlaufen wäre, der mich am nächsten Vormittag erreichte. Nach dem Gespräch mit Mr. Brett hatte ich die ganze Nacht über seinen Vorschlag nachgegrübelt und kein Auge zugetan. Am anderen Ende der Leitung ließ sich eine Männerstimme vernehmen, die sehr beredt klang. »Spreche ich mit Mr. Michener, dem Schriftsteller?« Ich bejahte. Nun stellte der Anrufer sich vor und sagte: »Ich komme aus Philadelphia und habe regelmäßig in New York zu tun. Wollte Sie schon lange mal kennenlernen. Können wir morgen gemeinsam zu Mittag essen?« Ich war einverstanden. Auf diese ungewöhnliche Weise machte ich die Bekanntschaft eines Mannes, der um vieles älter war als ich und mit seinem Wissen, seiner Klugheit und seinen verlegerischen Kenntnissen mein Verhalten als Schriftsteller stark beeinflussen, ja in mancher Hinsicht mitbestimmen sollte. Hugh MacNair Kahler war der Autor sensationell erfolgreicher kommerzieller Short stories gewesen, hatte diese Tätigkeit jedoch inzwischen aufgegeben, um in seinen letzten Berufsjahren als Literaturredakteur der damals hochangesehenen Monatszeitschrift *The Ladies Home Journal* zu arbeiten.

Ich lernte einen hochgewachsenen, gutaussehenden Herrn kennen, soigniert, in Habitus und Gestus den *elder statesman* verkörpernd, würdevoll-distanziert, wie man es von einem Princeton-Absolventen erwartete, aber auch zu einem herzlichen Lächeln imstande und mit der Fähigkeit begabt, auf andere Menschen zuzugehen und seinen Gesprächspartnern die Befangenheit zu nehmen. In den ersten Minuten unseres Beisammenseins schoß mir der Gedanke durch den Kopf: Dieser Mann möchte dein Freund werden, und du wirst alles tun, um es ihm so leicht wie möglich zu machen, denn daß *dir* an seiner Freundschaft gelegen ist, versteht sich von selbst...

»Gestatten Sie, daß ich Ihnen zunächst einmal erkläre, wer ich bin«, sagte er. »Ich war auf meinem Gebiet einer der erfolgreichsten Schriftsteller überhaupt und erzielte einen einmaligen Rekord: Ich verkaufte hundertzwanzig Kurzgeschichten nacheinander an die angesehensten Zeitschriften wie *Saturday Evening Post*, *Women's Home Companion* und *Collier's*. Nicht eine einzige Ablehnung. Ich wußte, was die Amerikaner lesen wollten, und, was genauso wichtig ist, ich kannte den Geschmack der Redakteure. Schablonenhaft? Vielleicht, aber es sind auch ein paar sehr attraktive Geschichten dabei. Doch das ist noch nicht alles. Warum ich Sie aufgesucht habe, Michener, hat folgenden Grund: Ich habe zwei Geschichten von Ihnen und Ihr Kriegsbuch gelesen, und seither ist mir klar, daß Sie aus dem Holz sind, aus dem der geborene Erzähler geschnitzt ist.«

In den folgenden Wochen hatte Kahler des öfteren in New York zu tun und kam regelmäßig bei mir vorbei. Er zeigte mir, wie man ein harter, disziplinierter Profi wird. Als ich einmal hochnäsig verkündete: »Ich glaube nicht, daß ich mich einem Schriftstellerverband anschließen werde«, explodierte er: »Verdammt noch mal, mein Sohn, Sie sind drauf und dran, mit Ihrer Schreiberei ein Vermögen zu verdienen! Mit welchen Mitteln sollen denn die Verbände die armen Schlucker unterstützen, wenn solche Glückspilze wie Sie keine Beiträge zahlen? Sie müssen alles tun, was in Ihrer Macht steht, um die Kollegen zu stärken. Morgen treten Sie der Author's League bei!« Als ich ein andermal leichthin sagte, ich hielte es nicht für nötig, mir einen Agenten zu nehmen, appellierte er ebenfalls an meine Verantwortung für die Schriftstellerzunft: »Ich suche Ihnen morgen eine Agentin. Mit dem Geld, das sie an Ihnen verdient, kann sie anderen Schriftstellern helfen, die ihr gegenwärtig noch nichts einbringen, eines Tages aber sehr lukrativ sein können – vorausgesetzt, sie halten durch.«

Ich erinnere mich an einen Frühlingstag, an dem Kahler mich in ein feines Restaurant einlud, mich mit Krabbenpastete aus Maryland und einer Flasche Châteauneuf-du-Pape verwöhnte und in eine moralische Zwickmühle brachte: »Sie müssen sich jetzt entscheiden, Michener. Bruce und Beatrice Gould, meine beiden Vorgesetzten, wollen Sie anwerben. Sie haben Ihre Sachen ebenfalls gelesen und genau zugehört, wenn ich über Sie berichtet habe. Sie bieten ihnen ein Riesenhonorar, wenn Sie von sechs Ausgaben des Magazins sämtliche literarischen Beiträge begutachten. Sie wollen wissen, ob Sie diese eingekauft hätten, wenn *Sie* der verantwortliche Literaturredakteur für die Zeitschrift gewesen wären.«

Ohne das Honorarangebot der Goulds zu beziffern, drückte er mir sechs Ausgaben der Zeitschrift in die Hand. Ich zog mich in mein Büro zurück und schrieb innerhalb der nächsten vierzehn Tage die ausführlichsten redaktionellen Gutachten, die die Goulds je erhalten hatten.

Kahler lud mich auch bei seinem nächsten Besuch in New York zum Mittagessen ein – diesmal zu Dover Seezunge *bonne femme* – und hatte aufregende Neuigkeiten für mich. »Michener, alle beim *Journal* wollen Sie, vor allem die Goulds.« Das Gehalt, das er erwähnte, betrug ein Mehrfaches meiner aktuellen Bezüge. Doch bevor ich ihm danken und meiner Verwunderung Ausdruck verleihen konnte, fuhr er fort: »Die treibende Kraft war ich, und ich habe auch dafür gesorgt, daß das Gehaltsangebot erheblich aufgestockt wurde, damit Ihnen die Entscheidung leichter fällt. Wir zwei wären ein tolles Gespann.« Er räusperte sich und ergänzte mit ungewöhnlich fester Stimme: »Aber ich möchte Ihnen den Rat geben, das Angebot *nicht* anzunehmen. Mehr denn je bin ich überzeugt, daß Sie zum Schriftsteller geboren sind. Werden Sie nicht Redakteur, werden Sie Schriftsteller!«

Verwirrt und unschlüssig rief ich den Century Club an und bat, mich mit John Mason Brown zu verbinden. Als er am Apparat war, fragte ich ihn, ob ich vorbeikommen und mit ihm sprechen könne.

»Und wer sind Sie?«

»Ein Bewunderer. Und ich habe ein großes Problem...«

»Ja, und...?«

»Ich bin ein Freund von Harold Latham«, erklärte ich, wobei das Wort *Freund* angesichts meines Verhältnisses zu dem strengen, reservierten Cheflektor von Macmillan ziemlich weit ausgelegt war.

»Na gut, kommen Sie vorbei.«

Im Club angekommen, lief ich dem führenden Kritiker, dem urbanen, freundlichen, bei Frauenvereinen so beliebten Mann geradewegs in die Arme. Ich sprach ihn an: »Mr. Brown, mir wurde von verschiedenen Leuten berichtet, daß Sie sich bei Ihrer Vortragsreise dieses Jahr anerkennend über mein Buch geäußert haben...«

»Der Titel Ihres Buches?«

»*Tales of the South Pacific.*«

»Michener! Ja, natürlich habe ich Ihr Buch verwendet – und beachtlichen Applaus damit eingeheimst, das muß ich sagen.«

Ich spürte, daß das Eis gebrochen war, und sagte: »Glauben Sie, ich kann es riskieren, meinen Job bei Macmillan aufzugeben und hauptberuflich Schriftsteller zu werden?«

Er war entgeistert über die Dreistigkeit dieser Frage, zumal es das erste Mal war, daß wir miteinander sprachen, und er von mir überhaupt nichts wußte. Aber John Mason Brown war, wie jeder, der ihn kannte, bestätigen wird, einer der freundlichsten und vernünftigsten Männer seiner Generation, und so stellte er mir im Verlauf der nächsten Stunde alle möglichen Fragen, deren Beantwortung mir meine Entscheidung erleichtern sollte. Ob ich einen Agenten hätte? Ersparnisse? Ob mir die Literaturchefs der Illustrierten und Zeitschriften bekannt seien? Ob ich genug Ideen im Hinterkopf und nach dem dynamischen Anfang auch genug Beharrungsvermögen besäße? Zum Schluß kam die Frage, die er für die wichtigste hielt: »Sagen Sie mir ehrlich, Michener, stehen Sie das finanziell und psychisch durch, wenn es in den ersten drei Jahren nicht so läuft wie gewünscht?«

Ich bejahte die Frage. Daraufhin schüttelte mir Brown die

Hand und sagte: »Ich an Ihrer Stelle würde es drauf ankommen lassen.« Am nächsten Tag klemmte ich mir das Manuskript von *Frühlingsfeuer* unter den Arm, fuhr mit dem Bus zur Fifth Avenue und marschierte unangemeldet in die Verlagsbüros von Random House. Ich fragte Saxe Commins, einen der Lektoren, ob er ein Buch veröffentlichen wolle, das Macmillan gerade abgelehnt habe.

Commins las das Manuskript und sagte: »Ja.«*

Durch diese Initiative machte ich einen Schriftsteller aus mir.

Die Agentin, die mein Pate Kahler mir herausgesucht hatte, war eine der besten ihres Fachs, die begnadete Helen Strauss. Ihr, die sich viele Jahre lang um meine geschäftlichen Belange kümmern sollte, gelang auch gleich das erste Husarenstück in meinem Interesse: »Jim, ich glaube Sie sind jetzt soweit, daß Sie nach Pleasantville fahren und Dewitt Wallace kennenlernen können, den Verleger von *Reader's Digest*.« Helen begleitete mich auf dieser Exkursion, die schon vielen jungen Autoren zum Vorteil gereicht hatte. Die Verlagsgebäude erinnerten äußerlich sehr an ein altehrwürdiges College in New England, so daß ich das Gefühl hatte, von einer treusorgenden Tante zur Anmeldung geführt zu werden.

Beim Mittagessen im Speisesaal des Verlags, das in einer ruhigen, entspannten Atmosphäre verlief, stellte mich Mr. Wallace seinen Redakteuren vor: »Dies ist der junge Mann, dessen Arbeit wir so aufmerksam verfolgt haben. Kein Zweifel, daß er dazu bestimmt ist, in den Kreis unserer Autoren einzutreten.« Als die Redakteure nickten – was sie gemeinhin taten, wenn er sprach –, wandte er sich an mich. »Wir wollen Ihnen einen

---

* Auf diese Weise gewann mich Random House als Autor, ohne auch nur zehn Cent für ein Telefongespräch oder einen Dollar für ein Mittagessen ausgegeben zu haben. Bevor er in den Ruhestand ging, hielt mich Bob Bernstein, der langjährige Verlagschef, einmal an und sagte: »Ich habe gerade gehört, wie Sie zu uns gekommen sind, Michener. Ich glaube, wir schulden Ihnen noch eine Busfahrkarte.« Er drückte mir ein Fünfcentstück in die Hand, wobei er geflissentlich übersah, daß ich, vom unteren Ende der Fifth Avenue aus kommend, die elegantere, dem schicken Boulevard vorbehaltene Buslinie benutzt haben mußte, bei der der Fahrpreis zehn Cent betrug.

Platz in unserem Redaktionsteam suchen.«* Auch später machte er mir noch ein Dutzend der großzügigsten Angebote, die ein Schriftsteller sich nur wünschen kann, doch ich erwiderte jedesmal, daß ich das Gefühl hätte, als Freiberufler mehr leisten zu können. Nachdem er schließlich den Versuch, mich anzuwerben, aufgegeben hatte, machte er mir und meiner Frau einen Vorschlag: »Jim und Mari, ihr beiden seid wie meine Kinder. Die einzigen Demokraten, die Lila und ich kennen. Wo immer in der Welt ihr euch herumtreibt – schreibt über alles, was eure Neugier erregt! Lila und ich werden, solange wir leben, für all eure Unkosten aufkommen. Eure einzige Verpflichtung wird darin bestehen, uns bei allem, was ihr schreibt, das Recht auf die erste Ablehnung einzuräumen. Wenn wir es annehmen, bekommt ihr die üblichen Honorare, also das gleiche wie ein Fremder.«

Ich habe von diesem erstaunlichen Angebot niemals Gebrauch gemacht, aber es blieb bestehen und diente mir in Jahren, in denen ich für das, was ich produzierte, wenig erhielt, als Sicherheit. Als den Wallaces später klar wurde, daß ich nicht vorhatte, mich der Familie anzuschließen, machten sie eine weitere Geste. Einmal mehr wurden meine Frau und ich nach High Winds einbestellt, und Wallace sagte zu uns: »Alles Gute, das uns widerfuhr, verdanken wir der Tatsache, daß es Menschen wie Sie gibt, die schreiben können. Wir bezahlen euch gut, aber das deckt nicht einmal annähernd das ab, was ihr für uns getan habt. Wir möchten, daß Sie beide uns dabei helfen, unser Geld

---

* Ich wurde also innerhalb kürzester Zeit nach der Veröffentlichung von ein paar Geschichten und einem Buch von zwei bedeutenderen Agenten – einem Scharlatan und einem Genie – sowie von zwei größeren Zeitschriften angesprochen. Doch dies war nicht einmal eine Seltenheit. Viele junge Schriftsteller werden von den in New York ansässigen Scouts angesprochen, die ständig auf der Suche nach vielversprechenden neuen Talenten sind. In Matthew Bruccolis lehrreichem Buch *Conversations with Writers* berichten William Price Fox und Wallace Makefield, zwei angesehene Lehrer für kreatives Schreiben, von ganz ähnlichen Erlebnissen. Auch sie erhielten nach der ersten Veröffentlichung weitere Angebote. Dieses Ziel kann ein junger Mensch, der gerne Schriftsteller werden möchte, mit Fug und Recht anvisieren.

an förderungswürdige Projekte zu verteilen.« So kam es, daß ich, obwohl ich dem *Digest* keine Profite einbrachte, über Jahre hinaus daran beteiligt war, die Profite zu verteilen, die andere dem Magazin eingebracht hatten.

Weil ich spürte, daß ich das Zeug zum Schriftsteller hatte, schlug ich also drei glänzende Stellenangebote von drei der angesehensten amerikanischen Verlage – Macmillan, Curtis und *Reader's Digest* – aus und beschritt weiterhin den gefährlichen Pfad der Freiberuflichkeit. Von zehn Leuten, die sich auf diesem Weg versuchen, scheitern neun, denn um Erfolg zu haben, sind zu gleichen Teilen Talent, Ideen, innere Kraft und Glück erforderlich. Mir war zum damaligen Zeitpunkt bewußt, daß ich mich auf ein riskantes Unterfangen eingelassen hatte. Und da ich hintereinander drei Stellen mit exzellenten Gehaltsangeboten abgelehnt hatte, kann man nicht sagen, daß ich mich des Geldes wegen dafür entschieden hätte.

Und dann geschah ein stilles Wunder. Da ich es verstand, beim Lesepublikum einen bestimmten Nerv zu treffen, fanden meine Bücher große Anerkennung, und zwar in vielen Ländern. Für mich hatte das zur Folge, daß ich auf einmal, ohne daß ich je gemerkt hätte, wie es genau geschah, in den Kreis der literarischen Großverdiener katapultiert wurde.

Ich hatte stets den Eindruck, daß die Öffentlichkeit und sogar viele gutinformierte Buchhandels- und Verlagsinsider nie richtig begriffen haben, was es finanziell bedeutet, Autor eines phantastisch erfolgreichen Buchs zu sein.

Versuchen wir, die Erlebnisse eines imaginären Schriftstellers namens Tim Jones aus einer kleinen Stadt in Kansas nachzuvollziehen. Er hat vier recht gute Romane geschrieben, für die er aber keinen Verlag finden konnte. Die nächsten beiden erscheinen dann bei Galaxy Hall in New York und werden gut besprochen, aber nicht verkauft. Seine Lektorin ist schon nach der Lektüre seiner ersten Kurzgeschichten in jenen kleinen Zeitschriften, die nichts bezahlen, aber Anfängern ein Forum bieten, davon überzeugt, daß Tim über echte Begabung verfügt. Nun hat sie im Verlag durchgesetzt, daß er trotz seiner bisherigen Fehlschläge noch einmal, ein letztes Mal, einen Vorschuß erhält: »Irgendwann *muß* er jetzt den Durchbruch schaffen.«

Kaum hat sie das Manuskript gelesen, das ihr als Computerausdruck vorliegt, weiß sie, daß Tim diesmal der große Wurf gelungen ist. Von Begeisterung entflammt – und bestärkt von ihren Kollegen, die ebenfalls einen Blick in das Manuskript geworfen haben –, schickt sie Kopien an die Literaturredaktionen der Zeitungen und Illustrierten, an Buchgemeinschaften, Taschenbuchverlage und die Agenten europäischer Verlage. Und das kann passieren, wenn ein gutes Buch von einem erfahrenen Herausgeber lanciert wird:

| | |
|---|---|
| Vor zwei Jahren widerwillig gewährter Vorschuß | $ 10 000,– |
| Honorar in Höhe von 10% für die ersten 5000 verkauften Exemplare, 12,5% für die zweiten 5000, dann 15% pro verkauftes Exemplar (Ladenpreis $ 17,50) für 180 000 verkaufte Exemplare | $ 465 938,– |
| Spätere Neuauflage von 490 000 Exemplaren | $ 1 286 250,– |
| Autorenanteil an Vorschüssen ausländischer Verlage | $ 185 000,– |
| Hauptvorschlagsband der Buchgemeinschaft Book-of-the-Month Club, Autorenanteil | $ 110 000,– |
| Vorabdrucke in Zeitungen und Zeitschriften | $ 20 000,– |
| Verkauf der Filmrechte (mit geringer Beteiligung an späteren Einkünften) | $ 900 000,– |

| | |
|---|---|
| Verkauf der Taschenbuchrechte (nach Versteigerung unter konkurrierenden Häusern), auf künftig anfallende Honorare verrechenbare Vorschüsse (50% von $ 800 000) | $ 400 000,– |
| Honorar einer dritten Neuauflage bei Galaxy Hall (350 000 Exemplare) | $ 918 750,– |
| Spätere Honorare aus Neuauflagen in Europa | $ 169 650,– |
| Unerwartete Zusatzeinnahmen aus verschiedenen Quellen (Zeitungsartikel über das Buch, Vorträge, Werbespots etc.) | $ 52 000,– |
| | $ 4 507 588,– |

Nach überlanger Lehrzeit hat Tim Jones also einen Bestseller gelandet und ist auf einmal um 4,5 Millionen Dollar reicher. Von dieser Summe muß er seiner Agentin die üblichen 10% abtreten, und von den immer noch erklecklichen 4 056 829 Dollar, die übrigbleiben, wird er, wie es sich gehört, einen Gutteil dem Finanzamt überweisen. Jede Einzelsumme in der obigen Aufstellung ist in den letzten Jahren von dem einen oder anderen Buch erzielt oder übertroffen worden, doch wäre es irreführend, anzunehmen, daß Tims hypothetische Goldgrube an jeder Ecke zu finden wäre. Einige Bücher sind recht nah an das Ergebnis herangekommen, aber nicht viele – und von meinen nicht eines.

Der erste Kommentar, der einem zu solchen Zahlen einfällt, ist der, daß sie unanständig sind – und zwar nicht deshalb, weil sie an die Einkünfte eines guten Baseballspielers oder einer populären Sängerin lange nicht heranreichen. Es ist vielmehr so, daß solche Spitzenhonorare, wie sie für ein paar Glückspilze abfallen, eine ganze Reihe anderer, durchaus respektabler Schriftsteller um das bescheidene Einkommen bringen, das ihnen eigentlich zustünde und ihnen einen ordentlichen Lebensstandard ermöglichen würde. Die heutige Alles-oder-nichts-Mentalität im Verlagsgewerbe – spektakuläre Spitzenhonorare für einige wenige, kümmerliche Einkünfte für die große Mehrheit, darunter einige unserer besten Schriftsteller – wird der amerikanischen Kultur nicht guttun und schadet besonders hoffnungsvollen jungen Schriftstellern, aus deren Kreisen die nächste Generation angesehener Literaten hervorgehen könnte. Die Dinge sind arg aus dem Gleichgewicht geraten.

Ich weiß seit zwei Jahrzehnten, daß ich selber einer der schlimmsten Übeltäter bin, denn ich konnte eine nahezu ungebrochene Kette von Bestsellererfolgen verbuchen. Einige meiner Bücher standen monate- oder gar jahrelang auf der Bestsellerliste, und wenn auch die meisten von ihnen Tims blendende Zahlen bei weitem nicht erreichten, so steht doch außer Frage, daß ich erhebliche Summen mit ihnen verdient habe und mich mit dem Problem der moralischen Rechtfertigung solcher Einnahmen auseinandersetzen mußte.

Meinen bisherigen Ausführungen über meine Herkunft und die schmerzhaften Erfahrungen, die meine Einstellung zum Geld geprägt haben, sollte eigentlich unmißverständlich zu entnehmen sein, daß ich mit diesem unerwarteten und nicht erstrebten Geldsegen in einer Weise verfuhr, die meiner Erziehung und meinen persönlichen Gewohnheiten entsprach. Die folgenden Tatsachen sind maßgebend:

Ich war nie vom Geld besessen, noch habe ich gierig danach gestrebt.

Ungefähr die Hälfte meiner Bücher wurden keine Bestseller und waren auch nicht als solche geplant. Sie beschäftigten sich mit eng umgrenzten, ja sogar ein wenig merkwürdigen Themen, von denen unvorstellbar war, daß sie einen großen Leserkreis interessieren würden. Einige von ihnen waren so eindeutig unkommerziell, daß ich mich an den Herstellungskosten beteiligen mußte.

Nicht ein einziges Mal in meinem Schriftstellerleben habe ich Diskussionen über Honorarprozente, den Umfang der ersten Auflage oder die Höhe des Werbeetats geführt. Ich habe auch niemals von mir aus darauf hingewirkt, daß für mich Cocktailparties, Presseempfänge oder vergleichbare Anlässe inszeniert werden. Wenn andere darauf bestanden, mir zu Ehren solche Veranstaltungen zu organisieren, ging ich hin, und es gab auch einige, die mir gut gefielen. Bei den meisten fühlte ich mich aber nicht wohl, oder sie waren mir peinlich.

Ein typischer Anruf meines Agenten Owen Laster, in dem es um geschäftliche und finanzielle Einzelheiten geht, dauert höchstens etwa drei Minuten: »Jim, Random beharrt darauf, wegen der gestiegenen Papierpreise und des Umfangs Ihres Manuskripts nicht höher gehen zu können.« Darauf ich: »Okay.«

Jahrein, jahraus bekomme ich entweder direkt oder über meinen Agenten ungefähr vier wichtigere Anfragen oder Angebote pro Woche zu irgendwelchen Schreibprojekten, darunter einige, die alles übersteigen, was ich in meiner Jugend je zu träumen gewagt hätte. Meine Antwort ist stets die gleiche: »Klingt gut. Kümmern Sie sich drum.«

Nun bin ich allerdings nicht so naiv, mir einzubilden, daß Verhandlungen tatsächlich so einfach sind, wie ich mir das am Ende gerne vorstelle. Ich weiß, daß Laster meine – und damit seine – Interessen mit Sorgfalt, Fleiß und Ideenreichtum wahrt. Wenn ich auch nur Minuten brauche, um Vereinbarungen abzusegnen, deren Grundzüge er mit Random House ausgehandelt hat, so ist mir durchaus bewußt, daß er und der Verlag in einigen komplizierten Fällen über ein Jahr miteinander gerungen haben, bis sie sich über Vertragsergänzungen einig waren, die neue Medien wie Audiobücher und Kabelfernsehen betrafen. Oft hat mir bei sehr umfangreichen Verträgen ein »telefonischer Handschlag« genügt, um mit der Arbeit fortzufahren, und ich habe Owen niemals zu etwas angetrieben oder mich darüber beschwert, wenn die Verhandlungen später in eine Sackgasse gerieten. Ein fertig ausgearbeiteter Vertrag – nicht unbedingt von Random House – kann bis zu fünfzehn Seiten lang sein. Ich kann mich nicht erinnern, auch nur einen einzigen von A bis Z durchgelesen zu haben. Auch um die einzelnen Bestimmungen habe ich mich nie gekümmert. So gut wie nie habe ich gewußt, mit welchen Zahlungen ich fortan zu rechnen hatte, und eine

Woche nach dem Abheften der Unterlagen konnte ich mich an die Vertragsbedingungen nicht mehr erinnern.

Ungefähr zwei Dutzend Male in meinem Leben mußten Leute, mit denen ich zusammenarbeitete – Verleger, Produzenten, Hollywood –, Owen wegen schlechter Geschäftslage darum bitten, sich bei mir um das Einverständnis zur Kürzung der vereinbarten Honorare zu bemühen. Ich habe mir die Argumente angehört, Owen niemals unterbrochen, und am Ende immer gesagt: »Klingt einleuchtend.« Nicht ein einziges Mal kam es vor, daß einer dieser Bittsteller nach einem alle Erwartungen übertreffenden Erfolg von sich aus anbot, meinen Anteil zu erhöhen; es ging immer nur um Kürzungen, und ich habe immer zugestimmt.

Bilanzen gegenüber bin ich nicht gleichgültig, doch wenn Einkommensteuer und andere gesetzliche Dinge buchhalterischer Bearbeitung bedürfen, überlasse ich anderen das Feld und sehe mir kurz die Endabrechnung an, bevor ich die Zahlen dann meistens schnell wieder vergesse. Manchmal wußte ich ungefähr, wie die Zahlen aussahen, dies aber auch nur, weil andere von mir Schätzungen verlangten. Die genauen Zahlen habe ich nie gekannt.

Banken habe ich in den letzten fünfzehn Jahren allenfalls noch betreten, um Dokumente zu unterschreiben, die notariell beglaubigt werden mußten. Meine Frau kümmert sich um unsere Geldangelegenheiten und gibt mir ein Taschengeld. Eine Brieftasche trage ich nur selten bei mir, und eine Kreditkarte benütze ich – sofern ich sie überhaupt dabeihabe – nur in Notfällen.

Wie viele Menschen, denen eine entbehrungsreiche Kindheit oder die Große Depression Wunden geschlagen haben, habe ich stets so gelebt, als stünde fest, daß die schlechten Zeiten eines Tages zurückkehren würden. Als Quäker lebe ich einfach, gebe wenig Geld aus und tadle manchmal meine Frau, weil sie so ungern Dinge veräußert, die wir nicht brauchen, wie zum Beispiel ungenutzten Grund und Boden. Aber sie hat von ihren japanisch-amerikanischen Eltern eine sehr schollenverbundene

Einstellung zum Grundbesitz geerbt und bringt es nicht über sich, Land, das ihr ans Herz gewachsen ist, wieder abzugeben. Mir ist das peinlich, aber es steht nicht in meiner Macht, Einstellungen zu ändern, die schon in der Wiege vorgeprägt wurden, und in einigen anderen Fällen war ihre Hartnäckigkeit für unsere Familie von großem Nutzen.

Wie war es möglich, daß – obwohl ich mir daraus gar nichts machte – soviel Geld in meinen Besitz kam? Als Schriftsteller genoß ich zwei zusätzliche Vorteile: Meine Bücher erschienen in einer Zeit, in der die Amerikaner über die Grenzen ihres Landes hinauszusehen begannen und sich nicht mehr nur mit sich selbst beschäftigten. Sie waren geistig und intellektuell bereit, ja begierig, jene forschenden, fragenden Bücher zu lesen, die ich schreiben wollte. Hätte ich fünfzig Jahre früher gelebt, als Amerika isolationistisch gesinnt war, hätte sich wahrscheinlich kaum jemand für meine Werke interessiert.

Heute weiß ich, daß die harte Jugend und meine vorzeitige Einführung in die finanziellen Probleme der Erwachsenenwelt – vor allem im Vergnügungspark Willow Grove – Lücken in mein Leben rissen, ja vielleicht sogar psychische Unausgewogenheiten verursachten, in deren Folge ich nie richtig mit Geld umzugehen lernte. Es ist nicht so, daß ich es mißbrauchte oder mich von ihm mißbrauchen ließ; ich habe es vielmehr mit Verachtung gestraft. Wenn Geldmangel soviel Unheil anrichten konnte, wie meine Mutter und ich es in meiner Kindheit am eigenen Leibe erfahren hatten, wenn andererseits aber auch der Überfluß an Geld die Entwicklung meiner Spielgefährten nicht sonderlich positiv beeinflußte, dann konnte man es gewissermaßen links liegenlassen, und genau das tat ich. Der Bibelspruch, daß eher ein Kamel durch ein Nadelöhr geht, als daß ein Reicher in den Himmel kommt, war nie mein Leitsatz. Der Reichtum anderer hat mich nie gestört, und ich glaube aufrichtig, daß Neid auf den Wohlstand anderer Menschen niemals in meinem Leben auch nur eine geringe Rolle gespielt hat.

Mein Desinteresse am Geld schränkte mich in mancher Hinsicht stark ein und war gewiß keine gute Vorbereitung auf das Leben, das ich eines Tages dank meines glücklichen Schicksals führen konnte. Meine Frau sagt: »Du lebst, als ob die Preise auf dem Niveau von 1934 stehengeblieben wären«, und sie hat recht. Ich erinnere mich, daß Frescoln, Talbott, Vitarelli und ich des öfteren in Rees' Wagen nach Philadelphia fuhren und dort ein üppiges italienisches Mittagessen mit fünf Gängen – Antipasto, Suppe, Pasta, Fleischgericht und Dessert – für fünfunddreißig Cent bekamen und dabei insgesamt zwanzig Cent Trinkgeld zahlten. Unglücklicherweise orientiert sich meine Vorstellung von soliden Preisen bis heute an solchen Beispielen. Wenn meine Frau mir für 14,50 Dollar ein Paar gewöhnliche Sockenhalter kauft, die früher gerade mal fünfzig Cent kosteten, dann habe ich das Gefühl, die Welt sei auf dem besten Wege, verrückt zu werden. Meine Frau weist mich dann darauf hin, daß ein Roman, der damals 1,50 Dollar kostete, heute für 22,75 Dollar verkauft wird, worauf ich nach einer raschen Überschlagsrechnung erwidere: »Der Sockenhalterpreis ist aber doppelt so schnell gestiegen wie der Bücherpreis.« Doch entweder traut Mari meinen Zahlen nicht, oder der Vergleich läßt sie einfach unbeeindruckt.

Mein Leben als ziemlich wohlhabender und begüterter Schriftsteller ist das genaue Gegenteil jener Existenz, welche George Gissings armselige Protagonisten in *Zeilengeld* führen mußten. In beiden Fällen liegt eine Abweichung von normalen Lebensverhältnissen vor. Die gelegentlich vorgebrachte Behauptung, der Schaden der Überfülle lasse sich mit den Nachteilen des Mangels vergleichen, ist allerdings schlicht und einfach Unsinn. Wenn ich mir die vielen, vielen Schriftsteller ansehe, deren Leben durch das kleine Jahresgehalt, von dem Gissing einst träumte, enorm bereichert werden könnte, dann schließe ich daraus, daß ihre kollektive Armut um ein Vielfaches größer und bedauerlicher ist als der Schaden, den hin und wieder ein amerikanischer Autor erleidet, der durch unerwarteten

Wohlstand von seinen ästhetischen und moralischen Fundamenten losgerissen wird.

Ich muß nun einige persönliche Erfahrungen wiedergeben, durch die ich das Verhältnis zwischen Künstler und Geld begreifen lernte. Eines Vormittags rief mich Bennett Cerf aus seinem Büro bei Random House an. Es ging um eine Frau, die ich hier Madame Xenia nennen will.

»Jim, wir haben ein Problem. Madame Xenia sitzt bei mir im Büro.« Ich sah die angespannte Ehefrau eines liebenswerten, mir aber nur flüchtig bekannten Künstlers (Schriftstellers? Musikers? Malers?) vor mir. »Sie ist ganz verzweifelt und klagt darüber, wie ungerecht es ist, daß Sie so viel Geld mit Ihren Büchern verdienen, während ihr Mann ums Überleben kämpfen muß. Wenn Sie ihr nicht sofort fünfhundert Dollar geben, bringen sie und ihr Mann sich um, sagt sie. Und sie wollen Abschiedsbriefe hinterlassen, in denen Ihnen und Random House die Schuld daran zugeschoben wird.«

Ich schauderte. Die Selbstmorddrohung eines normalen Menschen mag man bisweilen auf die leichte Schulter nehmen, doch wenn die überempfindliche Madame Xenia und ihr psychisch labiler Mann so etwas sagten, war es ernst gemeint. Im Hintergrund hörte ich Bennetts kluge, trostreiche Stimme: »So entspannen Sie sich doch, Madame! Wir kümmern uns um Ihren Mann. Jim Michener sagte gerade, er gibt Ihnen zweihundertfünfzig, und ich tu's auch.« Auf diese Weise wurde der Skandal vermieden.

Noch bei drei weiteren Gelegenheiten haben mir Künstler verschiedener Sparten gesagt, sie wollten sich umbringen, wenn ich ihnen nicht sofort unter die Arme griffe. An die zwanzig baten mich verschieden hohe Beträge, um ihnen aus einer Verlegenheit zu helfen. Manchmal war es nur ein Fünfziger; öfter ging es um Summen von mehreren tausend Dollar. Ich habe niemandem meine Unterstützung versagt, weil ich mich noch sehr gut daran erinnern konnte, was es bedeutet, kein Geld zu haben. Ich finde es allerdings merkwürdig, daß nicht einer dieser Bittsteller den Kredit zurückgezahlt hat, obwohl einige von ihnen später recht erfolgreich waren.

Ich mag es nicht, wenn mir wohlmeinende Bekannte Vorträge über Künstler und Geld halten und dabei ex cathedra verkünden, der wahre Künstler sorge sich nicht ums Geld, weil es für ihn angeblich unwichtig ist. Es ist verdammt wichtig, und manchmal geht es, wie die Fälle Chatterton, Gissing und Madame Xenia zeigen, sogar um Leben oder Tod.

Aus dem Gesagten könnte man schließen, ich sei der Meinung, daß Tim Jones mit seinem phantastischen Einkommen aus einem einzigen Buch grob überbezahlt sei. Aber das wäre voreilig. Ich denke hier in zwei Kategorien, der wirtschaftlichen und der moralischen. Was die wirtschaftliche Seite betrifft, bin ich stark beeinflußt von einer Studie, die vor einigen Jahren von Wirtschaftswissenschaftlern des Brookings Institute erstellt wurde. Die Forscher untersuchten die berüchtigten Gehälter von sportlichen Superstars wie dem Basketball-Zauberer Kareem Abdul Jabbar aus rein geschäftlicher Sicht. Sie verließen sich nicht auf vorgefaßte Meinungen, sondern auf beglaubigte Statistiken der Einnahmen, und fanden dabei heraus, daß Superstars nicht nur jeden Dollar, den man ihnen zahlt, wieder hereinbrachten, sondern daß sie selbst dann noch für ihre Besitzer profitabel gewesen wären, wenn man ihnen das Zwei- oder Dreifache gezahlt hätte.

Im Verlagswesen gilt das gleiche. Werfen wir noch einmal einen Blick auf die Verkaufszahlen des sensationellen Bestsellers von Tim Jones. Sein Verlag, Galaxy Hall, verkaufte von seinem Buch drei riesige Auflagen – insgesamt 920 000 Exemplare zu einem Listenpreis von 17,50 Dollar pro Stück. Doch da der Verlag dem Buchhandel einen Rabatt von ca. vierzig Prozent gewährt, behält Galaxy Hall nur sechzig Prozent der Einnahmen, in diesem Fall die enorme Summe von 9 660 000,- Dollar, von denen Tim 2 415 000,- Dollar erhält. Damit fällt er in die gleiche

Kategorie wie Kareem: Theoretisch könnte man seine Honorare verdoppeln. Die sogenannten Superstars der Schreibzunft sind nicht über-, sondern unterbezahlt.

Ganz so einfach ist es natürlich nicht. Für alle Beteiligten – Schriftsteller, Verleger, Leser und Nation – ist es gut, wenn Galaxy Hall nicht nur im Geschäft bleibt, sondern sich auch eine starke finanzielle Basis schafft. Mit den großen Einnahmen aus Bestsellererfolgen müssen jene guten Bücher bezahlt werden, von denen man keine Profite, ja nicht einmal Kostendeckung erwarten kann. Für junge Schriftsteller am Beginn ihrer Laufbahn war ich ein Glücksfall, da die Einnahmen aus meinen Büchern, die ich *nicht* erhielt, von Random House in die Karrieren junger Autoren investiert wurden, die sich erst noch durchsetzen mußten. So soll es auch sein, und solange der Verlag die Überschüsse aus dem Verkauf meiner Bücher jungen Schriftstellern zukommen läßt, die das Geld nötiger haben als ich, will ich keine höheren Honorare.

Durch Veränderungen im Verlagswesen ist in jüngster Zeit allerdings die Balance zwischen den Zahlungen für erfolgreiche Schriftsteller und den Investitionen für Nachwuchsautoren aus dem Gleichgewicht geraten. Ich meine – und ich spreche hier noch immer aus rein ökonomischer Sicht –, daß die Verlage zu wenig an den Schutz ihrer langfristigen Interessen denken, wenn sie den Erfolg heutiger Spitzenautoren über alles stellen und die Förderung guter Schriftsteller von morgen vernachlässigen.

Die Prioritäten stimmen nicht mehr, und ich weiß nicht, wie man sie wieder ins Lot bringen soll. Ich glaube nicht, daß man von einem erfolgreichen Schriftsteller verlangen kann, das Schreiben einzustellen, um für respektable Nachwuchskräfte Platz zu schaffen. Auch können wir weder von den Buchhändlern noch von den Buchgemeinschaften verlangen, daß sie jene Autoren, von denen sie wissen, daß sie bei ihren Kunden beliebt sind, mit einem Embargo belegen. In gesunden Wirtschaftsunternehmen dient der Markt als Regulator für Veränderungen; wahrscheinlich sollte man ihm das auch im Verlagswesen gestatten.

In keiner meiner Reflexionen über die Schriftstellerei habe ich jemals Zeit darauf verschwendet, auf Pornographie und die übliche Trivialliteratur einzugehen, obwohl beides gut verkäuflich ist. Ich glaube, daß gute Schriftsteller mit diesen Sujets nicht konkurrieren. Es ist kaum vorstellbar, daß Thomas Berger oder Robert Coover je auch nur einziges Buch an diejenigen verkauft hätten, die diesen Schund lesen – und zwar nicht einmal dann, wenn es ihn gar nicht gäbe.

Ich lasse mich in diesen Dingen von einem bezeichnenden Erlebnis aus dem Jahr 1929 leiten, als ich mich erstmals für die zeitgenössische amerikanische Literatur zu interessieren begann; zuvor hatte ich mich auf Autoren wie Balzac, Dickens und Flaubert konzentriert. Doch in jenem Jahr schlug ein Buch wie eine Bombe in der amerikanischen Literaturszene ein. Es stammte aus der Feder eines ehemaligen Vaudeville-Komödianten mit einem magischen Gefühl für die humorvolle Wendung. Chick Sales *The Specialist* waren die zwerchfellerschütternden, scheinbar ernstgemeinten Erinnerungen eines imaginären Zimmermanns irgendwo im tiefen Süden, der sein Leben damit verbrachte, draußen auf dem Land Toilettengruben auszuheben und darüber die entsprechenden Häuschen zu errichten. Über die Jahre hatte sich dieser Mann einen wahren Schatz an handfesten Weisheiten über sein Gewerbe angeeignet, die sich in dem immer wiederkehrenden Motto *Dig 'em deep and dig 'em wide* (›Grab sie tief und grab sie breit‹) zusammenfassen ließen.

Wie Tausende von anderen Lesern in jenem Jahr mußte ich über seine gepfefferten Ratschläge herzlich lachen. Nach zwei Dritteln des Textes, just an der Stelle, da ich mir bei der Lektüre dieses Meisterwerks sagte: »Also, ewig kann er diese Masche ja auch nicht weiterstricken!«, vertiefte sich der Autor in eine hochphilosophische Diskussion über die Frage, ob er in die Tür des fertiggestellten Häuschens einen Stern oder die Sichel des aufgehenden Mondes einschnitzen sollte. Die Begründung, mit der erst die eine und dann die andere Lösung rechtfertigte, war wirklich zum Brüllen komisch. Das Buch war ein ungeheurer Erfolg.

Hat nun *The Specialist* in irgendeiner Weise die Chancen seriöser Schriftsteller jener Zeit beeinträchtigt oder sonstwie beeinflußt? Hemingway veröffentlichte damals seine ersten Erzählungen; Edith Wharton und Susan Glaspell befanden sich auf dem Höhepunkt ihres Ruhms; Scott Fitzgerald und Theodore Dreiser setzten ihre Arbeit fort. Ich bezweifle, daß sie auch nur einen flüchtigen Gedanken darauf verschwendeten, daß Chic Sale wesentlich mehr Bücher verkaufte als sie, genauso wie ich heutzutage bezweifle, daß Saul Bellow und Joyce Carol Oates darüber jammern, daß das jüngste heiße Werk der Sex- und Katastrophenprosa höhere Verkaufszahlen erzielt als ihre eigenen, seriösen Bücher.\* Bücher wie *The Specialist* sind irrelevant. Wir müssen einfach davon ausgehen, daß es in jedem Jahrhundert eine ganze Reihe von wertlosen Büchern geben wird, die die Nation im Sturm erobern, ohne abträgliche Folgen zu zeitigen. Bücher dieser Art wirken sich auf den Verkauf guter Bücher nicht negativ aus, weil sie nicht denselben Markt besetzen; sie scheinen anderen Schriftstellern nicht zu helfen, doch da sie den Buchhandlungen helfen, unterstützen sie indirekt auch die Autoren.

Doch halt! Ich darf nichts sagen, was als Verunglimpfung Chic Sales ausgelegt werden könnte, denn schließlich ist ihm etwas gelungen, was mir selber nie vergönnt sein wird. In der letzten Ausgabe des *Random House Dictionary* findet sich folgender Eintrag:

> Chic Sale: *humorv.* – einzelnstehendes Toilettenhäuschen nach dem Künstlernamen des amerikanischen Schauspielers und Autors des Buches *The Specialist*, einer humorvollen Abhandlung über den Bau von Toilettenhäuschen

---

\* Auf Seite 560 haben wir allerdings gesehen, daß Kenneth Roberts sich sehr darüber beklagte, daß *The Specialist* seit vierzig Wochen an der Spitze der Bestsellerliste stand, während seine eigenen Werke nicht reüssierten.

Er ging als echtes Hauptwort in den Wortschatz der englischen Sprache ein! Das schafften seine Zeitgenossen Edith Wharton und Theodore Dreiser nicht.

Für sehr viel gravierender als die Konkurrenz der schlechten oder wertlosen Büchern halte ich den Strukturwandel im amerikanischen Verlagswesen. Immer mehr Konzerne ohne historisch gewachsenes Interesse an Büchern und gewiß ohne jede Erfahrung in der geduldigen Förderung junger Autoren machen sich breit, schlucken traditionsreiche Verlage und verändern den Charakter der verlegerischen Tätigkeit grundlegend. Die ausschließlich profitorientierten neuen Eigentümer pfuschen ein wenig an ihrem neuen Spielzeug herum und zwingen die alten Besitzer zu einer Reihe falscher Entscheidungen, um am Ende nur allzuoft festzustellen, daß die acht Prozent Rendite auf Kapitalinvestitionen im Verlagswesen betrüblich niedriger sind als die fünfunddreißig Prozent, die in anderen Zweigen ihres Firmenimperiums winken. Enttäuscht und manchmal regelrecht angewidert, wollen sie den Verlag wieder loswerden. Man hat eben auf das falsche Pferd gesetzt. Das ursprünglich solide Haus gerät dann schwer angeschlagen in die Fänge des nächsten Konzerns, der zur Führung eines Verlages auch nicht besser geeignet ist als der erste.

Ich mußte zwei schauderhafte Erfahrungen mit dieser Besudelung einer ehemals noblen Profession machen. Als Bennett Cerf und sein langjähriger Partner Donald Klopfer, beides Gentleman-Verleger und hochintegre Persönlichkeiten, wegen Erbschaftsproblemen glaubten, Random House durch den Verkauf an einen Konzern in eine Aktiengesellschaft umwandeln zu müssen, beklagte ich mich darüber, daß ich künftig von einem Firmenkonsortium ohne Interesse an Büchern betreut würde. »Was passiert, wenn mein nächstes Manuskript der Frau des Vorstandsvorsitzenden nicht gefällt?« fragte ich. Bennett beruhigte mich und sagte: »*Ihre* Bücher mag sie bestimmt.« Jahre später wurde Random House von besagtem Konsortium wieder abgestoßen und im ganzen Land wie ein gebrauchter Teppich feilgeboten. Als man endlich einen Interessenten gefunden zu haben glaubte und der Name gerüchteweise bekannt wurde, stellte sich heraus, daß der Käufer nicht die geringste Eignung zur Führung eines Verlages mit sich brachte. Ich begann schon, unter Kollegen für einen gemeinsamen Abschied von Random House zu werben, falls es tatsächlich zu diesem Verkauf kommen sollte, und glücklicherweise erkannte der Interessent daraufhin, daß ein Verlag ohne Autoren kein sehr attraktives Objekt war. Erst als die Gebrüder Newhouse, deren Familiengeschichte Interesse an Zeitschriften und Büchern verriet, einstiegen und Random kauften, konnten meine Kollegen und ich wieder aufatmen.

Eine unausweichliche Konsequenz solcher Verkäufe und Wiederverkäufe großer amerikanischer Verlage besteht darin, daß den Büchern immer weniger Aufmerksamkeit zuteil wird und den Profiten immer mehr. Für Schriftsteller wie mich, die einiges vorweisen können, ist das gar nicht schlecht. Wollten wir unsere alten Grundsätze aufgeben, so könnten wir unsere Dienste auf grandiosen Versteigerungsschlachten an den Meistbietenden verkaufen und noch mehr verdienen als ohnehin schon. Im Endeffekt würden wir damit alle zugrunde richten, vor allem aber uns selbst. Von jenem Tag an, da ich an der Fifth Avenue in den Bus stieg, um mir einen Verlag für mein zweites Buch zu suchen, habe ich mit keinem anderen Verleger mehr gesprochen, und solange meine Partnerschaft mit Random House so angenehm funktioniert, habe ich das auch nicht vor. Es wäre undenkbar.\* Autoren, die von einem Verleger zum anderen wechseln, habe ich nie benei-

---

\* Der Verlag Lippincott in Philadelphia bat mich um Erlaubnis, eine kleine Abhandlung von mir publizieren zu dürfen, die sich hauptsächlich um Philadelphia dreht. Ich stimmte gerne zu, denn ich konnte mir nicht vorstellen, daß Random daran interessiert gewesen wäre. Für Macmillan schrieb ich anläßlich einer Jubiläumsausgabe eine lange Besprechung von Margaret Mitchells *Vom Winde verweht*, und es ist noch nicht lange her, da wurde ich von Scribner gebeten, zu einem lange Zeit vergessenen Manuskript von Hemingway, das nun veröffentlicht werden sollte, ein Vorwort zu schreiben, was ich dann voller Stolz auch tat. Außerdem habe ich mehrere kleine Bücher in anderen Verlagen veröffentlicht.

det, denn ich wüßte nicht, daß sie davon viel gehabt hätten. Wie ich höre, bekommen sie bei einem Wechsel manchmal sehr hohe Vorschüsse, doch ihrer Karriere tut die Herumspringerei selten gut; viel öfter geschieht es, daß sie sich verschlechtern.

Wenn etablierte Schriftsteller von den großen Summen profitieren, die die neuen Konzernherren ins Verlagswesen pumpen – wer steht dann auf der Verliererseite? Alle anderen, fürchte ich, vor allem aber die Nachwuchsautoren. Ihre Betreuung ist für die ausgekochten Manager unserer Tage nichts weiter als Zeitverschwendung, die sie sich nicht leisten können. In den meisten Verlagen werden heute unaufgefordert eingesandte Manuskripte – und mein unter einem Pseudonym eingereichter Pulitzerpreis-Erstling war damals ein solches – nicht einmal mehr gelesen, weil man vollkommen darauf fixiert ist, etablierte Schriftsteller, von denen man glaubt, sie könnten nun endlich den ganz großen Erfolg landen, von anderen Verlagen abzuwerben. Es ist leichter und billiger, einen Schriftsteller zu kaufen als einen aufzubauen. Ich frage mich oft, was solche Verleger und Lektoren sich eigentlich denken. Arrivierte Schriftstellerinnen und Schriftsteller wie Toni Morrison und Saul Bellow werden jedes Jahr ein Jahr älter. Sie werden nicht ewig verfügbar sein. Wenn unser gegenwärtiges Verlagssystem nicht dahingehend umstrukturiert wird, daß Nachwuchsautoren wieder über die schwierigen, unproduktiven Aufbaujahre hinweggeholfen werden kann – wo sollen die neuen Norman Mailers und Gore Vidals dann herkommen?

Freunde haben mich immer gewarnt, daß ich mit meiner Indifferenz in geschäftlichen Dingen eines Tages Probleme bekommen würde. Sie hatten recht: Es kam zur Katastrophe, und die Schuld lag weitgehend bei mir. Ein paar Leute, mit denen ich bei einem Fernsehprojekt eng zusammengearbeitet hatte, kamen auf die Idee, einige unserer – letztlich erfolglosen – Drehbücher als Buch herauszugeben, und baten mich um die Genehmigung, meinen Namen verwenden zu dürfen. Da ich an dem Filmprojekt beteiligt gewesen war – ich hatte zwar nicht die Vorlage, wohl aber das Filmscript geschrieben –, stimmte ich zu.

Die Gruppe stürzte sich auf die Genehmigung und wurde sofort aktiv. Man schusterte ein Mischmasch aus den verschiedensten Themen zusammen, das außer ein paar Auszügen aus früheren Texten – für deren Abdruck sie die Genehmigung des Verlags eingeholt hatten – kein einziges Wort von mir erhielt. Mit Hilfe geschickter Lektoren entstand auf diese Weise ein Manuskript, das sich las, als stammte es tatsächlich von mir. Um die Sache noch einladender zu gestalten, produzierten sie ein Vorwort, mit dem ich nichts zu tun hatte, erschlichen sich mit einer List meine Unterschrift und setzten diese in Faksimile unter das gefälschte Vorwort. Die Öffentlichkeit, die dieses mit einem knallig bunten Schutzumschlag versehene Machwerk vorgesetzt bekam, wurde nach Strich und Faden hinters Licht geführt. Ich bekam zufällig mit, wie sich die Herausgeber brüsteten: »Der Agent meint, daß alles von Michener automatisch zum Bestseller wird. Wir werden waggonweise Geld scheffeln.«

Als ich das Buch *James A. Michener's U.S.A.* zum erstenmal zu Gesicht bekam, war ich entsetzt. Es war ein Schwindel von A bis Z, ein vollendetes Täuschungsmanöver, eine Fälschung, ein Triumph verlegerischer Taschenspielerei, ein bodenlos zynischer Werbetrick – doch ich konnte nichts tun, um dem Treiben Einhalt zu gebieten, es sei denn, ich wäre vor Gericht gezogen und hätte einen öffentlichen Skandal angezettelt. Dies aber wollte ich nicht tun, denn man hatte mir beigebracht, die Gerichte tunlichst zu vermeiden. Um so mehr freute es mich, als sich nach einer Weile herausstellte, daß der Verlag auf dem Großteil der Riesenauflage sitzen blieb, die er in Erwartung des schnellen Geldes hatte drucken lassen.

In den nachfolgenden Jahren habe ich oft von den zum Teil genialen Tricks gehört, mit der man die vielen tausend unverkauften Exemplare doch noch unter die Leute bringen wollte. Obwohl mich diese Methoden anwiderten und ich erfolglos versucht habe, sie zu unterbinden, hat mich ihr Einfallsreichtum doch erstaunt. Ungefähr einmal pro Monat werde ich von einem Leser gebeten, das Machwerk zu signieren. Normalerweise lehne ich das ab, aber wenn die betreffende Person dann sagt: »Ich besitze alle Ihre Bücher und sammle alles, was Sie geschrieben haben«, signiere ich es doch – *Not by James A. Michener* – und erkläre den Schwindel. Eine Frau brachte die Sache auf den Punkt: »Nun, dadurch wird das Buch ja zum Sammelobjekt...« Und das geschieht gerade so oft, daß ich immer wieder an meine Schande erinnert werde.

Mir ist klar, daß viel von dem, was ich auf den vorangegangenen Seiten gesagt habe, nach verbalen Krokodilstränen klingen muß: »Er kassiert die Honorare und jammert über die Ungerechtigkeit des ganzen Systems, unternimmt aber nichts, um diesen Zustand zu ändern.« Ich habe diesen Vorwurf oft gehört und muß ihn jetzt widerlegen. Mein Verhalten im Fall unserer Kunstsammlung ist dafür typisch.

Als absehbar war, daß ich mit meiner schriftstellerischen Tätigkeit viel Geld verdienen würde, trafen meine Frau und ich folgenden Entschluß: Da wir unser Einkommen aus der Kunst beziehen, werden wir jedes Jahr im April, wenn die Steuern gezahlt sind, den Überschuß wieder in die Kunst stecken. Zunächst konzentrierte ich mich auf das exotische und relativ wenig bekannte Gebiet der japanischen Holzschnitte, wurde ein viertklassiger Experte, suchte den Rat der großen Wissenschaftler und Museumskuratoren und veröffentlichte fünf Bücher darüber. Erst als ich das Gefühl hatte, mich einigermaßen auszukennen, begannen wir zu sammeln und erwarben in einer Zeit, in der die Preise noch niedrig und die Drucke noch nicht so begehrt waren, an die sechstausend sehr schöne Blätter. Da wir nie die Absicht hatten, solche Schätze bei uns zu behalten, überließen wir sie als Dauerleihgabe der Academy of Arts in Honolulu, wo die Öffentlichkeit sich an ihnen erbauen kann.

Uns war klar, daß wir nie echte Tizians oder Rembrandts würden sammeln können, und so entschieden wir uns bald für die moderne amerikanische Malerei, beginnend mit meinem Geburtsjahr 1907. Auch diesmal arbeitete ich mich zunächst methodisch in das Thema ein und analysierte sorgfältig an die sechzig wissenschaftliche Werke, so daß ich am Ende über die amerikanische Malerei des zwanzigsten Jahrhunderts so gut Bescheid wußte, wie es für einen Amateur gerade noch möglich ist. Ich wußte jetzt, welche Maler von den Experten für die großen Meister gehalten wurden, konnte aber auch sagen, und das war mir noch wichtiger, welche Künstler mich persönlich ansprachen. Zusammen mit meiner Frau, die eine Affinität zur fortgeschrittensten Avantgarde der modernen Schulen hat, setzte ich meine Buchhonorare in Bilder um, ohne viel Lärm darum zu machen. Im Laufe der Jahre kamen an die vierhundert Gemälde zusammen, darunter nicht die extrem teuren wie etwa von Jackson Pollock und Willem de Koning, aber doch sehr schöne Werke von den meisten ihrer renommierten Zeitgenossen. Auch diese Bilder hatten wir nicht für uns allein gesammelt. Wir stellten sie als Leihgabe der Universität von Texas in Austin zur Verfügung, wo sie Kunststudenten zugänglich sind.

Was dann geschah, verblüffte uns sehr. Da wir uns immer um die besten Stücke bemüht hatten, war uns zwar bewußt, daß wir einige recht schöne Werke besaßen, doch hatten wir uns jahrelang nicht mehr um deren aktuellen Marktwert gekümmert. Mitte der achtziger Jahre erfuhren wir dann, daß plötzlich die Preise explodiert waren. Meine Aufsätze über die japanischen Holzschnitte hatten zu dem neu geweckten Interesse beigetragen. Für einzelne Blätter, die uns vielleicht fünfhundert Dollar gekostet hatten, wurden auf einmal bis zu zweihunderttausend Dollar gezahlt. Käufer waren japanische Geschäftsleute, die den Markt erst spät entdeckt hatten und nun versuchten, die nationalen Kunstschätze ihres Landes zurückzuerwerben. Eine vollständige Serie von Hokusai oder Hiroshige konnte eine Million einbringen.

Weniger spektakulär, aber nicht minder überraschend waren, ohne daß wir darauf geachtet hätten, auch die Preise unserer amerikanischen Gemälde hochgeschnellt. Was wir aus intellektuellem und künstlerischem Interesse zusammengetragen hatten, war im Laufe der Zeit zu einem kleinen Vermögen angewachsen. Und daraus ergab sich ein Problem, denn weder hatten wir uns je aus Profitgründen als Kunstsammler betätigt, noch konnten wir bei meiner Einstellung zum Geld eine Belohnung akzeptieren, die wir nicht verdient hatten.

Wir überlegten uns, welche Alternativen uns blieben und kamen ziemlich schnell zu dem Schluß, daß es für uns nur eine verantwortungsbewußte Vorgehensweise gab. Sie bestand darin, die Kunstwerke der Öffentlichkeit zu überlassen, die sie ja durch den Kauf meiner Bücher in gewisser Weise bezahlt hatte. Die japanischen Holzschnitte kamen nach Hawaii, die amerikanischen Gemälde nach Texas, also jeweils in Länder, über die ich ein Buch geschrieben hatte.

Ich habe keine großen Gewissensbisse, keine Schuldgefühle wegen des Geldes, das ich verdiene. Für jeden Dollar, den ich erhalte, habe ich Arbeit geleistet. Ich weigere mich, ohne Bezahlung zu schreiben, und gebe allen jungen Schriftstellern, die mich fragen, den Rat: »Achten Sie auf Ihre finanzielle Sicherheit!« Ich meine damit nicht: »Schreiben Sie für Geld!« – ein Versuch, der meist danebengeht –, sondern ich bin der Auffassung, daß der angehende Schriftsteller Vorsorge für sich selber treffen sollte. Viele werden sich daran erinnern, daß ich ihnen folgende Fragen gestellt habe: »Wie halten Sie es mit dem Geld? Werden Ihre Eltern Sie in den ersten schweren Jahren unterstützen? Ist Ihre Frau (Ihr Mann) bereit, arbeiten zu gehen?« Das Leben hat mich die alles überragende Bedeutung des *Überlebens* gelehrt, und ich bin ewig dankbar dafür, daß mir infolge eines glücklichen Schicksals eine Kümmerexistenz erspart blieb, wie die zum Untergang verdammten Romanfiguren George Gissings sie führten.

Auf der anderen Seite habe ich ein starkes liberales Gewissen, und mir kommen moralische Bedenken, wenn ich die jüngsten Entwicklungen in der amerikanischen Politik verfolge: Die Reichen werden mit Steuervorteilen überschüttet, und den Armen wird selbst das Allernotwendigste genommen. Ich weiß, daß mir die Gewinne, die mir auf diese unmoralische Weise zusätzlich in den Schoß fallen, nicht zustehen, und spüre, daß ich mich ihrer entledigen muß, damit sie mich nicht besudeln. Getrieben von dieser merkwürdigen Mischung aus Pragmatismus und Idealismus, habe ich mich an die beiden Heiligen gehalten, deren Grundsätze mir als Richtschnur fürs Leben dienten: an Paulus, der predigte: »Bleibt lauter! Bleibt rein!« und an Johannes, der sagte: »Nicht auf die Worte, sondern auf die Taten kommt es an.« Unterstützt von meiner Frau, die meine Haltung teilt, habe ich folgende Entscheidungen getroffen:

Weil junge amerikanische Schriftsteller am Beginn ihrer Karriere heutzutage mit neuartigen Schwierigkeiten konfrontiert sind, haben wir die Honorare aus sieben meiner Bücher den Fakultäten für kreatives Schreiben dreier verschiedener Universitäten überlassen, die damit Stipendien für angehende Schriftsteller finanzieren sollen.

Weil amerikanische Lyriker in dieser Zeit nur schwer Gehör finden, stifteten wir die Honorare aus einem weiteren Buch für Programme, mit denen die Publikation ihrer Werke hier und in Europa gefördert werden soll.

Weil wir aus Ländern, in denen wir lange und intensiv gearbeitet haben, die Honorare nicht abziehen wollen, überließen wir alle Honorare aus in Kanada und Polen publizierten Büchern Förderprogrammen für junge Autoren in diesen Ländern.

Weil wir intelligente junge Leute dazu ermuntern wollen, Verlagsberufe zu ergreifen, stifteten wir die Honorare aus einem weiteren Buch für Praktika in einem Universitätsverlag, wo die Geförderten sich auf die verschiedenen Fertigkeiten konzentrieren, die bei der Herstellung von Büchern erforderlich sind.

Weil wir an die Beiträge denken, die unsere Kollegen in verwandten Berufen an den Schauplätzen unserer Bücher leisteten, haben wir Stipendien für die Kinder von Kriegsberichterstattern und Weltraumexperten finanziell gefördert.

Und weil wir immer wieder von älteren Schriftstellern hören, die in Not geraten sind, haben wir die Honorare aus einem weiteren Buch einem Verein überlassen, dessen großherzige Mitglieder sich persönlich um solche Kollegen kümmern.

So teilen wir unsere Honorare sowohl mit jüngeren Schriftstellern, um ihnen den Einstieg ins Berufsleben zu erleichtern, als auch mit älteren, damit sie in Würde ihren Lebensabend verbringen können.

Als Präsident Reagan und seine Frau vor einigen Jahren Bürger auszeichnen wollten, die sich persönlich um die Förderung der Künste und Geisteswissenschaften verdient gemacht hatten, stießen sie bei ihren Nachforschungen auch auf mich. Ich weiß nicht, wie ich ausgewählt wurde, doch als sich die Gruppe – sie bestand überwiegend aus Konzernvertretern – im Weißen Haus versammelte, verrieten Mitarbeiter des Präsidenten, daß meine Frau und ich ihren Recherchen zufolge insgesamt acht Millionen Dollar für diverse literarische Projekte gespendet hatten. Da wir uns erst danach der unerwarteten Zugewinne aus unserer Kunstsammlung entledigten, ist diese Summe inzwischen noch erheblich gewachsen. Natürlich fällt bei meinem Tod die gesetzlich festgeschriebene Hälfte dessen, was übrigbleibt, meiner Frau zu; der Rest aber wird Universitäten und Colleges überschrieben. Natürlich wird ihr Anteil, wenn sie gestorben ist, in vergleichbarer Weise verteilt, doch welche Institutionen davon profitieren werden, verrät sie mir nicht.

Durch Ereignisse, die wie eine Verkettung glücklicher Zufälle erscheinen, werde ich mit meiner Schriftstellerei eine Menge Geld verdient und alles wieder ausgegeben haben. Angesichts meiner Herkunft konnte ich nicht anders handeln.

Kapitel XIV
-----------
Bedeutungen

Ein junger Mann, der – wie ich – sein Leben lang keine Geburtsurkunde besessen hat, weil offenbar niemand weiß, wo und wann er auf die Welt kam und wer seine Eltern waren, kommt damit ohne weiteres über die Runden, solange er in seinem Heimatort bleibt und nichts Außergewöhnliches tut. Natürlich lassen sich hin und wieder bestimmte Peinlichkeiten nicht vermeiden – zum Beispiel wenn der gestrenge Schulrektor einen Beweis für die Einschulberechtigung verlangt und mürrisch zur Kenntnis nehmen muß, daß dieser sich einfach nicht beibringen läßt. Manchmal gerät besagter Junge auch beim Spielen oder auf Kinderfesten in Verlegenheit, wenn nach Geburtstagen und Geburtsorten gefragt wird und aller Augen sich plötzlich auf ihn richten, da er nur mit den Schultern zucken und sagen kann: »Weiß ich nicht.«

Daß ein solcher Knabe keine Vorfahren hat, weiß im Dorf natürlich bald jeder, und so wird eifrig über seine Herkunft spekuliert. Dutzende von möglichen Elternpaaren geraten in Verdacht. Großen Schaden richten solche Mutmaßungen zwar nicht an, aber der Junge gerät in eine Außenseiterrolle und spürt das auch. Auch seine Kameraden in Sonntags- und Grundschule sehen das so. Ich kann aus Erfahrung sagen, daß die psychischen Wunden ziemlich tief sein können und sich auf alle Aktivitäten auswirken, ihn aber nicht lähmen, denn er entwickelt mit der Zeit Abwehrmechanismen gegen sein Handicap. Die Wunden und Narben werden ihn überallhin und bei allem, was er tut, begleiten, aber er lernt, mit ihnen zu leben.

Wenn er dann dem Knabenalter entwächst, gerät der junge Mann zusehends in ein Geflecht sich wechselseitig bedingender Verstrickungen, die, wo sie ihm von der Gesellschaft aufgezwungen werden, völlig unvermeidlich sind. Wenn die Armee einen jungen Mann einzieht, um ihn in Übersee fürs Vaterland kämpfen zu lassen, freut sich der Oberbefehlshaber und nimmt ihn, wie er ist, Geburtsurkunde hin oder her. Stellt sich aber bei den Eignungstests heraus, daß er auf bestimmten, für die Armee relevanten Gebieten über besondere Fähigkeiten verfügt, schickt man ihn in die Offiziersausbildung. Erwidert er dann auf den Befehl, seine Geburtsurkunde vorzulegen: »Ich habe keine«, so gerät die ganze Armee in Aufruhr, weil befürchtet wird, der für künftige Offiziersaufgaben vorgesehene Mann könne ein getarnter Feind sein: »Besorgen Sie uns eine Geburtsurkunde oder sonstwas!« Und dann geht der Tanz los.

Auch wenn er den Wunsch hat, mit Auslandsreisen seinen Horizont zu erweitern und ein nützlicheres Mitglied der Gesellschaft zu werden, muß er beweisen, wer er ist und von wem er abstammt. Kann er's nicht, erhebt sich neuerlich der Verdacht, er könne ein Spion sein, den es zu irgendeinem sinistren Zweck ins Ausland zieht.

Zweimal mußte ich der Regierung beweisen, daß ich geboren war – und zwar vorzugsweise in den Vereinigten Staaten. Beim erstenmal ging es um die Fortsetzung meines Studiums in Europa, beim zweitenmal war ich gefordert, als die Navy mich zum Offizier machen wollte. Aber ich besaß keine Geburtsurkunde.

Unter solchen Umständen nimmt sich der Applikant normalerweise einen Anwalt, der durch Befragung der Nachbarn den Zeitpunkt zu ermitteln sucht, an dem das Kind zum erstenmal in der Gemeinde aufgetaucht war. Mit voller Unterstützung meiner Mutter nahm ich in beiden Fällen die Dienste des Doylestowner Rechtsanwalts John D. James in Anspruch, der anhand beeindruckender Aussagen von Grundschul- und presbyterianischen Sonntagsschullehrern sowie verschiedener anderer Zeugen umfangreiches Beweismaterial zusammentrug, aus dem hervorging, daß ich seit meinem zweiten Lebensjahr in der Stadt gelebt hatte. Dafür, daß ich schon früher dagewesen war, gab es keinen verläßlichen Beleg, doch ging man allgemein davon aus, daß ich in New York geboren und im Alter von ungefähr zwei Wochen nach Doylestown gekommen war.

Die Eltern ließen sich nicht ermitteln. Unstreitig war jedoch, daß ich schon als sehr kleines Kind im Haushalt von Mabel Michener gelebt hatte. Indes, die Regierung verlangte genaue Auskünfte über das Elternhaus, und so bastelte Anwalt James aus Gründen, die ich nie erfahren sollte, eine der verrücktesten Geschichten zusammen, die jemals aktenkundig wurde und zwangsläufig sofort auffliegen mußte, falls jemand auf die Idee kam, auch nur einen flüchtigen Blick darauf zu werfen. Unter James' Regie beeideten mehrere Zeugen, ich sei der Sohn des Edwin Michener und seiner ihm rechtmäßig angetrauten Ehefrau Mabel und habe am 3. Februar 1907 das Licht der Welt erblickt – obwohl jedermann wußte, daß Edwin bereits fünf Jahre vor meiner Geburt gestorben war. Ich nehme an, daß Kopien dieses Dokuments noch heute in den Archiven der Navy oder des Außenministeriums liegen. Was mich betrifft, so weiß ich nur, daß mir nach Vorlage dieses getürkten Dokuments ein Reisepaß ausgestellt wurde. Alle späteren amtlichen Urkunden und Dokumente enthalten dieselben Angaben.

Anwalt James, dem ich als Junge manchmal den Rasen gemäht hatte und der meine Existenz als Zweijähriger persönlich bezeugen konnte, sagte zu mir: »Für die Zeit davor ließen sich keinerlei schriftliche Unterlagen finden. Wir können der Regierung daher nicht sagen, was alle hier für richtig halten – daß Mrs. Michener dich genauso erhielt wie die anderen elternlosen Babys, die sie großzog. Soweit es sich feststellen ließ, bist du ein Waisenkind, und von daher erschien es am einfachsten, dich trotz der unstimmigen Daten zu einem Sohn von Edwin Michener zu machen. Wir mußten irgend etwas Konkretes sagen – und wir glauben, daß du mit den Papieren, die du jetzt hast, durchkommen wirst, wahrscheinlich dein Leben lang.« Er sollte recht behalten.

Mrs. Michener, in deren Hände ich – auf welche Weise auch immer – fiel, war eine jener großartigen Frauen, die eine unauslöschliche Erinnerung hinterlassen, obwohl sie ein stilles, dienendes Leben führen. Sie war das älteste von sechs Kindern eines pennsylvanischen Farmers namens Haddock, dessen Vorfahren aus England kamen, und seiner von protestantischen

Nordiren abstammenden Ehefrau, einer geborenen Turner. Schon als Teenager mußte sie für ihre fünf jüngeren Geschwister – drei Jungen und zwei Mädchen – die Mutter spielen, und sie löste diese Aufgabe mit solcher Bravour, daß die vier von ihnen, die das Erwachsenenalter erreichten, trotz der ärmlichen Verhältnisse, in denen sie lebten, grundanständige Menschen blieben. Mabel indessen opferte ihre Jugend und ihre Chancen auf eine Berufsausbildung der liebevollen Sorge für andere. Nach dem frühen Tod ihres Ehemanns, der ihr einen Sohn, Robert, hinterließ, spielte sie ihre Rolle als Universalmutter weiter, indem sie ungefähr ein Dutzend ausgesetzte oder verwaiste Kinder bei sich aufnahm. Dafür erhielt sie von einer örtlichen Wohltätigkeitsorganisation eine dürftige finanzielle Unterstützung.

Wenn ich auf meine prägenden Jahre zurückblicke, scheint mir von allergrößter Wichtigkeit zu sein, daß ich meist von netten, lärmenden, ausgelassenen Kindern umgeben war, die mit mir spielten, mich vertrimmten, sich mit mir im Dreck balgten und mich ein für allemal vor der Einbildung bewahrten, ich könne etwas Besonderes sein. Ständig wurde ich daran erinnert, daß ich Teil einer sozialen Gruppe war – einer robusten, liebevollen Großfamilie, die es ganz und gar nicht leicht hatte. Später, als Erwachsener, habe ich daher wiederholt gesagt, daß ich mich zeitlebens für die Erhaltung und Stärkung der gesellschaftlichen Organismen unserer Nation – Kirchen, Zeitungen, politische Parteien, Colleges, Familien – einsetzen werde. Ich habe große Opfer gebracht, um diese und andere gesellschaftliche Institutionen zu unterstützen, und halte meine diesbezüglichen Leistungen für meinen besten Dienst an der Gemeinschaft.

Ich habe bereits geschildert, daß ich schon in jungen Jahren durch meine diversen Jobs eine Menge über die amerikanische Art des Geldverdienens lernte und wie ich durch das Austragen von Zeitungen in den frühesten Morgenstunden einen Blick hinter die Kulissen des Kleinstadtlebens werfen konnte. Wichtiger jedoch war, glaube ich, daß ich in einem Nest voller Pflegekinder heranwuchs und dadurch schon extrem früh mit tragischen Situationen im Leben hilfloser Menschen konfrontiert wurde. Diese Erfahrung prägt einen fürs Leben. Daß sie enorm wertvoll sein kann, zeigen Leben und Werk von Schriftstellern wie Charles Dickens, Maxim Gorki und Richard Wright. Auch alles, was ich schreiben sollte, wurde dadurch beeinflußt.

Ich begriff ziemlich schnell, daß ungefähr die Hälfte der von meiner Mutter betreuten Kinder durch karitative Institutionen in den Großstädten an sie vermittelt wurden, die »in Schwierigkeiten geratenen« jungen Frauen um die Zwanzig beistanden. Obwohl ich noch zu jung war, um zu verstehen, was das für »Schwierigkeiten« waren, fiel mir doch auf, daß bei den Besuchen der jungen Frauen, die sich immer für bestimmte Kinder ganz besonders interessierten, viele Tränen flossen. Aus verschiedenen Einzelinformationen reimte ich mir allmählich eine Erklärung zusammen.

Eine Zeitlang wohnte bei uns ein entzückender kleiner Junge jüdischer Herkunft. Noch attraktiver als Harry Litwack war allerdings seine junge Mutter, die bei uns immer nur »Mrs. Litwack« genannt wurde. Wenn sie am Sonntagnachmittag Harry in die Arme schloß, strahlte sie vor Glück. Da sie wußte, daß ich mich als eine Art großer Bruder um Harry kümmerte – ich kann damals nicht älter als fünf gewesen sein –, brachte sie auch mir immer ein kleines Geschenk mit. Und da es sich dabei meist um etwas Eßbares handelte, mochte ich sie jedesmal lieber.

Niemand versuchte die Tatsache, daß Harry ihr Sohn war, zu verheimlichen, aber ich konnte mir einfach nicht erklären, warum sie nicht zusammenlebten. Doch dann, es war an einem Mittwoch, erging an alle Bewohner unseres dichtbevölkerten Hauses eine Order, die in den nächsten Tagen noch mehrmals wiederholt wurde: »Wir müssen alle darauf achten, daß Harry am Sonntag wie aus dem Ei gepellt aussieht!« Mein Spezialauftrag lautete, dafür zu sorgen, daß seine meist laufende Nase sauber blieb. Beim sonntäglichen Mittagessen herrschte eine extrem gespannte Atmosphäre im Haus, als seien wir von einer

Feuersbrunst oder einer anderen Katastrophe bedroht. Ich höre noch die Mahnung meiner Mutter: »Paß auf, daß seine Nase sauber bleibt!«

Zur üblichen Stunde, gegen vierzehn Uhr, stand Mrs. Litwack vor der Tür, und neben ihr stand ein etwa gleichaltriger, übernervöser junger Mann, den sie uns als Mr. Solomon vorstellte. Meine Mutter, den kleinen Harry am Händchen haltend, trat vor und schaffte es irgendwie, daß das Kind ein paar Schritte auf Mr. Solomon zuging, den es zuvor noch nie gesehen hatte.

Einen langen Augenblick geschah gar nichts. Mutter gab dem Kind einen sanften Schubs, und wieder herrschte für eine fast schmerzvolle Weile absolute Stille. Doch dann kam Leben in Mr. Solomon. Seine Nervosität war wie weggeblasen. Er beugte sich vor, nahm den Kleinen in die Arme und gab ihm einen Kuß. Dann hielt er Harry ein Stückchen von sich fort, um sein hübsches Gesicht zu betrachten, umarmte ihn erneut und sagte zu uns allen, die wir Zeugen der Szene waren: »Das ist ja ein Prachtkerl!«

Am Spätnachmittag kam die Stunde des Abschieds. Mrs. Litwack und Mr. Solomon nahmen Harry mit. Ich sollte ihn nie wiedersehen. In der folgenden Nacht, nachdem wir längst ins Bett gegangen waren, stand ich aus irgendeinem Grund noch einmal auf und ging in die Küche. Dort saß meine Mutter und schluchzte heftig. Sie sagte, ich hätte mich so darum bemüht, daß Harry bei Mr. Solomons Besuch einwandfrei aussah, und dankte mir dafür. Ein paar Wochen später erhielten wir ein Hochzeitsfoto von Mrs. Litwack und Mr. Solomon. Zwischen ihnen stand der kleine Harry. Obwohl inzwischen fast achtzig Jahre vergangen sind, sehe ich sie noch deutlich vor mir. Doch am besten erinnere ich mich daran, wie Mr. Solomon sich vorbeugte und Harry in die Arme nahm.

Ich könnte Dutzende solcher Geschichten erzählen – Paul, Dorothy, Virginia, Eleanor, David, Edward –, aber sie scheinen ineinander überzugehen. In meiner ein wenig unscharfen Erinnerung sehe ich viele bekümmerte Eltern, lebhafte Kinder und die unvergängliche Liebe, mit der meine Mutter jedes einzelne von ihnen überschüttete. Ich war in keiner Weise frühreif, weshalb mir wahrscheinlich einige der rührendsten Geschichten entgangen sind. Vor zwei Jahren besuchte mich Mildred, die ich besonders gern gehabt hatte. Ein Wildfang damals, war sie inzwischen eine ältere, seit vielen Jahren glücklich verheiratete Dame. »Ich wollte dir etwas erzählen, Jimmy«, sagte sie. »Du bist immer gut zu mir gewesen. Meine Mutter kam aus Südjersey und war die Tochter eines Pfarrers, der ihr nicht erlaubte, den jungen Mann, den sie liebte, zu heiraten. Als sie schwanger wurde, schickte ihr unversöhnlicher Vater sie bis zu meiner Geburt fort. Ich wurde dann auf schnellstem Wege bei Mrs. Michener abgeliefert.«

»Was geschah mit deiner Mutter?«

»Als Pfarrer war mein Großvater ein mächtiger Mann in der Gemeinde. Er sorgte dafür, daß sie in einer anderen Stadt in eine Nervenheilanstalt eingeliefert wurde. Dort blieb sie bis zu seinem Tod. Ich hatte davon keine Ahnung. Erst als ich heiratete, erzählte er mir von ihr und fragte mich, ob ich sie sehen wolle. Eddie und ich berieten uns darüber und lehnten es schließlich ab. Es lag zu lange zurück, und außerdem hatte uns jemand erzählt, daß sie nach so vielen Jahren in der Anstalt tatsächlich nicht mehr ganz klar im Kopf war. Meine eigentliche Mutter war Mrs. Michener.«

Ich war umgeben von solchen Geschichten, doch die in vielfacher Hinsicht dramatischste war meine eigene. Um dies zu verstehen, müssen Sie wissen, was für eine bedeutende und weitverbreitete Familie die Bucks-County-Micheners aus Pennsylvania waren. Auf einem ihrer sommerlichen Clantreffen, zu dem die Micheners zum Teil aus Hunderten, ja Tausenden von Meilen Entfernung anreisen, denn sie sind ein stolzer, traditionsbewußter Stamm, lernte ich einen alten Mann kennen, der mir ihre Geschichte erzählte:

»Wir haben alle zusammengelegt – es war ein hübsches Sümmchen – und Anna Shaddinger, die Lehrerin in Doylestown und von Mutterseite her eine Michener ist, erforschen lassen, wo die Familie ursprünglich herkommt. Anna hat ein wunderbares Buch geschrieben, in dem sie nachweist, daß alle Menschen in den Staaten, die diesen Namen tragen, miteinander verwandt sind. Sie kann Ihnen sogar sagen, wie. Die ersten Micheners kamen in den achtziger Jahren des 17. Jahrhunderts hier in Bucks County an, als Vertragssklaven von William Penn. Junge, Junge, das gab vielleicht einen Aufschrei, als unsere Leute das Wort *Vertragssklaven* lasen! Auch ich ging in die Luft. So etwas in einem Buch, das wir mit unserem Geld finanziert hatten! In der zweiten Auflage hieß es dann, die ersten Micheners seien ›wackere englische Freibauern‹ gewesen, aber auch damit waren wir noch nicht zufrieden. So wurden sie in der dritten Auflage zu ›vertrauten Freunden und Beratern von William Penn‹. In der vierten wird William Penn dann wahrscheinlich als Begleiter unserer Vorfahren hierher gekommen sein.«

Viel von dem, was der alte Herr sagte, war Spott, doch eines stand fest: Die frühen Micheners neigten dazu, männliche Zwillinge in die Welt zu setzen, die sich dann meist als Farmer betätigten. Bald wimmelte es in den ländlichen Gebieten von Menschen dieses Namens. Richtig ist auch, daß alle bekannten Micheners in den Vereinigten Staaten Vettern sind. Selbst in dem Jahr, in dem ich den Pulitzerpreis gewann und beim großen Familienpicknick als Ehrengast auftreten sollte, wurde mir von Roland Michener, Generalgouverneur von Kanada, und einem Paar, das aus Ceylon oder einem ähnlich exotischen Land angereist war, die Schau gestohlen.

In einer Ausgabe schreibt Anna Shaddinger etwas reumütig, daß sie allen Micheners ihren Platz in der großen Hierarchie zuweisen konnte, ausgenommen einer Familie im Gebiet von Detroit. Sie bat ihre große Familie um weiterführende Informationen, und in einer späteren Auflage wurde der Fall tatsächlich aufgeklärt: Polnische Einwanderer mit Namen Miczelowski (oder so ähnlich) hatten ihren Namen anglisiert, und dabei war Michener herausgekommen.

Zu meiner Zeit gab es Micheners zuhauf. Einmal lebte ein halbes Dutzend James Micheners in unserer Nachbarschaft, darunter mehrere mit der mittleren Initiale »A«. Über die Jahre hinweg habe ich einige James A.s kennengelernt. Am besten und mit der größten Sympathie erinnere ich mich an jenen, der sich gegen alle Regeln der Wahrscheinlichkeit in unmittelbarer Nähe meines Wohnsitzes in dem kleinen Dorf Pipersville niederließ. Die dadurch entstehende Verwirrung war so groß, daß unser örtliches Sears-Roebuck-Kaufhaus nach vergeblichen Bemühungen, uns auseinanderzuhalten, darum bat, einer von uns möge seine Kreditkarte zurückgeben. Nach einer netten Unterhaltung, bei der ich den sympathischen Namensvetter persönlich kennenlernte, waren wir uns einig, daß er seine Karte dringender benötigte als ich die meine. Sears verlor auf diese Weise einen guten Kunden.

Kuriose Probleme ergaben sich aus der Tatsache, daß seine Telefonnummer im Telefonbuch verzeichnet war und meine nicht. Wer immer im Lande also mit Jim Michener in Pipersville, Pennsylvania, telefonieren wollte, hatte keine Schwierigkeiten durchzukommen.

Der andere James A. erhielt so viele Anrufe, daß er eine Art zusätzlicher Sekretär für mich wurde. Nach einiger Zeit war er derart vertraut mit den verschiedenen Arten von Anrufen und wußte so gut über meinen jeweiligen Aufenthalt Bescheid, daß er mir eine echte Hilfe wurde. Belanglose Gespräche erledigte er im Alleingang, und über die, von denen er glaubte, sie bedürften meiner Aufmerksamkeit, informierte er mich dann am Abend telefonisch.

Einmal fuhr ich bei ihm vorbei, um mich bei ihm für die Unannehmlichkeiten zu entschuldigen, die ich ihm bereitete. Doch er schnitt mir das Wort ab: »Mir macht das Spaß, aus allen Teilen des Landes und manchmal sogar von ausländischen Zeitungen angerufen zu werden. Ich weiß nie, was auf mich zukommt, wenn das Telefon klingelt.« Ich bot James A. Michener eine Entschädigung für seinen Zeitverlust an, doch er sagte nur: »Nein, es ist mir ein Vergnügen – außer an besonderen Tagen wie Heiligabend und Silvester.«

Auf meine Frage, was an diesen Tagen los sei, erwiderte er: »Da ruft dieser katholische Pfarrer aus Scranton an, und der redet immer so lange.« Ich wußte sofort, wer damit gemeint war, und sah den netten, jovial dreinblickenden Navy-Kaplan irischer Abstammung lebhaft vor mir. Wir hatten gemeinsam im Südpazifik gedient. Er war derjenige gewesen, dem ich immer meine besonders hartnäckigen Disziplinarfälle überließ.

Ich erinnerte mich an den Fall des Lombardelli Kutz aus einer kleinen Stadt in Arkansas, der mir während meiner Zeit als Inselzensor einiges Kopfzerbrechen bereitet hatte. Der Mann war vollkommen unverbesserlich, und obwohl er fast Analphabet war, konnte er kurze Briefe an seine Frau, ein Mädchen in einer Nachbarstadt sowie ein anderes in der gleichen Gegend schreiben, die er allesamt geschwängert hatte. Als Zensor mußte ich alle Briefe aus der Kriegszone kontrollieren, hatte jedoch die strikte Order, mich um moralische Dinge nicht zu kümmern. Doch als Lombardelli, ein Typ wie ein Neandertaler, eines Tages die drei Frauen in seinen unartikulierten Briefen mit Mord und Totschlag bedrohte, mußte ich intervenieren, denn nun ging es ja um ein potentielles Verbrechen. Ich schnappte mir Lombardelli, lud ihn in meinen Jeep und brachte ihn zu dem für juristische Fragen zuständigen Offizier, der ihn entsprechend verwarnte: Postalische Drohungen dieser Art seien kriminelle Handlungen und würden mit mehrjährigen Haftstrafen geahndet. Aber der Bursche schien nicht zu kapieren, worum es ging, worauf der Jurist vorschlug, ich solle ihn zum Militärseelsorger des Stützpunkts bringen. Ich fuhr hin, wies Lombardelli an, im Wagen zu warten, und berichtete dem Pfarrer von meinem Problemkind. Der Geistliche las die Briefe und spähte zur Tür hinaus, um einen Blick auf den jungen Mann zu werfen, der sich in seinen Sitz lümmelte. Als der Pfarrer sich wieder mir zuwandte, sagte er: »Und?«

»Nun, was werden Sie mit ihm machen?«

»Nichts.«

»Hören Sie, er bedroht andere Menschen mit dem Tod. Da müssen wir doch etwas unternehmen!«

»Lieutenant Michener, in meinem Beruf lernen Sie, daß es Menschen gibt, bei denen man nichts machen kann. Er würde mich überhaupt nicht verstehen, also verschwende ich gar nicht erst meine Zeit mit ihm. Man kann nichts tun – nur beten, daß er seine Drohungen nicht wahrmacht, wenn er nach Hause kommt.«

Diese Einstellung war meiner quäkerisch-presbyterianischen Erziehung so fremd, daß ich sie nicht begreifen konnte. Wer in unseren Kreisen das Pech hatte, mit jemandem wie Lombardelli befaßt zu sein, setzte alle Hebel in Bewegung, zerbrach sich den Kopf und betete eifrig, um den jungen Mann zu retten. Doch der gute Kaplan, der schon viele solcher Leute gesehen hatte, merkte, daß hier Hopfen und Malz verloren war, und stand auf dem Standpunkt, je weniger Zeit er auf diesen hoffnungslosen Fall verschwendete, desto mehr bliebe ihm für Menschen, denen tatsächlich geholfen werden konnte.

Ich gewann den Kaplan recht lieb. Aus Dankbarkeit für den gesunden Menschenverstand, den er mir beibrachte, arrangierte ich, daß er vom U-Boot-Stützpunkt regelmäßig sein Quantum »Torpedosprit« bekam, jenen ultrareinen Alkohol, mit dem Torpedos auf ihrer tödlichen Reise angetrieben wurden. Ich habe mir oft gedacht, daß dieser sehr teure und streng bewachte Treibstoff unseren eigenen Truppen weit mehr geschadet hat als den Japanern. Mein guter Kaplan trank aber hin und wieder ganz gern ein Schlückchen, und so war ich nicht überrascht, als mir mein Namensvetter aus Pipersville erzählte: »Anscheinend geht der Pfarrer an den festlichen Abenden in die Bar und ruft dann gegen Mitternacht: ›Kenne ich nicht Jim Michener? Holt mir Jim Michener aus Pipersville an die Strippe!‹ Er erzählt mir dann von der tollen Zeit, die wir zusammen auf Espiritu Santu verbrachten, und stellt mich seinen Freunden an der Bar vor. Seine Anrufe können vierzig Minuten dauern, aber ich habe nichts dagegen, weil er immer in Festtagslaune ist und niemals merkt, daß nicht Sie es sind, mit dem er spricht.« Auf meine Frage: »Wie reagieren Sie?«, antwortete er: »Ach, ich grunze nur immer zustimmend, damit er weitererzählt.«

Die Micheners waren stets für Überraschungen gut, und obwohl ich – was jedermann wußte – kein Michener war, besuchte ich das alljährliche Familienpicknick sehr gerne; ich fühlte mich wohl unter ihnen und genoß die menschliche Wärme und Zuvorkommenheit, die sie mir entgegenbrachten.

Das war allerdings nicht immer so gewesen. In meiner frühen Jugend, als meine Mutter hart zu kämpfen hatte, um ihrer Brut die Mäuler stopfen und ihr ein Dach über dem Kopf bieten zu können, besuchten uns gelegentlich zwei hochgewachsene, asketische Damen in den Fünfzigern, die wir als »die Michener-Tanten« kannten. Sie waren Schwestern oder Kusinen von Mabels verstorbenem Mann Edwin Michener. Robert, der Sohn von Edwin und Mabel, war älter als ich und ein ausgesprochen netter Junge, ja als guter Sportler sogar ein Vorbild für mich. Ihn wollten die Michener-Tanten sehen, wenn sie uns besuchten. Sie brachten kleine Papiertüten voller Süßigkeiten mit, die ausschließlich für Robert bestimmt waren; uns anderen gaben sie mit strengen Blicken zu verstehen, daß unsere Anwesenheit unerwünscht war.

Mir gegenüber verhielten sie sich besonders schroff, und ich spürte schon in sehr jungen Jahren, wie sehr es ihnen mißfiel, daß ich den Namen Michener trug. Und nicht nur einmal, sondern immer wieder sprachen sie dies auch aus, wenn sie Robert die Bonbons in die Hand drückten: »Du bist kein Michener. Du verdienst keine.« Tief kränkte mich, was sie manchmal zu mir sagten, wenn Robert und Mabel nicht in der Nähe waren. Die beiden waren harte, lieblose Wesen wie Frank Baums böse Hexe aus dem Westen oder manche Gestalten aus Grimms Märchen. Sie verabscheuten alle Kinder, die meine Mutter bei sich aufgenommen hatte, und sahen in dem, was sie tat, eine Beschäftigung, die der Witwe ihres geheiligten Bruders unwürdig war.

Immerhin wurden die anderen Kinder, soweit ich weiß, nicht in der gleichen penetranten Weise von ihnen gepiesackt wie ich.

Die Michener-Tanten gehören zu meinen häßlichsten Kindheitserinnerungen. Durch sie erfuhr ich zum erstenmal in meinem Leben, was Haß ist. Ich habe mich oft gefragt, welchen langfristigen Einfluß sie auf mich hatten. Damals, als sie mich peinigten, empfand ich darüber weder Ärger noch Furcht, obwohl ich wütend war, daß immer nur Robert Süßigkeiten bekam und ich nie. Meine Lebensfreude nahmen sie mir gewiß nicht; mein jugendlicher Überschwang war nicht zu bremsen. Auch brachten sie mich nicht gegen die Micheners generell auf, denn die anderen Träger dieses Namens begegneten mir mit der gleichen Wärme und Freundlichkeit wie später jener James A. aus Pipersville. Ich glaube, ich ließ es nicht zu, daß die Tanten mir mit ihren bösen Worten übermäßigen Schaden zufügten, aber vielleicht bin ich nicht der Richtige, um dies zu beurteilen. Gewiß gab es in jenen frühen Jahren Einflüsse, die mich zurückhaltender und introvertierter machten als einen normalen Jungen; eine Tendenz, die sich in späteren Jahren noch verstärkte. Vielleicht läßt es sich am besten so ausdrücken: Eine dunkle Wolke zog über mich hinweg, und ich spürte es. Sie warf schwere Schatten auf eine Palette, die zuvor aus reinem Gold gewesen zu sein schien. Eine konstruktive Lehre verdanke ich den Michener-Tanten allemal: Ich wußte nun, daß meine Reise durchs Leben nicht leicht sein würde.

Bedauerlicherweise brachten die Tanten offenbar Robert gegen mich auf. Als er viele Jahre später nach Kalifornien zog, um ein dort lebendes nettes Mädchen aus Doylestown zu heiraten, schrieb ich ihm Briefe, wie sie eben ein Dreizehnjähriger an einen älteren Bruder, den er sehr bewundert, schreibt, erhielt jedoch keine Antwort von ihm. Nach dem dritten Brief gab ich es auf, und wir wechselten in den ungefähr sechzig Jahren bis zu seinem Tod kein Wort mehr und besuchten einander auch nicht.

Als ich später Schriftsteller und in unserer Region recht bekannt wurde, begann ein unbekannter Michener eine nicht unerhebliche Rolle in meinem Leben zu spielen. Vielleicht waren es auch deren zwei, ein Mann und eine Frau, obgleich ich mir unter der Person immer einen Mann vorgestellt habe, der einige Jahre älter war als ich. Am Tag, nachdem mein Name in Philadelphia erstmals in der Zeitung gestanden hatte, schickte er mir einen in dieser Stadt abgestempelten Brief:

> Sehr geehrter Herr »Michener«????
> Sie wissen nicht, wer ich bin, aber ich weiß ganz gewiß, wer Sie sind. Sie sind kein Michener und waren auch nie einer. Sie sind ein Schwindler, mißbrauchen diesen guten Namen und sollten sich dessen schämen. Früher oder später wird die Wahrheit ans Licht kommen, und Sie werden in den Augen aller anständigen Menschen bloßgestellt und blamiert sein. Warum operieren Sie nicht unter Ihrem eigenen Namen, von dem ich sicher bin, daß er Ginsburg, Cohen oder so ähnlich lautet?
> Ich beobachte Sie.
> Ein echter Michener

Von jenem Tag an verfolgte er mich mit einer wahren Briefflut. Er schrieb mir jedesmal, wenn ich etwas geleistet hatte, so unbedeutend es auch sein mochte. Seine Briefe waren nicht ungeübt und setzten in merkwürdiger Weise die Animosität der Michener-Tanten fort, denn auch er ereiferte sich über meine Präsenz in der Familie. Ich kann mir nicht vorstellen, daß ich in irgendeiner Form eine Bedrohung für ihn darstellte, und nichts von dem, was ich tat, war dem von ihm so geschätzten Namen abträglich – ganz im Gegenteil. Dennoch veranlaßte ihn jede positive Handlung meinerseits dazu, seinem Spleen nachzugeben. Seine Ratschläge, ich solle meinen ursprünglichen Namen annehmen, der sicher Berkowitz, Liebowitz oder Hoffberg laute, wiederholten sich. Und wann würde ich endlich wieder in der Bedeutungslosigkeit versinken und keine anständigen Menschen mehr beleidigen?

Als ich den Pulitzerpreis gewann, ging er buchstäblich in die Luft. Sein Brief, der auf dieses Ereignis Bezug nahm, übertraf alles bisher Dagewesene, und ich bedaure, daß ich ihn nicht aufgehoben habe (er mag noch irgendwo in meinen Unterlagen verborgen sein). Am Anfang stand der alte Vorwurf, ich sei kein echter Michener und eine Beleidigung für alle, die es wären. Dann steigerte er sich in bösartige Sentenzen wie: »Sie sollten sich eigentlich schämen, Ihre Visage in der Öffentlichkeit zu zeigen«, »Wir werden Sie ausräuchern« und »Es ist eine Schande, sich als jemand auszugeben, der man nicht ist«. Er verunglimpfte den Preis, den ich gewonnen hatte, unterstellte, daß die Juroren allesamt Juden wären, und schloß mit einem Satz, den ich so oder so ähnlich in meinem Leben immer wieder gehört habe – wenn auch nicht an mich persönlich gerichtet, so doch an Menschen, mit denen ich mich identifiziere: »Was, zum Teufel, bilden Sie sich eigentlich ein, daß Sie versuchen, was Besseres zu sein, als Sie sind?«

Die letzten neun Worte dieses Ausbruchs brannten sich in meine Seele ein, weil man ihnen immer wieder und überall begegnet. Jesse Jackson kandidiert für die Präsidentschaft – was bildet er sich eigentlich ein, daß er versucht, was Besseres zu sein, als er ist? Die englische Literatur ist voller Spott über Personen niederer Herkunft, die sich so kleiden oder so reden, als wollten sie Leute imitieren, die etwas Besseres sind als sie. In meinem Roman *Texas* erzähle ich, wie Miglieder der weißen Unterschicht befreite Sklaven niederschossen, die allein dadurch, daß sie die Bürgersteige benutzten, bereits versuchten, etwas Besseres zu sein, als ihnen zustand, und von einem cholerischen weißen Richter, der einen schwarzen Anwalt erschoß, der vor Gericht so tat, als wäre er etwas Besseres, als er tatsächlich war. Kubanische Neuankömmlinge in Miami werden verhöhnt, weil sie angeblich vornehm tun, und in vielen anderen Städten rümpft man die Nase über Einwanderer aus aller Herren Länder, weil sie versuchen, etwas Besseres zu sein, als ihnen eigentlich gebührt.

Mit zum Schlimmsten, was ich in meinem Leben gesehen habe, gehörte der Überfall einer Gang weißer Rowdys in einem kleinen Städtchen im Westen. An einem Sonntagmorgen fuhren sie mit ihrem Wagen dicht an den Bürgersteig heran und beschmierten im Vorbeifahren die frischgebügelten Kleider schwarzer Kirchgängerinnen mit einem Teerpinsel. Als ich sie zur Rede stellte – die örtliche Polizei war dazu nicht bereit –, knurrte einer der jungen Ganoven: »Was fällt diesen verdammten Niggern ein, daß sie versuchen, was Besseres zu sein, als sie sind?«

Ich habe zeitlebens versucht, etwas Besseres zu sein, als ich war, und bin ein Bruder von allen, die die gleichen Absichten haben.

Die Briefe aus Philadelphia hatten aber auch etwas Gutes: Sie flatterten an Vormittagen auf meinen Schreibtisch, an denen ich sonst vielleicht versucht gewesen wäre, die Leistung, die ich vollbracht hatte, für bedeutender zu halten, als sie tatsächlich war. Preise, Ehrendoktorwürden, öffentliche Bekanntmachungen, kleine politische Erfolge – alles wurde von meinem Beobachter in seinem nächsten Brief zurechtgestutzt: »Wir wissen, was für ein Schwindler Sie sind, und bald kommt Ihnen die ganze Welt auf die Schliche.«

Um der Versuchung zu entgehen, sich selbst für unsterblich zu halten, behielten weise Kaiser des klassischen Altertums einen Totenschädel in ihrer Nähe. Er erinnerte sie daran, daß sie, genauso wie alle anderen Menschen, eines Tages sterben mußten. *Memento mori* (»Denke an den Tod!«) hießen diese nützlichen Gegenstände. Die Briefe meines unbekannten Freundes dienten mir zu einem ähnlichen Zweck: Was immer ich auch tat – er rief mir ins Gedächtnis zurück, daß ich ein Schwindler war. Als ich 1962 für den Kongreß kandidierte, erreichte seine Kampagne einen neuen Höhepunkt: Jede Woche, ja manchmal sogar täglich, trafen Postkarten von ihm ein. Meist klebten Zeitungsartikel darauf, in denen die Demokraten verunglimpft wurden, und jedesmal machte er mir klar, daß ich seiner Meinung nach gar nicht das Recht hätte, überhaupt für ein Amt zu kandidieren. Daß meine Frau japanisch-amerikanischer Herkunft war, erbitterte ihn besonders. Mindestens einmal wöchentlich schrieb er voller Hohn und Verachtung: »Was ist denn in Sie gefahren? Wollen Sie eine Japsen-Spionin in die Hauptstadt unseres Landes einschmuggeln, oder was?« Es war das erste Mal, daß ich bedauerte, seine Adresse nicht zu haben, denn ich hätte ihn nur allzugern darauf hingewiesen, daß es im Kongreß – was er offenbar nicht wußte – längst einige Abgeordnete orientalischer Herkunft gab. Nacht für Nacht, wenn ich nach Wahlkampfeinsätzen todmüde nach Hause kam, erwarteten mich seine neuesten Ergüsse.

1976 berichteten die Zeitungen, Präsident Ford habe beschlossen, mich mit der *Presidential Medal of Freedom*, dem höchsten zivilen Orden der Nation, auszuzeichnen. Der letzte Brief meines Mentors war gepfeffert: »Immer noch unter falscher Flagge. Immer noch ein Schwindler. Immer noch versuchen Sie, was Besseres zu sein.« Alle seine Vorwürfe trafen zu. Kurze Zeit später muß er gestorben sein, denn die Briefe blieben auf einmal aus. Ich vermißte sie. Sie waren Therapeutika gewesen.

Erst mit neunzehn Jahren wurde mir schmerzlich bewußt, wie es um meine Herkunft wirklich stand. Bis dahin hatte ich glücklich vor mich hin gelebt und nur vage geahnt, daß ich anders war als meine Altersgenossen. Ich dachte mir, die mißmutigen Michener-Tanten würden schon wissen, worüber sie redeten, wenn sie knurrten, daß ich nicht zu ihrer Familie gehöre. Es machte mich nicht unglücklich, denn die Tanten boten keinen großen Anreiz, unbedingt dazugehören zu wollen. Ich wußte nie genau, wer ich war, und weder meine Mutter noch Onkel Arthur – falls sie es denn gewußt hätten – erklärten es mir. Doch Tausende von Adoptivkindern und solchen, deren nähere Geburtsumstände unklar sind, machen unweigerlich eines Tages die Erfahrung, daß irgendein wohlmeinender Erwachsener das Geheimnis lüftet, und meist geschieht das im ungünstigsten Augenblick.

In meinem Fall war es ein bildhübsches Mädchen aus einer Michener-Familie in einer anderen Stadt. Sie war in meinem Alter und besuchte eines der großen Familientreffen. An einem Donnerstagabend sagte sie zu mir in freundlichster Absicht: »Du weißt ja, daß du eigentlich gar kein Michener bist und daß die Frau, die du deine Mutter nennst, gar nicht deine richtige Mutter ist.« Im folgenden hörte ich von ihr die erste von ungefähr zwanzig Versionen über meine wahre Herkunft. Dann trollte sie sich wieder und unterhielt sich mit anderen.

Meine Welt war erschüttert, und es gab niemanden, mit dem ich darüber hätte sprechen können. Grundvoraussetzungen, mit denen ich zufrieden und glücklich gewesen war, gerieten auf einmal ins Wanken. Der folgende Freitag war einer der schlimmsten Tage meines Lebens. Ich schwänzte die Seminare im College, lief wie benebelt umher und wußte nicht mehr ein noch aus. Ja, mir war durch die Behandlung, die mir die Michener-Tanten hatten zuteil werden lassen, natürlich bekannt gewesen, daß ich nicht zu ihrer Familie gehörte. Sie hatten es mir ja eingehämmert, daß ich nicht so war wie mein Bruder Robert. Allerdings war ich in meiner Sorglosigkeit davon ausgegangen, daß mich zwar manches mit den vielen anderen Kinder verband, die vorübergehend in unserem Haus lebten, ich mich aber doch auch von ihnen abhob. Doch wenn ich kein Duplikat von Harry Litwack war – wer war ich dann? Und in welchem Verhältnis stand ich zu Mrs. Michener? Mich hätten diese Fragen zu keinem schlimmeren Zeitpunkt treffen können. Seit einigen Monaten grübelte ich über die moralische Natur der Menschheit im Universum nach, insbesondere über die Frage, ob es Gott gab oder nicht.

Mit all diesen Problemen rang ich an jenem Freitag, ohne eine Antwort zu finden. Mir fiel auch niemand ein, den ich in meiner Not hätte um Hilfe bitten können. Doch im Laufe eines stürmischen Wochenendes fand ich allmählich eine Lösung. Was die grundlegende Frage meiner Herkunft betraf, so kam ich zu dem Schluß, daß sie nie beantwortet werden würde. Wahrscheinlich würde ein Hagelsturm möglicher Lösungen auf mich einprasseln, ohne daß ich je klug genug wäre, Wahrheit und Legende zuverlässig voneinander zu trennen. Ruhig und besonnen wie ein Chirurg bei einer komplizierten Operation trennte ich damals diesen Teil meines Lebens ein für allemal von meiner Existenz ab. Ich wußte nicht, wer ich war, und es war mir egal. Vor allem aber – und dies war noch wichtiger – wollte ich mich mit dieser Frage nicht mehr belasten. Ich wollte nicht in Tagträumereien verfallen und mir keine hypothetischen Fragen konstruieren, sondern in meiner jeweils unmittelbaren, aktuellen Befindlichkeit mit mir zufrieden sein. Ich wollte andere nicht um ihre Stellung beneiden und mich meiner eigenen nicht schämen. Ich traf diesen Entschluß und hielt mich daran, ohne auch nur ein einziges Mal ins Schwanken zu geraten oder zurückzuschauen. Ich wußte, wer ich war: Ein junger Mann von neunzehn Jahren mit einigen bewiesenen Talenten und einigen bekannten Schwächen. Ich war bereit für die lange Wegstrecke, die vor mir lag.

Zwei spätere Einschätzungen dieser Lebensphase müssen an dieser Stelle eingefügt werden. Im Jahr 1976 eroberte Alex Haley mit *Roots*, dem exzellenten Roman über seine afrikanischen Vorfahren, die Vereinigten Staaten im Sturm und löste ein landesweites Ahnenfieber aus. Erwachsene, die als Kinder adoptiert worden waren, vergruben sich in der Geschichte ihrer Vorfahren. In jener Zeit wurde viel Unsinn geschrieben; man behauptete zum Beispiel, daß jeder Mensch unbedingt seine wahren Ursprünge kennen müsse. Gesetze wurden verabschiedet, die Betroffenen Einblick in ihre zuvor unter Verschluß gehaltenen Adoptionspapiere gewährten, um ihnen die Suche nach ihren leiblichen Eltern – insbesondere ihren Müttern – zu ermöglichen. Nachdem ich für mich das Problem schon viele Jahre zuvor abschließend gelöst hatte, fand ich den Unfug, den

Berufs- und Amateurpsychologen zu diesem Thema von sich gaben, größtenteils amüsant. Wenn stimmte, was sie predigten, wäre es schier unmöglich gewesen, ohne genaue Detailkenntnisse über die eigene Herkunft ein akzeptables Leben zu führen. Adoptierte Frauen waren besonders empfänglich für diese Hysterie.

Damals wurde viel Unheil angerichtet. Gewiß, unter einer Million Fällen kommt es einige Male vor, daß jemand seinen familiären Hintergrund kennenlernen möchte, weil er der möglichen Vorbelastung durch eine genetisch bedingte Erbkrankheit auf die Spur kommen und sich rechtzeitig einer möglicherweise lebensrettenden Behandlung unterziehen will. Für den Durchschnittsmenschen ist solches Wissen von geringem praktischem und emotionalem Wert, vor allem, wenn dessen Erwerb für ihn selbst und andere mit schmerzlichen Erfahrungen verbunden ist. Ich weiß von mindestens hundert Männern und Frauen, deren Herkunft unbekannt ist und die dennoch in einer vom Konkurrenzkampf beherrschten Welt persönlich und beruflich sehr erfolgreich waren, darunter Ramsay MacDonald, der es bis zum britischen Premierminister brachte, und Alexander Hamilton, einem der Architekten des amerikanischen Regierungssystems, zwei meiner persönlichen Helden.

Viele Menschen haben mich in dieser Frage um Rat gebeten. Meine Antwort war kurz, klar und konsequent: »Wenn Sie glauben, daß Ihnen das Wissen um Ihre Herkunft im Leben weiterhilft, oder wenn es Ihnen Spaß macht, fehlenden Fakten nachzuspüren, dann probieren Sie's. Doch am Morgen, nachdem Sie es herausgefunden haben, sind Sie genau die gleiche konfuse, halbwegs kompetente Person wie heute. Es hat sich nichts geändert.« Bei Männern drücke ich mich bisweilen noch drastischer aus: »... sind Sie genau derselbe arme Hund wie vorher.« Und dann lachen wir über uns. Je älter ich werde, desto sicherer fühle ich mich bei solchen Ratschlägen.

Häufiger noch werde ich von Ehepaaren angesprochen, die daran denken, Kinder zu adoptieren, und wissen wollen, ob und wann sie ihnen sagen sollen, daß sie Adoptivkinder sind. Hier gibt es keine flapsige Antwort, denn auf diesem Gebiet bin ich tatsächlich einer der bestinformierten Menschen der Welt.* Nach meiner Erfahrung gibt es keine optimale Lösung für dieses Problem. Wie immer man es anpackt – am Ende stellt sich meistens heraus, daß doch alles falsch war, oder man hat zumindest einige unangenehme neue Probleme geschaffen. Informiert man das Kind sehr früh, so stürzt man es mitunter in große Verwirrung, und zwar gerade in einer Zeit, in der es die Geborgenheit eines normalen Familienlebens am meisten braucht. Verzichtet man aber darauf, es einzuweihen, so kann man sicher sein, daß früher oder später ein wohlmeinender Mitmensch das Geheimnis ausplaudert. Auch dies geschieht gewöhnlich zu einem psychologisch äußerst ungünstigen Zeitpunkt. Eines ist sicher: Irgendwann kommt jedes Kind dahinter. Selbst bei gefestigten Charakteren kann die Enthüllung zu schmerzhaften Orientierungsproblemen führen. Doch wenn eine stabile Basis vorhanden ist, wird man sich schnell und dauerhaft von dem Schock erholen. Eine Patentlösung kenne ich nicht. Ich habe erlebt, wie selbst die bestgeplanten Szenarien am Ende mißglückten. Andererseits sind mir aber auch nur wenige Fälle bekannt, bei denen es zu bleibenden Schäden kam.

Als jenes qualvolle Wochenende vorüber war, an dem ich mit dem Problem meiner Herkunft rang, wandte ich mich wieder der bedeutenderen Frage nach dem Gottesbeweis zu, über die ich mir schon seit einiger Zeit den Kopf zerbrochen hatte. Da die Religionsgemeinschaft, der ich angehörte, in unserer Gegend keine regelmäßigen Zusammenkünfte abhielt, wurde ich als

---

* Als Pearl Buck, Oscar Hammerstein und ich in Bucks County Nachbarn waren, entsetzte uns die große Zahl von Waisenkindern amerikanisch-asiatischer Abstammung, die nach Auskunft damaliger Experten kaum vermittelbar waren. Unter Pearl Bucks inspirierter Führung gründeten wir ein Heim für solche Kinder, das auch afro-asiatischen Waisen offenstand. Wir fanden für jedes Kind in unserer Obhut ein normales Zuhause. Bei dieser Tätigkeit mußten wir fast täglich Auskunft darüber geben, wie man die Kinder am besten über ihre Vergangenheit aufklärte, und hierin lag ein Schwerpunkt meines persönlichen Engagements in dieser Angelegenheit.

Quäker in strengem Presbyterianertum erzogen. Diese Glaubensrichtung sagte mir sehr zu; ich habe sie später intensiv studiert und einiges darüber geschrieben. Dabei haben mich die theologischen Aspekte der Religion nie interessiert; ich war eher eine Art Religionssoziologe. Ich hatte großen Respekt vor den Leistungen der Christen. Die Natur Gottes und die Frage, ob er nun existiere oder nicht, verwirrten mich. Auf meinen rastlosen Streifzügen über den Campus des Swarthmore College kam ich an jenem Wochenende zu der Erkenntnis, daß ich, wenn es mir schon nicht gelang, das vergleichsweise einfache Problem meines Herkommens zu lösen, gewiß auch nicht über die Kompetenz verfügte, die unendlich viel schwierigeren Probleme im Zusammenhang mit der Existenz Gottes zu lösen. Mit kristallklarem Geist traf ich meine Entscheidung: »Ich will nie über Gott Bescheid wissen und werde mir nie wieder den Kopf darüber zerbrechen.«

Außerdem beschloß ich fortan, so zu leben, als seien die besten Existenzgrundlagen des Menschen im Fünften Buch Mose und im Neuen Testament vorgegeben. Ich wollte praktizierender Christ sein, Kirchen unterstützen, christliche Anliegen aller Art fördern, Neutralität gegenüber den verschiedenen Bekenntnissen wahren und mein Leben so gestalten, daß ich mich meines Verhaltens nur selten zu schämen bräuchte. Ich bin in all den Jahren, die seither verflossen sind, weder in Phasen der Hochstimmung noch in Momenten der Verzweiflung von diesem einfachen Entschluß abgewichen, und ich halte es für höchst unwahrscheinlich, daß ich eines Tages auf dem Sterbebett plötzlich rufe: »Ich habe das Licht gesehen!« und verkünde, daß ich mich dieser oder jener bestimmten Kirche anschließe. Ich sehe das Licht fast jeden Morgen, wenn ich aufwache und hinausschaue in meine Welt.

Ich gebe gerne zu, daß mein Glaubensbekenntnis – eine Art liberaler Humanismus im Sinne von Thomas Morus, Thomas Jefferson und John Dewey – vielen Menschen nicht gefallen würde und wahrscheinlich auch für eine Gemeinschaft, deren Mitglieder feste Strukturen, irgendwelche Priester und Versammlungshäuser zum Beten und zum geselligen Beisammensein verlangen, nicht das Richtige wäre. Für mich war dieser Glaube absolut zufriedenstellend und beruhigend.

Die letzte moralische Krise, mit der ich an jenem problematischen Wochenende zu kämpfen hatte, setzte mir mehr zu als die anderen beiden, erscheint im nachhinein betrachtet aber fast komisch; es war grotesk, daß ich mich damals so von ihr quälen ließ. Aus alldem, was ich bisher von mir preisgegeben habe, dürfte inzwischen klar sein, daß ich nicht den gängigen Typus des jungen College-Studenten verkörperte. Einerseits war ich viel, viel unsicherer und naiver, andererseits aber auch härter und welterfahrener als die meisten anderen. Ich verfügte nicht über die üblichen Voraussetzungen für die Mitgliedschaft in einer Studentenverbindung, hatte jedoch bei Studienbeginn in Swarthmore eine Einladung der dortigen Brain-Trust-Verbindung *Phi Delta Theta*\* angenommen, deren ernsthafte und tüchtige Mitglieder mir sehr sympathisch waren. Doch mir wurde schnell klar, daß ich im Begriff stand, einen schlimmen Fehler zu begehen. Wenn die Verbindung nur sehr wenig für einen ungeschliffenen Diamanten wie mich tun konnte, so konnte ich meinerseits noch viel weniger für die Verbindung tun. Ich trat daher in Anstand wieder aus.

Damals war mir nicht bewußt, daß sich in jenen Jahren in verschiedenen Teilen des Landes ein starke Animosität gegen die Verbindungen zusammenbraute. Die alten Herren, die überregional die Fäden zogen, hatten damals beschlossen, alles Negative bereits im Keim zu ersticken. Und dies war auch die Mission eines Mr. Maxwell, der eines Tages auf dem Campus auftauchte, um mit mir noch einmal über die Sache zu reden. Er war Ende Vierzig, ein gutaussehender Mann in einem gutaussehenden Dreiteiler und mit gutaussehenden Schuhen an den

---

\* Die amerikanischen Studentenverbindungen setzen oft bestimmte Studienleistungen für die Mitgliedschaft voraus. (Anm. d. Übers.)

Füßen. Er war beredt, verständig, sympathisch und geradeheraus. »Mr. Michener«, sagte er, »wir können es uns einfach nicht leisten, einen Mann Ihres Kalibers zu verlieren. Sie haben ein bedeutendes Stipendium gewonnen, Ihre Noten sind ausgezeichnet, und Ihre gepflegte äußere Erscheinung läßt nichts zu wünschen übrig.« Unter diesen Gesichtspunkten hatte ich mich noch nie betrachtet. »Erlauben Sie mir, daß ich jetzt auf ein kitzliges Thema zu sprechen komme«, fuhr Mr. Maxwell fort. »Falls Sie Geldprobleme haben, sich das Verbindungsleben also nicht leisten können, so habe ich ein paar einflußreiche Freunde, denen das Schicksal solcher jungen Männer wie Sie sehr am Herzen liegt. Sie werden Ihnen das Geld leihen – zinslos –, und Sie zahlen es Ihnen nach dem Ende Ihres Studiums, wenn wir Ihnen eine gute Stellung besorgt haben, wieder zurück.«

Zwei Tage lang bearbeitete mich Mr. Maxwell, redete stets mit ruhiger Stimme auf mich ein und spielte konsequent die Rolle des freundlichen Ratgebers, der er in der Tat auch war. Ich aber blieb hartnäckig bei meinem Nein. Gegen Ende des zweiten Tages lenkte er unser Gespräch auf ein Thema von größter Bedeutung. Wir tranken in einem örtlichen Schnellrestaurant ein eisgekühltes Coca-Cola – Alkohol war überall in Swarthmore und der nahe gelegenen Stadt verboten –, und Mr. Maxwell stellte mir in väterlichem Ton die Frage: »Wie alt sind Sie eigentlich, Michener?« – »Neunzehn«, sagte ich. – »Ei der Daus!« rief er und schnippte mit den Fingern. »Ich habe eine reizende Tochter, fast in Ihrem Alter.« Er zog ein Foto aus seiner Brieftasche, legte es zwischen uns auf den Tisch und fuhr fort: »Ein junger Bursche mit Ihrem Hintergrund und Ihrer Intelligenz wird sicher eine angesehene Stellung im Leben unseres Landes erreichen. Amerika braucht solche Leute wie Sie. Über kurz oder lang werden Sie dann sicher auch heiraten wollen. Ich kann mir durchaus vorstellen, daß Sie eines Tages Patricia kennenlernen und sich in sie verlieben werden. Wie es sich für einen anständigen jungen Mann, der etwas auf sich hält, gehört, werden Sie mich dann eines Tages in meinem Arbeitszimmer aufsuchen und zu mir sagen: ›Mr. Maxwell, darf ich Sie um die Hand Ihrer Tochter bitten?‹ Nach dem üblichen Hin und Her werde ich Ihnen dann die Frage stellen: ›Und welcher Verbindung gehörten Sie an, als Sie das College besuchten?‹ Und wenn Sie dann antworten: ›Mr. Maxwell, ich war in keiner Verbindung‹ – ja, bilden Sie sich dann wirklich ein, daß ich Sie meine Tochter heiraten lasse?«

Die Frage schwebte in der Luft wie eine scharfgemachte Bombe an einem Fallschirm. Sie eröffnete Perspektiven, die ich nie vorher erwogen hatte. Als Mr. Maxwell in sein Hotelzimmer zurückkehrte, um dort vor seiner für den folgenden Vormittag geplanten Abreise noch einmal zu übernachten, sagte er zu mir: »Denken Sie darüber nach, Michener, und teilen Sie mir morgen beim Frühstück mit, ob Sie Ihre Meinung geändert haben.«

Die Nacht war furchtbar. Von zu vielen Seiten wurde Druck auf mich ausgeübt. Wieder wanderte ich unruhig auf dem Campus hin und her. Das Foto der begehrenswerten Patricia auf dem Restauranttisch ging mir nicht aus dem Kopf. Vor meinem inneren Auge sah ich mich mit meiner Bitte um die Hand seiner Tochter bei Mr. Maxwell abblitzen. Ich sah mich ruhelos die Welt durchstreifen, und nirgends gab es eine Frau, die mich heiraten wollte, denn ich war ja kein Verbindungsstudent gewesen... Die Aussichten waren trübe. Doch als ich schon fast zu der Einsicht gekommen war, daß ich mir mein ganzes Leben ruinierte, sah ich plötzlich nicht mehr Patricia Maxwell vor mir, sondern ihren Vater, diesen gutaussehenden, wie aus dem Ei gepellten, selbstsicheren Mann, und hörte seine beruhigenden Worte: ›Ich habe ein paar einflußreiche Freunde, denen das Schicksal solcher jungen Männer wie Sie...‹ Ich sah ihn mit diesen Freunden festlich speisen und bedeutende Diskussionen führen, und auf einmal war mir klar: ›Aufgepaßt! Es ist doch vollkommen egal, ob ich einer Verbindung angehöre oder nicht. Der läßt mich Patricia *nie* heiraten!‹ Es fügte sich alles zusammen: meine Herkunft, Gott, die Verbindung und – in der Mitte – ich.

Am nächsten Morgen war ich mir meiner Sache absolut sicher. Ich rief Mr. Maxwell im Strath-Haven-Hotel an, weil ich mir nicht zutraute, einem so überzeugend argumentierenden Mann unter vier Augen eine Absage zu erteilen, und sagte zu ihm: »Mr. Maxwell, Sie sind sehr verständnisvoll gewesen und haben mir sehr geholfen. Sie sind ein perfekter Gentleman. Aber ich kann nicht anders. Ich trete aus.«

»Es tut mir leid für Sie, mein Sohn«, erwiderte er, ohne die Beherrschung zu verlieren. »Sie begehen einen Fehler, den Sie Ihr Leben lang bereuen werden.« Ich sah ihn niemals wieder.

Das Thema, das mich in meiner College-Zeit am meisten faszinierte, ergab sich aus der Frage, die ein Biologieprofessor fast beiläufig stellte: »Welcher Faktor beeinflußt das menschliche Verhalten stärker – seine Erbmasse oder seine soziale Herkunft?« Da er dieses uralte Rätsel erst kurz vor Unterrichtsende ansprach, blieben für die Diskussion nur ein paar Minuten Zeit. Er faßte die aktuellen Erkenntnisse kurz zusammen und sagte: »Bei unserem gegenwärtigen Wissensstand ist noch keine definitive Aussage möglich.«

Diese knappe Einführung in das Thema berührte bei mir einen Lebensnerv. Ich erkannte, daß ein junger Mann aus einer alten, traditionsreichen Familie dazu neigt, sich an das zu halten, was eine stolze Frau einst gegenüber Winston Churchill äußerte: »Ich glaube, das Wichtigste im Leben ist der Stall, aus dem man kommt.« Worauf Churchill erwiderte: »Ja, das ist ganz nett, aber man kann sich auch für andere Dinge interessieren.« Junge Männer aus solchen Familien tendieren dazu, sich ihre Ehefrauen aus Familien mit ähnlich illustrem Hintergrund zu suchen, damit die hochwohlgeborene Auslese erhalten bleibt.

Besitzt jedoch ein junger Mann keine sicheren Erkenntnisse über sein genetisches Erbe, so neigt er eher dazu, alles Gute, das ihm widerfährt, seiner Erziehung und Charakterstärke zuzuschreiben. Ich fiel nun eindeutig in diese zweite Kategorie, und das veranlaßte mich zu Untersuchungen und Überlegungen, die kein Ende nehmen wollten. Ich ließ mir keine wissenschaftliche Studie entgehen, die die Milieuthese bekräftigte. In meinem Freundes- und Bekanntenkreis kamen diejenigen Mädchen und Jungen voran, die studierten, die Sonntagsschule besuchten und es verstanden, sich die Bildungsmöglichkeiten zunutze zu machen, welche ihnen Schulen, Bibliotheken, Kirchen und Pfadfinder boten. Soweit ich es ergründen konnte, hatte das alles mit Vererbung sehr wenig zu tun. Ich freute mich darüber, bedeutete dies doch, daß ich am Ende Erfolg haben würde, wenn ich nur weiterhin so clever war, alle Chancen zu nutzen, die sich mir bieten würden.

Nach meinem Studienabschluß hörte ich durch gebildete Freunde erstmals von dem brillanten russischen Wissenschaftler Trofim Lysenko, dessen Forschungsergebnisse an Hand einer Fülle von geschichtlichen Belegen die Mendelsche Vererbungslehre erschütterten, derzufolge das Leben einer Pflanze genetisch vorbestimmt war. Er ersetzte sie durch die kommunistische Doktrin, daß das Milieu, in dem eine Pflanze wächst, bei entsprechender Kontrolle deren Wachstum nutzbringend beeinflussen könne und von daher ein viel wichtigerer Entwicklungsfaktor sei als die vererbten Eigenschaften. Hinzu kam, und dies war tatsächlich eine sehr verblüffende Neuigkeit, daß Lysenko offenbar beweisen konnte, wie positive Verhaltensweisen, die in der gegenwärtigen Generation eingeführt wurden, an künftige Generationen vererbt werden konnten. Mit anderen Worten: Die ureigenste Natur einer Pflanze oder eines Menschen war veränderbar, wenn eine positive Umgebung die entsprechenden Eingriffe vornahm. Ein solcher positiver Einfluß mußte sich auch auf künftige Menschengenerationen auswirken: Eine einmal vollzogene günstige Veränderung würde in späteren Generationen Teil der genetischen Struktur und somit vererbbar sein. Die gesamte Zukunft einer Pflanze oder einer menschlichen Gesellschaft war also veränderbar – vorausgesetzt, man ergriff bei der jetzigen Generation entsprechende Maßnahmen. Die Theorie war natürlich wie geschaffen für eine neue Gesellschaftsform wie die sowjetische, die einen Schlußstrich unter die Vergangenheit ziehen wollte. Aber auch für Leute wie mich, die ihre Vergangenheit gar nicht kannten, war sie sehr attraktiv. Ich nahm sie – wie Stalin – begeistert auf, denn sie löste viele Probleme und ließ für die Zukunft das Beste hoffen.

Im Laufe der kommenden Jahrzehnte hörte ich dann allerdings aus Rußland und internationalen Wissenschaftlerkreisen immer neue Berichte über Lysenko, die zu höchster Besorgnis Anlaß gaben. Als es ihm gelang, Stalin dazu zu überreden, den Lysenkoismus zur offiziellen Politik des Staates zu erklären, avancierte er praktisch zum Zar über die Landwirtschaft und die damit verbundenen Fachgebiete, diktierte von dieser Position aus die Anbaumethoden für landwirtschaftliche Produkte und sorgte obendrein dafür, daß Wissenschaftler, die mit seiner Doktrin nicht einverstanden waren, ihre Stellung verloren. Als ich erstmals von solchen Exzessen hörte, tat ich sie ungeniert als Gerüchte ab, die von den Parteigängern der alten, überkommenen Verhältnisse in die Welt gesetzt worden waren.

Doch die Beweise gegen Lysenko und seine Theorien häuften sich. Seine Versuche mit neuen Weizenanbaumethoden endeten in einer Katastrophe und beschworen sogar eine Hungersnot herauf. Schließlich wurde nachgewiesen, daß viele der sogenannten Experimente, auf die sich der Lysenkoismus gründete, reiner Schwindel waren. Von Lysenko verfolgte Wissenschaftler berichteten, daß Kollegen, die sich nicht mehr rechtzeitig ins Ausland hatten absetzen können, nach Sibirien und in den Tod geschickt worden waren. Es kam zu einem Aufschrei in der internationalen wissenschaftlichen Gemeinschaft. Über Lysenkos Vorstellung, es sei möglich, je nach Bedarf neue Formen pflanzlichen Lebens herzustellen, machte man sich lustig und überschüttete die russische Wissenschaft mit Spott und Hohn. So endete eine der bizarrsten Episoden wissenschaftlicher Perversion.

Mir war nun klar, daß meine ursprüngliche Annahme, das soziale Umfeld sei vielleicht für bis zu fünfundachtzig Prozent der menschlichen Entwicklung verantwortlich, lächerlich war. Nach sorgfältigem Studium der Beweislage faßte ich meine neuen Erkenntnisse wie folgt zusammen: Der genetische Faktor setzt dem, was durch das Milieu geändert werden kann, definitive Grenzen. Ich würde sagen, daß das Verhältnis ungefähr bei fünfundsechzig Prozent Milieu und fünfunddreißig Prozent Vererbung liegt, denn ich bin nach wie vor der Überzeugung, daß das, was aus einem Menschen wird, weitgehend dadurch bestimmt wird, was zu werden er sich vornimmt. Heute, gegen Ende einer lebenslangen Spekulation, meine ich sogar, daß ich die Bedeutung des genetischen Faktors nicht aus wissenschaftlichen, sondern eher aus persönlichen Gründen immer unterschätzt habe. Die verbissene Disziplin, die ich mir auferlegte, die endlosen Arbeitsstunden, die obsessive Konzentration auf das jeweils anstehende Projekt – sie alle waren wahrscheinlich überflüssig. Ich hätte in Wirklichkeit gar nicht so hart zu arbeiten brauchen.

Heute erscheint es mir eher wahrscheinlich, daß ich mit einer ziemlich robusten genetischen Grundausstattung auf die Welt gekommen bin; mit Sicherheit deuten meine Langlebigkeit und die glückliche Erhaltung meiner geistigen Schaltkreise auf ein starkes natürliches Startkapital hin. Auch nehme ich an, daß meine Fähigkeit, schwere seelische und körperliche Schocks zu ertragen, nicht meiner eigenen Entschlossenheit, sondern einem Nervensystem mit rasch wirkenden Selbstheilungskräften entspringt. Meine Ärzte und Zahnärzte haben des öfteren bestätigt, daß ich einiges aushalte, bevor ich um Hilfe rufe.

Mein genetisches Erbe war, summa summarum, so gut, daß es eine solide Grundlage für meine erworbenen Eigenschaften wurde. Doch dann stellt sich natürlich die Frage: Woher kam dieses genetische Erbe? Und da stehe ich wieder im dunkeln, genau dort, von wo ich ausgegangen war. Angenommen, mein Glück im Leben war doch mehr meinen Großeltern als meiner eigenen zähen Willenskraft zu verdanken – wer waren dann diese Großeltern?

Die Leserinnen und Leser wissen bereits, daß ich als Neunzehnjähriger im Verlauf jenes entscheidenden Wochenendes zwei Schlüsse zog: Ich wollte nichts über meine Herkunft wissen und mich nicht in müßigen Spekulationen darüber ergehen. Ich bin von diesen Entscheidungen niemals abgewichen und erfreute mich daher einer bemerkenswerten inneren Gelassenheit. Andere jedoch haben sich ziemlich intensiv mit den wenigen einigermaßen gesicherten Informationen beschäftigt und überdies versucht, die verschiedenen Gerüchte, die über meine Herkunft im Umlauf waren – von denen wiederum gab es mehr als genug –, auf ihren Wahrheitsgehalt zu überprüfen. Ein Reporter, der viel Zeit in die Sache investierte und große Findigkeit an den Tag legte, rief mich am Ende seiner Recherchen an und sagte atemlos: »Jim, ich weiß jetzt, wer Ihre Eltern waren. Wollen Sie es wissen?« Meine Antwort – »Eigentlich nicht« – muß ihn ziemlich verdutzt haben.

Trotz meiner festen Absicht, mich von diesen fruchtlosen Spekulationen fernzuhalten, erhielt ich Kenntnis von ungefähr einem Dutzend radikal unterschiedlicher Antworten auf diese Frage. Ich habe nicht versucht, sie zu katalogisieren. Sie decken ein weites Spektrum ab. Wäre ich der *Roots*-Hysterie verfallen, so hätte ich die verschiedensten reizvollen Spuren verfolgen können, doch war ich zum damaligen Zeitpunkt schon weit über jenes Stadium hinaus.

Immun gegen Schocks war ich dagegen nicht. Zu meinem achtzigsten Geburtstag im Jahre 1987 erhielt ich einen Brief von Helen Gallagher, einer lieben Freundin aus gemeinsamen Schultagen und einer der besten Sportlerinnen, die mir je begegnet sind. Sie schrieb mir, daß sie als Mädchen vor nunmehr siebzig Jahren die Mutter einer ihrer Freundinnen in der Küche zu einer anderen Frau sagen hörte, was für eine Schande es doch sei, daß Mr. Blank – einer der angesehensten und einflußreichsten Bürger Doylestowns – der Witwe Mabel Michener und ihrem Sohn James jede Unterstützung versage, obwohl doch jedermann wisse, daß er, Mr. Blank, der Vater des Jungen sei. Der Brief war von absoluter Aufrichtigkeit geprägt, als stamme er aus der Feder einer Romanfigur Nathaniel Hawthornes oder Charles Dickens'. Ich konnte ihn nicht einfach ad acta legen.

Mr. Blank hatte ich gut gekannt, ja, ich hatte sogar geschäftliche Verbindungen mit ihm gepflegt. Ich mochte ihn. Er war korrekt, seriös, eine tragende Säule der Presbyterianergemeinde, und seine Stimme hatte Gewicht in der Geschäftswelt. Wenn ich mir bei Friseur Nelson die Haare schneiden ließ, hatte ich immer die hübsche Reihe mit Rasierschalen vor mir, auf denen in goldenen Lettern der Name des jeweiligen Besitzers stand. Die imposanteste von allen gehörte – seiner hohen Stellung entsprechend – Mr. Blank. In Gedanken versunken, spielte ich mit Helens Brief. Es fiel mir leicht, die Erinnerung an Mr. Blank wachzurufen: Er verkörperte den Typ des kleinstädtischen Unternehmers; Theodore Dreiser hätte eine seiner Geschäftsreisen nach Chicago schildern können oder Samuel Butler einen wichtigen Geschäftstermin in London.

Was ich nun erzählen muß, faßt einen wichtigen Aspekt meines Lebens zusammen. Nach dem bisher Gesagten kann es kaum überraschen, wenn ich nun behaupte, daß mich diese Enthüllung – die im übrigen in keiner Weise bewiesen ist –, nur wenig berührte. Wenn Mr. Blank mein Vater war – sei's drum! Er hatte mir einen kräftigen Körper und einen wachen Geist mitgegeben – und mehr kann sich ein Junge eigentlich gar nicht wünschen.

Es ist mein absoluter Ernst, wenn ich sage, daß ich nicht den geringsten Groll gegen ihn hege – allerdings nur, was mich persönlich betrifft. Doch wenn ich an meine Mutter denke und daran, wie sie die mühevollsten und bisweilen niedrigsten Arbeiten auf sich nehmen mußte und trotzdem nicht imstande war, ihren Kindern das Nötigste zu bieten, dann ist es mir absolut unbegreiflich, wie sich ein wohlhabender und hochgestellter Mann, der für ihre Lage mitverantwortlich war, weigern konnte, sie zu unterstützen. Wenn er wirklich in der Nähe war und ihr nicht half, dann kann ich nur wiedergeben, was der Apostel Paulus in den Korintherbriefen zum Zeichen tiefster Verdammung ausruft: »Er sei verflucht!«* Und mit eigenen Worten füge ich hinzu: »Soll er in den tiefsten Tiefen der Hölle schmoren!«

Wenn er denn wirklich mein Vater gewesen sein sollte, war es ein Glück, daß ich es nie erfuhr. Ich verdanke meiner freien, ungebundenen Erziehung einen überraschend robusten Charakter. Und wenn ich gewußt hätte, daß dieser Mann Mrs. Michener tatsächlich so behandelte, wie es von manchen behauptet wird, dann hätte ich ihn sicher umgebracht.

Mit meiner potentiell gewalttätigen Natur und einem so kunterbunten Hintergrund hätte ich ein Rebell, vielleicht sogar ein Verbrecher werden können. Wie entging ich einem solchen Schicksal? Verschiedene Faktoren zivilisierten mich, darunter jene drei beispielhaften Frauen, von denen ich erzogen wurde und die mir den fehlenden Mann in meinem Leben ersetzten.

Tante Laura war eine großartige Lehrerin im stürmischen Schulsystem Detroits. Beharrlich setzte sie sich für die vielen Schwarzen ein, die in großer Zahl und meist ohne Ausbildung in diese Industriestadt strömten. Tapfer, ja kämpferisch in Menschenrechtsfragen, streng auf Disziplin bedacht und bis in die achtziger Jahre ihres Lebens hinein auf geradezu militante Weise aktiv, war sie hochgeschätzt an allen ihren Wirkungsstätten und wurde als große Frau anerkannt.

Tante Hannah war eine scheue, zurückhaltende Frau, die als Gemeindeschwester für ein riesiges Gebiet von Bucks County zu sorgen hatte. In unermüdlichen Nachteinsätzen half sie den Bedürftigen und holperte mit ihrem alten, klapprigen Ford über abgelegene Straßen zu einsamen Farmen. Sie war ein Engel der Barmherzigkeit und des gesunden Menschenverstands, und die Ärzte hielten große Stücke auf sie, weil sie offenbar mehr Babys

---

* Vgl. 1. Kor. 16,22.

und alten Menschen das Leben gerettet hatte als die Mediziner selbst.

Mabel Michener war natürlich die wichtigste der drei. Sie hatte nach dem frühen Tod ihrer Mutter ihr eigenes Leben der Erziehung und Ausbildung ihrer fünf Geschwister untergeordnet. Sie war die »Mutter Erde« der Sage. Ihre jüngeren Schwestern konnten ihr nur wenig von der großen Last abnehmen, und doch gab sie den Kindern in ihrer Obhut Liebe und Halt und dies auch dann noch, als sie die Siebzig längst überschritten hatte.

Ich wuchs in einer Atmosphäre der Liebe, der Verantwortung und des Dienstes am Nächsten auf. Am besten erinnere ich mich jedoch daran, daß bei uns zu Hause ständig gelacht wurde. Wir lachten über unsere Dummheiten, kicherten über die Torheit der anderen, machten uns über den Unfug lustig, den die Honoratioren unserer Stadt verzapften, und schwelgten in den Witzen, die in Doylestown die Runde machten. Obwohl wir bisweilen großen Kummer hatten, führten wir alles andere als ein trauriges Leben.

Nicht Tränen umgaben mich, sondern Gelächter.

Ich erinnere mich an einen Weihnachtstag. Ununterbrochen klingelte es an der Tür: Dankbare Dorfbewohner brachten Geschenke für Tante Hannah, die sie gesundgepflegt hatte. Ehemalige Pflegekinder kamen vorbei, um Mabel für das liebevolle Zuhause zu danken, das sie ihnen geboten hatte, als kein anderes Heim für sie verfügbar gewesen war. Ich gelobte an diesem Tag, mein Leben so zu leben, wie die drei Schwestern es vorlebten und nicht so wie andere in der Stadt, deren Selbstsucht mich erschreckte. Von jenem Tag an sollte ich diesen Schwur an jedem Weihnachtsfest in meinem Leben wiederholen.

Ein heranwachsender Junge braucht allerdings auch den Umgang mit Männern, oder, besser noch, mit einem Mann. Ich fand ihn in der Person von George Murray, einem ruhigen Junggesellen Ende vierzig ohne höhere Schulbildung, dessen bescheidener Dachdeckerlohn zum großen Teil den unterpriviligierten

Knaben in unserer Gemeinde zugute kam. Er leitete den Ortsverband der *Boys' Brigade*, einer einstmals recht stark vertretenen, überregionalen Jugendorganisation, die jedoch zu meiner Zeit bereits von der wesentlich attraktiveren und gesellschaftlich akzeptableren Pfadfinderbewegung bedrängt wurde und allenthalben auf dem Rückzug war. Die Brigade war eine paramilitärische Gruppe mit Holzgewehren, Bügelhörnern, Uniformen und Marschformationen. In der Regel war sie den einzelnen protestantischen Kirchgemeinden angegliedert – in unserem Fall der presbyterianischen –, aber für Jungen aller Bekenntnisse offen.

Murray mietete eine Art Turnhalle, wo seine Jungs am Freitagabend exerzierten und an den anderen Tagen der Woche Basketball spielten. Ich eignete mir dort Fähigkeiten an, die mir im späteren Leben dienlich sein sollten. Am meisten Spaß machten mir jedoch die Sommerlager, die wir ein paar Kilometer weiter östlich am Ufer des Delaware River abhielten. Dort brachten wir uns in Form, spielten wilde Geländespiele und paddelten in Kanus den Fluß auf und ab. Das Schönste aber waren die Fahrten auf den Lastkähnen, die Holzkohle aus den Bergbaugebieten Pennsylvanias nach Philadelphia brachten. Die schwerbeladenen Kähne zogen auf einem schönen Kanal neben dem Fluß gen Süden und wurden von Mauleseln, die die Treidelpfade entlangtrotteten, wieder nordwärts gezogen. Auf jenen Lastkähnen erwachte meine Liebe zu Schiffsreisen.

Murray belustigte uns mit seinen sonntäglichen Predigten, in denen er wiederholt die Formulierung »*In the Bible Jesus says*...« benutzte. Was wir daran komisch fanden, war seine Ausdrucksweise: Das *says* klang wie *saze*, und er sprach auch andere Wörter so merkwürdig aus. (Beim Schreiben dieser Zeilen frage ich mich zum erstenmal, warum sich *says* im Englischen nicht auf *ways* und *days* reimt.)

Mit stiller, fast an Christus erinnernder Beharrlichkeit setzte Murray sich dafür ein, daß wir jungen Burschen ein anständiges Leben führten, und bewahrte viele von uns davor, auf die schiefe Bahn zu geraten, vor allem diejenigen, die keinen Vater hatten. Just zu der Zeit, als ich seiner Obhut entwuchs, erreichte jedoch die *Boy-Scouts*-Bewegung unsere Gemeinde und breitete sich explosionsartig aus. Die besseren Familien, die die wenig angesehene Brigade ignoriert hatten, schickten ihre Söhne nun zu den Pfadfindern und spendeten große Geldbeträge für die Organisation. Murrays armseliges Dachdeckergehalt konnte da nicht mehr mithalten.

Und doch treffen sich auch heute noch, ein Dreivierteljahrhundert später, in meiner Heimatstadt jedes Frühjahr ein paar dutzend alte Herren und gedenken jenes Mannes, der mit der Kraft seiner Gelassenheit und seiner Charakterstärke viele von uns auf den rechten Weg führte.

Der dritte Faktor, der meine rebellische, streitlustige Natur disziplinierte, waren die älteren Jungen, mit denen ich zu tun hatte. Sie waren härter als ich und schneller und wußten ihre Fäuste besser zu gebrauchen. Ich zahlte äußerst schmerzhaftes Lehrgeld und kam dann zu dem Schluß, daß ich zum Rabauken und Leithammel nicht taugte und mit geschlossenem Mund mehr erreichen konnte als mit offenem. Folglich sah ich mich mit dreizehn, vierzehn Jahren, als mein wildes Tramperleben und die halbkriminellen Aktivitäten im Vergnügungspark begannen, nicht als der frechste Lausbub im Stadtviertel, sondern war von der Erinnerung an ein gutes Zuhause erfüllt – und an einen väterlichen Dachdecker, der mir erzählt hatte, was Jesus die Menschen lehrt.

Nachdem mir selbst persönliche Erniedrigung oder sogar das Abgleiten in die Kriminalität als mögliche Folgen meiner unterprivilegierten Kindheit erspart geblieben waren, habe ich in späteren Jahren immer wieder über das Elend des durchschnittlichen schwarzen Jugendlichen in der modernen amerikanischen Gesellschaft nachgedacht. Oft wächst er auf in einer Familie ohne Vater, ja, kann nicht einmal sagen, wer sein Vater ist. Die

Weißen zeigen ihm die kalte Schulter, fast alle Behörden demütigen ihn, und von seinen Lehrern, die ihn meist nur routinemäßig mitlaufen lassen, anstatt ihm etwas beizubringen, wird er betrogen. Er bleibt ein Outcast unserer Gesellschaft und ist von Geburt an zum Scheitern verurteilt.

Ich habe verständlicherweise sein Schicksal mit dem meinen verglichen und versucht, eine Erklärung dafür zu finden, warum ich, ein Junge ohne Vater in einer Familie, die von einer unverheirateten Frau geführt wird, meinen Weg machen konnte, während der junge Schwarze mit vergleichbarem Charakter und ähnlicher Begabung es nicht schafft. Die Antwort erscheint einfach: Alles, was der junge Schwarze braucht, ist eine Mutter wie Mrs. Michener mit der moralischen und praktischen Unterstützung durch ihre Geschwister, die alle gute Stellungen haben. Er braucht die Unterstützung der Kirche und der Gemeinde insgesamt und hin und wieder den Rat eines älteren Mannes, der ihm sagt: »Verschwinde aus diesem Spielsalon, und laß dich hier nie wieder blicken!« Er braucht die Förderung eines inspirierten Freundes der Jugend wie George Murray, Unterricht durch engagierte Lehrer, die darauf achten, daß er auch wirklich etwas lernt, und schließlich ein Stipendium für ein bedeutendes College wie Swarthmore.

Mir wurde unablässig geholfen, dem schwarzen Jungen nicht. Die schlechte Behandlung, die ihm zuteil wird, ist eine nationale Schande, welche diesem Land irreparablen Schaden zufügen wird, wenn es nicht gelingt, Abhilfe zu schaffen. Die Tragik der Verhältnisse zehrt an mir. Während ich die Boys' Brigade hatte, hat der schwarze Jugendliche seine Gang, und während mir ein Trainer Grady predigte: »Iß nicht so fette Sachen!«, sagt zu ihm der Dealer an der Ecke: »Hier ist was Neues. Crack. Probier mal!« Und während ich mein Studium am College durch den guten Nachtwächterjob im Hotel finanziell absichern konnte, findet er überhaupt keine Arbeit und kann nicht einmal seinen Lebensunterhalt verdienen.

Die Kluft, die sich hier auftut, entsetzt mich. Welch eine Verschwendung menschlichen Talents! Natürlich ist es besser für einen Jungen, in einer Familie mit einem geldverdienenden Vater aufzuwachsen, doch wenn das nicht geht, muß die Gesellschaft den alleinstehenden Müttern eben konstruktive Alternativen bieten. Der junge Schwarze steht vor lauter destruktiven Optionen. Sein Schicksal dauert mich zutiefst.

Wie sehe ich mich selbst als Mann und Schriftsteller in einem Alter, da sich ein langes, abwechslungsreiches Leben seinem Ende zuneigt? Ich sehe mich als einen ganz normalen Amerikaner mit einem ordentlichen IQ und einer soliden Ausbildung, die mir von engagierten Lehrern und Professoren eingedrillt wurde. Ich konnte mein Leben lang härter und sorgfältiger arbeiten als die meisten anderen und mir meine geistigen Fähigkeiten bewahren. Die herkömmlichen Erscheinungsformen des Ehrgeizes waren mir fremd. Für einen romantischen Träumer halte ich mich nicht; für dergleichen Luxus war mein Leben zu hart. Bei meinen diversen gesundheitlichen Rückschlägen habe ich immer einen Spruch vor mich hin gemurmelt, dessen Ursprung ich nicht mehr ermitteln konnte: »Ich werde mich hinlegen und eine Zeitlang bluten. Dann stehe ich wieder auf und kämpfe weiter.« Ich war zäh.

An Zielen habe ich mir nur eines gesetzt: Ich möchte unbedingt ein zuverlässiger Bürger sein, der einen Beitrag zum Zusammenhalt der Gesellschaft leistet.

Was mich in meiner Rolle als Schriftsteller betrifft, so erlauben Sie mir, daß ich zunächst kurz und ohne Häme auf das Bild eingehe, das die Kritik von mir zeichnet. Akademische Literaturkritiker halten überhaupt nichts von mir, weil sie – wie Beckmesser in *Die Meistersinger* – nach ziemlich strengen Regeln beurteilen, was Literatur ist und was nicht. Das, was ich schrieb, erfüllt ihre Kriterien nicht. Ich bedaure dies, denn ich glaube, daß sie sich irren – und viele meiner Leser stimmen mir da zu.

Literarische Kritiker tun sich schwer mit mir. Manchmal werfen sie mir vor, ich schriebe nur des Geldes wegen, was jedoch, wie im vorigen Kapitel dargestellt, völlig aus der Luft gegriffen ist. Andere sagen, ich schriebe nur für den Durchschnittsgeschmack und manchmal sogar auf noch niedrigerem Niveau. Zwei Untersuchungen neueren Datums beweisen das Gegenteil. Die erste wurde von einer landesweit verbreiteten Zeitschrift durchgeführt. Man befragte eine repräsentative Auswahl hochqualifizierter erwachsener Männer aus den Führungsetagen der größten Konzerne des Landes nach ihren Lesegewohnheiten. Viele gaben ehrlich zu, sie hätten zu viel zu tun, um etwas anderes als berufsbedingte Lektüre zu lesen. Andererseits sagten viele der Befragten, es sei ihnen klar, daß sie das Lesen nicht aufgeben sollten, und daß sie, wenn ihre Zeit es erlaube, am liebsten ein Buch von Michener läsen; da wisse man, daß es sich lohne, und erhalte wertvolle Informationen. Die zweite Untersuchung betraf junge Soldaten, die zu Kampfpiloten ausgebildet wurden. Sie sagten: »Nur Saint-Exupéry und Michener. Die beiden verstanden was vom Fliegen.« Als ich davon erfuhr, sagte ich mir: Wenn es einem Schriftsteller gelingt, die alten Löwen und die jungen Tiger bei der Stange zu halten, dann muß er schon erzählen können.

Andere Kritiker lassen durchblicken, meine Bücher seien uninteressant, weil Stil und Sprache nicht den literarischen Anforderungen entsprächen. Aber meine Bücher leben weiter – und dies nicht nur hier, sondern auch im Ausland. In England gibt es ein ausgezeichnetes Programm, das landesweit die Lesepräferenzen an den öffentlichen Bibliotheken auswertet und den Autoren, deren Bücher am häufigsten ausgeliehen werden, entsprechende Geldprämien zukommen läßt. Der Leiter des Projekts war einmal so nett, mir einen Bericht zuzuschicken, aus dem hervorging, wieviel ich nach dem britischen System verdient hätte, wenn auch ausländische Autoren in den Genuß der Prämien kommen würden – was ich im übrigen nicht für richtig hielte. Meine Bücher standen in der Tabelle der ausländischen Autoren ganz weit oben und schnitten sogar im Vergleich mit den einheimischen recht gut ab. Für manche meiner Bücher – wenn auch beileibe nicht für alle – dürfte dies auch in Ländern wie den Niederlanden und Deutschland zutreffen.

Was Kritiker normalerweise von meinem Werk halten, hat kürzlich Chauncey Mabe, der Rezensent des *News Sun - Sentinel*, in Fort Lauderdale, Florida, recht treffend formuliert:

> Irgendwann Ende der sechziger oder Anfang der siebziger Jahre hörte James Michener auf, ein zumindest im literarischen Sinne ernst zu nehmender Schriftsteller zu sein, und verwandelte sich – in eine Industrie. Seine Schreibmaschine wurde zur Fabrik, in der er den Rohstoff Geschichte per Zweifingersystem zu Bestsellerromanen verarbeitete, die sich sowohl zur Verwendung als Türstopper als auch zur Weiterverarbeitung zu Filmen oder, besser noch, Fernsehserien fürs Vorabendprogramm eigneten.

Der Rest der Rezension war gut formuliert und voller Witz und berechtigter Anerkennung. In seinem Begleitbrief verlieh Mabe indessen jener Ambivalenz Ausdruck, die manche Kritiker mir gegenüber empfinden: »Ich halte Sie zwar nicht für einen großen Schriftsteller, aber für einen großen Amerikaner, dessen Leben und Ideale in unserem unruhigen Zeitalter zu den wenigen Vorbildern gehören, die unsere Bewunderung verdienen.«

Christopher Lehmann-Haupt von der *New York Times* drückte sich in einer Rezension ähnlich aus wie Mabe: »So wie ich nebenbei am liebsten *Rice Crispies* futtere, ist mir Michener das liebste billige Lesefutter.« Ich empfinde diesen raffinierten Vergleich nicht als anstößig – ist er doch eine ehrliche, amüsant vorgebrachte Meinungsäußerung. Einige meiner Leser wird es allerdings, wie ich annehme, schon ein wenig überraschen, daß die Bücher, die ihnen soviel bedeutet haben, nichts als ein Billigfraß sein sollen.

Ein Schriftsteller ist gut beraten, nie auf negative Kritik zu reagieren. Dieser Grundsatz ist mir von klugen Lektoren und

Publizisten bei Macmillan schon frühzeitig eingebleut worden, und als ich später an die Schreibfront wechselte, hörte ich dasselbe von ergrauten, schlachterprobten Veteranen meiner neuen Zunft. Mein vertrauter Mentor Kahler drückte es so aus: »Das Alte und Neue Testament des Verhaltens gegenüber Kritikern lautet: ›Beschwere dich nie. Versuche nie, etwas zu erklären. Verachte deine Kritiker nicht.‹ Wer sich beschwert, wirkt kleinkariert und unreif. Achten Sie darauf, daß Ihr Verlag Sie für Ihre ehrliche Arbeit ordentlich bezahlt, und halten Sie den Mund. Konzentrieren Sie sich voll auf Ihren nächsten Job, denn Proteste sind sinnlos. Das gleiche gilt für alle Erklärungsversuche. Wenn Sie Ihre Kritiker auf dreihundert Seiten nicht überzeugen konnten – wie soll es Ihnen da in einem einseitigen Brief gelingen? Der zuständige Redakteur wird Ihren Brief ohnehin auf ein Viertel zusammenstreichen. Und was Ihre Wut auf den Kritiker betrifft: Machen Sie sich niemals auf dessen Kosten lustig. Er ist wahrscheinlich intelligenter und gebildeter als Sie und hat sich intensiver mit Literatur befaßt. Wenn er es sich in den Kopf setzt, kann er Ihr Werk total verreißen. Wenn Sie sich auf eine Auseinandersetzung mit einem so gewieften Mann einlassen, ist Ihre Niederlage vorprogrammiert. Abgesehen davon, daß er Ihnen in jeder Hinsicht überlegen ist, kann er Sie in der großen, überregionalen Zeitung, für die er schreibt, innerhalb eines halben Jahres nach Strich und Faden fertigmachen.«

Ich lese viel mehr Kritiken als der Durchschnittsbürger: Ich will wissen, welche Filme die besten sind, welche Shows und welche CD-Aufnahmen sich lohnen und welche Restaurants einen Besuch verdienen. Ich schätze die Meinungen der Kritiker sehr hoch und lasse mich von ihren Empfehlungen leiten. Aber ich lese nie, nie Rezensionen über meine eigenen Werke. Meine Einstellung zu dieser Frage habe ich einmal folgendermaßen zusammengefaßt: »Kritiker sind für mich unschätzbare Ratgeber beim Geldausgeben. Mir zu erklären, wie ich mit meinen Talenten umzugehen habe, fehlt ihnen jedoch die Qualifikation.«

Es gab eine Phase in meinem Leben, in der viele Kritiker bei der Beurteilung der Bücher anderer Schriftsteller gerne mich zum Vergleich heranzogen. Stets kam dabei der Kollege besser weg: »Er ist ein viel besserer Erzähler als Michener.« Oder: »Sein Roman ist ehrlicher als ein Michener.« Eine Zeitlang notierte ich mir diese Vergleiche, weil ich wissen wollte, was später aus diesen vielen Kolleginnen und Kollegen wurde, die so viel besser waren als ich. Es war jedoch ein sinnloses Unterfangen, denn von den meisten hörte man nie wieder etwas – und bei den anderen fehlte der lange Atem.

Ich habe mich stets treu an die dritte Verhaltensregel für Berufsschriftsteller gehalten und nie versucht, eine Kritik zurückzuweisen. Im allgemeinen hatte ich dazu auch keine Veranlassung, denn viele Kritiker begrüßten meine Bücher voller Begeisterung, so daß die Verlage niemals Schwierigkeiten hatten, Anzeigen und Taschenbuchumschläge mit entsprechenden Lobeshymnen zu schmücken. Außerdem hat mich, soweit ich mich erinnere, nie ein Kritiker unfair behandelt. Ich weiß, daß jene, die meine Werke nicht mochten, ihre Beurteilungen oft mit umfangreichen Zitaten schmückten – aber, um es noch einmal feierlich zu wiederholen: Ich habe mich in den vergangenen achtzehn bis zwanzig Jahren beharrlich geweigert, auch nur eine einzige Rezension über das, was ich geschrieben habe, zu lesen. (Die Besprechung Chauncey Mabes erreichte mich mit einem persönlichen Brief, und ich mußte den ersten Teil lesen, um zu wissen, worum es überhaupt ging.) Ich empfinde Lob als unangenehm und harte Kritik als irrelevant. Ich sage nicht, daß ich Kritik grundsätzlich ignoriere oder verunglimpfe – ich lese sie einfach nicht. Meine Frau liest sie, kichert über treffende Bemerkungen und stöhnt über unzutreffende. Die Meinung der Kritiker ist jedoch im Laufe eines langjährigen produktiven Lebens nur von beschränktem Einfluß, da nach ein paar Jahrzehnten ohnehin alles einer neuen Beurteilung unterzogen wird.

Ein abschätziges Urteil über Literaturkritiker würde mir schon deshalb schlecht anstehen, weil zwei von ihnen in meinem Schriftstellerleben eine wichtige Rolle spielten. Orville Prescott von der *New York Times* bedachte mein erstes Buch mit einer seiner begeistertsten Rezensionen überhaupt und sagte darin unter anderem voraus, daß man von mir noch hören werde. John Mason Brown, der zuvorkommende und meisterhafte Vortragsreisende, las ein ganzes Semester lang Auszüge aus meinem ersten Buch vor und machte dadurch Tausende von Menschen, die sich für Bücher interessierten und sie auch kauften, auf mich aufmerksam. Ich bin beiden zu unendlichem Dank verpflichtet und habe dies ihnen gegenüber auch zeit ihres Lebens immer wieder zum Ausdruck gebracht.

Auch Kritiker haben Probleme. Hier ein paar Beispiele dafür: Als *Die Kinder von Torremolinos* erschien, schrieb ein hochgebildeter Mann: »Gedankenlos verändert Mr. Michener in den ersten drei Kapiteln seiner Geschichte die Erzählperspektive und vergißt dabei, daß viele seiner Leser sich an das Postulat von Henry James erinnern werden, nach dem eine konsequente Perspektive alles ist.« Was die reinen Fakten anging, hatte er recht: Mein Erzählerstandpunkt war im Lichte der strengen Jamesschen Kriterien sprunghaft und chaotisch. Natürlich konnte er gar nicht wissen, daß ich über mehrere Monate hinweg mit meinem Verlag diskutiert hatte, ob der kühne Plan funktionieren würde: Der Erzähler sollte sich erst nach zwei Episoden, in denen er nur eine marginale Rolle spielte, allmählich zu erkennen geben. Mir gefiel die Idee; einem meiner Lektoren und offenbar auch dem Kritiker gefiel sie nicht. Vielleicht war es ja wirklich danebengegangen – nur war eben die Annahme, es handele sich um ein gedankenloses Versehen, grundfalsch. Sein überlegenes Wissen hatte den Kritiker – und nicht den Schriftsteller – zu einem Irrtum verleitet.

Ein anderer Kritiker, der in Schwierigkeiten geriet, weil er eher zuviel als zuwenig wußte, war der Rezensent von *Karawanen der Nacht*. In seiner Besprechung hieß es: »Mr. Michener hat offenbar nie einen Blick auf die Landkarte von Afghanistan geworfen, denn sonst wäre ihm sicher aufgefallen, daß es ein

Binnenland ist und keine Seestreitkräfte besitzt. Folglich kann an der amerikanischen Botschaft auch kein Marineattaché akkreditiert sein – womit die ganze Handlung in sich zusammenfällt.« Der kenntnisreiche Gentleman konnte natürlich nicht wissen, daß der Auftritt des Marineattachés das Ergebnis einer zweiwöchigen schwierigen Diskussion war, die erst nach langem Hin und Her durch den genialen Einfall eines hochbezahlten Rechtsanwalts gelöst werden konnte. Folgendes war geschehen: Probehalber hatte ich dem leicht unsympathischen Botschaftsangehörigen in meinem Roman fünf oder sechs verschiedene Aufgaben zugewiesen. Nun konnte ich aber die Missionen, die es an der Botschaft tatsächlich zu erfüllen galt, wegen möglicher Verleumdungsklagen nicht beschreiben, und bei den anderen merkte man sofort, daß ich sie mir ausgedacht hatte. An diesem Punkt schaltete sich der Anwalt ein und sagte: »Lassen Sie mich einmal einen Blick auf die Landkarte werfen!« Die Erfindung einer afghanischen Marine und eines Marineattachés, der sich so benehmen konnte, wie er wollte, war unsere Rettung. Es war das Recht des Kritikers, mir einen Irrtum vorzuwerfen – nur hätte er auch den Anwalt lobend erwähnen müssen, der uns einen Rechtsstreit ersparte.

Mögliche Verleumdungsklagen sind ein Problem, mit dem sich alle Schriftsteller herumzuschlagen haben. Die Folgen lassen sich am besten am Beispiel der *Sternenjäger* illustrieren. In diesem Roman ließ es sich nicht vermeiden, daß der fiktive Senator eines amerikanischen Bundesstaats die Rolle übernahm, die in der Realität der Senator eines ganz bestimmten Staats innegehabt hatte. Gute Idee – doch wenn die Handlung zeitlich so festgelegt ist, daß ein echter Senator glaubhaft nachweisen kann, alles, was über den fiktiven Kollegen und seine möglichen Fehler gesagt wird, sei in Wirklichkeit Kritik an ihm, hat er Anspruch auf Schadenersatz – und das weiß natürlich auch jeder Anwalt. Er empfiehlt daher zum fiktiven Senator einen fiktiven Staat – und im Falle von *Sternenjäger* entschied ich mich für den Staat Franklin, dessen Senator sich so danebenbenehmen konnte, wie es ihm oder seinem Erfinder gefiel. Durch solche Tricks kann man sich viel juristischen Ärger ersparen.

Es gibt auch Kritiken von schlichtweg umwerfender Berechtigung. In Die Brücken von Toko-Ri fliegt mein Held einen Düsenjäger und erzeugt mit dem Propeller einen Sog. Ein Kritiker – er ist selber Pilot – schrieb: »Phantastisch! Ich würde nur allzugern wissen, wie Mr. Michener das erklären kann.« Ich versuchte es einen ganzen Nachmittag lang und gab dann auf: Düsenjäger haben nun einmal keine Propeller.

Während es für mich eine Frage der Ehre ist, niemals mit einem Kritiker zu streiten, kennt meine Frau eine derartige Zurückhaltung nicht. Wenn jemand über eines meiner Bücher etwas Schlechtes schreibt, bastelt sie sich eine kleine Wachsfigur von dem Übeltäter und piekst sie mit rotglühenden Nadeln. Ich kann Ihnen sagen: Manche Kritiker sind viel gefährdeter, als sie ahnen.*

---

Wenn ich lese, was sogar gebildete Menschen über die Schriftsteller und das Schreiben gelegentlich von sich geben, frage ich mich manchmal, ob sie überhaupt eine Vorstellung vom Leben eines Schriftstellers haben – vor allem, wenn dessen Bücher hohe Auflagen erreichen und in viele Sprachen übersetzt worden sind. Ereignisse aus dem Leben eines Schriftstellers, von denen solche Leute meist keine Ahnung haben: Du gehst zum Zahnarzt – und aus einem halben Dutzend Büros in der Nachbarschaft der Praxis kommen Leute mit deinen Büchern und wollen sie signiert haben. Die tägliche Post mit Dankesbriefen deiner Leser, deren Leben du mit einem deiner Bücher entscheidend verändert hast. Das verblüffende Erlebnis im Flugzeug: Du gehst nach hinten, um dir die schmerzenden Beine ein wenig zu vertreten, und findest dort sechs oder sieben Passagiere in

---

* Woher kenne ich die drei hier zitierten Kritiken, wenn ich nie welche lese? Mein Verlag hat mich gefragt, wie mir ein so peinlicher Fehler unterlaufen konnte...

deine Bücher vertieft, darunter in solche, die vor einem Vierteljahrhundert erschienen sind. Der herzerwärmende Kontakt zu Bücherfreundinnen und Bücherfreunden, die auch ihre Kinder zum Lesen verführen wollen und mit einem deiner Bücher die Probe aufs Exempel wagen. Oder: Es klopft an der Tür. Du öffnest, und vor dir stehen lauter Leute aus der Umgebung. »Wir haben erfahren, daß Sie in der Stadt sind. Wir haben fast alle Bücher von Ihnen und würden uns sehr freuen, wenn Sie sie uns signieren könnten.«

Das netteste Schriftstellerporträt, das ich kenne, stammt von einem schwarzen Jungliteraten aus der Karibik: »Als ich endlich New York City erreichte, ging mein Herz auf. Vor reiner Lust rief ich aus: ›Allein der Gedanke! Ich befinde mich mit James Baldwin in derselben Stadt – und vielleicht begegne ich ihm schon hinter der nächsten Straßenecke!‹«

Manchmal gewinnt man ein besseres Bild von einem Schriftsteller, wenn man ihn aus einer indirekten Perspektive betrachtet, zum Beispiel durch die Briefe von Fremden, die Kontakt zu ihm suchen. Kritiker haben sich gelegentlich über die Länge meiner Bücher lustig gemacht (als ob das ein Schaden wäre), doch erhalte ich Monat für Monat Briefe von Lesern, die sich darüber beschweren, daß die Bücher *zu kurz* sind. Sie hätten gerne noch mehr gelesen. Nach meiner Einschätzung liegt das daran, daß ich Schauplätze und Personen meiner Bücher mit so großer Sorgfalt und Geduld aufbaue, daß der Abschied den Lesern am Schluß schwerfällt. Die Zahl der Briefe dieses Inhalts ist über die Jahre hinweg stets überraschend groß gewesen: »Als ich merkte, daß das Ende des Buches näherrückte, fürchtete ich mich so sehr davor, daß ich mir Einschränkungen auferlegte und nur noch soundsoviele Seiten pro Tag las. Es tat mir weh, als ich die letzte erreichte.«

In ungefähr fünfzig Briefen jährlich werde ich gebeten, ich möge doch auch einmal über das Heimatland oder den Heimatstaat des Absenders schreiben. Die Leute gehen von folgender Grundüberlegung aus: »Wenn Sie schon – wie in *Colorado*

*Saga* - das ländliche Nebraska so lebendig schildern, dann stellen Sie sich doch einmal vor, was Sie erst aus Minnesota machen könnten!« Briefe dieses Inhalts erreichten mich aus allen Ecken des Landes. Am häufigsten verliehen jedoch die Bürger Kaliforniens ihren Ansprüchen Nachdruck, und ich wußte nur allzugut, daß ihr majestätisches Land mir reichliches Material geboten hätte. Ich hatte jedoch nie den Mut, den Briefeschreibern die Wahrheit zu sagen: Vor vielen Jahren hatte ich ernsthaft vor, nach Kalifornien umzuziehen, aber meine Frau weigerte sich, mich zu begleiten. Sie wollte nicht wieder in einem Staat leben, den sie zwar auch liebt, in dem aber ihr und ihrer Familie während des Zweiten Weltkriegs im Jahre 1941 sehr übel mitgespielt worden war: »Soldaten stürmten in den kleinen Laden meiner Mutter südlich von Los Angeles und riefen: ›Alle Japaner sind Verräter! Hinter Schloß und Riegel mit ihnen!‹ Wir wurden entschädigungslos enteignet und in den Ställen der Pferderennbahn von Santa Anita einquartiert, ehe man uns in einer amerikanischen Variante von Konzentrationslagern internierte. Ich hege keinen Groll gegen Kalifornien – aber ich könnte es nicht ertragen, in einen Staat zurückzukehren, in dem man uns dermaßen unfair behandelt hat.«

Auch wurde mir immer wieder nahegelegt, über andere Länder zu schreiben und zu diesem Zweck dorthin überzusiedeln. Von mehreren ausländischen Regierungen wurde ich eingeladen, zum Teil mit verlockenden Angeboten. Jeder dieser Vorschläge war intellektuell vertretbar, denn ich hatte in jener Gegend bereits umfangreiche Recherchen betrieben. Die Logik, die dahintersteckte, war immer die gleiche: »Wenn Sie schon Polen trotz der schlechten Quellenlage so interessant schildern konnten – dann stellen Sie sich doch mal vor, was Sie für uns alles tun könnten!« Die aufschlußreichste Einladung erhielt ich während meiner Arbeit in Israel von einem türkischen Diplomaten, der zu mir sagte: »Es tut weh, Mr. Michener, wenn man als türkischer Intellektueller in Paris einen Vortrag halten will und dann feststellen muß, daß kein Mensch in dem gebildeten Publikum je ein anderes Buch über die Türkei gelesen hat als Franz Werfels *Die vierzig Tage des Musa Dagh*. Kommen Sie zu uns, und tun Sie für uns, was Sie für Israel getan haben.«

Am meisten bedeutete mir meine Korrespondenz mit großen Gelehrten in verschiedenen Ländern. Sie schreiben mir, weil ich mich in der einen oder anderen Weise über ihr Studiengebiet geäußert habe, und nicht selten erhalte ich von ihnen ergänzende Informationen, über die ich zu jener Zeit, als ich an dem betreffenden Buch arbeitete, leider noch nicht verfügte. Die Gelehrten bilden ein international verflochtenes Netzwerk aktiver Geister, und wenn sie mich, was gelegentlich auch vorkommt, auf Irrtümer hinweisen oder darauf aufmerksam machen, daß ich bestimmte wichtige Aspekte zu berücksichtigen vergaß, dann schäme ich mich, weil ich sie enttäuscht habe.

Im Jahre 1968 war ich als Kulturbotschafter in Venezuela und sollte an der Universität von Caracas einen Vortrag halten. Eine kommunistische Studentengruppe drohte jedoch, mich zu erschießen, falls ich das Universitätsgelände beträte. Man verlegte daher meinen Auftritt schleunigst nach Maracaibo im äußersten Westen des Landes. Dort sollte ich meine sorgfältig vorbereitete Rede um elf Uhr vormittags halten, doch schon um zehn wurde die Versammlungshalle von den örtlichen Kommunisten niedergebrannt. Der Rest dieses ereignisreichen Tages verging damit, daß meine Frau und ich kreuz und quer durch die Stadt gefahren wurden – von einem sicheren Schlupfwinkel zum anderen. Bei Einbruch der Dunkelheit brachte man uns an eine obskure Anlegestelle am Maracaibo-See, wo bereits ein kleines Boot darauf wartete, uns ans Ostufer überzusetzen. Es war eine dramatische Fahrt: Als der Mond aufging, konnten wir die aus der Seemitte emporragenden Ölbohrtürme sehen.

Als der Rundfunk darüber berichtete, daß wir in der Zentrale einer Ölfirma Zuflucht gesucht hätten, strömten im Laufe der folgenden Tage an die hundert Menschen herbei, um sich von mir ihre Michener-Bücher signieren zu lassen. Die meisten von ihnen waren natürlich amerikanische Ölarbeiter. An ihren weltabgeschiedenen Einsatzorten sind gerade sie, um bei Verstand zu bleiben, auf Bücher angewiesen (und meine eignen sich vielleicht auch wegen ihrer Länge und des günstigen Kosten-Nutzen-Verhältnisses besonders gut). Überraschenderweise wurden die Bücher aber auch von vielen Venezuelanern gekauft; sie waren ihnen von ihren amerikanischen Kollegen zum Englischlernen empfohlen worden. Die anderen Menschen, deren Bücher ich bei jenem inoffiziellen Literaturfestival signierte, gehörten einem halben Dutzend weiterer Nationalitäten an, und wie in allen Ländern, die ich besuche, befanden sich unter den Leuten auch mehrere Ungarn, die ich einst über die Brücke von Andau in Sicherheit gebracht hatte. Jeder einzelne von ihnen hatte eine eigene Geschichte zu erzählen. In ihrer Gesamtheit gaben diese Bücherfreunde Aufschluß über ein Phänomen, das selbst von Profis aus der Verlagsbranche kaum je zur Kenntnis genommen wird: Bücher sind Brücken zwischen den Menschen. Um einen Schriftsteller kennenzulernen, dessen Werke man schätzt und als persönliche Bereicherung empfindet, nimmt man selbst die einhundertachtzig Kilometer lange Fahrt von einem Camp im venezuelanischen Dschungel bis zu einem Ölfeld in der Nähe von Maracaibo in Kauf. Es dauerte sehr lange, bis ich alle Bücher signiert hatte, denn ich wollte von jedem, der vor meinem Schreibtisch stand, seine Geschichte hören.

In mancher Hinsicht aufregender war ein Erlebnis in Sheridan, Wyoming. Dort erfuhr ich um zehn Uhr morgens, daß das Flugzeug, mit dem ich gerechnet hatte, nicht kommen würde, weshalb mir nichts anderes übrigblieb, als an Ort und Stelle zu übernachten. Die Leiterin der Stadtbibliothek erfuhr von meiner Not und fragte mich, ob ich vielleicht bereit wäre, den Abend in einem kleinen Kreis literarisch interessierter Bürger zu verbringen. Ich stimmte zu, worauf die Frau per Telefon und über einen lokalen Rundfunksender die Nachricht verbreitete, daß ich um sieben Uhr abends in ihrer Bibliothek sein würde. Da ich den Tag über keine weiteren Verpflichtungen hatte, besuchte ich mit meiner Frau die Gedenkstätte am Little Bighorn, wo General Custer einst seine Kavallerie ins Verderben geführt hatte. Als wir nach Sonnenuntergang zurückkehrten, war die Bibliothek restlos überfüllt. Ganze Familien hatten sich nach Bekanntgabe der Veranstaltung durch den Rundfunk in ihre Autos gesetzt und weite Strecken zurückgelegt, um dabeisein zu können. Wagenladungen von Literaturenthusiasten waren aus dem fast einhundertachtzig Kilometer entfernten Billings angereist; andere kamen alleine oder zu zweit aus weit abgelegenen Siedlungen. Überraschend viele Menschen hatten auch ihre Kinder mitgebracht, um sie an dem seltenen Ereignis teilhaben zu lassen. Es war ein erstaunliches Publikum, denn alle Anwesenden waren ausgewiesene Bücherfreunde. Die Diskussion drehte sich, wie immer bei solchen Anlässen, nicht nur um meine eigenen Bücher, sondern auch ganz allgemein um Bücher: Was ist das Wichtigste – die Personen, das Thema oder die Handlung? Wie findet ein junger Mensch aus Billings einen New Yorker Verleger, und mit welchen Schwierigkeiten muß er rechnen? Braucht ein Schriftsteller viele Angestellte, die für ihn recherchieren? Gibt es noch einen Markt für Kinderbücher? Fahren Sie nach Hollywood, wenn eine Ihrer Geschichten verfilmt wird? Ist der Schriftsteller verpflichtet, von jeder seiner Figuren ein Psychogramm zu erstellen? Die Veranstaltung dauerte zwei Stunden, und es gab ein paar Unermüdliche, die nichts dagegen gehabt hätten, wenn sie die ganze Nacht gedauert hätte.

Ein größeres Rätsel bezüglich meiner Themenwahl steht noch zur Auflösung an. Wie ist es möglich, daß ich nach einer so entbehrungsreichen Kindheit, nach so dramatischen Reifejahren, nach der erheblichen Verwirrung, die mir aus meiner ungeklärten Herkunft erwuchs, nach meiner Bekanntschaft mit den radikalen Ideologien, die Europa damals beherrschten, sowie nach zwei schmerzhaften Scheidungen, auf die ich in diesem Buch nicht näher eingegangen bin – wie ist es möglich, daß ich dieses düstere Material in meinen Romanen nicht verarbeitet habe? Und wie ist es möglich, daß ich nach alldem noch der »unverbesserliche Optimist« bin, als den man mich oft bezeichnet hat?

Es gibt zwei Antworten auf diese Fragen. Erstens: Wenn jemand so viel Glück hat wie ich – ein Stipendium nach dem anderen, mehrere gute Anstellungen, ein Pulitzerpreis fürs erste Buch und danach dessen Verwandlung in ein ruhmreiches Broadway-Musical –, muß er da nicht geradezu Optimist sein? Und zweitens: Wer wie ich drei Flugzeugabstürze, Revolutionen und mehrere ernste gesundheitliche Probleme überstanden hat – muß der nicht fast zwangsläufig zu dem Schluß kommen, daß er am Leben bleibt, weil er noch für ein paar anspruchsvolle Aufgaben gebraucht wird?

Als ich mit fünfzehn und mit nicht mehr als fünfunddreißig Cent in der Tasche von Detroit aus gen Westen trampte, war ich, anderthalbtausend Kilometer von zu Hause entfernt, absolut davon überzeugt, daß ich meine Reise wohlbehalten beenden würde. Ich war schon damals, als noch ein langes Leben voller Unwägbarkeiten vor mir lag, genauso optimistisch wie später mit sechzig, als ich schon viele Herausforderungen überstanden hatte. Offenbar bin ich von Geburt an dazu bestimmt, der Welt lächelnd gegenüberzutreten – und Männer dieses Schlages schreiben keine Tragödien.

Es gibt einige Themen, die mich zeit meines Lebens beschäftigt haben: Der Mensch und sein sechs Jahrzehnte währendes Gastspiel auf der ewigen Bühne der menschlichen Erfahrungen. Der Mensch als Bewohner einer Welt, die er mit allen anderen Lebewesen und -formen teilt. Der Mensch als Teil eines Wirtschaftssystems, als Wesen, das gezwungen ist, sich seinen Lebensunterhalt zu erarbeiten. Der Mensch als Bruder aller anderen Menschen. Der fragende Mensch, der sein Verhältnis zu einer unbekannten spirituellen Welt zu ergründen trachtet. Und der Mensch als arroganter Tyrann, dem es Spaß macht, die Hilflosen zu schikanieren. Diese etwas eingeschränkte Sichtweise hat dazu geführt, daß ich mich mit so manchen großen Themen anderer Schriftsteller nicht befaßt habe und auch nicht befassen wollte: der Mensch als im wesentlichen tragische Gestalt. Der Mensch als Opfer der Hybris. Der Mensch im gewaltsamen persönlichen und sozialen Aufbegehren gegen seine Gesellschaft. Der Mensch als verletzliches Wesen, das die Kontrolle über seine geistigen und emotionalen Kräfte verliert. Und der Mensch mit einem vollkommen gestörten Verhältnis zum jeweils anderen Geschlecht. Wäre ich heute ein junger Autor am Beginn meiner Laufbahn, so würde ich mich auf die sich wandelnden Beziehungen zwischen den Geschlechtern konzentrieren. Dieses und alle anderen genannten Themen faszinieren mich trotz meines Alters, doch fühle ich mich nicht kompetent genug, darüber zu schreiben.

Wie läßt es sich erklären, daß meine Bücher immer wieder neue Auflagen erleben, obwohl ich mich doch ganz bewußt vor vielen äußerst lohnenden literarischen Sujets und Formen verschlossen habe? Ich glaube, es liegt an meiner Fähigkeit, die einfachsten Themen und Ereignisse der Welt – einen Staubsturm in der Steppe oder einen Vogel in der Tundra, der seine Brut verteidigt – so lebendig darzustellen, daß das Interesse des Lesers gefesselt wird. Ich kann mir den unbedeutendsten Landstrich vornehmen, ihn mit absolut durchschnittlichen Menschen bevölkern, die nichts Ungewöhnliches tun oder erleben – und doch gelingt es mir, die Leser bei der Stange zu halten. Ich kann die Geschichte eines Erdhügels in Israel erzählen und, davon ausgehend, eine ganze Religion erläutern. Und ich kann mich in die Tiefen des Pazifiks begeben und erklären, wie winzige Korallentierchen imstande sind, große Inseln und noch größere Vulkane zu erbauen – und auf einmal schreiben mir Hunderte von Lesern, die sich zuvor nie für solch obskure Gegenstände interessiert haben, daß sie kaum je etwas so Anrührendes und Bewegendes gelesen hätten. Kurz: Ich nehme gewöhnliche Dinge und gewöhnliche Menschen und kann sie zu außergewöhnlichen machen. Ich habe es wiederholt bewiesen.

Vor einiger Zeit stellte mich ein Akademiker, dessen Hauptinteresse dem Gegenwartsgeschehen gilt, mit den folgenden Worten vor: »Es gibt viele Regionen auf dieser Erde, die unser gespanntes Interesse auf sich ziehen. Die Aufmerksamkeit der Welt richtet sich auf Afghanistan und den bemerkenswerten, fast revolutionären Wandel in Polen. Im Nahen Osten gärt es wie eh und je, und auch Südafrika muß noch eine Lösung für seine Probleme finden. Japans spektakuläre Erholung nach seinem irregeleiteten Krieg beruhigt uns ebenso wie Spaniens Rückkehr zur Demokratie. Die Tragödie in der Weltraumfahrt bannt unsere Aufmerksamkeit. In Ungarn geschehen erstaunliche Dinge. Mr. Michener hat über alle diese Gebiete, lange bevor sie die Schlagzeilen eroberten, umfangreiche Bücher geschrieben.« Ich war kein Hellseher, sondern nur ein Mensch, dem seine Erziehung und Ausbildung ein scharfes Gespür für die Zwangsläufigkeiten der Geschichte mitgegeben hatten. Ich hatte die besagten Länder besucht, weil ich wußte, daß sie über kurz oder lang im Mittelpunkt des Weltinteresses stehen würden. Ich reiste nach Hawaii, nachdem mir klargeworden war, daß die Inseln in absehbarer Zeit zu einem Bundesstaat der U.S.A. werden würden, und nach Spanien, als ich ahnte, daß das Land sich anschickte, die Fesseln der Diktatur abzuschütteln. Meine Reaktion war die gleiche, als ich spürte, daß es in der Arktis zu einem freundschaftlichen Miteinander von Rußland und den Vereinigten Staaten kommen würde und daß sich unser Land auch mit Kuba würde einigen müssen. Viele Jahre meines Lebens riskierte ich hohe Einsätze in dem Glauben, daß es immer vernünftige Leser geben werde, die sich für diese Menschen, Kulturen und Probleme interessierten und mehr darüber wissen wollten. War dieses Engagement der Mühe wert?

Ich hatte die Siebzig bereits überschritten und begann darüber nachzudenken, ob ich erfolgreich gewesen war oder versagt hatte, als ein Ereignis eintrat, das ein gewisses Licht auf die Sache warf. Eines Tages im Januar 1977, als ein Schneesturm den anderen jagte, lud mich Präsident Ford auf Empfehlung seiner Berater ins Weiße Haus ein und verlieh mir dort in Anerkennung diverser bürgerlicher Verdienste die *Medal of Freedom*, den höchsten zivilen Orden unseres Landes.

Wenige Tage später waren meine Frau und ich zu einem Essen in der britischen Botschaft eingeladen, und Mari wurde ganz aufgeregt, als der Botschafter zu ihr sagte: »Diese Ehrung im Weißen Haus vor ein paar Tagen ist das amerikanische Gegenstück zur Liste der Auszeichnungen, die unsere Königin jeweils am Neujahrstag bekanntgibt. In England wären Ihr Mann und Sie jetzt Sir James und Lady Mari.« Mari war darüber so entzückt, daß sie es voller Stolz gleich weitererzählte. Worauf ihr ein anderer Engländer noch Erstaunlicheres berichten konnte: »Auf diesen Listen fällt der Königin hie und da ein Ritter auf, den sie dann vielleicht in die nächsthöhere Rangstufe des Adels befördert. Manchmal wird diese Ehrung auch Künstlern wie Lord Laurence Olivier oder Lord Alfred Tennyson zuteil. Gerüchten zufolge stand Ihr Gatte auf dieser Liste ziemlich weit oben. Wenn Sie wollen, können Sie so tun, als wäre er jetzt Lord James Michener.«

»Und wie würde mein Titel lauten?« fragte Mari.

»Lady Mari, wie gehabt«, erwiderte der Engländer. »Für Frauen bleibt der Titel auf allen Stufen von der Gattin eines Ritters bis zu der eines Barons gleich.«

»Übelste Diskriminierung!« protestierte Mari, und ich dachte im stillen: »Träume vom großen Ruhm.«

Es war stets mein Wunsch, daß die Regionen, Nationen und Staaten, über die ich schrieb, meine Bücher *sine ira et studio* aufnahmen und anerkannten, daß ich, wenn vielleicht auch nicht hundertprozentig exakt, so doch mit größtmöglicher Fairneß über sie berichtet hatte. Dieser Wunsch ist mir allerdings nur selten erfüllt worden. In Ungarn, Spanien und Südafrika wurden meine Bücher verboten; indonesische und afghanische Offizielle drohten mir Prügel an für den Fall, daß ich mich noch einmal in ihren Ländern blicken ließ; Israel, Hawaii und Texas verunglimpften mein Werk. Besonders traurig war ich jedoch darüber, daß auch Polen, ein Land, in dem ich besonders hart und voller Anteilnahme gearbeitet hatte, nicht nur mein Buch verbot, sondern darüber hinaus bekanntgab, daß mir fürderhin die Einreise untersagt bliebe. Allerdings muß ich zugeben, daß meine Geißelung des kommunistischen Regimes in Polen den damaligen Machthabern allen Grund gab, mich zurückzuweisen. Als jedoch gegen Ende des Jahres 1988 der Geist von *glasnost* aus der Sowjetunion herüberwehte, wurde mir durch geheime Kanäle zu verstehen gegeben, daß man mir, sollte ich meine alte Bekanntschaft mit den tapferen Kollegen vom Schriftstellerverband auffrischen wollen, ein Visum erteilen werde.

Da mir sehr daran gelegen war, das geliebte Land wiederzusehen, reiste ich ohne viel Federlesens nach Warschau. Die Begegnung mit den Schriftstellern war für den zweiten Abend meines Aufenthalts vorgesehen. Es war längst dunkel, als wir durch Schneeregen und Graupelschauer dem Veranstaltungsort entgegenfuhren. Plötzlich durchzuckte mich der Gedanke: »Irgendwas stimmt hier nicht. Das ist doch das Schloß!« Noch ehe ich mich erkundigen konnte, was eigentlich gespielt wurde, führte man mich auch schon hinein und über lange Korridore in ein Konferenzzimmer.

Es war nicht der Versammlungsraum des Schriftstellerverbands, sondern der weitläufige Ballsaal des Schlosses, eine große, blumengeschmückte Empfangshalle in Gold und Silber, in der sich an die fünfhundert polnische Künstler der ersten Garnitur sowie zahlreiche Regierungsvertreter versammelt hatten. Ehe ich Luft holen konnte, trat Ministerpräsident Mieczyslaw Rakowski auf mich zu, umarmte mich und heftete mir – sicherlich nicht ohne die vorherige Zustimmung des kommunistischen Diktators, General Jaruzelski – den höchsten Orden an die Brust, den das Land Polen an einen einfachen Bürger vergeben kann. Später erklärte man mir: »Einige Passagen in

Ihrem Buch gefallen uns nach wie vor nicht, doch wir sehen ein, daß viele Leute auf der ganzen Welt durch dieses Buch einen neuen Eindruck von unserem Land gewinnen. Sie, Mr. Michener, haben sich als ein aufrichtiger Freund Polens erwiesen.«

Schriftsteller sollten das schreiben, was ihrer Überzeugung nach geschrieben werden muß, und sich darauf verlassen, daß jene, die das Buch anfangs nicht mögen, im Laufe der Jahre einsehen, daß es *sub specie aeternitatis* eine ehrliche Mühe war. Schriftsteller können es sich leisten, zu warten. Ich weiß meinen polnischen Orden zu schätzen.


Im Sommer 1989, als das Manuskript des vorliegenden Buches fertig war, zeigte mir ein Erlebnis, zu welchen Reaktionen Menschen imstande sind, die man in seinem schriftstellerischen Werk mit der gebührenden Achtung behandelt hat. Als Passagier auf dem Segelschiff *Wind Song* besuchte ich die abgelegenen Gesellschaftsinseln in Französisch-Polynesien. Ohne mein Wissen hatte der Kapitän die Einwohner von Bora Bora per Funk darauf aufmerksam gemacht, daß er mich am nächsten Morgen zur Zeit des Sonnenaufgangs zu ihnen bringen würde.

Ich freute mich ungemein auf das Wiedersehen mit der Insel, auf der ich während des Zweiten Weltkriegs eine so traumhafte Zeit verlebt hatte. Schon vor Sonnenaufgang stand ich an Deck, um den großartigen Vulkankegel aus dem Meer steigen zu sehen. Als das Boot in die vollendete Lagune einfuhr, sah ich zu meiner Überraschung eine Flotte von elf alten Kanus auf uns zukommen, ein jedes mit Blumen und Früchten geschmückt und bemannt mit Musikanten und halbnackten Kriegern im traditionellen Kostüm.

Aus dem besonders stattlichen Kanu an der Spitze, das neben der zwölfköpfigen Besatzung einen leeren Thron mit sich führte, ertönte über Megaphon eine tiefe Stimme und verkündete: »James Michener! Willkommen daheim auf Ihrer Insel!« Seeleute geleiteten mich über eine improvisierte Gangway in das zeremonielle Kanu. Ich wurde auf den Thron gesetzt, meine Frau plazierte man an meine Seite. Blumenkränze wurden mir um den Hals gelegt, bis ich fast nichts mehr sehen konnte, die Musik spielte auf, die Menschen jubelten mir zu. Und in diesem respektablen Aufzug erreichte ich die Insel, auf der ich einst so eng mit den Polynesiern zusammengearbeitet und sie lieben und schätzen gelernt hatte.

Am Strand warteten Hunderte von Menschen, eine Band, Tänzerinnen und Tänzer sowie einige Dutzend mit Blumenkränzen geschmückte Frauen. Auch waren viele Menschen, die ich während des Krieges persönlich kennengelernt hatte, zum Empfang erschienen. Sie waren natürlich älter geworden, jedoch von ungebrochener Würde in Haltung und Auftreten.

Den ganzen Tag über war ich auf der Insel unterwegs, von einem Fest zum anderen. Und immer wieder kamen Insulaner zu mir und sprachen mich an: »Sie waren schon in Uniform sehr gut zu uns. Aber in Ihren Büchern waren Sie noch besser. Sie haben uns geschildert, wie wir sind. Die ganze Insel möchte Ihre Rückkehr feiern.«

Leider ließ sich nicht mehr feststellen, wo unser großer Stützpunkt gewesen war. Die Gebäude gab es nicht mehr, und Tropenpflanzen hatten das Gelände überwuchert. Einige Insulaner in den Mittvierzigern erzählten mir, ihre Väter seien amerikanische Seesoldaten gewesen, doch das kaukasische Erbe war ihnen nicht mehr anzusehen. Dann begegneten mir zwei *vahines* in den Sechzigern, die damals mit mir viele Vorführungen von *Flying Down to Rio* gesehen hatten. Eine von ihnen zeigte mir sogar die Stelle, an der einst das große Filmtheater gestanden hatte. An die Insulanerin und ihren Soldaten konnte ich mich noch gut erinnern, aber ich hatte natürlich vergessen, wo genau die abendlichen Vorführungen stattgefunden hatten.

Später, ich war längst wieder in den Staaten, schickten mir Freunde auf der Insel die Kopie eines Zeitungsartikels, in dem der Tag der Erinnerung gefeiert wurde: »Er wurde begrüßt von einer großartigen Eskorte authentischer Pirogen, Doppelpirogen, Pirogen unter Segeln und einfachen Pirogen, allesamt geschmückt mit den Kronen, Blumen und Früchten unserer Insel. Die Bevölkerung von Bora Bora bereitete ihm einen Empfang, wie er traditionell nur Staatsoberhäuptern vorbehalten ist.« Sie taten es, weil ich ihre Insel während des Krieges mit Würde behandelt und in Friedenszeiten voller Sympathie über sie geschrieben hatte. So war es nicht unangebracht, daß mich der Mann mit dem Megaphon an jenem Morgen »daheim« willkommen hieß.

Ich möchte hoffen, daß es, weit zerstreut auf dieser Welt, noch andere Flecken gibt, wo mir ein ähnlicher Empfang bereitet würde.

Wie bliebe ich den Menschen gerne in Erinnerung? Da ich kein echter Michener bin, steht mir der Sinn nicht danach, als Namensgeber für irgendwelche Projekte oder Institutionen herzuhalten. Mit meinem Festhalten an diesem Entschluß habe ich schon des öfteren wohlmeinende Mitbürger verblüfft. Doch als Freunde schöne Bibliotheken nach mir benennen wollten, konnte ich nicht anders und stimmte zu. Einrichtungen dieser Art sind nun einmal noble Symbole der Schriftstellerzunft, und ich fühle mich durch solche Verbindungen geehrt. Das gleiche gilt für Kunstmuseen. Daß ich einen Beitrag zur Umwandlung des alten Gefängnisses von Doylestown in ein Kunstzentrum leisten konnte, gehört zu jenen Errungenschaften meines Lebens, auf die ich besonders stolz bin. Mehr noch freut es mich, daß mittlerweile drei große Universitäten von mir oder mit meiner Hilfe initiierte Ausbildungsprogramme für junge Schriftstellerinnen und Schriftsteller in ihre Lehrpläne aufgenommen haben, und mit stillem Vergnügen nahm ich zur Kenntnis, daß drei Hotels, in denen ich viele produktive Stunden verbracht habe, inzwischen über »James-Michener-Zimmer« verfügen: Aggie Grey's in Samoa, das historische Raffles in Singapur und das Oriental in Bangkok, das viele für das beste Hotel der Welt halten. Im kommenden Jahrhundert wird man dort jungen Reisenden mit schriftstellerischen Ambitionen erklären: »Vor vielen Jahren verliebte sich ein Amerikaner wie Sie in unser Land und hörte hier die Geschichten, die er später in einem Buch zusammenfaßte. Er wohnte in diesem Zimmer.«* Vielleicht fühlt sich der junge Gast dadurch beflügelt.

Vor allem aber wäre es schön, wenn überall in den Bibliotheksregalen der Welt eine ansehnliche Reihe solider Bücher die Erinnerung an mich am Leben hielte.

In meiner langjährigen Schriftstellerkarriere habe ich mich nicht ein einziges Mal gegen Kritik an mir oder meinen Büchern verteidigt. Doch hier und heute möchte ich sagen, daß ich enorm stolz bin auf die vielen Bücher, die meinen Namen tragen, und daß ich mich in der Tat für einen der tüchtigsten Geschichtenerzähler meiner Generation halte. Ich habe unauffällig nach meinen eigenen Regeln gelebt und mich getreulich an meine Zielvorstellungen gehalten. Ich habe eine Reihe von Büchern geschrieben, die ohne exzessive Ausschweifungen und ohne wüste Sex- und Gewaltszenen das Interesse und die Phantasie vieler Leserinnen und Leser erweckten. Die Menschen, die meine Bücher lasen, profitierten von ihnen und dankten es mir mit ihrer Treue. Innerhalb der Richtlinien, die ich mir selbst gesetzt hatte, und ausgestattet mit unerschütterlichem Gleichmut, widmete ich mich der Aufgabe, Bücher zu schreiben, die meinen eigenen Vorstellungen entsprachen, und das Wundersame daran war, daß die Ergebnisse meines Strebens fast in allen Ländern großen Anklang fanden. Ich kann mir das nur so erklären, daß mir die Leserinnen und Leser zutrauten, wichtige Dinge in einer Form darzustellen, die sowohl Freude am Lesen als auch gute Information

---

* Im Oriental gibt es noch mehr elegante Suiten zu Ehren von Schriftstellern, die dort gearbeitet haben. Die drei anderen sind Joseph Conrad, Somerset Maugham und Noël Coward.

verhieß. Der Direktor einer der führenden Bibliotheken dieser Welt sagte kürzlich zu mir: »Sie waren der Welt ein Erzieher.«

Ich war noch mehr: ein arbeitender Weltbürger, der sich bemühte, diese Welt mit Liebe und Verständnis zu beschreiben und mit anderen Menschen zu teilen. In den enferntesten Winkeln der Erde habe ich mir mit meiner Feder das Bürgerrecht erschrieben, denn eines ist wahr: Die Welt ist mein Zuhause.

ENDE

BILD- UND FOTONACHWEIS:

Virginia Trumbull: S. 773-777, 778 (oben, Mitte); James A. Michener: S. 778 (unten), 779 (oben); Honululu Star Bulletin: S. 779 (unten); The Rodgers and Hammerstein Organization: S. 780 (oben); Mari Sabusawa Michener: S. 780 (unten); John Kings: S. 781 (oben rechts, unten rechts), 782 (oben), 783; Archiv d. Verf.: S. 781 (oben links), 784; Fred Bigjim: S. 781 (unten links); Prince: S. 782 (unten); Artura Mari, L'Osservatore Romano: S. 785 (oben); Charles Guerrero: S. 785 (Mitte); Gerald R. Ford Library: S. 785 (unten); George Holmes: S. 786 (oben); Steven Pumphrey: S. 786 (unten); Peggy Pryor: S. 787 (oben); Colleen Dilworth Stroup: S. 787 (unten)

*Oben: Mabel*

*Links: Laura*

*Unten: Hannah*

*Oben: Mabel und Edwin Michener an ihrem Hochzeitstag*

*Links: Robert*

*Unten: Arthur*

Das Haus in der Main Street

Mabel

Im Alter von zwei Jahren

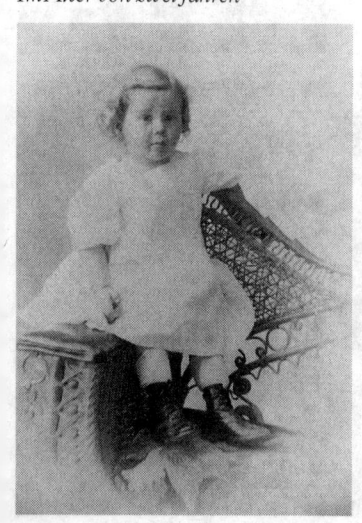

Im Alter von zwei Monaten

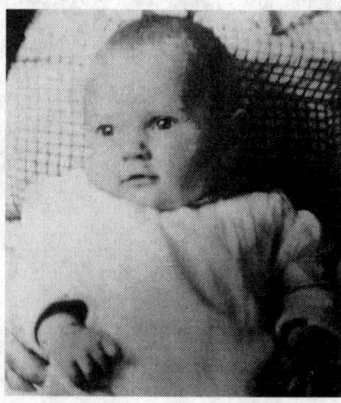

*Kindheit*

*Bild unten: (oben, v.l.n.r.) Mabel, Laura, Hannah; (unten, v.l.n.r.) Dorothy, Noel, James*

*Jugend*

Oben: Abschlußfoto Swarthmore College

Links: Abschlußfoto Doylestown High School

Rechts: Als frischgebackener Navy-Offizier

4 Uhr früh: In einer Nissenhütte auf Espiritu Santo entsteht »Die Südsee«, Micheners erstes Buch

Mari Sabusawa Michener mit ihrem Mann

Josh Logan, Richard Rodgers, Oscar Hammerstein,
Mary Martin, James Michener

Aggie Grey

*Israel: Auf den Spuren der Vergangenheit*

*Nachforschungen in El Paso nahe der mexikanischen Grenze für »Texas«*

*Unterwegs in Alaska für den Roman »Alaska«*

*Vor einer Polizeistation im texanischen Marfa: Recherchen für »Texas«*

783

*Linke Seite oben: Treffen mit dem kubanischen Dichter Pablo Fernandéz während der Recherchen für »Havanna«*

*Linke Seite unten: Ein sehr vorsichtiger James Michener während des Stiertreibens in Pamplona*

*Links: Nachforschungen für »Colorado-Saga« in Wyoming*

*Immer auf dem neuesten Stand*

Die Mannschaft von Random House in den 70er Jahren: Bert Krantz, Albert Erskine, James Michener, Tony Wimpfheimer, Donald Klopfer

Rechte Seite oben: Besuch in Rom bei einem alten Freund

Rechte Seite Mitte: (v.l.n.r.) James Michener, die texanische Gouverneurin Ann Richards, Königin Elizabeth II., Prinz Philip

Rechte Seite unten: 1977, James Michener erhält die »Presidential Medal of Freedom«, die höchste zivile Auszeichnung in den USA

785

*Das Ehepaar Michener vor einem Gemälde von Hans Hofmann in der »Michener Art Collection« an der Universität von Texas*

*Diskussion mit Studenten*

*Fünf texanische Schriftsteller (v.l.n.r.): Liz Carpenter, Cactus Pryor, Elizabeth Crook, James Michener, Stephen Harrigan*

*Bei der Arbeit*

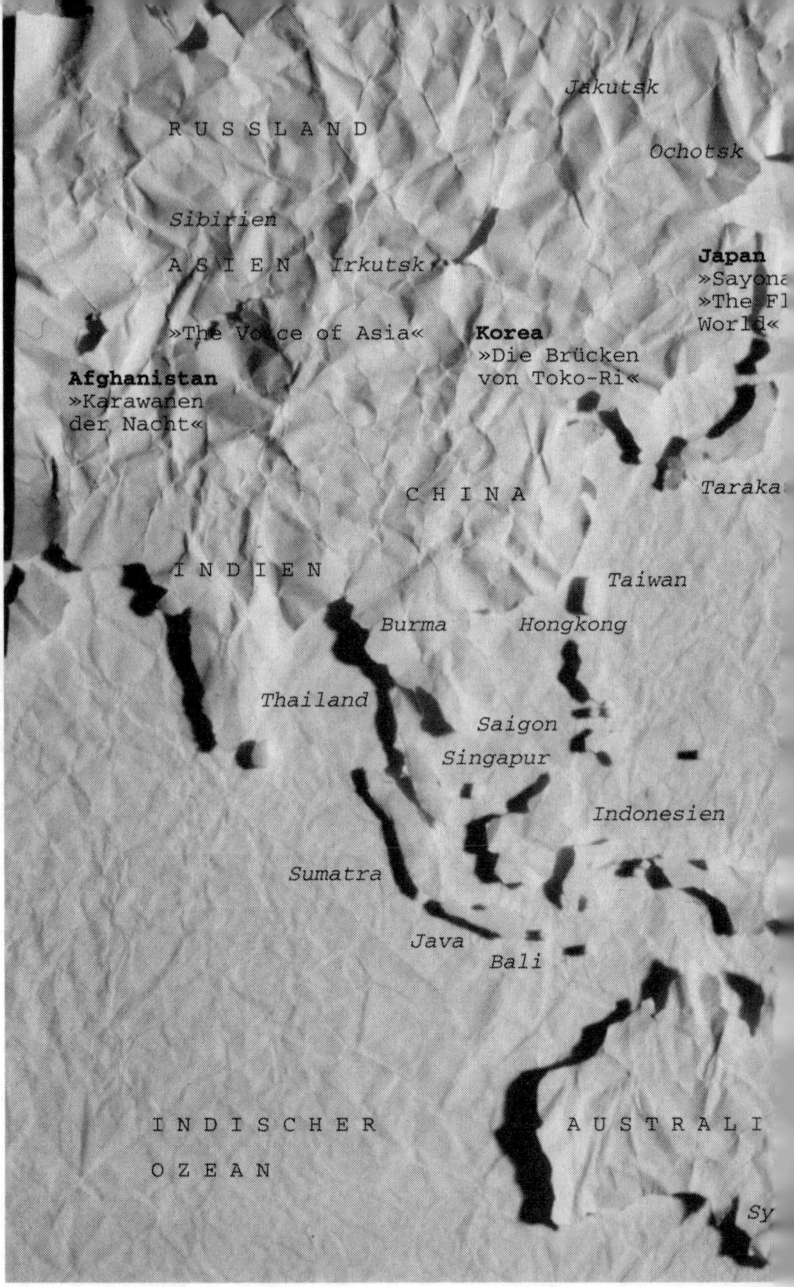

| | | Jakutsk | |
|---|---|---|---|
| RUSSLAND | | | Ochotsk |

Sibirien

A S I E N   Irkutsk

**Japan**
»Sayona
»The Fl
World«

»The Voice of Asia«       **Korea**
                          »Die Brücken
**Afghanistan**            von Toko-Ri«
»Karawanen
der Nacht«

C H I N A

Taraka

I N D I E N       Taiwan

Burma   Hongkong

Thailand

Saigon

Singapur

Indonesien

Sumatra

Java   Bali

INDISCHER        AUSTRALI

OZEAN

Sy

Barrow

Nome **Alaska** Dawson **Kanada**
»Alaska« »Klondike«

Aleuten

Sitka Edmonton

pawlowsk

Seattle NORD-

AMERIKA

PAZIFISCHER

OZEAN

**Hawaii**
»Hawaii«

DIE WELT

DES

**Südpazifik** JAMES A.
»Die Südsee«
»Verdammt MICHENER
lcanal im Paradies« ---------------
»Rückkehr
e Hebriden ins Paradies« **Korea**
Samoa Hauptgegenstand
Fidschi eines Romans
touta
*Bali*
a Gegenstand eines
Tahiti Romanabschnitts
lk
»Alaska«
Titel eines Buches
Neuseeland

NORD-
AMERIKA

*Wyoming*   **Ohio**
»Kent State«

**Maryland**                    **Pennsylvani**
»Die Bucht«                     »Frühlingsf
**Colorado**                    »Dresden,
»Colorado-Saga«                 Pennsylvani
**Texas**                       **Washington, D.**
»Texas«,                        »Patrioten«
»Der Adler und
der Rabe«                       **Cape Canaveral**
                                »Sternenjäger«
            **Mexiko**
            »Mexiko«            **Kuba**
            *Yucatan*           »Havanna«

                    **Karibik**
                    »Karibik«

PAZIFISCHER

OZEAN

                                            SÜD-
                                        AMERIK
DIE WELT

DES

JAMES A.

MICHENER
-----------
                        *Juan-
**Spanien**             Fernandez-
Hauptgegenstand         Inseln*
eines Romans
                        *Valparaiso*
*Marokko*
Gegenstand eines
Romanabschnitts

»Texas«
Titel eines Buches

                                    *Magellans*

Benbecula
Barra

Holland

**Polen**
»Mazurka«
**Ungarn**
»Die Brücke
von Andau«

England    E U R O P A

A S I E N

**panien**
Iberia«

Tanger
Marokko

**Israel**
»Die Quelle«

Nordwest-
afrika
»Die Kinder von
Torremolinos«

A F R I K A

Mozambik

LANTISCHER    INDISCHER

EAN    OZEAN

**Südafrika**
»Verheißene
Erde«

# Personen- und Titelregister

1876 (Vidal) 530
Aida (Verdi) 194 f., 207
Adams, Robert 493
Alaska (Michener) 474 (A)
Alexander der Große 50 f.
Alger, Horatio 336
A Long Day's Dying (Buechner) 520
Amber 409
Andere Stimmen, andere Stuben (Capote) 530
Andrea Chenier (Giordano) 194
Antonius und Kleopatra (Shakespeare) 456
Apaka, Alfred 617 f.
Aristoteles 354, 356
Armstrong, Mary 468
Armstrong, Neil 311
Arnold, Matthew 28
Arthur (Onkel) 188–193, 195, 197, 206, 212, 658, 663, 730
Arundel (Roberts) 559
Ashenden (Maugham) 278
Astaire, Fred 119
Atkinson, Bruce 514
Auerbach, Erich 558 f., 561
Auf der Suche nach Mr. Goodbar (Rossner) 541
Austen, Jane 476, 480, 486
Austin, Stephen Fuller 416
Auszug aus der Geschichte (Ploetz) 352

Bach, Johann Sebastian 210
Bakker, Jim 270
Baldwin, James 758

Balzac, Honoré de 435, 528, 568, 592, 661, 701
Baranow, Alexander 649
Barber, Samuel 249
Barclay, J. Pitt 533–537, 554
Barkham, John 498
Bartholomew, John George 352
Bartók, Béla 572
Baum, Frank 725
Becke, Louis 172
Beethoven, Ludwig van 203, 208 f., 211, 492, 528, 572, 667
Bega, Thomas (Pater) 98 f., 149 ff., 154, 183
Beginning Chemistry (Dorsett, O'Toole, Ginsburg) 678 f.
Beginning Psychology (Lemnitzer, Riley) 679
Bellow, Saul 523, 529, 702, 705
Bennett, Arnold 476
Berger, Thomas 701
Bergman, Jules 307, 311
Bernstein, Bob 420, 688 (A)
Bizet, Georges 198, 635
Blank (Geograph) 437
Blanshard, Brand 466
»Bloody Mary« 82, 232
Blue, Hal 676
Blunt, Anthony 386
Boito, Arrigo 204
Bonnie Prince Charlie 238 f.
Borrow, George 634
Bossard (Kapitän) 64 f.
Brahms, Johannes 210 f.
Brett, George 555, 681–684

Brontë, Emily 539
Brooks, Paul 507 f.
Brougham, Lord 466 f.
Brown, John Mason 686 f., 755
Bruccoli, Matthew 689 (A)
Brugger, Bob 274
Buchan, John (Lord Tweedsmuir) 278
Buchwald, Art 253–256, 258 f.
Buck, Pearl S. 339, 383, 523, 546, 592, 734 (A)
Buckley, William f., jun. 301, 303, 317, 319, 467
Buddenbrooks (Mann) 492
Buechner, Frederick 519 f.
Burgener, Clair 315
Burgess, Guy 386
Burke, Betty 239
Burns, John Horne 519–522, 524–527, 532, 539, 555
Bush, George 345 f.
Butler, Samuel 744
Byron, George Gordon, Lord 502

Calhoun, Bill 88
Calta 514
Campbell (Schwestern) 234 f., 238, 240
Campbell, Alan 515
Camus, Albert 592
Canito 244
Capone, Al 159, 529
Capote, Truman 412, 527, 530 ff., 539
Carmen (Merimée) 635
Carmen (Bizet) 194
Carter, Jimmy 346

Cartland, Barbara 591 f., 600
Caruso, Enrico 25, 193 ff., 197, 222
Casey, Bob 290
Cather, Willa 408, 500
Catull 48 f.
Cavalleria Rusticana (Mascagni) 194
Cerf, Bennett 505, 531, 698, 703
Cervantes, Miguel 480
Chambrun, Jacques 429 ff.
Chandler, Jeff 281, 283
Chandler, Raymond 486
Chapman, John 514
Chapelle, Dickie 584 ff.
Charnley, Lord 640 f.
Chatterton, Thomas (Pseudonym: Thomas Rowley) 504, 655 ff., 699
Chevalier, Maurice 133
Chinn Hoo 184 f.
Churchill, Randolph 579
Churchill, Winston 579, 739
Chopin, Frédéric 210, 249, 482, 572, 648
Clavell, James 496
Clément, Edmond 204
Clifford, Clark 652
Clift, Montgomery 433
Cocteau, Jean 531
Collins, Bill 62, 65, 67 f., 71 f., 75, 82 f.
Colorado Saga (Michener) 202 (A), 474 (A), 482, 562, 566, 579, 593 f., 759
Commins, Saxe 688
Connally, John 304
Conrad, Barnaby 516
Conrad, Joseph 31, 54, 106, 142, 534
Conrad, Pete 311, 771 (A)
Constable, John 214
Conversations with Writers (Bruccoli) 689 (A)
Cook, James 254, 648
Coolidge, Calvin 265
Coover, Robert 701
Couperus, Louis 360, 475
Cousins, Norman 524
Coward, Noël 771 (A)
Cozzen, James Gould 439
Creatore, Giuseppe 666
Crippen, Robert 311, 313
Crockett, David 416
Cronkite, Chip 255
Cronkite, Walter 253–256, 258 f., 307, 311 f., 322 f.
Culverwell, Cecilia 641
Culverwell, John 641
Custer, General 762

Damien (Pater) 600
Das Mädchen Frankie (McCuller) 539
Das Rheingold (Wagner) 207
Davis, Gary 383
Dawson (Bischof) 147–154, 183
Dekker, Eduard Douwes (Pseudonym: Multatuli) 360, 435, 490 f.
De Kooning, Willem 708
Deppard, Dr. 532 ff., 536 ff., 552 f.
Der Bajazzo (Leoncavallo) 194
Derrick, Robert 98
Der Gouverneur (Warren) 439
Der Graf von Monte Christo (Dumas) 34, 474 f.
Der Name der Rose (Eco) 493
Der selige George Apley (Marquand) 560
Destinn, Emmy 194
Dewey, John 347, 735
Dewey, Thomas 273
Dickens, Charles 476, 486, 528, 550, 592, 639, 666, 701, 718, 744
Dickinson, Angie 281, 283
Dickinson, Emily 551
Didion, Joan 541

Die alten Damen (Bennett) 476
Die Brücke von Andau (Michener) 582
Die Brücke von San Luis Rey (Wilder) 560
Die Brücke von Toko-Ri (Michener) 556 ff., 604, 757
Die Bucht (Michener) 474 (A), 541, 566, 639
Die Caine war ihr Schicksal (Film) 557
Die drei Musketiere (Dumas) 474
Die Galerie (Burns) 520, 522
Die Glasglocke (Plath) 539
Die Kartause von Parma (Stendhal) 33
Die Killer (Hemingway) 470
Die Kinder von Torremolinos (Michener) 589, 755
Die Liebe der Prudence Sarn (Webbs) 539
Die Lombarden (Verdi) 199, 201
Die Macht des Schicksals (Verdi) 197 f.
Die Meistersinger (Wagner) 750
Die Meuterei auf der Bounty (Hall/Nordhoff) 138
Die Meuterei auf der Bounty (Film) 133, 142
Die Nackten und die Toten (Mailer) 529
Die Nordwestpassage (Roberts) 560 f.
Die Perlenfischer (Bizet) 197 f.
Die Quelle (Michener) 479, 481, 493, 558, 562, 570, 593, 604, 636
Die Schlangengrube (Ward) 505
Die sizilianische Vesper (Verdi) 201

*Die treue Nymphe*
  (Kennedy, Marg.) 539
*Die vierzig Tage des Musa
  Dagh* (Werfel) 760
*Die Welt ist mein Zuhause*
  (Michener) 474 (A)
Doctorow, E.L. 486, 496
Doe, John 680
*Don Carlos* (Oper) 200 f.
Dorn, Mark 167–178,
  180
Dorsett, Brantley 678 f.
Dreditch, Saul 463 f.
Dreiser, Theodore 408,
  435, 476, 500, 702 f.,
  744
Drury, Allen 497
Dschingis Khan 301
Duckworth, Charles 679
Dürer, Albrecht 215
Dukakis, Michael 345 f.
Dumas, Alexandre d.Ä.
  136, 474 f.
Dvoráks, Antonín 211

Eagle, Joe 311
Eco, Umberto 493
*Edda* 480
Eddy, Mary Baker 413 f.
Ehrlichman, John 304
*Eine Amerikanische
  Tragödie* (Dreiser) 476
Eisenhower, Dwight D.
  321, 332, 631
El Estudiante (Matador)
  241
Elianne (Sängerin) 129 f.
Eliot, T. S. 282, 576
Elizabeth II. (Königin) 155
Ellison, Ralph 576
*Endstation Sehnsucht*
  (Williams) 442, 597
Engels, Friedrich 378
Epstein, Kate 497
*Ernani* (Verdi) 199
Erskine, Albert 497, 536,
  576 ff.
*Esther Waters* (Moore)
  637

Fabritius, Carel 216, 222
Falla, Manuel de 210

Faries, Belmont 334 ff.
Faulkner, William 470,
  475, 486, 497, 500, 539,
  576
Feinstein 273
Ferrar, Geraldine 204
*Fidelio* (Beethoven) 203 f.
Fielding, Henry 476, 648
*Fiesta* (Hemingway) 633
*Fighting Caravans* (Gray)
  560
Fisher, Anna 312
Fitzgerald, Scott 475, 480,
  500, 539, 702
Flaherty, Robert 133
Flaubert, Gustave 476,
  550, 701
*Flying Down to Rio* (Film)
  119 f., 128, 769
Flynn, Errol 633
Forbes, Malcolm jun. 315
Ford, Gerald 346, 544 f.,
  730, 762
Forster, Clifford 544 f.
Forster, E. M. 476, 521
Fox, William Price 689
Fra Angelico 215, 217
Franco, Francisco 378,
  601
Franz von Assisi 337, 353
Frescoln, Rees 674, 697
Frisbie, Elaine 144 ff.
Frisbie, Johnnie 144 ff.
Frisbie, Nga 144 ff.
Frisbie, Robert Dean
  (Ropati) 90, 139 f.,
  142–147, 172, 182
*Frühlingsfeuer* (Michener)
  433, 524 f., 554 f., 682,
  688
*Frühstück bei Tiffany*
  (Capote) 531
*Fünf Jahre in Spanien*
  (Borrow) 634 f.
Fulton, John 632
Furzewa, Jekaterina 300 f.

Gable, Clark 133, 142
Gagarin, Juri 307
Galbraith, John Kenneth
  623
Galdós, Pérez 475

Gallagher, Helen 743 f.
Galli-Curci, Amelita 193 f.
Gallup, George 303
Gardner, Ava 633
Gardy, Allan 620
Gauguin, Paul 104, 174,
  528
Gaulle, Charles de
  181 (A), 468
*Gegen den Strom
  die Treppe hinauf*
  (Kaufman) 419
*Genji-Monogatori*
  (Murasaki) 500
Georg VI. (König) 155
*Gespräch mit dem Vampir*
  (Rice) 540
Ghiberti 217
Gide, André 476, 521
Gigli, Beniamino 198 f.
Gilbreth, Lillian 333
Gilmer, Carol Lynn 512,
  515
Ginsburg, Isadore 678 f.
Giordano, Umberto 194
Gissing, George 654 f.,
  657, 697, 699, 709
Glaspell, Susan 475, 702
Glass, Richard 89
Glenn, John 311
Gluck, Alma 202
Gluck, Christoph Willibald von 200
Gogh, Vincent van 528
Gontscharow, Iwan 475
Gorbatschow, Michail
  317 (A), 329 f.
Gorki, Maxim 718
Gosford, Judson (Seesoldat) 123–128
Gould, Beatrice 686
Gould, Bruce 686
Govan, Ada Clapham 580
Gozzoli, Benozzo 217 f.,
  491 f.
Grable, Betty 405
Gray, Zane 560
*Green Grow the Lilacs*
  (Riggs) 443
Grey, Aggie 106–109,
  112 ff., 182, 184, 770
Grimble, F. X. 534 f., 537 f.

Grimm, Gebrüder 725
Groff, Jimmy 459
Grove, Willow 683
Grundy, Joe 263-266
*Guard of Honor* (Cozzen) 439
Gulick, Russell 620

Haley, Alex 732
Hall, James Norman 138 f., 142 f., 172, 254, 405
Halsey, William (Admiral) 88, 90 ff., 94, 109, 126, 136, 183, 463 f.
Hamilton, Alexander 733
Hammen, Jay 63, 67, 75, 82
Hammerstein, Oscar 442-445, 447 ff., 502, 513, 518, 734 (A)
Hanff, Helene 580
Hannah (Tante) 745 f.
Harding, Warren 265
Hardy, Thomas 477 f., 550
Harunobu 217
*Havanna* (Michener) 474 (A)
*Hawaii* (Michener) 254, 479, 482, 491, 558, 562, 598, 600 f.
Hawthorne, Nathaniel 744
Hayes, Rutherford B. 530
Hayman, Eggs 459
Hayward, Leland 442 f., 449, 513, 518
Hayworth, Rita 405
Hazen, Mike 168-171, 173-180
»Hazzard« (Leutnant) 116 f., 119 f., 124 ff., 128
Hebenstreit, Carl 146
Heggen, Tom 504, 510-519, 526 f., 539
Hemans, Felicia 218
Hemingway, Ernest 241, 246 ff., 383, 467, 470 f., 486, 497, 500, 592, 632 f., 702, 704 (A)
Henslow, Laura 96 f., 99, 147-154, 183

Hepburn, Audrey 531
Herbert, Victor 666 f.
Herodes 665
Hilder, Brett 172
Hirohito (Kaiser von Japan) 545
Hirshon, Lew 129-132, 138 f., 141
Hiroshige, Ando 216, 708
Hitler, Adolf 62, 362-367, 369, 377, 389
Hobbema, Meindert 214 ff.
*Hoffmanns Erzählungen* (Offenbach) 200
Hokusai 217, 651, 708
Holbein, Hans 215
Holderman, James 296
Holmes, Oliver Wendell 408, 550
Homer, Louise 202
Houston, Sam 416
Hughes, Charles Evans 264 f.
Hugo, Victor 136, 476
*Hurrikan* (Hall/Nordhoff) 138
*Hurrikan* (Film) 138
Huxley, Aldous 476

*Iberia* (Michener) 489, 601, 604, 634 f., 638
*Ilias* (Homer) 657
Inglis, Bob und Mary 542
*Islam, the Misunderstood Religion* (Michener) 230
*Israel in Jeopardy* (Doe) 680
*I Wanted to Write* (Roberts) 559, 561

Jabbar, Karem Abdul 699
Jackson, Jesse 728
Jacolet, Paul 528
Jakobus (Heiliger) 355 f.
*James A. Michener's USA* 706
James, Henry 383, 476, 480, 755
James, John D. 715 f.
James, William 347

Jameson 214 f.
*Japanese Inn* (Statler) 498, 580
Jaruzelski, Wojciech 767
Jefferson, Thomas 347, 379, 735
Jelzin, Boris 317 (A)
Jock 30
Johannes (Evangelist) 710
Johnson (Soldat) 110 f.
Johnson, Lindsay 26
Johnson, Ted 15 ff., 19 f., 22, 25
Joyce, James 507, 518
*Julian* (Vidal) 530

Kahler, Hugh MacNair 508, 603, 684 ff., 688, 753
Kaiser, Henry J. 616 f.
*Kaltblütig* (Capote) 531
Kant, Immanuel 347
*Karawanen der Nacht* (Michener) 581, 755
*Karibik* (Michener) 483, 562
Karmasingh, Pandit 97
Kaufman, Bel 419
Kaufman, George 516
Keats, John 9, 11 f., 220
*Keine Zeit für Heldentum* (Film) 511 (A), 557
Kenderdine 612 f.
Kennedy, Edward (Teddy) 282 f., 346
Kennedy, Ethel 281 f.
Kennedy, John f. 279-283, 321, 337
Kennedy, Margaret 539
Kerouac, Jack 500
Kerr, Deborah 446
Kimbrell, Ratchett 130 f., 135 ff., 140 ff., 182
Kingsley, Charles 639
Kipling, Rudyard 390
Kirkland, Lane 316
Kiyonaga 217
Klee, Fritz 208
Klopfer, Donald 703
Knowlton, Phil 436 ff., 645 f., 678
Knox, John 29, 236, 337

Koestler, Arthur 516
Konstanze und Sophie (Bennett) 476
Kostelanetz, André 248 f.
Koussevitzky, Serge 208
Krantz, Bert 577 f.
Krieg und Frieden (Tolstoi) 485
Krock, Arthur 438 f.
Kutz, Lombardelli 723 f.

La Bohème (Puccini) 194 f., 206
Laciar, Samuel 209
Lafayette, Marquis de 429
Lagerlöf, Selma 475, 539
Lal, Sohan 390 f.
Lalanda, Marcial 241
Lambert, Richard M. de 132
Landon, Alf 270 ff.
Lane, William 545
Lang, Andrew 55
Laster, Owen 498, 694 f.
Latham, Harold 409, 426 f., 687
La Traviata (Verdi) 194
Laughton, Charles 133
Laura (Tante) 22–25, 483, 661, 745
Laurence, William L. 387, 389
Laxness, Halldór 497
Le Carré, John 478
Lee (General) 172
Leggett, John 503, 505 f., 511 ff., 519
Lehár, Franz 667
Lehmann-Haupt, Christopher 752
Leigh, Colston 680 f.
Lemnitzer 679
Lenin, Wladimir Iljitsch 378
Leps, Wassili 666
Lesage, Alain René 476, 480
Lester, John 683
Lewis, Hobart 303 f.
Lewis, Sinclair 408, 500

Lincoln, Abraham 347, 447
Lindbergh, Charles 446
Lindbergh: Mein Flug über den Ozean (Film) 446 (A)
Litwack, Harry 718, 731
Litwack, Frau 718 f.
Lockridge, Ross 433, 504–509, 511, 517 ff., 527, 539
Logan, Josh 442, 444–446, 449, 510, 513–516, 518, 522
Lohengrin (Wagner) 194
Lombardi, Vince 354
London, Jack 54, 383
Longfellow, Henry Wadsworth 218, 408, 550
Longworth, Alice Roosevelt 438, 440
Loti, Pierre 54, 104, 254, 405, 648
Lowell, James Russell 219, 408
Luca, Giuseppe de 193 f.
Luce, Henry 523
Lucia di Lammermoor (Donizetti) 193
Lucifer with a Book (Burns) 525
»Ludenberg, Herr« 364–367, 369
Ludlum, Robert 496
Lund, Eddie 130, 133, 141
Luther, Martin 337
Lycidas (Milton) 517
Lysenko, Trofim 740 f.

Mabe, Chauncey 752, 754
MacArthur (General) 185, 498, 527
Macdonald, Flora 239
MacDonald, Ramsay 733
MacGrath. Leueen 516
Macintosh (Maat) 31, 34
Mackenzie, Sir Compton 278
Maclean, Donald 386
Macneil, Kiltag 234–237
Macneil, Morag 233–240, 252

Madame Butterfly (Puccini) 194
Madsen, Arch 315
Mahler, Gustav 572
Mailer, Norman 259, 497, 529, 539, 541, 705
Maimonides 353
Makefield, Wallace 689 (A)
Malama 120, 256
Mann, Thomas 492
Manning, Freddie 455, 466
Mantegna, Andrea 215
Manzini 475
Mao Tse-tung 318 f.
Margarethe (Gounod) 194, 200
Maria Stuart 337
Marks, Leonard 297
Marquand, John P. 560
Martin, Mary 250 ff., 444, 449
Marx, Karl 356, 370, 378
Masaccio 215
Masanobu 217
Masefield, John 678
Matador (Conrad, B.) 516
Matua 111
Maugham, Somerset 54, 99, 106, 142, 254, 278, 429, 431, 771 (A)
Max Havelaar (Multatuli) 359 f., 490 f.
Maxwell, Mr. 736–739.
Maxwell, Patricia 737
Mayer, Louis B. 507
Mazurka (Michener) 478, 601
M'Bow, Amadou 295–298
McAuliffe, Christa 312 f.
McCarthy, Joseph 371, 375
McClintock, Paul 132, 135 ff., 140, 142, 182
McCuller, Edith 539
McGovern, George 346
McGuire, Edna 415 f.
McKenna, Kenneth 441
Mead, Margaret 660
Medina, Kate 497

# REGISTER

Mefistofele (Boito) 204
Melville, Herman 131, 383, 408, 587
Memling, Hans 338
Mendel, Gregor 740
Menschliche Komödie (Balzac) 661
Mercer, Henry 546
Meredith 160–165
Merimé, Prosper 635
Metcalf, Willard 213, 216, 221
Michelangelo 34
Michener, Edwin 716, 725
Michener, James A. (Namensvetter) 722 f.
Michener, Mabel (Mutter) 24, 188–191, 657, 665 f., 715 f, 720 f., 730, 743–746, 749
Michener, Mari (Frau) 46, 283, 482 f., 544 f., 585 f., 647, 649, 651 f., 689, 697, 707, 711, 730, 759, 762 f.
Michener, Robert 717, 725 f., 731
Michener, Roland 721
Middlemarch (Eliot) 539
Mielziner, Jo 442
Mifflin, Houghton 506 f.
Miller, Arthur 295
Milton, John 10 f.,, 220, 517
Mimesis (Auerbach) 559
Mishima, Yukio 496
Mister Roberts (Heggen) 510 f., 513 ff.
Mitch, Frank 620
Mitchell, Margaret 704 (A)
Monte, Toti dal 198, 200
Mondale, Walter 346
Monroe, Marilyn 529
Moore, George 637
Morison, Samuel Eliot 93 f.
Morland, George 212 f., 215, 222
Morris, Josephine 287 ff.
Morrison, Toni 497, 540, 705

Morus, Thomas 347, 735
Moses, Montefiore 269
Mozart, Wolfgang Amdeus 210 f.
Multatuli (s. Dekker) 359
Murasaki 475, 500, 539
Murray, George 468, 746–749
Musial, Stan 281, 283
Mussolini, Benito 361 f., 369, 377, 379

Nabucco (Verdi) 202 f.
Napoleon I. 209
Neem, Norman 345 ff.
Nehemkis, Peter 357 f., 363 f.
Nehru, Jawaharlal 389
Newhouse (Brüder) 704
Nexø, Martin Andersen 475, 491 (A)
Nixon, Richard M. 286, 300, 303 f., 317–321, 346, 384
Nordhoff, Charles 138 f.
Norma (Bellini) 194
North, Oliver 70
Novak, Michael 316
Nye, Ed 315

Oates, Joyce Carol 540, 702
O'Brien, Frederick 405
Offenbach, Jacques 200
O'Hara, John 474, 497, 576
Oklahoma! (Rodgers/Hammerstein) 443
Olivier, Laurence 766
Orpheus und Eurydike (Gluck) 200
Ortega, Domingo 241 f., 632
Othello (Shakespeare) 456
Otello (Verdi) 194
O'Toole, Michael 678
Over, Dan 146

Pachelbel, Johann 248
Packard, David 304

Palestrina, Giovanni Pierluigi da 572
Parry, Admiral 646
Paulus (Apostel) 353–356, 710, 744 f.
Payne, John 405
Pell, Claiborne 582
Pelle der Eroberer (Nexø) 491 (A)
Penn, William 721
Perelman, S. J. 500
Perini, Flora 193
Pétain, Henri Philippe 116
Petersen, Pete 304
Philby, Kim 386
Philipp II. 44
Piero della Francesca 215
Pinza, Ezio 198 f., 201 f., 250 ff., 449, 502
Piranesi, Giovanni Battista 203
Pirsig, Robert M. 580
Place, Mary 628, 631
Plath, Sylvia 539 f.
Platon 347, 356
Ploetz, Karl 352
Polen (Michener) 474 (A)
Pollock, Jackson 708
Polowniak, P.G. 166
Post, Wiley 648
Poussin, Nicolas 214
Powell, Dick 405
Power, Nick 664
Power, Tyrone 504, 633
Prescott, Orville 755
Presley, Elvis 332
»Prinzessin« (ägypt. Wahrsagerin) 606 f., 609 f., 614, 618
Procuna, Louis 244
Putnam, Jim 409, 412 f., 516
Pyle, Ernie 648

Quayle, Dan 345 f.

Raffael 214 f.
Raintree County (Lockridge) 433, 507 ff.
Rakowski, Mieczyslaw 767

Ravel, Maurice 210
Ratard, Aubert 82, 230 ff.
Reagan, Ronald 318, 344, 346, 711
Rebozo, Bebe 304
*Regen* (Maugham) 99
Reid (Schiffskapitän) 31 f., 69
Reri (Anna Chevalier) 133, 135 ff., 140 ff., 182, 184
Rembrandt 214, 708
Resa Pahlawi, Mohammad 319
Resnick, Judith 312 f.
Rethberg 198 f.
Reymont, Wladyslaw 435, 475, 648
Ricardo, David 3560 f., 393
Rice, Anne 540
»Richmond« 71 ff., 75-79, 81 f.
Ride, Sally 312 f.
Ridgeway (General) 327
Riggs, Lynn 443
*Rigoletto* (Verdi) 193 ff., 205
Riley 679
*Ritter Harolds Pilgerfahrt* (Byron) 502 (A)
Roberts, Kenneth 559 ff., 702 (A)
Rockwell, Norman 592
Rodgers, Dick 442 ff., 447 ff., 502, 513, 518
Rogers, Ginger 119
Rogers, Will 648
Rolleri 243
Romero, Curro 244 f.
Roosevelt, Eleanor 675
Roosevelt, Franklin D. 270 ff., 332, 347, 675
*Roots* (Haley) 732, 743
*Ross and Tom* (Leggett) 503
Rossner, Judith 541
*Rot und Schwarz* (Stendhal) 33
Rousseau, Jean-Jacques 356

Rowley, Thomas (s. Chatterton) 504 (A)
Roxana (Königin) 51
Rubens 214
Rubinstein, Arthur 296
Rufe, Kenneth 663, 683

Safire, William 467
Saint-Exupéry, Antoine de 751
Sale, Chic 560, 701 f.
Sallinger, Pierre 623
Salote (Königin von Tonga) 89, 155, 165
Samosila 101 f., 106, 110 ff.
Sanford, Francis 117, 121, 123, 126, 128-132, 141
Sanford, Lysa 121, 123, 128 f., 256
*Sayonara* (Michener) 58
Scheibley, Frank 265 f., 671 f.
Schlesinger, Arthur M. jun. 281
Schlesinger, Arthur M. sen. 279
Schönberg, Arnold 210
*The Scholar Gipsy* (Arnold) 28
Schubert, Franz 211, 572
Schumann, Robert 211
Scott, Cecil 426 f., 429, 431, 437
Scott, Sir Walter 639
Scranton, William 290
Sebastian (Heiliger) 353
Selden (General) 327
Sevareid, Eric 322
Shaddinger, Anna 720
Shakespeare, Frank 301 f., 314 ff.
Shakespeare, William 173, 219, 221 (A), 456, 505, 507, 568
Sharaku 217
Shelley, Percy Bysshe 220
Sherrod, Bob 322
*Shore Leave* (Wakeman) 520
Shulman, Max 512
*Sieg* (Conrad) 534
Sinclair, Upton 408

Singher, Martial 200
Smith, Adam 356
Sokrates 347, 356
Sothern, Ann 405
Sousa, John Philip 666 f.
*South Pacific* (Rodgers/Hammerstein) 58, 201 f., 249, 251, 445, 447 f., 502, 511, 515 f., 518
*Spiel dein Spiel* (Didion) 540
Spiller, Robert 466
*Sports in America* (Michener) 581
Springer, Harvey 268 ff.
»Sprocket« 122 f.
Stalin, Josef 741
Stanton, Frank 302-305
Stanton, Tetua 174-180
Statler, Oliver 498, 580
Steckel (Pfarrer) 665 f.
Stendhal (Marie Henri Beyle) 33 f., 435, 486
Stern, Isaac 296
*Sternenjäger* (Michener) 474 (A), 482, 756
Stevenson, Robert Louis 55, 100, 104, 405, 600 f., 648
Stokowski, Leopold 210
Stone, Lewis 132, 142
Strauss, Helen 522, 688
Strauß, Johann 667
Streber, Eleanor 200
*Sturmhöhe* (Brontë) 539
Sue, Eugène 476
Swaggart, Jimmy 270

*Tabu* (Film) 133, 136, 142
Taft, William Howard 466 f.
Talbot, Jack 674, 697
*Tales of the South Pacific* (dt. *Die Südsee*) (Michener) 201, 407, 426, 442, 452 f., 501 f., 513, 563, 598, 645, 679, 687
*Tante Lisbeth* (Balzac) 661
Taylor, Elizabeth 433
*Teerbaby* (Morrison) 540

Tennyson, Alfred 59, 766
Tereschkowa, Valentina 307
Terua 124–127
Tetrazzini, Luisa 194, 196
*Texas* (Michener) 474 (A), 602, 728
Thackeray, William 476, 639
*The Brook Kerith* (Moore) 637
*The Floating World* (Michener) 581
*The Hucksters* (Wakeman) 520
*The Specialist* (Sale) 560, 701 f.
*The Spirit of St. Louis* (Film) 446
Thomas, Norman 358
Thomas von Aquin 347, 353
Thompson, Dorothy 411
Thornburgh, Dick 290
Tilden, Samuel J. 530
Tion Ban 129
Tipi 159–165
Tintoretto 215
Tizian 214, 568, 651, 708
*Tod am Nachmittag* (Hemingway) 241
*Tod eines Handlungsreisenden* (Miller) 442
Tolstoi, Leo 476, 528, 550
Tompkins (Generalmajor) 167
Tors, Ivan 583
Toscanini, Arturo 203
Trollope, Anthony 563
Truly, Richard 311
Truman, Harry S. 273 f.
Tschou En-lai 318 f.
Twain, Mark 480, 510
Tynan, Kenneth 245

Ullman, Henry 620
*Ulysses* (Joyce) 507
Unamuno, Miguel 635
Undset, Sigrid 476, 539
Updike, John 467, 529
Utamoro 217

Valencia, Flavio 243
Vanderford, Kenneth 246 f., 632
*Vater Goriot* (Balzac) 661
Vavra, Robert 632
Veliskovsky, Immanuel 412 f.
Verdi, Guiseppe 197, 199, 202 f., 651
*Verheißene Erde* (Michener) 474 (A), 479, 482, 489 (A), 601
*Verklärte Nacht* (Schönberg) 210
Vermeer 216 (A)
Vidal, Gore 259, 496, 522, 527, 529 f., 539, 705
*84 Charing Cross Road* (Hanff) 580
Vitarelli, Bill 371–377, 611, 674, 697
*Vom Winde verweht* (Mitchell) 409, 508, 597, 704 (A)
*Von alten Menschen, den Dingen, die vorübergehen* (Couperus) 360

Wagner, Richard 207
Wakeman, Frederick 520
Wallace, Dewitt 688 f.
Walter, Raymond 411
Ward, Mary Jane 505
Warhol, Andy 527
Warren, Robert Penn 439, 576, 587
*Watership Down* (Adams) 493
Wattenberg, Ben 316
Waugh, Alec 54, 497
Waugh, Evelyn 496
Wayne, John 56 (A)
Weatherbee, Mary Lee 522, 524
Weaver, Dr. John C. 341
Webbs, Mary 539
Weed, Robert (Ropati) 170–180
Weinberger, Caspar 322 f.
Welles, Orson 245 f.
Welsh, Johnny 279 f., 289
Welty, Eudora 541

Werfel, Franz 760
West, Adam 146
Wharton, Edith 476, 500, 519, 539, 702 f.
White, Byron »Whizzer« 282
White, Paul Dudley 622 f., 629, 631
White, Theodore 322 ff.
Whitman, Walt 408
Whittier, John Greenleaf 219, 408
Williams, Tennessee 497
*Williwaw* (Vidal) 522, 529
Wilder, Thornton 560, 587
Wilson, Woodrow 264 f.
Winchell, Walter 447 f.
*Wings at My Window* (Govan) 580
Winters, Shelley 281, 283
Wolfe, Thomas 475, 539
Woods, Rose Mary 304
Wordsworth, William 220
*Workbook* (Michener) 474 (A)
*Welten im Zusammenstoß* (Velikovsky) 412
Wouk, Hermann 497
Woytila, Karel (Papst Johannes Paul II.) 58
Wright, Harold Bell 592
Wright, Richard 718
*Writing-From Idea to Printed Page* 561

Young, John 311, 313, 655 f.

Zaquir, Muhammad 224, 227–230
*Zeilengeld* (Gissing) 654, 657, 697
*Zen und die Kunst ein Motorrad zu warten* (Pirsig) 580
*Zug der Könige* (Gozzoli) 491
Zumwalt, Elmo 304

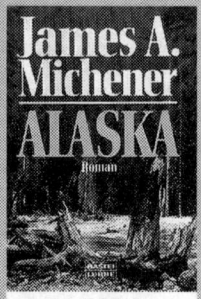 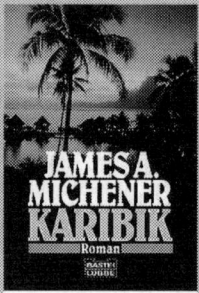 

11810      11960      11979

Die Erfolgsromane des berühmten amerikanischen Autors bei Bastei-Lübbe:

12023      12240      12604